CREER Y COMPRENDER

365 reflexiones
para un cristianismo integral

CREER Y COMPRENDER

365 reflexiones para un cristianismo integral

Arturo Iván Rojas

editorial clie

EDITORIAL CLIE
C/ Ferrocarril, 8
08232 VILADECAVALLS
(Barcelona) ESPAÑA
E-mail: libros@clie.es
http://www.clie.es

© 2011 Arturo I. Rojas

© 2011 Editorial CLIE

«*Cualquier forma de reproducción, distribución, comunicación pública o transformación de esta obra solo puede ser realizada con la autorización de sus titulares, salvo excepción prevista por la ley. Diríjase a CEDRO (Centro Español de Derechos Reprográficos, www.cedro.org <http://www.cedro.org>) si necesita fotocopiar o escanear algún fragmento de esta obra*».

CREER Y COMPRENDER. 365 Reflexiones para un cristianismo integral
ISBN: 978-84-8267-560-2
Clasifíquese: 2160 - Meditaciones diarias
CTC: 05-31-2160-16
Referencia: 224755

Impreso en USA / Printed in USA

PRÓLOGO

Este no es un devocional al uso, aunque podría serlo perfectamente, lo único que, en lugar de comenzar cada reflexión con una cita bíblica termina con ella, a modo de conclusión que refrenda cada reflexión y pensamiento. Se podría decir que en esta obra el autor lleva «cautivo todo pensamiento a la obediencia a Cristo» (2 Cor 10:6). La Escritura es como el mar al que deben afluir nuestros pensamientos de un modo natural, lógico, movidos por la luz de la fe. De esta manera, por la simple deducción de los hechos y de las ideas el lector queda gratamente iluminado por la autoridad de la Escritura sagrada, que refrenda o reprocha la escritura profana.

Creo que esta es una obra extraordinaria en muchos aspectos, tanto en su propósito como en su ejecución, en su forma y en su contenido. Para entenderlo bien hay que recordar las palabras que dicen: «de la abundancia del corazón habla la boca» (Mt 12:34; Lc 6:45) y la persona que escribe.

A mí me parece que el autor de esta obra es un ejemplo paradigmático del potencial de la fe cristiana para renovar la vida humana en todos aquellos aspectos que la constituyen: alma, mente, voluntad, corazón, espíritu, razón, intelecto. La fe lleva al autor a descubrir la nueva vida en Cristo, a gozar de esa asombrosa salvación de gracia por la cual los pecados son perdonados y el acceso al Padre es abierto al pecador arrepentido. Y esa misma fe, que salva del pecado, enardece el corazón y eleva el espíritu, es la misma que ordena los sentidos, ilumina la mente, mueve la razón, de modo que, gracias a la fe, la razón arruinada por el pecado pasa a ser una razón regenerada, sin dejar de ser razón, facultad de discernimiento, crítica, análisis, reflexión. La gracia de Dios no destruye la naturaleza —pobres de nosotros si este fuera el caso— sino que la perfecciona, la santifica. La razón *renovada* —¡cómo podría ser de otro modo en el nacido de nuevo!— procede a ver todas las cosas a la luz de la revelación, participando de la creación de una cosmovisión cristiana que afecta a la persona en su integridad. Este es el propósito implícito del autor en todas y cada una de sus páginas: promover un cristianismo *integral* que vigorice e ilusione la vida de los individuos y de las iglesias.

El pecado, manifestación enfermiza de la persona centrada en sí misma, o más bien, en una parcela de sí misma, en su *ego* como centro del universo, es básicamente *desintegración* —personal, social y comunitaria— desorientación, desatino continuo, por lo que la razón, facultad de pensar, pero también de orientación, de brújula de la vida, se ve sometida a una violencia constante de autodefensa y autojustificación de las nefastas acciones y decisiones del *ego*. Se vuelve ciega de puro narcisismo, se ahoga en su propia imagen, incapaz de creer y comprender cualquier otra cosa que no sea su pequeña bola de cristal, entendida como el centro del mundo.

Cuando la fe rompe ese hechizo, esa auténtica maldad que ciega, atropella y encierra la vida en una diminuta cápsula caprichosa, la razón es liberada, recupera su facultad de discernimiento elevada a su máxima potencia. Participa, con la persona toda, del milagro de la nueva creación obrada por el Espíritu de Dios: «si alguno está en Cristo, nueva criatura es; las cosas viejas pasaron; he aquí que todas son hechas nuevas» (2 Cor 5:17). Mente, alma, cuerpo y espíritu se abren a la gracia de Dios en un movimiento de expansión que rompe la cárcel del yo para integrarse en el amor universal del Padre, que le devuelve a sí y a sus hermanos. Lo desintegrado se integra en la unidad superior de la fe.

El autor, Arturo Iván Rojas, de quien leeremos muchas cosas más en el futuro, entiende esto perfectamente y, por eso, lejos de contentarse con el seráfico sentimiento de saberse salvo, hizo de su vida una suma de contenidos, conforme al consejo del apóstol que dice: «vosotros también, poniendo toda *diligencia* por esto mismo, *añadid* a vuestra fe virtud; a la virtud, conocimiento; al conocimiento, dominio propio; al dominio propio, paciencia; a la paciencia, piedad; a la piedad, afecto fraternal; y al afecto fraternal, amor. Porque si estas cosas están en vosotros, y abundan, no os dejarán estar ociosos ni sin fruto en cuanto al conocimiento de nuestro Señor Jesucristo» (2 P 1:5-8).

Me consta que Arturo Iván ha *añadido* muchas cosas buenas a su vida, y la prueba evidente son sus obras, tangibles en estos dos libros —*Razones para la fe* y *Creer y comprender*— en los que ha puesto el rico caudal de lecturas y conocimientos adquiridos a lo largo de los años al servicio de los lectores en pro de un cristianismo integral, que integre, que antes de condenar comprenda, que crea para comprender y comprenda para creer. Anclado en todo momento en la Palabra de Dios como máxima autoridad y criterio último de toda verdad y práctica, no por eso ha dejado de dialogar con infinidad de autores ni de leer sus obras, para confrontar y ser confrontado en su fe. Para saber y hacer saber. Y de esa abundancia de lecturas y saberes habla su pluma con un corazón enardecido y arrebatado por la verdad de Cristo, iluminando aspectos de la teología, de la fe, de la cultura, de la política, de la economía, de todo aquello que interesa al creyente de hoy.

Me parece extraordinario que, pudiendo hacerlo, Arturo Iván Rojas, haya huido del clásico formato monográfico de tesis, de más prestancia académica, y haya elegido en su lugar un formato tan humilde como el de reflexiones o pensamientos diarios, reservado casi en exclusiva para obras devocionales, de carácter *menor*, pero de tan largo alcance que cumple con uno de los requisitos básicos de la comunicación y la sabiduría: hacerse oír, llegar al que no frecuenta aquel tipo de obras e ilustrar al que no sabe.

Con ello consigue acercar al lector común, incluso al menos interesado en temas intelectuales, a cuestiones que van más allá de las simples meditaciones cotidianas y lo introduce en el rico legado del pensamiento universal, teológico, filosófico y literario, en una serie de reflexiones diarias, fáciles de leer, pero sin dejar a un lado el rigor. De esta manera, el lector, conducido suavemente de la mano, sin cansarse, en un sano ejercicio mental que no le lleva más de un par de minutos, cada día es invitado a reflexionar y plantearse una nueva cuestión, no ociosa sino vital para su vida como individuo y como miembro de una comunidad.

Cada página es una agradable y retadora sorpresa sobre una multitud de temas que impresiona nuestras mentes, pero cuyo contenido no siempre tenemos tiempo de valorar, y que el autor trata desde la fe y la razón que se alimentan de la Escritura: *creer para comprender, comprender y creer*.

Alfonso Ropero Berzosa
Director editorial CLIE

*A mi madre Ligia Ruiz de Rojas,
por conducirme a creer.
Al pastor Darío Silva-Silva,
por estimularme a comprender.*

Prefacio

Agradezco a la editorial CLIE la confianza que me brinda al publicar este segundo devocional bajo el título *Creer y Comprender,* que creo representa una leve pero significativa evolución y maduración en mi pensamiento teológico respecto del anterior, publicado bajo el nombre *Razones para la Fe.* Maduración que me atrevo a afirmar será percibida y bien recibida por los lectores que llegaron a disfrutar constructivamente en su momento de la lectura de este último. Reitero aquí, sin repetirlas una a una, las afirmaciones y recomendaciones que dirigí a los lectores en el prefacio del primer libro. La única que considero importante mencionar nuevamente es mi compromiso invariable con el lema *Sola Scriptura* propio de la tradición cristiana protestante en la que me inscribo, a mucho honor. Cada día que pasa mi experiencia cotidiana de fe confirma y refuerza la confianza que la Biblia me ha merecido desde el día de mi conversión a Cristo y asimismo aumenta el deleite que su lectura me produce, identificándome con el salmista cuando se refería a ella en el salmo 19 diciendo que es más deseable que el oro refinado y más dulce que la miel que destila del panal. A veces pienso que incluso se quedó corto al describirla de este modo. Sea como fuere, mi subordinación a la Palabra de Dios como el último y definitivo tribunal de apelación para toda discusión teológica o con ribetes teológicos que tenga implicaciones en la conducta humana, no es algo negociable. El diálogo que emprendo con la cultura secular en las reflexiones aquí contenidas está, por tanto, lejos de ser una acomodación de la Biblia a la cultura, sino que intenta ser más bien una conciliación entre la cultura y la Biblia, alineando a la primera con la última. El lector culto e inquisitivo de la posmodernidad no puede esperar entonces ninguna concesión al pensamiento secular en el sentido de equiparar su autoridad con la de las Sagradas Escrituras. Cumplo así con advertirlo y desengañarlo de cualquier expectativa que tenga en esta dirección.

Es justo expresar también mi agradecimiento a todos mis consiervos y hermanos de mi iglesia Casa Sobre la Roca en Colombia, Estados Unidos y España, que siempre me han estimulado a seguir escribiendo y culminar esta segunda obra. Entre todos ellos merecen destacarse, una vez más, mi esposa Deisy y mis hijos «Teo» (Mateo Arturo) y «Chechi» (María José) por su apoyo y comprensión a lo largo de todo un año en que este proyecto ocupó buena parte de mi tiempo y exigió en múltiples ocasiones una ardua dedicación que iba en detrimento del tiempo y atención que les debo a ellos. No fue siempre fácil para ninguno de nosotros, pero lo logramos juntos y por esta causa los seguiré amando especialmente.

También merece una mención particular el Dr. Alfonso Ropero Berzosa, reconocido autor y pensador cristiano, actual editor general de CLIE, a quien respeto y admiro. Su amistad personal ha sido una muy apreciada bendición para mi vida. He procurado tener siempre en cuenta sus cualificados puntos de vista —tanto los que manifiesta en sus libros como los que me ha expresado de manera más personal— los cuales han contribuido a madurar mi propio pensamiento. Su apoyo también ha sido fundamental. Dicho lo anterior, doy la bienvenida al lector a este periplo de un año que confío le sea de provecho.

1 de Enero

La cobardía

«Nada es más cobarde que fingirse valiente delante de Dios»

BLAS PASCAL[1]

Cobardía y valentía son nociones enfrentadas y antagónicas. La primera es despreciada y censurable (Ap 21:8). La segunda es elogiada y deseable (Jos 1:7-9). Con todo, a no ser que estén en juego asuntos de vida o muerte, el cobarde no suele generar más que algo de fastidio en los que lo rodean, sobre todo si su cobardía se limita a asuntos triviales como, por ejemplo, el miedo a los ratones o el temor a las inyecciones, entre otros tantos. Pero lo que si puede agravar la cobardía y la percepción que otros tienen del cobarde es el fingimiento ostentoso y desafiante por el cual este presume ser valiente sin serlo. Podemos tolerar la cobardía por sí sola, pero no la cobardía unida a la hipocresía (Lc 12:1). Y esto es así porque sabemos a qué atenernos con un cobarde en una situación extrema, pero no con el que además de cobarde, es hipócrita. En otras palabras, no estamos engañados ni con expectativas irreales respecto del cobarde manifiesto, pero sí lo solemos estar en el caso del cobarde encubierto que presume de valentía, con evidente riesgo para nuestra vida si, engañados, hemos depositado nuestra confianza en quien creíamos valiente. Por eso la cobardía máxima es la del cobarde que se finge valiente. Porque aun para reconocerse cobarde se requiere algún grado de humilde valentía. Valentía mínima de la que carece el cobarde que finge. Ahora bien, el ser confrontados personalmente por un Dios justo y santo debería ser algo intimidante en grado sumo para toda persona consciente de su pecado. Aquí la cobardía estaría más que justificada para todos los seres humanos y debería incluso ser la norma. Ante Dios el tratar de huir por nuestra vida sería algo de simple sentido común. Es, pues, inútil pretender resistirnos y luchar contra Dios fingiendo valentía y la única manera de triunfar cuando nos enfrentamos a Dios es, entonces, rindiéndonos por completo a Él. Porque lo único que se logra al fingir valentía ante Dios es, como en el caso del emperador romano Juliano, apodado «El Apóstata», o el más reciente de José Stalin; un puño impunemente levantado al cielo, en postrero y desesperado gesto de fingida pero totalmente infructuosa valentía[2]:

> *El impío se ve atormentado toda su vida, el desalmado tiene los años contados [...] y todo por levantar el puño contra Dios y atreverse a desafiar al Todopoderoso.*
>
> **Job 15:20, 25** NVI

2 de enero

Resucitaciones clínicas

«No me cabe duda de que nos encontramos ante una mente en acción [...]. Y está perversamente empeñada en que nunca podamos demostrar su existencia»

Randall Sullivan[3]

La ciencia estudia hoy los episodios protagonizados por personas que habiendo sufrido muertes clínicas más o menos prolongadas, regresan a la vida y narran de manera vívida inquietantes experiencias que trascienden el mundo material, pudiendo describir de manera exacta y detallada el entorno en que se encontraban cuando supuestamente estaban por completo inconscientes e incapaces de observar lo que estaba teniendo lugar a su alrededor[4]. Sin embargo, no obstante la recopilación y clasificación metódica de estos testimonios, la ciencia es incapaz de demostrar o negar la existencia real de ese orden de realidad trascendental descrito por los que lo han experimentado en el contexto de la muerte clínica. Es así como, paradójicamente, estamos obteniendo y estudiando cada vez más «señales» de otro mundo, pero al mismo tiempo y a pesar del avance de la ciencia, somos cada vez más impotentes para llegar a conclusiones indiscutibles con fuerza de ley en relación con ese mundo y con quienquiera que se encuentre detrás de él. La única forma de acceso a este mundo sigue siendo, entonces, la fe; esta exige una decisión de la voluntad para la que la ciencia no puede ni podrá nunca proveer suficiente apoyo al punto de que la fe se llegue a convertir en una decisión absolutamente lógica y racional. El «salto de la fe»[5] sigue siendo entonces ineludible para todo el que pretenda ser cristiano. Hoy por hoy es muy difícil seguir negando, desde una perspectiva científica, que nos encontramos ante una mente en acción, la mente de Dios, pero también es cada vez más claro que nunca podremos demostrar su existencia, no debido a una intención perversa de la mente divina, sino a que Dios no quiere forzar nuestra decisión respetando así la libertad de decisión que nos otorgó, decisión que una vez tomada a favor de Cristo conforme a su revelación en la Biblia y en la historia, nos permite disfrutar del deleite de vivir por fe y no por vista (2 Cor 5:7). Así pues, las resucitaciones clínicas de hoy pueden, guardadas las proporciones, cumplir nuevamente el papel que cumplió en su momento con algunos la resucitación milagrosa de Lázaro:

> *Muchos de los judíos [...] fueron a ver no solo a Jesús sino también a Lázaro, a quien Jesús había resucitado [...] por su causa muchos se apartaban de los judíos y creían en Jesús.*
>
> **Juan 12:9, 11 nvi**

3 de enero

La autoridad de Cristo

«No importan tanto las palabras, sino quien las dice»
Lewis Carroll[6]

El acercamiento tradicional al estudio de la persona de Jesucristo ha girado alrededor del esquema que distingue entre la naturaleza divina y la humana, que convergen simultáneamente en él y hacen de él Dios y hombre al mismo tiempo. Este acercamiento ha conllevado el peligro siempre latente de ir más allá de la necesaria *distinción* entre ambas naturalezas y proceder entonces a la *separación* entre ellas, dividiendo así a Jesucristo en partes, en perjuicio de la unidad de ambas naturalezas fundidas en el crisol indivisible e inseparable de la personalidad individual de nuestro Señor Jesucristo; o de terminar dándole mayor énfasis a una de las naturalezas en detrimento de la otra. Ambos extremos condujeron a variadas herejías en la antigüedad que, después de mucho debate por parte de los teólogos y dirigentes de la Iglesia, se resolvieron con la redacción de los tres credos de la iglesia primitiva[7] y del documento conocido como la «Definición de fe de Calcedonia» en el concilio ecuménico del mismo nombre[8]. Con el advenimiento del liberalismo teológico en el siglo XIX se propuso un nuevo esquema para acercarse al estudio de la persona de Cristo que distingue en Él tres aspectos, a saber: su identidad (quién era), sus acciones (qué hizo), y sus palabras (qué dijo). Pero en este novedoso e interesante acercamiento acechan también los mismos peligros que en el tradicional, esto es, dividir y separar estos tres aspectos entre sí o enfatizar uno de ellos en detrimento de los otros. Es así como desde el siglo XIX hasta hoy la teología ha puesto un énfasis arbitrariamente selectivo en sus acciones de índole social[9] en detrimento de su identidad y sus palabras[10], o un énfasis igualmente arbitrario y selectivo en sus enseñanzas (sus palabras), en perjuicio de su identidad y sus acciones[11]. Porque la vigencia de las acciones y palabras de Jesucristo está indisolublemente ligada a su declarada identidad divina, de donde si se niega esta última, las primeras se quedan sin base alguna, por excelsas que nos parezcan, como lo da a entender el propio Señor Jesucristo (Mt 5:22, 28, 32, 34, 39, 44; 12:36; 19:9; Jn 13:19) y lo confirman los que lo conocieron:

> *La gente se asombraba de su enseñanza, porque la impartía como quien tiene autoridad y no como los maestros de la ley.*
>
> Marcos 1:22; NVI

4 de enero

Distinguiendo para unir

«Solamente hay paz si se mantienen las distinciones»

Karl Barth[12]

Las distinciones evitan confusiones innecesarias e inconvenientes, pero con frecuencia incurren en el extremo opuesto de llegar a dividir y separar aspectos que, a pesar de ser distintos, deben mantenerse unidos en pro de una correcta comprensión de estos, sin perjuicio de sus diferencias. Las distinciones no riñen con la unidad y complementariedad entre aspectos diferentes de una misma realidad. Es posible y necesario, por ejemplo, *distinguir* conceptualmente entre la naturaleza humana y la divina de Jesucristo; o entre su identidad, sus acciones o sus palabras; pero no es posible *separar* estos aspectos complementarios de la personalidad única e indivisible de nuestro Señor sin correr el riesgo de no hacerle justicia en el proceso o aun de terminar fomentando herejías de manera inadvertida. Asimismo, hombres y mujeres somos ambos seres humanos (Gn 1:27), de tal modo que las distinciones de género, si bien son necesarias, no deben utilizarse para dividirnos o separarnos propiciando enfrentamientos o «guerras de sexos» a la manera del feminismo actual, con sus extremistas androfobia y misandria[13], o del tradicional machismo chovinista y su frecuente acompañante: la misoginia[14]; sino que es justamente nuestra común y compartida condición humana la que hace posible la constructiva y legítima unión entre hombre y mujer en el vínculo matrimonial (Gn 2:24; Mt 19:5-6; Mr 10:7-9), sin que las distinciones y contrastes de género sean obstáculo para ello, sino que, por el contrario, son justamente estas las que hacen interesante, atractiva y deleitosa la relación activando así todo el potencial benéfico que hay en ella. De manera análoga, la imagen y semejanza divinas plasmadas en el ser humano por Dios al crearlo (Gn 1:26-27), son las que, gracias también a las obvias y ostensibles distinciones, diferencias o distancias entre criatura y Creador; hacen posible no solo la encarnación de Dios como hombre en la persona de Jesús, sino también la paz con Dios (Ro 5:1), mediante la unión personal e íntima del ser humano con Él en virtud de la fe en Cristo, según lo afirma el apóstol Pablo de manera categórica y concluyente:

> ... el que se une al Señor se hace uno con Él en espíritu.
>
> 1 Corintios 6:17 nvi

5 de enero

Capitalismo, comunismo y reino de Dios

> «Bajo el capitalismo, el hombre explota al hombre. Bajo el comunismo, es justamente lo contrario»
>
> J. K. Galbraith[15]

Con ingenioso y divertido sarcasmo, Galbraith señala de un plumazo el aspecto censurable e injusto de sistemas económicos tradicionalmente enfrentados, emparentándolos entre sí. En razón de ello, la iglesia de Cristo no debe asumir posturas políticas restrictivas y excluyentes, afiliándose a ideologías políticas de ningún corte en particular, pues Cristo no avaló ni descalificó ningún sistema político o económico como tal, sino que más bien fomentó la promoción y el establecimiento de la justicia social en todos los sistemas políticos sobre la base del amor, el respeto, la libertad y la consecuente responsabilidad que atañe a todo ser humano, a los creyentes en particular. Corresponde entonces a cada cual evaluar en conciencia, a la luz del evangelio y con cabeza fría, la doctrina política o el sistema económico de sus afectos. Es probable que al hacerlo todos ellos muestren debilidades y fortalezas que hacen que ninguno pueda ser descalificado sin más o aceptado a ojos cerrados, pues todos poseen elementos positivos y negativos a la luz del mensaje del evangelio y por eso ninguno puede erigirse como el sistema político o económico avalado por Dios, desechando a los demás en el proceso, pues en última instancia todos ellos pueden, no obstante sus mayores o menores fallas estructurales, llegar a hacer contribuciones valiosas al establecimiento de la justicia social. Dio en el punto Juan Antonio Monroy al afirmar: «A Dios no le interesan las ideas políticas, sino los hombres. Se puede ser de izquierdas, de derechas o de centro, y se puede vivir con Dios en el alma. Los partidos políticos son invenciones de los hombres, no de Dios. Dios no rechaza a los de izquierdas; son estos quienes, en su mayoría, se desentienden de Dios. El tono de voz es el mismo en Dios cuando llama a los derechistas o a los izquierdistas. Las barreras políticas se levantan en la tierra, no en el cielo»[16]. Tiene que ser así puesto que el único sistema de gobierno perfecto es el reino de Dios y nuestra responsabilidad es recrear hasta donde esté a nuestro alcance, —pero reconociendo el carácter siempre imperfecto de nuestros esfuerzos—, las condiciones de este reino, relacionadas así en las Escrituras:

> *El reino de Dios no es cuestión de comidas o bebidas sino de justicia, paz y alegría en el Espíritu Santo.*
>
> **Romanos 14:17** nvi

6 de enero

Iglesia y democracia

> «LA CAPACIDAD del ser humano para la justicia hace posible la democracia; pero la inclinación del ser humano hacia la injusticia hace necesaria la democracia»
>
> REINHOLD NIEBUHR[17]

Uno de los rasgos que caracteriza a las denominaciones evangélicas es su forma de gobierno, siendo las más representativas de ellas el gobierno episcopal, el presbiteriano y el congregacional. En la actualidad los dos últimos gozan tal vez de mayor reconocimiento secular en vista de su afinidad con el ideal democrático de las sociedades modernas. Y si bien hay que reconocer las bondades de la democracia como una de las formas de gobierno secular más benéficas y desarrolladas, no por eso es perfecta. Bien lo dijo con humor un defensor de la democracia: «La democracia es el peor sistema de gobierno que existe, con excepción de los demás». Preocupa entonces que en el marco de las actuales democracias se haya vuelto popular la creencia en que «la voz del pueblo es la voz de Dios», presunción que ha demostrado ya de sobra ser nefasta en muchos casos de nuestra historia. La Biblia nos revela que la iglesia no es propiamente una democracia sino una teocracia y por lo tanto sus formas de gobierno no pueden estructurarse ni guiarse irreflexivamente a la luz del ideal democrático moderno. En el Concilio de Jerusalén vemos que Santiago, —el hermano del Señor y dirigente de esta congregación—, habiendo escuchado a los apóstoles y demás dirigentes de la iglesia fue, no obstante lo anterior, quien tomó la decisión final que afectaría a toda la iglesia (Hch 15:1-20), decisión que no se sometió a voto popular. Y aun en el caso de la elección del sucesor del malogrado apóstol, Judas Iscariote, el recurso a las suertes estuvo precedido por la siguiente oración: *«Señor, tú que conoces el corazón de todos, muéstranos a cuál de estos dos has elegido…»* (Hch 1:24). En esta línea, las decisiones que involucraban la elección de individuos particulares para un servicio o desempeño especial eran tomadas en oración por la dirigencia de la iglesia primitiva bajo la guía del Espíritu Santo y no mediante plebiscito, referéndum o consulta popular (Hch 13:1-3). Así pues, en la iglesia con especialidad, es Dios entonces quien elige, como nos lo reveló el Señor:

> *No me escogieron ustedes a mí, sino que yo los escogí a ustedes y los comisioné para que vayan y den fruto, un fruto que perdure…*
>
> **Juan 15:16 NVI**

7 de enero

Ciencia y cristianismo

«Los que rechazan a los dioses tienden a ser olvidados. No deseamos conservar el recuerdo de escépticos como ellos, menos aún sus ideas»

CARL SAGAN[18]

El no recurrir a Dios como explicación o hipótesis para comprender el funcionamiento de los fenómenos que nos rodean y afectan nuestra vida, no implica necesariamente ese rechazo absoluto del reconocimiento de lo divino que suele designarse como *ateísmo*, conocido más exactamente como *increencia* o *incredulidad* desde la perspectiva de la fe. De hecho, los paganos acusaron a los primeros cristianos de ateos por cuanto estos rechazaban a los dioses de las mitologías griega y romana, así como a las deidades propias de las religiones de misterio por entonces en boga (1 Cor 8:4-6). Y es que el cristianismo, sin dejar de afirmar la realidad divina tal y como se nos revela en la Biblia[19], es una doctrina desmitificadora y antisupersticiosa que no riñe entonces con la ciencia y su método experimental y objetivo, sino que más bien lo fomenta. En otras palabras, la ciencia puede ser atea en el método, pero no debe serlo en sus motivos. Y del mismo modo en que Sagan afirma en el encabezado que los primeros promotores de una incipiente ciencia en la antigüedad fueron olvidados debido supuestamente a su escepticismo radical hacia la realidad divina, lo cierto es que los científicos de la actualidad[20] también han olvidado de manera sospechosamente sesgada que el impulso y los logros de la ciencia moderna se deben a una pléyade de devotos creyentes cristianos, cuya fe y conocimiento de la Biblia los impulsó a buscar sistemáticamente la revelación del orden de Dios (1 Cor 14:33, 40), en la naturaleza y en el universo en general (Sal 19:1-4; Ro 1:19-20), con la convicción de que ese orden asociado a Dios no solo se reflejaría en el establecimiento de las leyes morales para la humanidad, sino también en el establecimiento de leyes naturales que deberían regir el funcionamiento de todo el mundo material, leyes a cuya búsqueda estos primeros científicos cristianos se dedicaron con pasión religiosa y en cuyos logros se apoyan hoy, les guste o no, esos científicos agnósticos y ateos que edifican sobre el fundamento de aquellos[21]. Después de todo:

... el Señor da la sabiduría; conocimiento y ciencia brotan de sus labios.

Proverbios 2:6 NVI

8 de enero

La tragedia del comunismo

«La electricidad reemplazará a Dios»

Lenin[22]

Hoy por hoy es común pensar en Dios como una mera energía, al estilo de la justamente llamada «fuerza» en las películas de la saga de *La Guerra de las Galaxias*. Incluso en círculos presuntamente cristianos se ha filtrado esta forma herética de concebir a Dios en grupos que afirman que el Espíritu Santo es solo el nombre que recibe la fuerza o el poder que emana de Dios, en censurable oposición a la ortodoxia cristiana que, al formular la doctrina de la Trinidad, afirma la condición personal del Espíritu Santo al enunciarla de este sencillo modo: «Tres *personas* distintas, un solo Dios verdadero». La relación del creyente con Dios es, entonces, una relación entre personas, siendo el Espíritu Santo una de las que interviene más decisivamente en esta relación. La Biblia describe al Espíritu Santo con características personales, puesto que lo que el ser humano anhela y necesita es una relación interpersonal con Dios más que servirse del poder de Dios de manera impersonal. Esto último es propio de la magia, que pretende dominar las fórmulas de acceso a los poderes espirituales, —incluyendo entre ellos el poder de Dios—, para ponerlos presuntamente al servicio de nuestros intereses egoístas, como si Dios fuera nuestro sirviente y estuviera obligado a servirnos cada vez que accedamos a él a través de la fórmula correcta. El mismo Lenin reconoció su garrafal equivocación al impugnar de forma tan altiva, burda, irreverente y atrevida la realidad divina, haciendo esta confesión después de ver los resultados que trajo la implementación de su sistema político, que pretendió marginar al Dios personal de la vida de los individuos y de la sociedad en general: «Cometí una equivocación. No había duda de que se debía liberar a una multitud oprimida. Pero nuestro método solo provocó más opresión y masacres atroces. Mi pesadilla viva es encontrarme perdido en un océano enrojecido con la sangre de innumerables víctimas. Ahora es demasiado tarde para alterar el pasado, pero lo que se necesitaba para salvar a Rusia eran diez Franciscos de Asís»[23]. En la Rusia comunista y atea quedó así demostrado una vez más lo afirmado por el Señor cerca de 2 000 años atrás:

> … *separados de mí no pueden ustedes hacer nada* […]. *La mentalidad pecaminosa* […] *no se somete a la ley de Dios, ni es capaz de hacerlo.*
>
> **Juan 15:5; Romanos 8:7** nvi

9 de enero

La persecución y la fe

«Parece que manejamos la persecución mejor que la prosperidad»

Sergey[24]

La «redención por medio del sufrimiento», asociada fundamentalmente con el cristianismo, hunde sus raíces en el mismo judaísmo del Antiguo Testamento. El historiador Paul Johnson parafrasea lo dicho por Arthur A. Cohen para recordarnos cómo afrontaron el holocausto nazi muchísimos judíos piadosos: «Millares de judíos piadosos entonaron su profesión de fe mientras se los empujaba hacia las cámaras de gas, porque creían que el castigo infligido a los judíos […] era obra de Dios y constituía en sí mismo la prueba de que él los había elegido (Am 3:2) […]. Los sufrimientos de Auschwitz no eran meros sucesos. Eran sanciones morales. Eran parte de un plan. Confirmaban la gloria futura. Más aún, Dios no solo estaba irritado con los judíos. Estaba dolorido. Lloraba con ellos. Los acompañaba a las cámaras de gas, como los había acompañado al exilio»[25]. De hecho, Johnson nos informa que a lo largo de la historia del judaísmo y a partir del exilio babilónico ha existido en él una fuerte corriente que ve siempre con sospecha el poder y el triunfalismo político, pues vislumbra en ello una amenaza contra la pureza y fidelidad del pueblo hacia Dios urdida por Satanás para fomentar sutilmente la relajación y el alejamiento de Dios entre su pueblo (compárese Jer 22:21 con Os 2:14). Un amplio sector de la iglesia primitiva también llegó a la misma conclusión al observar la inquietante transformación que aquella sufrió cuando el emperador romano Constantino promulgó el «Edicto de Tolerancia», al amparo del cual cesó formalmente la persecución y la iglesia comenzó a detentar poder político en detrimento de la autoridad moral que había exhibido y ejercido durante los tiempos de la persecución. El movimiento monástico fue un resultado de esta convicción. Y si bien el cristianismo no debe ser sufriente, sí debe ser sufrido para poder así entender que nuestras oraciones, por fervientes y constantes que sean, no serán respondidas nunca con la eliminación absoluta del sufrimiento bajo las condiciones actuales de la existencia humana, recordándonos de paso una de las más sublimes bienaventuranzas reveladas en el sermón del monte:

> *Dichosos serán ustedes cuando por mi causa la gente los insulte, los persiga y levante contra ustedes toda clase de calumnias. Alégrense y llénense de júbilo, porque les espera una gran recompensa en el cielo. Así también persiguieron a los profetas que los precedieron a ustedes.*
>
> **Mateo 5:11-12** nvi

10 de enero

La imprevisibilidad de Dios

> «Dios es libre, y no está sujeto a ninguna limitación. Él debe dictarnos el lugar, la manera y el tiempo»
>
> Martín Lutero[26]

La soberanía de Dios implica el ejercicio de la libertad divina en su relación con el creyente, sin perjuicio del hecho de que la teología haya atribuido siempre a Dios la invariabilidad, entendida como el atributo divino por el cual Dios *no puede* cambiar y, de hecho, nunca cambia (Heb 13:8; Stg 1:17). Pero ese «no puede» no debe entenderse como algún tipo de impotencia en Dios, sino simplemente como la permanencia sin variación de su esencia[27] y de su carácter personal a través de los tiempos en relación con su creación y, particularmente, en relación con el creyente. Así pues, hay que decir que Dios es invariable para nuestro bien, pues de este modo siempre podemos saber a qué atenernos en cuanto a su carácter personal que nunca cambia de manera caprichosa o arbitraria sino que es fiel a sí mismo y a los suyos. En otras palabras, Dios es eminentemente digno de nuestra confianza absoluta porque una vez que se revela a nosotros en Jesucristo con miras a la salvación, podemos estar seguros de que siempre permanece invariablemente fiel a esta revelación (2 Tm 2:13). Pero es necesario tener también en cuenta que la invariabilidad de Dios no significa que Dios sea previsible en sus actuaciones, de modo que siempre actúe como nosotros lo deseamos, en el momento en que lo deseamos y en el lugar en que lo deseamos. Las promesas divinas de respuesta a las peticiones que le formulamos insistentemente en oración no significan que Él esté obligado a respondernos en los términos exactos en que nosotros lo esperamos, pues la Biblia también nos informa que sus caminos y pensamientos son más altos que los nuestros (Is 55:8-9), de ahí que sus actuaciones sean imprevisibles y siempre sorpresivas e incluso desconcertantes para quienes hemos confiado a Él nuestra vida. C. S. Lewis hizo una gráfica y perfecta alusión a ello en sus *Crónicas de Narnia* refiriéndose al majestuoso león Aslan, símbolo de Jesucristo, con estas reiterativas palabras: «no es un león domesticado», para explicar el carácter imprevisible y a veces desconcertante de sus actuaciones. En último término, la única garantía que tenemos es nuestra confianza en aquel:

> *... que puede hacer muchísimo más que todo lo que podamos imaginarnos o pedir, por el poder que obra eficazmente en nosotros.*
>
> **Efesios 3:20** NVI

11 de enero

La urgencia de la oración

«Los que están en un barco que se hunde no se quejan de distracciones durante sus oraciones»

Herbert McCabe[28]

Apartar regularmente un tiempo para la oración no es siempre fácil para la mayoría de los creyentes. Las preocupaciones cotidianas, —muchas veces triviales—, atentan contra ello, al punto que las distracciones parecen estar siempre a la orden del día y muchos asuntos y detalles «urgentes» terminan reclamando nuestra atención en detrimento de la oración. Perdemos de vista que con frecuencia lo que consideramos urgente no es realmente importante, y que lo primero suele más bien desplazar y relegar lo último a segundo plano, con el agravante de que lo importante sí debería ser siempre urgente. Habría, pues, que asumir una perspectiva como la señalada en la frase del encabezado, que va en línea de continuidad con el dicho popular que afirma que «No hay ateos en las trincheras» y con el testimonio personal de aquellos creyentes que han vivido entre el fuego cruzado de un conflicto armado solo para descubrir que «En tiempo de guerra las oraciones se vuelven muy prácticas»[29]. En efecto, las situaciones límite de la vida tienen como beneficio inmediato que nos ayudan a ordenar correctamente nuestras prioridades y nos permiten distinguir con claridad lo verdaderamente importante, —y por lo mismo urgente—, de lo que no lo es. La iglesia primitiva tenía siempre este sentido de urgencia para la oración, motivados por la conciencia que tenían del regreso inminente de Cristo —estímulo que en la actualidad, lamentablemente, hemos perdido, olvidando las palabras del apóstol Pedro al respecto (2 P 3:9-18)—, reforzada por el apremio suscitado en los cristianos de los primeros siglos por las persecuciones sistemáticas contra ellos por cuenta del Imperio romano. Pablo tenía una percepción de este tipo al dirigirse a los Corintios con estas palabras: «Pienso que, a causa de la crisis actual...» (1 Cor 7:26), y en virtud de ello recomienda insistentemente la oración como una actividad siempre urgente (1 Ts 5:17). El ejemplo de María, hermana de Lázaro, es digno de seguir, pues en medio del atareamiento de su hermana Marta, ella sabía que había que aprovechar la presencia física del Señor (Mc 14:7; Jn 12:8), y estar así calladamente a sus pies:

> *Marta, Marta —le contestó Jesús—, estás inquieta y preocupada por muchas cosas, pero solo una es necesaria. María ha escogido la mejor, y nadie se la quitará.*
>
> **Lucas 10:41-42** NVI

12 de enero

La Biblia: Palabra de Dios

> «Cuando no se tiene en cuenta la palabra de Dios se pierde todo el temor que se le debe [...] nunca se hubiera atrevido Adán a resistir el mandato de Dios, si no hubiera sido incrédulo a su palabra»
>
> Juan Calvino[30]

Partiendo del reconocimiento de que la Biblia es la palabra de Dios, las diferentes vertientes y denominaciones cristianas a través de la historia han sostenido desacuerdos más o menos significativos en su interpretación en aspectos que, sin embargo, no suelen ser graves por cuanto no desvirtúan ningún aspecto de lo que se conoce como la «sana doctrina»[31], compartida, sostenida y defendida por toda iglesia que pretenda llamarse cristiana. En realidad, los desacuerdos de fondo surgen cuando se comienza a poner en tela de juicio la Biblia como palabra de Dios. Cuando no se tiene en cuenta la Biblia por lo que es: la Palabra de Dios. Podría decirse que, en rigor, la doctrina de la inspiración divina de la Biblia es el punto de inflexión que distingue y marca los linderos que separan a las posturas teológicas cuestionablemente liberales de las posturas teológicas confiablemente conservadoras[32]. En efecto, para los liberales la Biblia a lo sumo *contiene* palabra de Dios en una proporción indefinida, mientras que para la ortodoxia conservadora la Biblia *es* en su totalidad *la* Palabra de Dios con absoluta exclusividad, al margen de que los individuos la reconozcan o no como tal. Por eso, si bien de manera excepcional algunos personajes especialmente escépticos e intelectualmente dotados llegaron a convertirse al cristianismo después de someter la Biblia a un análisis histórico-crítico concienzudo y libre de prejuicios que los condujo a la convicción de que ella debe ser, ciertamente, la palabra inspirada de Dios; el proceso habitual suele seguir el orden inverso: esto es, experimentar la conversión a Cristo primero y como consecuencia de ello adquirir ipso facto la profunda convicción de que la Biblia es la palabra inspirada de Dios, previo a cualquier análisis crítico de esta. Así pues, la neo-ortodoxia de Barth acierta cuando afirma también que la Biblia *llega a ser* Palabra de Dios para el individuo a partir de su encuentro personal con Cristo en la experiencia de la conversión y no antes de ella. El creyente puede así declarar con Pablo:

> *Toda la Escritura es inspirada por Dios y útil para enseñar, para reprender, para corregir y para instruir en la justicia, a fin de que el siervo de Dios esté enteramente capacitado para toda buena obra.*
>
> 2 Timoteo 3:16-17 nvi

13 de enero

La conspiración de lo insignificante

«Dios ha escogido cambiar el mundo a través de lo humilde, lo modesto y lo imperceptible [...]. Esa ha sido siempre la estrategia de Dios: cambiar el mundo a través de la conspiración de lo insignificante»

Tom Sine[33]

Muchos cristianos se sienten agobiados ante la magnitud y complejidad abrumadora de los problemas que aquejan a la humanidad, experimentando una sensación de impotencia, desánimo y esterilidad, no obstante orar regularmente por estos asuntos. Nos sentimos tan pequeños que parece que nada de lo que hagamos hará una diferencia significativa en la situación que lamentamos y por la que oramos Dios entiende como nos sentimos en estos casos, garantizándonos de muchas maneras que las cosas no son necesariamente como las percibimos, exhortándonos con pleno conocimiento de causa a mantenernos «firmes e inconmovibles, progresando siempre en la obra del Señor...», conscientes de que nuestro trabajo en el Señor «no es en vano» (1 Cor 15:58), y asegurándonos también que «... a su debido tiempo cosecharemos si no nos damos por vencidos» (Gal 6:9), ya que Él no es injusto como para olvidarse de nuestros pequeños esfuerzos que, como granos de arena, tratamos de aportar para que las cosas cambien favorablemente (Heb 6:10). Así, Dios nos invita a considerar en la historia la manera en que aportes aparentemente insignificantes han terminado haciendo diferencias drásticas, insospechadas y notoriamente favorables en el posterior estado de cosas. La «conspiración de lo insignificante» es una realidad manifiesta en la historia sagrada y en la secular[34]. El autor Max Lucado hace inspiradora referencia a ello una y otra vez en sus libros, recreando las historias bíblicas con su particular y agradable estilo y especulando con base en ellas que «en el Cielo puede que haya una capilla para honrar los usos no comunes que Dios hace de lo común»[35]. Después de todo: «¿Saben los héroes cuando realizan actos heroicos? Pocas veces [...]. Rara vez vemos a la historia cuando se genera y casi nunca reconocemos a los héroes...»[36], concluyendo: «Dios usa semillitas para recoger grandes cosechas [...]. Ningún sembrador de semillitas puede saber la magnitud de su cosecha»[37]. Se explica entonces el deleite de Dios al obrar de este modo:

... escogió lo insensato del mundo para avergonzar a los sabios [...] lo débil del mundo para avergonzar a los poderosos [...] lo más bajo y despreciado, y lo que no es nada, para anular lo que es...

1 Corintios 1:27-28 NVI

14 de enero

La incondicionalidad de la fe

«No hay desgracias que valgan contra quien tiene la seguridad plena de la eternidad»

Blas Pascal[38]

Las bendiciones temporales de la vida cristiana deben distinguirse de las bendiciones eternas, no porque riñan entre sí de manera necesaria o porque estemos abocados a la disyuntiva de no poder disfrutar simultáneamente de ambas, sino porque en último término las primeras (las temporales), a pesar de que ostenten un elevado grado de probabilidad en la vida del creyente en virtud de las promesas divinas, no por ello dejan de ser contingentes, mientras que las últimas (las eternas) son ciento por ciento seguras y están garantizadas plenamente, puesto que Dios sabe que son estas las que a la postre todos los seres humanos anhelamos y necesitamos verdaderamente. Es por eso que la vida cristiana no está exenta de vicisitudes. La Biblia deja constancia indiscutible de las pruebas a las cuales está expuesto el creyente en mayor o menor medida. Estas pruebas se presentan en un significativo número de veces como desgracias reales o potenciales que golpean la apacible vida del creyente, cuyo más ilustrativo y proverbial caso es el del patriarca Job. Pero es en estas circunstancias cuando la incondicionalidad de nuestra fe está llamada a sostenernos con la convicción de que las desgracias temporales eventuales de las que seamos víctimas no admiten ni siquiera comparación con las bendiciones eternas que nos están reservadas por Dios (Ro 8:18). El carácter incondicional de nuestra fe, expresado muy bien en su momento por los amigos de Daniel (Dn 3:16-18), y por el propio Job: «He aquí, aunque él me matare, en él esperaré» (Job 13:15 RV60, compárese con Job 1:21-22; 2:10); tiene su raíz en la eternidad, no en lo temporal y es debido a ello que no hay desgracia, por crítica que sea, que valga contra el auténtico creyente, pues la fe arraigada en lo eterno siempre le permitirá sobreponerse a cualquier desgracia temporal que le sobrevenga. Así debemos entender la declaración del Señor en el sentido de no temer a los que matan el cuerpo pero no pueden matar el alma (Mt 10:28; Lc 12:4), pero tal vez la más reconfortante y esperanzadora declaración bíblica en medio de la desgracia es la pronunciada por el propio Job desde la profundidad de su drama:

Yo sé que mi redentor vive, y que al final triunfará sobre la muerte.
Y cuando mi piel haya sido destruida, todavía verá a Dios
con mis propios ojos...

Job 19:25-27 NVI

15 de enero

La creencia en la vida después de la muerte

«Algo dentro de mí se afana por creer en la vida después de la muerte. Y no tiene el más mínimo interés en saber si hay alguna prueba contundente de que exista […]. Se trata de que los humanos se comportan como humanos […]. De mala gana recurro a mis reservas de escepticismo»

Carl Sagan[39]

La creencia en vida después de la muerte es innata en todo ser humano (Ecl 3:11). Es algo inherente a nuestra humanidad y constituye uno de los fundamentos —tal vez el principal fundamento práctico— de todas las religiones a través de la historia, de tal modo que es materialmente imposible desligar esta creencia —la existencia de vida después de la muerte— de la existencia de Dios como quiera que se la conciba. Es decir que la creencia en vida después de la muerte siempre conduce a la creencia en Dios, o viceversa. Estas dos creencias se apoyan y refuerzan mutuamente de tal manera que ambas caen o se sostienen juntas. El ateísmo no es entonces de ningún modo una creencia natural en el ser humano, sino algo adquirido a través de la cultura cuando nuestras saludables «reservas de escepticismo» se extralimitan, pretendiendo eliminar creencias universales arraigadas de manera intuitiva e inmediata en nuestra conciencia desde que adquirimos uso de razón. Porque como bien lo confiesa Sagan, el ateísmo en el cual militó él y muchos otros personajes a través del tiempo, es producto de «recurrir a nuestras reservas de escepticismo» de un modo censurable, al llevarlas a enfrentarse incluso en contra de creencias que forman parte de nuestra condición humana al punto que, al rechazarlas, estaremos atentando contra la dignidad humana, deshumanizándonos al negar algo esencial a nuestra condición. De ahí que esto no pueda llevarse a cabo sino «de mala gana» pues implica ir en contra de nuestra propia naturaleza. El ateísmo es, pues, una necedad y no el resultado de una avanzada intelectualidad, siendo en muchos casos el producto inconsciente y no reflexivo de una contaminante y ominosa atmósfera de ateísmo o indiferencia religiosa que se comienza a respirar en la familia y que se continúa haciendo al integrarse a las patológicamente secularizadas sociedades de hoy[40]. Cobra vigencia entonces lo revelado por Dios al respecto:

Dice el necio en su corazón: «No hay Dios»…

Salmo 14:1 nvi

16 de enero

Las oraciones no respondidas

«Algunos de los más grandes dones de Dios son oraciones no contestadas»

Charles White[41]

En la Biblia abundan las promesas divinas dirigidas al creyente en el sentido de que Dios no solo escucha nuestras oraciones sino que también se toma el trabajo de responderlas de manera favorable y conveniente a sus buenos propósitos para nosotros. Pero esto no significa que los cristianos podamos dar por sentadas siempre las respuestas a nuestras oraciones en los términos en que las formulamos Esto obedece en buena medida al hecho de que la respuesta a la oración no está exenta de oposición y resistencia por parte de Satanás y sus huestes, según se ve con claridad en la experiencia del profeta Daniel (Dn 10:12-14), razón que explicaría la necesidad de perseverar en la oración como nos insta el Señor a hacerlo a través de la parábola de la viuda y el juez injusto (Lc 18:1-8). Pero aun perseverando en ello, la respuesta tampoco está garantizada en todos los casos, puesto que la visión reducida que tenemos de la compleja realidad que nos rodea —que nos obliga a su vez a aceptar las limitaciones que tenemos para poder comprenderla—, unida a los deseos egoístas y pecaminosos que hacen presa aun de los creyentes —todo lo cual es llamado por Pablo «nuestra debilidad»—, hacen que tengamos que confesar, junto con el apóstol que «no sabemos qué pedir», razón por la cual es el mismo Espíritu de Dios quien acude a ayudarnos, debiendo interceder por nosotros «conforme a la voluntad de Dios» (Ro 8:26-27), y no conforme a la nuestra, llevándonos a confiar sin reservas en aquel que «… puede hacer muchísimo más que todo lo que podamos imaginarnos o pedir…» (Ef 3:20). Visto así, tal vez los cristianos debamos agradecer a Dios por un buen número de oraciones que, afortunadamente, cuando miramos las cosas de manera retrospectiva y con madurez, nos fueron sabiamente negadas por Dios, para nuestro posterior beneficio y el de los que nos rodean (Ro 8:28). En último término, toda petición que dirijamos a Dios en oración debe subordinarse a su sabia soberanía, como nos enseñó el propio Señor Jesucristo a hacerlo, al cerrar su angustiada y agónica oración en Getsemaní con estas imponderables y sublimes palabras:

Padre, si quieres, no me hagas beber este trago amargo;
pero no se cumpla mi voluntad, sino la tuya.

Lucas 22:42 nvi

17 de enero

El amor a la verdad

«Quien se dedique seriamente a la búsqueda de la verdad, en primer lugar debe preparar su mente amándola […] sin embargo […] hay muy pocos amantes de la verdad por la verdad misma»

John Locke[42]

La fe del cristiano puede definirse como la confianza sin reservas en aquel que dijo «—Yo soy […] la verdad…» (Jn 14:6). La verdad no es, pues, tan solo una proposición o conocimiento discursivo y conceptual al que habría que darle nuestro mero asentimiento intelectual, sino una persona: Jesucristo —Dios hecho hombre— a quien podemos y debemos amar de manera incondicional (Mt 22:37; Mr 12:30; Lc 10:27). Y si bien la fe implica siempre, de un modo u otro, la expectativa de obtener algún tipo de beneficio al creer, como la misma Biblia nos lo indica (Heb 11:6); el beneficio principal y definitivo que el creyente maduro deriva de su fe es la contemplación y el amor a la verdad por sí misma, al punto que habría que darle la razón al psiquiatra judío Viktor Frankl cuando afirmaba que la fe en Dios, o es incondicional, es decir, no supeditada a la obtención de beneficios temporales y terrenales, o no es fe. Ello explica por qué los místicos medievales hicieron de la búsqueda del *summum bonum* (el «sumo bien» o el «bien supremo») la razón de sus vidas, convencidos de alcanzar este *summum bonum* en la llamada «visión beatífica» que consiste en ver a Dios de una manera tan directa e inmediata que no habría ningún otro bien en este mundo que pudiera compararse con esto, constituyéndose entonces la visión de Dios en la fuente final de la felicidad absoluta e incomparable del ser humano. Pero lo cierto es que, por lo pronto, esto no es posible para ningún ser humano, incluyendo a los creyentes, bajo las actuales condiciones de la existencia (Ex 33:20), a no ser de manera fragmentaria y siempre deficiente (Jn 1:18; 1 Cor 13:12). Pero como lo revela también el apóstol Pablo en el anterior pasaje, ratificado a su vez por el apóstol Juan (1 Jn 3:2-3), la «visión beatífica» será una realidad plena en el reino de Dios, hallándose tan garantizada por el testimonio interior del Espíritu Santo (Ro 8:16), que los creyentes maduros pueden unirse al salmista en la siguiente gozosa exclamación, anticipándose así a este anhelado momento:

¿A quién tengo en el cielo sino a ti?
Si estoy contigo, ya nada quiero en la tierra.

Salmo 73:25 nvi

18 de enero

La constancia y la fe

> «Los humanos son anfibios: mitad espíritu y mitad animal [...]. Como espíritus, pertenecen al mundo eterno, pero como animales habitan el tiempo [...]. Lo más que puede acercarse a la constancia, por tanto, es la ondulación: el reiterado retorno a un nivel del que repetidamente vuelven a caer, una serie de simas y cimas»
>
> C. S. Lewis (Screwtape)[43]

Espiritualidad desordenada llamaba Michael Yaconelly a la espiritualidad que caracteriza a un gran número de cristianos auténticos[44], que lamentan no tener una conducta más consecuente con lo que creen sincera y apasionadamente y se fustigan todo el tiempo por lo que consideran una vida cristiana mediocre. Cristianos que quieren perseverar en su fe y que cuando piensan estar lográndolo se descubren a sí mismos lastimosamente enredados una vez más en los afanes de este mundo y en las vanidades de la vida en un vergonzoso ciclo de altos y bajos de nunca acabar. Pero los grandes hombres de fe siempre han sabido que lo más que los cristianos podemos acercarnos a la constancia es la ondulación. Ese es el escándalo y la paradoja de la condición humana, descrita así por el genial y piadoso Blas Pascal: «*¿Qué quimera es, pues, el hombre! ¡Qué novedad, qué monstruo, que caos, que motivo de contradicción, qué prodigio! ¡Juez de todas las cosas, imbécil gusano de la tierra, depositario de la verdad, cloaca de incertidumbre y de error, gloria y oprobio del Universo!*»[45]. Y esto es así aun en sus mejores manifestaciones históricas, alcanzadas de la mano del cristianismo y sus más destacados exponentes, todos ellos, sin embargo, hombres «... con debilidades como las nuestras» (Stg 5:17) y a quienes se aplica muy bien aquello de que «siete veces podrá caer el justo, pero otras tantas se levantará» (Pr 24:16). En realidad, el mérito del cristiano, si es que tiene alguno, no es propiamente la positiva transformación de su conducta que debe de cualquier modo operarse en su vida, sino el simple y definitivo hecho de haber creído (Ro 4:24), como lo señala Marcos Vidal en una de sus canciones, en donde dice en relación con los cristianos: «... ni siquiera tienen "algo" de especial, y sin embargo son distintos. Han creído...»[46]. Cobra así renovada vigencia la experiencia de Abraham, quien tan solo:

> ... creyó al Señor, y el Señor lo reconoció a él como justo.
>
> Génesis 15:6 nvi

19 de enero

La sucesión apostólica

> «Lo que no enseña a Cristo no es apostólico, aunque lo enseñaran Pedro o Pablo. Por otro lado, lo que enseña a Cristo es apostólico, aunque lo presentaran Judas, Anás, Pilato o Herodes»
>
> Martín Lutero[47]

La «sucesión apostólica» ha sido tradicionalmente uno de los argumentos utilizados por la iglesia en contra de los grupos heréticos, concepto que hace referencia al hecho de que toda iglesia que a través de la historia reclame legitimidad, debe estar en condiciones de referir su origen en el pasado a alguno de los apóstoles en una sucesión de ininterrumpida continuidad. Pero contrario al uso que terminó dándosele, en realidad la «sucesión apostólica» no tiene que ver propiamente con tener el respaldo personal de un apóstol en particular en la fundación de la iglesia, o en su defecto, de algún sucesor de algún apóstol en línea directa[48]; sino simplemente en ser fiel a la doctrina proclamada por los apóstoles en el Nuevo Testamento, suscribiéndola y propagándola sin distorsionarla, al margen de que se tenga o no una vinculación histórica directa más o menos demostrable con uno o con algunos de ellos. De hecho, fue el apóstol Pablo quien dijo que los creyentes incorporados en la iglesia de Cristo estamos «edificados sobre el fundamento de los apóstoles y los profetas» (Ef 2:20), sin mencionar nunca a uno de ellos en particular por encima de los otros, sino a todos en su conjunto. Asimismo, uno de los rasgos distintivos y legitimadores que deberían caracterizar a la iglesia a través de la historia es que «Se mantenían firmes en la enseñanza de los apóstoles…» (Hch 2:42). El énfasis está aquí en la *enseñanza* de los apóstoles en su conjunto, más que en la personalidad de alguno de ellos en particular (cf. Ef 3:5; 2 P 3:2; Jud 17). No se trata, pues, de Pedro y Pablo con exclusividad, como lo afirma Roma al remitir su fundación material a estos dos apóstoles, pretendiendo conservar las históricamente dudosas reliquias de sus sepulturas como factor legitimador per se de su fidelidad a la doctrina cristiana, legitimidad que fue impugnada con justicia por los reformadores apoyados precisamente en lo declarado por los mismos apóstoles en cuanto a que, en lo que a ellos respecta, el mensaje tiene prioridad aun por encima del mismo mensajero:

> *Pero aun si alguno de nosotros o un ángel del cielo les predicara un evangelio distinto del que les hemos predicado, ¡que caiga bajo maldición!…*
>
> Gálatas 1:8-9 NVI

20
de enero

Madurez o perfección

> «Los que piensan que han llegado, han equivocado su ruta. Los que piensan que han alcanzado su meta, la han perdido. Los que piensan que son santos, son demonios»
>
> Henri Nouwen[49]

Si algo debe caracterizar al cristiano es que, mientras dure esta vida, siempre se mantiene en pos de la meta pero sin presumir haberla alcanzado en ningún momento. Esta es una de las más seguras señales de verdadera madurez en el creyente: no pretender nunca haber alcanzado ya la condición de un santo acabado y terminado, sino permanecer en la condición de un santo en continuo, inacabado, y a veces incluso accidentado proceso formativo. El cristianismo no es al fin y al cabo una carrera de velocidad y ritmo explosivo, sino de resistencia y de largo y sostenido aliento. La presunción de haber llegado o haber alcanzado ya la meta en esta vida es síntoma claro de engañoso extravío y fuente de pecaminoso y censurable orgullo que mancha y echa por tierra aun los más denodados esfuerzos del creyente por alcanzar altos estándares de piedad, devoción y excelencia moral. Por eso, aunque la Biblia afirme que todos los creyentes somos santos, no somos nosotros los llamados a proclamarlo, sino más bien a esforzarnos callada y humildemente en actuar como tales, conscientes siempre de que aun nuestros mejores esfuerzos al respecto son deficitarios. Después de todo, cualquier cosa que obtengamos en este mundo es siempre temporal y efímera, por contraste con las recompensas eternas que no se obtienen en esta vida sino en la consumación del reino de Dios (1 Cor 9:24-27). Hay que mantenerse, pues, en carrera con la meta en la mira, pero recordando la sorprendente declaración que el apóstol Pablo hizo sobre este particular dada su condición apostólica de intachable integridad: «No es que ya lo haya conseguido todo, o que ya sea perfecto [...]. Hermanos, no pienso que yo mismo lo haya logrado ya», indicando enseguida cuál era su ejemplar curso de acción ante esta realidad que nos atañe a todos los creyentes sin excepción: «Sin embargo, sigo adelante [...] sigo avanzando hacia la meta para ganar el premio que Dios ofrece mediante su llamamiento celestial en Cristo Jesús» (Flp 3:12-14), cerrando con la siguiente recomendación autoritativa:

> *Así que, ¡escuchen los perfectos!*[50] *Todos debemos tener este modo de pensar. Y si en algo piensan de forma diferente, Dios les hará ver esto también.*
>
> **Filipenses 3:15** NVI

21 de enero

La solidez histórica del cristianismo

«Creo que llegué a la fe en Yeshua[51] leyendo lo que escribieron sus detractores»

Peter Greenspan[52]

Los hechos en los que se fundamenta el cristianismo no dejan de ser polémicos, no solo a causa de su carácter extraordinario, sino también debido a las demandas que formula y al compromiso total que requiere de todo el que tiene acceso a ellos. De ahí que un significativo número de personajes ilustres que a través de la historia no han estado dispuestos a ceder a sus demandas, se hayan también resistido a estos hechos tratando de impugnarlos sistemáticamente para dejarlos sin validez. Pero lo cierto es que al tratar de dejar sin base los hechos que dan pie al cristianismo, sus detractores terminan, aun a su pesar, prestándole un servicio al cristianismo, pues sus ataques y planteamientos tienen tantas grietas e inconsistencias que, vistos objetivamente y sin prejuicios, inclinan la balanza hacia el cristianismo y no en contra de él. Y es que el acontecimiento cristiano, no obstante trascender de lejos la historia hacia la eternidad, no deja por ello en ningún momento de ser histórico y, por lo mismo, susceptible de investigación y verificación. Así pues, un minoritario pero siempre significativo número de capacitados individuos que se propusieron demostrar la falsedad de los hechos narrados en el Nuevo Testamento para desvirtuar al cristianismo, al abordar con honestidad esta empresa terminaron convencidos de todo lo contrario y como resultado optaron por colocar su fe en Jesucristo. Y es que cuando nos aplicamos a la búsqueda de la verdad con humildad, diligencia y sobre todo con honestidad, veremos el cumplimiento de lo dicho por el Señor: «El que esté dispuesto a hacer la voluntad de Dios reconocerá si mi enseñanza proviene de Dios o si yo hablo por mi propia cuenta» (Jn 7:17), ratificada por el apóstol Pablo con estas palabras: «... nada podemos hacer contra la verdad, sino a favor de la verdad.» (2 Cor 13:8). El problema no es, entonces, la falta de evidencia histórica a favor del cristianismo, sino una mala, prejuiciosa y sesgada actitud al evaluarla; actitud que a lo único que conduce es a darse «cabezazos contra la pared» al resistirse con terquedad a aceptar lo evidente, como le sucedía al apóstol Pablo antes de su conversión:

Saulo, Saulo, ¿por qué me persigues?
¿Qué sacas con darte cabezazos contra la pared?

Hechos 26:14 nvi

22 de enero

La existencia de Satanás

«Creo que acepté la existencia de Satanás antes de aceptar la existencia de Dios»

Louis Lapides[53]

En la antigüedad la existencia de Satanás era casi un corolario lógico y hasta obvio de la existencia de Dios en las tres grandes religiones monoteístas (judaísmo, cristianismo e islamismo), sin perjuicio de que en el Medioevo se tendieran a confundir los perfiles propios y distintivos del uno con los del otro. Pero en la modernidad, de la mano del racionalismo y el humanismo secular ilustrado, la figura de Satanás se fue desdibujando y diluyendo hasta quedar reducida a una oscurantista y caricaturesca superstición del pasado histórico, sin ninguna vigencia en la desarrollada, tecnificada y avanzada «civilización» moderna. La figura de Satanás se convirtió en el mejor de los casos en un mero símbolo alegórico del mal y nada más, a la par que la noción de Dios también se veía empobrecida y cada vez más relegada a los reductos estrictamente religiosos de la sociedad, presuntamente en vías de extinción. Pero en el siglo XX, tal vez al amparo de este desconocimiento y desdeñosa indiferencia crecientes hacia las realidades de Dios y del mismo Satanás, pareciera que este último se hubiera frotado las manos con satisfacción al ver a la humanidad tan vulnerable y con la guardia tan baja y decidió volver por sus fueros haciendo sentir su presencia de nuevo en recrudecida arremetida en formas inéditas de maldad y perversidad. Hoy gracias a los medios masivos de comunicación cualquier persona a los 12 años ya ha visto o aun experimentado en carne propia suficiente maldad y mal en su vida como para creer que existe un poder maligno más allá de las personas, que influye en ellas y que existe de manera independiente como entidad propia de carácter personal. Así pues, si antes la aceptación de la existencia de Dios conducía a la aceptación de la existencia de Satanás, hoy la aceptación de la existencia evidente de Satanás debería conducirnos a la esperanzada y confiada aceptación de la existencia de Dios, tomando partido a favor de aquel que nos reveló y advirtió con claridad y de muchas maneras sobre la existencia de Satanás, (Is 14:12-15; Ez 28:12-19; 1 P 5:8-9), prometiéndonos al mismo tiempo la victoria sobre él en estos términos:

> *Así que sométanse a Dios. Resistan al diablo, y él huirá de ustedes.*
>
> **Santiago 4:7** NVI

23 de enero

La idolatría de la moralidad

«Los derechos humanos han llegado a ser el principal artículo de fe de una cultura secular que teme no creer en nada más [...]. Los derechos humanos son malentendidos [...] si son vistos como una religión secular [...] hacerlo así es convertirlos en una especie de idolatría»

Michael Ignatieff[54]

Muchos intelectuales hostiles a la religión han reconocido, no obstante, la necesidad de la moralidad en la vida humana al punto de optar por hacer de la moralidad su propia religión. Ellos, entonces, no creen en Dios ni profesan formalmente ninguna religión, pero defienden la moralidad con celo religioso, utilizando únicamente a la razón para promoverla. La formulación y defensa de los derechos humanos son una expresión concreta de esta actitud. Pero el problema es que los derechos humanos no son algo que nos hayamos ganado a pulso con nuestro esfuerzo ni mucho menos, sino algo que nos ha sido otorgado de forma gratuita e inherente a la vida tal como esta se manifiesta en la especie humana. La vida humana es un don divino y si no honramos al dador y al autor de la vida (Hch 3:15), difícilmente podremos concederle a nuestra vida un valor trascendente. Como lo dice el teólogo R. C. Sproul: *«Si no hay gloria divina no hay dignidad humana»*. Nuestra valía procede, entonces, de Dios y nuestros derechos son derechos únicamente por referencia a los demás seres humanos, pero en relación con Dios son dones y no derechos, pues Dios no le debe nada a nadie de modo que podamos reclamarle algo con la razón de nuestra parte (Job 41:11; Ro 11:35). No reconocer ni honrar, por tanto, a Dios es dejar sin base también a los derechos humanos y erigirlos como nuevos y vanos ídolos seculares que desvían nuestra adoración y degradan la vida humana en vez de dignificarla, como es su pretensión original, promoviendo una censurable jactancia ya denunciada en las Escrituras con estas palabras: «¿Quién te distingue de los demás? ¿Qué tienes que no hayas recibido? Y si lo recibiste, ¿por qué presumes como si no te lo hubieran dado?» (1 Cor 4:7-8), concluyendo con la inobjetable declaración hecha en su momento por el Bautista que debería ser suscrita por toda persona medianamente razonable:

—*Nadie puede recibir nada a menos que Dios se lo conceda*
—*les respondió Juan.*

Juan 3:27 nvi

24 de enero

El progreso moral

«El progreso científico determina que el progreso moral sea una necesidad»

Madame de Stäel[55]

El avance de la ciencia ha sido tan vertiginoso en los últimos siglos que hoy la humanidad posee la capacidad tecnológica para hacer cosas que eran por completo impensables hace 200 años y eran vistas como fantasías propias de la ciencia ficción. Por eso la pregunta que debe hoy hacerse la ciencia en ejercicio de la responsabilidad que le compete es: ¿todo lo que *puede* hacerse *debe* necesariamente hacerse?, o mejor, por el simple hecho de que algo que era técnicamente imposible en el pasado pueda hoy materialmente hacerse, entonces ¿debe hacerse sin mayor dilación ni consideración? Dado que el avance científico marcha siempre más rápido que el jurídico, el ejercicio de la libertad de conciencia cristiana se impone también en el campo de la ciencia, procurando llenar los permanentes vacíos legales a los que el progreso científico da lugar, recordando que la ética bíblica afirma que no todo lo que es lícito debe necesariamente hacerse en la medida en que no convenga, en que no sea constructivo y en que pueda llegar a ejercer un dominio compulsivo sobre la vida humana (1 Cor 6:12; 10:23). De no tener esto en cuenta la ciencia puede generar más problemas de los que intenta resolver, al pretender incursionar impune y atrevidamente en los dominios divinos (v. g. clonación humana), sin tener en cuenta que «El Todopoderoso no está a nuestro alcance; excelso es su poder» (Job 37:23). Los argumentos de la falsa ciencia contra los que la Biblia advierte (Dn 12:4; 1 Tm 6:20), no cubren únicamente los argumentos que se hacen pasar por científicos sin serlo, sino también los argumentos con los que la ciencia auténtica pretende justificar el ejercicio de prerrogativas que no le corresponden y que se salen de su jurisdicción, no porque no pueda materialmente ejercerlas, sino porque no debe hacerlo. El verdadero progreso de una sociedad no se mide entonces por sus avances tecnológicos, sino por su madurez moral para no traspasar linderos que le están vedados a las criaturas y que son potestativos del Creador con exclusividad, sin abandonar ni perder de vista el lugar que nos ha sido asignado por Dios en el gran concierto de la creación divina:

> ... *Dios [...] está en el cielo y tú estás en la tierra.*
>
> **Eclesiastés 5:2** nvi

25 de enero

El trato a nuestros enemigos

«La prueba de nuestra humanidad debe ser hallada en cómo tratamos a nuestros enemigos»

Paul Oestreicher[56]

Una de las señales más seguras para comprobar el verdadero progreso de una civilización cualquiera de las que se han sucedido en el tiempo, es indagar sobre el trato que daban a aquellos a quienes consideraban sus enemigos. La tendencia a la deshumanización de los enemigos, tratándolos con crueldad desmedida negándoles así elementales derechos, es uno de los lunares más notorios, presente aun en aquellas civilizaciones consideradas usualmente como las que han alcanzado más altas cotas de desarrollo en la historia. La ética cristiana, sin dejar de asignar la condición de enemigos a quienes se oponen con injusticia a la causa de Cristo o aun a nosotros de manera personal por medio de hostilidades de todo orden, nos ordena no obstante dar un trato digno a nuestros enemigos, siendo esta una de las características que debe distinguir y diferenciar al cristiano del que no lo es (Mt 5:43-47). En el cristianismo las represalias y castigos aplicados a los enemigos deben recaer exclusivamente sobre los magistrados o gobernantes legítimos constituidos para este fin y deben llevarse a cabo con base en una estricta justicia retributiva y en el mantenimiento del orden público (Ro 13:2-4), y no en sentimientos revanchistas y sed de venganza. Sin perjuicio de ello, los principios éticos individuales que rigen al cristiano no deben quedarse en la mera aplicación de justicia estricta, sino que sin llegar a vulnerar la justicia y las sentencias pronunciadas al amparo de ella por las autoridades, nos obligan a perdonar, bendecir y dar en general un buen trato a nuestros enemigos, a semejanza de lo hecho por Dios con nosotros: «… cuando éramos enemigos de Dios, fuimos reconciliados con él mediante la muerte de su Hijo…» (Ro 5:10). Reconciliarnos internamente con nuestros enemigos y manifestarlo con un buen trato hacia ellos es algo necesario incluso en medio del merecido castigo por dos razones: la paz interior del agredido y ofendido (Ro 12:18), que nunca se alcanza si se alimentan odios, amarguras y resentimientos (Heb 12:15); y la posibilidad real de que esto también resulte en el arrepentimiento del enemigo agresor y ofensor (Ro 12:20). Por eso:

> *Ustedes, por el contrario, amen a sus enemigos, háganles bien*
> *y denles prestado sin esperar nada a cambio […].*
> *Sean compasivos, así como su Padre es compasivo.*

Lucas 6:35-36 nvi

26 de enero

De Laodicea a Filadelfia

> «Quizá la muerte de la cristiandad como fenómeno sociocultural dominante pueda favorecer la oportunidad para una comunión de fe minoritaria, de compensar profundamente lo que ha perdido en extensión»
>
> Paul Ricoeur[57]

El dominio sociocultural que el cristianismo ha venido ejerciendo en gran parte del mundo a partir de la época del emperador Constantino hasta la reciente modernidad, puede haber sido contraproducente para la misma cristiandad, llevándola gradual e inadvertidamente a una velada pero siempre creciente apostasía por la cual a la gran masa de cristianos nominales de hoy podría muy bien aplicárseles lo dicho por el Señor a los judíos de su tiempo: «Este pueblo me honra con los labios, pero su corazón está lejos de mí» (Mt 15:8). La innegable influencia ejercida por el cristianismo en la constitución y permanencia de las sociedades burguesas de occidente ocasionó que la iglesia llegara a pensar engañosamente que para ser cristiano bastaba con nacer en una de estas sociedades y nada más, pues de este modo más temprano que tarde el individuo llegaría de manera automática al cristianismo casi sin darse cuenta, para profesar finalmente una fe en Cristo que no pasaría de ser meramente formal, pero de ningún modo vital y auténtica. Así, la iglesia contabiliza en su haber un extenso número de adeptos que, en realidad, son solo montoneras que no marcan ya ninguna diferencia cualitativa apreciable en relación con los no cristianos (Lc 6:46). Al ganar en extensión numérica, la iglesia perdió al mismo tiempo y de forma trágica la sal que debería caracterizarla (Mt 5:13). Por eso la reversión actual de esta tendencia, más que como una señal preocupante, debería ser vista como una esperanzadora oportunidad de que una iglesia una vez más minoritaria (Mt 22:14), comience a recuperar lo que debía haberla caracterizado siempre, pero que cedió al crecer en extensión e influencia. Tal vez sea el momento de abandonar la mayoritaria y censurada iglesia de Laodicea, autosuficiente y pagada de sí misma (Ap 3:14-18), para retornar a la minoritaria y elogiada iglesia de Filadelfia (Ap 3:7-11), abriéndole de nuevo las puertas al Señor que ha sido expulsado de su propia iglesia, pero que apela de nuevo a ella con estas universales y terminantes palabras:

> *Mira que estoy a la puerta y llamo. Si alguno oye mi voz y abre la puerta, entraré, y cenaré con él, y él conmigo.*
>
> **Apocalipsis 3:20** NVI

27 de enero

La coherencia del creyente

«Veo lo mejor y lo apruebo, pero sigo lo peor»

Ovidio[58]

Como lo señala aquí el poeta con gran sensibilidad y honestidad, en las actuales circunstancias el ser humano se encuentra dividido y desgarrado entre su conciencia moral que le permite en principio identificar y aprobar lo que es mejor —es decir, su deber— (Ro 2:14-15), y su voluntad caída que, en contra del veredicto de su conciencia, sigue no obstante lo peor —es decir, su desordenado deseo— (Stg 4:1-3). La esclavitud del pecado de la que hablan las Escrituras (Ro 7:14) es, pues, una trágica y evidente realidad en la vida de todo ser humano que se evalúe a sí mismo de manera honesta y libre de prejuicios, de donde la libertad de la que el género humano cree disfrutar es una libertad aparente y engañosa, pues aunque en el mejor de los casos sabemos lo que *debemos* hacer, finalmente no hacemos lo que *debemos,* sino lo que *queremos* hacer, para nuestro propio perjuicio. Dicho de otro modo, todas nuestras elecciones supuestamente libres implican en algún grado la derrota de nuestra conciencia en favor de nuestra esclavizada voluntad. Dios es libre no porque haga siempre lo que *quiere* de forma arbitraria, sino justamente porque lo que *quiere* coincide siempre con lo que *debe*, a diferencia de nosotros en quienes el deber y el deseo difieren entre sí al punto de hallarse enfrentados de manera frecuente. Y en este enfrentamiento el que suele triunfar es el deseo de manera autodestructiva, corroborando así la esclavitud del pecado en que nuestra voluntad se encuentra. La verdadera libertad consiste entonces en hacer siempre lo que *debemos* hacer por el simple hecho de que es exactamente lo que también *queremos* hacer. Es por eso que el nuevo pacto provisto por Dios para Israel, extensivo también al resto del género humano en el contexto de la iglesia, es descrito en estos términos: «… pondré mi ley en su mente [conciencia moral], y la escribiré en su corazón [voluntad]…» (Jer 31:33, cf. Heb 8:10; 10:16), «… para que cumplan mis decretos y pongan en práctica mis leyes.» (Ez 11:20, cf. 36:26-27). Por eso, únicamente al amparo de este pacto que suscribimos por la fe en Jesucristo, veremos en nosotros el cumplimiento del anuncio profético:

> *Haré que haya coherencia entre su pensamiento y su conducta,*
> *a fin de que siempre me teman, para su propio bien y el de sus hijos*
>
> **Jeremías 32:39** nvi

28 de enero

Discerniendo las señales de los tiempos

«No basta saber más que los teólogos; debemos demostrarles que somos mejores [...] la posteridad es para el filósofo lo que el otro mundo es para el individuo religioso»

Diderot[59]

Saber más no significa necesariamente ser mejor que el que no sabe. Porque lo que en realidad califica a alguien como mejor que sus congéneres, es esa demostración práctica y cotidiana de su saber que se designa como sabiduría. Diderot pensaba que los filósofos eran mejores que los teólogos, no porque aquellos presuntamente supieran más que estos; sino porque creía que el saber filosófico podía demostrarse en la experiencia humana en este mundo, mientras que el saber teológico únicamente podría demostrarse en el otro mundo. Pero esta presunción es equivocada, pues la teología no está limitada a pronunciarse de manera acertada únicamente sobre las cosas del otro mundo, sino también sobre las de este. La posteridad es el campo de demostración no solo de la filosofía, sino también de la teología. En otras palabras, para pasar la prueba, la validez de cualesquiera planteamientos, tanto filosóficos como teológicos, debe poder verificarse en la experiencia inmediatamente posterior de las generaciones coetáneas o subsiguientes a la formulación de estos planteamientos. Apoyado en la ventaja que le concede la revelación que la Biblia hace de la naturaleza humana, aplicada a su vez al análisis racional de la coyuntura en que vive, el teólogo puede también hacer vaticinios y predicciones para el futuro que sin ser necesariamente sobrenaturales, a la manera de los profetas (Dt 18:21-22), sí se pueden verificar y confirmar con la aparición de los nuevos escenarios anunciados en la historia humana. Los cristianos estamos, entonces, potencialmente tan habilitados o más que los mismos filósofos para identificar las tendencias y anticipar sus resultados. Pero al no desarrollar ni ejercer este aspecto de la sabiduría inherente a nuestra fe, damos pie a la censura del Señor: «Ustedes saben discernir el aspecto del cielo, pero no las señales de los tiempos» (Mt 16:3). Las «señales de los tiempos» son, pues, asuntos que los cristianos deberíamos estar en capacidad de discernir. Porque, después de todo, como dijo Job en su momento:

Si los tiempos no se esconden del Todopoderoso,
¿por qué no los perciben quienes dicen conocerlo?

Job 24:1 NVI

29 de enero

Mientras hay vida hay esperanza

«La conciencia nos vuelve unos cobardes»

Shakespeare[60]

Los contrastantes acontecimientos del siglo xx y comienzos del xxi, en los que se alternan y entremezclan de manera desconcertante las más elevadas alturas de luminosa esperanza con las más sombrías, oscuras y vergonzosas bajezas del comportamiento humano, que ya se creían superadas, han llevado a la filosofía existencialista a formular su típica y paradójica exaltación de un heroísmo pesimista que nos permita optar por el suicidio como una alternativa viable y hasta atractiva para muchos. Pareciera estar cumpliéndose el anuncio del Señor cuando afirmó a través de Moisés: «Y enloquecerás a causa de lo que verás con tus ojos» (Dt 28:34 rv60). El desánimo es un mal consejero en estos asuntos, como lo demuestran numerosos episodios bíblicos en los que la desesperanza llevó a sus protagonistas a evaluar la situación de manera sesgada (Ex 6:9; Job 7:6; Lm 3:18; Hch 27:20), e incluso a desear la muerte (Nm 11:15; 1 R 19:4; Job 3:1-26; 7:15-16; Jon 4:3; Ap 9:6). De hecho, el suicidio no fue algo extraño a algunos personajes bíblicos (1 Sam 31:4; 2 Sam 17:23; 1 R 16:18; Mt 27:5), pero ninguno de ellos fue elogiado por esta causa. Por el contrario: este final fue el triste y lamentable epílogo de una existencia que ya habían malogrado en vida de manera culpable. Optar por el suicidio es considerado por algunos como un acto de noble valentía. A la sombra de ello ganan fuerza y encuentran justificación en las legislaciones de las naciones modernas ideas como el aborto, la eutanasia y la eugenesia, entre otras ideas contrarias a la ética cristiana. Porque desde la perspectiva del evangelio mientras hay vida hay esperanza. Por eso, el que no se atreve a optar por el suicidio no es ni mucho menos un cobarde —como sostiene el personaje de Hamlet en la cita del encabezado—, sino que es, por el contrario, un valiente que persiste con plena conciencia y con una renovada esperanza en aferrarse a la vida, a pesar de todos los sinsabores que esta la haya deparado, independientemente de su personal grado de culpabilidad en las circunstancias que le han tocado en suerte, con el secreto anhelo de poder ser beneficiario de la misericordia divina:

> *¿Por quién, pues, decidirse? Entre todos los vivos hay esperanza,*
> *pues vale más perro vivo que león muerto.*

Eclesiastés 9:4 nvi

30 de enero

Todo es un milagro

«Solo existen dos maneras de vivir la vida: una es como si nada fuese un milagro, y la otra, como si todo lo fuera»

Albert Einstein[61]

En rigor, la noción de milagro se ha restringido y limitado únicamente a aquellas situaciones en las cuales las leyes habituales y el curso normal de la naturaleza se ven súbita, evidente y felizmente interrumpidos, dando lugar a acontecimientos en los cuales se vislumbra la benéfica y precisa intervención de fuerzas *sobrenaturales* incomprensibles e inexplicables para la ciencia humana. Pero si se define lo *sobrenatural* no meramente como aquello que supera o transgrede los límites de lo habitual, de lo cotidiano o de lo natural con sus leyes conocidas, sino más bien como la intervención divina en el funcionamiento del universo y de la vida humana, tendríamos entonces que darle la razón a Einstein en la frase del encabezado. En efecto, en este contexto, solo existen dos maneras de vivir la vida: una como si nada fuese un milagro, y la otra, como si todo lo fuera. El incrédulo, ciego por voluntad propia a la intervención divina, vive del primer modo. El creyente, gracias a la más amplia visión alcanzada mediante la fe en Dios, vive del segundo modo, obteniendo la facultad de ver la bondadosa mano de Dios en el funcionamiento de la naturaleza (Ro 1:19-20; Col 1:16-17), y en el desenvolvimiento de su propia historia personal (Mt 10:29-30; Lc 12:6-7; 21:18). Al fin y al cabo, como dijera Lee Strobel en consonancia con los descubrimientos de la ciencia moderna: «El funcionamiento cotidiano del universo es, en sí mismo, una clase de milagro continuo. Las "coincidencias" que permiten que las propiedades fundamentales de la materia ofrezcan un medio ambiente habitable son tan improbables, tan inverosímiles, tan elegantemente orquestadas, que requieren de una explicación divina»[62]. Así pues, la ciencia actual está brindando renovado sustento a la perspectiva de vida del creyente y a la exhortación pronunciada por el apóstol para que los incrédulos cambien su estrecha perspectiva invitándolos a «ser renovados en la actitud de su mente» (Ef 4:23), de modo que podamos reconocer con reverencia y sin reservas que Cristo es aquel que

... sostiene todas las cosas con su palabra poderosa.

Hebreos 1:3 nvi

31 de enero

El deleite duradero

«Si prefiero un placer breve a otro duradero es evidente que contrarío mi propia felicidad»

JOHN LOCKE[63]

La permanencia es, en última instancia, la aspiración y motivación más profunda y sentida que subyace en toda iniciativa humana (1 Cor 3:14). En medio de la efímera y volátil condición actual de nuestra existencia individual (Sal 39:4-6; 103:14-16), anhelamos alcanzar satisfacciones permanentes que perduren contra viento y marea. Por eso es que es un engaño optar por placeres señalados por Dios como pecaminosos, pues por intensos que puedan llegar a ser, están condenados en el mejor de los casos a la fugacidad, sin mencionar sus indeseables efectos colaterales posteriores. La felicidad humana no se obtiene nunca por medio de cuestionables satisfacciones momentáneas, por intensas que puedan ser en el momento, sino por medio de satisfacciones permanentes, dosificadas pero siempre crecientes, positivamente sancionadas por Dios, como aquellas que son producto de la fe y de la práctica de la virtud que la acompaña. Con el añadido de que la fe también está en capacidad de brindarle al creyente satisfacciones tanto o más intensas que las brindadas por los placeres mundanos pecaminosos (Sal 16:11; 36:7-9; 65:4). No en vano la palabra «éxtasis» hace referencia a una experiencia sublime y placentera de tipo eminentemente religioso, de particular signo cristiano (Hch 10:9-10). Es tanto así que, a instancias de Satanás, el mundo ha usurpado y trastocado el significado específicamente cristiano y religioso de la palabra «éxtasis», para degradarlo de la manera más grosera al designar con este nombre una de las más recientes sustancias psicoactivas y adictivas consumida por la extraviada y engañada juventud posmoderna. El «éxtasis» mundano es, pues, una burda, baja, manipulada y censurablemente artificial imitación del auténtico éxtasis cristiano. Y si bien ambos comparten, por lo pronto, su breve duración en mayor o menor grado, se diferencian en que el éxtasis cristiano es tan solo un anticipo o abrebocas del sublime, permanente y beatífico deleite que Cristo ha prometido a los creyentes a partir de su segunda venida con el establecimiento final de su reino en la tierra. No se equivocó el apóstol al afirmar que

El mundo se acaba con sus malos deseos, pero el que hace la voluntad de Dios permanece para siempre.

1 Juan 2:17 NVI

1 de febrero

Las joyas de la decencia

«Discreto, sobrio y sencillo, son joyas resplandecientes, con las que el hombre que es hombre, se luce decentemente»

Violeta Parra[64]

La discreción (Pr 11:13), la sobriedad (1 P 4:7) y la sencillez (Mt 10:16), son las características naturales que determinan y acompañan como adorno necesario a la decencia y el decoro en cualquier ser humano. Con mayor razón si es un creyente y seguidor de Jesucristo, tal vez el hombre más ejemplar a este respecto en la historia humana. Porque únicamente así se puede estar a prudente distancia de los siempre inconvenientes y censurables excesos en cualquier dirección, entre los cuales encontramos, en primer lugar: las indiscretas e inoportunas intromisiones en asuntos que no son de nuestra incumbencia, por un lado; o la absoluta indiferencia e insolidaridad que caracteriza el individualismo egocéntrico, por el otro. En segundo lugar: la ostentación exhibicionista y afectada de una presunta virtud superior más bien artificial e hipócrita, por una parte; o la desvergonzada o inconsciente disolución y relajación de las buenas costumbres, por la otra. Y por último: lo innecesario y fastidiosamente complejo y recargado, en un extremo; por contraste con la superficialidad plana, vana y simplista, en el otro. No debemos olvidar que lo correcto y agradable no es necesariamente lo que más llama la atención al primer vistazo, sino que en muchas ocasiones lo que en principio pasa inadvertido es lo que al final de cuentas vale la pena. Las rosas son flores que llaman la atención de manera inmediata por su belleza, pero son las más discretas, sobrias y sencillas violetas las que a la postre hacen sentir su aroma en el recinto[65]. La libertad de examen y de conciencia ejercida por el cristiano en todos aquellos asuntos que no están expresamente prohibidos u ordenados en la Biblia (1 Cor 6:12; 10:23-30), debe pasar siempre por la discreción, la sobriedad y la sencillez, entendidas como obligaciones que la fe impone al creyente, cuyo atractivo no debe radicar en lo externo y ostentoso, sino en lo que procede de lo íntimo del corazón y que se revela en un espíritu suave y apacible (1 P 3:3-4), que nos faculta para actuar con la decencia aludida por el apóstol cuando invita a los destinatarios de su epístola a los romanos a vivir de este modo:

Vivamos decentemente, como a la luz del día, no en orgías y borracheras, ni en inmoralidad sexual y libertinaje, ni en disensiones y envidias.

Romanos 13:13 NVI

2 de febrero

Esperanza o ilusión

> «Un día todo estará bien, esa es nuestra esperanza, todo está bien hoy, esa es nuestra ilusión…»
>
> Voltaire[66]

¿Esperanza realista o ilusión escapista? He ahí el dilema. Los cristianos tenemos la firme esperanza de que un día todo estará bien. Pero esta convicción no nos lleva a presumir de manera ingenua que la mera conversión a Cristo conduce automáticamente a que todo esté bien hoy. Las buenas nuevas del reino de Dios anuncian el advenimiento de una era en la historia humana escuetamente caracterizada porque en ella «… Ya no habrá muerte, ni llanto, ni lamento ni dolor, porque las primeras cosas han dejado de existir» (Ap 21:4). Pero las «primeras cosas» no dejarán de existir por medio de una destrucción absoluta para ser sustituidas por unas completamente nuevas y sin relación alguna con las anteriores, como podría concluirse de forma apresurada al considerar las palabras del apóstol Pedro al respecto (2 P 3:12-13). La doctrina de la resurrección de los muertos nos indica, más bien, que el futuro estado de cosas, en el cual todo estará bien, guarda estrecha relación con el actual, en el que dista aún mucho de estarlo: «No plantas el cuerpo que luego ha de nacer sino que siembras una simple semilla de trigo o de otro grano», (1 Cor 15:37), complementado así por el Señor Jesucristo: «Ciertamente les aseguro que si el grano de trigo no cae en tierra y muere, se queda solo. Pero si muere, produce mucho fruto», (Jn 12:24). Nuestra esperanza radica, entonces, no en una destrucción absoluta de las cosas primeras, sino en una sublime y definitiva transformación de las mismas (1 Cor 15:51-52). El cristiano tiene, pues, su vista puesta en los cielos, al mismo tiempo que mantiene sus pies en la tierra de manera realista y no escapista, procurando avanzar poco a poco, aunque siempre de manera necesariamente precaria, hacia ese momento en que lo corruptible se revestirá de lo incorruptible y lo mortal de inmortalidad (1 Cor 15:53) y la creación entera será liberada de la corrupción que la esclaviza (Ro 8:20-21), en línea con lo dicho por C. S. Lewis: «… los cristianos que más hicieron por este mundo fueron justamente aquellos que más pensaban en el mundo que viene […]. Apunta al Cielo, y tendrás la tierra "de añadidura"»[67]. Al fin y al cabo:

> *… en esa esperanza fuimos salvados […]. Pero si esperamos lo que todavía no tenemos, en la espera mostramos nuestra constancia.*
>
> **Romanos 8:24-25** NVI

3 de febrero

Resistiendo la tentación

«El pecado vuelve a estar en boca de todo el mundo [...]. Incluso la publicidad se aprovecha de ello [...]. Las "Evas-nueva-fórmula" nos tienden, ofreciéndonoslos, los frutos de nuestra sociedad de consumo, y nos invitan de este modo: "La única manera de librarse de la tentación es cayendo en ella"»

La Croix[68]

El consumismo de la actual sociedad occidental, fomentado por la omnipresente publicidad, ha retomado la noción del pecado, pero trivializándolo y exaltándolo de manera vulgarmente utilitarista para impulsar a las personas, no solo a adquirir cosas innecesarias, sino en muchos casos también éticamente cuestionables, bajo la creencia implícita de que «pecado es no tenerlo». Los excesos consumistas están así a la orden del día en las sociedades ricas y tecnificadas del primer mundo. No en vano la obesidad es uno de los problemas de salud más sintomáticos y crecientes que estas sociedades están teniendo que enfrentar. Hoy por hoy pareciera que, en efecto, la única manera de librarse de la tentación es cediendo a ella. Tentación de comprar, en primera instancia, como les sucede a los llamados compradores compulsivos. Pero de la mano de este deseo codicioso de tener y tener cada vez más, también hacen aparición tentaciones de todo tipo, muchas de ellas claramente inmorales y autodestructivas desde la óptica de la ética cristiana. En este contexto, el cristiano debe distinguirse por una autodisciplina o dominio propio (Gal 5:23; 2 Tm 1:7), que le permita refrenarse ante estas masivas tentaciones y vivir con moderación y sencillez de manera cotidiana, con la actitud recomendada por H. Stein: «Hay que tener aspiraciones elevadas, expectativas moderadas y necesidades pequeñas». Después de todo, la tentación es una realidad tan universal en este mundo que hasta el mismo Señor Jesucristo tuvo que convivir con ella y enfrentarla en su momento (Mt 4:1-11; Mr 1:12-13; Lc 4:1-13). Pero lo hizo sin ceder a ella (Heb 4:15), por lo cual no solo puede comprender nuestras luchas al respecto, sino socorrernos en medio de la tentación (Heb 2:18) y brindarnos garantías al respecto (1 Cor 10:13) que nos permitan al final cosechar la dicha que se obtiene al no ceder a la tentación, triunfando finalmente sobre ella:

Dichoso el que resiste la tentación porque, al salir aprobado, recibirá la corona de la vida que Dios ha prometido a quienes lo aman.

Santiago 1:12 nvi

4 de febrero

Los bárbaros y el evangelio

«Todos llamamos barbarie a aquello a lo que no estamos habituados»

Montaigne[69]

El adjetivo «bárbaro» no es siempre un calificativo justo para referirse a aquellos a quienes se les atribuye, en la medida en que, más que a la carencia de cultura, al atraso tecnológico o a la fiereza o crueldad en el trato a los demás; los bárbaros no son más que pueblos con una cultura diferente a la nuestra a los que miramos con temor, menosprecio y desdén, y nada más. Por ejemplo, no todos los pueblos llamados bárbaros en la historia antigua, lo fueron realmente o en la misma proporción. De hecho, algunos de los pueblos bárbaros que invadieron al imperio romano en su momento eran ya cristianos[70], por contraste con el paganismo idólatra y politeísta de una significativa proporción de los romanos. Fue este hecho lo que llevó a Agustín a cuestionar de este modo en su momento a los romanos paganos y enemigos del cristianismo: «… ¿no persiguen el nombre de Cristo los mismos romanos, a quienes, por respeto y reverencia a este gran Dios, perdonaron la vida los bárbaros?»[71]. Hoy por hoy, el primer mundo secularizado, descristianizado y «progresista» (en especial la Europa laica, eurocentrista y promusulmana), mira condescendientemente al tercer mundo, pero en general no deja de tener hacia este último la misma actitud de los antiguos romanos hacia los pueblos de más allá de sus fronteras, percibiéndolos de manera más o menos velada como nuevos bárbaros que invaden amenazantes su territorio a través de los movimientos actuales de migración. Ante este creciente y preocupante panorama de inminentes discriminaciones y segregaciones, valdría la pena redescubrir y explorar el potencial que el cristianismo tiene para promover la igualdad y la fraternidad entre los seres humanos por encima incluso de sus diferencias culturales, ya que en la iglesia de Cristo: «… no hay griego ni judío, circuncisión ni incircuncisión, bárbaro ni escita, siervo ni libre, sino que Cristo es el todo, y en todos», (Col 3:11 RV60), como lo demostró el apóstol Pablo al llevar sin reservas el evangelio a los volubles pueblos bárbaros e incultos de Listra (Hch 14:8-20), manifestando la misma actitud que debe caracterizar en mayor o menor grado a todo cristiano:

Estoy en deuda con todos, sean griegos o bárbaros, instruidos o ignorantes.

Romanos 1:14 NVI

5 de febrero

El multiculturalismo y el evangelio

> «Me parece que somos infinitamente más multiculturales de lo que de ordinario se admite [...]. El discurso sobre la cultura [...] prospera a partir de su imprecisión»
>
> Guy Sorman[72]

Defender la cultura propia por encima de las demás o aceptar y valorar por igual la multiplicidad de culturas en este mundo globalizado son los dos extremos del debate actual que oscila entre el nacionalismo xenófobo y el discurso multiculturalista. Y como siempre, el cristianismo tiene la propiedad de poder evitar los extremos y conciliarlos en el centro, bajo la cruz. Sobre todo ante conceptos tan imprecisos como lo es la noción misma de «cultura». En realidad, la globalización y los constantes flujos migratorios han hecho que los contornos de lo que llamamos «nuestra cultura», sean cada vez más difusos, amplios, cambiantes e indefinidos. La defensa cerrada de nuestra cultura está tal vez fuera de lugar en los tiempos actuales, no solo porque nuestros antepasados se escandalizarían de lo que hoy llamamos nuestra cultura, tan diferente en muchos aspectos a la de ellos en virtud de inevitables procesos históricos de transculturación, asimilación e integración que modifican continua e inadvertidamente a todas las culturas entre sí; sino porque desde la óptica cristiana «no existe una cultura cristiana, sino una doctrina cristiana para todas las culturas»[73]. Doctrina que juzga críticamente todos los aspectos de todas las culturas, exaltando y promoviendo aquellos que son afines con el cristianismo al dignificar la vida humana y glorificar a Dios, a la vez que identifica y combate aquellos aspectos contraculturales presentes en cada cultura incompatibles con el cristianismo, debido a que degradan la vida y dignidad humanas y niegan o profanan el nombre de Dios. Y si bien es cierto que la revelación del evangelio nos ha llegado a través de una cultura particular: la judía, y de dos idiomas diferentes: el hebreo y el griego; también lo es que a partir de esta revelación el cristianismo no está ya amarrado ni limitado a ninguna de ellas, de modo tal que no es ya el pueblo judío el que posee el monopolio exclusivo y excluyente de la verdad (Ro 9:4-5; Ap 5:9), sino que en el cristianismo todos podemos adorar a Jesucristo sin renunciar a nuestra cultura:

> ... apareció una multitud tomada de todas las naciones, tribus, pueblos y lenguas [...] de pie delante del trono y del Cordero [...]. Gritaban a gran voz: «¡La salvación viene de nuestro Dios, que está sentado en el trono, y del Cordero!».
>
> Apocalipsis 7:9-10 NVI

6 de febrero

La Trinidad y la vida cristiana

«Estamos propensos a olvidar que si bien hay distinciones en cuanto a las personas de la Trinidad, no las hay en cuanto al honor de las mismas»

Charles H. Spurgeon[74]

La doctrina de la Trinidad es una doctrina fundamental, distintiva y exclusiva del cristianismo y la dificultad y deficiencias en su comprensión ha conducido a los opositores del cristianismo, por una parte, a acusarlo de triteísmo (creencia en tres dioses), y a algunos cristianos a incurrir en la herejía unitaria en sus diferentes modalidades históricas[75]. Pero lo cierto es que, aun sin incurrir de manera consciente o expresa en una formulación doctrinal errada de esta doctrina, muchos cristianos terminan sutilmente negándola en su vivencia cotidiana y en sus devociones diarias al no darles al Padre, al Hijo y al Espíritu Santo por igual la atención y el honor que le corresponde a Dios[76]. Por eso, con todo y recibir con justicia el nombre de cristianos (Hch 11:26) y ser, por consiguiente cristocéntricos, es decir con una fe centrada en primera instancia en Jesucristo, en quien «Toda la plenitud de la divinidad habita en forma corporal...» (Col 2:9); los cristianos no somos, sin embargo, cristomonistas, es decir enfocados únicamente en Jesucristo en los asuntos doctrinales y prácticos de nuestra fe. Porque el Padre y el Espíritu Santo también tienen su lugar y ostentan el mismo honor, dignidad y gloria que el Hijo encarnado en Jesucristo (Mt 28:19; 2 Cor 13:14). La Trinidad es, pues, una creencia cristiana fundamental no solo por razones doctrinales, sino también por razones prácticas, de modo que tarde o temprano, todo creyente auténtico que esté experimentando de manera creciente la enriquecedora comunión con el Dios Trino en su vida (Jn 16:13-15; 1 Jn 1:3), deberá suscribir y sostener de manera necesaria la doctrina de la Trinidad con plena consciencia, o viceversa. Al fin y al cabo, la creencia debe ser consecuente con la vivencia, la mente debe seguir al corazón, el conocimiento debe estar acorde con la experiencia, la razón y la existencia deben ir de la mano (Am 3:3), de modo que quienes hemos creído en Jesucristo como Señor y Salvador, hemos creído también en la Trinidad de manera implícita, si es que sabemos en quién hemos creído (2 Tm 1:12):

Créanme cuando les digo que yo estoy en el Padre y que el Padre está en mí [...] así será glorificado el Padre en el Hijo [...]. Y yo le pediré al Padre, y él les dará otro Consolador para que los acompañe siempre: el Espíritu de verdad...

Juan 14:11, 13, 16-17 nvi

7 de febrero

El amor y la verdad

> «LA VERDAD se funda en el amor, donde no hay amor no hay verdad: para conocer a alguien es preciso amarle»
>
> LUDWIG FEUERBACH[77]

La verdad y el amor son las dos caras de la misma moneda. El amor es la verdad final y omniabarcante del universo, puesto que Dios es amor (1 Jn 4:16), y es al mismo tiempo la verdad última (Jn 14:6). La verdad no puede, pues, estudiarse o contemplarse de manera fríamente *objetiva*, desde un punto de vista meramente intelectual o académico. El conocimiento de la verdad comprende entonces, antes que nada, un cálido compromiso personal profundamente *subjetivo*[78] expresado en el amor (1 Cor 8:1-3), entendido como ese vínculo intensamente atrayente y de carácter voluntario que une y unifica de forma benéfica lo más diverso, aun lo que a primera vista no es digno de ser amado (Ro 5:8), sin eliminar nunca su libertad y responsabilidad individual (Ro 14:12; Gal 6:5). Por eso, para conocer a Dios no basta con estudiarle de manera aséptica y a prudente distancia, sin involucrarse o relacionarse íntimamente con Él, sino que fundamentalmente, hay que amarlo en una relación personal comprometida y estrecha. Y lo mismo se aplica al prójimo (Mt 22:37-40). Es debido a ello que lo único que le confiere sentido pleno a nuestra existencia en este enorme espacio vacío que constituye nuestro universo son, justamente, los otros, a pesar del dolor que estos puedan llegar a acarrearnos eventualmente debido a la vulnerabilidad en que el amor nos coloca. La verdad final es, en esencia, afectiva. En efecto, en el cristianismo el ser humano nunca halla su realización personal viviendo para sí mismo, sino viviendo para los otros, a semejanza de Cristo (Ro 15:2-3; Gal 6:2; Flp 2:3-8). Únicamente al vivir en amor para los otros, podremos vivir también plenamente para nosotros mismos. En esta perspectiva, el principal «Otro» en quien convergen los «otros» es Dios mismo, el «Absolutamente Otro», en palabras del gran teólogo Karl Barth, o el «Totalmente Otro» del estudioso de las religiones Rudolf Otto. La verdad consiste, pues, en el amor a Dios que debe al mismo tiempo incluir el amor al prójimo (Mt 25:40), pues sin amor nada perdura ni vale finalmente la pena (1 Cor 13:1-3; 13). Razón de más para que el apóstol orara de este modo:

> *Y pido que, arraigados y cimentados en amor, puedan comprender, junto con todos los santos, cuán ancho y largo, alto y profundo es el amor de Cristo [...] para que sean llenos de la plenitud de Dios.*
>
> Efesios 3:17-19 NVI

8 de febrero

El alma y sus anhelos

«Los psicólogos modernos no han podido explicar la *psyque,* ni tampoco han podido hacerla desaparecer»

Warren C. Young[79]

La existencia del alma (psique) humana es una realidad que desafía toda explicación científica naturalista y materialista. En efecto, por mucho que la ciencia avance en su comprensión del funcionamiento del cuerpo y del cerebro humanos, el alma siempre se encuentra más allá de su cabal comprensión y alcance. Y en muchos casos, ante su impotencia para explicarla, la ciencia reduccionista tiende entonces a tratar de negarla o eliminarla, únicamente para verla resurgir con fuerza cuando menos se lo espera. Tiene que ser así, puesto que la mente, las emociones y la voluntad, expresiones fundamentales de las psiquis o alma humana, son realidades trascendentales que proceden de Dios y apuntan a Dios (1 Cor 15:45 rv60). Y si bien el vocablo griego *psíquico* (o relativo a la *psyque* o alma), suele traducirse en la Biblia para señalar la condición meramente natural del ser humano que no ha recibido el toque redentor, regenerador y renovador por parte del Espíritu divino en virtud de la fe en Jesucristo (1 Cor 2:14; 15:44, 46), esto no significa que el incrédulo no ostente la dignidad humana común a todos los hombres que nos permite sobresalir cualitativamente por encima del nivel de la simple animalidad. Por eso, sin entrar en la discusión teológico-antropológica al interior del cristianismo sobre si existe una diferencia sustantiva entre el alma y el espíritu o son solo dos nombres para la misma realidad, el punto es que la ciencia nunca estará en condiciones de negar el componente inmaterial del ser humano que hace que no seamos seres unidimensionales, como lo postuló Herbert Marcuse, sino aun en el peor de los casos, seres bidimensionales (Mt 10:28), sometidos a la paradoja de vivir en el tiempo, al mismo tiempo que anhelamos la eternidad (Ecl 3:11 rv60). En la Biblia el alma es en muchos casos sinónimo de la persona entendida en el contexto de su existencia vital (Sal 103:1-2; Lc 1:46; 12:19), o de la profundidad más íntima y sensible del ser humano (Lm 3:51; Hch 17:16). Sea como fuere, lo que sí es seguro es que los anhelos del alma humana únicamente hallan respuesta plena y satisfactoria en Dios y solamente en Él:

Solo en Dios halla descanso mi alma; de él viene mi salvación [...].
Solo en Dios halla descanso mi alma; de él viene mi esperanza.

Salmo 62:1, 5 nvi

9 de febrero

Patriotismo o nacionalismo

«Debo pasar este difícil período de nuestra historia nacional junto a los cristianos de Alemania. No tendré ningún derecho a participar de la reconstrucción de la vida cristiana en Alemania, si no comparto las pruebas de esta hora con mi pueblo […]. Los cristianos de Alemania deberán enfrentar una terrible alternativa: O bien desear la derrota de su nación para que la civilización cristiana sobreviva, o bien desear la victoria de su nación y, por tanto, la destrucción de nuestra civilización. Yo sé cuál de estas dos alternativas debo escoger. Pero no puedo hacer esa elección desde un lugar seguro»

DIETRICH BONHOEFFER[80]

Episodios tales como el surgimiento del nazismo en Alemania ponen sobre la mesa una elección siempre difícil para todo cristiano, dada la sutil pero crucial diferencia entre una y otra alternativa de las que conforman la disyuntiva en cuestión, que no es otra que la elección entre el patriotismo o el nacionalismo. El cristiano debe ser un buen patriota, pero no un nacionalista. El patriotismo es algo más que natural en el ser humano y, como tal, un deber en el cristiano que, a semejanza de los judíos, debe amar, defender y trabajar por el bienestar de su patria (Neh 1:1-4; 2:3-5), ya que nuestros deberes ante Dios siempre estarán ligados con el lugar y la comunidad en que hemos nacido. Pero nuestro amor y lealtad a la patria es un deber relativo. Si lo convertimos en un deber absoluto, incurrimos en nacionalismo, que no es más que convertir a nuestra nación en un ídolo. Porque el amor a la patria siempre debe estar subordinado a nuestro amor a Dios y a nuestra lealtad absoluta para con Él, al punto que si se da un conflicto de intereses entre ambos, el cristiano deberá elegir el último antes que el primero, por difícil que pueda llegar a ser. Ningún amor de este mundo —entre ellos el amor a la patria o a la familia— puede estar por encima de nuestro amor a Dios (Lc 14:26). El amor a Dios juzga y perfecciona todos los demás amores que, sin esta necesaria y orientadora subordinación, pueden degenerarse y salirse de curso de manera condenable y autodestructiva. Después de todo, el cristiano es un extranjero y peregrino en este mundo, cuyos intereses definitivos no se encuentran en su patria terrenal sino en la celestial:

… confesaron que eran extranjeros y peregrinos en la tierra. Al expresarse así, claramente dieron a entender que andaban en busca de una patria […] anhelaban una patria mejor, es decir, la celestial…

Hebreos 11:13-16 NVI

10 de febrero

La vergüenza

«Eliminar la hipocresía suprimiendo la *tentación* de ser hipócritas es necio empeño. La "franqueza" de personas hundidas en la vergüenza es una franqueza barata»

C. S. Lewis[81]

Hoy por hoy la sinceridad y la franqueza son consideradas como actitudes y conductas siempre preferibles a la hipocresía. Pero cabe preguntarse: ¿es la franqueza y la sinceridad una justificación para el descaro desvergonzado? En realidad, dada nuestra condición caída, una dosis de prudente «hipocresía» es siempre saludable y socialmente necesaria como parte de las más elementales buenas maneras, para no dejar expuestas sin freno nuestras vergonzosas mezquindades de manera ostentosa, como si el simple hecho de exponerlas sin recato ni reatos de conciencia terminara justificándolas. Por supuesto, desde la óptica cristiana es siempre mejor arrepentirse de los pecados, confesarlos y abandonar su práctica (Pr 28:13); pero si no hay arrepentimiento, confesión y abandono de ellos, es siquiera preferible ocultarlos —puesto que esto al menos denota vergüenza en quien lo hace—, que exhibirlos de manera descarada, desvergonzada y hasta ostentosa en nombre de una muy barata «franqueza» o sinceridad producto de una conciencia encallecida y del todo corrompida (1 Tm 4:2; Tit 1:15), confirmando las denuncias del apóstol: «Han perdido toda vergüenza, se han entregado a la inmoralidad, y no se sacian de cometer toda clase de actos indecentes» (Ef 4:19), quien pronuncia luego su sentencia sobre ellos: «Su destino es la destrucción, adoran al dios de sus propios deseos y se enorgullecen de lo que es su vergüenza. Solo piensan en lo terrenal» (Flp 3:19). Así pues, con la única excepción del Edén antes de la caída (Gn 2:25), la vergüenza es una realidad con la que debemos aprender a convivir constructivamente en este mundo, ya que mientras ella exista, siempre habrá fronteras socialmente compartidas entre lo que es bueno y lo que es malo y el ocultamiento será en mayor o menor grado necesario en la medida en que indica vergüenza (Ef 5:12; Ap 3:18) y, junto con ella, también la posibilidad de arrepentimiento. Ya lo dijo La Rochefoucauld en sus *Máximas*: «La hipocresía es el homenaje que el vicio rinde a la virtud»[82]. Por eso:

> *¡Cuidado! ¡Vengo como un ladrón! Dichoso el que se mantenga despierto, con su ropa a la mano, no sea que ande desnudo y sufra vergüenza por su desnudez.*
>
> **Apocalipsis 16:15** nvi

11 de febrero

Dios y la racionalidad

> «Pienso, luego, Dios existe»
>
> Stuart C. Hackett[83]

El pensamiento humano es ya, por sí solo, un hecho o realidad que apunta a la existencia de Dios. El mismo Descartes, quien acuñó su famosa frase «Pienso, luego existo», para señalar la incuestionable certeza racional de que nuestra existencia queda demostrada sin lugar a dudas por el simple hecho de que pensemos; procedió enseguida, a partir de esta certeza, a tratar de demostrar la existencia de Dios, si bien este último intento nunca llegó a tener la misma fuerza de convicción que su conclusión inicial en cuanto a nuestra propia existencia. Pero gracias al estudio científico cada vez más avanzado del funcionamiento del cerebro humano y las funciones asociadas a él, tales como el pensamiento y la razón, y a la imposibilidad de reducir estas funciones al funcionamiento biológico del cerebro, como si pudieran explicarse como meros subproductos del mismo, la ciencia está teniendo que reconocer que el pensamiento y la razón humana trascienden toda explicación natural (Sal 64:6; Pr 20:5) y apuntan a una realidad superior que no sería otra que la realidad divina. Porque si bien la mente y los pensamientos divinos son incomparablemente superiores a los nuestros (Job 38:1-41:34; Is 55:8-9), esta superioridad es cuantitativa y no cualitativa. Es decir que la diferencia entre el ser humano y Dios en cuanto a la mente, el pensamiento y la racionalidad es de cantidad y no de calidad. La mente de Dios lo abarca todo (omnisciencia). La del hombre, solo una parte pequeña. Pero reconocida esta salvedad, hay que decir que la mente humana y la divina son plenamente compatibles, sobre todo cuando la mente humana está orientada a Dios y humilde y conscientemente sometida a Él (2 Cor 10:5). Nuestras *razones* pueden ser diferentes, equivocadas e inferiores a las de Dios por causa de nuestra condición finita y, en especial, de nuestra naturaleza caída; pero la *racionalidad* de nuestro pensamiento es de la misma *clase* que la racionalidad divina que sustenta todo el universo[84]. Y ello hace posible, no solo que podamos «tener la mente de Cristo» (1 Cor 2:16) y conocer sus pensamientos (Pr 1:23), sino también deleitarnos en ellos:

> *¡Cuán preciosos, oh Dios, me son tus pensamientos!*
> *¡Cuán inmensa es la suma de ellos!*
>
> Salmo 139:17 nvi

12 de febrero

Ciencia y teología

«Encuentro tan difícil entender a un científico que no advierte la presencia de una racionalidad superior detrás de la existencia del universo, como lo es comprender a un teólogo que niega los avances de la ciencia»

Werner von Braun[85]

Los extremos son viciosos, reza la sabiduría popular, a lo cual cabría añadir que los extremos radicalizan las posturas al punto de hacer imposible el entendimiento y diálogo constructivo entre las partes involucradas. En lo que tiene que ver con la relación entre la ciencia y la teología, los extremos van desde un menosprecio de la ciencia hacia la teología, por un lado, hasta una condenación de la teología hacia la ciencia, por el otro. Pero ni el menosprecio ni la condenación son alternativas razonables a este respecto, ni a la luz de los hechos científicos ni de la revelación bíblica, si aplicamos su alcance al tema que nos ocupa: «Tú, entonces, ¿por qué juzgas a tu hermano? O tú, ¿por qué lo menosprecias? […] cada uno de nosotros tendrá que dar cuentas de sí a Dios» (Ro 14:10, 12). Por el contrario, el diálogo conciliador entre ciencia y teología es el camino para un enriquecimiento mutuo, sin que el científico o el teólogo tengan por ello que renunciar a los postulados propios de su disciplina rectamente entendida, sometiéndose entonces a los de su contraparte. Porque así como existe mala ciencia o «falsa ciencia» (1 Tm 6:20), también existe mala teología y, en consecuencia, mala religión. Y el diálogo entre la buena ciencia y la buena teología debe ir dirigido en gran medida a la fiscalización mutua para identificar y denunciar todo mal ejercicio de cualquiera de las dos, pues así como la mala ciencia no es compatible con la buena teología, tampoco la mala teología es compatible con la buena ciencia. Con el agravante de que tanto la mala ciencia como la mala teología le dan mala prensa a la ciencia y a la teología en general. Hechas estas observaciones, hay que decir que tanto la buena ciencia como la buena teología son ambas bendiciones divinas y, como tales, plenamente compatibles, de tal modo que en el ejercicio de ellas «Cada uno debe estar firme en sus propias opiniones…» (Ro 14:5), atendiendo a la recomendación divina aplicada una vez más a la relación entre los que cultivan la buena ciencia y los que cultivan la buena teología:

¿Quién eres tú para juzgar al siervo de otro? Que se mantenga en pie,
o que caiga, es asunto de su propio señor. Y se mantendrá en pie,
porque el Señor tiene poder para sostenerlo.

Romanos 14:4 nvi

13 de febrero

El deber y los sentimientos

> «Dios no ha querido que la distinción entre pecado y deber dependa de sentimientos sublimes»
>
> C. S. Lewis[86]

Los sentimientos son parte de la dotación natural con la que Dios ha provisto la naturaleza humana y como tales, no son de desechar sin que al hacerlo estemos renunciando a una parte muy útil e importante de nuestra condición, con toda la pérdida que esto implica para nuestra calidad de vida. En relación con los sentimientos sublimes, es evidente que estos juegan un papel fundamental en las relaciones humanas, inspirando e impulsando acciones nobles y desinteresadas. Pero los sentimientos por sí solos, por sublimes que sean, no garantizan que al dejarnos guiar por ellos, no cometamos garrafales equivocaciones y pecados. La Biblia nos habla de deberes antes que de sentimientos y nos advierte para que no pongamos los sentimientos antes que los deberes, pues al hacerlo así estos terminan corrompiendo a aquellos y obrando en perjuicio de su cumplimiento. Dios nos exhorta más bien a que pongamos en primer lugar los deberes para perfeccionar así los sentimientos, de por sí muy volátiles y cambiantes. Los judíos de Berea «… eran de sentimientos más nobles que los de Tesalónica, de modo que recibieron el mensaje con toda avidez…», pero al mismo tiempo cumplían con el deber de examinar todos los días las Escrituras para ver si era verdad lo que se les anunciaba (Hch 17:11). Los sentimientos son un valor agregado a los deberes, pero no son lo fundamental. Por eso, la Biblia no se refiere a las relaciones conyugales, paternofiliales y obreropatronales en términos de sentimientos, sino de deberes mutuos que debemos cumplir al margen de los sentimientos (1 Cor 7:3; Ef 5:21-6:9). Los cristianos tenemos, pues, que estar en condiciones de declarar todos los días: «Somos siervos inútiles; no hemos hecho más que cumplir con nuestro deber» (Lc 17:10), sin que se mencionen en este caso como acompañantes necesarios la exaltación o el despliegue de sentimientos. El amor es en esencia un deber aderezado con sentimientos nobles y sublimes, pero deber después de todo. Al fin y al cabo, la dicha bienaventurada que el Señor promete a sus siervos tiene una sola condición que no tiene que ver con los sentimientos:

> *Dichoso el siervo cuando su señor, al regresar,*
> *lo encuentra cumpliendo con su deber.*
>
> Mateo 24:46 NVI

14 de febrero

La corona masculina

«Las más inflexibles feministas no tienen que envidiar al sexo masculino la corona que le es ofrecida; ya sea en el misterio pagano o en el cristiano: porque una es de papel; la otra, de espinas»

C. S. Lewis[87]

El hombre y la mujer, creados en condición de igualad en cuanto a dignidad y valor se refiere (Gn 1:27; 1 Cor 11:11-12), están no obstante llamados a desempeñar roles diferentes en la relación de pareja y en la familia en general, adaptados especialmente a su correspondiente género. El hombre ha sido designado como «cabeza» (1 Cor 11:3), es decir como el responsable de dirigir, mientras que la mujer es designada como «ayuda adecuada» (Gn 2:18-23), por cuanto enriquece siempre el cuadro con sus aportes y brinda así al hombre más elementos de juicio para decidir y dirigir constructivamente a la familia. Pero la posición del varón no lo autoriza de ningún modo a menospreciar el lugar determinante que su esposa ocupa en la familia, ni mucho menos a enseñorearse impunemente de los demás miembros de la misma, comenzando por la mujer. Porque aun antes de la aparición del cristianismo, la naturaleza ya había dotado al género masculino con una «corona» especial: su mayor fuerza física. Pero esta circunstancia, lejos de ser un privilegio para el beneficio personal, pone sobre el hombre el peso de una responsabilidad mayor que la que Dios ha puesto en los hombros de la mujer, de donde su mayor fuerza física es una corona de papel. Y con la irrupción del cristianismo y los deberes mutuos que este coloca sobre la pareja de casados (1 Cor 7:3; Ef 5:21-33), la «corona» que el varón ostenta como cabeza de la relación se convierte en una corona de espinas, a semejanza de la que llevó el Señor Jesucristo en vísperas de su muerte. Porque la condición de cabeza conlleva para el varón cristiano la mayor dosis sacrificial entre los cónyuges, pues es a él en su condición de cabeza a quien le corresponde dar cuenta ante Dios de su esposa y esmerarse por presentarla delante de Él «… radiante, sin mancha ni arruga ni ninguna otra imperfección, sino santa e intachable» (Ef 5:27). Es el varón, entonces, quien no debe desesperar en el matrimonio, para honrar su condición de cabeza y sobrellevar con entereza la corona colocada sobre ella:

Luego trenzaron una corona de espinas y se la colocaron en la cabeza…

Mateo 27:29 nvi

15 de febrero

El trabajo en equipo

> «Las fuerzas que se asocian para el bien no se suman, se multiplican»
>
> Susan Sontag[88]

El potencial del trabajo en equipo está documentado en varios episodios bíblicos, de tal modo que las fuerzas que se asocian con un objetivo común no se suman meramente, sino que se multiplican, confirmando el conocido principio que afirma que el todo es mayor que la suma de sus partes. Y esto parece aplicarse tanto a las asociaciones para el bien como a aquellas que se conforman con la intención de hacer el mal, como consta en la declaración del propio Dios en relación con la humanidad asentada en la llanura de Sinar y unida alrededor del proyecto de construcción de la torre de Babel: «Todos forman un solo pueblo y hablan un solo idioma; esto es solo el comienzo de sus obras, y todo lo que se propongan lo podrán lograr» (Gn 11:6). Sin embargo, las asociaciones para el bien tienen una significativa ventaja que no es otra que el respaldo divino para ellas (Ro 8:31), como lo demuestran la multitud de oportunidades en que Israel derrotó contra todo pronóstico a enemigos que los superaban en número de manera abrumadora. Aunque hay que decir también que, cuando el pueblo de Dios era desobediente y rebelde, sus enemigos se enseñoreaban de ellos en situaciones en las que se revertía el respaldo divino de modo que un puñado de enemigos infligía también derrotas desproporcionadas al pueblo de Israel (Dt 32:30). En el Eclesiastés se hace referencia al trabajo de equipo con estas sugestivas palabras: «Más valen dos que uno, porque obtienen más fruto de su esfuerzo» (Ecl 4:9). Y ya en el Nuevo Testamento el evangelio revela este potencial multiplicador de fuerzas en una actividad crucial de la vida cristiana, como lo es la oración (Mt 18:19). Esta asociación de dos personas para propósitos que cuentan con el aval divino evoca, por supuesto, el matrimonio bendecido por Dios en un primer plano. Y es justamente en relación con el matrimonio que encontramos la clave que explica la multiplicación de fuerzas que Dios opera en esta asociación entre el hombre y la mujer, tal como fue ordenada por Dios en el principio (Gn 1:27-28; 2:24), que consiste en la presencia de Cristo en ella como el tercer hilo de la relación:

> *Uno solo puede ser vencido, pero dos pueden resistir.*
> *¡La cuerda de tres hilos no se rompe fácilmente!*
>
> **Eclesiastés 4:12** nvi

16 de febrero

El asombro divino

«No hay otra cosa que sorprenda más que las dudas y los temores infundados del favorecido pueblo de Dios […]. ¡Oh incredulidad, que extraña maravilla eres tú! No sabemos de qué admirarnos más, si de la fidelidad de Dios o la incredulidad de su pueblo»

Charles H. Spurgeon[89]

La incredulidad y la fe son ambas actitudes que suscitan admiración. La primera de ellas genera una admiración desconcertada, que encubre un velado reproche. La última, una admiración inspiradora, acompañada por el elogio. Es tanto así que el propio Dios encarnado en Jesucristo, durante su paso histórico por este mundo reaccionó sorprendido y admirado ante estas dos manifestaciones extremas y opuestas de la naturaleza humana. En primer lugar, cuando fue abordado por un centurión romano, un pagano que apeló a Él con una fe tan grande y ejemplar que sorprendió gratamente al Señor, quien exaltó su fe ante su propio pueblo: «Al oírlo, Jesús se asombró de él y, volviéndose a la multitud que lo seguía, comentó: —Les digo que ni siquiera en Israel he encontrado una fe tan grande» (Lc 7:9). Y en segundo lugar, cuando enseñaba a sus paisanos en Nazaret, quienes se escandalizaron de Él y por cuya incredulidad solo pudo hacer allí unos pocos milagros de sanidad (Mr 6:1-5), que llevaron al evangelista a hacer el siguiente comentario sobre Jesús: «Y él se quedó asombrado por la incredulidad de ellos» (Mr 6:6). Es difícil pensar que alguna manifestación humana pueda llegar a sorprender y asombrar a un Dios que todo lo sabe (Is 59:16), pero lo cierto es que tanto la fe como la incredulidad lo logran. La fe, porque requiere una confianza profunda en Dios por parte de quien cree, algo poco habitual. Y la incredulidad, porque implica cerrarse y no tomar en cuenta manifestaciones evidentes y universales de la buena voluntad divina que invitan a confiar en Él. Pero al margen de estas dos manifestaciones humanas, hay por encima de ellas algo que debe provocar en nosotros la más rendida admiración y es la fidelidad de Dios a pesar de nuestra infidelidad. Porque ni siquiera la reiterada incredulidad humana anula la fidelidad divina (Ro 3:3-4), como nos lo recuerda el apóstol Pablo en estos puntuales términos:

Si somos infieles, él sigue siendo fiel, ya que no puede negarse a sí mismo.

2 Timoteo 2:13 nvi

17 de febrero

El Espíritu Santo y la unidad de la iglesia

>«El espíritu Santo [...] es el verdadero agente ecuménico de la Iglesia [...]. Allí donde se le obedece hay unidad»
>
>Carlos Jiménez[90]

En la medida en que el Espíritu Santo es una de las tres personas de la Trinidad divina, puede ser justamente identificado con el mismo Dios (Hch 5:3-4) y como tal no está supeditado ni restringido a actuar únicamente en una iglesia o a través de una de ellas en particular. Él es libre y soberano y su acción es la mayor parte de las veces sutil e imperceptible aun para el común de los cristianos, excediendo frecuentemente el ámbito de influencia de las iglesias, llegando así a ser muy eficaz en el propósito que persigue. Uno de estos propósitos es promover la libre y voluntaria obediencia de los creyentes a la voluntad divina, específicamente a la expresada por el Señor en su oración sumo sacerdotal: «ruego [...] para que todos sean uno [...]. Permite que alcancen la perfección en la unidad...» (Jn 17:20-23). Pero en este cometido es necesario tener en cuenta que la unidad no es algo que tenga que ver propiamente con la iglesia en un sentido institucional. Es decir que es una utopía concebir el ecumenismo como el establecimiento de una única organización eclesiástica de cobertura mundial, pues la unidad de la iglesia no es de índole organizativa sino orgánica, a la manera en que un organismo vivo posee unidad a pesar de la variedad de órganos o miembros que lo conforman, y la cabeza de este cuerpo u organismo vivo no es ninguna otra más que Cristo (1 Cor 12:12-27; Ef 1:22-23). Por eso, en lo que concierne al trato personal entre creyentes en Cristo (y no al trato interinstitucional entre iglesias cristianas, las cuales deben de cualquier modo defender las doctrinas que las identifican y distinguen), la libertad concedida por el Espíritu Santo a cada uno de ellos les permite ir más allá de los linderos confesionales de su propia denominación, o dicho de otro modo, de las doctrinas que caracterizan a su denominación cristiana en particular y, sin perjuicio de sus diferencias, cultivar no obstante un trato fraternal con cristianos de otras confesiones enfatizando más las doctrinas comunes que nos unen que las que nos separan, pues la unidad cristiana trasciende las diferencias confesionales permitiéndonos disfrutar de «unidad en la variedad» y de «convivencia en la diferencia»[91]:

>*Ahora bien, el Señor es el Espíritu;*
>*y donde está el Espíritu del Señor, allí hay libertad.*
>
>2 Corintios 3:17 nvi

18 de febrero

Testificando a los nuestros

«Ningún seguidor de Cristo realiza obra secular. Todos tenemos una vocación sagrada […]. Si mi etnia y mis desilusiones son parte del diseño de Dios para mi vida, resulta lógico pensar que también lo será mi llamado»

Ravi Zacharias[92]

El celo misionero ha sido siempre una característica distintiva del cristianismo a lo largo de su historia, como corresponde a la obediencia a la gran comisión dada por el Señor Jesucristo a los suyos (Mt 28:19-20). Y las misiones involucran el encuentro con culturas, pueblos, etnias y naciones diferentes a las propias y, por consiguiente, la adquisición de un satisfactorio conocimiento de ellas para lograr comprenderlas e impactarlas favorable y eficazmente con el evangelio de Cristo. Los cristianos que experimentan el llamado divino a trabajar en las misiones y lo obedecen, suelen suscitar la admiración de sus hermanos por su manifiesta devoción, disciplina y espíritu sacrificial. Pero son pocos los que reciben este llamado, al margen de su exigencia. Sin embargo, las misiones no son la única manera en que el cristiano puede cumplir su obligación evangelizadora y en ocasiones pueden ser inconvenientes y equivocadas, cuando no obedecen a un auténtico llamado de Dios sino más bien a un ánimo exaltado, bien intencionado pero ingenuamente romántico que tiende a idealizar el trabajo misionero como si este fuera el epítome de la actividad evangelizadora. El apóstol Pablo, misionero de los gentiles por elección divina (Hch 9:15; Ro 11:13; Gal 1:15-16; 2:8-9), tuvo, no obstante y aun a su pesar, que surtir los pasos establecidos para poder cumplir en su momento su llamado misionero con el pleno respaldo divino. Porque si bien siempre fue fiel a su convicción de que el «… evangelio […] es poder de Dios para salvación de todos los que creen: de los judíos primeramente, pero también de los gentiles» (Ro 1:16), tuvo que afrontar una insalvable oposición a su ministerio evangelizador hasta que fue enviado a su lugar de origen (Hch 9:29-30), donde presumiblemente debió evangelizar a su propia familia antes de pretender alcanzar a los gentiles establecidos en los confines de la tierra, como pudo hacerlo *después* y no *antes* de haber testificado a los suyos, en línea con el orden y los pasos establecidos por el Señor en vísperas de su ascensión:

> Pero cuando venga el Espíritu Santo sobre ustedes, recibirán poder y serán mis testigos tanto en Jerusalén como en toda Judea y Samaria, y hasta los confines de la tierra.
>
> Hechos 1:8 nvi

19 de febrero

Los deseos y la razón

«Cuando un hombre desea algo, la razón es generalmente relegada a segundo término»

WARREN C. YOUNG[93]

El deseo es considerado por muchos como la fuente de nuestros problemas. Tanto los estoicos en la antigüedad como los budistas en la actualidad han abogado por la voluntaria y disciplinada supresión del deseo como la meta de la vida humana con miras a lograr los objetivos que cada una de estas doctrinas propone. Y no puede negarse que cuando el deseo nos domina y queremos satisfacerlo a toda costa y de manera obsesiva solemos convertirnos en personas irrazonables (no aceptamos razones) y hasta irracionales (no entendemos razones). En el Nuevo Testamento el deseo es comúnmente asociado con las pasiones pecaminosas que nos llevan a codiciar y a querer obtener cosas censurables a la luz de la ética cristiana. De hecho en el griego existe una palabra reservada casi exclusivamente a este uso, *epithumía*, que se traduce al español como *concupiscencia* en conocidas versiones antiguas como la ReinaValera. Pero hay que decir que en la Biblia los deseos no son siempre malos o pecaminosos *per se* como lo demuestran el Señor Jesucristo y el apóstol Pablo con estos esperanzados anhelos: «Entonces les dijo: —He tenido muchísimos deseos de comer esta Pascua con ustedes antes de padecer» (Lc 22:15); «Me siento presionado por dos posibilidades: deseo partir y estar con Cristo, que es muchísimo mejor [...]. Nosotros, hermanos, luego de estar separados de ustedes por algún tiempo, en lo físico pero no en lo espiritual, con ferviente anhelo hicimos todo lo humanamente posible por ir a verlos. Sí, deseábamos visitarlos...» (Flp 1:23; 1 Ts 2:17-18). Así pues, los deseos son parte irrenunciable de nuestra naturaleza humana esencial y, más que suprimirlos, lo que debemos hacer es alinearlos y subordinarlos a la siempre razonable voluntad divina (Ro 10:1; 2 Cor 10:5), identificando y desechando aquellos que obedecen a motivos pasionales egoístas y pecaminosos (Stg 4:1-3; 1 Jn 2:16-17), pudiendo conservar y trabajar para satisfacer aquellos que no son condenables. Al fin y al cabo: «La esperanza frustrada aflige al corazón; el deseo cumplido es un árbol de vida» (Pr 13:12). Es por eso que Dios nos promete:

Deléitate en el Señor, y él te concederá los deseos de tu corazón.

Salmo 37:4 NVI

20 de febrero

Distinguiendo la historia de la doctrina

«Debemos ser cuidadosos en no universalizar narrativas históricas específicas»

Gregory Boyd[94]

Historia y doctrina se entremezclan en la Biblia de tal manera que es posible llegar a confundir la una con la otra. Esto sucede cuando «universalizamos narrativas históricas específicas». Es decir, que hacemos de un detalle histórico específico, contingente y más bien aislado de la narración, una norma o doctrina de universal y obligatoria aplicación y aceptación en todos los casos posteriores. En el Nuevo Testamento, por ejemplo, hay hechos y detalles históricos de la vida del Señor y de la iglesia primitiva que no pueden tomarse como la norma para la iglesia de todas las épocas, tales como la creencia en que la mudez o la sordera son siempre ocasionadas por demonios (Mt 12:22; Lc 11:14), obrar la sanidad de un ciego escupiendo en sus ojos (Mr 8:22-23), o untando barro en ellos para luego lavarlos con agua de un estanque en particular (Jn 9:6-7). Asimismo, tener todas las cosas en común (Hch 2:44-45), o pretender la sanidad milagrosa de alguien mediante el contacto con la sombra del taumaturgo[95] de turno (Hch 5:15), o mediante «pañuelos o delantales» que hayan tocado su cuerpo (Hch 19:12). Podría mencionarse también la presunta obligación de las mujeres cristianas de todas las épocas de llevar cubierta la cabeza (1 Cor 11:5-6). Todas estas son narrativas históricas específicas y no doctrina de universal aplicación. Por eso, sin entrar en la discusión teológica al interior de la iglesia sobre la vigencia o no vigencia de los dones milagrosos, lo cierto es que los cristianos no estamos obligados a reproducir al detalle estas situaciones particulares cuando las circunstancias lo ameriten. De hecho, esto puede ser en muchos casos inconveniente y hasta equivocado, brindando una aparatosa imagen del cristianismo y de la iglesia que no estaría muy lejos ni sería muy diferente de las supersticiones populares y mágicas de las religiones paganas. Es, pues, necesario retener la permanente lección espiritual de todos estos episodios, pero sin tener que reproducirlos a la letra en todos sus detalles (2 Cor 3:6). La sencillez minimalista[96] es la norma que combate toda presunción altiva y equivocada en la vida cristiana para poder declarar:

... no busco grandezas desmedidas, ni proezas que excedan a mis fuerzas.

Salmo 131:1 nvi

21 de febrero

La armonía del cuerpo de Cristo

«La naturaleza nunca humilla a sus creaciones más modestas»

F. W. Boreham[97]

La armonía manifiesta que aún se puede apreciar en la naturaleza a pesar de los efectos que la caída ha tenido sobre ella (Gn 3:17-19; Ro 8:19-20, 22), pasa por el hecho de que aun la criatura o el ser más modesto tienen un lugar y un papel que cumplir dentro de ella, contribuyendo así a su grandeza y óptimo funcionamiento. Y si bien la caída trajo una significativa y dolorosa dosis de hostilidad de la naturaleza hacia el ser humano y viceversa, de tal modo que las plagas, los parásitos, las bacterias y los virus parecen ser salidas en falso de la naturaleza que deberían ser eliminadas; lo cierto es que ya se ha establecido que, de lograr erradicarlas del todo, los efectos colaterales de ello llegan a ser más graves y perjudiciales para nuestro entorno y la supervivencia de nuestra especie que los problemas que se pretenden resolver al eliminarlos. Así pues, el problema del mal y del dolor en el mundo no es un argumento lo suficientemente sólido como para pasar por alto la armonía que subyace en toda la naturaleza y que otorga a sus creaciones más modestas su correspondiente honor y dignidad. La iglesia, designada en las Escrituras como el cuerpo de Cristo (1 Cor 12:27), debe también reflejar entre sus miembros una armonía que renuncie a humillar a aquellos que parecen más modestos para exaltar a los que parecen más presentables: «Al contrario, los miembros del cuerpo que parecen más débiles son indispensables, y a los que nos parecen menos honrosos los tratamos con honra especial. Y se les trata con especial modestia a los miembros que nos parecen menos presentables, mientras que los más presentables no requieren trato especial. Así Dios ha dispuesto los miembros de nuestro cuerpo, dando mayor honra a los que menos tenían, a fin de que no haya división en el cuerpo, sino que sus miembros se preocupen por igual unos por otros» (1 Cor 12:22-25). Únicamente teniendo presente todo esto podremos llegar a ocupar con alegría y solicitud el lugar que nos corresponde dentro del cuerpo, por modesto que parezca, y estar igualmente en condiciones de relacionarnos con sus demás miembros de este modo:

... al que deban respeto, muéstrenle respeto; al que deban honor, ríndanle honor.

Romanos 13:7 nvi

22 de febrero

La seguridad de las promesas divinas

«Cuando Jesús invita, ninguna timidez debe detenernos; cuando Jesús promete, ninguna incredulidad debe estorbarnos; cuando tan preciosas bendiciones pueden obtenerse, ninguna insensibilidad debe impedirnos»

Charles H. Spurgeon[98]

Dios invita al hombre a la reconciliación y la comunión con Él con todas las bendiciones y compromisos recíprocos que acompañan la aceptación de estas invitaciones. El inconverso suele menospreciar y desechar con apatía, altivez, indiferencia y de manera culpable estas invitaciones y promesas que Dios le formula. Pero el creyente también puede llegar a rechazarlas de forma muy sutil al reaccionar tímidamente ante ellas (2 Tm 1:7). Por eso el creyente debe recordar que «Dios no es un simple mortal para mentir y cambiar de parecer. ¿Acaso no cumple lo que promete ni lleva a cabo lo que dice?» (Nm 23:19; cf. Jos 21:45; 23:14; 1 R 8:56) y que, por consiguiente, como nos lo informa el apóstol Pablo: «Todas las promesas que ha hecho Dios son "sí" en Cristo. Así que por medio de Cristo respondemos "amén" para la gloria de Dios [...] nos selló como propiedad suya y puso su Espíritu en nuestro corazón, como garantía de sus promesas» (2 Cor 1:20, 22 cf. 2 Cor 5:5). A ello también se refirió el Señor Jesucristo cuando afirmó tajantemente que «El cielo y la tierra pasarán, pero mis palabras jamás pasarán» (Mt 24:35). No hay, entonces, excusas válidas para que el creyente vacile ante las invitaciones divinas o dude de sus promesas puntuales, todas las cuales buscan bendecir con abundancia a sus beneficiarios. Pero en este propósito debemos siempre recordar que toda promesa divina anuncia una bendición, pero exige al mismo tiempo una condición de obediencia por parte del beneficiario, siendo pues necesario que nosotros cumplamos nuestras propias promesas ante Dios para poder acceder sin timideces a las bendiciones anunciadas en las invitaciones y promesas divinas (Sal 22:25; 50:14; 116:12-14). Las promesas de Dios deben, pues, ser un motivo de inspiración para el creyente, moviéndolo a actuar cada vez más de manera agradable al Señor (2 Cor 7:1), con la seguridad final de que a su tiempo veremos con creces el cumplimiento pleno de lo prometido, no solo de forma momentánea, sino para toda la eternidad:

Tus promesas han superado muchas pruebas, por eso tu siervo las ama.
Salmo 119:140 nvi

23 de febrero

Redención y moralidad

«La redención antecede la moralidad, y no al revés [...]. Toda vida que no comprenda su necesidad de redención, no entenderá la verdad sobre la moralidad»

Ravi Zacharias[99]

Ser bueno o ser perdonado. ¿Qué es lo más prioritario y determinante? Todas las religiones en general conciben al pecado y a la virtud como nociones enfrentadas y antagónicas. En consecuencia, si en el balance final de nuestras vidas pesa más la virtud que el pecado estaremos, pues, salvados. Pero en el evangelio lo opuesto al pecado no es la virtud, sino la fe (Jn 6:28-29). La incredulidad es, entonces, el pecado por antonomasia (Heb 3:19) y la fe la virtud por excelencia. Por eso la fe va siempre primero que la virtud (2 P 1:5). Porque es solo mediante la fe en Cristo que podemos llegar a ser perdonados y justificados —que es precisamente nuestra principal necesidad—, para comenzar luego a practicar la virtud con consistencia. Hoy por hoy muchos relegan la fe y hacen de la moralidad su religión y se quedan así sin entender ni la una ni la otra, ya que la auténtica moralidad nace de la fe en Dios y del reconocimiento de nuestra necesidad de perdón y redención que la acompaña (Ef 2:8-10; Tit 3:8). La redención va siempre primero. La moralidad, después. De lo contrario la moralidad carecerá por completo de fundamento. Porque antes de pretender ser buenos debemos ser perdonados. Aquí el orden de los factores sí altera el producto. Es por eso que la moralidad y las buenas obras por sí solas están condenadas en la Biblia (Ro 3:20; Gal 2:16) y únicamente adquieren valor al ocupar su lugar como fruto de la fe en Dios y no de manera independiente de ella, al punto que las buenas obras tienen como principal objetivo demostrar el auténtico arrepentimiento de quien las practica y nada más (Hch 26:20). Dicho de otro modo, la moralidad solo es auténtica cuando es el resultado del tributo espontáneo, natural y profundamente agradecido que el redimido le ofrece a su Redentor. Toda moralidad que obedezca a un motivo diferente no es más que condenable fariseísmo que pierde de vista lo más importante (Mt 23:23 rv60), que no es otra cosa que la *justicia* que Dios en su *misericordia* nos otorga por medio de la *fe* en Jesucristo:

En consecuencia, ya que hemos sido justificados mediante la fe, tenemos paz con Dios por medio de nuestro Señor Jesucristo.

Romanos 5:1 nvi

24 de febrero

La paz del reino de Dios

«LA PAZ del reino de Dios no viene por [...] el exterminio inclemente de los enemigos del rey, sino por el sufrimiento y la muerte del rey mismo [...] el rey logra la paz sin derramar la sangre de los rebeldes, sino derramando su propia sangre»

BRIAN D. MCLAREN[100]

«Si quieres paz, prepárate para la guerra» es el contradictorio lema que suscriben muchos de los gobernantes del mundo en la persecución de sus objetivos presuntamente pacificadores. En efecto, todas las potencias imperialistas y expansionistas de la historia que han logrado establecer una medida significativa de paz en sus dominios y en el mundo en general, lo han hecho a través de la fuerza de las armas y el derramamiento de la sangre de sus adversarios políticos. Esta es una de las razones por las cuales el Señor Jesucristo declaró que su reino no es de este mundo (Jn 18:36). Porque no comparte los métodos de los reinos de este mundo (Mt 26:51-54). En efecto, Dios no conquista en principio a sus adversarios mediante la fuerza militar sino mediante un amor sufrido y sufriente (Jer 20:7; Os 11:4; 1 Cor 13:4-7), marcando la pauta también para que sus seguidores lo imiten. Y si bien llegará un día en que la dureza de los corazones impenitentes agotará la paciencia divina llevándolo, a su pesar, a imponerse por la fuerza a sus adversarios (Sal 2:1-12; Ap 11:15-18); el hecho es que el poder del reino de Dios no reside en esencia en la capacidad de coerción o de coacción impositiva, sino en su profunda atracción cautivadora que logra la rendición de los adversarios del rey, no mediante el derramamiento de la sangre de aquellos, sino de la de este (Jn 12:32-33). El espectáculo de la cruz sigue desmontando las más elaboradas prevenciones de los opositores (Lc 23:47-48) y sentando el más claro precedente de que al corazón de los seres humanos no se llega mediante la fuerza sino mediante el amor que hermana a todos los hombres que se rinden a él, alcanzando así una paz que difiere ostensiblemente de la que ofrece el mundo (Jn 14:27), no solo en sus métodos, sino en su alcance y permanencia a tal punto que «... la paz de Dios [...] sobrepasa todo entendimiento...» (Flp 4:7) y justifica de sobra la declaración del apóstol:

> *Pero ahora en Cristo Jesús, a ustedes que antes estaban lejos, Dios los ha acercado mediante la sangre de Cristo. Porque Cristo es nuestra paz [...]. Él vino y proclamó paz a ustedes que estaban lejos y paz a los que estaban cerca.*
>
> **Efesios 2:13-14, 17** NVI

25 de febrero

El propósito de la monarquía

> «¡Más vale un exceso de monarquía que la anarquía. ¡Esto explica, sin duda, aunque no la justifique, la reverencia del mundo occidental hacia su Majestad»
>
> Guy Sorman[101]

La figura del rey, con toda la fascinación que pueda ejercer, nunca ha dejado de ser controvertida. En el Israel histórico su origen no deja de ser polémico. En efecto, la monarquía surgió en Israel debido a que el profeta Samuel no aprendió las lecciones que debía haberle dejado el triste caso de Elí y sus hijos (1 Sam 2:12-17, 22-25, 27-36) y repitió sus deficiencias en la formación de sus propios hijos, como consecuencia de lo cual estos también adolecían a simple vista del carácter necesario para sucederlo en la dirección de la nación. Ante esta situación, el pueblo cedió a la tentación de querer imitar a las naciones paganas que lo rodeaban en el sentido de ser gobernadas por un rey y acudieron en masa al profeta para manifestarle su deseo perentorio de tener un rey. Dios desaprobó esta iniciativa, puesto que Israel no era una monarquía, sino una teocracia, razón por la cual esta petición implicaba un velado rechazo a Dios. Sin embargo, intentó razonar con su pueblo y disuadirlo de su cuestionable intención haciéndole ver las consecuencias de aquella, que no son otras que la dura servidumbre a la que serían sometidos por sus propios reyes. Y si bien al final, ante la insistencia del pueblo ya advertido, accedió a su pesar a esta petición (1 Sam 8:1-22); no lo hizo sin ciertas salvedades, tales como elegir Él mismo al rey (1 Sam 10:1) y reservarse su consecuente derecho de pedirle cuentas directas de su conducta para con su pueblo. Como era de esperar, el balance de la monarquía no fue el mejor, con muy contadas excepciones honrosas[102]. Sea como fuere, la institución monárquica, no obstante su cuestionable origen, llegó a ser providencialmente la fuente de una de las más destacadas vertientes mesiánicas en el Antiguo y el Nuevo Testamento: el mesías rey. El mesías debía, pues, acreditar su descendencia directa del rey David y llevar, por tanto, sangre real, como lo hizo Jesucristo de manera más que satisfactoria (Mt 1:1-17; Lc 1:30-33; 3:23-31), convirtiéndose así en el único rey de la historia que justifica con creces nuestra reverencia a la figura del rey:

> *En su manto y sobre el muslo lleva escrito este nombre:*
> *Rey de reyes y Señor de señores.*
>
> **Apocalipsis 19:16** NVI

26 de febrero

La familiaridad y la reverencia

«La familiaridad engendra el desprecio. Todas las religiones tienen sus tabernáculos y ningún hombre es un héroe para su criado»

Charles De Gaulle[103]

El trato familiar entre un superior y sus subordinados tiene la ventaja de que da lugar a una cercanía que suaviza la relación y la hace más humana, estrecha, personal e íntima generando, por tanto, una obediencia más sincera y fluida y una más auténtica admiración hacia el superior de turno, al tiempo que manifiesta una genuina preocupación de este hacia la persona y las necesidades del subordinado. Sin embargo, puede llegar a ser inconveniente al revelar al subordinado deficiencias en el carácter de un superior previamente idealizado que, de otro modo, no hubieran sido descubiertas, y lleguen así a decepcionar al subalterno y a suscitar en él un velado desprecio hacia su superior. Tal vez sea esta una de las razones por las cuales en todas las religiones los dioses están rodeados de un halo de misterio que tiene como propósito mantener la distancia y evitar la familiaridad en el trato con sus fieles. Con la excepción del cristianismo en donde, no obstante la gran distancia que nos separa de un Dios absolutamente santo y el misterio que le rodea, Él no teme que un trato familiar con nosotros pueda desengañarnos de algún modo, sino más bien producir de manera siempre creciente una más rendida entrega y convencida admiración, junto con una adoración más natural y espontánea de nuestra parte que no elimina la posibilidad de relacionarnos y acceder a Él con una muy satisfactoria familiaridad en el trato, fomentada por Dios mismo al haberse hecho hombre como nosotros e identificarse así de manera superlativa con nuestra humana condición (Heb 2:14, 17-18; 4:15). La persona de Cristo constituye así la mejor invitación a un trato familiar, estrecho, íntimo y profundamente personal con el Dios del universo (Ro 5:2; Ef 2:18; 3:12; Heb 4:16; 10:19-22; 1 Jn 3:21; 4:16-17), que no conlleva el peligro de perderle el respeto y hacernos olvidar con quien estamos tratando, sino que, por el contrario, acrecienta cada vez la conciencia que tenemos de ello (Is 6:5) y nos lleva a obedecer de buena gana la exhortación del salmista cuando dice:

Tributen al Señor la gloria que merece su nombre; póstrense ante el Señor en su santuario majestuoso.

Salmo 29:2 nvi

27 de febrero

Mirándonos en el espejo

«Es sabio mirar al espejo antes de espiar por la ventana»

Max Lucado[104]

El llamado «rey del pop», el malogrado Michael Jackson, compuso una canción titulada *El hombre en el espejo* que en el coro dice con gran lucidez: «Estoy comenzando con el hombre en el espejo, le estoy pidiendo que cambie su forma de ser, y ningún mensaje podría ser más claro: si quieres hacer del mundo un lugar mejor, échate un vistazo a ti mismo y haz el cambio». El escritor cristiano Patrick Morley también escribió un libro titulado *El hombre frente al espejo*[105]. En efecto, el hombre en el espejo es el primer asunto con el que debemos tratar a diario, antes de pretender espiar por la ventana (Mt 7:3-5). En este propósito, la Biblia se presenta a sí misma como el espejo en el cual debemos mirarnos a diario, no solo debido a que al contemplarnos en ella nos vemos realmente como somos, sin fachadas que maticen o encubran nuestra verdadera condición; sino también porque es en el espejo de la Palabra donde descubrimos la imagen de aquel a quien deberíamos habernos conformado (Ro 8:29; 1 Cor 15:49; Ef 4:24; Col 3:10), sin haberlo logrado nunca, quedando en evidencia nuestro fracaso y la esterilidad de las falsas imágenes que nos hemos esmerado en proyectar. Por eso, nuestra falta mayor no es tan solo que no nos miramos en el espejo de la Palabra de Dios, sino también que cuando sí lo hacemos no obramos cambios en la defectuosa imagen que este refleja de nosotros, para ajustarla cada vez más en obediencia a la imagen que la Biblia proyecta de Cristo (Stg 1:21-25), engañándonos a nosotros mismos. Después de todo, la vida cristiana se describe como un proceso por el cual: «…todos llegaremos a la unidad de la fe y del conocimiento del Hijo de Dios, a una humanidad perfecta que se conforme a la plena estatura de Cristo» (Ef 4:13). Al mirarnos, pues, en el espejo de la Palabra y descubrir allí tanto la defectuosa imagen propia como la perfecta imagen de Cristo, debemos manifestar el mismo deseo del Bautista: «A él [Cristo] le toca crecer, y a mí menguar» (Jn 3:30). El apóstol Pablo lo tenía tan claro que manifiesta sin reservas su dolor al observar que los creyentes no avanzaban satisfactoriamente en este cometido:

Queridos hijos, por quienes vuelvo a sufrir dolores de parto
hasta que Cristo sea formado en ustedes.

Gálatas 4:19 nvi

28 de febrero

El engaño de la autoayuda

«Uno *no puede* ayudarse a sí mismo. Esa es la mala noticia, el común denominador de la humanidad y el elemento definitorio de la tragedia moderna. Los que persisten en creer que el yo puede de veras ayudarse a sí mismo, inevitablemente perderán la esperanza, porque están comprando ilusiones»

WALKER PERCY[106]

«Ayúdate que yo te ayudaré» es un lema popular y engañoso que muchos han llegado a pensar que se encuentra textualmente en la Biblia misma. Pero nada hay más equivocado. No solo porque esta frase no se encuentra de ningún modo en la Biblia, sino también porque la idea que transmite es contraria a la misma, pues presume equivocadamente, no solo que podemos ayudarnos a nosotros mismos, sino también que una vez que lo hacemos, Dios entonces refuerza nuestra intención poniendo también sus recursos al servicio de esta. Ahora bien, es cierto que la Biblia y la historia documentan de sobra multitud de ocasiones en que Dios acude en ayuda de los suyos, pero Dios no ayuda a quien no se rinde primero por completo a Él con humildad, arrepentimiento y fe, reconociendo al mismo tiempo su impotencia al actuar con independencia de Él (Jn 15:5). No se trata, pues, de pretender alinear a Dios con nuestros deseos y propósitos egoístas, sino de rendirnos nosotros a Él reconociendo nuestra radical impotencia (Ro 8:7) para, una vez redimidos y facultados por Él, alinearnos nosotros con sus propósitos más elevados, ahora sí con toda la ventaja de nuestro lado para llevarlos a feliz término (Flp 4:13). Bien se dice que el mundo llama a los capacitados pero que Dios capacita verdaderamente a los llamados. En efecto, cualquier capacidad o competencia que poseamos no es, entonces, mérito nuestro, sino de Dios (Jn 3:27; 1 Cor 4:7; 2 Cor 3:5). Es por eso que la moda actual de la autoayuda que ha dado lugar a seminarios, charlas, conferencias, libros y a todo un movimiento casi industrial alrededor de este propósito son en último término espejismos condenados a la desilusión y al fracaso, en la medida en que se emprenden sin reconocer nuestra impotencia ante Dios rindiéndonos por completo a Él, para únicamente así poder recibir de su mano las facultades de las que carecemos. Bien lo dijo el profeta:

¡Maldito el que se apoya en su propia fuerza y aparta su corazón del Señor!

Jeremías 17:5 NVI

29 de febrero

El juicio y la misericordia

«EL JUICIO divino siempre lleva en su seno una misericordia mayor»

ALFRED EDERSHEIM[107]

Partiendo del hecho de que la ira de Dios es una realidad ineludible revelada en la Biblia y en la historia, con plena e igual vigencia, tanto en el Antiguo como en el Nuevo Testamento, de tal modo que no es de ningún modo abrogada por el evangelio ni por la revelación de que «Dios es amor» contenida en el Nuevo Testamento (1 Jn 4:8, 16); hay que decir también que esta es, proporcionalmente hablando, una manifestación extrema y más bien excepcional del carácter justo de Dios, en la medida en que, como también se nos informa desde el Antiguo Testamento: «Pero tú, Señor, eres Dios clemente y compasivo, lento para la ira, y grande en amor y en verdad» (Sal 86:15; 103:8; 145:8). Sin embargo, por excepcional que pueda ser, la ira de Dios estará siempre plenamente justificada cada vez que se presente como gráfica demostración de su justicia, sentando precedentes necesarios para que nunca olvidemos que Dios no solo es misericordioso, sino también y antes que nada, justo (Is 26:9). Con todo, aun los eventuales y justos juicios divinos desencadenados sobre los individuos y las naciones contienen siempre una gran dosis de misericordia que excede con frecuencia la gravedad del castigo. Dicho de otro modo, incluso en medio del castigo y del dolor al que nos hemos hecho justamente merecedores agotando en muchos casos la paciencia de Dios para con nosotros, Dios nos brinda consolaciones y señales claras de que no desea nuestra destrucción o condenación, sino nuestra redención (2 Cor 1:3-6). El juicio de Dios nunca será en la historia humana un fin en sí mismo, sino un medio para algo más grande: mostrar una vez más su irrenunciable misericordia, manifestada aun a través de sus juicios, puesto que «… ¡La compasión triunfa en el juicio!» (Stg 2:13). En efecto, a los que se muestran dispuestos y doblegan su egocéntrica, desafiante, desobediente y pecaminosa soberbia, Dios siempre les brinda consolaciones cuando se encuentran en medio del castigo, de modo que, aferrándose a ellas, puedan dejar atrás el dolor del juicio y derivar de él las lecciones para no volverlo a provocar, pudiendo declarar con el apóstol Pablo:

… pero si nos juzga el Señor, nos disciplina
para que no seamos condenados con el mundo.

1 Corintios 11:32 NVI

1 de marzo

La existencia desnuda

«Es imposible conservar el orgullo cuando alguien te ha visto sin ropa»
Roberto Rivera[108]

Leonardo Da Vinci dijo que «El único animal que se avergüenza de su desnudez es el hombre»[109], tal vez para justificar el desnudo artístico y piadoso del renacimiento. Pero la verdad es que el ser humano no es tan solo un animal más de la escala zoológica. Y más allá de la vergüenza asociada a la desnudez en muchas culturas humanas, lo cierto es que, como lo dice el autor cristiano Darío Silva-Silva: «En una visión darwiniana, Desmond Morris llamó 'el mono desnudo' al hombre; y ciertamente, cuando se descubre sin cortapisas, el 'Homo Sapiens' de Linneo parece un orangután sin pelo. El vestuario le imparte dignidad y lo iguala a su prójimo en una categoría más alta que la zoológica»[110] (Ex 28:2). Los argumentos actuales para justificar la desnudez desvergonzada —a no ser cuando el clima nos obligue a cubrirnos— no tienen en cuenta esta verdad y terminan así degradando al ser humano al nivel de los animales. Sin mencionar que «no todos los cuerpos soportan una exposición franca, por el contrario, muchos tienen defectos que los afean grandemente [...] debido a ello, la desnudez pública resulta decepcionante, cuando no repugnante. Casi siempre, hablando con objetividad, los cuerpos desnudos ofrecen un espectáculo cómico, a veces hasta ridículo, y, sin lugar a dudas, ofensivo y degradante. Esa es la verdad desnuda»[111]. C. S. Lewis sostenía incluso que la individualidad del ser humano está ligada al vestuario: «¿Es que no somos acaso nosotros mismos cuando estamos desnudos? En cierto sentido, no [...]. Desde tiempos inmemoriales el hombre desnudo ha sido para nuestros antepasados no el hombre natural sino el anormal [...] la desnudez realza lo común de la humanidad y quita voz a lo que es individual»[112]. Por último, el psiquiatra judío Viktor Frankl, sobreviviente de los campos de concentración nazis, confesó que el punto más bajo de la degradación a la que fueron sometidos por las SamSam ocurrió cuando «nuestra desnudez se nos hizo patente: nada teníamos ya salvo nuestros cuerpos mondos y lirondos (incluso sin pelo); literalmente hablando, lo único que poseíamos era nuestra existencia desnuda»[113]. Y es por eso que aun la dignidad y el carácter santo del Señor está asociado a sus vestiduras:

Aroma de mirra, áloe y canela exhalan todas tus vestiduras...

Salmo 45:8 nvi

2 de marzo

El juramento

> «EL JURAMENTO es la prueba de la mentira que reina en el mundo [...] pero al mismo tiempo la fomenta [...]. La ley [...] rechaza la mentira mediante el juramento. Jesús rechaza la mentira prohibiendo jurar»
>
> **DIETRICH BONHOEFFER**[114]

Uno de los temas de la práctica cristiana que más se ha prestado a discusiones es el relativo al juramento. El Antiguo Testamento lo aprueba y ordena en muchos casos, siempre y cuando no se lleve a cabo a la ligera y tomando en vano el nombre de Dios (Ex 20:7; 22:11; Lv 5:1, 4; 19:12; 1 Tm 1:9-10), el garante final de todo juramento (Ez 17:19). Y el simple hecho de que, en concesión a la debilidad humana, Dios se comprometa con su pueblo por medio del juramento (Ex 6:8; Sal 89:3; Heb 6:13-19), es una prueba de que este es intrínsecamente bueno, aunque los seres humanos lo perviertan. Por eso inquieta que el Nuevo Testamento, por el contrario, dé la impresión de desaprobarlo al prohibirlo (Mt 5:33-37; Stg 5:12). Sobre todo teniendo en cuenta que el mismo Jesucristo y el apóstol Pablo parecen haber prestado juramento en su momento (Mt 26:63-64; Ro 1:9). Pero a pesar de esta diferencia evidente entre el Antiguo y el Nuevo Testamento, con sus correspondientes prescripciones ambos buscan lo mismo: combatir la mentira. El mero hecho de jurar implica reconocer la existencia de la mentira y condenarla como tal. De otro modo no sería necesario jurar. Sin embargo, así no se quiera, al reconocer su existencia se le está dando a su vez algún tipo de patente para que campee a sus anchas ejerciendo su dominio en algún ámbito de nuestra realidad y, mediante los tecnicismos rabínicos (Mt 23:16-22), la mentira termina incluso invadiendo el dominio de la verdad que se pretendía salvaguardar mediante el juramento. En este sentido el juramento pone en evidencia a la mentira, pero aun a nuestro pesar y por causa de nuestra naturaleza pecaminosa, al mismo tiempo la termina fomentando. En el Nuevo Testamento, por el contrario, la prohibición de jurar dada por el Señor Jesucristo despoja a la mentira de este espacio en el que se movía y en el que pretendía estar justificada, de donde toda declaración de un creyente reviste el peso del juramento y el compromiso con la verdad (Ef 4:25), como lo dijo el profeta:

> *Lo que ustedes deben hacer es decirse la verdad, y juzgar en sus tribunales con la verdad y la justicia. ¡Eso trae la paz! No maquinen el mal contra su prójimo, ni sean dados al falso testimonio...*
>
> **Zacarías 8:16-17** NVI

3 de marzo

Actuar sin pensar, pensar sin actuar

«Una parte de los hombres actúa sin pensar y la otra piensa sin actuar»
Ugo Foscolo[115]

Actuar sin pensar y pensar sin actuar son extremos igualmente censurables desde la óptica cristiana. Pero hay que decir que la irreflexiva actividad puede llegar a ser con frecuencia una reacción más o menos justificada —pero siempre igualmente extrema— contra la reflexión pasiva que ha caracterizado a muchos pensadores a través de la historia. Así pues, la controvertida teología de la liberación, con su característica opción preferencial por los pobres —algo de ningún modo censurable en sí mismo—, llevó al extremo la comprensible crítica de Marx a los filósofos, cuando los amonestaba en estos términos: «no hay que limitarse a "interpretar" el mundo de distintos modos; de lo que se trata es de transformarlo»[116], eligiendo entonces actuar *antes* de pensar (que no es más que actuar *sin* pensar), involucrándose de lleno y de manera abiertamente contraproducente en la lucha armada y revolucionaria a favor de los menos favorecidos y en contra de los gobernantes, con una actitud maquiavélica contraria al cristianismo en la cual el fin justifica los medios, cuyo resultado final muestra que la cura es peor que la misma enfermedad. Porque si bien es cierto que de nada sirve reflexionar si, acto seguido, no se actúa también de manera consecuente (Neh 5:7), también lo es que la reflexión es un paso previo siempre necesario antes de actuar (2 Tm 2:7), para no incurrir en acciones que al final nos terminen pesando y de las cuales tengamos que arrepentirnos (Lc 14:28-32), como de hecho le ha sucedido a los activistas y propagandistas de la teología de la liberación que han descubierto de manera más bien tardía y no sin dolor y remordimiento que equivocaron el método (Zac 4:6), e incurrieron de paso en acciones culpables que se vuelven más temprano que tarde en contra de sus actores y promotores, tal y como lo advirtió el Señor en su momento a sus impulsivos apóstoles cuando los exhortó a no recurrir al uso de la fuerza ni de las armas para la promoción, propagación o defensa de los intereses del reino de Dios (Mt 26:51-53), y animarlos más bien a que, si de entregar la vida se trata, lo mejor es hacerlo reflexivamente y a la manera de Dios:

> *Si es la voluntad de Dios, es preferible sufrir por hacer el bien que por hacer el mal [...]. Así pues, los que sufren según la voluntad de Dios, entréguense a su fiel Creador y sigan practicando el bien.*
>
> **1 Pedro 3:17; 4:19** nvi

4 de marzo

La singularidad de la Biblia

«Hemos de tratar la Biblia como cualquier otro libro, para mostrar que no es como cualquier otro libro»

Daniel B. Wallace[117]

El pastor D. Silva-Silva señalaba en cierta ocasión como «Algunos cometen el despropósito de sacralizar versiones bíblicas... como si los traductores fueran autores de las Sagradas Escrituras»[118], dejando abierta la reflexión a la siguiente pregunta: «¿Bibliolatría?»[119]. En efecto, muchos creyentes le han prestado un flaco servicio al cristianismo al cultivar la perniciosa tendencia a colocar a la Biblia en una especie de pedestal con su respectiva urna protectora, lejos del alcance de cualquiera que amenace con mancillarla, poner en tela de juicio o tender una sombra de duda sobre la inspirada veracidad de sus contenidos. Pero, a decir verdad, la Biblia nunca ha exigido este trato como una petición de principio hacia ella. Más bien, nos invita a acercarnos a ella como lo haríamos a cualquier otro libro, con una actitud crítica que esté dispuesta a estudiarla y someter sin prejuicios sus contenidos a la prueba de la historia y de la experiencia propia, para así poder descubrir al final de este proceso que, en realidad, la Biblia no es de ningún modo un libro cualquiera, sino uno muy singular. Tanto que no hay otro que se le compare, de modo que esa misma singularidad termina jugando a favor de la autoridad que ella siempre ha reclamado sobre nuestras vidas (2 Tm 3:15-17). La convicción de que la Biblia es la Palabra de Dios debe ser, entonces, en todos los casos, una conclusión a posteriori, o dicho de otro modo, el punto de llegada de un itinerario previamente recorrido a conciencia, y no un axioma asumido a priori como punto de partida y colocado a salvo de cualquier legítimo cuestionamiento. Dios nunca ha temido este tipo de acercamientos a su Palabra, sino que, por el contrario, los ha estimulado (Jn 5:39 RV60), pues sabe bien que su Palabra siempre pasará de sobra la prueba (Mt 24:35), a diferencia de lo que sucede con los otros libros sagrados de las diferentes religiones de la historia. La Biblia es un libro que nos invita a estudiarlo y no a reverenciarlo. Solo al tener en cuenta lo anterior los creyentes pueden evitar ser víctimas de esa forma de idolatría que podría designarse como «bibliolatría», llegando de paso a la convicción de que

> ... tenemos la muy segura palabra de los profetas, a la cual ustedes hacen bien en prestar atención, como a una lámpara que brilla en un lugar oscuro, hasta que despunte el día y salga el lucero de la mañana en sus corazones.
>
> 2 Pedro 1:19 NVI

5 de marzo

Cristo: Palabra de Dios

«No fue la Biblia, sino Jesús quien murió por nosotros en la cruz»
Daniel B. Wallace[120]

Sin perjuicio de la gran estima, respeto y subordinación del creyente respecto a la Biblia, este no debe olvidar que finalmente fue Jesucristo quien murió por nosotros en la cruz y Él es, por lo tanto, el centro de la vida cristiana. Si bien es cierto que la cristiandad ha sostenido siempre que la Palabra de Dios es veraz, concluyente y terminante, identificando a su vez a la Palabra de Dios con la Biblia, también lo es que la Palabra de Dios no está limitada a la Biblia. La naturaleza y el universo mismo son Palabra de Dios, puesto que fue mediante la palabra pronunciada por Dios que todo llegó a existir y continua existiendo (Heb 1:3; 11:3). Asimismo, Jesucristo es la Palabra misma de Dios hecha hombre (Jn 1:1, 14), razón por la cual la Palabra de Dios se manifiesta entonces de tres maneras complementarias y coincidentes: la creación, Jesucristo y la Biblia. Y entre estas tres manifestaciones de la Palabra de Dios, una sola requiere y merece nuestra adoración: Jesucristo; puesto que adorar la creación es caer en condenable panteísmo, y adorar la Biblia es caer en condenable y supersticiosa bibliolatría. La prioridad que Cristo tiene sobre la creación y sobre la misma Biblia queda así establecida de tal manera que los cristianos recurrimos a la naturaleza y a la propia Biblia únicamente con la intención expresa de afianzar, reforzar y acrecentar de manera consciente, razonable y segura nuestra relación personal y cotidiana con Jesucristo. De este modo, nuestro compromiso con la Biblia emana de nuestro compromiso con Jesucristo y no a la inversa. En otras palabras, la credibilidad de la Biblia reposa sobre la credibilidad de Jesucristo, que es quien avala a la Biblia (Mt 22:29; Jn 10:35), y no al contrario, de tal manera que es la relación personal, actual, cotidiana y directa del creyente con el Señor Jesucristo la que lo lleva a aceptar de buen grado el reclamo de la Biblia de ser Palabra de Dios (2 Tm 3:16-17). La Biblia no es el único testimonio histórico a favor de Jesucristo y sus legítimas pretensiones sobre nuestras vidas, pero si es el testimonio final, inspirado y autorizado por Dios mismo, a favor de su Hijo Jesucristo con miras a nuestra salvación:

> *Ustedes estudian con diligencia las Escrituras porque piensan que en ellas hallan la vida eterna. ¡Y son ellas las que dan testimonio en mi favor!*
>
> **Juan 5:39** NVI

6 de marzo

Creyendo y recibiendo

«Si usted se arrepiente y cree, debe permanecer abierto a recibir. Es difícil definir la receptividad. Aunque no es activa, tampoco es pasiva necesariamente»

Brian D. McLaren[121]

La acción de recibir, a pesar de que no implica ningún mérito de nuestra parte, sino tan solo abrir las manos y agradecer, no es siempre tan sencilla como podría parecer a primera vista. Nuestras prevenciones para recibir algo por lo cual no hemos pagado provienen, por un lado, de nuestras legítimas sospechas de que no nos estén dando algo sin esperar nada a cambio con posterioridad, bajo la convicción comúnmente compartida por todo el género humano de que nada es gratis en esta vida, convicción que hay que reconocer que está justificada en muchos casos. Pero, por otra parte, la reticencia que mostramos para recibir algo gratuito que llena nuestras necesidades más sentidas, con evidente provecho para nuestras vidas, pasa también por el censurable orgullo que se resiste a aceptar aquello que no nos hayamos ganado con nuestro propio esfuerzo, o como resultado de nuestros méritos. Así, la actitud por la cual nos negamos a recibir para no deberle nada a nadie, no obedece siempre al legítimo temor de ver más adelante comprometidos nuestros principios y convicciones cuando recibimos algo de alguien que nos quiere cobrar el favor, sino más bien al cuestionable orgullo autosuficiente que nos hace sentirnos engañosamente ofendidos cuando recibimos algo por lo que no hemos pagado. La dificultad para recibir que los seres humanos manifestamos hunde, pues, sus raíces en nuestra naturaleza caída. Por eso, el cristiano debe comenzar por arrepentirse y rendir ante Dios el orgullo que le impide recibir, puesto que no es posible ser cristiano sin estar dispuesto a recibir con humilde gratitud (Stg 1:21), ya que la misma salvación y la vida eterna son regalos (Ro 6:23; 11:6; Ef 2:8-9; 1 Ts 5:9; 1 Tm 1:16) que, por simple definición, se reciben sin que estemos en condiciones de dar nada a cambio de ellos (Sal 49:7-8), sin mencionar al Espíritu Santo (Hch 2:38) y todos los demás dones que caracterizan la vida cristiana (Sal 65:4; Ro 12:6; Ef 4:7-8; 1 P 4:10), que justifican bien la exhortación que se nos dirige con estas palabras:

Así que acerquémonos confiadamente al trono de la gracia
para recibir misericordia y hallar la gracia que nos ayude
en el momento que más la necesitemos.

Hebreos 4:16 nvi

7 de marzo

Revelación y ocultamiento divinos

«Bastante luz hay para los que quieren ver, y oscuridad bastante para los que tienen una disposición contraria. Bastante claridad para iluminar a los elegidos, y bastante oscuridad para humillarles. Bastante oscuridad para cegar a los réprobos, y bastante claridad para condenarles y hacerles inexcusables»

Blas Pascal[122]

Ante la pregunta de un escéptico que inquiría: «¿Por qué Dios hizo que fuera tan complicado creer en él?... ¿Por qué [...] hizo tan difícil de ver su presencia y su plan?» el erudito cristiano Ravi Zacharias aludía a lo que los teólogos llaman «el ocultamiento de Dios»[123]. En efecto, la Biblia afirma que Dios es «... un Dios que se oculta» (Is 45:15; Sal 18:11). Los autores sagrados se refieren con frecuencia a este ocultamiento divino (Job 13:24; Sal 13:1; Sal 44:24; 88:14), y Dios mismo explica algunas de las razones para ello (Dt 31:18; Is 59:2). Pero lo cierto es que, descontando situaciones particulares, Dios no juega al escondite con el ser humano. Y si no se revela de manera plena es, en primer lugar, porque si así lo hiciera no podríamos soportarlo (Ex 33:20). Pero esta restricción que Dios se impone al revelarse al hombre tiene también como propósito que nuestra adhesión a Él no sea obligada, de tal modo que no tengamos opción, sino que sea una adhesión voluntaria caracterizada por la fe y la confianza en Él y en la luz suficiente que nos brinda para hacer posible y razonable la decisión de fe. En su propósito de darse a conocer Dios tiene en cuenta ante todo nuestra propia disposición en relación con Él (Jn 7:17). Así pues, para los que están dispuestos, hay suficiente luz para iluminarlos. Pero al mismo tiempo, para los que no lo están, hay suficiente oscuridad para cegarlos, pero no para excusarlos. Dicho de otro modo, Dios se revela a los hombres lo estrictamente necesario como para no imponerse sobre su voluntad, pero también lo suficiente como para dejarnos a todos sin excusa (Ro 1:19-20; 2:1). Al fin y al cabo, para el que no está dispuesto nada será suficiente, ya que cuando se es todopoderoso, siempre habrá alguien que exija una demostración adicional (Mt 12:39; 16:4; Lc 11:29). Y es esta doble intención de revelarse a los dispuestos y ocultarse a los que no lo están, la que se halla detrás de las parábolas:

> —A ustedes se les ha concedido conocer los secretos del reino de los cielos; pero a ellos no [...]. Por eso les hablo a ellos en parábolas: «Aunque miran, no ven; aunque oyen, no escuchan ni entienden [...]. Porque el corazón de este pueblo se ha vuelto insensible [...]. De lo contrario [...] se convertirían, y yo los sanaría».
>
> **Mateo 13:13-15 NVI**

8 de marzo

Falsas jerarquías espirituales

«El problema más importante en cuanto a la unidad viene de las posturas que crean distintos niveles espirituales entre creyentes, o que juzgan la espiritualidad de otras personas»

Robert L. Saucy[124]

A partir de la Reforma, en el protestantismo las jerarquías creadas con base en la distinción entre los laicos casados y los clérigos célibes, entre los cuales también encontramos a su vez a sacerdotes, obispos, arzobispos, cardenales, pontífices, etc., no tienen ya razón de ser en virtud del hecho de que todos los creyentes somos sacerdotes en plano de igualdad ante Dios, tal y como se nos revela en el Nuevo Testamento (1 P 2:5, 9; Ap 1:6). Sin embargo, al asignar de manera tácita niveles de espiritualidad a los creyentes, basados en el abundante o escaso ejercicio de los dones milagrosos del Espíritu Santo, en la prosperidad material alcanzada o en el mayor o menor grado de salud física ostentado, entre otros, se crean de nuevo sutiles jerarquías espirituales por las que se termina juzgando la espiritualidad de los creyentes con base en criterios engañosos y no autorizados por el Señor. El único criterio bíblico que encontramos a este respecto es el grado de madurez en la fe alcanzado por cada creyente (Flp 3:12-16; 1 Jn 2:12-14), y este es tan difícil de determinar a simple vista que no puede dar pie a distinciones jerárquicas de ningún tipo o a categorizaciones o rotulaciones implícitas del nivel de espiritualidad de los creyentes por nombre propio, en clara violación a la instrucción del Señor de no juzgar para no ser juzgados (Mt 7:1-2). Adicionalmente y como es apenas obvio, esto incentiva la orgullosa y condenable exhibición ostentosa de su propia espiritualidad por parte de aquellos a quienes se considera ubicados en la parte más alta de la escala, al mejor estilo de los fariseos (Mt 9:11; Lc 5:30; 18:11-12), personajes que, en palabras del Señor, le fastidian como humo en la nariz (Is 65:5). Lo más grave es que, a la sombra de estos esquemas, se termina dividiendo a la iglesia al separar y poner distancia entre estos grupos artificialmente definidos y delimitados, cobrando así renovada vigencia las solemnes advertencias del Señor acerca de los que causan o promueven de algún modo divisiones en la iglesia (Tit 3:10-11; Jud 19):

Les ruego, hermanos, que se cuiden de los que causan divisiones y dificultades, y van en contra de lo que a ustedes se les ha enseñado. Apártense de ellos.

Romanos 16:17 nvi

9 de marzo

Los milagros y la revelación

«Los milagros están relacionados a través de la historia con la Revelación de Dios [...], la historia de la revelación no es un fluir constante, sin interrupciones. La Revelación tiende a llegar en momentos concretos»

Richard B. Gaffin, Jr.[125]

En la historia de la salvación, el propósito de los milagros no es única ni principalmente otorgar un beneficio al receptor o receptores humanos del milagro, aunque a la postre este sea de todos modos uno de los resultados más evidentes de toda acción milagrosa tal y como está registrada en la Biblia. Por eso, sin perjuicio de lo anterior, habría que decir que el principal papel de los milagros en cumplimiento de los propósitos divinos es servir de señal confirmatoria a la revelación cuando esta se está dando. El beneficio obtenido por el receptor del milagro es, entonces, un valor agregado, pero no su objetivo principal. Es debido a ello que los milagros nunca se han dado de manera constante en la historia, sino que ha habido momentos en que son más abundantes, por contraste con otros en que escasean o están ausentes. No es casual que los milagros abunden en la época de Moisés y en la de los profetas Elías y Eliseo, para declinar después hasta prácticamente desaparecer durante el período transcurrido entre los dos testamentos conocido, curiosamente, como «los 400 años de silencio», designación que confirma la relación directamente proporcional entre la revelación divina y la ocurrencia de milagros. Los milagros reaparecen con abundancia una vez más durante el ministerio público de Jesucristo y los apóstoles, quedando así destacados y confirmados en franco relieve los tres momentos culminantes de la revelación, a saber: la ley (Moisés), los profetas (Elías y Eliseo) y el evangelio (Cristo y los apóstoles). El evangelio viene así a confirmar y a superar a la ley y los profetas (Mt 5:17; 11:13; Lc 16:16; 24:44; Jn 1:45), razón que reforzaría el lugar destacado que Cristo ocupa entre Moisés y Elías en la Transfiguración (Mt 17:1-5; Mr 9:2-8; Lc 9:28-36), y la cuidadosa labor selectiva llevada a cabo por el apóstol Juan en su evangelio (Jn 21:25), para escoger y registrar en el mismo solo los milagros que cumplían mejor con el propósito de confirmar la revelación recibida por medio de Jesucristo, para poder declarar finalmente:

> *Jesús hizo muchas otras señales milagrosas en presencia de sus discípulos,*
> *las cuales no están registradas en este libro. Pero estas se han escrito*
> *para que ustedes crean que Jesús es el Cristo, el Hijo de Dios,*
> *y para que al creer en su nombre tengan vida.*
>
> **Juan 20:30-31** nvi

10
de marzo

El apostolado

«Es VIRTUALMENTE imposible definir el "don" de apostolado del mismo modo que el resto de dones [...]. Simplemente no podemos concebir el apostolado fuera de los apóstoles históricos»

JACK DEERE[126]

En el contexto evangélico ha surgido recientemente cierta «apostolmanía» que ha degenerado en una suerte de «apostolitis» por la cual muchos pastores y dirigentes eclesiásticos más o menos destacados se autoproclaman «apóstoles» para dar realce a su ministerio, cultivando entre sus seguidores un cuestionable y peligroso culto a su personalidad. Pero la verdad lisa y llana es que, en estricto rigor, la condición apostólica está limitada a la justamente llamada «edad apostólica», restringida al primer siglo de nuestra era. Y esto es así, entre otros, debido especialmente a que cualquier aspirante a la dignidad apostólica debía haber sido testigo de la resurrección y haber acompañado al Señor Jesucristo durante sus tres años y medio de ministerio público, como consta en la elección del sucesor del malogrado apóstol traidor: Judas Iscariote (Hch 1:21-22). Pablo, un caso de excepción, siempre se presenta en el saludo de sus epístolas como apóstol debido a que fue designado como tal en la última y extemporánea aparición histórica del Cristo resucitado en el camino de Damasco (Hch 9:1-5; Ro 11:13; 1 Cor 4:9; 9:1-2; 15:8; 2 Cor 12:12; Gal 1:11-12, 15-17; 2:8; 1 Tm 2:7; 2 Tm 1:11), y con su compromiso y arduo trabajo por la causa de Cristo compensó con creces su pasado de perseguidor de la iglesia del cual era dolorosamente consciente (1 Cor 15:9-10; 1 Tm 1:12-15). El único otro personaje que parece ostentar de manera explícita la dignidad apostólica en el Nuevo Testamento es Bernabé (Hch 14:1-6, 14). Como quiera que sea, los apóstoles son un hecho único en la iglesia, no solo debido a su autoridad y su papel fundacional en el origen de esta, figurando siempre sin parangón en el primer lugar de todas las listas en que se mencionan (1 Cor 12:28; Ef 2:20; 4:11), sino también en sentido cronológico de modo que después del primer siglo ya no se dan las condiciones para el surgimiento de nuevos apóstoles. Razón suficiente para estar atentos a las advertencias bíblicas sobre el particular (2 Cor 11:13), y actuar al respecto como la iglesia de Éfeso:

> *Conozco tus obras, tu duro trabajo y tu perseverancia. Sé que no puedes soportar a los malvados, y que has puesto a prueba a los que dicen ser apóstoles pero no lo son; y has descubierto que son falsos.*
>
> **Apocalipsis 2:2** NVI

11 de marzo

Todo fue creado con un propósito

«Los CIENTÍFICOS, animados del propósito de demostrar que ellos no obedecen a propósito alguno, constituyen un interesante objeto de estudio»

ALFRED NORTH WHITEHEAD[127]

Uno de los argumentos clásicos a favor de la existencia de Dios, el «argumento teleológico», es el que señala que la naturaleza y el universo mismo, tanto en sus partes como en el todo, está dominado por un propósito determinado. Sin embargo, está observación intuitiva y de simple sentido común y alcance universal, viene siendo impugnada por una serie de filósofos y científicos empeñados en demostrar que la idea de propósito es algo impuesto de manera artificial sobre la realidad por la mente humana, pues a pesar de las apariencias, la realidad no responde a ningún propósito definido. Con todo, este empeño se torna más difícil cada vez pues, como nos lo informa Fred Heeren en relación con las observaciones y avances de la ciencia moderna, «Muchos científicos [...] han reconocido lo que parece como preparación a propósito, un plan perfecto en todas las leyes de la naturaleza que existen especialmente para nuestro beneficio»[128], afirmación que vendría a confirmar las declaraciones bíblicas que atribuyen un propósito específico, no solo al universo (Gn 1:14-18) y a la Tierra misma (Is 45:18), sino a grupos e individuos humanos específicos a lo largo de la historia. Entre estos, los propósitos divinos más explícitos e inspiradores tienen que ver con sus elegidos: desde el pueblo de Israel y sus miembros particulares, como por ejemplo el rey David y su descendencia (2 Sam 7:27; 1 Cro 17:25; Lc 1:32); hasta la iglesia del Señor (Ef 3:10-11) y los cristianos en particular (Ro 8:28; 9:11; Ef 1:5, 9), propósito que no cambia según las circunstancias (Ro 11:29; Heb 6:17), aunque el ser humano pueda rechazarlo para su propio perjuicio (Lc 7:30). Justamente, a la luz del rechazo humano a sus buenos propósitos, Dios también nos revela que este rechazo tampoco escapa a sus propósitos (Is 46:10; 48:14; Jer 23:20; 30:24; 51:12; Ro 9:21-23), de donde los científicos empeñados en el contradictorio propósito de demostrar la ausencia de propósito en el universo son, aun a su pesar, una confirmación más de los propósitos divinos:

Toda obra del Señor tiene un propósito;
¡hasta el malvado fue hecho para el día del desastre!

Proverbios 16:4 NVI

12 de marzo

Cristo, exclusivo mediador

> «Dios no favorece a los compañeros o a los familiares del Jesús histórico por encima de nadie»
>
> F. F. Bruce[129]

La ausencia de favoritismos arbitrarios por parte de Dios en relación con los seres humanos está plenamente establecida en el Nuevo Testamento (Hch 10:34-35; Ro 2:11; Col 3:11, Gal 3:28), al punto que el Señor Jesucristo no favoreció ni siquiera a sus familiares por encima de sus apóstoles o el resto de sus seguidores. De hecho, los hermanos del Señor no creyeron en Él hasta después de su resurrección (Jn 7:5). Y su madre, la virtuosa y bienaventurada virgen María (Lc 1:48), nunca recibió por ello un trato o asignación privilegiada de parte del Señor, más allá del dispensado por un buen hijo que honra a su madre o del trato del Señor hacia el resto de sus discípulos (Hch 1:14). El culto histórico a María no tiene, pues, fundamento en los hechos narrados en los evangelios ni en el resto del Nuevo Testamento, siendo entonces inconveniente y condenable al dar lugar en el catolicismo popular a una extendida y arraigada forma de idolatría que podría designarse como «mariolatría». Por el contrario, en los evangelios es evidente que el Señor no aceptó injerencias ni mediaciones de ningún tipo de parte de sus familiares, —en especial su madre—, en las obligaciones que su vocación mesiánica imponía a su ministerio, colocándolos en plano de igualdad con el resto de creyentes (Mt 12:46-50; Mr 3:31-35; Lc 2:48-49; Jn 2:3-5; 7:3-5). Es tanto así que, ante el primer brote exaltado y espontáneo de «marianismo» protagonizado por una mujer de la multitud que dirigiéndose a Él exclamó: «—¡Dichosa la mujer que te dio a luz y te amamantó!» (Lc 11:27); el Señor respondió, no negando la condición bienaventurada de la virgen María, sino más bien atribuyéndola a su obediencia a Dios (Lc 1:38, 45), y no a su relación maternal con Él; obediencia que pone en plano de igualdad a María con todos los demás creyentes que «... oyen la palabra de Dios y la obedecen», (Lc 11:28) y que, por lo mismo, tienen acceso en igualdad de condiciones a la dicha de los bienaventurados de la que disfruta María. La exclusividad debida únicamente a Dios en la adoración queda así ratificada (Mt 4:10), al igual que la mediación exclusiva de Cristo a nuestro favor:

> *Porque hay un solo Dios y un solo mediador*
> *entre Dios y los hombres, Jesucristo hombre.*
>
> 1 Timoteo 2:5 NVI

13 de marzo

Tomándose en serio la resurrección

> «Creo que va siendo hora de que comience a tomarme la resurrección en serio»
>
> Lee Strobel[130]

La investigación y análisis de las evidencias históricas que hablan a favor de la sobrenatural resurrección de Cristo la hacen un hecho tan probable que prácticamente descartan cualquier explicación alterna y de carácter naturalista para la tumba vacía. Razón de más para que todos comencemos a tomarnos la resurrección en serio, con todas las profundas implicaciones que ella tiene para la vida de todo ser humano, sintetizadas en la declaración de Karl Barth al respecto: «La meta de la vida humana no es la muerte, sino la resurrección»[131]. Y si bien toda hipótesis histórica es de carácter provisional, los creyentes no debemos temer que los nuevos hallazgos alrededor de este asunto debiliten el consenso sin prejuicios alrededor de los «hechos mínimos» que apuntan sólidamente hacia la resurrección, reconocidos por todos los expertos, al margen de su mayor o menor resistencia hacia la resurrección. Más allá de esto, lo cierto es que el creyente raso que no está familiarizado ni comprende muy bien la metodología histórica involucrada en estas investigaciones puede, no obstante, adquirir seguridad en relación con la resurrección en el hecho lógico de que, si Cristo resucitó, debe entonces estar vivo todavía, y puede acudir Él mismo en persona a disipar nuestras dudas razonables al respecto en cuanto lo invoquemos con humildad, arrepentimiento y fe. Por eso, sin perjuicio de los argumentos históricos a su favor, tal vez el argumento existencial más fuerte y convincente a favor de la resurrección sea el esgrimido por Ismael Sánchez B. en ese vívido soneto que dice: «De que vive mi Señor, ¡no tengo duda! / La santa Biblia así lo certifica. / Antes que al descreído que claudica, / prefiero a este gran libro que no muda… / Más tengo un argumento siempre nuevo, / que a la incredulidad la torna vana. / Es la oración que diariamente elevo. / Por esto digo, como aquella anciana. / ¿Negar que Cristo vive? No me atrevo / ¡si conversé con Él esta mañana!». La resurrección sigue siendo entonces el hecho en el que se sostiene o cae el cristianismo (1 Cor 15:12-20). El mismo que justifica la esperanza común a todos los creyentes, anunciada ya por al profeta Daniel:

> *Y del polvo de la tierra se levantarán las multitudes de los que duermen, algunos de ellos para vivir para siempre […]. Los sabios resplandecerán con el brillo de la bóveda celeste; los que instruyen a las multitudes en el camino de la justicia brillarán como las estrellas por toda la eternidad.*
>
> **Daniel 12:2-3** nvi

14 de marzo

La fuerza de la verdad

> «La fuerza [...] de vivir en la verdad reside en el hecho de que vivir abiertamente en ella tiene un aliado, una cara seguramente invisible, pero omnipresente [...]. Pero esta cara está oculta [...] y cuando finalmente sale a la superficie y se expone a la luz del día [...] por lo general ya es demasiado tarde para seguir tapándola»
>
> Václav Havel[132]

La verdad no es algo que tan solo se dice o se escucha (Ef 4:25), sino algo que se practica o se vive (Ef 4:15; 2 Jn 4; 3 Jn 3-4). Pero para hacerlo así debemos identificar y rechazar todos los estilos de vida alternos basados en la mentira que el mundo promueve y que engañan a un gran número de personas sin importar su condición social, su cultura o su nivel de educación (1 Jn 1:6; 4:6). Porque no se puede vivir mucho tiempo en la mentira antes de que la verdad la deje expuesta junto con toda su estela de malogradas víctimas. El que vive en la mentira no cuenta con ningún respaldo consistente a su favor y más temprano que tarde terminará, como el apóstol, dándose «cabezazos contra la pared» (Hch 26:14) o, dicho de otro modo: estrellándose contra la realidad. Después de todo, la verdad no es más que aquello que corresponde, armoniza y encaja de manera natural con la realidad de las cosas. Y oponerse a la realidad es una batalla perdida desde el comienzo, como lo da a entender Pablo al afirmar que «... nada podemos hacer contra la verdad, sino a favor de la verdad» (2 Cor 13:8). Esto es, que aun la mentira termina en su momento confirmando la verdad al brindar el medio de contraste en el que esta sale a relucir, resaltando aún más sobre el marco de fondo brindado por la mentira, que queda así expuesta por lo que es (Ro 3:4-5), para vergüenza de sus cultivadores y seguidores. Pero el que vive en la verdad cuenta siempre, incluso en las circunstancias más difíciles y adversas, con el omnipresente testimonio de la verdad en persona a su favor (Jn 14:6; 18:37; 3 Jn 12), y con la guía y protección de la misma (Sal 40:11; 43:3). No debemos, pues, esperar mucho tiempo antes de alinearnos consciente, voluntaria y humildemente con la verdad, para no ser avergonzados cuando la mentira quede en evidencia (Sal 85:10-11; 1 Jn 2:8), de tal manera que se pueda aplicar a cada uno de nosotros lo dicho por el apóstol Juan:

> *En cambio, el que practica la verdad se acerca a la luz, para que se vea claramente que ha hecho sus obras en obediencia a Dios.*
>
> Juan 3:21 NVI

15 de marzo

La ciencia y la fe

«Ningún científico serio actualmente afirmaría que existe una explicación naturalista del origen de la vida. Pero [...] este no es el lugar para que una persona reflexiva se juegue su fe»

Francis Collins[133]

La ciencia no es el lugar para jugarse la fe, por tentador que pueda ser cuando sus conclusiones apunten a reforzar los contenidos de la fe. De hecho, si los contenidos de nuestra fe son verdaderos, es de esperar que a la postre terminen coincidiendo con lo que la ciencia va, de manera vacilante, palpando, descubriendo y comprobando finalmente. Pero debido a su carácter provisional, la ciencia es una base muy insegura para fundamentar la fe. La revelación, por el contrario, una vez dada, constituye el fundamento adecuado de «la fe encomendada una vez por todas a los santos» (Judas 3). La fe no tiene, entonces, carácter provisional, porque lo hecho por Cristo a nuestro favor fue llevado a cabo de una vez y para siempre, con efectos permanentes e irreversibles para la persona de fe, haciendo innecesarias de parte de Cristo acciones posteriores para repetir, revalidar o renovar los efectos que su encarnación, expiación, resurrección y glorificación tienen sobre la vida presente y futura de sus fieles (Ro 6:10; Heb 7:27; 9:12, 26; 10:1, 10; 1 P 3:18). La fe del creyente descansa así sobre un fundamento inconmovible (2 Tm 2:19; Heb 6:17-18), siendo tan definitiva que la Biblia advierte solemnemente para no asumirla como algo de tomar y dejar, afirmando que es incluso preferible no haber optado nunca por ella que, habiéndolo hecho, renegar luego de ella para explorar otras opciones diferentes e incluso antagónicas a la fe, como si fuera una simple etapa superada de nuestro itinerario vital que podemos dejar atrás impunemente (Heb 6:4-8; 10:26-31; 2 P 2:21). En la Biblia y en la experiencia de la iglesia la fe es tan terminante que ante la simple sugerencia de prescindir de ella, el apóstol Pedro exclamó lo que todo creyente exclamaría en circunstancias similares: «—Señor —contestó Simón Pedro—, ¿a quién iremos? Tú tienes palabras de vida eterna. Y nosotros hemos creído, y sabemos que tú eres el Santo de Dios» (Jn 6:67-69). Únicamente así pueden entenderse las palabras postreras del Señor en la cruz cuando exclamó:

... —Todo se ha cumplido. Luego inclinó la cabeza y entregó el espíritu.

Juan 19:30 nvi

16 de marzo

Evolución y cristianismo

> «La ciencia del darwinismo es totalmente compatible con las creencias religiosas convencionales, e igualmente compatible con el ateísmo»
>
> Stephen Jay Gould[134]

Subsiste entre amplios sectores de la cristiandad una prevención a ultranza hacia la teoría de la evolución de Darwin bajo el supuesto de que, suscribirla, conduce inexorablemente hacia la incredulidad y el ateísmo. Pero lo cierto es que existen un buen número de evolucionistas que son al mismo tiempo cristianos auténticos, sinceros y comprometidos. En realidad, desde la óptica cristiana escritural, suscribir la teoría de la evolución no debería acarrear para un cristiano automáticos señalamientos y cuestionamientos, siempre y cuando se reconozca al mismo tiempo el papel determinante que Dios desempeña —ya sea de manera directa o tras bambalinas— en el inicio y desarrollo del presunto proceso evolutivo como quiera que este se entienda y también la dignidad especial que el ser humano ostenta entre todos los demás seres de la creación al reflejar la imagen y semejanza del mismo Dios (Gn 1:27; Sal 8:1-9). La discusión sobre el mayor o menor poder explicativo de la evolución y su correspondencia con los hechos sigue, pues, abierta al debate y debe ser dirimida entre los hombres de ciencia, pero cualquiera que sea la postura que se asuma en esta discusión[135], ninguna de ellas conduce per se al ateísmo o siquiera al agnosticismo, aunque el evolucionismo pueda ser más susceptible a ello. Porque si bien no se puede ser creacionista y ateo al mismo tiempo, sí se puede ser evolucionista y creyente de manera simultánea sin que haya en ello una flagrante contradicción o conflicto de intereses. En consecuencia, la controversia alrededor de la evolución y las teorías alternas puede llegar a ser en muchos casos una discusión fraternal entre hermanos que suscriben una fe común por la cual todos están de acuerdo en que «Dios, en el principio, creó los cielos y la tierra» (Gn 1:1), como lo recogen los credos apostólico y niceno y que, adicionalmente, de un modo u otro Él: «... sostiene todas las cosas con su palabra poderosa» (Heb 1:3). Así, la evolución puede terminar dando también peso de probabilidad a la declaración bíblica en el sentido de que

> *Él es anterior a todas las cosas, que por medio*
> *de él forman un todo coherente.*
>
> **Colosenses 1:17** nvi

17 de marzo

La evidencia del Espíritu

> «LA CIENCIA no es el único modo de saber […]. Si usamos la red de la ciencia para atrapar nuestra visión particular de la verdad, no nos debemos sorprender que no atrapemos la evidencia del espíritu»
>
> FRANCIS COLLINS[136]

La evidencia del espíritu está más allá del alcance de la ciencia debido a que el conocimiento científico no puede ir más allá del estudio objetivo de las cosas y no involucra, por tanto, un conocimiento interpersonal de ida y vuelta, de sujeto a sujeto; sino únicamente un conocimiento de ida, de sujeto a objeto. La ciencia está así condenada a ignorar el aspecto más importante de la realidad: el que tiene que ver con Dios y al cual únicamente se accede por la fe. Porque Dios no es un objeto de estudio, sino la realidad espiritual última (Jn 4:24) y de carácter eminentemente personal (Ex 3:14), que sustenta el universo y a quien no podemos conocer de manera impersonal, como a un objeto, sino únicamente relacionándonos con Él en un trato persona a persona, mediante la fe. La evidencia del espíritu se manifiesta en la vida humana de muy ricas y variadas formas, entre las que sobresalen la convicción del Espíritu (Jn 16:7-9), fundamental para suscitar el arrepentimiento en el individuo y conducirlo a la conversión. En segundo lugar encontramos la guía del Espíritu (Ro 8:14), imprescindible en el creyente para poder disfrutar de las bendiciones divinas y ejercer de manera responsable y provechosa la libertad que Dios le otorga para la vida en este mundo. En tercer lugar podemos mencionar la morada del Espíritu (Ef 2:22), expresión que señala la presencia divina en el creyente que realza su dignidad humana y le concede acceso inmediato a la adoración sencilla y directa, sin restricciones de tiempo o lugar y sin elaboradas mediaciones ni parafernalias ritualistas y ceremoniales que la entorpezcan o limiten (Jn 4:23-24). Y por último encontramos el testimonio del Espíritu (Ro 8:16-17), base de la seguridad final del creyente que lo lleva a confiar contra viento y marea en las promesas divinas y a actuar en ocasiones en contravía con las prudentes recomendaciones del mundo para honrar así su vocación como corresponde hacerlo delante de Dios (Hch 20:22-24). La evidencia del Espíritu es, pues, sutil, pero muy real, eficaz y determinante:

> *… Dios nos ha revelado esto por medio de su Espíritu,*
> *pues el Espíritu lo examina todo, hasta las profundidades de Dios.*
>
> **1 Corintios 2:10** NVI

18 de marzo

Lanzándonos hacia la Palabra

«Entre lo probable y lo probado yace una brecha. Temerosos de saltar, nos detenemos absurdos [...]. Nuestra única esperanza. Lanzarnos hacia la Palabra que abre el cerrado universo»

Sheldon Vanauken[137]

Sören Kierkegaard nos recordaba que no existe ninguna sucesión natural de continuidad entre la vida profana —por respetable que pueda ser o parecer desde el punto de vista ético— y la vida auténticamente cristiana, de modo que, para pasar de la una a la otra se requiere tomar la decisión consciente, voluntaria y crítica que él llamó «el salto de la fe». Un salto que se apoya fundamental, y en ocasiones casi exclusivamente, en la confianza que nos inspira la Palabra de Dios por encima de cualquier otra instancia que el mundo contraponga a ella, o incluso de instancias a las que podamos acudir a favor de ella. Así pues, la fe auténtica es la que no solo cree *en* Dios, sino que le cree *a* Dios y actúa en consecuencia. La epístola de Santiago identifica y denuncia con mordacidad la fe falsa que únicamente cree *en* Dios y nada más, sin llegar a actuar de manera consecuente (Stg 2:19); y la fe auténtica que le cree *a* Dios y lo demuestra con acciones que la correspondan (Stg 2:20-22). De igual modo se nos dice que Abraham, el padre de la fe «... creyó al Señor, y el Señor lo reconoció a él como justo.» (Gn 15:6), donde vemos de nuevo que no basta con creer *en* el Señor, sino que hay que creerle *al* Señor. El capítulo 11 de la epístola a los Hebreos nos confirma que los grandes hombres y mujeres de fe se caracterizaron no solo por creer *en* Dios, sino por creerle *a* Dios y actuar en consecuencia (Heb 11:4-5, 7-12, 17-34), aun en los casos en que no lograron ver el pleno cumplimiento de las promesas divinas de manera inmediata en sus vidas (Heb 11:13-16, 35-39), no obstante lo cual «... todos obtuvieron un testimonio favorable mediante la fe, [...].» (Heb 11:39). No podría ser de otro modo, puesto que es la Palabra de Dios la que abre el universo cerrado que intentamos por nuestra cuenta abrir sin éxito una y otra vez hasta que, reconciliados con Dios, lo intentamos una vez más, pero ahora de conformidad con el mandato divino, para descubrir sorprendidos que en esta oportunidad el universo se abre ante nosotros, por el poder de la Palabra de Cristo:

> *—Maestro, hemos estado trabajando duro toda la noche y no hemos pescado nada —le contestó Simón—. Pero como tú me lo mandas, echaré las redes. Así lo hicieron y recogieron una cantidad tan grande de peces que las redes se les rompían.*
>
> **Lucas 5:5-6 nvi**

19 de marzo

La atrevida ignorancia

> «Es UNA cosa vergonzosa y peligrosa que un infiel escuche a un cristiano, presumiblemente explicando el significado de la Sagrada escritura, decir tonterías […] debemos adoptar todos los medios para evitar tal vergüenza, en el que la gente demuestra la vasta ignorancia del cristiano y se ríen de él hasta el ridículo»
>
> AGUSTÍN DE HIPONA[138]

«Zapatero a tus zapatos» reza la sabiduría popular. En efecto, la ciencia a lo suyo y la teología también, reconociendo mutuamente el área de competencia de cada cual a la hora de entablar un diálogo constructivo y conciliador. Y en este propósito hemos de tener en cuenta que la simple buena intención unida al mero hecho de la conversión, no capacitan automáticamente al creyente para pontificar con autoridad y credibilidad sobre lo divino y lo humano, pues para hablar con propiedad de su propia experiencia de fe no basta con estar experimentándola en carne propia, sino que hay que ajustarla y justificarla de manera discursiva, racional, metódica y rigurosa a la norma provista por Dios en la Biblia, sin desconocer todo el cúmulo de tradición teológica previa aportada por múltiples generaciones de cristianos en la historia. Y si esto es así cuando nos ocupamos de lo propio, con mayor razón debe serlo cuando se trata de incursionar en áreas por completo ajenas a nuestra competencia. Los creyentes que no toman medidas para evitar esta situación son los que terminan proyectando una pobre imagen del cristianismo, brindando gratuita munición para que sus detractores lo ridiculicen y lo conciban equivocadamente como una doctrina de ignorantes. En estos casos, si no se está preparado, es preferible prestar oídos a la recomendación de «… estar listos para escuchar, y ser lentos para hablar…» (Stg 1:19), puesto que «… quien mucho habla dice tonterías.» (Ecl 5:3), y da pie a la represión pronunciada por Eliú: «pero tú […] abres la boca y dices tonterías; hablas mucho y no sabes lo que dices.» (Job 35:16). El problema es que «la ignorancia es atrevida», como lo sostiene también la sabiduría popular. Por eso, lo mejor en estos casos es callar, practicar el bien (1 P 2:15) y apelar con humildad a Dios en nuestro fuero interno (Job 37:19; Stg 1:5), recordando siempre que si algo debe caracterizar al cristiano es un corazón entendido:

> *El corazón entendido va tras el conocimiento;*
> *la boca de los necios se nutre de tonterías.*
>
> **Proverbios 15:14** NVI

20 de marzo

Paz, felicidad y cristianismo

> «Donde la religión conserva todavía las incomprometidas aspiraciones a favor de la paz y la felicidad, sus "ilusiones" tienen todavía un valor verdadero mayor que la ciencia, que trabaja por su eliminación»
>
> Herbert Marcuse[139]

El cristianismo no debe nunca comprometer sus aspiraciones legítimas a favor de la paz y la felicidad auténticas, pues este es uno de sus principales elementos distintivos que lo justifican aun entre sus contradictores, incluso entre aquellos que califican al cristianismo y a la religión en general como una «ilusión» humana sin futuro ni fundamento real. Porque existen hoy por hoy todavía influyentes y significativos sectores de la ciencia que, en línea con el pensamiento de Comte, Feuerbach, Marx, Nietzsche y Freud, entre otros, trabajan por la eliminación o, al menos, la reducción al ostracismo de la religión —con el cristianismo a la cabeza—, al tiempo que aspiran a establecer la paz y la felicidad ya sin el concurso de la religión, en una ilusión aún mayor y más ingenua que la que pretenden combatir. Al hacerlo así, eliminan a su más grande aliado en este propósito, puesto que la ciencia nunca alcanzará el poder de convocatoria que la religión tiene en pro de la paz y la felicidad, pese a sus múltiples enfrentamientos y salidas en falso a lo largo de la historia. Porque el establecimiento final de la felicidad del género humano siempre será uno de los propósitos primordiales que Dios nos revela en su palabra (Is 65:18; Mt 25:21, 23), indicándonos los medios para alcanzarla en la enunciación de las justamente llamadas «bienaventuranzas», en especial las consignadas en el sermón del monte (Mt 5:3-12), comenzando siempre por la dicha que alcanzamos mediante el perdón de Dios (Ro 4:7). Y si bien el cumplimiento de estas promesas divinas de felicidad terrena es, por lo pronto, fragmentario y ambiguo, llegará un día en que dejará de serlo, justificando nuestro esfuerzo por trabajar en la medida de nuestras posibilidades para la obtención final de la efusiva paz y felicidad permanentes, haciendo en ello, de ser posible, causa común con la ciencia, reconociendo de manera recíproca los aportes mutuos que cada frente puede hacer al logro de estos propósitos, para llegar juntos a ese momento que el salmista anticipa, dirigiéndose a Dios de este modo:

> ... me llenarás de alegría en tu presencia, y de dicha eterna a tu derecha.
>
> Salmo 16:11 NVI

21 de marzo

El milagro de la vida

«Desde el punto de vista de las ciencias físicas, el mantenimiento y la reproducción de un organismo vivo es nada menos que un milagro»

J. B. S. Haldane[140]

La naturaleza surte cada día los medios para sustentar la vida, como también para renovarla cuando es necesario mediante la reproducción de los seres vivos. Pero el hecho de que sea un proceso natural y habitual (Sal 104:5-30), no debe hacernos perder de vista los complejos, sorprendentes y maravillosos procesos físicos y químicos involucrados en la reproducción de un organismo vivo, que hacen que no sea desatinado referirse al nacimiento de cualquier ser vivo como nada menos que un milagro. Milagro que, en el caso del ser humano cobra mayor relevancia. En efecto, el nacimiento de un niño debería ser siempre una ocasión de gozosa expectativa, al constituir una reedición del milagro de la vida que no debería nunca dejar de deslumbrarnos. Y en este propósito tampoco deberían importar tanto las circunstancias en las que un niño venga al mundo, algunas verdaderamente difíciles, ya sea por la irresponsabilidad de los padres o por las mismas contingencias de la vida en este mundo caído. Porque aun así, podemos sobreponernos a las circunstancias para regocijarnos por el nacimiento de un niño, puesto que un nacimiento es sinónimo de esperanza. Cada niño que nace demuestra que Dios aún no se ha rendido con la humanidad. Las parejas que han padecido de esterilidad en algún momento de su vida lo entienden y valoran mejor que nadie (Gn 16:1; 29:31; Lc 1:7), razón suficiente para considerar a la fertilidad como una bendición de Dios (Gn 20:17; 25:21; Jue 13:2-3; 1 Sam 2:1-5; Sal 113:9; 127:3-5; 128:1-6; Lc 1:13) y a cada nacimiento humano como la conjunción milagrosa de un conjunto de oportunas y gozosas circunstancias providenciales (Ecl 3:1-2; Lc 1:14). La Biblia afirma que nacemos con un plan trazado de antemano para nuestra vida (Jer 1:5; 29:11; Gal 1:15). Un plan diseñado para que no pasemos sin pena ni gloria por el mundo. Y en relación con ello el nacimiento más milagroso de todos, por circunstancias y resultados, es sin lugar a dudas, el de nuestro Señor Jesucristo, anunciado así por el profeta:

Porque nos ha nacido un niño, se nos ha concedido un hijo; la soberanía reposará sobre sus hombros, y se le darán estos nombres: Consejero admirable, Dios fuerte, Padre eterno, Príncipe de paz.

Isaías 9:6 NVI

22 de marzo

La ignorancia consentida

> «Cuando uno tiene que hacer continuos esfuerzos para no enterarse de lo que está sucediendo a su alrededor se mete en graves problemas [...]. A partir del momento en que uno dice: "No me digas nada. No quiero saberlo", está liquidado»
>
> Charles Colson[141]

En el propósito de imponer nuestros deseos y salirnos con la nuestra al tiempo que —de manera por demás infructuosa y engañosa— tratamos de mantener limpia nuestra conciencia en asuntos éticamente dudosos, es común apelar a no querer enterarnos de nada más de lo que consideramos estrictamente necesario, a pesar de que la información adicional que pretendemos ignorar es tan obvia que reclama a gritos ser conocida y tomada en consideración. Procuramos así mantener como «as bajo la manga» el recurso a la ignorancia, esgrimido como un tecnicismo que nos exima de culpa, en un ejercicio tan estéril como el gesto de lavarse las manos llevado a cabo por Pilato en el juicio de Cristo (Mt 27:24). Lo cierto es que en la Biblia y en los tribunales humanos la ignorancia inadvertida, de buena fe, no nos exime de culpa, sino tan solo la atenúa (Lc 12:47-48). Pero la ignorancia intencionalmente consentida, de mala fe, no sirve ni siquiera de atenuante. Por lo menos, no delante de Dios, a quien no podemos enredar con tecnicismos. Omitir de manera intencional información que podríamos y deberíamos conocer antes de tomar decisiones y comprometernos, es incurrir en el pecado de omisión (Stg 4:17), pero hacerlo de una manera tan infantil como el niño que tapa sus oídos ante sus compañeros de juego que lo interpelan, mientras repite hasta la saciedad el estribillo: «soy de palo, no oigo nada». Al fin y al cabo, el Señor confronta a su pueblo en más de una oportunidad con información tan obvia que debería ser conocida por todos (Is 40:21, 28), dejando sin excusa a quienes intentan justificarse diciendo «yo no sabía», cuando en realidad sí lo sabían con suficiencia (Jn 15:22; Ro 1:20-21, 32). De hecho, en nuestro fuero interno sabemos con suficiencia que esta manera de proceder no es más que una de las más sutiles artimañas del diablo para llevarnos a pecar, artimaña que deberíamos siempre estar en condiciones de identificar:

> *Para que Satanás no se aproveche de nosotros,*
> *pues no ignoramos sus artimañas.*
>
> **2 Corintios 2:11** nvi

23 de marzo

Principios, medios y fines

«Conocer el cómo de todo no es lo mismo que conocer el por qué»

David Galcerá[142]

Al ser humano no le basta con conocer el cómo, sino por sobre todo, aspira a conocer el por qué y el para qué. La ciencia es la disciplina de estudio de carácter necesariamente *preliminar* que nos permite conocer los medios, o en otras palabras, el cómo de todo lo que existe. La filosofía y la teología, por el contrario, se ocupan de lo que tiene carácter último, es decir los principios y los fines que responden respectivamente al por qué y al para qué de las cosas. Debido a ello, no hay entre la ciencia y la teología una oposición necesaria, sino más bien una evidente complementariedad. La Biblia no se ocupa, entonces, de informarnos en detalle el cómo de las cosas —eso se lo deja a la ciencia—, sino del por qué y el para qué de las mismas. Y en este esquema de principios, medios y fines, Dios se encuentra siempre en el principio (Gn 1:1) y también en el fin, al punto que a Dios podría definírsele en un primer intento de aproximación como «La causa sin causa de todas las causas, el principio sin principio de todos los principios, que es el mismo fin sin fin de todos los fines» (Silva-Silva)[143]. En efecto, Él es el principio y el fin (Is 44:6; 48:12; Ap 21:6; 22:13) y quien tiene, por lo tanto, la última palabra. Nuestro margen de maniobra se halla, entonces, en los medios y nada más, puesto que «El corazón humano genera muchos proyectos, pero al final prevalecen los designios del Señor» (Pr 19:21). Así pues, al final de la historia solo habrá dos posibles desenlaces: la ira de Dios sobre los que lo rechazaron ya sea de manera abierta o con velada indiferencia (Jer 23:20; 30:24), o la redención final para los creyentes en Cristo que rindieron su vida a Él cuando tuvieron la oportunidad (Jn 6:39-40, 44; Ef 1:14). Y mientras tanto el creyente, animado por la convicción de que «el que comenzó tan buena obra [...] la irá perfeccionando hasta el día de Cristo Jesús.» (Flp 1:6), debe actuar en esta vida *como* Dios manda, plenamente consciente y motivado por el *por qué* y el *para qué* revelado por Dios en las Escrituras y en la historia, dejando en manos de Dios el *cómo* de lo que escapa a su control, seguro como está de la realización final de su esperanza:

> *Deseamos, sin embargo, que cada uno de ustedes siga mostrando ese mismo empeño hasta la realización final y completa de su esperanza.*
>
> **Hebreos 6:11** NVI

24 de marzo

El engaño del panteísmo secular

«Se puede negar a Dios, pero normalmente el precio es reintroducir sus atributos de manera encubierta»

DAVID GALCERÁ[144]

La pretensión de los ateos y agnósticos de proveer una explicación completa de la realidad sin tener que referirse a Dios es tan difícil, que de un modo u otro todos ellos no terminan más que introduciendo a Dios «de contrabando» en sus explicaciones, aunque se resistan a aceptarlo y llamarlo por su nombre. A manera de ejemplo, el astrónomo Carl Sagan se refería al *Cosmos* así, con mayúscula. El físico Stephen Hawking habla de la *singularidad*. Y el psiquiatra Viktor Frankl se refiere insistentemente en sus libros al *sentido último*. Y en todas estas nomenclaturas y en la manera en que cada uno de sus proponentes las definen a lo largo de sus escritos se vislumbran atributos que la teología ha asignado siempre a Dios únicamente. Terminamos así con una serie de explicaciones que presumen sacar del cuadro a Dios, pero que no son más que nuevos, elaborados y secularizados panteísmos encubiertos y despersonalizados y nada más. Queda así establecido el hecho de que, al tratar de negar a Dios como la realidad última e incondicional que explica el universo, hallándose al mismo tiempo más allá de él, lo único que logramos hacer es empobrecerlo al asignar el carácter último e incondicional a alguna realidad alterna de este mundo. Se llega así a sustituir a Dios por un dios menor que lo suplanta de manera abusiva y culpable, al tiempo que pretende conservar algunos de sus atributos. Cobran así renovada vigencia las demandas del profeta (1 R 18:21). Sin perjuicio de ello, hay que decir que el gran sacrificado entre los múltiples atributos que la Biblia asigna a Dios es la llamada *trascendencia* divina, definida como el atributo que indica que Dios es diferente de su creación y no puede igualarse a ella puesto que está más allá de ella y no puede ser abarcado por ella, siendo más bien Él quien la abarca, la excede, la supera o la *trasciende*, al punto que se encuentra por encima de toda posible clasificación y comparación con nada de este mundo (1 R 8:27; 2 Cro 2:6; 6:18), justificando de sobra describirlo como «eternamente Trascendente y trascendentemente Eterno» (Silva-Silva)[145] y la declaración divina en boca del profeta por la cual:

> *Así dice el Señor: «El cielo es mi trono, y la tierra, el estrado de mis pies.*
> *¿Qué casa me pueden construir? ¿Qué morada me pueden ofrecer?*
> *Fue mi mano la que hizo todas estas cosas; fue así como llegaron a existir*
> *—afirma el Señor—.»*

Isaías 66:1-2 NVI

# 25 de marzo

Posibilidad, probabilidad y necesidad

«Una posibilidad lógica nunca es una necesidad fáctica»
David Galcerá[146]

Hay que diferenciar siempre aquellas cosas que son tan solo *posibles* desde el punto de vista lógico; de las que son ya *probables* y marcan, por lo tanto, tendencias evidentes; y de las que son *necesarias* y se traducen, por lo mismo, en hechos. Ya en su momento el filósofo Leibniz postuló dos tipos de razones para explicar un hecho cualquiera, a saber: razones *necesarias* y razones *suficientes*. Con esta distinción respondió a quienes utilizaban la existencia del mal en el mundo como argumento para negar a Dios, o por lo menos, para despojarlo de alguno de sus atributos característicos[147]. Así pues, tal vez haya que admitir que, en estricta lógica, el problema del mal como quiera que se le entienda, hace menos *probable* la existencia de Dios y amplía, por tanto, el rango de *posibilidad* de que no exista, pero de ningún modo hace *necesaria* su inexistencia. Porque aun admitiendo con Leibniz que no existen razones *necesarias* para que Dios haya creado este universo en el cual la presencia del mal obra a primera vista en contra de la bondad y omnipotencia que la Biblia atribuye a Dios, siempre podemos afirmar que Dios tuvo razones *suficientes* para crear un universo en el que el mal hace presencia de manera dolorosa. De hecho, Dios nunca brinda al creyente razones lógicamente *necesarias* para tener por fuerza que creer en Él, sino tan solo razones *suficientes* para hacer *posible* la fe, de modo tal que quienes hemos decidido firmemente creer y confiar en Él y en su palabra a pesar de la existencia del mal en todas sus formas, sepamos que, aun al margen de la inconmovible seguridad interior que su Espíritu nos brinda (Ro 8:16), nuestra decisión cuenta también a su favor con el respaldo lógico y racional de un satisfactorio peso de *probabilidad* en las circunstancias en que nos hallamos El cristiano no es, pues, quien obtiene de Dios todas las razones *necesarias* para poder creer, sino el cree en Dios para descubrir luego que existen razones *suficientes* para haberlo hecho y defender mediante ellas su decisión de creer y seguir confiando en la suficiencia de la palabra de Dios (Mt 8:8), que aun en medio del mal del mundo nos asegura, como a Pablo:

«*Te basta con mi gracia, pues mi poder se perfecciona en la debilidad.*»
2 Corintios 12:9 nvi

26 de marzo

El problema del mal

> «Nuestra mitología moderna empieza con un gigantesco punto negativo: Dios creó el mundo y el ser humano creó Auschwitz»
>
> Imre Kertész[148]

El horror nazi puso de nuevo el problema del mal en el primer plano de la reflexión actual, brindando renovado aliento al ateísmo moderno que ha hecho uso de este problema como argumento a favor de la inexistencia de Dios. De hecho, el argumento más fuerte y pasionalmente esgrimido por los ateos en contra del teísmo ha sido siempre, de una manera u otra, una violenta protesta contra la existencia del mal en el mundo afirmando la incongruencia de este estado de cosas con la existencia de Dios, para proceder entonces a negarlo o, peor aún, a culparlo por ello —ya sea por acción u omisión—, sin reparar en que ellos mismos contribuyen a este mal de algún modo (Ro 3:10-12, 23) y en que, en última instancia, la alternativa de un mundo sin Dios nos sume de lleno en un mal mucho mayor que el que ellos pretenden denunciar en contra de Dios y resolver negando a Dios. Todo lo cual no es más que una manifiesta y auténtica necedad que justifica la afirmación del salmista (Sal 14:1; 53:1). Lockyer lo dice escuetamente: «El ateísmo se condena por sus propios frutos» señalando el absurdo intelectual y existencial en que este nos deja: «Una creación sin Creador; un diseño sin Diseñador; el universo sin Regulador; la historia humana sin un Gobernador; la moralidad sin una base de Autoridad; la iniquidad sin un freno adecuado; la muerte sin esperanza»[149]. Baste recordar la célebre frase de Dostoievski que dice «Si Dios no existe, todo está permitido», para aludir al caos moral, la anarquía y la ausencia de valores a los que el ateísmo conduce. Por eso, no sobra recordar que el mal en todas sus formas no es de ningún modo imputable al Creador sino a las decisiones de sus criaturas morales (ángeles y seres humanos), que de algún modo han terminado afectando a toda la creación (Gn 3:17-18; Ro 8:19-20, 22), superando incluso la intención de quienes lo hemos causado y volviéndose tarde o temprano en contra nuestra de maneras insospechadas que hacen improcedentes nuestras protestas, pero no nuestra firme esperanza de que

> *... la creación misma ha de ser liberada de la corrupción que la esclaviza, para así alcanzar la gloriosa libertad de los hijos de Dios.*
>
> **Romanos 8:21** NVI

27 de marzo

El cielo y los cielos

«La Biblia nos enseña cómo ir al cielo, no cómo se mueven estos»

Galileo Galilei[150]

Con esta frase, Galileo dejó en claro que al tratar de demostrar la hipótesis heliocéntrica de Copérnico[151], él no deseaba de ningún modo impugnar ni a la Biblia ni al cristianismo, sino simplemente ejercer la facultad providencial que la ciencia tiene de investigar el funcionamiento de las cosas y sacar conclusiones ceñidas a los hechos de todas sus investigaciones y observaciones. Después de todo, como nos lo informan Guillermo González y Jay W. Richards en su libro *El Planeta Privilegiado*, la Tierra es un planeta que posee las condiciones óptimas para el descubrimiento, de donde la facultad que la ciencia tiene de observar e investigar el funcionamiento del universo deja de ser su derecho para convertirse en su deber. Sin embargo, hay que aclarar que lo que la ciencia entiende por «cielo» es diferente de lo que la teología entiende como tal, sobre todo al definir lo que el evangelio de Mateo designa reiteradamente como «reino de los cielos»[152]. En efecto, al referirse al cielo la teología distingue tres diferentes posibilidades en la Biblia: el primer cielo, que no sería más que la atmósfera terrestre; el segundo cielo, que designa los espacios siderales del universo; y el tercer cielo (2 Cor 12:2), que no sería otro que la morada de Dios, que no se puede ubicar geográfica o espacialmente en ningún lugar particular del universo. Por eso, aunque por lo pronto pensemos en el tercer cielo como situado en las alturas insondables, en realidad el cielo bíblico definitivo está ubicado en la tierra. Una tierra renovada más allá de nuestros más excelsos e imaginativos sueños (Is 65:17; 66:22; 2 P 3:13; Ap 21:1, 10, 27), a tal punto que acierta de lleno Randy Alcorn al afirmar: «La tierra es un mundo [...] tocado por ambos el Cielo y el infierno. La tierra lleva directamente al Cielo o directamente al infierno. Lo mejor de la vida en la Tierra es un vistazo del Cielo; lo peor de la vida es un vistazo del infierno. Para los creyentes, esta vida presente es lo más cercano que estarán del infierno. Para los inconversos, es lo más cercano que estarán del cielo»[153]. El creyente se está, entonces, preparando para asumir como corresponde su entrada triunfal a ese cielo en el cual:

> *... Ya no habrá muerte, ni llanto, ni lamento, ni dolor,*
> *porque las primeras cosas han dejado de existir.*

Apocalipsis 21:4 nvi

28 de marzo

Jesucristo: Dios o farsante

«Si abandonas a Cristo, tienes que abandonar también a Dios»

Friedrich Nietzsche[154]

Como cristianos debemos discrepar firmemente de los planteamientos de Nietzsche sobre la religión y la moral en general y sobre el cristianismo en particular; pero hay que reconocer al mismo tiempo que, aun para su propio perjuicio, trató de ser consecuente con su rechazo del cristianismo y tuvo la entereza intelectual para darse cuenta que al rechazar a Cristo estaba, en consecuencia, rechazando también a Dios. Él percibió bien la imposibilidad de lograr un arreglo de medio camino como el que muchos suscriben hoy, denunciado por C. S. Lewis con estas palabras: «Estoy intentando con esto prevenir el que alguien diga esa majadería que a menudo se dice de Él: "Estoy dispuesto a aceptar a Jesús como un gran maestro de moral, pero no acepto su pretensión de ser Dios". Eso es precisamente lo que no debemos decir [...]. Tienen que elegir: o ese hombre era, y es, el Hijo de Dios; o un loco, o algo peor [...]. Pero no vengamos con tonterías condescendientes acerca de que Él era un gran maestro humano. No nos dejó abierta esa posibilidad»[155]. Así pues, quien afirma que Cristo fue un gran hombre y nada más no sabe lo que dice y no ha entendido para nada ni su vida ni sus consecuentes pretensiones legítimas sobre los seres humanos. Pretensiones que no aceptan compromisos a medias, a juzgar por la manera resuelta en que Cristo censura esta actitud, aun por encima del rechazo abierto de Nietzsche y similares, que resulta preferible a todo compromiso a medias (Ap 3:15-16). Con miras a la salvación, Dios exige de nosotros todo o nada (Mt 12:30; Lc 11:23). Y si Él pide todo de nosotros es porque en la persona de Cristo lo dio todo por nosotros (Ro 8:32; Flp 2:5-8). Por eso, cuando nos rendimos a Él debemos, entonces, reconocer de buena gana y sin reservas la condición divina de Cristo (Col 2:9) y el consecuente reclamo absoluto que Él hace sobre nuestras vidas, justificado de sobra por partida doble: por derecho de creación (Sal 119:73) y por derecho de redención (Is 43:1; 44:22). Porque el cristiano no es solo el que reconoce en Cristo al más grande hombre que ha pisado la tierra, sino el que dobla su rodilla ante su nombre:

> Está escrito: «Tan cierto como que yo vivo —dice el Señor—,
> ante mí se doblará toda rodilla y toda lengua confesará a Dios».
>
> **Romanos 14:11** NVI

29 de marzo

El calentamiento global

«Reflexionar y discutir acerca del calentamiento global es algo bueno […]. Pero generar una psicosis a partir de investigaciones que están aún en pañales […] es quizás el peor caso de "balas amigas" jamás producido por la mala conciencia occidental»

ÁLVARO VARGAS LLOSA[156]

La mala conciencia occidental considera «políticamente incorrecto» desestimar la supuesta gravedad del calentamiento global y la determinante culpa que le cabe al ser humano por esta situación. Los «profetas del desastre» están a la orden del día poniendo sobre nuestros hombros, además de nuestras culpas ya cotidianas, una culpa ecológica adicional demasiado pesada para poder sobrellevarla, pues cualquier medida cautelar que podamos implementar hoy[157] para tratar de evitar los escenarios apocalípticos anunciados y explotados por Hollywood, no dejan de ser más que frustrantes «paños de agua tibia» ante la dimensión del desastre inminente. Y si bien es cierto que la responsabilidad ecológica está incluida dentro del mandato cultural dado por Dios al hombre en el Edén cuando lo comisionó: «… *para que lo cultivara y lo cuidara*» (Gn 2:15), —de donde el cristiano debe asumirlo con la seriedad del caso para poder rendir cuentas a Dios y, de paso, no deteriorar su entorno vital de manera autodestructiva—; también lo es que el mundo no se acabará por el irresponsable ejercicio de la voluntad humana que explota de manera no sostenible los recursos naturales, ni tampoco se arreglará de manera definitiva ni siquiera con las más perfectas y recomendables medidas cautelares que llevemos a cabo con esmero. Por eso, sin perjuicio de nuestros esfuerzos en este último sentido, debemos entender que muchos desastres naturales como los huracanes, inundaciones y demás imputados en muchos casos al calentamiento global y, por ende, a la irresponsabilidad humana, escapan en gran medida a nuestra responsabilidad individual y son y seguirán siendo un producto de la Caída en pecado (Gn 3:17-18; Ro 8:19-20, 22), no solo del hombre, sino de los ángeles, aligerando en algo el peso de nuestra culpa personal, pues es la voluntad de Dios y no la humana la que marca el final de este mundo (2 P 3:10-12) y también el inicio del nuevo:

> «*Pero, según su promesa, esperamos un cielo nuevo y una tierra nueva, en los que habite la justicia*»

2 Pedro 3:13 NVI

30 de marzo

La necesidad y la fe

«La gran necesidad produce gran fe. Yo he visto ambas»

John K. Rucyahana[158]

La necesidad y la fe están íntimamente relacionadas, y la necesidad es de un modo u otro la marca de fábrica de la condición humana. Es, pues, una auténtica necedad y al mismo tiempo una señal de delirante orgullo negar o ignorar la necesidad y dependencia que todos los seres humanos tenemos, tanto de nuestro entorno, como de nuestros semejantes. Es tanto así que el teólogo alemán del siglo XIX, F. Schleiermacher, llegó a afirmar que la fe y la teología se fundamentaban y justificaban en el «sentimiento de absoluta dependencia» que el hombre experimenta y que, en último término, apunta a Dios. En consecuencia, si la necesidad es inherente a nuestra condición humana, la fe también debería serlo. No sorprende, entonces, que una de las maneras de sacarle el cuerpo a la fe sea pretender que no tenemos necesidades. Las épocas de prosperidad económica son engañosas, tanto para la sociedad que la experimenta como para los individuos particulares que la disfrutan, pues pueden dar pie a la ilusión de que no tenemos necesidades por el simple hecho de que, en el aspecto material inmediato, las tenemos suplidas con abundancia de manera necesariamente temporal, olvidando, entre otras, la históricamente recurrente lección bíblica de la alternancia entre las vacas gordas y las vacas flacas (Gn 41:25-31), y llevando al Señor a poner en evidencia nuestra necedad por medio del profeta: «Yo te hablé cuando te iba bien, pero tú dijiste: "¡No escucharé!"...» (Jer 22:21). La misma iglesia ha sido víctima de este engaño con periodicidad, a juzgar por la mordaz represión que el apóstol Pablo le dirige: «¡Ya tienen todo lo que desean! ¡Ya se han enriquecido! ¡Han llegado a ser reyes...!» (1 Cor 4:8), y la descripción que de ella hace el apóstol Juan en el Apocalipsis (Ap 3:17). Se comprende, entonces, la solemne advertencia dirigida a su pueblo a las puertas de la tierra prometida (Dt 8:10, 14, 18-19), y la consecuente necesidad primordial que tenemos de reconocer nuestra continua dependencia de Dios en el marco de nuestra fe en Cristo. Un reconocimiento que nos lleve a suscribir con toda la confianza del caso la esperanzadora declaración paulina:

Así que mi Dios les proveerá de todo lo que necesiten,
conforme a las gloriosas riquezas que tiene en Cristo Jesús.

Filipenses 4:19 nvi

31 de marzo

Brechas o fronteras

«Postular solo la acción de un agente no es apelar a una brecha [...]. ¿Cuál es la diferencia entre una brecha y una frontera en la ciencia?»

J. P. Moreland y J. M. Reynolds[159]

Apelar a «el Dios de las brechas» es una de las acusaciones reiteradas que los científicos agnósticos y ateos dirigen contra los creyentes que incursionan también en el campo de la ciencia, para postular de algún modo a Dios como la causa que permite explicar algún fenómeno de la realidad aún no explicado satisfactoriamente por las leyes naturales ya establecidas y reconocidas. Pero en realidad esta es una acusación en muchos casos sin fundamento, no solo porque la intención de los científicos cristianos al postular a un agente inteligente y personal muy superior al hombre como posible causa de un fenómeno de la realidad, no es en primera instancia llenar las «brechas» que la ciencia no ha podido llenar todavía en la explicación y adecuada comprensión del funcionamiento del universo, sino en muchos casos señalar los límites o fronteras insalvables que no pueden ser traspasadas de ningún modo por la ciencia naturalista. Al fin y al cabo, como dice la Biblia, Dios está en el cielo y nosotros en la tierra (Ecl 5:2), contraste que indica que nuestra perspectiva siempre será limitada, por oposición a la divina, que es ilimitada. Por tanto, los límites de nuestro conocimiento no siempre serán ampliables, sino que en muchos casos serán más bien fronteras que no se pueden traspasar y que, de insistir en hacerlo, nos colocan en una situación tan peligrosa y comprometida como la del lucero de la mañana que no supo reconocer el lugar y las fronteras que Dios le había asignado (Is 14:12-15). Debemos, pues, ser conscientes de nuestros límites (Sal 39:4) y respetarlos en todos los casos (Nm 35:26-27; Dt 19:14; 27:17; 32:8; Job 11:7-9; 14:5; Pr 22:28; Hch 17:26), reconociendo la aparición de una frontera (Dt 29:29), cuando los límites no pueden ser ya más ensanchados de manera legítima y segura (Is 54:2, Pr 25:2). En realidad, términos como *origen* y *destino* marcan las fronteras del conocimiento científico, fronteras que únicamente pueden ser franqueadas mediante la fe y que justifican el aplicar a la ciencia las palabras del salmista:

Pusiste una frontera que ellas no pueden cruzar;...

Salmo 104:9 nvi

1 de abril

Los mitos de la creación

«Toda cultura se aferra a su particular mito de la creación»
    J. P. Moreland y J. M. Reynolds[160]

Los mitos sobre la creación están presentes en muchas culturas antiguas anteriores a la judía. En razón de ello, un número significativo de estudiosos de la religión han llegado a equiparar al judaísmo con las religiones paganas y a establecer paralelos entre ellas, como si la narración bíblica de la creación fuera un mito más entre muchos. Se ha llegado a decir incluso que la Biblia toma prestados elementos mitológicos de las culturas paganas de la antigüedad y los incorpora en su propio relato, sin tomar en consideración la gran sobriedad y concisión del relato bíblico al compararlo con los fantasiosos y adornados mitos paganos de la creación propios de las culturas paganas. Lo cierto es que cualquier semejanza entre los mitos paganos y el relato bíblico de la creación tiene una mejor explicación, como lo señala Gino Iafrancesco Villegas: «El mito y la historia navegan siempre en la misma embarcación [...]. Muchos mitos son versiones deformadas de una verdadera historia [...]. Una historia verdadera es la raíz de la cual se desprendieron los mitos [...]. Las similitudes de la historia verdadera con los mitos son obvias y tiene su razón lógica de ser. Han de parecerse si provienen de un pasado común. El mismo mito confirma el detalle auténtico de la historia»[161]. De hecho, la cultura occidental actual también tiene su mito de la creación: el mito cientificista[162] de que el universo no requiere de Creador alguno, justificando de nuevo el siguiente pronunciamiento: «No todo es tan solo mito en los mitos, como tampoco todo es ciencia en las ciencias [...] muchas hipótesis científicas son evidentemente también mitos, y cumplen el papel del mito entre sus adeptos. La fe en la ciencia es la nueva mística de la mitología actual. La "ciencia" es el mito moderno»[163]. Así pues, de la mano de la ciencia parece estar cumpliéndose hoy el anuncio paulino (2 Tm 4:4). Razón de más para prestar atención a los ejemplos y declaraciones bíblicas al respecto (Hch 14:11-15; 1 Tm 1:4, Tit 1:14; 2 P 1:16), recordando que la Biblia es historia auténtica que desenmascara y combate a los mitos en todas sus formas (Lc 1:1-4; Hch 1:1-3; 1 Jn 1:1), y que fundamenta la instrucción:

> *Rechaza las leyendas profanas y otros mitos semejantes.*
> *Más bien, ejercítate en la piedad.*
>
> **1 Timoteo 4:7** NVI

2 de abril

Deslizándonos al abismo

«Nietzsche... Schopenhauer... Sartre. Todos los que se deslizaron procuran acostumbrarse al abismo [...] la existencia humana no puede evitar sentir el abismo [...] al desconocer a Dios [...], el silencio divino [...] abre el abismo en el que se despeña la existencia humana [...]. Si el Logos calla, el abismo carcome»

Gino Iafrancesco Villegas[164]

En la Biblia la palabra «abismo» es utilizada para evocar indistintamente y al mismo tiempo un lugar de juicio y de castigo y un estado de vértigo estremecedor en el que prevalece el sin sentido, el absurdo, la agonía y el dolor permanente, muy afín al «llanto y rechinar de dientes» de los que nos advierte el Señor (Mt 8:12; 13:42, 50; 22:13; 24:51; 25:30; Lc 13:28). Pero contrario a lo que podría pensarse y a diferencia de lo sucedido con los ángeles rebeldes (Lc 8:31; 2 P 2:4; Ap 9:11), Dios no arroja al abismo a los seres humanos sino que estos, al ceder al engaño de la egocéntrica autonomía y la soberbia autosuficiencia ciega a la revelación divina, terminan desasiéndose y renegando de Dios de manera gradual y creciente para ir deslizándose en vida y por voluntad propia en el abismo y, lo peor de todo, es que hasta terminan acostumbrándose a él y procurando justificarlo de manera inútil y para su propio perjuicio eterno (Mt 11:23; Lc 10:15). Porque es la ausencia y el silencio de Dios sobre los que no quieren oírlo lo que abre el abismo bajo sus pies. Por eso, el clamor más auténtico apelando a Dios es el que procede del que toma conciencia de haberse deslizado al abismo de manera culpable, pero logra retener la suficiente lucidez como para no acostumbrarse a él y desear aferrarse finalmente a Dios para poder salir de él (Sal 69:15; 88:6, 11; 130:1). En consecuencia, la sentencia final que condena al abismo a alguien de forma definitiva es simple expresión del respeto de Dios al albedrío humano que elige en vida deslizarse al abismo y no contento con ello, decide también acostumbrarse a él y justificarlo. Así pues, al final, Dios le concede para siempre a cada quien lo que cada cual eligió en vida. Entre tanto, sigue resonando la esperanzadora, sencilla y definitiva respuesta de Dios a quienes no se acostumbran al abismo ni lo justifican de ningún modo, sino que claman a aquel, para escapar para siempre de este:

> ... «No digas en tu corazón [...] "¿Quién bajará al abismo?"» (es decir para hacer subir a Cristo de entre los muertos) [...]. «La palabra está cerca de ti [...] en la boca y en el corazón.» [...] si confiesas con tu boca que Jesús es el Señor, y crees en tu corazón que Dios lo levantó de entre los muertos, serás salvo.
>
> **Romanos 10:6-9** NVI

3 de abril

Erudición, hermetismo y esoterismo

«EXAMINAD la erudición hermética y los hallaréis postrados ante los mismos demonios primitivos»

GINO IAFRANCESCO VILLEGAS[165]

La erudición de científicos, filósofos e incluso teólogos no pretende en principio ser excluyente, cerrada y restringida únicamente a los iniciados, pero al final parece regodearse en que termine siendo así. En efecto, hermetismo[166] y esoterismo[167] van siempre de la mano, sin importar su aspiración a la respetabilidad apoyada en su pretensión de ser un conocimiento confiable de carácter científico, filosófico o teológico indistintamente. De este modo, a pesar de combatirse mutuamente, las religiones paganas de misterio por un lado y la ciencia, la filosofía y la teología por el otro, al fomentar por igual una erudición hermética, terminan emparentadas y postradas en muchos casos ante los mismos demonios. Y es que el secretismo, ya sea velado o expreso, que presume superioridad, es nefasto donde quiera que se encuentre y por donde quiera que se le mire. A manera de ejemplo, las sociedades secretas siempre han despertado sospechas y suspicacias, alimentando todo tipo de «teorías de conspiración» muy bien explotadas por novelistas y seudohistoriadores de todo pelaje. Se explica, entonces, la denuncia hecha por el escritor cristiano Darío SilvaSilva en el sentido que en teología «Erudición cerrada e ignorancia abierta han sido catastróficas por igual»[168], puesto que a semejanza de lo sucedido en la ciencia y la filosofía, también en el campo teológico los eruditos se apacientan entre sí, pero son incapaces muchas veces de transmitir de forma divulgativa sus reflexiones y consecuentes implicaciones para la edificación del creyente común, que debería ser el propósito principal de toda erudición (Ecl 12:12-14). Los cristianos debemos, entonces «... evitar los excesos aislacionistas del nuevo claustro»[169] y, sin renunciar al estudio diligente y devoto de las Escrituras (Jn 5:39), procurar al mismo tiempo hacer asequible a los no iniciados cualquier erudición alcanzada, actuando de manera consecuente con el conocimiento adquirido —esto es, ser sabios— y permaneciendo atentos a las advertencias bíblicas al respecto (1 Cor 1:20; 3:18-21; 8:1-2), para poder cumplir el propósito para el cual fuimos escogidos, enunciado por el Señor Jesucristo con estas sencillas palabras:

Lo que les digo en la oscuridad, díganlo ustedes a plena luz;
lo que se les susurra al oído, proclámenlo desde las azoteas.

Mateo 10:27 NVI

4 de abril

El testimonio de los mártires

«EL JUICIO de los culpables se hace inevitable a la luz de aquellos que en condiciones peores escogieron servir mejor [...] los mártires son el juicio del mundo [...] testigos de la más alta calidad moral que se expusieron a la muerte por sostener su testimonio»

GINO IAFRANCESCO VILLEGAS[170]

La palabra «mártir» proviene del griego y significa «testigo». Pero no cualquier clase de testigo, sino uno que mantiene su testimonio hasta la muerte. Y mientras nos encontremos en un mundo hostil en mayor o menor grado a Dios, esta posibilidad pende de manera latente sobre todo auténtico cristiano, quien puede verse abocado en cualquier momento a un testimonio de este tipo, aun por encima de lealtades familiares y vínculos consanguíneos (Mt 10:19-22). El apóstol Pablo estaba más que dispuesto a ello (Hch 21:13), aunque hizo la salvedad de que si no estaba motivado por el amor, nada se gana con esta clase de testimonio extremo (1 Cor 13:3). El Apocalipsis nos revela que los mártires esperan la definitiva reivindicación divina de su veraz testimonio (Ap 6:9-11; 20:4), desde el primero hasta el último de los mártires de la fe relacionados de principio a fin en la historia sagrada conforme a la promesa del Señor, incluyendo entre estos, por supuesto, a Abel, el primero de ellos, hasta el último registrado por nombre en las escrituras judías, el profeta Zacarías, hijo del sacerdote Joyadá (Gn 4:8; 2 Cro 24:21; Mt 23:35; Lc 11:51). A estos se unen en el Nuevo Testamento Juan el Bautista (Mr 6:27), el diácono Esteban, primer mártir de la naciente fe cristiana mencionado por nombre propio (Hch 7:58-60), y el apóstol Jacobo (Hch 12:2), junto con esa anónima «... multitud tan grande de testigos» (Heb 12:1), descritos en Hebreos 11:35-37 que inspiran y brindan un ejemplo digno de imitar, si es el caso, para todas las generaciones de cristianos, aun quienes vivimos apaciblemente y no hemos tenido que dar la vida por nuestra fe (Heb 10:32-39; 12:4), razón por la cual debemos estar agradecidos al Señor de manera permanente. Al fin y al cabo «¡El mundo no merecía gente así!» (Heb 11:38), declaración que debe estimularnos a la fe, la virtud, la constancia, la devoción y al amor (2 P 1:5-8), con la siguiente garantía del Señor:

... Sé fiel hasta la muerte, y yo te daré la corona de la vida.

Apocalipsis 2:10 NVI

5 de abril

La razón de ser de la historia

> «La salud es [...] la conformidad al propósito eterno de la Deidad. La terapia es la revelación, la redención y la disciplina paternal de Dios [...]. He allí la razón de la historia»
>
> Gino Iafrancesco Villegas[171]

La razón de la historia ha sido un tema presente de forma temprana en la teología. Tema que suele abordarse planteando la siguiente disyuntiva: ¿es la historia humana algo *coyuntural* o algo *esencial* al hombre? En otras palabras, ¿la historia es algo a lo que nos hemos visto arrojados por causa de la caída en pecado o es más bien algo inherente a nuestra condición humana al margen de la Caída? Eminentes Padres de la iglesia como Ireneo de Lyon y Agustín de Hipona especularon sobre este particular en una o en otra dirección, inaugurando las dos líneas de reflexión sobre las que ha discurrido este asunto desde entonces. Pero independiente de cuál sea la postura que se asuma al respecto, lo cierto es que en cualquier caso y en vista de la realidad de la Caída, es innegable que la revelación, la redención y la disciplina divinas son los ejes alrededor de los cuales gira la historia humana. Son la razón de ella bajo las actuales condiciones de la existencia. Son la terapia de choque divina para sanarnos de nuestra universal y radical enfermedad mortal, que no es otra que nuestra rebelión (Jer 3:22 rv60). Porque en la óptica bíblica la salud auténtica pasa necesariamente por ser beneficiarios de la revelación, la redención y la disciplina del Padre en el contexto del temor de Dios y la obediencia a su palabra (Pr 3:7-8; 4:20-23). Existe una correlación evidente entre la salud y la revelación (Jer 33:6 rv60). Y Jesucristo es el meollo mismo de la revelación, anunciado como el «sol de justicia» que trae en sus rayos salud (Mal 4:2). De hecho, la prosperidad espiritual es el punto de referencia obligado para poder disfrutar de una salud integral (3 Jn 2). Porque la enfermedad en todas sus formas es un resultado de la Caída, pero no es solo un problema que afecta el aspecto físico o corporal del ser humano únicamente, sino también el aspecto psíquico, pero sobre todo el espiritual y es en este amplio sentido en el que debe entenderse el libre acceso que un día tendremos nuevamente al árbol de la vida, tal y como lo describió el apóstol Juan en su momento:

> y corría por el centro de la calle principal de la ciudad. A cada lado del río estaba el árbol de la vida, que produce doce cosechas al año, una por mes; y las hojas del árbol son para la salud de las naciones.
>
> **Apocalipsis 22:2 nvi**

6 de abril

Sobreponiéndonos al miedo

«Si la verdad se nos presenta como un valor por el cual vale la pena sufrir y arriesgar la vida, entonces tendremos que sobreponernos al miedo, que es la causa de nuestra esclavitud»

Jerzy Popieluszko[172]

Ser valiente no significa no tener miedo, sino sobreponerse a este y no permitir que nos lleve a traicionar nuestros principios y convicciones. El miedo es en muchos casos expresión del instinto de conservación que lleva a todos los seres vivos, incluido el hombre, a proteger y a conservar la vida propia y la de nuestros seres queridos a toda costa. Pero en el ser humano este instinto básico debe ceder a valores superiores a la vida misma, percibidos de manera intuitiva, pero revelados por Dios con claridad, como por ejemplo la verdad o el amor (Jn 14:6; 1 Jn 4:8, 16), que son los que hacen que la vida valga la pena. Así lo entendieron en su momento las parteras hebreas, los padres de Moisés y Moisés mismo durante la esclavitud egipcia, desobedeciendo al faraón y superando el miedo a sus represalias (Ex 1:15-21; Heb 11:23, 27), o también el patriarca Job al no ceder al miedo a desentonar que hace presa de muchos (Job 31:33-34; Jn 9:22; 19:38). La verdad prevalece sobre el miedo (Mt 10:26), de donde ceder a este traicionando la verdad o el amor para conservar la vida, nos deja con una vida vacía de contenido que no vale la pena ser vivida, pues ha perdido su razón de ser. Es así como el miedo a asumir con enteraza la verdad con todas sus implicaciones nos lleva a tratar infructuosamente de escondernos de Dios de manera culpable (Gn 3:10), a mentir (Gn 18:15; 26:7), a no escuchar la verdad por temor a quedar expuestos (Hch 24:25), y a hundirnos en las circunstancias (Mt 14:30). El Señor animó siempre a sus discípulos a superar el miedo ampliando su perspectiva para que pudieran ver más allá de las circunstancias amenazantes inmediatas (Ex 14:13; Nm 14:9; Dt 1:29-30;1 Sam 17:11, 45; 2 R 6:16; 2 Cro 20:15, 17; Lc 12:7, 32). Y es que el miedo es un tirano que esclaviza a sus víctimas y que únicamente puede ser controlado y superado mediante la fe y la confianza en Dios, como lo proclamó el salmista (Sal 56:11) y lo ratificó posteriormente el Señor Jesucristo (Mr 5:36), dando así pie a la definitiva proclamación paulina:

Y ustedes no recibieron un espíritu que de nuevo los esclavice al miedo,
sino el Espíritu que los adopta como hijos y les permite clamar:
«¡Abba! ¡Padre!».

Romanos 8:15 nvi

7 de abril

Aborto e infanticidio

«El infanticidio [...] no debería regirse de manera diferente a como se rige el aborto»

Peter Singer[173]

Ante el sombrío panorama posmoderno que niega la existencia de un bien y un mal absolutos —perspectiva a la sombra de la cual se puede terminar justificando todo tipo de conductas—, el autor Charles Colson se preguntaba: «¿Dónde trazamos la línea divisoria? [...] ¿a quién le tocará después?»[174]. En efecto, con fría, consecuente, contundente y escalofriante lógica, Peter Singer justifica prácticas como la eugenesia[175] y la eutanasia[176] apoyado en la legalidad del aborto en las «progresistas» sociedades del primer mundo. Y la verdad es que conceder legalidad al aborto hace lógicamente improcedente protestar por el infanticidio llevado a cabo con utilitaristas fines eugenésicos o eutanásicos indistintamente. Porque si no concedemos la sacralidad de la vida humana desde sus mismos inicios, apoyada en una realidad que se encuentra por encima de la vida misma (Ex 20:13; Sal 22:9-10; Is 49:1-5; Jer 1:4-5; Gal 1:15), no podremos defender esta sacralidad con consistencia en ninguna circunstancia posterior de su desarrollo. Cualquier pequeña concesión, grieta o resquicio que obre en contra de la sacralidad de la vida humana da lugar finalmente a una enorme abertura por la cual pueden entrar y justificarse las más desquiciadas conductas en contra de la vida. Por eso, así como el inicio de la vida humana es en última instancia una prerrogativa exclusiva de Dios (Ecl 8:8), que obedece al propósito especial y a la dignidad general asignada por Él a todos y cada uno de los individuos en particular; también la finalización de la misma debe ser una potestad divina que los seres humanos no pueden ejercer (Ecl 12:7), a menos que al hacerlo lo hagan motivados por el deseo de honrar valores superiores a la vida misma que proceden y apuntan al Autor de la vida. Precisamente, fue para salvaguardar y establecer de una vez por todas la sacralidad de la vida que el Autor de la vida se sometió a la paradoja más grande de la historia: permitir que sus criaturas le dieran muerte (Hch 3:15), demostrando con la resurrección lo que deberían reconocer sin dilación todos los que ven la vida humana como algo que sirve únicamente a groseros propósitos utilitaristas:

> *Tú creaste mis entrañas; me formaste en el vientre de mi madre.*
> *¡Te alabo porque soy una creación admirable! [...]. Tus ojos vieron mi*
> *cuerpo en gestación: todo estaba ya escrito en tu libro; todos mis días*
> *se estaban diseñando, aunque no existía uno solo de ellos.*
>
> **Salmo 139:13-16** nvi

8 de abril

Las máscaras de la perversidad

«Lo perverso […] generalmente, se nos presenta disfrazado de buenas intenciones y de nobles objetivos»

Charles Colson[177]

Disfraces, máscaras, y apariencias de piedad (2 Tm 3:5), han sido siempre el mejor camuflaje para la perversidad humana en todas sus formas. En efecto, tanto la presuntuosa y altisonante moralidad secular como el riguroso legalismo religioso llegan a ser con frecuencia una mascarada del adulto inmaduro para encubrir impunemente el pecado, tanto afuera como adentro de la iglesia, con la conciencia tranquila (Mt 23:27). Y esto se debe no solo a la hipocresía humana, que al pretender disimular los pecados, termina más bien sumándose a ellos, sino también, de manera especial, a la necesidad que el pecado tiene de recurrir a la virtud como una cortina de humo que le permita subsistir. En efecto, el pecado no puede presentarse de manera abierta, cruda y directa, pues será rechazado aun por los pecadores que lo practican a conciencia. Por eso, el pecado debe corromper la virtud y enmascararse en ella para poder atraer, como lo hace el queso en la trampa del ratón. La virtud es, en muchos casos, el señuelo del pecado, puesto que si bien la virtud puede existir por sí misma, el pecado no. El pecado es un parásito que se alimenta corrompiendo la virtud y enmascarándose en ella. El mal no puede subsistir con independencia del bien, pues necesita siempre de este último para poder pervertirlo. Como lo afirma el teólogo reformado Cornelius Plantinga Jr.: «Para lograr el daño mayor, el mal necesita lucir de la mejor forma. El mal tiene que gastar mucho en maquillaje […]. Los vicios tienen que enmascararse como virtudes […] un rasgo significativo del mal: para prevalecer, el mal no solo tiene que robarle al bien poder e inteligencia, sino también credibilidad […]. No sorprende, entonces, que las personas malas traten de guardar las apariencias […] no quieren ser buenas, pero sí quieren parecer buenas […]. Deseamos mantener las máscaras incluso dentro de nuestro corazón»[178]. Por lo anterior, no debe sorprender que, en su intento de dañar al hombre pervirtiendo el bien y la virtud, Satanás recurra como principal artimaña (2 Cor 2:11) a disfrazarse habitualmente como ángel de luz, a la vez que sus servidores se hacen pasar por servidores de la justicia:

> *Y no es de extrañar, ya que Satanás mismo se disfraza de ángel de luz. Por eso no es de sorprenderse que sus servidores se disfracen de servidores de la justicia.*
>
> **2 Corintios 11:14-15** nvi

9 de abril

Ciencia coja, religión ciega

«La ciencia sin religión es coja, la religión sin ciencia es ciega»
Albert Einstein[179]

Ceguera y cojera respectivamente constituyen, sin lugar a dudas, la disyuntiva a la que se ven enfrentadas indistintamente la teología o la ciencia consideradas de manera aislada. Y lo cierto es que ninguna de las dos opciones es mejor que su alternativa contraria. Se presume, entonces, que ninguna de las dos partes quiere padecer ni de ceguera ni de cojera. Curiosamente, en un episodio del Antiguo Testamento los ciegos y los cojos hicieron causa común, alardeando de manera ostentosa su supuesta suficiencia para valerse por sí solos ante el desafío que tenían por delante, resistir el asalto del rey David a Jerusalén: «Aquí no entrarás; para ponerte en retirada, nos bastan los ciegos y los cojos» (2 Sam 5:6). Y fue ante el sonoro fracaso de este anuncio que se acuñó un dicho que decía justamente: [...] «los ciegos y los cojos no entrarán en el palacio.» (2 Sam 5:7-8). Y es que más allá de cualquier comparación que puede llegar a hacer preferible una opción sobre la otra, lo cierto es que ambas nos dejan en situación precaria. La fe ciega del carbonero que no sabe por dónde va no es mejor que la confianza en una ciencia que, a su pesar, se ha desviado del camino por causa de su cojera. La invitación evangélica (Lc 14:13, 21), sigue, pues, vigente para que tanto la ciencia como la teología no sigan intentando resistir el embate de la verdad que cada una de ellas le dirige a su contraparte, pues como resultado de ello se inhabilitan a sí mismas para entrar finalmente con humildad en el «palacio» en el que mora la verdad total y no compartimentada de Dios en la persona de Cristo (Jn 14:6). La «verdad» teológica no basta, entonces, para resistir a la «verdad» científica o viceversa, sino que ambas por igual deben rendirse a la revelación de la verdad manifestada en Jesucristo para poderse conciliar, hermanar y ampliar así de manera esclarecedora su estrecha perspectiva individual. Ciencia y teología deben dejar atrás las prevenciones que cada una manifiesta hacia la otra y deponer las hostilidades para ser «sanadas» y reconciliadas en el templo de quien las promueve a ambas (Mt 21:14), de tal modo que sus esperanzadores resultados queden a la vista de todos:

> Entonces les respondió a los enviados: —Vayan y cuéntenle a Juan lo que han visto y oído: Los ciegos ven, los cojos andan...
>
> Lucas 7:22 nvi

10 de abril

Conocimiento y gratitud

«Conocer […] comprender […] apreciar […] debe ser un modo aceptable y agradable de adorar al Altísimo […] la ignorancia no puede ser más agradecida que el conocimiento»

Nicolás Copérnico[180]

La fe implica siempre aceptar que hay asuntos que no podemos conocer, comprender y, por lo mismo, apreciar cabalmente (Dt 29:29), pero no requiere necesariamente resignarnos a no conocer, comprender y apreciar cada vez con mayor profundidad y suficiencia aquellas cosas que Dios se complace en revelarnos, para nuestro deleite y provecho (Jer 33:3; 1 Cor 2:9), ya sea a través de la Biblia (Sal 119:105; 2 Tm 3:16-17; 2 P 1:19-21), de la naturaleza (Sal 19:1-4; Ro 1:19-20), de la conciencia (Ro 2:14-16) o de las relaciones humanas indistintamente (Pr 27:17). De hecho, es más fácil cultivar la gratitud hacia Dios cuando podemos enumerar, de manera creciente y consciente, verdades relacionadas con Él que hemos aprendido y llegado a conocer, comprender y apreciar; que estar agradecidos por cuestiones que nunca hemos llegado a conocer ni a comprender de ningún modo. Porque si bien es cierto que la Biblia nos advierte que «El conocimiento envanece…» (1 Cor 8:1), también lo es que «… por falta de conocimiento mi pueblo ha sido destruido.» (Os 4:6). En consecuencia la erudición no es en sí misma censurable o condenable desde la óptica cristiana, pero comienza a serlo cuando da lugar a una actitud envanecida por parte del erudito de turno. Valga decir que este envanecimiento es la tentación por excelencia para todos los eruditos en cualquier campo del conocimiento, por lo cual: «… si alguien piensa que está firme, tenga cuidado de no caer.» (1 Cor 10:12). Hechas estas salvedades, el erudito puede llegar a ser, en virtud de su erudición y sacando ventaja de ella, un adorador más convencido, reflexivo y agradecido con Dios que el creyente que carece de su erudición. Después de todo, la gratitud debería ser una respuesta espontánea y natural del hombre hacia Dios (Col 2:7; 3:16), que está justificada de sobra en las innumerables obras de Dios en el universo, en la naturaleza y en la historia, de las cuales el ser humano es beneficiario, y que son más fáciles de apreciar cuando las conocemos y comprendemos:

Así que nosotros, que estamos recibiendo un reino inconmovible,
seamos agradecidos. Inspirados por esta gratitud, adoremos
a Dios como a él le agrada, con temor reverente.

Hebreos 12:28 nvi

11 de abril

Derrotas temporales, victoria final

> «El dominio divino no significa determinación completa, pues en algunas situaciones [...] los más grandes esfuerzos de Dios terminan en un callejón sin salida y en una derrota temporal»
>
> Edgar S. Brightman[181]

Dios no determina de manera completa y al detalle todo lo que sucede, pues de ser así el albedrío de ángeles y seres humanos sería una ilusión engañosa y nada más y no tendríamos entonces que responder por el buen o mal uso del mismo (Ro 14:12). Por eso, a pesar de que parezca inconcebible pensar en Dios haciendo sus mejores esfuerzos y sufriendo, no obstante, una derrota temporal, lo cierto es que Él mismo ha determinado que esto sea posible. Dios autolimita el ejercicio de su omnipotencia al establecer unas reglas de juego en las cuales se compromete a respetar y no forzar nunca el albedrío otorgado a los seres humanos, criaturas privilegiadas en las que el Creador plasmó su imagen y su semejanza. Y como consecuencia de este respeto al albedrío humano, Dios puede, a pesar de sus mejores esfuerzos, experimentar derrotas temporales. De hecho, Dios se duele de las derrotas que los suyos experimentan[182] como si fueran propias (Sal 116:15; 2 Cor 1:3-7). Pero ni para Dios ni para los creyentes las derrotas son callejones sin salida definitivos. Porque si bien tanto Dios como los creyentes unidos en causa común con Él, podemos experimentar derrotas al margen de la mayor o menor culpabilidad que tengamos que asumir por ellas; estas derrotas son solo batallas perdidas que no obran en perjuicio de la seguridad que tenemos en la victoria final en la guerra, garantizada por el Señor sin lugar a dudas (Ro 8:37-39). Visto así, toda batalla perdida puede llegar a ser una derrota estratégica y calculada, cuyas lecciones refuerzan la victoria final en la guerra (Ro 8:28). Porque estamos en guerra (2 Cor 10:3-5; Ef 6:10-17), y en toda guerra siempre hay bajas en ambos bandos. Si no que lo digan los mártires de la historia del cristianismo y todos los que, aun al margen del cristianismo, han entregado su vida por defender la justicia y la libertad. Sabemos, sin embargo, que al menos en relación con los mártires cristianos, estas bajas son bajas temporales (Ap 2:10; 20:4). Y es que la victoria final ya se alcanzó en la cruz del calvario:

> *Desarmó a los poderes y a las potestades, y por medio de Cristo los humilló en público al exhibirlos en su desfile triunfal.*
>
> **Colosenses 2:15 nvi**

12 de abril

El aislamiento: derrota por abandono

«Mientras que los santos se encuentran absortos en sus introspecciones, fornidos pecadores gobiernan el mundo»

John Dewey[183]

En la guerra que libramos contra el pecado (Heb 12:4) y sus principales promotores: Satanás, el mundo y la carne; hay que reconocer que la iglesia ha perdido un buen número de batallas por abandono, dejándole el campo servido al enemigo sin oponerle ninguna resistencia. En efecto, amplios sectores de la iglesia han malentendido el llamado de Dios a la santidad y lo han interpretado como la necesidad absoluta de aislarse del mundo, replegándose sobre sí mismos argumentando la introspección, el misticismo, la pureza y la oración ascética como excusa para ello (1 Cor 5:9-11), configurando la «iglesia como gueto», al decir de Darío Silva-Silva, quien al describir a los que optan por esta alternativa, afirma: «Se asemejan a la creencia hinduista, según la cual, como la sociedad está corrompida, para no corromperme debo aislarme de la sociedad […]. Algunos fundaron o dirigen comunidades que son verdaderos guetos; erigieron murallas chinas de protección contra el mundo o muros de Berlín para que la gente no escape de la libertad»[184]. Así, la iglesia termina estando cada vez más arrinconada y siendo cada vez más irrelevante al tratar de hacerse oír en los temas de mayor actualidad y urgencia que afectan a las sociedades en el mundo en general. No hemos comprendido lo dicho por el Señor al apóstol: «Yo te digo que tú eres Pedro, y sobre esta piedra edificaré mi iglesia, y las puertas del reino de la muerte no prevalecerán contra ella.» (Mt 16:18). Porque lamentablemente la iglesia ha actuado en muchos casos como si ella misma estuviera sitiada por sus enemigos y reducida a los estrechos límites de sus propias murallas, aguantando a como dé lugar el embate del adversario y reforzando angustiosamente sus puertas para que no cedan ante el ataque. Pero eso no es lo que esta imagen transmite, sino más bien que la iglesia debe marchar como un ejército militante a rodear, sitiar y conquistar las fortalezas del enemigo en el mundo, con la garantía de que este no podrá resistirnos y que sus puertas no prevalecerán contra nosotros:

> *Las armas con que luchamos no son del mundo, sino que tienen el poder divino para derribar fortalezas. Destruimos argumentos y toda altivez que se levanta contra el conocimiento de Dios, y llevamos cautivo todo pensamiento para que se someta a Cristo.*
>
> 2 Corintios 10:4-5 nvi

13 de abril

El propósito de las buenas obras

«ENTRE nosotros usted hallará a personas no educadas [...] incapaces de probar con palabras el beneficio de nuestra doctrina [...]. Ellos no ensayan discursos sino que exhiben buenas obras»

ATENÁGORAS[185]

«Obras son amores y no buenas razones» reza la sabiduría popular. La polémica sostenida por los reformadores protestantes contra Roma giró alrededor del papel que las buenas obras cumplen en la vida cristiana en orden a la salvación. Con miras a ella, Roma les concedía un papel fundamental y decisivo, mientras que los reformadores, apoyados en la Biblia, negaban cualquier relación de causa entre las buenas obras y la salvación, puesto que esta última únicamente se obtiene por fe (Ro 3:28; Ef 2:8-9). Sin perjuicio de ello hay que decir, sin embargo, que las buenas obras desempeñan un importante papel en la vida del creyente ya redimido por fe. Son la demostración final y definitiva de una fe auténticamente salvadora. En otras palabras, las buenas obras son la consecuencia natural de la fe verdadera. Siguen siempre a la fe y la establecen sin lugar a dudas ante todos los que observan, sin necesidad de mayores argumentos discursivos a su favor (Ef 2:10; Tit 3:5, 8; Stg 2:14, 17, 20-26). De hecho, el grueso de la iglesia cristiana en la historia ha estado constituido por gente sencilla, sin destacada formación y facultades intelectuales que les permitan exponer metódica y sistemáticamente la doctrina cristiana con satisfactoria solvencia ante los paganos cultos. Pero en realidad, esto último no ha sido necesario. No solo porque el cristianismo siempre ha contado entre sus filas con un minoritario pero suficiente número de apologistas y teólogos del más alto nivel intelectual, campeones en la defensa de la doctrina cristiana con argumentos convincentes y de peso; sino porque los creyentes que carecen de estas habilidades siempre han podido compensar esta carencia con creces, mediante una exhibición de buenas obras inobjetables, elocuentes, contundentes y concluyentes (Mt 5:16; Stg 2:18). Exhibición que le permitió al apóstol Pablo, con toda tranquilidad, remitir el beneficio de la doctrina cristiana a la prueba visible brindada por los miembros comunes de las iglesias por él fundadas, a quienes se refirió con estas honrosas palabras:

> ... ¿O acaso tenemos que presentarles o pedirles a ustedes cartas de recomendación, como hacen algunos? Ustedes mismos son nuestra carta [...], conocida y leída por todos. Es evidente que ustedes son una carta de Cristo, expedida por nosotros, escrita [...] con el Espíritu del Dios viviente [...] en los corazones.
>
> **2 Corintios 3:1-3** NVI

14 de abril

La verdadera satisfacción de nuestros deseos

«A NUESTRO Señor no le parece que nuestro deseo sea demasiado fuerte, sino demasiado débil […]. Somos criaturas mediocres […]. Nos complacemos con demasiada facilidad»

C. S. Lewis[186]

Dando por sentado que los deseos son parte irrenunciable de nuestra naturaleza humana esencial que, por lo mismo, no deben ser suprimidos a ultranza y sin más, sin que al hacerlo estemos renunciando a una parte valiosa de nuestra condición humana original (Pr 13:12); lo que debemos hacer entonces es buscar satisfacerlos correctamente en el Único que puede suplirlos de sobra y acallarlos de manera completa: Jesucristo (Jn 4:14). El problema es que con demasiada frecuencia nos conformamos con muy poco al buscar satisfacer y acallar nuestros legítimos deseos en realidades mundanas muy alejadas de Dios que no solo se encuentran lejos de lograr satisfacerlos cabalmente, sino que además acarrean indeseables efectos colaterales como la culpa, la degradación de nuestra dignidad y el deterioro de nuestra calidad de vida, sumiéndonos en una existencia miserable y mediocre (Jer 2:13; 17:13). El mundo ofrece muy pobres y groseros sustitutos de Dios que no son más que impostores que plagian su obra de satisfacción de nuestros deseos más sentidos, a precios rebajados, de manera fugaz y con una calidad que deja todo que desear (1 Jn 2:15-17). De hecho, en el fondo todos los deseos humanos convergen de un modo u otro en la búsqueda y obtención de la felicidad, la alegría, el gozo, la euforia permanente, bien fundamentada, compartida y disfrutada por todos sin egoísmos ni envidias y con la conciencia tranquila. Y nada de esto podremos conseguirlo al margen de Dios. Fue esta la razón que llevó al gran Agustín de Hipona a abrir su tal vez más divulgada obra, *Confesiones*, con esa célebre y puntual frase de muchos conocida que dice: «Tú nos hiciste para ti mismo, y nuestro corazón no hallará reposo hasta que encuentre descanso en Ti». Así pues, no podemos conformarnos con la satisfacción de nuestros legítimos deseos con nada de este mundo. Por el contrario, nuestros deseos deben ser tan fuertes que únicamente puedan ser satisfechos cuando escuchemos a Dios pronunciar de sus propios labios la siguiente sublime declaración:

> … *«¡Hiciste bien, siervo bueno y fiel! En lo poco has sido fiel; te pondré a cargo de mucho más. ¡Ven a compartir la felicidad de tu señor!»*

Mateo 25:21 NVI

15 de abril

Recorriendo el camino de la paz

> «La paz no es meramente una meta distante que buscamos, sino un medio por el cual llegamos a la meta […] la verdad desarmada y el amor incondicional tendrán la última palabra»
>
> Martin Luther King Jr.[187]

La paz, más que una meta a alcanzar, es un camino a recorrer como el medio más adecuado para promover la verdad y el amor, que son las metas finales. La paz es el entorno ideal y necesario para que la justicia florezca (Stg 3:18), y la justicia es a su vez la condición para mantener la paz (Is 32:17). En otras palabras, la paz y la justicia son interdependientes, de manera que si una de las dos merma o aumenta, la otra lo hace igualmente, de manera inevitable (Is 9:7; 48:18; 59:8; Zac 8:16; Ro 14:17). Se explica, entonces, que Melquisedec, enigmático personaje del Antiguo Testamento que tipifica a Cristo (Gn 14:18; Sal 110:4; Heb 6:20), fuera al mismo tiempo rey de justicia y rey de paz (Heb 7:2). Porque Jesucristo es simultáneamente rey de justicia y rey de paz para todos los que creen en Él y se someten de forma voluntaria y de buena gana a su señorío, para convertirse a su vez en personas que trabajan por la paz, a quienes el Señor les promete una dicha que está más allá de las vicisitudes de este mundo, junto con el honroso reconocimiento que obtienen de ser llamados hijos de Dios en plena propiedad (Mt 5:9), dispuestos por lo mismo a someterse a las disciplinas establecidas por su Padre Dios que, aunque no sean del todo gratas al ser ejercitados en ellas, a la postre producen la anhelada cosecha de justicia y paz que harán que el esfuerzo siempre valga la pena (Heb 12:11). Pero la paz y la justicia deben estar en todos los casos dirigidas hacia el amor y la verdad, pues estos últimos son los objetivos hacia los cuales apuntan las dos primeras, ya que el amor no comete injusticias ni fomenta hostilidades, rivalidades o disensiones (1 Cor 13:4-5, 7), y se regocija con la verdad, su permanente y lógica acompañante (1 Cor 13:6), puesto que no es posible lograr la paz y la justicia sacrificando la verdad para obtenerlas. No existe paz ni justicia perdurables sin la verdad sustentándolas a ambas y el amor coronando el cuadro como el imprescindible broche de oro que cierra satisfactoriamente el círculo, como lo entendió bien el salmista al anunciar:

> *El amor y la verdad se encontrarán; se besarán la paz y la justicia.*
>
> **Salmo 85:10 nvi**

16 de abril

La tecnología: bendición divina

«¡Qué nos ha traído Dios!»

Samuel Morse[188]

Morse consideró al telégrafo como una bendición traída por Dios a la humanidad. Pero significativos sectores fundamentalistas del cristianismo han satanizado la tecnología[189], declarándola instrumento del diablo con un fanatismo supersticioso que menosprecia la cultura a ultranza, ignorando el «mandato cultural» por el cual Dios ordenó al hombre desarrollar la cultura de manera responsable y constructiva. Es así como en el breve pasaje que relata la intención que Dios tenía al colocar al hombre en el huerto de Edén «… para que lo cultivara y lo cuidara» (Gn 2:15), encontramos la justificación para el desarrollo tecnológico, —entre otras de las actividades asignadas por Dios a la especie humana—, llevado a cabo con responsabilidad, sin explotar los recursos naturales de manera destructiva, sino utilizándolos más bien para glorificar a Dios y para el beneficio de la humanidad. La tecnología como subproducto de la cultura no es, pues, necesariamente mala y contribuir a ella no implica para el creyente tener que pecar por fuerza. Lo que este debe hacer es desechar aquellos aspectos de la tecnología que afrentan, para nuestro perjuicio, a la naturaleza o a la misma dignidad humana, pues no puede tampoco negarse que un buen número de desarrollos tecnológicos se prestan a estas dos últimas cosas. Pero descontando estos casos, la tecnología estaba ordenada por Dios para el ser humano de manera independiente de la Caída, pues el «mandato cultural» es anterior a ella y no fue abrogado con posterioridad a ella. La tecnología es en última instancia creación de Dios, en la medida en que ya estaba contemplada desde la eternidad por su mente omnisciente, esperando su realización en el tiempo por cuenta de la criatura creada por Él para reflejar su imagen y semejanza, razón por la cual no se debe desechar, como todo lo que Dios ha creado (Gn 1:31; Ecl 3:11; 1 Tm 4:4-5). Por eso, no debemos rendirnos a las malas aplicaciones de la tecnología, sino más bien contrarrestarlas mediante aplicaciones responsables (Ro 12:21), también presentes en la mente de Dios desde siempre, antes de que los hombres las concretaran en el tiempo, como dijo el rey David:

> *No me llega aún la palabra a la lengua cuando tú,*
> *Señor, ya la sabes toda.*

Salmo 139:4 nvi

17 de abril

El propósito del milenio

> «Todos los males son frutos de inadaptaciones tradicionales en el curso de la evolución. La perfecta adaptación del hombre al medio ambiente, tanto personal como colectiva [...] significa la eliminación de todo mal, tanto moral como físico»
>
> JOHN DEWEY[190]

Ubicar el mal como algo externo a nosotros, algo en el medio ambiente o en las circunstancias que nos han tocado vivir y no en nuestro mismo interior ha sido, desde la caída en pecado de nuestros primeros padres, una de las excusas más recurrentes para no reconocer ni confrontar nuestro pecado, señalando siempre hacia otro lado y no hacia nosotros mismos (Gn 3:11-12). Excusa que cobra fuerza dentro del pensamiento secular actual, profundamente influenciado por el naturalismo y el evolucionismo que niegan o desvirtúan la noción bíblica de pecado. Seguimos, así, aferrados a la filosofía de Rousseau que consideraba que el hombre nace puro y es la sociedad la que lo corrompe. Al amparo de este enfoque, siempre podremos argumentar ser víctimas, y no culpables. De hecho, aun en el cristianismo nos las arreglamos para posar de víctimas, inculpando al mundo y al diablo[191] como los causantes del mal en todas sus formas, y restándole al mismo tiempo importancia a la naturaleza pecaminosa que todos traemos incorporada (Mt 15:19; Ro 7:18; Gal 5:19-21) y que nos deja sin excusa para eludir nuestra culpa (Ro 1:20; 2:1; 3:19). El milenio (Ap 20:1-3) se hace, pues, necesario para demostrar de manera inobjetable a todo el género humano que el mal no es algo ajeno, superficial o externo a nuestro ser, y que aun bajo las más perfectas e ideales condiciones del mundo, en circunstancias en las que no hay lugar a quejas y con Dios mismo reinando en persona (Ap 20:4), sin la influencia ni las maquinaciones malignas de Satanás operando sobre nuestras vidas, a la menor oportunidad nuestra naturaleza pecaminosa sale a relucir, dejando a la vista nuestra verdadera condición (Ap 20:7-9), quitándonos por completo cualquier excusa delante de Dios y haciendo más que justa la condenación de los incrédulos. Únicamente incorporando esto en nuestra perspectiva podremos entender lo hecho por Cristo a nuestro favor:

> *Él se entregó por nosotros para rescatarnos de toda maldad*
> *y purificar para sí un pueblo elegido, dedicado a hacer el bien.*
>
> **Tito 2:14 NVI**

18 de abril

El absurdo desespero del ateísmo

> «EL HOMBRE es el producto de causas que no pueden prever el fin que persiguen [...] una accidental colocación de átomos [...] destinados a extinguirse [...] bajo los escombros de un universo en ruinas [...] solo sobre el firme basamento de una desesperación insumisa, puede erigirse la habitación segura del alma»
>
> BERTRAND RUSSELL[192]

A pesar de la obvia inutilidad de la actitud de desesperada insumisión recomendada por el ateo Bertrand Russell en el cierre del párrafo anterior, el panorama pesimista y sombrío descrito por él previamente, es el corolario lógico de negar a Dios y sacarlo de nuestro horizonte vital, pues más temprano que tarde todo esto conduce a la desesperación. El existencialismo ateo y nihilista del siglo XX[193] llevó hasta sus últimas consecuencias este inútil e infantil «heroísmo» desesperado e insumiso en el que nos deja una existencia sin Dios y, por ende, sin ningún propósito o finalidad trascendente para el género humano en este vasto universo. De hecho, para muchos de sus cultivadores el suicidio sería la única alternativa consistente por ser la única «victoria» que podría obtenerse en medio del sin sentido generalizado: arrebatarle al azar siquiera la decisión sobre el momento y la forma en que vamos a morir. Por cierto, ya Salomón emprendió un análisis «existencial» de la vida humana, tomando conscientemente un punto de vista reducido, limitado únicamente a lo que se hace «en esta vida» (Ecl 1:3, 14; 9:3-6, 11), o lo que se encuentra «bajo el sol» (Ecl 1:9; 2:22) y llegó a la reiterada conclusión de que, vistas las cosas así «¡todo es un absurdo!» de principio a fin (Ecl 1:2, 12:8). Pero la recomendación final que él nos hace dista mucho de la pesimista desesperación insumisa recomendada por Bertrand Russell pues, al incluir a Dios dentro del cuadro, Salomón nos exhorta más bien de este modo: «... ten presente que el hacer muchos libros es algo interminable y que el mucho leer causa fatiga. El fin de este asunto es que ya se ha escuchado todo. Teme, pues, a Dios y cumple sus mandamientos, porque esto es todo para el hombre. Pues Dios juzgará toda obra, buena o mala, aun la realizada en secreto.» (Ecl 12:12-14). Porque al margen de Dios, el panorama brindado por el ateísmo de Russell culmina así de manera invariable:

Cuando la desesperación los atrape, en vano buscarán la paz.

Ezequiel 7:25 NVI

19 de abril

El carácter extraordinario de los milagros

> «Si no hubiera regularidad en la función ordinaria del universo, carecerían de significado hasta los milagros cristianos»
>
> H. Butterfield[194]

Dejando de lado la consideración científica del funcionamiento perfectamente afinado y casi milagroso de todos los procesos naturales y regulares que sostienen la vida, hay que decir que en sentido estricto el milagro se define como un suceso que se sale de lo habitual, de lo regular, de lo comprensible y que no puede explicarse por referencia a los procesos naturales ya conocidos y establecidos por la ciencia, sino que apunta a lo sobrenatural. De hecho, lo maravilloso y extraordinario únicamente puede distinguirse y valorarse contra el trasfondo de lo común u ordinario. Por eso los milagros, con todo y ser una posibilidad siempre abierta en el marco de la fe cristiana (Lc 1:37), no pueden nunca llegar a ser el pan de todos los días, como lo pretenden un buen número de iglesias pentecostales en la actualidad. Porque el milagro deja de ser milagro si se convierte en algo cotidiano. No es deseable, entonces, que el milagro se convierta en algo de todos los días en la vida cristiana, no solo porque perdería una de sus características más propias: su carácter extraordinario; sino también porque los seres humanos necesitamos de leyes naturales estables y regulares como trasfondo que sirva de contraste para el milagro y también para desarrollar nuestras actividades con un buen margen de seguridad y confianza que nos permita saber a qué atenernos. C. S. Lewis lo expresó bien: «La teología dice en efecto: "Admite a Dios y con Él el riesgo de unos pocos milagros y yo, a cambio, ratificaré tu confianza en una uniformidad con respecto a la aplastante mayoría de los acontecimientos" […]. La alternativa es en realidad mucho peor […]. Por pedir demasiado, no consigues nada […]. La teología nos ofrece un compromiso satisfactorio que deja al científico en libertad para continuar sus experimentos y al cristiano para continuar sus oraciones»[195]. La responsabilidad del creyente no es, pues, garantizar milagros en nombre de Dios, sino proclamar su verdad sin temor alguno, dejando a criterio divino el hacer los milagros requeridos para confirmar el mensaje:

> *... concede a tus siervos el proclamar tu palabra sin temor alguno.*
> *Por eso, extiende tu mano para sanar y hacer señales y prodigios*
> *mediante el nombre de tu santo siervo Jesús.*
>
> Hechos 4:29-30 nvi

20 de abril

La bendición de la comunión

«LA UNIÓN con Cristo consiste en la más íntima comunión con Él [...] en estar impregnados del más alto amor por Él, al tiempo que tornamos nuestro corazón hacia nuestros hermanos [...] por quienes también se sacrificó»

CARLOS MARX[196]

Marx tuvo las cosas claras antes de su defección para volverse a su pensamiento más conocido. En efecto, el propósito que Dios tenía en mente cuando envió a su Hijo a hacerse hombre por nosotros no era simplemente lograr nuestra salvación. Era hacer posible la comunión. La primera era el medio para la última. Porque la comunión, con todo y sus actuales defectos, es necesaria. Tanto que es siempre preferible una comunión deficiente a una total ausencia de la misma. No se justifica, entonces, que un creyente prescinda voluntariamente de la comunión, como lo ratifican las Escrituras (Heb 10:25). Porque la fortaleza de la iglesia radica, en primera instancia, en la comunión con Cristo, pero también en la comunión con los hermanos que Cristo hace posible y que no podemos despreciar impunemente. Por eso, vale la pena rescatar la imagen de la iglesia como prometida y futura esposa de Cristo (Ef 5:21-32). Porque a la luz de ella el que menosprecia la comunión es como el que pretende mantener una buena relación con el esposo, Cristo, al tiempo que menosprecia a la esposa, la iglesia. La práctica actual de la comunión, por imperfecta que pueda ser, es la mejor forma de prepararse para la comunión perfecta que un día disfrutaremos como propósito final de la vida cristiana. Esa misma comunión que hará que en el reino de Dios no exista estado conyugal, como lo reveló el Señor (Lc 20:34-36), pues en él la comunión será tan plena entre todos los hijos de Dios que las relaciones anteriores entre padres e hijos y cónyuges, por buenas que hayan sido, estarán mandadas a recoger, pues ninguna de ellas podrá compararse con la relación fraternal que disfrutaremos, sin celos ni egoísmos y con un verdadero y puro amor desinteresado de los unos por los otros, sin exclusividades, exclusiones, ni favoritismos de ningún tipo. En el mundo venidero todos seremos ante todo hermanos disfrutando de la más pura y perfecta comunión y la única relación conyugal que existirá será la de Cristo, el esposo, con su esposa, la iglesia. Mientras tanto:

> *¡Cuán bueno y cuán agradable es que los hermanos convivan en armonía! [...] Donde se da esta armonía, el SEÑOR concede bendición y vida eterna.*
>
> **Salmo 133:1-3** NVI

21 de abril

El llamado a los apóstatas

> «¿POR QUÉ Alemania tuvo oídos sordos y no escuchó al Marx cristiano […] ¿Por qué […] luego, toda Europa fue hipnotizada por el Marx poseso? Yo prefiero la primera versión marxista»
>
> DARÍO SILVA-SILVA[197]

En la vida de un buen número de pensadores célebres de la historia reciente pueden distinguirse claramente por lo menos dos períodos diferentes de su pensamiento tan contrastantes entre sí, que amerita el referirse a cada uno de estos períodos como si provinieran de personas diferentes. Se habla así, por ejemplo, del primer Wittgenstein y del segundo Wittgenstein, aunque ambos períodos correspondan a la misma persona: el filósofo austríaco de origen judío Ludwig Wittgenstein. De igual modo, el pensamiento de Marx, —curiosamente un pensador también de origen judío—, suele dividirse formalmente en dos o tres períodos. Pero es de pocos conocido el breve período cristocéntrico del pensamiento del joven Marx, tan marcadamente contrastante con la etapa posterior de su pensamiento ateo —que fue el que se impuso finalmente— que justificaría también en su caso el referirse a dos Marx, al decir de Darío Silva-Silva: el más bien desconocido Marx cristiano y el Marx poseso posterior, que fue el que recibió la más amplia divulgación y acogida. Vemos, pues, en Marx, y en menor medida también en pensadores más o menos contemporáneos con él, como Nietzsche y Feuerbach, un movimiento desde una breve reflexión inicial orientada por la teología, hacia el pensamiento ateo posterior por el que son conocidos, configurando en todos ellos una suerte de apostasía, como dando cumplimiento a las profecías bíblicas sobre los últimos tiempos (2 Ts 2:3; 1 Tm 4:1). Sin embargo, el movimiento inverso es también posible y está siempre disponible en la invitación de Dios dirigida a los apóstatas: «"¡Vuelve, apóstata Israel! No te miraré con ira —afirma el SEÑOR—. No te guardaré rencor para siempre, porque soy misericordioso —afirma el SEÑOR— ¡Vuélvanse a mí, apóstatas […]! ¡Vuélvanse, apóstatas, y los curaré de su infidelidad!"» (Jer 3:12, 14, 22). Movimiento que, de optar por él, opera un cambio tan drástico y favorable de pensamiento (Ro 12:2; Ef 4:23), que justifica por sí solo la exaltada alabanza del apóstol:

> *¡Alabado sea Dios, Padre de nuestro Señor Jesucristo! Por su gran misericordia, nos ha hecho nacer de nuevo mediante la resurrección de Jesucristo…»*
>
> 1 Pedro 1:3 NVI

22 de abril

El propósito de la elección

«Creo que la elección normalmente significa [...] un señalamiento que Dios le hace a personas particulares para una obra específica en el mundo. Y creo que tal elección [...] es [...] absoluta e incondicional. Fue así que Dios eligió a Ciro»

JOHN WESLEY[198]

Al margen de la discusión al interior de la iglesia acerca del carácter condicional[199] o incondicional[200] de la elección que Dios lleva a cabo, escogiendo de entre todo el conjunto de la humanidad a aquellas personas que llegarán a ser salvas (Jn 15:16; Hch 13:48; Ro 8:29-30; Ef 1:5, 11); lo cierto es que hay acuerdo en que el concepto de «elección» implica en la Biblia en muchos casos el escogimiento divino de ciertos individuos para tareas particulares que a la postre es imposible evadir (Ro 11:29). Este tipo de elección sobre personas que son seleccionadas por Dios para labores específicas en el mundo puede darse aun al margen de la fe. Es decir que los elegidos para estas labores no tienen que ser necesariamente miembros salvos del pueblo de Dios, sino que pueden ser incluso paganos e inconversos que, no obstante y aun a pesar de ellos mismos (Pr 16:4; Ro 9:17), llevan a cabo de manera más o menos consciente y premeditada la labor asignada para la cual fueron escogidos por Dios. La Biblia da cuenta de estas situaciones al revelarnos que Dios eligió a pueblos y personajes paganos como los asirios o los caldeos de Babilonia (Jer 50:17), con su rey Nabucodonosor (Jer 25:9; 27:6; 27:8; 28:14), para ejecutar sus juicios disciplinarios sobre su pueblo infiel. Pero asimismo, Dios escogió a paganos inconversos para bendecir a su pueblo, destacándose entre ellos el rey Ciro de Persia, designado en la Biblia con honrosos calificativos (Isa 44:28-45:1), quién favoreció decisivamente el retorno de los judíos exiliados a su nación. Lo mismo podría decirse del emperador romano Constantino quien dio fin a la cruel persecución desatada por el imperio contra los cristianos. Y si esto es así en lo que tiene que ver con paganos inconversos, cuanto más los creyentes debemos ser conscientes de que Dios no nos eligió en Cristo para ser salvos meramente, sino para cumplir un honroso servicio a su causa en este mundo, como se nos recuerda aquí:

... vivan de manera digna del Señor, agradándole en todo.
Esto implica dar fruto en toda buena obra...

Colosenses 1:10 NVI

23 de abril

La ley natural y la conciencia

> «La ley natural puede borrarse del corazón humano, sea por las malas persuasiones [...] sea por las costumbres perversas y los hábitos corrompidos»
>
> Tomás de Aquino[201]

Los estoicos formularon la doctrina de la ley natural que se incorporó al campo del derecho romano y que determina o condiciona en mayor o menor grado todas las legislaciones de las naciones occidentales, constituyéndose en la raíz de lo que acordó en llamarse más tarde el *Ius naturale* o derecho natural del pensamiento tomista y de la Ilustración posterior. Pero al margen de sutiles distinciones y ya sea que se le llame «ley natural», «derecho natural» o, incluso, «imperativo categórico» (Kant), esta doctrina ha estado presente en el trasfondo del evangelio en las palabras del apóstol: «De hecho, cuando los gentiles, que no tienen la ley, cumplen por naturaleza lo que la ley exige, ellos son ley para sí mismos, aunque no tengan la ley [...] como lo atestigua su conciencia [...]. Así sucederá el día en que, por medio de Jesucristo, Dios juzgará los secretos de toda persona [...].» (Ro 2:14-16). El papel que la conciencia desempeña para la vigencia de la ley natural y el juicio de Dios sobre los paganos es, entonces, fundamental. Pero es aquí donde también descubrimos los nefastos efectos de la Caída y del pecado. El pecado puede llegar a hacer inoperante la conciencia en su propósito de revelarnos la ley natural —no digamos ya en el propósito de cumplirla—, degenerándola a tal punto que ya no puede desempeñar su función reveladora, de modo que no solo llegamos a ser convictos de pecado, sino también ignorantes en buen grado de esta miserable condición existencial en que nos hallamos y del estado de condenación que amerita. Así pues, la indiferencia hacia Dios y la permanencia complaciente en el pecado que la suele acompañar nos conduce de manera gradual pero inexorable a una cuesta descendente que pasa por la depravación mental (Ro 1:28), por la conciencia encallecida (1 Tm 4:2) y culmina en una conciencia absolutamente corrompida (Tit 1:15). Razón de más para acudir a Cristo, quien limpia y restaura nuestras conciencias (Heb 9:14), nos libra de la justa condenación (Ro 8:1) y nos faculta para acercarnos a Dios:

> *... con corazón sincero y con la plena seguridad que da la fe,*
> *interiormente purificados de una conciencia culpable*
> *y exteriormente lavados con agua pura.*
>
> **Hebreos 10:22** nvi

24 de abril

Originales y copias

«La originalidad consiste en el retorno al origen; así pues, original es aquello que vuelve a la simplicidad de las primeras soluciones»

Antoni Gaudí[202]

Muchos piensan que ser original es ser innovador. Pero el significado primario de la palabra «original» es aquello que es relativo al origen. En este orden de ideas ser original es volver a los orígenes, lo cual va en contravía con la intención de muchos que pretenden ser originales posando de innovadores, rompiendo así con todo lo previamente establecido, olvidando que en estricto rigor «¡... no hay nada nuevo bajo el sol!» (Ecl 1:9). Esta forma de entender la originalidad es muy peligrosa en teología, en donde más que innovación se requiere fidelidad a la revelación original dada por Dios en la Biblia (Is 8:20). En el arte se habla de un original para referirse a una obra única, cuyo valor es ostensiblemente superior y contrasta notoriamente con las mejores copias existentes o que se puedan llegar a hacer de ella. De manera similar y guardadas las proporciones, este universo es la obra de arte original por excelencia del Autor de todo lo que existe. Y el ser humano es el punto culminante de su obra. Por eso, toda creación cultural del ser humano, de un modo u otro, no es más que una copia del diseño divino original (2 Cro 24:13; Heb 8:5; 9:23-24). En conexión con ello, la crítica textual es la ciencia que procura establecer la mayor fidelidad y correspondencia entre las copias actualmente disponibles de la Biblia, con los manuscritos originales escritos en hebreo y griego. Y si bien no disponemos hoy de los originales, la crítica textual nos informa con buen margen de seguridad que, para efectos de conocer la revelación contenida en ellos, nuestras copias actuales son de sobra confiables, al punto que si se pusiera en tela de juicio la fidelidad a los originales de estas últimas, habría que hacerlo con mucha mayor razón con todas las demás obras literarias de la antigüedad cuya fidelidad se da por sentada sin discusión, pues todas ellas se encuentran lejos de estar tan bien documentadas y atestiguadas como lo está la Biblia en la actualidad. Por eso, podemos dejar de lado cualquier suspicacia al respecto y obedecer la instrucción divina:

> *... ordenará que le hagan una copia del libro de la ley [...].*
> *Esta copia la tendrá siempre a su alcance y la leerá todos los días*
> *de su vida. Así aprenderá a temer al Señor su Dios, cumplirá fielmente*
> *todas las palabras de esta ley y sus preceptos,*
>
> **Deuteronomio 17:18-19** nvi

25 de abril

El deber de los gobernantes

«SIRVAN a Cristo los reyes de la tierra, pues también se le sirve haciendo leyes a favor de Cristo»

AGUSTÍN DE HIPONA[203]

Las Escrituras nos exhortan a orar por nuestros gobernantes, al margen de que sean o no nuestros correligionarios, no solo debido al beneficio pragmático inmediato que podemos llegar a obtener de ello, como lo es el que *«tengamos paz y tranquilidad, y llevemos una vida piadosa y digna»* (1 Tm 2:1-2), sino también a que, sin importar el carácter eficiente o deficiente de los gobernantes de turno: «... *no hay autoridad que Dios no haya dispuesto, así que las que existen fueron establecidas por él»* (Ro 13:1 cf. Mt 22:21; Tit 3:1; 1 P 2:13-14). El propio Señor Jesucristo, al comparecer en juicio antes las autoridades terrenales vigentes en ese momento, en respuesta al alarde de poder hecho por el procurador romano Poncio Pilato, le recordó cual era la verdadera fuente de su autoridad. Pero al hacerlo reconoció, sin embargo, la legitimidad de la misma en virtud de la delegación hecha sobre él desde lo alto (Jn 19:10-11). Así pues, los reyes o gobernantes de la tierra, sean o no creyentes, deben servir a los intereses de Cristo, favoreciendo el establecimiento de la paz y la justicia para todos sus gobernados, como Cristo lo ordena. La tiranía o el despotismo son, entonces, condenables donde quiera que se presenten y sin importar el color ideológico, político o religioso con el que se revistan. De este modo, la recomendación bíblica de gobernar con justicia no se dirige de manera necesaria o exclusiva a los creyentes justificados o declarados justos por la fe en Cristo (Ro 5:1), sino a todos los gobernantes, aun en el caso de que no sean creyentes en estricto rigor (Pr 29:4). Asimismo, el carácter impío de los gobernantes censurado en las Escrituras (Pr 29:2), no excluye de ninguna manera a los creyentes bien intencionados pero mal preparados que incursionan en la política y terminan sucumbiendo a la ética maquiavélica que impera en ella. No basta, pues, ser un cristiano comprometido para poder desempeñarse con justicia en el difícil campo de la política, al punto que es preferible un incrédulo que, a pesar de ello, sepa gobernar con justicia, que un creyente muy devoto y ungido gobernando sin la debida preparación y capacidad. De cualquier modo:

«Ustedes los reyes, sean prudentes; déjense enseñar, gobernantes de la tierra.
Sirvan al señor con temor; con temblor ríndanle alabanza»

Salmo 2:10-11 NVI

26 de abril

Las apariencias pueden engañar

«Si Adán fue creado con un ombligo, entonces tuvo la apariencia de una historia que en realidad no sucedió»
Paul Nelson y J. M. Reynolds[204]

El balance final de la Reforma es, a todas luces, positivo. Pero no podemos olvidar que ella dio pie también a un proceso de división y distanciamiento entre las iglesias protestantes que es cuestionable en muchos casos, pues obedece a diferencias doctrinales menores de carácter marginal. Max Lucado ilustró el punto con su conocido estilo afirmando que, al paso que vamos, llegará un día en que surgirán dos denominaciones evangélicas divididas y enfrentadas entre sí: los ombliguistas y los no ombliguistas, cuya disputa girará alrededor de la trivial y bizantina discusión de si Adán tenía ombligo o no, haciendo de este asunto su bandera distintiva. Aunque, a decir verdad, este punto no es tan trivial como parece, pues si pudiera demostrarse que Adán tuvo ombligo[205], significaría que hay sucesos de la experiencia pasada cuyos detalles cuentan historias aparentes que, en realidad, nunca tuvieron lugar[206]. Lo cual no sería problemático si no fuera porque sugiere que Dios es el responsable de brindarnos señales engañosas para que equivoquemos el camino y lleguemos a conclusiones erradas, apartadas de la verdad por Él promovida. Pero si bien es cierto que «las apariencias engañan» (1 Sam 16:7; Sal 73:20; Is 11:3; 53:2; Mt 22:16; 2 Cor 6:10; Gal 2:6; Col 2:23), eso no significa que toda apariencia sea diseñada por alguien para engañar expresamente al observador. A lo largo del desarrollo de la ciencia y en las mismas relaciones humanas siempre ha habido apariencias engañosas que luego revelan su razón de ser, sin que haya detrás de ellas mala intención por parte de nadie. Por eso, ante el hecho hoy establecido y aceptado por la generalidad de las personas modernas acerca de la gran antigüedad del universo y de la tierra[207], los cristianos que abogan por una creación reciente[208] argumentan que tal vez se estén sacando conclusiones apresuradas de apariencias engañosas que revelarán más adelante su razón de ser[209]. Como sea, el Señor nos insta a no juzgar según las apariencias (Jn 7:24) y a mantener la mente abierta a otras posibilidades que puedan llegar a ser más plausibles en un momento dado, para no dar así lugar a la represión divina:

¡Hipócritas! Ustedes saben interpretar la apariencia de la tierra y del cielo. ¿Cómo es que no saben interpretar el tiempo actual?
Lucas 12:56 NVI

27 de abril

La corrupción de los mejores

«La corrupción de los mejores es la peor»

Cornelius Plantinga Jr.[210]

Por efecto del libre albedrío, el potencial para el bien es directamente proporcional al potencial para el mal en todo ser humano. Así pues, la presencia en alguien de un gran potencial para el bien conlleva siempre el riesgo de un gran potencial para el mal en la misma persona, mientras que en los individuos mediocres su limitado potencial para el bien implica también un limitado potencial para el Mal Pero la mediocridad es tan fastidiosa e insulsa que al crearnos, Dios prefirió asumir el riesgo de un gran mal con tal de permitir a su vez en cada uno de nosotros la posibilidad de un gran bien. C. S. Lewis lo ilustra gráficamente al imaginar una escena en el infierno en que un destacado demonio propone un brindis en cuyo discurso se queja de la mediocridad generalizada de los condenados que llegan y señala, a manera de consuelo: «... la abundancia de capturas por nuestra parte. Aunque la comida sea insípida, no corremos peligro de pasar hambre», anunciando a su vez: «Los grandes pecadores [...] no desaparecerán. Pero disminuirán considerablemente [...]. Los grandes (y suculentos) pecadores están hechos de la misma sustancia que esos horribles hombres llamados santos egregios. La desaparición virtual de un material así puede significar comida insípida para nosotros. Ahora bien, ¿no es absoluta frustración y hambre para el Enemigo? Él no creó a los humanos —no se hizo uno de ellos ni murió torturado en medio de los hombres— para producir candidatos para el limbo, humanos "malogrados". Él quería hacer santos, dioses, cosas semejantes a Él», añadiendo finalmente: «Vendrá un tiempo seguramente en que, salvo para esa minoría selecta, no tendremos necesidad de preocuparnos en absoluto de la tentación individual. Si atrapamos el cabestro, el rebaño entero vendrá tras él»[211]. Es por eso que la corrupción de los mejores es la peor. Porque los mejores, para bien o para mal, siempre se destacan por encima del anónimo nivel de la mediocridad y arrastran a muchos tras de sí. Y debido a ello serán juzgados con mayor severidad (Lc 12:47; Stg 3:1). Razón suficiente para comprender lo revelado por el profeta Zacarías:

> «¡Despierta, espada, contra mi pastor, contra el hombre en quien confío! —afirma el Señor Todopoderoso—. Hiere al pastor para que se dispersen las ovejas y vuelva yo mi mano contra los corderitos.»

Zacarías 13:7 NVI

28 de abril

El infierno

«El camino más seguro al Infierno es el gradual, la pendiente apacible, la superficie suave, sin curvas repentinas, sin hitos, sin señales»

C. S. Lewis[212]

La doctrina del infierno es difícil. Pero esto no es razón suficiente para desecharla, sin que al hacerlo estemos asumiendo un riesgo demasiado elevado para nuestra vida actual y nuestro destino eterno. Porque la Biblia y el Señor Jesucristo afirman sin ambages su realidad, haciendo la clara salvedad de que el infierno no fue hecho originalmente para los seres humanos, sino para el diablo y sus ángeles (Mt 25:41). «El infierno son los otros» proclamaba Sartre, pero por sugestiva y acertada incluso que pueda ser esta idea metafórica en algunos casos, el infierno es mucho más que una metáfora. Es una realidad que nadie en sus cabales desearía confrontar. Con todo, hay que decir que Dios no envía a nadie al infierno. Si alguien llega allí, es a su pesar y en contra de sus deseos (Ez 33:11; 1 Tm 2:4; 2 P 3:9). Si la gente termina en el infierno es porque así lo quisieron. Fue su decisión. Será un tormento voluntariamente escogido por haberse endurecido al punto de desaprovechar y menospreciar reiteradamente las oportunidades que Dios les dio en vida para arrepentirse y reconciliarse con él mediante la fe en Jesucristo. Y es que el infierno no está lleno de gente mala. Por supuesto, es muy probable que Hitler, Stalin o Pablo Escobar estén allí. Sin perjuicio de ello, lo cierto es que la mayoría de la gente que está en el infierno es gente «buena», que aunque nunca mató ni robó, fue tan orgullosa y pagada de sí misma, que nunca dobló tampoco su rodilla ante su Creador ni rindió humildemente su vida a Él, sino que continuaron viviendo su vida siempre de manera independiente, desafiante e indiferente a Dios. No sobra, entonces, la advertencia de C. S. Lewis al abordar el tema: «En cualquier tratamiento del infierno no solo deberíamos tener presente la posibilidad de que se condenen nuestros amigos o nuestros enemigos [...] sino también la de que nos condenemos nosotros mismos»[213]. Después de todo, como lo dijo Gregory Boyd al referirse a la redención llevada a cabo por Cristo: «Lo extremado de la cura muestra lo espantoso de la enfermedad»[214].

Les voy a enseñar más bien a quién deben temer: teman al que, después de dar muerte, tiene poder para echarlos al infierno. Sí, les aseguro que a él deben temerle.

Lucas 12:5 NVI

29 de abril

Codicia, envidia y evangelio

> «¿Acaso nuestro "amor por la libertad económica" no se parece mucho a la codicia y nuestra "ansia por la justicia distributiva" mucho a la envidia?»
>
> Cornelius Plantinga Jr.[215]

El discurso típico de las ideologías de derecha y de izquierda encubre también pecados típicos. Porque si bien la libertad económica y el ansia por la justicia distributiva pueden ambas encontrar fundamento en las doctrinas cristianas de la libertad (Jn 8:32, 36; Gal 5:13) y la fraternidad solidaria y compasiva con el prójimo respectivamente (Gal 2:10; 6:10); estos dos legítimos intereses de la agenda cristiana no tienen por qué estar enfrentados, ni mucho menos estar motivados por el afán de acallar la conciencia con impunidad, encontrando positiva sanción a los pecados de la avaricia y de la envidia (Ro 1:29), confiriéndoles así velada legitimidad. De hecho, ambos pecados han encontrado reconocimiento formal aun en la iglesia y, de manera asombrosa, han logrado incluso cierto grado de respetabilidad en la llamada «teología de la prosperidad»[216] por un lado, y en la «teología de la liberación»[217] por el otro. Respecto a esta última precisamente, la siguiente incisiva pregunta le fue dirigida a uno de sus principales exponentes, el teólogo peruano Gustavo Gutiérrez Merino, por los autores del *Manual del Perfecto Idiota Latinoamericano*: «¿Quieren decirnos que el Dios de la fraternidad es, en verdad, un fratricida? ¿Es el Dios de la justicia también el Dios de la envidia?»[218], en alusión a sus motivaciones y cuestionables métodos de lucha. Y en cuanto a la «teología de la prosperidad» el autor Caio Fabio sentenció: «puede resultar desastrosa cuando el énfasis se coloca por encima de todo en el tener y no en el ser [...] resulta muy interesante en un comienzo, pero luego se la descubre llena de atropellos y chocantes demostraciones de fe [...] a causa de su triunfalismo, se vuelve agresiva y pierde la sinceridad que le debe a Cristo [...] nunca ha sido capaz de generar una iglesia rica y solidaria. Siempre produjo una iglesia triunfalista, obsesionada por el poder y alienada de la infelicidad del resto del planeta»[219]. Por eso, haríamos bien en prestar atención al apóstol antes de optar por la agenda de la derecha o de la izquierda indistintamente:

> *Por tanto, hagan morir todo lo que es propio de la naturaleza terrenal: inmoralidad sexual, impureza, bajas pasiones, malos deseos y avaricia, la cual es idolatría. Por estas cosas viene el castigo de Dios.*
>
> Colosenses 3:5-6 NVI

30 de abril

La honestidad y el ateísmo

«El ateísmo no es la única forma de suprimir la verdad acerca de Dios […] es solo la más honesta»

MEREOLD WESTPHAL[220]

A pesar de lo errados que puedan estar (Sal 14:1; 53:1), hay que abonarles su mayor honestidad a los ateos que niegan expresamente a Dios y tratan de sustentarlo teóricamente de manera consistente. Porque hay muchos otros menos honestos que, sin negar expresamente a Dios, viven sin embargo como si Dios no existiera. Son ateos prácticos. De hecho estos son la gran mayoría entre los ateos. Los que se adhieren a este tipo de ateísmo ni razonan ni racionalizan conscientemente su postura. No les hace falta, puesto que ni les inquieta fundamentar teóricamente su ateísmo. No necesitan argumentos para negar la realidad de Dios. Tal vez ni siquiera hayan pensado mucho en ello y no tengan, por lo tanto, razones para hacerlo, si se les requiere dar cuenta de ellas. O, confrontados en su ateísmo, balbucearán argumentos simplistas que son solo repeticiones populares y burdas de los argumentos elaborados por los ateos teóricos. Suelen ser el producto inconsciente y no reflexivo de una atmósfera de ateísmo o indiferencia religiosa que comienzan a respirar en la familia y que continúan haciéndolo al integrarse a la sociedad de la que forman parte[221]. su presencia es hoy masiva debido a fenómenos modernos también masivos como el rampante secularismo[222] y el naturalismo[223] y cientificismo positivista[224] del primer mundo que parece querer dictar el rumbo al resto del mundo. Y son ateos deshonestos porque, si bien *viven* como si Dios no existiera, no se atreven ni pueden, sin embargo, negarlo racional y discursivamente[225]. Son quienes mejor confirman la motivación de fondo presente en toda forma de ateísmo, muy bien expresada por Agustín cuando dijo puntualmente: *«Nadie niega a Dios, sino aquel a quien le conviene que Dios no exista»*. Por eso, lo primero que personajes de estas características deberían emprender es alinearse con la intención de Eliú: *«Mis palabras salen de un corazón honrado; mis labios dan su opinión sincera»* (Job. 33:3), antes de pretender negar a Dios con una agenda encubierta. Porque la deshonestidad es aun más censurable que la incredulidad, pues pretende engañar, no solo a los demás, sino también a uno mismo.

El rey se complace en los labios honestos;
aprecia a quien habla con la verdad.

Proverbios 16:13 NVI

1 de mayo

La derrota del Diablo

«El Diablo es a la larga un asno»

C. S. Lewis[226]

«No hay enemigo pequeño» parece ser una sabia recomendación para no menospreciar y conceder ventaja, con ligereza, a quien puede y tiene la declarada intención de infligirnos daño. Mucho más cuando se trata de aquel sombrío, perverso, sagaz y poderoso personaje sobre el cual la Biblia nos advierte de manera reiterada y solemne (1 P 5:8). Sin embargo, hay que admitir que en lo que tiene que ver con los creyentes y a la vista del resultado final de sus conocidas artimañas (2 Cor 2:11) —aun en el caso de que muchas de ellas puedan llegar a ser exitosas en su momento, de manera trágica y dolorosa para nosotros (Ap 2:10)—, tenemos que coincidir con la sentenciosa y escueta declaración de C. S. Lewis en el encabezado. Porque el Diablo es un enemigo ya derrotado (Col 2:14-15; Heb 2:14-15; 1 Jn 3:8; 4:4; 5:18), con todo y que se resista obstinadamente a reconocer su derrota y, durante el contado tiempo que le resta, procure por todos los medios a su alcance arrastrar con él a los que más pueda en su finalmente fracasada rebelión. Definitivamente, las indudables y excelsas cualidades originales con las que fue dotado este ángel caído ameritarían mejor causa (Ez 28:12-19). Porque para tragedia suya y regocijo nuestro, su causa es una causa perdida a la que le queda poco tiempo de vigencia, por recrudecida que pueda llegar a tornarse su arremetida final (Ap 12:9, 12). Y para sortear sus actuales acechanzas y hostilidades el Señor nos insta simplemente a practicar el dominio propio y mantenernos con una actitud vigilante (1 P 5:8), con la seguridad de que, si nos sometemos por completo a Dios con todo lo que esto conlleva, podremos resistir al Diablo y él tendrá que huir de nosotros (Stg 4:7; Lc 9:1; 10:17-18; Mr 16:17; Hch 16:18). Al fin y al cabo: «Si Dios está de nuestra parte, ¿Quién puede estar en contra nuestra?» (Ro 8:31). El cristiano puede, pues, dar la pelea al Diablo con toda la ventaja de su parte (Ef 4:27; 6:11), trabajando para concienciar y liberar a otros de su dominio (Hch 26:18; 2 Tm 2:24-26), teniendo siempre a la vista el inminente cumplimiento de la promesa del Señor que consumará el anuncio revelado en Génesis 3:15.

> *Muy pronto el Dios de paz aplastará a Satanás bajo los pies de ustedes.*
> *Que la gracia de nuestro Señor Jesús sea con ustedes.*
>
> **Romanos 16:20** NVI

2 de mayo

El amor y el temor

«El temor y el amor deben siempre ir juntos; temed siempre, amad siempre, hasta el día de vuestra muerte»

John Henry Newman[227]

Amar y temer simultáneamente a Dios son, ambos, mandatos bíblicos que el creyente no puede pasar por alto (Mt 22:37; Ecl 12:13). Porque el amor es la mejor motivación para obedecer a Dios de buen grado (Jn 14:21, 23-24), pero cuando el amor no sea suficiente, el temor de Dios es el mejor disuasivo contra la tentación de desobedecerlo en cualquier circunstancia (Ex 20:20; Jer 32:39; Pr 3:7; 8:13). Es tanto así, que el temor puede ser a la larga una demostración de amor, del mismo modo en que un hijo que ama a su padre le demuestra este amor con su obediencia y, ante la eventualidad de llegar a desobedecerlo, teme hacerlo no solo por causa del castigo o de las consecuencias, sino también por el temor de llegar a deshonrar a su padre con su desobediencia. El testimonio de muchos hijos que resistieron la tentación de, por ejemplo, consumir drogas ilícitas cuando sus amigos se las ofrecieron, pasa por el hecho no solo de su formación moral y los principios inculcados en ellos por sus progenitores, sino de manera frecuente también por la reflexión que hicieron de imaginar el dolor que causarían a sus padres si se enteraran de lo que estaban por hacer, de haber cedido a la tentación (Jer 2:19). Y esta reflexión fortaleció en su momento de manera decisiva la resolución de negarse a ello con firmeza. El temor de lastimar, ofender, traicionar o deshonrar con nuestras acciones a aquellos a quienes amamos y por quienes nos sabemos amados (1 Jn 4:19), es una constante en la psicología humana y puede ser uno de los más poderosos disuasivos que refuerzan la voluntad de no incurrir en conductas pecaminosas y cuestionables. Por eso el amor y el temor deben ir juntos. Y de hecho, si el amor es auténtico, van siempre juntos de manera natural. Por eso, si bien «el amor de Cristo nos obliga» (2 Cor 5:14), no podemos por ello restar valor al temor a Dios (Job 15:4), puesto que también «El sabio teme al Señor y se aparta del mal...» (Pr 14:16). La conjunción de amor y temor en pos de un mismo objetivo es, entonces, algo propio de nuestra condición humana y lleva de manera natural a que los que temen a Dios proclamen también su amor:

Que proclamen los que temen al Señor:
«Su gran amor perdura para siempre».

Salmo 118:4 nvi

3 de mayo

La moralidad como excusa

> «Nada oculta más el rostro de nuestro prójimo que la moralidad, y nada oculta más el rostro de Dios que la religión»
>
> Martin Buber[228]

Paradójicamente, la moralidad y la religión pueden llegar a ser fachadas (Ez 13:10-12), que le permiten al individuo desentenderse del prójimo y de Dios con la conciencia engañosamente tranquila. Porque si bien la moralidad es un hecho evidente y universal de modo que no existe ningún ser humano racional que pueda sustraerse a él (Ro 2:14-16), lo cierto es que históricamente ha estado tan ligada a la religión que en muchos casos ambas terminan haciendo causa común para olvidar a Dios y al prójimo, al punto que muchos han optado simplemente por hacer de la moralidad su propia religión. Estos últimos no creen, entonces, en Dios ni profesan ninguna religión, pero defienden con celo religioso una moralidad en la cual el prójimo deja de ser un fin para convertirse en un mero pretexto para promover la moralidad (Mr 2:27). Es sintomático que, en el propósito de reconciliar a las personas con Dios y sensibilizarlas de paso a las necesidades del prójimo, el cristianismo haya encontrado en esa moralidad secular elevada al nivel de religión tal vez el obstáculo más grande. En efecto, una de las cosas más difíciles para el cristiano es llevarles el evangelio a esos «hombres de bien», trabajadores y satisfactoriamente responsables en sus hogares con sus esposas e hijos, que pagan sus impuestos cumplidamente y que, en sus propias palabras «no le hacen mal a nadie». Gente que no desentona para mal pero tampoco se destaca para bien. Aquellos que están sumidos en la mediocridad de los estándares morales de la sociedad y a quienes C. S. Lewis se refirió como esa mayoritaria «... infrahumanidad más o menos satisfecha», por contraste con el minoritario grupo de «... grandes pecadores [...] capaces de auténtico arrepentimiento, pues son conscientes de su verdadera culpabilidad»[229]. Personajes a quienes les incomoda la mera mención del pecado debido a que, supuestamente, esta noción tan «primitiva» no tiene nada que ver con ellos, tan morales y correctos y tan dispuestos a evaluarse a sí mismos de manera superficial e indulgente a la luz de la moral social vigente y no del profundo escrutinio divino que dictamina sin excepciones que

> *... No hay un solo justo, ni siquiera uno; [...]pues todos han pecado y están privados de la gloria de Dios.*
>
> **Romanos 3:10, 23** nvi

4 de mayo

Las «encuestocracias»

> «LLEGARÁ el día en que el pensamiento estadístico será una condición tan necesaria para la convivencia eficiente como la capacidad de leer y escribir»
>
> H. G. WELLS[230]

No puede negarse la necesidad del «pensamiento estadístico» en el campo de la ciencia. Sobre todo ahora que esta última reconoce cada vez más con encomiable humildad su incapacidad para predecir más allá de las meras probabilidades, sin llegar entonces a anunciar dogmáticamente hechos del futuro como si fueran necesarios al ciento por ciento. Pero lo que sí es cuestionable es el vaivén de los principios, valores y convicciones personales al ritmo de la estadística tal y como esta se refleja en las encuestas de opinión. Vaivén que la Biblia censura en varias oportunidades (Ef 4:14; Stg 1:6-8). Porque mucho va, por ejemplo, de la *relatividad* como teoría científica, —algo que nadie cuestiona hoy por hoy—, al *relativismo* moral de la posmodernidad que enrarece el ambiente casi al punto de no dejarnos respirar. Las democracias han degenerado así en «encuestocracias» bajo la ciega creencia de que *vox populi, vox Dei* (latinajo que traduce «la voz del pueblo es la voz de Dios»). Las encuestas de opinión han dejado así de ser para nuestros gobernantes herramientas descriptivas para convertirse en declaraciones normativas que les indican hacia dónde deben dirigirse, al tenor del conocido refrán que afirma: «¿Para donde va Vicente? ¡Para donde va la gente!». Y esto sin importar si en el proceso deben sacrificar sus convicciones. Terminamos así con gobernantes sin criterio que parecen veletas y cuya mejor cualidad es que saben interpretar bien la voluble voluntad del pueblo. Al mejor estilo de Poncio Pilato tratando de complacer al mismo tiempo al César y al pueblo azuzado por los gobernantes judíos (Mr 15:15; Lc 23:24; Jn 19:8, 12), en contra del veredicto de su propia conciencia en el juicio de Cristo (Lc 23:4, 20; Jn 18:38; 19:4, 6). La flexibilidad del individuo, sea o no un gobernante, solo es una virtud cuando este posee principios y convicciones no negociables que no dependen de las mareas de la opinión pública, sino que apelan en última instancia a lo que le dicte su conciencia y a su sentido de responsabilidad ante Dios (1 Ts 2:4).

> *¿Qué busco con esto: ganarme la aprobación humana o la de Dios?*
> *¿Piensan que procuro agradar a los demás? Si yo buscara agradar a otros,*
> *no sería siervo de Cristo.*
>
> **Gálatas 1:10** NVI

5 de mayo

El peligro de las reglas

> «La elaboración de reglas puede llegar a ser una excusa para no pensar […]. Puede convertirse en un mal hábito intelectual»
>
> Paul Nelson y J. M. Reynolds[231]

Las reglas son necesarias para la sana y provechosa convivencia social, pero conllevan siempre el riesgo de que terminemos tan concentrados en las reglas en sí mismas, que perdemos de vista las razones de ser que dieron origen en su momento a las reglas en cuestión, al punto que estas últimas adquieren más importancia que el motivo que las inspiró. Con el tiempo se llega así a una defensa cerrada de las reglas, desligadas por completo de las circunstancias, reflexiones e intenciones que dieron origen a ellas (Mt 15:9; Mr 7:7). Este es, justamente, el gran problema del tradicionalismo que, cuando se le pregunta por qué se hacen las cosas de la manera en que se hacen, ya no lo recuerda ni le importa y responde simplemente: «porque aquí las cosas siempre se han hecho de este modo» y nada más. El tradicionalismo es, pues, la distorsión y pérdida de todo lo positivo que pudiera haber en la tradición, que contrario a lo que muchos piensan, no fue condenada por Jesucristo, salvo en los casos en que reclamara más autoridad que la misma Biblia y pretendiera contradecir los mandatos bíblicos (Mt 15:3, 6; Mr 7:13). De ahí que la tradición no sea necesariamente mala, pero el tradicionalismo sí. Porque a la sombra de este surgen fenómenos negativos emparentados con él, como son los legalismos (Col 2:21-23) y moralismos (Is 65:5) en todas sus formas, que han terminado ahogando los auténticos motivos e intenciones cristianas bajo un alud de reglas que lo que único que hacen es encubrir y hasta justificar motivaciones e intenciones censurables desde la óptica cristiana. Es tanto así que aun las normas establecidas directamente por Dios en su Palabra llegaron a perder su razón de ser al ser practicadas en forma mecánica o con propósitos muy diferentes a los que Dios tenía en mente cuando las estableció (Heb 9:9-10; Mr 2:27). Es por todo lo anterior que, también en relación con las normas que pretenden reglamentar la vida cristiana garantizándonos así la aprobación de Dios, debemos atender con cuidado la recomendación paulina:

> *Reflexiona en lo que te digo, y el Señor te dará*
> *una mayor comprensión de todo esto.*
>
> 2 Timoteo 2:7 nvi

6 de mayo

El castigo incorporado al pecado

«Maestro, ¡vivo en profunda angustia! No me puedo librar de los espíritus que he conjurado»

Goethe[232]

El pecado se convierte en el castigo del pecado, afirmaba Agustín de Hipona. Porque si bien los pecados en principio le pueden parecer al ser humano un deleite, en último término y de manera invariable terminan providencialmente transformados en instrumentos divinos para el castigo del pecado. De forma similar a lo que le sucede al aprendiz de brujo con los espíritus conjurados, asimismo nosotros incurrimos voluntariamente en el pecado y luego terminamos siendo sus víctimas[233], clamando para librarnos de él, ya plenamente conscientes del daño profundo que nos causa. Podría decirse que el pecado es un tirano que paga con la muerte a los que le sirven (Ro 6:21, 23). El Señor nos advirtió gráficamente acerca de esto diciendo: «¿Puede alguien echarse brasas en el pecho sin quemarse la ropa? ¿Puede alguien caminar sobre las brasas sin quemarse los pies?» (Pr 6:27-28). Porque en realidad, el pecado no queda nunca impune en esta vida, pues en cumplimiento del principio de la siembra y la cosecha (Gal 6:7-8), de él puede inferirse también que en el momento en que le damos cabida al pecado en nuestra vida, con él viene incorporado también el castigo que ese pecado amerita. El mismo estado en que el pecado nos sume es, de un modo u otro, el castigo que el pecado merece. De hecho, Dios no tiene que intervenir directa ni activamente para castigar el pecado, sino simplemente, hacerse a un lado y dejarnos marchitar en poder de las iniquidades que nosotros mismos hemos escogido, como lo dice de manera sobrecogedora el profeta: «Nos has entregado en poder de nuestras iniquidades» (Is 64:7). En efecto, el pecado da lugar a sutiles o evidentes círculos viciosos que van siempre de mal en peor (Jer 9:3; Mt 12:45; Lc 11:26; 2 Tm 3:13) y terminan consumiendo la vida de sus víctimas, quienes son cada vez más impotentes para romperlos. El único que ha sido capaz de romper decisiva y eficazmente este funesto ciclo es Jesucristo, como lo reconoce el apóstol al declarar: «¡Soy un pobre miserable! ¿Quién me librará de este cuerpo mortal? ¡Gracias a Dios por medio de Jesucristo nuestro Señor!...» (Ro 7:24-25). Porque al final:

> *El aguijón de la muerte es el pecado, y el poder del pecado es la ley.*
> *¡Pero gracias a Dios, que nos da la victoria por medio de nuestro Señor Jesucristo!*
>
> 1 Corintios 15:56-57 nvi

7 de mayo

La edad adulta: infancia sofisticada

> «Los mismos poderes que impiden que nos matemos unos a otros [...] forman parte en última instancia de sistemas que se dedican, a escalas planetarias, a peleas de pandillas»
>
> RICHARD LOVELACE[234]

Los juegos infantiles, sobre todo entre varones, suelen involucrar algún grado de competitiva hostilidad que usualmente no acarrea consecuencias serias. Hostilidad tolerada socialmente como una etapa normal del desarrollo humano que se presume llegará a superarse y se dejará atrás al continuar en pos de la madurez, con la ayuda de la corrección impartida por adultos responsables (Pr 22:15). Pero los juegos de niños se tornan muy problemáticos y peligrosos cuando son los adultos los que se involucran en ellos con propósitos que ya no son lúdicos y cuya culpa ya no puede atenuarse acudiendo a la ingenuidad e inmadurez propia de los niños. En efecto, los mismos gobernantes designados por Dios para impartir orden e impedir la violencia anárquica entre los gobernados, toda vez que «no están para infundir terror a los que hacen lo bueno sino a los que hacen lo malo» (Ro 13:3) y de quienes se dice también que «No en vano lleva la espada, pues está al servicio de Dios para impartir justicia y castigar al malhechor» (Ro 13:4), llegan con frecuencia a utilizar esa espada para agredir a otros pueblos, naciones o grupos humanos, incurriendo a escalas planetarias en las «peleas de pandillas» que procuran evitar a nivel doméstico. Definitivamente, como lo dijera con acierto Bryan White: «En realidad nunca crecemos. Solo aprendemos a comportarnos en público». Así pues, a pesar de todas las fachadas y poses de madurez que los adultos utilizamos para disimular nuestra necedad infantil, engañándonos si es necesario a nosotros mismos; lo cierto es que nuestras inclinaciones pecaminosas no desaparecen en la edad adulta, sino que se vuelven más sutiles y sofisticadas, adquiriendo al mismo tiempo un potencial destructivo mucho mayor que el que ostentan en la infancia. Razón de más para prestar atención a la exhortación paulina en el sentido de no continuar siendo niños, sino adultos en el modo de pensar (1 Cor 14:20). Propósito en el cual los cristianos debemos seguir empeñados, hasta dejar atrás de lleno, de la mano de Dios, los aspectos censurables de nuestra niñez existencial:

> *Cuando yo era niño, hablaba como niño, pensaba como niño, razonaba como niño; cuando llegué a ser adulto, dejé atrás las cosas de niño.*
>
> **1 Corintios 13:11** NVI

8 de mayo

Ataques o represalias

«Tu operación militar es un ataque; la mía es solo en represalia»
James Burtchaell[235]

Desde que somos niños, uno de los argumentos más arraigados y espontáneos para justificar las agresiones y hostilidades hacia los otros es: «él comenzó». En realidad, desde la infancia aprendemos a exponer los hechos de modo tal que cada bando llega a convencerse de ser el agredido y no el agresor. Así, bajo la creencia de que toda represalia está justificada, ambos lados del conflicto se sienten entonces legitimados en sus respectivas agresiones, emprendidas sin sentimiento de culpa por las partes involucradas. Esta forma de razonamiento llega a hacer de la venganza algo legítimo, puesto que para efectos prácticos no existe ninguna diferencia entre una represalia y una venganza. En relación con esta última la Biblia es clara: «No tomen venganza [...] sino dejen el castigo en las manos de Dios, porque está escrito: "Mía es la venganza; yo pagaré", dice el Señor» (Ro 12:19). Por eso, sin perjuicio de los argumentos de la guerra justa[236] y del ejercicio del papel asignado por Dios a las autoridades (Ro 13:4), existen tal vez un buen número de conflictos que podrían haberse resuelto o evitado al romper el ciclo de agresiones cediendo el presunto y en muchos casos dudoso derecho a la represalia (Mt 5:38-48), comenzando porque hay coyunturas tan complejas y con tanta historia detrás de ellas que es muy difícil, desgastador y hasta inoficioso establecer quien fue el que primero atacó, pues en la psicología de los pueblos hay situaciones que, sin entrar en el terreno militar, se perciben de todos modos como agresiones y afrentas tan graves a la dignidad y soberanía nacional que ameritan para ellos una respuesta militar como represalia, pasando por encima de las muy razonables restricciones establecidas en la ley del talión (Ex 21:23-24; Lv 24.19-20; Dt 19:21), que no pretendía de ningún modo legitimar la venganza ni autorizar al agredido a tomar la ley en sus manos, sino establecer justicia estricta en los tribunales ordenados para este fin y no propiamente justificar las represalias en los conflictos entre pueblos o naciones. Sea como fuere y en cualquier caso, deberíamos procurar diligente y obedientemente poner a prueba la recomendación bíblica:

La respuesta amable calma el enojo, pero la agresiva echa leña al fuego.
Proverbios 15:1 NVI

9 de mayo

Contextos, motivos y causas

> «La violencia en las calles, tiene contextos sociales, no causas sociales»
>
> Jack Beatty[237]

La psicología y las ciencias sociales han contribuido a atenuar la gravedad de la culpa de los pecadores que transgreden con su violencia las leyes humanas y divinas, lastimando a la sociedad de la que forman parte. Así, se dice que el *contexto* social condiciona la conducta de los transgresores de tal modo que pareciera que no les quedara más opción que actuar de la manera en que lo hacen. Incluso sus *motivos* para actuar de este modo estarían, entonces, determinados por el contexto social en el que les ha tocado vivir. Son simples víctimas de sus circunstancias. Rousseau se resiste así a desaparecer de las explicaciones científicas en boga[238]. Pero en realidad, la maldad humana no se explica, —ni mucho menos justifica—, entendiendo los contextos sociales en los que tiene lugar y ni siquiera los motivos conscientes esgrimidos por los transgresores. Por eso, modificar favorablemente los contextos sociales podrá disminuir los delitos, pero no eliminarlos de ningún modo, pues los transgresores, pecadores irredentos, encontrarán nuevos motivos que les sirvan de pretexto para tratar de justificar sus transgresiones. No debemos, por tanto, confundir *contextos, motivos y causas*. Las ciencias podrán entender los *contextos* y hasta descubrir y explicar los *motivos* de la maldad humana, pero la verdadera *causa* de ella será para la ciencia siempre un misterio profundo cuyo poder escapa a su comprensión (2 Ts 2:7). La Biblia sí penetra en este misterio, revelándonos que la causa de la maldad humana no radica ni en los contextos ni en los motivos, sino en una corrupción radical[239] y universal de nuestra naturaleza que remonta sus orígenes a la caída en pecado de nuestros primeros padres, Adán y Eva (Gn 2:17, 3:1-24; Ro 5:12), en lo que se conoce como la doctrina del pecado original. El misterio de la maldad viene, pues, ejerciendo su poder desde los comienzos de la historia humana y sus efectos no pueden revertirse por medio de instancias naturales. Únicamente el misterio glorioso y sobrenatural de Cristo puede revertir sus nefastos efectos de manera decisiva (Ro 16:25-26; Ef 3:4-10; Col 1:25-27; 2:2-3). Misterio en el que nos introducimos mediante la fe.

> *No hay duda de que es grande el misterio de nuestra fe: Él se manifestó como hombre; fue vindicado por el Espíritu, visto por los ángeles, proclamado entre las naciones, creído en el mundo, recibido en la gloria.*
>
> 1 Timoteo 3:16 NVI

10 de mayo

Lo fundamental es el amor

«La compasión y el amor son lo fundamental, no el sacrificio»

Dallas Willard[240]

El sacrificio, entendido como el acto por el cual se entrega la propia vida para honrar y salvaguardar valores superiores a la vida misma, será siempre una acción encomiable y recomendable, por difícil que pueda ser en su momento. De hecho el sacrificio confiere a la muerte un significado evidente que hace que ella misma valga la pena. En el judeocristianismo más que en ningún otro sistema espiritual, el sacrificio ocupa un lugar central, no solo a causa del variado y elaborado ritual sacrificial ordenado por Dios en el Antiguo Testamento y llevado a cabo por los sacerdotes de manera regular en el templo hasta que este fue destruido, sino porque Cristo mismo cumplió con su propio sacrificio de manera plena y para siempre con todo aquello que los sacrificios del Antiguo Testamento tan solo prefiguraban y tipificaban. De ahí que el cristianismo ya no requiera literalmente sacrificios cruentos de carácter ritual (Mt 9:13; 12:7), sino más bien sacrificios virtuales por parte del creyente en su nueva condición de sacerdote (1 P 2:5), en los que se manifiesten y salgan a relucir las motivaciones correctas que deberían animar todo sacrificio para ser visto con agrado por Dios, pero que en muchos casos se habían perdido en las minucias rituales de los sacrificios del ceremonial judío, de modo que este había degenerado en mero ritualismo que desagradaba a Dios. Porque el sacrificio de Cristo tiene validez no solo por el hecho objetivo de haber expiado nuestros pecados de manera definitiva y poner de este modo la redención al alcance de todos los creyentes (Ro 3:25; 8:3), sino fundamentalmente debido a los motivos que animaron a Cristo al llevarlo a cabo. Motivos que fueron decisivos para que su sacrificio fuera recibido como «… ofrenda y sacrificio fragante para Dios» y que le conceden la autoridad moral para requerir de nosotros que lo imitemos (Ef 5:2). El amor y la compasión son, entonces, las motivaciones correctas de todo sacrificio. Así pues, todo acto de desprendida y amorosa generosidad hacia el prójimo por parte del creyente: «Es una ofrenda fragante, un sacrificio que Dios acepta con agrado» (Flp 4:18), al punto que es vano todo sacrificio que no cumpla esta condición.

Si reparto entre los pobres todo lo que poseo, y si entrego mi cuerpo para que lo consuman las llamas, pero no tengo amor, nada gano con eso.

1 Corintios 13:3 nvi

11 de mayo

La utilidad de los sentimientos

> «Los sentimientos de fastidio y de enojo nos proporcionan pautas útiles de protección que nos ahorran un desgastante análisis mental»
>
> F. H. Buckley[241]

La ciencia y la teología académica tienden a desestimar los sentimientos y a sobrestimar la fría razón técnica, mientras que la religiosidad popular, por el contrario, tiende a sobrevalorarlos. Pero lo cierto es que las emociones y sentimientos no son necesariamente una expresión de irracionalidad ni mucho menos, sino una forma de aprender disponible para todos, aun para quienes no dominan las exigentes disciplinas reflexivas, lógicas y discursivas propias de la racionalidad científica. Los sentimientos y las emociones son recursos intuitivos de aprendizaje que dan lugar a lo que conocemos como «sentido común». El mismo que ratifica una gran proporción de las verdades dadas por sentadas en las Escrituras. En efecto, el enojo, el fastidio, el temor y la tristeza, entre otros (Mr 14:33), son sentimientos que constituyen la respuesta adecuada a la manera en que experimentamos la realidad de nuestro entorno y que nos brindan lecciones sobre la forma más conveniente, constructiva y armoniosa de relacionarnos con él en lo sucesivo. De hecho, si los sentimientos no jugaran el papel que juegan en la adquisición de conocimiento y en el proceso de adaptación a la realidad por parte de los seres humanos, estos objetivos quedarían únicamente al alcance de los que dominan las disciplinas relacionadas con la racionalidad científica. Pero Dios ha dotado a todos los seres humanos sin excepción de la posibilidad de sentir y de aprender por medio de lo que sentimos, sin que tengamos que desgastarnos en arduos análisis y reflexiones que, por lo general, solo vienen a confirmar, explicar y depurar metódicamente lo que hemos aprendido previamente por medio de los sentimientos. Si bien la Biblia nos advierte para no guiar nuestra conducta por sentimientos irreflexivos que perviertan los principios y mandamientos divinos, no por eso condena los sentimientos, sino que los incluye y da por descontados cuando nos exhorta a hacer las cosas «con todo el corazón» (Sal 9:1; 86:12; 111:1; 119:10, 34, 69), es decir conciliando el sentimiento con el pensamiento, como solo Dios puede hacerlo posible:

> «Este es el pacto que después de aquel tiempo haré con el pueblo de Israel —afirma el Señor—: Pondré mi ley en su mente, y la escribiré en su corazón. Yo seré su Dios, y ellos serán mi pueblo.»
>
> Jeremías 31:33 NVI

12 de mayo

El pecado y la existencia de Dios

«Lo ABSURDO es el pecado en ausencia de Dios»

ALBERT CAMUS[242]

Habría que coincidir con Camus en que, en efecto, en ausencia de Dios el pecado es un concepto absurdo, muy difícil de sostener y defender de manera coherente. En sentido inverso, el simple hecho de sostener la existencia de Dios nos conduce de manera natural a la noción de pecado. A la luz de la experiencia humana, la creencia en la existencia de Dios y en la realidad del pecado se refuerzan mutuamente. Por eso, con toda seguridad, uno de los motivos más determinantes que impulsan a muchos a negar a Dios en contra de toda evidencia es, también, poder negar la realidad del pecado para lidiar así con ventaja con el sentimiento de culpa sin necesidad de arrepentimiento y confesión, bajo la engañosa creencia de que, en realidad, no tendríamos por qué sentirnos culpables de nada. Pero el sentimiento de culpa no desaparece con este tipo de maniobras. Tan solo es relegado y diferido, pero sigue presente de manera latente y creciente en el interior de la persona para volver con fuerza en el momento menos pensado. No podría ser de otro modo pues la culpa es real. Así pues, la moralidad, es decir la conciencia que de un modo u otro todos los seres humanos tenemos del bien y del mal (Ro 2:14-15), nos guste o no, es una evidencia de la existencia de Dios y hace no solo que la noción de pecado deje de ser absurda, sino que esté del todo ceñida a los hechos (Stg 4:17; 1 Jn 3:4). Ante esto, la última maniobra evasiva de los ateos consiste en hacer de la moralidad secular una religión, sin ninguna referencia a Dios. Pero este no es más que un acto de equilibrismo insostenible, puesto que en último término no es ni siquiera que la moralidad constituya una prueba de la existencia de Dios, sino más bien que es la misma existencia de Dios la que hace posible la moralidad. Se explica, entonces, que la Biblia nos confirme solemnemente lo que nuestra conciencia viene anunciándonos a lo largo de toda la vida (Ro 2:16; 14:10, 12; Ap 22:12). Esto es que, al final de todo, creyentes e incrédulos por igual tendremos que dar cuenta a Dios de nuestros actos, los primeros para la asignación de recompensas en el reino de Dios y los últimos para establecer si cumplen siquiera las condiciones para acceder a este reino.

Porque Dios «pagará a cada uno según lo que merezcan sus obras».

Romanos 2:6 NVI

13 de mayo

Los motivos ocultos del ateísmo

«Darwin hizo posible ser un ateo intelectualmente satisfecho»

Richard Dawkins[243]

Esta frase del ateo Richard Dawkins se ha hecho célebre, como si fuera una consigna victoriosa del ateísmo. Pero la verdad es que esta afirmación lo único que logra es desnudar que las verdaderas motivaciones que impulsan a los ateos a suscribir la teoría de la evolución es su deseo de encontrar algún sustento o fundamento aparentemente científico para su ateísmo previo. Sin embargo, lo cierto es que aun si la evolución fuera un hecho demostrado científicamente[244], ella no apuntaría de manera necesaria hacia el ateísmo, como lo demuestra el hecho de que existen un buen número de científicos evolucionistas de renombre que son al mismo tiempo creyentes en Dios y practicantes incluso de la religión, sin ver en ello un contrasentido ni mucho menos. El asunto es, entonces, que nuestros motivos, ya sean ocultos o manifiestos, determinan en buena medida aquello en lo que creemos o, por lo menos, en lo que queremos creer. Así, por más que afirmemos que nuestras creencias están limpiamente basadas en los hechos presuntamente establecidos por la ciencia, son en realidad nuestras motivaciones las que nos inclinan a preferir aquellas interpretaciones de los hechos que se ajusten a nuestros deseos, muchas veces sacrificando el rigor y la honestidad intelectual en el proceso. Y aunque externamente podamos llegar a conferirle a nuestra postura un aire de respetabilidad, objetividad y coherencia que la haga sonar convincente a los oídos de terceros, engañándonos de paso a nosotros mismos y convenciéndonos luego de que no estamos engañados; a Dios no lo podemos enredar en nuestros sofismas por la sencilla razón de que «A cada uno le parece correcto su proceder, pero el Señor juzga los motivos» (Pr 16:2). En efecto, Dios escudriña mente y corazón (1 R 8:39; 1 Cro 28:9; 2 Cro 6:30; Ap 2:23) y conoce bien los verdaderos motivos del ateo para negar a Dios y sabe que estos no tienen relación directa con los argumentos externos esgrimidos para hacerlo, sino que obedecen a motivaciones pecaminosas causadas en último término por la maldad del corazón humano, como lo denunció el salmista al revelarnos la causa real para que el ateo no dé lugar a Dios en sus pensamientos:

> *El malvado [...] menosprecia al Señor. El malvado levanta insolente
> la nariz, y no da lugar a Dios en sus pensamientos.*
>
> **Salmo 10:3-4 nvi**

14 de mayo

Verdad, bondad y belleza

«La belleza exige por lo menos tanta valentía y voluntad como lo exigen la verdad y la bondad, y la primera no tolerará que se la separe [...] de sus dos hermanas»

Hans Urs von Balthasar[245]

Verdad, bondad y belleza son nociones que proceden de Dios y convergen en Él (Ro 11:36). Dicho de otro modo, Dios es la verdad final y definitiva, la bondad superlativa y la belleza absoluta. Pero si bien estamos en general dispuestos a asociar a Dios con la verdad y con la bondad, reconociendo entre ellos un vínculo directo e indisoluble en términos de causa y efecto, no siempre lo estamos tanto para hacer lo mismo en lo que tiene que ver con la belleza. En efecto, a lo largo de la historia los seres humanos nos hemos inclinado a valorar la belleza por sí misma, desligada de su fuente que no es otra que el propio Dios. Así pues, exaltamos y promovemos la belleza al mismo tiempo que negamos a Dios, quien es el origen de aquella, poseyéndola en sí mismo en forma absoluta. La estética se ha convertido de este modo en algo frívolo, trivial y superficial (Pr 31:30). No podría ser de otro modo, pues al estimar la belleza como algo meramente subjetivo y dependiente por completo de los gustos y preferencias personales y no de Dios, rompiendo de este modo también la relación que la belleza guarda con la verdad y la bondad; la belleza se corrompe y se deforma al punto de que mucho de lo que hoy se califica como «arte» no es más que una burla, un grosero insulto a la verdadera belleza. Asimismo, los cánones estéticos se enfocan hoy casi exclusivamente en la apariencia física, sin tener en cuenta que, al encarnarse como hombre, Dios no se acomodó a los defectuosos, superficiales y equivocados cánones estéticos del género humano (Is 53:2), sino que reivindicó la belleza auténtica en toda su integridad (Sal 45:2-4). Porque la belleza desligada de Dios puede ser la causa de nuestra perdición (Pr 6:25; Lm 2:15; Ez 16:14-15; 28:12, 17). Peligro que justifica de sobra la recomendación del apóstol (1 P 3:3-4) y el anhelo del salmista: «Una sola cosa le pido al Señor, y es lo único que persigo: habitar en la casa del Señor todos los días de mi vida, para contemplar la hermosura del Señor y recrearme en su templo.» (Sal 27:4). Porque todo el que obra de este modo y cultiva este anhelo descubrirá que

El esplendor y la majestad son sus heraldos; hay poder
y belleza en su santuario.

Salmo 96:6 nvi

15 de mayo

La religión y el complejo de Edipo

> «LA RELIGIÓN sería la neurosis obsesiva de la colectividad humana, y lo mismo que la del niño, provendría del complejo de Edipo, de la relación con el padre [...] hemos de suponer que el abandono de la religión se cumplirá con toda la [...] fatalidad de un proceso de crecimiento»
>
> SIGMUND FREUD[246]

Para Freud la religión era una mera ilusión que podía explicarse simplemente como una patología o neurosis del género humano cuyo origen se encontraría en un complejo infantil no resuelto en su momento, razón por la cual, contra todo pronóstico, aún permanecería vivo en la edad adulta. Este complejo consistiría para Freud en una relación problemática entre el niño y su padre. Y si bien es posible que su diagnóstico se aplique a ciertos tipos patológicos de religiosidad, contribuyendo de paso a denunciarlos, lo cierto es que Freud cometió el craso error de generalizar, proyectando arbitrariamente las conclusiones derivadas del estudio de un grupo de pacientes neuróticos, sobre todo el resto del género humano sano. Porque aunque no pueda negarse que existan muchas relaciones entre padres e hijos problemáticas y cargadas de experiencias negativas, no todas las relaciones entre padres e hijos encajan en estos moldes. De hecho, el evangelio nos ofrece la relación ideal entre padre e hijo que corrige y permite dejar atrás todas las experiencias traumáticas que hayamos vivido en nuestras previas relaciones paternofiliales. Porque Dios es Padre (Ro 8:15; Gal 3:26; 4:1-7). Pero un Padre perfecto (Mt 5:48), muy superior a todos los modelos más o menos equivocados de padres terrenales que la experiencia humana provee (Sal 27:10; 2 Cor 6:18). Con esto a la vista, los creyentes deberíamos valorar más el privilegio de poder ostentar la condición de hijos de Dios. Nuestra negligencia a este respecto está originada en parte en la engañosa creencia de que la condición de hijos de Dios es algo que obtenemos por derecho propio y sin excepción desde que fuimos concebidos y que podemos dar por sentada en todo momento, y no el resultado de una selecta iniciativa divina que nos conduce a la fe y nos lleva a recibir a Jesucristo como nuestro Señor y Salvador (Jn 1:12-13). El adquirir conciencia de ello debería llevarnos a coincidir con la exclamación del apóstol Juan (1 Jn 3:1-2), y a apreciar la posibilidad de acudir a Dios con estas palabras:

> «*Padre nuestro que estás en el cielo...*»
>
> Mateo 6:9 NVI

16 de mayo

Nuestra relación con el universo

> «Para los seres humanos, es casi irresistible creer que tenemos alguna relación especial con el universo [...] que de algún modo formábamos parte de él desde el comienzo»
>
> Steven Weinberg[247]

No deja de causar perplejidad la manera en que los científicos insisten de manera cerrada en impugnar percepciones intuitivas y universales del género humano, simplemente porque en último término todas apuntan a Dios y no pueden comprenderse sin referencia a Él. Steven Weinberg, por ejemplo, después de hacer el lúcido reconocimiento del encabezado, procede a desestimarlo como una sensación aparente y equivocada, un producto del orgullo humano sin fundamento real. Pero lo cierto es que, a pesar de nuestra abrumadora pequeñez física y nuestra más bien marginal ubicación espacial en la vastedad del universo y de la hostilidad que este parece manifestar en ocasiones hacia la vida humana, seguimos no obstante ocupando un lugar privilegiado en él por gratuita, amorosa e inmerecida concesión divina (Gn 1:26-30; Sal 8:3-9). Pero en el caso de los creyentes, esa relación vaga pero siempre especial que sostenemos con el universo —la misma que nos lleva a pensar que, de algún modo, formábamos parte de él desde el comienzo— tiene un fundamento firme que la Biblia nos revela con claridad. Fundamento que consiste en la importancia que para el Creador del universo siempre ha revestido el género humano, como corona y obra maestra de su creación. Importancia que adquiere forma concreta desde el mismo momento en que Dios decide crearnos a todos y cada unos de nosotros por nombre propio y escogernos desde «... antes de la fundación del mundo, para que seamos santos y sin mancha delante de él» (Ef 1:4). La doctrina cristiana de la predestinación (Ro 8:29-30; Ef 1:11-12), por controvertida, incomprendida y atacada que pueda llegar a ser, es la respuesta más puntual a la sensación que tenemos de formar parte del universo desde el comienzo. Porque aun antes de crear todo lo que existe, Dios ya había previsto la creación de todos y cada uno de los seres humanos que hemos pasado y pasarán por la historia y había también elegido a los que habríamos de llegar a la fe (1 P 1:1-2), para encontrar así el sentido pleno de nuestra existencia y nuestra razón de ser en el universo:

> *... nos predestinó para ser adoptados como hijos suyos por medio de Jesucristo, según el buen propósito de su voluntad,*
>
> **Efesios 1:5** nvi

17
de mayo

El argumento ontológico

> «No ERES solamente aquel de quien no se puede concebir mayor grandeza, sino que eres más grande que todo lo que se pueda concebir»
>
> ANSELMO DE CANTERBURY[248]

Independiente del hecho de *cómo* concebimos a Dios, lo primero que llama la atención es que *concebir* a Dios es una experiencia universal del razonamiento humano (Hab 1:12). Todos hemos considerado desde niños, cuando apenas estamos adquiriendo uso de conciencia, la idea de Dios. Y son las circunstancias posteriores inhibitorias y mutiladoras propias de nuestro mundo secularizado las que terminan conduciéndonos de un modo u otro a negar esta idea en nuestra mente y desarraigarla de nuestros corazones. Sea como fuere, Anselmo reflexionó en su momento en el aspecto universal e innato de la idea de Dios y, con base en ello, elaboró el famoso y controvertido «argumento ontológico»[249]. Argumento que a pesar de ostentar hoy más bien poco poder de convicción como «prueba» concluyente acerca de la existencia de Dios, sigue inquietando bastante y manteniendo siempre algún grado de vigencia debido a que no ha dejado de ser sugestivo y desafiante para la discusión filosófica. Así, entre sus más insignes detractores encontramos a Hume y a Kant, entre otros. Pero también entre las filas de sus defensores hallamos nombres como Descartes, Leibniz y, en la actualidad, el filósofo Alvin Plantinga. Sea como fuere y sin dejarnos arrastrar por esta densa discusión, el simple hecho de que todo el mundo pueda concebir —y haya concebido alguna vez— a un ser absolutamente perfecto en todos los sentidos no deja de ser perturbador y digno de consideración. De hecho, Anselmo llegó a decir que aun los ateos, a su pesar, contribuyen con su ateísmo a afirmar la existencia de Dios, pues para poder negar a Dios debe tenerse primero una idea de Él en la mente para poder proceder luego a negarla de manera expresa (Jer 5:11-12), lo cual significa que aun los ateos tienen una idea de Dios previa a toda negación de la misma. Idea respecto de la cual Antonio Cruz afirma: «¿No se trata de una idea que merece, aun cuando su existencia no sea demostrable, por lo menos, un voto de confianza? [...] ¿no será esta confianza en la existencia de Dios la que verdaderamente explique toda la realidad existente?»[250]. Después de todo:

> ... *sin fe es imposible agradar a Dios, ya que cualquiera que se acerca a Dios tiene que creer que él existe y que recompensa a quienes lo buscan.*
>
> **Hebreos 11:6** NVI

18 de mayo

El Misterio divino

«En realidad, lo que hace verdaderamente humana nuestra vida es preguntarnos permanentemente sobre el Misterio»

Lorenzo Albacete[251]

La realidad de Dios es tan enigmática que, en rigor, no admite comparación con nada de este mundo (1 Sam 2:2; Is 40:18). No hay, pues, lenguaje racionalmente discursivo capaz de describir con justicia el Misterio divino. Tal vez por eso la poesía es la que nos aproxima a veces con más eficacia a él, pues la poesía no pretende explicar, sino tan solo evocar. Habría, entonces, que estar de acuerdo con la *Kena Upanishad* cuando, al tratar de describir el misterio lo hace con el siguiente paradójico y sugestivo verso: «Es diferente de todo lo conocido y también de todo lo desconocido». En contexto cristiano este rasgo distintivo y exclusivo de la divinidad dio lugar a la llamada «teología negativa», por la cual la mejor manera de referirse a Dios no es mediante afirmaciones, diciendo qué o quién *es* Él, sino mediante negaciones, diciendo tan solo qué o quién *no* es Él (Nm 23:19; 1 Cor 14:33; Heb 6:10). Asimismo, el teólogo Rudolf Otto, en su obra clásica *Lo santo. Lo racional e irracional en la idea de Dios,* procedió a caracterizar a Dios justamente como el «Misterio tremendo y fascinante». Misterio, porque siempre excede nuestra más depurada capacidad de comprensión (Job 11:7). Tremendo, porque sobrecoge e intimida en grado superlativo (Jue 13:22; Is 6:5). Pero fascinante (Cant 6:5), porque atrae y cautiva mucho más que cualquier realidad de este mundo (Sal 65:4; Jn 6:44; 12:32). Características que hacen que ninguna persona medianamente reflexiva pueda dejar de preguntarse por el Misterio constantemente en el curso de su vida. De hecho es este continuo preguntar lo que nos confiere nuestra plena humanidad. Porque Dios, el Misterio mismo, decidió revelarse al género humano por medio de Jesucristo (Ro 16:25; Ef 1:9; 3:5; Col 1:26-27; 2:2; 1 Tm 3:16), la respuesta definitiva a nuestro continuo inquirir por el Misterio que, al ser acogido por nosotros con humilde disposición y confianza, nos capacita no solo para comprender satisfactoriamente el misterio divino y sus maravillosas implicaciones para la vida humana, sino también para divulgarlo al mundo (1 Cor 2:7; Ef 3:9-10)

> —*¿Por qué me preguntas mi nombre?* —replicó él—.
> *Es un misterio maravilloso.*
>
> **Jueces 13:18** nvi

19 de mayo

El testimonio de los mártires

«Los mentirosos no suelen ser buenos mártires»

Michael Licona[252]

Para entender mejor la anterior afirmación debemos recordar que la palabra «mártir» significa fundamentalmente «testigo». Un testigo que sostiene su testimonio con tal convicción y firmeza que está dispuesto a ofrendar su vida con tal de no traicionar su testimonio. De ahí que sea más fácil entender por qué los mentirosos no suelen ser buenos mártires. Por la sencilla razón de que los mentirosos no suelen ser buenos testigos. No solo debido a que usualmente al testificar un mentiroso se enreda en sus propias mentiras, pierde credibilidad y deja finalmente en evidencia la falsedad de su testimonio, sino especialmente porque aun en el caso de que logre engañar a sus interlocutores con un falso testimonio bien pensado y elaborado, ningún mentiroso está dispuesto a sostener un falso testimonio hasta el punto de morir por él. Nadie en su sano juicio está dispuesto a morir a sabiendas por algo que es mentira[253]. Esta es, pues, una contundente línea de evidencia a favor de la resurrección de Cristo. Que todos los cristianos del primer siglo, contemporáneos del Señor Jesús en su paso histórico por este mundo, y que podrían por lo mismo haber testificado su resurrección de los muertos, lo hicieron de este modo aunque sostener este testimonio los condujera de forma segura a la muerte (Hch 1:21; 10:40-42; 24:21). De hecho, con la excepción de Juan, todos los apóstoles fueron mártires por esta causa. No podría ser de otro modo pues todo el andamiaje en el que se sostiene o se cae el cristianismo en su totalidad reposa sobre la veracidad histórica de la resurrección de Cristo de entre los muertos (Hch 2:31; Ro 1:4; Heb 6:2; 1 P 1:3; 3:21) y de manera consecuente, la expectativa de los creyentes tanto para esta vida como para la venidera está indisolublemente ligada a ella como garantía histórica de la seguridad de nuestra esperanza (Flp 3:10-11). Por eso el apóstol Pablo, testigo especial y algo extemporáneo de la resurrección (1 Cor 15:3-8), fue entre todos los apóstoles quien de manera más explícita estableció la resurrección de Jesucristo como la piedra de toque que le confiere al cristianismo toda la validez que este reclama (1 Cor 15:12-19), concluyendo finalmente:

> *Lo cierto es que Cristo ha sido levantado de entre los muertos,*
> *como primicias de los que murieron.*
>
> **1 Corintios 15:20** nvi

20 de mayo

La sangre del Cordero

«¿Nuestra sangre puede fallarnos? ¿O se convertirá luego en la sangre del paraíso?»

Wallace Stevens[254]

La sangre, —entendida como nuestro linaje familiar—, ejerce sobre nosotros una influencia determinante para bien y para Mal Nuestra herencia genética nos condiciona de un modo u otro. Pero en la Biblia la sangre, si bien hace eventual referencia a nuestro linaje (Gn 29:14; 46:26; Ex 2:11; Jue 9:2), cobra más importancia como un símbolo de la vida humana y de su carácter sagrado (Gn 9:4; Dt 12:23). La sangre inocente derramada con injusticia clama a Dios por justicia (Gn 4:10; 9:5-6; 42:22). Es por ello que, tanto las declaraciones de culpabilidad (Mt 27:4, 25), como las de inocencia apelaban a la sangre (Hch 18:6; 20:26), aun en el caso de que estas últimas no tuvieran fundamento real y no pasaran de ser un intento vano por acallar la conciencia (Mt 23:30, 35; 27:24). El elaborado ritual sacrificial de los judíos ordenado por Dios en el Antiguo Testamento, caracterizado por el papel central que la sangre cumple dentro de él, establece así un principio invariable e incontrovertible en el marco de la justicia divina: «... sin derramamiento de sangre no hay perdón» (Heb 9:22). Se comprende, entonces, que en la celebración de la pascua, la sangre del cordero pascual haya sido tan definitiva para que el ángel exterminador enviado de parte de Dios perdonara la vida de los israelitas y pasara de largo por sus casas sin ejecutar a ninguno de sus habitantes (Ex 12:7, 13, 23). Pero este episodio y su posterior celebración anual por parte de los israelitas tan solo son recordatorios que tipifican y anticipan la verdadera pascua. La llevada a cabo por Cristo (1 Cor 5:7-8), el «¡... Cordero de Dios, que quita el pecado del mundo!» (Jn 1:29), quien mediante su sangre derramada nos reconcilia con Dios (Ef 2:13, Col 1:20; Heb 10:19), nos redime del poder del pecado (Ef 1:7; Ap 1:5), purifica nuestras conciencias de toda culpabilidad (Heb 9:14; 1 Jn 1:7), nos santifica (Heb 13:12), nos rescata de nuestra pasada manera de vivir y paga el precio necesario para satisfacer la justicia divina en relación con nuestros pecados y culpas y lo que ellas merecían (Ro 3:25; 5:9; 1 P 1:18-20, Ap 5:9). Y finalmente, nos da la victoria sobre el Diablo:

> *... fue expulsado el gran dragón, aquella serpiente antigua que se llama Diablo y Satanás [...]. Ellos lo han vencido por medio de la sangre del Cordero y por el mensaje del cual dieron testimonio...»*

Apocalipsis 12:9, 11 nvi

21 de mayo

La familia consanguínea y el evangelio

> «El lazo familiar me ha entusiasmado. Es una fuente de fortaleza que la vida me ha regalado»
>
> Wallace Stevens[255]

Por mucho que deseemos tomar distancia de nuestro linaje. Por mucho que puedan condicionarnos e incluso avergonzarnos nuestros vínculos consanguíneos, no podemos renegar de ellos de una manera absoluta sin tener que pagar en el proceso un costo demasiado elevado para poder sobrellevarlo. La familia es una de las realidades otorgadas por Dios al hombre que le brindan sentido a la vida, con mayor razón en el caso de los creyentes. Y si bien nunca debe colocarse por encima de nuestra lealtad a Dios (Lc 14:26), después de Él la familia figura en el segundo lugar de prioridad de la vida cristiana. El ministerio de la reconciliación encomendando por Dios a sus hijos (2 Cor 5:18), pasa entonces, en primer lugar, por las relaciones familiares. En cuanto dependa de nosotros (Ro 12:18), los creyentes debemos esmerarnos y tomar la iniciativa para restaurar hasta donde sea posible las relaciones familiares que se encuentren deterioradas o se hayan malogrado. No en vano el ministerio de Juan Bautista incluía de manera puntual y destacada «reconciliar a los padres con los hijos» (Lc 1:17). El evangelio amplía enormemente la cantidad de personas que se encuentran abarcadas bajo la noción de familia, pues da lugar a la iglesia, el conjunto de los creyentes que al ser hijos de Dios conforman a su vez una gran familia espiritual: la llamada «familia de Dios» en el Nuevo Testamento (Ef 2:19; Heb 10:21; 1 P 4:17). Pero los nuevos vínculos generados por la fe no eliminan los viejos vínculos consanguíneos que heredamos desde nuestro nacimiento natural ni nos obligan a menospreciarlos. Dios no ama y manifiesta un profundo interés únicamente en los creyentes considerados de manera individual y aislada, sino que los ama en el contexto de la familia a la que pertenecen y ama, por tanto, también a nuestros familiares, promoviendo de paso las mejores y más constructivas relaciones en el contexto familiar (Ef 5:21-6:4). En el evangelio vemos que dentro de la iglesia apostólica la madre y los hermanos del Señor ocuparon un lugar destacado (Hch 1:14, Gal 1:19), hecho que brinda renovada confianza para esperar en nuestra propia vida el cumplimiento de la promesa divina:

—*Cree en el Señor Jesús; así tú y tu familia serán salvos* —*le contestaron.*

Hechos 16:31 NVI

22 de mayo

La pobreza y el evangelio

«Solo a los pobres se les prohíbe mendigar»

ANATOLE FRANCE[256]

La injusticia de este mundo caído se manifiesta de manera generalizada en la explotación que los ricos y poderosos hacen de los pobres, en una actitud que no se compadece de su condición sino que, por el contrario, se aprovecha ventajosamente de ella. Pero aun sin llegar a la explotación, la mera indolencia ante los pobres es también censurable, pues es el primer paso que facilita la posterior explotación que de ellos se hace (Job 22:9). No dar a los que necesitan cuando podemos y tenemos cómo hacerlo (Dt 15:4; 1 Jn 3:17-18), no solo nos hace culpables del pecado de omisión (Stg 4:17), sino que abona finalmente el terreno para llegar a quitarles hasta lo poco que tienen con actitud cínicamente desvergonzada. Lo que la teología de la liberación ha llamado «la opción preferencial por los pobres» es una incontrovertible realidad bíblica que atañe a Dios (Lv 19:10; 23:22; Job 34:28, Sal 14:6) y que, por lo mismo, debería concernir también a su iglesia (Job 31:16-17; Pr 14:21; Is 58:7; Lc 19:8; Hch 9:36; Ro 15:26; Gal 2:10). Pero la opción preferencial de Dios por los pobres no es arbitraria, caprichosa o fruto de parciales favoritismos de su parte (Job 34:19; Sal 72:2, 4; 140:12), sino justamente una necesidad esencial de la agenda divina en virtud de la tradicional opresión de los pobres que los ricos y poderosos han llevado a cabo a lo largo de la historia humana (Ex 23:6; Job 5:15-16; 24:2-4; Sal 35:10; Pr 30:14; Jer 20:13; Stg 2:5-9). Es más, en la óptica bíblica la pobreza no debe verse en muchos casos como un flagelo social, sino como una permanente oportunidad para la generosidad (Dt 15:11; Mr 14:7). Pero no debemos llegar a pensar que, por sí sola, la pobreza material nos franquea automáticamente y sin más el acceso al reino de Dios. La acogida de Lázaro, el mendigo, en el seno de Abraham y la llegada del rico al Hades no ocurrieron debido a la pobreza del primero ni a la riqueza del segundo, sino más bien a la piedad de Lázaro y a la impiedad del rico, al margen de sus circunstancias materiales (Lc 16:19-31). De hecho, los pobres también pueden caer bajo la disciplina divina (Mt 25:28-29). Porque la única pobreza que en la Biblia recibe aprobación irrestricta es la pobreza *en espíritu*:

> *Dichosos los pobres en espíritu, porque el reino de los cielos les pertenece.*
>
> **Mateo 5:3** NVI

23 de mayo

Las revelaciones diarias

> «Oh, la ceguera y el fanatismo loco de tales profetas celestiales, que se jactan de hablar con Dios diariamente»
>
> Martín Lutero[257]

La jactancia, independiente de las razones que se presuman para ella, siempre será reprensible en un cristiano (Ro 3:27; 1 Cor 1:29; 5:6; Stg 4:16). Pero cuando consiste en el alarde de hablar diariamente con Dios, ya no solo resulta reprensible, sino también sospechosa. Porque si bien los cristianos pueden, en efecto, hablar diariamente con Dios por medio de la oración cotidiana, —práctica recomendada casi con carácter imperativo en la Biblia—, esto no significa que cada vez que oramos podemos obtener de Dios como respuesta una revelación particular, ya sea que esta nos llegue a través de las Escrituras o, más preocupante aún, al margen de las Escrituras e incluso en oposición a ellas. Porque las revelaciones particulares obtenidas a través de las Escrituras pueden darse eventualmente en la oración, cuando el Espíritu de Dios nos conduce a una porción de la Biblia que tiene especial pertinencia y aplicación a nuestras circunstancias personales. Pero esto no puede convertirse en un asunto de todos los días sin que se torne sospechoso e involucre el peligro de torcer y malinterpretar el texto bíblico para acomodarlo de manera forzada a nuestras circunstancias cotidianas con actitud de nuevos iluminados. Mucho más cuando estas supuestas *revelaciones* particulares y cotidianas no se dan a través de la Biblia y ni siquiera guardan relación con ella. Y si a esto se une la jactancia o el alarde, los delirios de grandeza y una personalidad en algún grado cautivadora en el jactancioso, tenemos todos los ingredientes para el surgimiento de un falso profeta o un líder de secta. Es por eso que la Biblia nos exhorta repetidamente a examinarlo todo (1 Cor 14:29; 1 Ts 5:20-21), incluyendo nuestras motivaciones más personales (1 Cor 11:28, 31; 2 Cor 13:5; Gal 6:3-4), utilizando para ello el universal criterio de las Escrituras (Hch 17:11; 2 P 1:19), de modo que no hagamos tropezar a nadie con nuestras propias presunciones y no demos tampoco crédito a ningún personaje de estas características que busque seducirnos y extraviarnos. Al fin y al cabo, como afirma el apóstol:

> *Ante todo, tengan muy presente que ninguna profecía de la Escritura surge de la interpretación particular de nadie. Porque la profecía no ha tenido su origen en la voluntad humana, sino que los profetas hablaron de parte de Dios, impulsados por el Espíritu Santo.*
>
> **2 Pedro 1:20-21** nvi

24 de mayo

Probando los espíritus

«Prueba los espíritus, y si no eres capaz de hacerlo, acepta el consejo de Gamaliel y espera»

Martín Lutero[258]

La exhortación bíblica a someterlo todo a prueba (2 Cor 13:5; 1 Ts 5:21; Ap 2:2), con el propósito de no dejarnos engañar ni extraviar de la fe, pasa por la obligación que la iglesia tiene de juzgar con ilustrado y maduro criterio bíblico todo mensaje dirigido a ella por alguno de sus miembros, por insigne que sea, que reclame provenir del Espíritu de Dios (Hch 17:11; 2 P 1:19; 1 Cor 14:29; 1 Jn 4:1). Pero en este propósito y a pesar de cualquier prevención contra este tipo de manifestaciones, cuando el mensaje no quede claramente expuesto como sospechoso o contrario a las Escrituras (Dt 13:1-4), la iglesia también debe estar dispuesta a conceder el beneficio de la duda al mensajero humano y a tomar el mensaje para sí misma con beneficio de inventario (Dt 18:21-22). Esta fue la inteligente recomendación del rabino Gamaliel, prestigioso y respetado maestro judío bajo cuya tutela el apóstol Pablo se preció de haberse formado (Hch 22:3), pero cuyo sabio consejo en relación con el cristianismo emergente parece no haber seguido en su momento, en vista de su encarnizada campaña de persecución emprendida contra él (Hch 8:3; 9:1), que le reportó dolorosos sentimientos de culpa confesados posteriormente (1 Cor 15:9; Gal 1:13; Flp 3:6; 1 Tm 1:13). Confesión que hubiera podido ahorrarse de haber atendido en su momento a lo dicho por su maestro Gamaliel al Sanedrín o Consejo de gobierno judío en el sentido de no perseguir al cristianismo ni apresar o castigar a sus voceros, los apóstoles, sin tener ningún fundamento real para hacerlo, argumentando que si el cristianismo era de origen humano, finalmente fracasaría; pero si era de origen divino, no podrían destruirlo ni con todos sus esfuerzos dirigidos contra él, con el agravante de que sin proponérselo expresamente y de manera inadvertida, podrían hallarse luchando contra Dios (Hch 5:38-39; Ro 8:31). De hecho, esta fue la acusación dirigida por Esteban contra sus verdugos (Hch 7:51-52), y por el mismo Señor Jesucristo contra Pablo en el camino de Damasco (Hch 26:14). Razones suficientes para no descalificar de plano estas manifestaciones, como lo declararon los judíos en un breve momento de lucidez:

> *Se produjo un gran alboroto, y algunos de los maestros de la ley que eran fariseos se pusieron de pie y protestaron. «No encontramos ningún delito en este hombre —dijeron—. ¿Acaso no podría haberle hablado un espíritu o un ángel?».*
>
> Hechos 23:9 NVI

25 de mayo

Los sueños y la revelación

> «ALGUNOS espíritus fanáticos pervierten los principios de la religión, no haciendo caso de la Escritura para poder seguir mejor sus sueños, so título de revelaciones del Espíritu Santo»
>
> JUAN CALVINO[259]

En el Antiguo Testamento no era inusual que Dios se comunicara con los hombres por medio de sueños (Job 33:14-15; Nm 12:6; 1 Sam 28:6). Así sucedió, entre otros, con Abimelec (Gn 20:3-7); con Jacob (Gn 28:10-15; 31:10-13); con Labán (Gn 31:24); y con Salomón (1 R 3:5). En el Nuevo Testamento ocurrió de manera semejante con José, el padre legal del Señor Jesucristo (Mt 1:20; 2:12-13, 19, 22), y con la esposa de Poncio Pilato (Mt 27:19). El profeta Joel a su vez anunció que en los postreros tiempos habría un especial derramamiento del Espíritu Santo que daría lugar a inspirados y reveladores sueños en los creyentes (Jl 2:28), anuncio que comenzó a ver su cumplimiento en Pentecostés (Hch 2:16-17). Con todo, contrasta la escasez de sueños reveladores de parte de Dios en el Nuevo Testamento en comparación con el Antiguo y sobre todo, la ausencia total de sueños de este tipo después de Pentecostés. Parece ser, entonces, que en la iglesia los sueños ya no desempeñan el papel que desempeñaron en el Antiguo Testamento, puesto que la experiencia demuestra también que «Donde abundan los sueños, también abundan las vanidades y las muchas palabras...» (Ecl 5:7 RV60). En efecto, la dependencia de «sueños reveladores» por parte de los creyentes termina frecuentemente relegando a un indigno lugar secundario a las Sagradas Escrituras como el insuperable punto de referencia que debería guiar la conducta del creyente. De hecho, en toda la Biblia únicamente encontramos a dos intérpretes autorizados de sueños dotados por Dios para este fin: José y el profeta Daniel. Y entre ambos tan solo interpretaron seis sueños en el curso de sus vidas. Todo lo cual no deja de ser significativo y debería hacernos pensar en el otro lado del asunto: la abundancia de sueños engañosos por parte de los falsos profetas, contra los cuales hallamos múltiples advertencias del Señor por medio de sus legítimos profetas (Jer 23:25, 27-28; 27:9; 29:8; Zac 10:2), destacándose entre todas ellas la siguiente solemne amonestación que no podemos pasar por alto impunemente:

> *Yo estoy contra los profetas que cuentan sueños mentirosos, y que al contarlos hacen que mi pueblo se extravíe con sus mentiras y sus presunciones —afirma el Señor—. Yo no los he enviado ni les he dado ninguna orden. Son del todo inútiles para este pueblo —afirma el SEÑOR—.*
>
> **Jeremías 23:32** NVI

26 de mayo

Las señales malintencionadas

«Buscar señales de Dios es "perverso y adúltero" cuando la demanda de evidencias viene de un corazón rebelde que simplemente quiere ocultar que es reticente a creer»

John Piper[260]

El Señor nos exhorta a someterlo todo a prueba y retener lo bueno (1 Ts 5:21). Sin embargo, hay una excepción: no podemos poner a prueba a Dios (Dt 6:16; Mt 4:7; Lc 4:12). No deja de ser paradójica esta advertencia a la luz de la exhortación previa. A primera vista, pareciera como si Dios quisiera ponerse a cubierto de la posibilidad de ser Él mismo sometido a prueba por parte de sus criaturas. Pero en realidad, Dios no teme de ningún modo ser puesto a prueba. De hecho existe en la Biblia una invitación expresa a hacerlo (Mal 3:10). Lo que es inadmisible es pretender poner a prueba a Dios con una actitud desafiante, deshonesta y prejuiciada (Jn 6:30-31; 1 Cor 1:22-24), que lo único que busca es forzar el despliegue del poder de Dios para brindar un espectáculo personal, ocultando de paso la decisión incondicionada y previamente asumida de no reconocer sus legítimos derechos sobre nuestras vidas, ni mucho menos someterse humildemente a su señorío. Esta fue la actitud de los fariseos que requerían de manera reiterada «señales» de parte del Señor, como si no hubiera hecho suficientes. Porque si bien Dios nunca brindó señales que hicieran de la fe algo *necesario*, pues de ser así la fe dejaría de ser fe, brindó, sin embargo, señales *suficientes* para hacer posible y satisfactoriamente razonable la fe en las personas sin prejuicios y bien dispuestas (Jn 7:17), descripción que no se aplica a quienes, a semejanza de los fariseos de la época, demandaban de Él señales al gusto personal. Porque Dios no brinda señales sin propósito. Y el propósito principal de las señales es confirmar la fe (Jn 20:30-31), o guiar con buen margen de seguridad la toma de decisiones del creyente cuando las circunstancias sigan siendo confusas a pesar de haber surtido los recursos habituales otorgados por Dios para la toma de decisiones (Jue 6:36-40), de modo que las dudas sobre el curso de acción correcto no persistan más allá del nivel en el que pueden ser toleradas. Tal vez así podamos entender la represión del Señor y la negativa a caer en el juego en el que los fariseos pretendieron involucrarlo con estas palabras:

> *Llegaron los fariseos y comenzaron a discutir con Jesús. Para ponerlo a prueba, le pidieron una señal del cielo. Él lanzó un profundo suspiro y dijo: «¿Por qué pide esta generación una señal milagrosa? Les aseguro que no se le dará ninguna señal».*
>
> **Marcos 8:11-12** NVI

27 de mayo

El don de profecía

> «DEBERÍAMOS evitar buscar o depender del don de la profecía para tomar las decisiones cotidianas de la vida. Dios no pretende que el don de profecía sea utilizado como la manera *normal* de tomar decisiones en cuanto a su voluntad»
>
> C. SAMUEL STORMS[261]

Las iglesias abiertas a la manifestación actual de los dones milagrosos del Espíritu Santo deben tener siempre presente que los dones de inspiración o de revelación, tales como la palabra de sabiduría, la palabra de conocimiento y la profecía, entre otros (1 Cor 12:8-10), no obedecen a la intención divina de ejercer una indebida coacción o coerción sobre la voluntad del creyente, forzando conductas compulsivas que lo lleven a prescindir de la deliberación, la decisión y la responsabilidad implícitas en el sano ejercicio de la libertad con que Dios nos ha hechos libres (Jn 8:32, 36; Gal 5:13). La profecía, de manera particular, no tiene el propósito de adivinar o predecir el futuro de manera fatalista, sino de edificar, animar y consolar a los oyentes (1 Cor 14:3). El elemento predictivo no es lo que califica como tal a una profecía, siendo más bien algo contingente a ella. E incluso en el caso de que la profecía incluya eventualmente una predicción particular sobre alguien, eso no obliga necesariamente al afectado a obrar de una manera previsible y predeterminada, sacrificando su libertad y su conciencia propia en el proceso. En los Hechos de los Apóstoles Lucas nos narra cómo el profeta Ágabo hizo una profecía particular sobre el apóstol Pablo, como consecuencia de la cual todos los creyentes que lo acompañaban lo instaron a no ir a Jerusalén, no obstante lo cual Pablo decidió ir en contra del consejo de sus hermanos (Hch 21:10-15), en un curso de acción que podría ser juzgado como desafiante cuando menos, pero que obedecía en realidad a convicciones de conciencia que el apóstol expone en su momento para justificar la decisión tomada (Hch 20:22-23). De no tener en cuenta este ejemplo y todas las consideraciones relacionadas con este asunto, la profecía puede degenerar fácilmente en represible adivinación en las iglesias en que se aceptan y fomentan este tipo de manifestaciones sobrenaturales, contra las cuales reaccionaron enérgicamente los apóstoles (Hch 16:16-18), en el espíritu de lo dicho por el Señor:

> *El Señor me contestó: «Mentira es lo que están profetizando en mi nombre esos profetas. Yo no los he enviado, ni les he dado ninguna orden, y ni siquiera les he hablado. Lo que les están profetizando son visiones engañosas, adivinaciones vanas y delirios de su propia imaginación».*
>
> **Jeremías 14:14 NVI**

28 de mayo

Reflexión emocional y emoción pensante

«Puede hacer ambas cosas: iluminar la inteligencia y alimentar las emociones […]. Dios no nos pide que abandonemos la razón para sucumbir ante un sentimiento eufórico. Sin embargo, nos llama a confiar en Él, lo que significa darle a Él el control»

JACK HAYFORD[262]

La vivencia de la fe, para ser integral, debe involucrar la inteligencia y las emociones, pues Dios no quiere marginar ningún aspecto de nuestro ser de la rica comunión que ha establecido en Cristo con cada uno de los creyentes (1 Ts 5:23). Somos nosotros los que, siguiendo nuestras preferencias, nos enfocamos únicamente en uno de estos dos aspectos en detrimento del otro, con el agravante de que en ocasiones terminamos descalificando incluso las manifestaciones de fe que no encajan en el molde de nuestras preferencias. Así pues, existen creyentes intelectualistas que descartan con desdén las manifestaciones emocionales de la fe, mientras que los creyentes emocionalistas, —una gran mayoría en virtud de la gran expansión a través del mundo de las iglesias pentecostales y carismáticas—, juzgan y condenan las expresiones intelectuales de la fe. Pero, en la fe, inteligencia y emoción deben ir de la mano y no censurarse la una a la otra, sin que ambas pierdan mucho en el proceso. Podría decirse que lo que el cristiano requiere, aunque suene paradójico, es una *reflexión* cálidamente emocional y una *emoción* rigurosamente pensante de manera simultánea. El intelectualismo por sí solo no es más que fría filosofía y vano conocimiento. Y el emocionalismo excluyente no es más que entusiasmo desbordado y disperso, sin puntos de referencia claros. La Biblia los condena a ambos por igual cuando se dan de manera aislada (Ecl 12:9-14; Os 6:4; Mt 13:20-21; 1 Cor 8:1-3). Porque tanto el entusiasmo como la reflexión deben, ambos, caracterizar la fe del creyente. El entusiasmo debe ser un estímulo para la reflexión (2 Cor 9:2), y la reflexión debe brindar un cauce seguro para que el entusiasmo no se desborde en direcciones equivocadas, sino que nos conduzca a la integridad (Job 6:29; Ecl 5:20). Sea como fuere, el creyente debe rendir tanto su mente como sus emociones al señorío de Cristo para poder actuar de manera correcta en toda circunstancia, como corresponde al evangelio:

> *… les ruego que cada uno de ustedes […] ofrezca su cuerpo como sacrificio vivo, santo y agradable a Dios […] sean transformados mediante la renovación de su mente. Así podrán comprobar cuál es la voluntad de Dios, buena, agradable y perfecta.*
>
> **Romanos 12:1-2** NVI

29 de mayo

El orden inerte

> «Muchas iglesias en la actualidad mantienen el orden simplemente porque están dormidas, y en algunas nos tememos que ese sueño es la muerte. ¡No es difícil que en un cementerio haya orden!»
>
> J. I. Packer[263]

La Biblia fomenta el orden en la iglesia, pero no un orden estático e inerte, sino un orden dinámico y vital, propio de un organismo vivo y activo, como debe serlo el cuerpo de Cristo (Ro 12:5; 1 Cor 12:27). La doctrina, la tradición y la liturgia proveen un marco de orden y decencia a las reuniones congregacionales formales de la iglesia (1 Cor 14:33; Col 2:5; Tit 1:5), pero la compostura y el protocolo ritual no deben nunca ahogar las expresiones y manifestaciones de espontánea y alegre espiritualidad en la iglesia, propiciadas por Dios mismo para renovar la fe y el entusiasmo de los suyos (2 Sam 6:14-23; Mt 21:14-16; Lc 19:37-40). La iglesia de Corinto puede haber sido una iglesia desordenada en aspectos en los que Pablo interviene en sus epístolas para poner orden, pero a pesar de ello era una iglesia vital. De hecho la espiritualidad cristiana debe poseer algún grado de sano «desorden» para ser auténtica. La vitalidad que caracteriza a la fe no puede limitarse a métodos, por bien intencionados que estos sean. Los métodos pueden orientar en un momento dado, pero no pueden convertirse en camisa de fuerza que pretenda contener o reglamentar al detalle la auténtica espiritualidad. Por eso, como lo dice el escritor Darío Silva-Silva: «La importación o el calco de métodos no garantizan eficacia»[264]. Tal vez sea esta la deficiencia principal de los llamados «movimientos de santidad» que dieron lugar al metodismo que, sin proponérselo, terminó fomentando conductas hipócritas en la iglesia para guardar las apariencias establecidas por el método. Por eso, antes de pretender poner orden en la iglesia, se debe fomentar en ella la libertad del Espíritu (2 Cor 3:17), para poder despertar a la iglesia (Ef 5:14) y garantizar también la vitalidad en ella. Únicamente después de esto halla su lugar la admonición paulina que establece finalmente que «... *todo debe hacerse de una manera apropiada y con orden.*» (1 Cor 14:40). De no surtir estos dos pasos sino únicamente el último de ellos, se puede estar dando pie a la represión del Señor dirigida a su iglesia en estos términos:

> ... *Conozco tus obras; tienes fama de estar vivo, pero en realidad estás muerto. ¡Despierta! Reaviva lo que aún es rescatable...*
>
> **Apocalipsis 3:1-2 NVI**

30 de mayo

La Trinidad y el Espíritu Santo

«El Espíritu Santo ha sido, durante mucho tiempo, la "cenicienta" de la Trinidad. Las otras dos hermanas iban al baile teológico, pero el Espíritu Santo siempre tenía que quedarse en casa»

ALISTER MCGRATH[265]

En la Biblia se establece la unidad esencial del Padre, el Hijo y el Espíritu Santo en el seno del único Dios verdadero. El Nuevo Testamento reafirma el monoteísmo del Antiguo (1 Cor 8:4-6; Ef 4:3-6) y, al mismo tiempo, le atribuye la divinidad en su momento con toda la solvencia del caso a las tres personas de la Trinidad (Hch 5:3-4; 2 Cor 3:17; Col 2:9; Flp 2:5-6, 2 Ts 1:2). Con todo, la proporción de pasajes que establecen lo anterior es desigual, pues existen un número significativamente mayor de ellos dedicados al Padre y al Hijo, por contraste con los más bien escasos referidos al Espíritu Santo. Esto tal vez se deba a que, en presencia del Padre y del Hijo, el Espíritu Santo asume un perfil más bien bajo cediendo su innegable protagonismo en favor del carácter más concreto y central que para los seres humanos tiene la figura del Padre y, sobre todo, la del Hijo, en virtud de su encarnación como hombre para, mediante su muerte y resurrección, hacer posible la redención del género humano (Jn 15:26; 16:13-14). Pero no podemos olvidar que la preparación previa del creyente y la obtención individual de los beneficios de la redención llevada a cabo por Cristo son responsabilidad directa del Espíritu Santo en todas las generaciones de creyentes (Jn 16:7-11; Ro 8:11). Por eso el papel del Espíritu Santo es también fundamental, aunque Él no necesite estar en la primera línea cuando el Padre y el Hijo también lo están, sino que puede desempeñar sus divinas funciones permaneciendo tras bambalinas, permitiendo e incluso fomentando que el crédito mayor sea para el Padre y el Hijo siempre que así sea conveniente o necesario. Esto explicaría también por qué el Padre y su Hijo Jesucristo se encuentran más frecuentemente asociados entre sí en las Escrituras. Aunque hay que decir que Jesucristo y el Espíritu Santo también lo están en plano de igualdad (1 P 1:11). No podemos, pues, menospreciar la presencia y la obra del Espíritu Santo en la experiencia de la iglesia, sino más bien prestar atención a la indicación paulina para que los creyentes:

No apaguen el Espíritu,

1 Tesalonicenses 5:19 NVI

31 de mayo

Libertad y deber

> «Cuanto mayor sea el sentido del deber, mayor será la libertad»
>
> John Acton[266]

El creyente redimido por Cristo (Jn 8:32-36), es como aquellos esclavos de la antigüedad que, una vez dejados en libertad, decidían seguir para siempre, de manera voluntaria y con plena conciencia como esclavos del amo justo que los había liberado y que les había dado buen trato, a quien se comprometían ya de buena gana a brindarle toda su obediencia, como señal de lo cual se les horadaba la oreja con un punzón (Ex 21:2, 5). Tal vez el rey David tuviera en mente esta práctica cuando dijo: «A ti no te complacen sacrificios ni ofrendas, pero me has perforado los oídos (me has hecho obediente); tú no has pedido holocaustos ni sacrificios por el pecado. Por eso dije: "Aquí me tienes —como el libro dice de mí—. Me agrada, Dios mío, hacer tu voluntad; tu ley la llevo dentro de mí".» (Sal 40: 6-8, ver también Is 50:5). Porque la verdadera, la única libertad que vale la pena ejercer es permanecer de buen grado, voluntaria y obedientemente al servicio de Dios y su justicia, animados todo el tiempo por el sentido del deber que tenemos delante de Él. Al fin y al cabo nadie negaría que Dios es libre. Pero en ejercicio de esa libertad la Biblia afirma también que Dios hace siempre el bien, lo correcto, lo bueno. Se deduce de ello que la verdadera libertad es cumplir nuestro deber obedeciendo y haciendo siempre y de manera voluntaria el bien, lo correcto y lo bueno. Solo actuando de este modo nos aproximaremos al modelo perfecto de libertad. El modelo provisto por Dios en Cristo Jesús, Señor nuestro (Heb 4:15). Porque la libertad ha llegado a confundirse con el libertinaje, aun dentro de la iglesia (Ro 6:1-2, 15; Jud 1:4). Y el libertinaje no es más que retornar al yugo de la vieja esclavitud del pecado opresiva, dolorosa y abominable de la que Cristo nos rescató, haciendo caso omiso de la inspirada instrucción paulina: «Cristo nos liberó para que vivamos en libertad. Por lo tanto, manténganse firmes y no se sometan nuevamente al yugo de esclavitud. [...] porque ustedes han sido llamados a ser libres, pero no se valgan de esa libertad para dar rienda suelta a sus pasiones...» (Gal 5:1, 13). Únicamente cuando comprendamos esto, estaremos en condiciones de declarar con toda la satisfacción del caso:

> ... «*Somos siervos inútiles; no hemos hecho más que cumplir con nuestro deber*».
>
> Lucas 17:10 NVI

1 de junio

La posibilidad de los milagros

«Donde haya un cristiano, aún hay poder para hacer estas señales si es necesario»

Martín Lutero[267]

Partiendo de la simple conclusión lógica de que el mero hecho de aceptar la existencia de Dios abre de inmediato la posibilidad a la ocurrencia de señales milagrosas, Lutero y los reformadores en general, reacios en principio a las señales milagrosas debido a su reacción y sus justificadas prevenciones hacia las prácticas supersticiosas del catolicismo romano asociadas al culto a los santos y a las reliquias y los presuntos milagros atribuidos a ellos, tuvieron no obstante que reconocer la posibilidad de la ocurrencia de señales milagrosas llevadas a cabo por Dios por intermedio de los creyentes. No se trata, entonces, tan solo de la posibilidad lógica de los milagros efectuados directamente por Dios sin el concurso humano, algo que difícilmente negaría cualquier cristiano auténtico; sino de la posibilidad de que Dios pueda hacer milagros indirectos y mediados a través de los creyentes, como lo pretende el movimiento pentecostal en la actualidad, con su arsenal de taumaturgos o sanadores milagrosos. Porque sin perjuicio de las críticas a los abusos presuntuosos de esta facultad llevados a cabo por predicadores pentecostales que presumen más de lo que cumplen, existen en la Biblia pasajes que apuntan a esta posibilidad (Mr 16:17-18; Lc 10:9; Jn 14:12), sin que su cumplimiento pueda restringirse de manera concluyente a una época o período de la historia determinado y finalizado. Debemos, entonces, permanecer abiertos y sostener que, a pesar de que el poder de Dios no está subordinado a la voluntad humana, pues la Biblia afirma la soberanía de Dios sin lugar a dudas (Sal 115:3; 135:6), esto no riñe con la posibilidad de que Dios en su soberanía pueda ejercer su poder a través de débiles e imperfectos vasos humanos, sin que la gloria deje de ser suya (2 Cor 4:7) y sin que Él deje de tener la última palabra en el asunto (Ap 22:13). Después de todo, los creyentes de todas las épocas siempre podemos ser sorprendidos de nuevo por eventos en los cuales Dios nos recuerda lo que Sara y Abraham parecieron olvidar de manera momentánea (Gn 18:10-14), pero que Dios ha venido estableciendo a través de la historia con suficiencia (Jer 32:27), como se lo recordó el ángel Gabriel a la virgen en la anunciación:

Porque para Dios no hay nada imposible.

Lucas 1:37 NVI

2 de junio

Disfrutando el cristianismo

> «Hay muchas manifestaciones que veo en el pueblo de Dios que personalmente no me agradan, pero [...] cuando el Espíritu de Dios viene sobre mí, lo disfruto»
>
> William J. Seymour[268]

Existen en la iglesia manifestaciones algo aparatosas que tal vez nos incomoden y no sean muy agradables a todos los gustos y que incluso rompan con la compostura que se esperaría del pueblo de Dios (2 Sam 6:14-23; Mt 21:14-16; Lc 19:37-40). Sin embargo, pueden con todo y ello ser providenciales, provechosas e incluso necesarias para que el propósito de Dios se cumpla en todos y cada uno de los suyos. Con el añadido de que, a la postre, pueden resultar además deleitosas para quien las experimenta en persona. La disciplina, por ejemplo, es una de ellas (Heb 12:11). Los cristianos no debemos, pues, ser tan críticos hacia las espontáneas manifestaciones emocionales asociadas a la fe que no encajan en nuestras preferencias, experimentadas por nuestros correligionarios, pues al no estar expresamente condenadas en la Biblia, pueden estar siendo propiciadas por el Espíritu de Dios en la iglesia. Y en conexión con esto, debemos ser sensibles a la guía divina y procurar honrar lo que a Él le agrada y no propiamente lo que nos agrada a nosotros o a los demás, como lo establece el apóstol Pablo: «... no tratamos de agradar a la gente sino a Dios, que examina nuestro corazón.» (1 Ts 2:4). Después de todo: «El que siembra para agradar a su naturaleza pecaminosa, de esa misma naturaleza cosechará destrucción; el que siembra para agradar al Espíritu, del Espíritu cosechará vida eterna.» (Gal 6:8). Por eso el consejo del apóstol Pablo sigue resonando a través de las generaciones: «y comprueben lo que agrada al Señor.» (Ef 5:10). Porque los preceptos de Dios pueden privarnos de placeres inmediatos de todo nuestro agrado, pero nos preservan también de sus indeseables y destructivas consecuencias para nuestra calidad de vida. Y a cambio de ello, nos brindan otro tipo de satisfacciones y deleites legítimos que podemos descubrir y aprender a disfrutar con agrado (Sal 37:4; Ro 7:22), sin que traigan aparejados efectos colaterales que lamentar, puesto que «La bendición de Dios es riqueza que viene libre de preocupaciones» (Pr 10:22 TLA). Con esta convicción podremos suscribir las palabras del salmista:

> *Me agrada, Dios mío, hacer tu voluntad; tu ley la llevo dentro de mí.*
>
> **Salmo 40:8** NVI

3 de junio

Las palabras y sus efectos

«Las palabras no caen en el vacío»

El Zohar[269]

«Palabras, palabras, palabras» rezaba el estribillo de una canción popular que quería denunciar con ello el vano resultado de las palabras formuladas a través de promesas que se incumplen de manera reiterada. Pero, en realidad, contrario a lo que podría sugerir este estribillo, las palabras nunca caen en el vacío. Siempre producen un efecto, ya sea constructivo o destructivo. Aun la palabra empeñada pero no cumplida en su momento, produce un efecto: decepciona y genera frustración y resentimiento en el afectado y socava la credibilidad del que compromete su palabra sin llegar a cumplirla. Precisamente, basado en el hecho de que las palabras no caen en el vacío, Maquiavelo formuló su censurable y conocido consejo: «Calumnia, calumnia, que algo queda» tan utilizado en la política dominada por los principios maquiavélicos de *El Príncipe*, la obra más conocida de este autor. No podría ser de otro modo, pues el potencial de la palabra para fomentar el bien o el mal está de sobra documentado en las Escrituras y respaldado por la experiencia humana a lo largo de la historia. En el Antiguo Testamento el libro de los Proverbios abunda en recomendaciones y advertencias alrededor del buen y mal uso de la palabra y los efectos en muchos casos irreversibles que genera a su alrededor entre todos los involucrados. Pero tal vez el más solemne y sentencioso versículo al respecto es el que dice: «En la lengua hay poder de vida y muerte...» (Pr 18:21), tal vez aludiendo a la declaración de una sentencia llevada a cabo por la autoridad. Santiago se hace eco de ello, atribuyendo a la lengua un poder que excede de lejos lo que podría esperarse de un miembro tan pequeño del cuerpo, pero con una enorme capacidad incendiaria (Stg 3:5-6). Asimismo, esta epístola señala el contrasentido de que una misma persona pueda llegar a utilizar sus palabras para pronunciar bendiciones y maldiciones indistintamente, algo que es incompatible con la condición del auténtico creyente (Stg 3:9-12), y que justifica el hecho de que tengamos que dar cuenta de toda palabra ociosa (Mt 12:36-37). Pero si existe alguna palabra que no cae nunca en el vacío, esa es la Palabra de Dios, pues siempre cumple el propósito para el que fue pronunciada:

así es también la palabra que sale de mi boca: No volverá a mí vacía,
sino que hará lo que yo deseo y cumplirá con mis propósitos.

Isaías 55:11 nvi

4 de junio

Dios y el mecanicismo

«Esta noche he visto alzarse la Máquina nuevamente»

Alejo Carpentier[270]

«Deus ex machina» es una expresión latina que significa «dios surgido de la máquina» y hace referencia a un recurso propio del teatro griego y romano por el que una grúa (la máquina) introducía a un dios (deus) de manera intempestiva en la trama de la obra desde afuera del escenario. Así, «deus ex machina» indica una intervención externa y usualmente afortunada en una secuencia de acontecimientos que no guarda, sin embargo, relación de continuidad ni tiene su causa en la secuencia misma, sino fuera de ella y es, por lo tanto, inexplicable y hasta forzada. El mecanicismo, una concepción del universo a la que es muy inclinada la ciencia, argumenta que Dios creó el universo para que funcionara como una máquina mediante mecanismos y leyes físicas predecibles que harían innecesaria su intervención posterior en el funcionamiento del mismo, más allá del acto inicial de creación. Esta concepción, sin negar a Dios como Creador de todo lo que existe, termina no obstante proscribiéndolo de su universo y negando por completo la posibilidad de los milagros[271]. Pero lo cierto es que, en la realidad, ni Dios surge de la máquina, ni Él creó un universo que funcione de una manera tan rígidamente maquinal o mecánica. Y si bien no puede negarse que Dios en su sabiduría no requiere necesariamente de intervenciones sobrenaturales y milagrosas de carácter intempestivo e inexplicable para orientar el curso de la historia a sus propósitos soberanos, esto no significa que eventualmente no sea libre de obrar de este modo. Con todo, habitualmente sus intervenciones no son extrañas ni ajenas al funcionamiento cotidiano del universo y de la naturaleza y consisten en una labor de selección y sincronización muy sutil pero precisa de causas que operan normalmente en el universo para producir justamente el efecto deseado en el lugar y el momento oportunos (Dt 11:14; Ez 34:26), justificando la declaración de Salomón: «Todo tiene su momento oportuno; hay un tiempo para todo lo que se hace bajo el cielo» (Ecl 3:1), así como la exhortación a que seamos de manera consciente y voluntaria agentes suyos en la realización de sus propósitos en el mundo, aprovechando bien las oportunidades que nos brinda para ello:

> *Por lo tanto, siempre que tengamos la oportunidad, hagamos bien a todos, y en especial a los de la familia de la fe.*
>
> **Gálatas 6:10** NVI

5 de junio

El estudio y la fe

«Se alentaba […] una suerte de menosprecio hacia la inteligencia. En más de un comité se había escuchado el bárbaro grito de: "Desconfiad de quien haya escrito un libro"»

Alejo Carpentier[272]

El sociólogo André Corten caracterizaba al pentecostalismo[273] como una religión oral, a diferencia del protestantismo histórico del cual surgió, que es una religión escrita, lo cual explicaría en parte por qué en el pentecostalismo el terreno está abonado para las manifestaciones emocionales de la fe, mucho más difíciles de expresar por escrito que a través de los matices y modulaciones que acompañan siempre a la palabra hablada. Pero al mismo tiempo, el grueso del pentecostalismo ha terminado menospreciando e incluso condenando el estudio y las expresiones racionales, metódicas y discursivas de la fe como las que caracterizan a disciplinas de carácter intelectual como la teología, con su estudio diligente y sistemático de la palabra escrita. Se termina así desconfiando de los estudiosos, —tanto los que leen, como los que escriben—, como si esta actitud fuera en sí misma una traición a la fe o, por lo menos, un preocupante síntoma del enfriamiento de ella, argumentando incluso que, aparte de Pablo (Hch 26:24), ni Jesús ni los apóstoles tenían estudios formales (Jn 7:15; Hch 4:13). Pero lo cierto es que el cristianismo protestante histórico del que surgió el pentecostalismo actual ha estado más asociado a una reflexión racional fundamentada en la revelación escrita, que a una experiencia emotiva expresada por medio de la palabra hablada[274]. Ciertamente, la Biblia advierte contra el estudio que lo único que persigue es promover la vanidad ostentosa de los eruditos y no el fomentar un ilustrado temor de Dios y una obediencia a sus mandamientos que sea producto de una cada vez más arraigada convicción al respecto (Ecl 12:12-13). Pero al mismo tiempo y sin perjuicio de lo anterior, la Biblia también recomienda el estudio diligente de las Escrituras (Jn 5:39), y da por sentado que el creyente maduro estará siempre dispuesto a confrontar de manera reflexiva toda enseñanza y todo tipo de experiencia emocional con la revelación bíblica (Hch 17:11; Col 2:8; 1 Ts 5:21), como de hecho han venido haciéndolo a lo largo de la historia los autores sagrados, tales como Esdras (Esd 7:10) y los profetas en general:

> *Los profetas, que anunciaron la gracia reservada para ustedes, estudiaron y observaron esta salvación.*
>
> 1 Pedro 1:10 nvi

# 6 de junio

La brevedad de la aflicción

«Si PROVECHO puede haber en la desgracia. Los males del momento, cuanto más breves, mejores»

SÓFOCLES[275]

Un buen número de quienes han tenido que afrontar desgracias y lo han hecho con una positiva y mediana actitud sensible, receptiva y abierta al aprendizaje han concluido, después de hacer un balance reflexivo y desapasionado de lo vivido, que, a pesar de todo, han obtenido algún tipo de provecho de las desgracias experimentadas (Ro 8:28). En esto radica la convicción del apóstol al afirmar, con pleno conocimiento de causa (2 Cor 11:23-29), que «... el sufrimiento produce perseverancia; la perseverancia, entereza de carácter; la entereza de carácter, esperanza. Y esta esperanza no nos defrauda...» (Ro 5:3-5). Santiago recomienda, incluso, considerarse: «... muy dichosos cuando tengan que enfrentarse con diversas pruebas» con la seguridad de que, al final la constancia producida por el sufrimiento «... debe llevar a feliz término la obra, para que sean perfectos e íntegros, sin que les falte nada» (Stg 1:2-4. Ver también 1 P 1:6-7). Sin embargo, en todos estos pasajes está implícito que cuanto más pronto y rápido se aprendan las lecciones derivadas de las desgracias, tanto mejor. La aflicción no debe ser nunca el estado permanente para el ser humano, con mayor razón si ostenta la condición de creyente. En efecto, por provechosa que pueda llegar a ser, nadie desea permanecer mucho tiempo sumido en la desgracia. Después de todo, la vida es breve (Sal 39:4-5; 78:39; Ecl 6:12), razón de más para desear que las desgracias que debemos sortear en el curso de ella sean mucho más breves que la vida misma. A causa de esto, Dios ha hecho arreglos para que las desgracias o el sufrimiento eventual más o menos merecido que los suyos tengan que padecer no se prolonguen de manera innecesaria en la vida de las personas (Is 26:20; 54:8). De hecho, el apóstol Pablo describe así, de manera expresa, la breve duración de los sufrimientos del creyente en contraste con la permanencia de las lecciones aprendidas: «Pues los sufrimientos ligeros y efímeros que ahora padecemos producen una gloria eterna que vale muchísimo más que todo sufrimiento.» (2 Cor 4:17). Por eso la siguiente promesa mantiene siempre su vigencia para todo creyente:

Ciertamente olvidarás tus pesares, o los recordarás como el agua que pasó.

Job 11:16 NVI

7 de junio

La sensatez y la tolerancia

«La sensatez es la primera condición de la felicidad [...]. Las palabras jactanciosas de los soberbios, recibiendo como castigo grandes golpes, les enseñan en su vejez a ser cuerdos»

Sófocles[276]

La sensatez es una virtud que no abunda mucho sino que, por el contrario, brilla por su ausencia en una significativa proporción de la humanidad actual. Porque la primera señal de sensatez es buscar a Dios (Sal 14:2; 53:2). La creencia en Dios dista mucho de ser insensata, como lo pretenden los ateos de hoy, muchos de los cuales son los que, para su propio perjuicio, ponen en evidencia su insensatez mediante las actitudes jactanciosas y soberbias que los caracterizan a la hora de presumir de su ateísmo de manera ostentosa y hasta desafiante. No en vano la Biblia advierte que «Con el orgullo viene el oprobio; con la humildad, la sabiduría.» (Pr 11:2). Así lo experimentó de manera muy gráfica y dolorosa el rey Nabucodonosor en su momento (Dn 4:30-33). De hecho, la maldad es insensata (Ecl 7:25; Jer 4:22). En conexión con ello, el rey David admitió con honestidad en más de una oportunidad que sus circunstancias lastimosas eran un producto directo de su maldad e insensatez (Sal 38:4-6; 69:5). Por eso la insensatez se combate practicando el bien (1 P 2:15). Asimismo, la doctrina cristiana, no por ser de origen sobrenatural y aceptar la posibilidad de los milagros, deja de ser muy sensata para las personas carentes de prejuicios (Hch 26:25; 1 Cor 10:15). Con todo, bajo el pretexto de la sensatez y la actitud respetuosa y tolerante que ella implica, no se le pueden tampoco hacer concesiones a la insensatez, como lo pretenden a veces actitudes muy «progresistas» de nuestros días como el pluralismo y el multiculturalismo con su discurso a favor de la validez de todas las culturas y religiones por igual. Porque al tolerar de algún modo la insensatez, como es apenas obvio, la sensatez termina siendo la víctima (Dt 32:21; Ro 10:19; 2 Cor 11:19-20). Lo más sorprendente es que Dios no desecha a los insensatos, sino que los elige precisamente para mostrar en ellos aquello de lo que es capaz su poder, al transformar la más manifiesta insensatez en una sensatez tan admirable, que termina dejando en vergüenza aun a los sabios y poderosos de este mundo (1 Cor 1:27), formulando entonces la siguiente invitación:

Dejen su insensatez, y vivirán; andarán por el camino del discernimiento.

Proverbios 9:6 NVI

8 de junio

La profecía como tarea

> «Los grandes profetas [...] nunca se contentaron con comunicar simplemente futuros sucesos [...] el futuro del que hablaban no era un hecho [...] sino una tarea. Así, la predicción se transformó en profecía. La profecía no significa, simplemente, predicción, sino promesa»
>
> Ernst Cassirer[277]

Partiendo de la convicción compartida por todos los creyentes en el sentido que ninguna decisión humana puede llegar a frustrar de manera definitiva la voluntad ni los propósitos divinos para la historia humana (Is 14:26-27), hay que afirmar, sin embargo, que, a diferencia de la censurable adivinación, las profecías no dan cuenta nunca de predicciones cumplidas con independencia del accionar humano. Por el contrario, el cumplimiento de una profecía implicaba una tarea por realizar para los seres humanos, creyentes en particular. No en vano las profecías y las promesas en la Biblia han estado siempre vinculadas entre sí. Las profecías son, pues, ante todo una invitación divina formulada a los hombres para participar con Él de manera libre, comprometida y confiada en la realización de sus propósitos soberanos en la historia, con la esperanza de alcanzar de forma personal los beneficios contemplados en sus promesas (1 Cor 14:3). La *Teología de la Esperanza* del alemán Jürgen Moltmann enfatiza este aspecto de la revelación y sus implicaciones para la fe. Únicamente así puede contrarrestarse ese pasotismo, indiferencia o «huelga social» a la que se refirió el sociólogo Christian Lalive D'Épinay, característica distintiva de amplios sectores del cristianismo actual según la cual no valdría la pena emprender ninguna actividad o disciplina productiva de carácter intelectual, económico, e incluso relacional que tenga efectos sociales positivos, pues sería una pérdida de tiempo y energía ante el inminente regreso de Cristo que hará que todo lo anterior sea más bien vano e infructuoso, al punto de hacer sospechosa cualquier iniciativa o aspiración de tipo social que difiera de la evangelización en el mejor de los casos. Este enfoque pierde de vista el ejemplo provisto por el Señor (Jn 5:17), y la dicha prometida a los que, a su venida, se encuentren también cumpliendo su deber en todos los frentes legítimos de la actividad cultural humana, sin abandonar por ello la anhelante y expectante espera de su regreso:

> *Dichoso el siervo cuyo señor,*
> *al regresar, lo encuentra cumpliendo con su deber.*
>
> **Lucas 12:43** nvi

9 de junio

La verdadera desmitificación

> «Es un error suponer que en la etapa primitiva de su desarrollo el hombre vivía en un mundo […] donde el misticismo y la razón eran intercambiables […]. En sus ritos […] el hombre trata de obtener milagros, no porque ignore el límite de sus fuerzas mentales, sino, por el contrario, porque los conoce plenamente»
>
> Bronislaw Malinowski[278]

La «progresista» teología liberal del siglo XIX, —muy vigente aún en importantes sectores del cristianismo protestante actual—, influida por el racionalismo filosófico y por los resabios de la ciencia naturalista, llegó a mirar de manera condescendientemente paternalista a las comunidades pertenecientes a las épocas primitivas de la historia humana, —incluyendo entre ellas a la comunidad judía del primer siglo de la era cristiana—, como si todos ellos fueran niños incapaces de distinguir sin ayuda la realidad de la ficción y de pensar de manera lógica y racional más allá de los mitos y del misticismo religioso. Porque lo cierto es que, dejados a su suerte, aun los niños están en condiciones de distinguir la realidad de la ficción, aunque su capacidad al respecto no esté tan desarrollada como la de los adultos. Es así como estos teólogos terminaron afirmando que la comunidad apostólica del primer siglo no solo exhibía un pensamiento «precientífico», sino también «prelógico», es decir que no pensaban ni de manera científica ni de manera lógica, algo que no deja de ser discutible. Así pues, la teología liberal consideró que debía «corregirle la plana»[279] a los escritos inspirados del Nuevo Testamento y proceder entonces a «desmitificar»[280] las narraciones de los evangelios y los Hechos de los Apóstoles bajo el supuesto de que sus autores mezclaban en ellas de forma indiscriminada y confusa mito e historia o, dicho de otro modo, ficción y realidad. Pero lo cierto es que ni los apóstoles ni la comunidad del primer siglo de la era cristiana era tan ingenua como para no distinguir los hechos de las fábulas y leyendas surgidas alrededor de ellos, como lo ratifican muchas de sus incidentales afirmaciones que nos informan que ellos ya habían emprendido en su momento la «desmitificación» propuesta por la teología liberal (Lc 1:1-4; Hch 1:1-3; 1 Tm 1:4; 4:7; 2 Tm 4:4; Tit 1:14; 1 Jn 1:1), haciendo innecesario un nuevo esfuerzo en esta dirección, de tal modo que podemos confiar en que

> *Cuando les dimos a conocer la venida de nuestro Señor Jesucristo en todo su poder, no estábamos siguiendo sutiles cuentos supersticiosos sino dando testimonio de su grandeza, que vimos con nuestros propios ojos.*
>
> **2 Pedro 1:16** NVI

10 de junio

Obediencia primero, comprensión después

> «EL MITO no constituye un sistema de creencias dogmáticas. Consiste [...] en acciones [...] lo ritual es anterior a lo dogmático»
>
> ERNST CASSIRER[281]

La noción popular del mito hace referencia a una mentira en la que creen o han creído de manera dogmática un grupo numeroso y representativo de engañados seres humanos de épocas presentes o pasadas. Pero las ciencias de la religión han descubierto que el mito no pretende establecer dogmas que hay que creer ciegamente, sino más bien ratificar prácticas rituales ya consumadas, consideradas de carácter imperativo para un determinado grupo humano. En la misma línea de los mitos paganos y sin perjuicio de la crítica que estos ameriten desde la óptica cristiana, en el cristianismo Dios también pide en principio obediencia y confianza antes que comprensión y examen crítico. Con todo, la prioridad que la obediencia y la confianza tienen en el cristianismo no eximen de la comprensión y el examen crítico posterior que el creyente debe emprender hacia sus propias creencias y dogmas de fe, algo en lo cual el cristianismo supera al resto de religiones. Es por eso que Anselmo afirmaba: «... no busco comprender para creer, sino que creo para llegar a comprender»[282]. La fe obediente debe ser anterior a la comprensión crítica, pero no debe nunca excluirla. Después de todo, esta es la secuencia natural en el crecimiento humano: confiar en nuestros padres y obedecerlos antes de poder comprender las razones de sus órdenes y someterlas a su vez a un examen crítico. Y a diferencia de lo que puede suceder con nuestros padres terrenales, cuyas órdenes pueden en algunos casos no tener fundamento real al ser sometidas a un examen crítico, en el caso de nuestro Padre Celestial este examen posterior a la obediencia otorgada viene siempre a confirmar lo acertado de esta, estableciendo un sólido fundamento dogmático que justifica de sobra la fe obediente depositada en Él. Definitivamente, la fe se manifiesta en la obediencia y no propiamente en la comprensión intelectualmente cabal del dogma que la respalda (Hch 6:7; Ro 1:5; 16:25). La fe meramente intelectual es una fe engañosa y falsa que no difiere de la de los demonios ni logra más que la de ellos (Stg 2:18-19). Y en esto el padre de la fe es de nuevo un ejemplo a imitar:

> *Por la fe Abraham, cuando fue llamado para ir a un lugar que más tarde recibiría como herencia, obedeció y salió sin saber a dónde iba.*
>
> **Hebreos 11:8** NVI

11 de junio

Ficción novelesca o historia veraz

> «ENCONTRÉ que la verdad histórica era más bella y, en todo caso, más interesante que toda ficción novelesca»
>
> LEOPOLD VON RANKE[283]

La más sobria verdad siempre será más bella y preferible a la más imaginativa ficción. El rigor del historiador siempre tendrá, por tanto, ventaja sobre la imaginación especulativa del novelista. Y en esto el judeocristianismo tiene una enorme ventaja sobre las demás religiones. Porque la fe cristiana es una fe basada en hechos históricos y no en especulaciones. Hechos que recorren un lapso de la historia humana que, en el peor de los casos cubre por lo menos un período de 1.600 años recogidos en la Biblia, algo que ningún otro documento sagrado de las demás religiones se acerca ni siquiera remotamente a ostentar. En consecuencia la doctrina cristiana se sostiene en hechos verificables y no en las especulaciones de sus fundadores, como sí sucede en el budismo, confucionismo, taoísmo, sintoísmo, hinduismo-brahamanismo e islamismo, por mencionar únicamente las que cuentan con mayor número de fieles. Las interpelaciones que Dios hace a los hombres a través de la Biblia tienen, pues, un fundamento firme. Porque si los hechos narrados en la Biblia que han podido ser cotejados mediante la investigación histórica han demostrado ser veraces ¿por qué tendríamos que poner en duda sistemáticamente la veracidad de los relatos milagrosos registrados en ella y las demandas divinas asociadas a ellos? ¿Simplemente porque no encajan en nuestros esquemas preconcebidos? ¿No es esto jugar con las cartas marcadas? Al fin y al cabo, los historiadores profesionales afirman que es imposible establecer una mentira en medio de una historia bien conocida. Por eso, si el relato bíblico es hoy por hoy una historia bien conocida y confirmada por la investigación histórica, ¿por qué vamos a creer que lo que no se ha podido confirmar tiene que ser mentira? En razón de ello ¿no merece acaso la Biblia un voto de confianza de nuestra parte? La historia confirma, entonces, la veracidad de la Biblia y del Dios que la inspiró (Jn 8:26; Ro 3:4), marcando distancias entre ella y todos los demás documentos sagrados de las demás tradiciones religiosas de la humanidad, al punto que no admite comparación con ninguno de ellos, separando así la paja del grano (Jer 23:28), y dando pie también a la afirmación de Juan en relación con Cristo:

El que lo recibe certifica que Dios es veraz.

Juan 3:33 NVI

12 de junio

Los hechos y la doctrina

«TODA verdad de hecho implica verdad teórica»

GOETHE[284]

La «fuerza de los hechos» no es la que establece la verdad de manera aséptica, objetiva y concluyente. Porque también la interpretación subjetiva que hacemos de los hechos dentro de un marco teórico adecuado contribuye a esclarecer la verdad, a veces mejor que los hechos mismos. Es debido a ello que el cristianismo, con todo y estar basado en hechos históricos confiables establecidos con suficiente solvencia, no puede sin embargo prescindir de un marco doctrinal que le confiera a estos hechos su sentido pleno. Así pues, los apóstoles y profetas en primer lugar y también los padres de la iglesia debidamente subordinados a aquellos (Efe 2:20), tuvieron que asumir la responsabilidad de interpretar los hechos de la historia sagrada, —y en particular los de los evangelios—, de manera correcta (Mt 23:2; Lc 10:26; Gal 4:24; 2 Tm 2:15), estableciendo así la doctrina y los dogmas que cada generación posterior de creyentes han recibido como referente obligado para una correcta vivencia y comprensión de la fe y de los hechos en que esta se apoya. Pero la elaboración de este necesario marco teórico doctrinal que le confiere todo su sentido a los hechos de la fe no corre por cuenta de los creyentes únicamente, ya que Dios ha prometido la presencia de su Espíritu en la Iglesia para guiar con seguridad este proceso (Jn 14:26; 15:26; 16:13-15; 1 Cor 2:12). Esto explica bien por qué Pablo afirma que «El que no tiene el Espíritu no acepta lo que procede del Espíritu de Dios, [...]. No puede entenderlo, porque hay que discernirlo espiritualmente.» (1 Cor 2:14). En efecto, la interpretación correcta de los hechos del evangelio en lo teórico y lo práctico solo es posible para quien siendo miembro de la iglesia, es consecuentemente enseñado por el Espíritu Santo (1 Jn 2:27), que es quien de un modo u otro ha conducido a la iglesia a acuñar su propio lenguaje con sus respectivos términos y expresiones teológicas de profundo significado, que cuentan ya en su haber con la aceptación de sucesivas y numerosas generaciones de cristianos que, sin traicionar los hechos del evangelio ni su adecuada interpretación, también han enriquecido y aportado a ella desde su propia experiencia de fe, de conformidad con lo declarado por el apóstol:

> *Esto es precisamente de lo que hablamos, no con las palabras que enseña la sabiduría humana sino con las que enseña el Espíritu, de modo que expresamos verdades espirituales en términos espirituales.*
>
> **1 Corintios 2:13** NVI

13 de junio

La confianza y la razón

«La vida es corta y no debemos pasar demasiado tiempo de ella en ociosas deliberaciones acerca de cómo debemos vivirla […]. El preferir un futuro modelo de vida a otro, basándose solo en razones, requiere unas facultades que nuestro Creador no ha tenido a bien otorgarnos»

Samuel Johnson[285]

El Señor nos advirtió que «El que encuentre su vida, la perderá, y el que la pierda por mi causa, la encontrará» (Mt 10:39). Y es que, en conexión con ello, tratar de forjar la vida propia apegada rigurosamente al modelo racional que uno ha elaborado en su mente, puede ser un muy mal negocio. No solo porque la vida humana nos fue dada para vivirla y no propiamente para dedicarla a reflexionar acerca de ella, sino también porque para vivirla verdaderamente es imprescindible incluir en ella una buena dosis de imprevisible espontaneidad. Porque aunque haya que estar de acuerdo con la sentencia socrática que dice: «Una vida sin reflexión no vale la pena vivirla», también es cierto que el aforismo clásico que afirma «Vivir antes que filosofar» no puede rebatirse. En efecto, sin vida no hay reflexión, por lo cual la vida siempre tiene prioridad sobre la reflexión. La vida es un fin en sí misma, mientras que la reflexión racional solo es un medio. Dicho de manera puntual: reflexionamos para vivir y no vivimos para reflexionar. Parafraseando al Señor cuando se refirió al día de reposo: la reflexión se hizo para la vida y no la vida para la reflexión (Mr 2:27). La vida del creyente no prescinde, entonces, de la reflexión racional, pero no hace de ella lo más determinante, no solo por la imposibilidad de establecer con certeza la superioridad de un modelo de vida por encima de otro basado simplemente en argumentos racionales, sino porque el creyente pone la confianza por encima de la reflexión. En la vida cristiana la confianza está por encima del razonamiento. Confianza en Dios, en su amor providente y en sus promesas concretas reveladas en su palabra acerca de sus propósitos para nuestra vida (Jer 29:11; Ro 8:28; 12:2). Después de todo Santiago nos confirma lo que nos enseña la experiencia: «… ni siquiera saben qué sucederá mañana!» (Stg 4:13-14), motivo por el cual nos reitera más bien la recurrente recomendación evangélica (Mt 6:10; 26:39, 42; Hch 21:14), de apostar con confianza a la voluntad de Dios:

Más bien, debieran decir: «Si el Señor quiere,
viviremos y haremos esto o aquello».

Santiago 4:15 nvi

14 de junio

La vigencia de la ley

«La aguda polémica de Jesús y Pablo contra la tergiversación de la ley no desvirtúa su uso legítimo»

José Míguez Bonino[286]

Existe una polarización en cuanto al papel que la ley desempeña en la vida cristiana. En un extremo, los legalistas conceden plena vigencia a la ley en el Nuevo Testamento, a veces incluso en competencia y en detrimento del papel salvador atribuido a la fe en el contexto del evangelio (Ef 2:8-9). Y en el otro extremo los antinomianistas[287] hacen lo contrario, restándole a la ley toda vigencia actual en la vida del creyente, malinterpretando la doctrina de la libertad cristiana (Gal 5:13). Pero ambas posturas son tergiversaciones de la ley que no desvirtúan su uso legítimo. Los reformadores Lutero y Calvino estuvieron de acuerdo en sostener tres usos o propósitos distintos que cumple la ley: el uso pedagógico, por el cual la ley «Revela a los hombres su impotencia, su pecado, su arrogancia»[288], iluminando y dejando expuesta la futilidad de nuestras engañosas presunciones de estar cumpliendo lo que Dios demanda de nosotros y poniendo en evidencia nuestro pecado y consecuente perdición sin atenuantes (Ro 3:19-20). El uso político o civil, según el cual «La Ley moral retiene a los que no se dejan vencer por las promesas»[289], aspecto de la ley que se manifiesta en los diferentes códigos de derecho positivo elaborados por los pueblos a través de la historia, junto con las sanciones que penden y amenazan a los que los infringen que constituyen un necesario disuasivo para refrenar a los que no temen ni a Dios ni al hombre, en aras de la sana convivencia social (Ro 13:1-5). Por último encontramos el uso didáctico por el que «La Ley moral revela la voluntad de Dios a los creyentes»[290]. En este caso los preceptos de la ley orientan la ética cristiana ilustrando cada vez más a los creyentes acerca de lo que Dios espera de ellos una vez redimidos, perdonados y facultados por el Espíritu Santo para cumplir de una manera cada vez más natural las demandas de la ley, correctamente motivados por el amor a Dios y al prójimo (1 Cor 9:21; Stg 2:12). Dicho de otro modo, la ley moral le ayuda al creyente a descubrir de manera gradual y creciente todo su potencial moral en Cristo. Porque más allá de la controversia acerca del papel que la ley desempeña en el Nuevo Testamento, todo cristiano debe suscribir esto:

Ahora bien, sabemos que la ley es buena, si se aplica como es debido.

1 Timoteo 1:8 NVI

15 de junio

La gracia y la fe

> «Ya que la gracia de Dios desempeña en la fe religiosa el papel determinante, todo cristiano debería abstenerse de considerar la ausencia de fe de los incrédulos como el resultado de su mala voluntad»
>
> Gerhard Szczesny[291]

La Biblia nos revela que la salvación se obtiene «*... por gracia [...] mediante la fe...*» (Ef 2:8-9). No basta, entonces, la fe. O mejor dicho, la fe no es posible sin la gracia divina que la precede y fundamenta. La fe es instrumental, la gracia es fundamental. La fe es condición necesaria para la salvación, pero la gracia de Dios es la condición determinante para este mismo propósito. Por eso la afirmación de Szczesny en el encabezado acierta hasta cierto punto, pero no lo exime de ningún modo de su responsabilidad por su propia incredulidad. Porque aunque la gracia de Dios sea fundamental para poder creer en Él con miras a la salvación, de todos modos los incrédulos, aunque no cuenten con la gracia de Dios actuando a su favor para hacer posible en ellos el libre ejercicio de la fe, son culpables de manera personal de su propia incredulidad, que es el pecado por antonomasia. La determinante iniciativa de Dios en el proceso no elimina la necesaria responsabilidad humana en este. En la experiencia humana de conversión la soberanía divina y el libre albedrío humano —en ese orden— se complementan, conjugan y convergen de una manera tan misteriosa y maravillosa que ninguno de los dos es negado por el otro, de donde por lo general la ausencia de fe de los incrédulos es, en mayor o menor grado, un resultado de su mala voluntad de la cual son culpables y tendrán que dar cuenta. Porque sin perjuicio de la doctrina bíblica de la predestinación como quiera que se la entienda —de cualquier modo, una expresión selectiva de la gracia de Dios—, lo cierto es que «*... "Dios se opone a los orgullosos, pero da gracia a los humildes."*» (Stg 4:6). Y el orgullo o la humildad son siempre responsabilidad nuestra. Porque todos los seres humanos somos beneficiarios de la gracia de Dios de un modo u otro (Mt 5:45; Hch 14:15-17). Otra cosa es que la apreciemos y reconozcamos por igual y estemos dispuestos a ir con humildad hasta donde ella nos conduzca (Jn 7:17). El panorama que obtenemos de todo esto deja bien claro que la condenación es en último término responsabilidad nuestra y no de Dios:

Como podemos ver, no pudieron entrar por causa de su incredulidad.

Hebreos 3:19 nvi

16 de junio

La eficacia de la gracia

«Dios es un círculo vicioso del que no se puede salir»
Roger Vaillan[292]

Aunque no sea muy apropiado ni afortunado referirse a Dios como un «círculo vicioso», de todos modos hay que conceder que Dios ronda a sus elegidos de una manera tan sutil pero insistente y envolvente que, aunque su influencia pueda ser resistida por un tiempo indefinido, es finalmente eficaz en el propósito que persigue, como lo corroboran el apóstol Pablo (Hch 26:14) y el profeta Jeremías (Jer 20:7). En este sentido Dios es ineludible, como lo da a entender uno de los puntos sostenidos por el calvinismo clásico: la llamada «gracia irresistible». Expresión, sin embargo, algo equívoca, pues puede dar a entender que cuando la gracia salvadora de Dios se manifiesta en la vida de una persona, esta no puede resistirse a aquella, lo cual degrada la gracia de Dios al hacer de ella una fuerza coactiva que llevaría a las personas a actuar de forma compulsiva, aun en contra de su propia voluntad, algo muy alejado de la revelación bíblica acerca de la responsabilidad y el libre albedrío humano y de la correspondiente experiencia del creyente que ejerce voluntariamente y en conciencia su albedrío cuando decide creer en Cristo (Is 6:8). De hecho, ese carácter ineludible de Dios es mucho más patente en la vida del creyente en la medida en que este toma conciencia de él (Sal 139:1-18; Jn 10:28; Ro 8:38-39; 11:29; 2 Tm 2:13; Heb 13:5) y en que Dios lo ejerce ya por partida doble: por derecho de creación (Sal 119:73) y por derecho de redención sobre sus hijos (Ap 5:9). En esto reposa la llamada «seguridad eterna de la salvación», definida escuetamente con la siguiente fórmula: «Una vez salvo, siempre salvo». Doctrina controvertida al interior del cristianismo por quienes piensan que puede dar pie a conductas relajadas y licenciosas por parte de algunos creyentes al eliminar supuestamente el principal disuasivo para combatir la práctica del pecado: la posibilidad de perder la salvación. Sin entrar en esta discusión debido, entre otros, a la imposibilidad de ser del todo concluyentes al respecto, sí hay que decir que la gloria del evangelio es, precisamente, esta seguridad que no ofrece ninguna otra religión y no depende, entonces, de la volubilidad de la voluntad humana, sino de la fidelidad del que promete, que nos estimula a que

Mantengamos firme la esperanza que profesamos,
porque fiel es el que hizo la promesa.

Hebreos 10:23 NVI

17 de junio

La libertad y el amor

«Tampoco creo que un genuino amor por la libertad sea jamás despertado por la perspectiva de recompensas materiales […] quienes valoran la libertad solo por los beneficios materiales que ella ofrece nunca la conservan por mucho tiempo»

Alexis de Tocqueville[293]

La libertad es un medio, no un fin. Pero no un medio para la obtención de recompensas materiales, las cuales, de alcanzarse, nunca deben verse como un fin en sí mismas, sino simplemente como algo contingente, como un valor agregado o añadido que el correcto ejercicio de la libertad concede, pero no como su principal objetivo. Porque el verdadero fin que la libertad busca alcanzar es el amor. La libertad posibilita el amor, de donde en ausencia de libertad el amor es el gran sacrificado. Es debido a ello que Dios no despoja nunca al ser humano de la libertad de una manera absoluta, aun a riesgo de que este utilice su libertad de elección para propósitos destructivos y contrarios a la voluntad divina. Porque de coartar por completo la libertad, el amor no sería posible entre los seres humanos. Y Dios desea mantener siempre abierta la posibilidad del amor para todos nosotros, criaturas llamadas a reflejar su imagen y semejanza. Con mayor razón por cuanto Dios es amor (1 Jn 4:8, 16). La búsqueda del reino de Dios no es más que la búsqueda y promoción del amor entre los hombres, siendo las recompensas materiales obtenidas en el proceso la mera añadidura y nada más (Mt 6:33). Así pues, el amor debe partir siempre de una decisión libre y voluntaria y no de imposiciones de ninguna índole. Podría decirse, entonces, que el amor por la libertad busca garantizar la libertad para el amor. La conexión directa entre libertad y amor está claramente revelada con las siguientes palabras: «… ustedes han sido llamados a ser libres; pero no se valgan de esa libertad para dar rienda suelta a sus pasiones. Más bien sírvanse unos a otros con amor» (Gal 5:13). El amor brinda sentido pleno a la vida humana y la eleva por encima de la existencia terrenal de los demás seres vivos de la creación material, emparentándonos con el mismo cielo y asemejándonos con el propio Dios. Por eso, entre todas las instrucciones prácticas que la Biblia nos dirige, hay una que sobresale sobre las demás y las sintetiza con precisión:

Por encima de todo, vístanse de amor, que es el vínculo perfecto.

Colosenses 3:14 NVI

18 de junio

Reconociendo lo conocido

> «Lo CONOCIDO, por ser conocido, no es precisamente reconocido»
>
> FRIEDRICH HEGEL[294]

El conocimiento no implica necesariamente reconocimiento. En efecto, podemos conocer algo o alguien y a pesar de ello no reconocerlo con suficiencia. En la vida cotidiana no es raro encontrarnos con alguien a quien de algún modo ya conocíamos, a pesar de lo cual no lo reconocemos en su momento como es debido. Dios se complace en otorgar conocimiento (Pr 1:4, 7; 2:6), sabedor de que sin conocimiento podemos llegar a ser destruidos (Os 4:6) y lamenta y censura, por tanto, nuestra negativa a adquirir y apreciar el conocimiento que nos brinda (Pr 1:22, 28-30). Pero a la par que Dios nos brinda conocimiento y pide de nosotros una actitud receptiva hacia él (Os 6:3, 6), también exige de nosotros un reconocimiento comprometido que vaya siempre más allá del mero conocimiento intelectual. El conocimiento a secas puede ser peligroso, pues puede terminar obviando y haciendo caso omiso del consecuente reconocimiento al que debería conducirnos (Ro 2:4). El envanecimiento es una de las tentaciones que acecha al conocimiento (1 Cor 8:1), generando en nosotros una familiaridad y cercanía tan estrecha con aquel o aquello que conocemos, que le terminamos perdiendo el debido respeto y negándole de paso el reconocimiento que merece. Se aplica a esto lo dicho en su momento por Ludwig Wittgenstein: «Los aspectos de las cosas que para nosotros son muy importantes se encuentran ocultos debido a su familiaridad y simplicidad (no se ven porque siempre están delante de nuestros ojos)». Obviamos lo obvio y no lo reconocemos como deberíamos. Así pues, en el cristianismo no basta con conocer de algún modo al Señor Jesucristo, sino que hay que reconocerlo de manera permanente junto con las demandas de obediencia que Él nos hace con todo el derecho de su parte. El apóstol Juan advierte sobre quienes no lo reconocen: «… todo profeta que no reconoce a Jesús, no es de Dios sino del anticristo […]. Es que han salido por el mundo muchos engañadores que no reconocen que Jesucristo ha venido en cuerpo humano…» (1 Jn 4:3; 2 Jn 7), por contraste con los que sí le brindan reconocimiento pleno (Lc 24:31, 35; Jn 7:17; 10:4; 17:25; 1 Jn 4:15) y obtienen de vuelta el precioso reconocimiento divino:

> *Les aseguro que a cualquiera que me reconozca delante de la gente,*
> *también el Hijo del hombre lo reconocerá delante de los ángeles de Dios.*
>
> **Lucas 12:8** NVI

19 de junio

La superioridad del cristianismo

«Es imposible para un hombre que haya vivido intensamente la fe cristiana, creer en el Dios de la Biblia fuera de la Iglesia. Y si no creo en el Dios cristiano ¿cómo podría creer en otros dioses?»

Juan M.[295]

Hay varios aspectos que llaman la atención en la sentencia anterior. En primer lugar, la condición previa de haber vivido intensamente la fe cristiana, es decir, con un compromiso y una pasión evidentes que se destaquen por encima de la fe meramente nominal que caracteriza a las grandes masas de «cristianos» que se definen a sí mismos como «no practicantes» con sorprendente desfachatez. En segundo lugar, la dificultad de mantener el mismo compromiso y pasión al margen de la comunión formal en el seno de una iglesia o comunidad eclesiástica determinada y reconocida. Y en tercer y último lugar, la apostasía subsecuente que arroja al afectado a la incredulidad y al ateísmo absolutos, imposibilitando siquiera la búsqueda de respuestas más satisfactorias en otras confesiones religiosas diferentes a la que se profesó, viéndolas entonces en su conjunto con cínico, escéptico y despechado menosprecio, en el espíritu de lo dicho por Harnack: «quien conoce el cristianismo, conoce todas las religiones»[296]. Esta apostasía absoluta —aun sin entrar a considerar la real o aparente autenticidad de la fe profesada en su momento y la necesidad de vivirla en el contexto de la comunión cristiana— es muy sintomática y significativa, pues independientemente de lo censurable que pueda ser desde la óptica bíblica (Heb 6:4-8; 10:26-31), lo cierto es que el simple hecho de no poder ya encontrar una tradición religiosa que sustituya con ventaja a la cristiana, es un claro indicio de la superioridad del cristianismo en relación con las demás religiones, como lo reconoció el apóstol Pedro en su momento (Jn 6:68). Así se pronuncia Ignace Lepp al respecto: «es significativo que los cristianos fervientes, decepcionados de su Iglesia, no se convirtieran a otra religión, sino a la incredulidad. Esto prueba hasta qué punto los creyentes cristianos están persuadidos de la absoluta trascendencia del cristianismo sobre todas las religiones»[297]. Después de todo es en el cristianismo en donde se verifica lo señalado por el apóstol en cuanto a lo logrado por Cristo con su vida, muerte y resurrección a nuestro favor y la revelación asociada a ellas:

> *... nos salvó [...] según el propósito suyo y la gracia [...] que ahora ha sido manifestada por la aparición de nuestro Salvador Jesucristo, el cual quitó la muerte y sacó a luz la vida y la inmortalidad por el evangelio.*
>
> **2 Timoteo 1:9-10 nvi**

20 de junio

El encuentro con Dios en lo íntimo

> «No negamos que la presencia viva del espíritu pueda ir acompañada ocasionalmente de acontecimientos físicos milagrosos; lo que queremos acentuar es que estos no pueden sustituir ni elaborar el único conocimiento esencial del espíritu»
>
> Carl Gustav Jung[298]

Algunos teólogos del siglo XX influidos por la ciencia con su cerrada negativa a considerar la posibilidad de los milagros, terminaron negando los que se narran en la Biblia bajo la convicción de que Dios no requiere necesariamente de ellos para revelarse a los hombres, al punto de que no podría tampoco realizarlos cuando así lo estimara conveniente. Y aunque los creyentes tengamos que rechazar esta última apreciación por restringir arbitrariamente el ejercicio soberano que Dios puede hacer de su poder, tenemos sin embargo que estar de acuerdo con la primera: Dios no requiere necesariamente de milagros para revelarse a los hombres. La revelación de Jesucristo es tan evidente y directa a los corazones bien dispuestos que no necesita estar mediada por milagros objetivos para poder ser aceptada y apreciada. Jesucristo se revela en la subjetividad de la persona antes que en sus circunstancias objetivas inmediatas. De hecho, el énfasis en los milagros que caracteriza el «milagrerismo» tipo espectáculo propio de muchas iglesias de corte pentecostal, hace de la búsqueda de los milagros un distractor que desvía la atención del creyente del encuentro directo e íntimo con Jesucristo en el fuero de la subjetividad personal del individuo. Encuentro que transforma verdaderamente y de la mejor manera al creyente que lo experimenta, más allá de la ocurrencia o no de milagros que modifiquen favorablemente sus circunstancias inmediatas, pero que no cambian necesariamente sus actitudes negativas interiores. La apelación a los milagros se convierte así en un subterfugio que evita a la persona la confrontación personal con Cristo en lo íntimo de su ser, que es justamente en donde Jesucristo se revela por excelencia a los hombres, como lo afirma el rey David: «Yo sé que tú amas la verdad en lo íntimo; en lo secreto me has enseñado sabiduría.» (Sal 51:6). Por todo lo anterior el creyente debe relegar a segundo plano la búsqueda de milagros y apelar en primera instancia a Dios con las siguientes palabras:

> *Examíname, Señor; ¡ponme a prueba! purifica mis entrañas y mi corazón.*
>
> **Salmo 26:2 NVI**

21 de junio

La generosidad y la evangelización

> «La evangelización descansa sobre el deseo humano de querer compartir las cosas buenas de la vida [...] la verdadera razón para evangelizar es la generosidad»
>
> Alister McGrath[299]

El apóstol Pablo elogiaba las iniciativas evangelizadoras emprendidas por la iglesia al margen de sus motivos puros o impuros (Flp 1:18). Pero de ello también se deduce que se puede predicar a Cristo con motivaciones falsas y condenables que Dios está lejos de aprobar. Así, algunos evangelizan movidos por la envidia, la rivalidad y la ambición personal (Flp 1:15-17). De hecho, en la historia reciente la evangelización llevada a cabo en el tercer mundo por las misiones extranjeras llegó a ser en significativos casos un brazo extendido del imperialismo y una manifestación de la creencia en la presunta superioridad de la cultura del evangelizador respecto a la de los evangelizados. Se evangelizaba desde un pedestal de superioridad cultural y con actitud condescendiente y paternalista en el mejor de los casos, fomentando la perpetuación del colonialismo y la dependencia de las naciones evangelizadas en relación con las evangelizadoras. Pero como lo establece bien el apóstol, las malas motivaciones no descalifican forzosamente la evangelización y la necesidad que el mundo tiene de ella, ni tampoco los esfuerzos en esta dirección que la iglesia debe emprender siempre, depurados de sus motivos equivocados. De hecho, la motivación de fondo correcta para la evangelización quedó plasmada de lleno en la siguiente instrucción dada por el Señor Jesucristo a los suyos en su momento: «... Lo que ustedes recibieron gratis, denlo gratuitamente.» (Mt 10:8). En efecto, una generosidad natural que debería darse por descontada tendría que ser la motivación que impulsa los esfuerzos evangelizadores del creyente individual y de la iglesia en general (Sal 37:21, 26), a semejanza de la generosidad divina manifestada en la voluntaria entrega de Cristo a nuestro favor y todo lo que la acompaña (Dt 28:12; Sal 84:11; Is 55:7; Ro 8:32; Stg 1:5). Así lo entendieron, no sin algo de resistencia, los cuatro leprosos que concluyeron que no obraban de manera correcta al no compartir con los demás lo que ellos estaban disfrutando a manos llenas (2 R 7:9). Por eso todos los cristianos debemos asumir la exhortación paulina:

> *Tú, por el contrario, sé prudente en todas las circunstancias,*
> *soporta los sufrimientos, dedícate a la evangelización;*
> *cumple con los deberes de tu ministerio.*
>
> 2 Timoteo 4:5 nvi

22 de junio

Los alcances de la resurrección

> «EL SIGNIFICADO que el término resurrección tenía en la Antigüedad era el de traer de nuevo a la vida un cuerpo muerto y transformarlo en un cuerpo inmortal»
>
> MICHAEL LICONA[300]

La teología liberal ha tratado de desvirtuar la resurrección de Cristo afirmando que no debería interpretarse en sentido literal, como el retorno de un muerto a la vida, sino como una experiencia existencial que no involucró el cuerpo material de Cristo, sino que consistió tan solo en el paso de un nivel inferior a un nivel superior de vida espiritual. Y si bien no se equivocan tanto en esto último que afirman, sí lo hacen garrafalmente en lo primero que niegan. La resurrección de Cristo es ciertamente mucho más que el retorno milagroso de un muerto a la vida, pero no es menos que eso. Es más que un retorno milagroso de un muerto a la vida porque, a diferencia de los otros casos bíblicos de personajes que experimentaron resucitaciones[301] milagrosas, Cristo volvió a la vida con un cuerpo incorruptible para no morir nunca más (Hch 2:31; Ro 6:9), conforme a la revelación del apóstol: «Así sucederá también con la resurrección de los muertos. Lo que se siembra en corrupción, resucita en incorrupción; lo que se siembra en oprobio, resucita en gloria; lo que se siembra en debilidad, resucita en poder» (1 Cor 15:42-43). Pero al mismo tiempo no fue menos que el retorno milagroso de un cadáver a la vida, puesto que Cristo retornó literalmente de la muerte con un cuerpo material similar a aquel con el que había fallecido, como se lo demostró de manera inobjetable al escéptico Tomás (Jn 20:27) y al resto de sus discípulos (Lc 24:39-40; Hch 1:3). Cristo es, de este modo «... el primogénito de la resurrección, para ser en todo el primero» (Col 1:18) y quien «... según el Espíritu de santidad fue designado con poder Hijo de Dios por la resurrección...» (Ro 1:4). Con base en todo esto el Señor nos asegura: «... —Yo soy la resurrección y la vida. El que cree en mí vivirá, aunque muera;» (Jn 11:25), y el apóstol Pablo estaba dispuesto a sacrificar todo lo que consideraba más valioso en la vida con la profunda convicción de que «Así espero alcanzar la resurrección de entre los muertos.» (Flp 3:11). Convicción compartida por igual por todos los creyentes en Cristo:

> *En efecto, si hemos estado unidos con él en su muerte,*
> *sin duda también estaremos unidos con él en su resurrección.*
>
> **Romanos 6:5** NVI

23 de junio

Las evidencias de la resurrección

«No puede culparse al hombre racional por concluir que en el sepulcro de Jesús, la mañana de aquel primer Domingo de Resurrección tuvo lugar un milagro divino»

William Lane Craig[302]

Como decía Charles Colson: «Hay circunstancias en que es más racional aceptar una explicación sobrenatural y es irracional ofrecer una explicación natural»[303]. La resurrección de Cristo es el caso más concreto y representativo que ilustra esta afirmación. En efecto, al someter a un escrutinio histórico libre de prejuicios todos los hechos que giran, convergen y emanan del domingo de pascua, la única explicación que hace justicia y explica bien y de manera *racional* todos ellos, aunque suene paradójico, es la *sobrenatural* resurrección de Cristo. Las teorías naturalistas alternas que los estudiosos han propuesto, tanto para tratar de rebatir infructuosamente el hecho de que la tumba de Cristo, en efecto, estaba vacía el domingo de pascua, o para explicar en su defecto por medio de hipótesis naturalistas el irrebatible hecho de que estuviera vacía; no solo suenan forzadas y artificiales, sino que, como lo sostiene el historiador Paul Maier: «todas ellas hacen aparecer más dificultades de las que resuelven»[304], además de que únicamente se enfocan en dar respuestas naturalistas a algunos aspectos particulares y puntuales de la investigación, pero fracasan y se contradicen a sí mismas al tomar en cuenta el conjunto de aspectos que deben ser considerados en su totalidad. Así se pronunció a este respecto A. M. Ramsey: «Creo en la resurrección, en parte por una serie de hechos que son inexplicables sin ella»[305]. Así pues, aunque la resurrección de Cristo no se pueda por lo pronto «demostrar» de manera final e indiscutible y pueda ser, por lo mismo, cuestionada de algún modo por quienes albergan prejuicios naturalistas y se oponen a ultranza a toda explicación sobrenatural, sí se puede señalar el cúmulo de evidencias que hacen de ella con mucha ventaja la más probable y racional explicación a los acontecimientos sucedidos el domingo de Pascua. La resurrección de Cristo fue tan evidente en su momento que brindó confirmación a la doctrina de la resurrección ya sostenida por los fariseos (Hch 4:2; 23:6-8; 24:15), evidencia que, junto con las que le siguen, debería conducirnos a alegrarnos y animarnos a permanecer fieles al Señor:

Cuando él llegó y vio las evidencias de la gracia de Dios, se alegró y animó a todos a hacerse el firme propósito de permanecer fieles al Señor,

Hechos 11:23 NVI

24 de junio

El cristianismo y las religiones de misterio

> «No HAY nada que el Jesús de los evangelios hiciera o dijera [...] cuyo origen no pueda trazarse a miles de años antes, a los rituales de misterio egipcios y otras liturgias sagradas»
>
> TOM HARPUR[306]

Uno de los argumentos esgrimidos por los escépticos y la teología liberal para despojar al evangelio de su singularidad y dejar sin base sus reclamos de exclusividad, es afirmar que los episodios de la vida de Cristo son una simple reedición de las enseñanzas y los detalles que caracterizarían en general a todos los mitos de las ancestrales religiones de misterio que abundaban en la antigüedad. De paso, al poner al evangelio en plano de igualdad con las religiones mitológicas de misterio, es fácil descartarlo al igual que a los mitos al negarle también al evangelio cualquier fundamento histórico. Pero es un error suponer o deducir de meras semejanzas de forma entre los misterios paganos y el cristianismo que este se apoya en aquellos. No solo porque el cristianismo se basa en hechos suficientemente establecidos por la investigación histórica, a diferencia de los mitos que dan pie a los misterios paganos. Sino también porque los estudiosos liberales convierten arbitrariamente las eventuales semejanzas formales entre las religiones de misterio y el cristianismo en influencia de las primeras sobre el último y no contentos con ello, terminan también afirmando que las religiones de misterio son, entonces, la fuente verdadera de la que se nutre el cristianismo. Es significativo que incluso un teólogo liberal como Harnack rechace estas conclusiones con estas palabras: «Debemos rechazar la mitología comparativa que encuentra una vinculación causal entre todo y todo lo demás [...]. Con estos métodos uno puede convertir a Cristo en un dios solar [...] o uno puede apelar a las leyendas acerca del nacimiento de cualquier dios concebible, o [...] asimilar cualquier especie de paloma mitológica para que sirva de compañía a la paloma bautismal [...] la varita mágica de las "religiones comparadas" elimina de forma triunfante cualquier rasgo espontáneo en cualquier religión»[307]. El apóstol Pablo se anticipó a esta falsa equiparación entre los misterios paganos y el cristianismo, rompiendo cualquier presunta relación entre los seguidores de los unos y del otro (2 Cor 6:14-16), y estableciendo un contraste drástico entre ambos:

> ... sabemos que un ídolo no es absolutamente nada, y que hay un solo Dios [...] el Padre, de quien todo procede y para el cual vivimos; y no hay más que un solo Señor, es decir, Jesucristo, por quien todo existe y por medio del cual vivimos. Pero no todos tienen conocimiento de esto...
>
> 1 Corintios 8:4, 6-7 NVI

25 de junio

La suprema manifestación divina

> «Sin haber hecho la prueba no es honrada la negativa. No es justo declararse ateo sin haber dado a Dios una oportunidad para manifestarse»
>
> Juan Antonio Monroy[308]

No deja de sonar atrevido imaginar a Dios buscando «oportunidad para manifestarse», como si faltaran o no existieran a nuestro alrededor manifiestas y suficientes evidencias a favor de su existencia. Sin embargo, Dios parece pasar por alto este atrevimiento, al punto de rogarnos que abramos nuestros ojos y nuestros corazones a su manifestación suprema llevada a cabo en Cristo (2 Cor 5:20; 6:1). En efecto, Cristo no es la única manifestación de sí mismo dada por Dios a los hombres (Ro 3:21-22, 26; 8:39; Flp 2:8; Col 1:26; 1 Jn 3:5; 4:9), pues ya el Antiguo Testamento registra numerosas e inequívocas manifestaciones concretas de Dios que disipan cualquier duda respecto a su buena disposición hacia la humanidad en general (Hch 14:17; Tit 2:11) y hacia sus escogidos en particular (Gn 24:27; Lv 9:23; Nm 14:10; 20:6; 1 Sam 2:27; 3:21; Sal 68:28). Pero Cristo sí es la manifestación divina que compendia y lleva a su máxima expresión todas las manifestaciones divinas anteriores y posteriores a Él (Tit 3:4-5; 1 P 1:20). No podría ser de otro modo si tenemos en cuenta que, en Cristo, Dios «... se manifestó como hombre» (1 Tm 3:16). Y esta manifestación deja sin excusa a quienes ni siquiera se dignan tomarla en cuenta con la debida seriedad, sino que prefieren negar con indiferencia o de manera expresa los derechos divinos sobre ellos y hasta la misma existencia de Dios, sin haberle siquiera dado la oportunidad de manifestarse en sus vidas en los términos por Él establecidos para poder obtener de Él la manifestación suprema que derriba toda fortaleza mental, todo argumento racional y toda actitud altiva que se levanta contra el conocimiento de Dios (2 Cor 10:4-5). Porque Jesucristo garantizó su segura manifestación, no a todo el mundo sin condiciones (Jn 14:22), sino únicamente a quienes lo aman y obedecen, es decir al conjunto de los que creen y rinden su vida a Él con humildad, arrepentimiento y fe para descubrir maravillados que el Señor honra con creces la promesa que pronunció en su momento a sus discípulos, recogida así por el apóstol Juan en su evangelio:

> *... Y al que me ama, mi Padre lo amará,*
> *y yo también lo haré y me manifestaré a él.*

Juan 14:21 nvi

26 de junio

El hijo pródigo y el buen samaritano

«Si volvemos al hogar como el hijo pródigo, tenemos que partir de nuevo como el buen samaritano»

ELIZABETH GOUDGE[309]

Si tuviéramos que escoger dos parábolas de los evangelios que sintetizaran de la manera más gráfica y completa la vida cristiana, esas serían las del hijo pródigo o perdido (Lc 15:11-24) y la del buen samaritano (Lc 10:25-37). En efecto, el itinerario del ser humano que se ha alejado de Dios con altiva autosuficiencia y luego regresa a Él humildemente arrepentido está ilustrado por la parábola del hijo perdido. Pero no basta con regresar a casa reconciliados con Dios para permanecer en ella cómodamente instalados, sino que debemos partir de ella como el buen samaritano para brindar ayuda a todos los que se encuentran lastimados y moribundos al lado del camino. De no balancear la vida cristiana con ambas parábolas, la práctica de los creyentes será disfuncional e incompleta. Es preocupante, por tanto, encontrar iglesias que enfatizan tanto la evangelización y la necesidad de reconciliación del ser humano con Dios que, una vez lograda la conversión del evangelizado, creen que ya no queda nada más por hacer. Asimismo, las iglesias de corte liberal han optado por reducir la práctica cristiana a la acción y el servicio social y prescinden casi por completo de la evangelización, equiparándola equivocadamente con las actividades de ayuda social en una velada reedición de la doctrina extrabíblica de la justificación por las obras y no por la fe, como lo establecen las Escrituras (Ef 2:8-9). Porque no puede ser un buen samaritano quien no se ve primero reflejado en el hijo perdido, ni tampoco es un hijo pródigo auténtico el que no está dispuesto a ser también un buen samaritano. Y el orden aquí no puede ser invertido de ningún modo. Por eso, antes de pretender ser buenos samaritanos, tenemos que haber sido hijos perdidos declarados y confesos, puesto que «... el Hijo del hombre vino a buscar y a salvar lo que se había perdido» (Lc 19:10). Es significativo que justamente los samaritanos hayan sido muy receptivos en su momento al mensaje del evangelio, respondiendo a él como lo hizo el hijo perdido al retornar a casa (Jn 4:40-42; Hch 8:14, 25), y agradeciendo especialmente la gracia recibida de Dios (Lc 17:15-19). Sin olvidar que una de las primeras evangelistas de las que da cuenta el Nuevo Testamento fue una samaritana:

Muchos de los samaritanos que vivían en aquel pueblo creyeron en él por el testimonio que daba la mujer...»

Juan 4:39 NVI

27 de junio

El papel de la ley

«En lugar de esforzarnos por transformar la realidad [...] modificamos la legislación. Incapaces de crear el mundo que nos rodea, nos hemos vuelto especialistas en dictar reglamentos»

Andrés Holguín[310]

Bajo la creencia en que el propósito fundamental de las leyes y reglamentos es su obediencia, las diferentes sociedades de la historia humana han pretendido fomentar la obediencia incrementando y sancionando nuevas leyes para reglamentar al detalle la conducta humana, orientándola en la dirección deseada. Pero esto es un sofisma, al punto que podría decirse que a más leyes, más desobediencia debido, en primer lugar, a las limitaciones de las autoridades para hacer cumplir las leyes promulgadas, fracasando en la erradicación de la impunidad que fomenta la desobediencia (Ecl 8:11). En segundo lugar, a que las leyes exacerban ese aspecto paradójico y misterioso de la condición humana que forma parte de lo que Pablo llama «el misterio de la maldad» (2 Ts 2:7), que nos lleva a sentirnos más impulsados a quebrantar la ley, justo a partir del momento en que esta es sancionada y promulgada (Pr 9:17; 20:17; Ro 7:7-11). Y finalmente a que la necesidad de promulgar más leyes es un síntoma claro de que la comunidad de turno experimenta una creciente desobediencia en su seno que requiere de más leyes para tratar de frenarla. En realidad, en la óptica divina y en las actuales circunstancias de la existencia humana, el propósito fundamental de la ley no es la obediencia, sino poner en evidencia el pecado (Ro 3:20; 5:13; 7:7; Gal 3:19; 1 Tm 1:9-10). La ley es buena porque nos revela la voluntad de Dios y promueve la dignidad, el respeto y el amor entre los hombres (Ro 7:12, 14-16, 22). Pero nos deja en mala condición porque no nos da la capacidad para obedecerla (2 Cor 3:6; Gal 3:21-22), sino que, por el contrario, ofrece el contraste para adquirir conciencia de nuestros pecados, brindando a su vez mayor ocasión de manifestarse a nuestra naturaleza pecaminosa dejándonos por completo convictos ante Dios (Ro 3:19). Reconocer todo lo anterior nos permite valorar lo hecho por Cristo a nuestro favor al proveernos en sí mismo un camino alterno para cumplir de manera perfecta las demandas de la ley, ante nuestra impotencia para hacerlo por nosotros mismos, para llegar así a esta convicción:

Así que la ley vino a ser nuestro guía encargado de conducirnos a Cristo,
para que fuéramos justificados por la fe.

Gálatas 3:24 nvi

28 de junio

El misticismo científico

> «Si a la fe se le cierra la puerta, salta como superstición por la ventana; si expulsáis a los dioses, vienen los fantasmas»
>
> EMANUEL GEIBEL[311]

El teólogo Paul Tillich sostenía que si el secularismo lograra eliminar toda expresión religiosa formal e institucional del campo de la experiencia humana, la actitud y la fe religiosa volverían a abrirse paso a través de cualquier otro frente de la cultura humana al no poder ser sofocadas de forma absoluta por ningún medio. El problema es que, al no poder manifestarse libremente dentro de su campo de acción natural y verse así forzada a hacerlo de manera más o menos encubierta, se incrementa el riesgo de que la fe adquiera formas cuestionables poco sanas y constructivas al eludir la regulación que sobre ella ejerce la racionalidad teológica y verse así arrojada sin restricciones a la superstición. Aun la misma ciencia —de la cual uno esperaría que fuera la actividad humana que estuviera más alejada y a cubierto contra esto— nos está brindando un ejemplo de este fenómeno, pues en el campo de la física cuántica se están descubriendo tantos comportamientos asombrosos e inesperados de la materia al nivel de las partículas más elementales, estimulando de tal modo las expectativas e imaginación de algunos científicos, que al escucharlos hablar uno no sospecharía que el que habla es un científico sino un místico, por el lenguaje exaltado y la forma casi religiosa de expresarse. Así pues, contra todo pronóstico, al contribuir a desterrar a la religión y empujarla al aislamiento, la ciencia ve emerger dentro de sus propias filas expresiones religiosas que, con una elaborada terminología extraída de las disciplinas científicas especializadas pretende hacerse pasar por ciencia y descrestar incautos, cuando no pasa de ser superstición en ropaje científico. Lo más grave es que estas expresiones religiosas seudocientíficas encuentran afinidades con movimientos espirituales de reciente aparición muy alejados del cristianismo histórico, como la llamada «nueva era» que adquiere así, de la mano de estos propagandistas científicamente acreditados, una mayor respetabilidad de la que en realidad merece. Se confirma lo anunciado por el apóstol: «Aunque afirmaban ser sabios, se volvieron necios» (Ro 1:22), y como tales dan cumplimiento a lo dicho:

> ... *la boca de los necios escupe necedades [...]*
> *la boca de los necios se nutre de tonterías.*
>
> **Proverbios 15:2, 14** NVI

29 de junio

La impotencia humana

«Se confunde la responsabilidad del hombre de creer y arrepentirse con la capacidad de hacerlo […] el hombre es responsable de su incredulidad […]. Pero, al mismo tiempo […] es incapaz de responder al evangelio por sí mismo […] el hombre es responsable de su propia incapacidad espiritual de responder al evangelio»

José Moreno Berrocal[312]

El hombre es culpable de no arrepentirse y creer en Cristo para llegar a ser salvo, pero al mismo tiempo es incapaz de arrepentirse y creer en Él por sí solo (Jos 24:19; Jn 15:5; Ro 5:6; 8:7; 2 Cor 3:5; Tit 1:16), sin la decisiva ayuda de Dios (Jer 31:3, Os 11:4; Jn 6:44, 65; Flp 2:13). Esta circunstancia suscita una protesta por parte de quienes no creen y se ven así abocados a la condenación. Protesta que podría formularse con la siguiente exclamación: «¡Es injusto!». Pero la verdad es que Dios no es nunca injusto (Ro 3:4-7; 9:19-24), aunque no sea siempre equitativo (Ro 9:10-15). Porque no es lo mismo la justicia que la equidad. Justicia es dar a cada cual lo que cada cual se merece. Equidad es dar a todos por igual. Así pues, en el peor de los casos, Dios nunca deja de darnos lo que merecemos. Pero sin perjuicio de lo anterior, eso no lo obliga a dar a todos por igual. Él es libre de conceder misericordia inmerecida a sus elegidos a la par que otorga merecida justicia a los demás. Y en todo esto podrá ser calificado de inequitativo, pero nunca acusado de injusto. Porque en justicia estricta y dejados a nuestra suerte todos mereceríamos la condenación (Ro 3:10-12, 19, 23; 11:32). Pero Dios, movido por su amor y consciente de nuestra incapacidad de arrepentirnos y creer en Él por nuestros propios medios, decide intervenir para asegurarse de que algunos elegidos de entre la gran masa de la humanidad lleguen al arrepentimiento y a la fe en Él para ser salvos, de tal modo que el sacrificio de su Hijo valga la pena y sea eficaz en el propósito que persigue, siquiera en la vida de los elegidos (Is 53:11). Con todo, los elegidos nunca son forzados a la fe, sino que llegan a ella de manera voluntaria, pero con la convicción de que nunca lo hubieran logrado sin la benévola, selecta y decisiva influencia de Dios sobre sus vidas. Por eso quienes hemos podido creer en Cristo y entender que la fe que ejercemos voluntariamente es al mismo tiempo un don de lo alto (Ef 2:8), asentimos agradecidos cuando el apóstol dice:

Por lo tanto, la elección no depende del deseo ni del esfuerzo humano sino de la misericordia de Dios.

Romanos 9:16 nvi

30 de junio

Dando a Dios todo el crédito

«No es muy inteligente establecer una distinción entre lo que Dios hace a través de personas que tienen dones, y lo que hace sin ellos»

C. S. Storms[313]

Apoyada en las Escrituras, la Confesión de Fe de Westminter establece que «Dios [...] sostiene, dirige, dispone y gobierna todas las criaturas, acciones y cosas [...]. Aunque en relación a [...] Dios, causa primera, todas las cosas suceden de modo infalible e inmutable, sin embargo [...] ocurren según la naturaleza de las causas segundas, sea necesaria, libre o contingentemente»[314]. La teología distingue, entonces, entre Dios —causa primera— y las causas segundas, que comprenden a su creación junto con todas las criaturas que la conforman, incluyendo a los seres humanos en especial. Pero a la hora de hacer atribuciones precisas sobre cuál de estas causas —la primera o las segundas— pueden ser más determinantes en el acontecer de los sucesos particulares del universo y de la historia humana, es muy difícil seguir manteniendo esta distinción por el simple hecho de que, con todo y que Dios «en su providencia ordinaria, hace uso de medios», también «es libre de obrar sin ellos, por encima de ellos y contra ellos, según le plazca»[315]. Y es muy difícil saber a ciencia cierta en la vida práctica de qué modo —dentro de esta diversa gama de posibilidades— Dios está obrando en un momento dado. Lo único que puede decirse con claridad al respecto es que, sin perjuicio de lo ya dicho, el ser humano es por completo responsable de su propio pecado sin que Dios tenga ninguna responsabilidad en ello (Stg 1:13-15). Más allá de esto, en el ejercicio de los variados dones con los que Dios faculta a los miembros de su iglesia (Ro 12:6-8; 1 Cor 12:7-11, 28; Ef 4:7-8, 11), lo más sano es atribuir el crédito de lo logrado por medio de ellos a Dios, que es quien, en últimas circunstancias, los otorga (Jn 3:27; 1 Cor 4:7; 15:10; 2 Cor 3:5-6; 4:7), para evitar así peligrosos envanecimientos y presunciones por parte de los creyentes que ejercen estos dones (Ro 12:3; Gal 6:3-4), como también falsas y frustradas expectativas por parte de quienes están recibiendo sus beneficios. Porque al final la responsabilidad del creyente no es garantizar el resultado esperado en el ejercicio de los dones, sino ponerlos fielmente al servicio de los demás, con la esperanza de que

> ... Así Dios será en todo alabado por medio de Jesucristo,
> a quien sea la gloria y el poder por los siglos de los siglos. Amén.
>
> **1 Pedro 4:11** NVI

1 de julio

La pena de muerte y el aborto

«LA MAYORÍA que está en contra de la pena de muerte es la que está a favor del aborto»

LUIS F. CANO GUTIÉRREZ[316]

La «progresista» sociedad posmoderna está dispuesta a manifestar una gran compasión hacia el culpable, al mismo tiempo que se muestra cruelmente indolente hacia los inocentes. Y lo peor es que algunos de los que se oponen a la pena de muerte argumentan que los que están a favor de ella son inconsecuentes si a la par que defienden la legitimidad de la pena de muerte condenan la legalización del aborto. Pero los inconsecuentes no son los que defienden la pena de muerte para los culpables mientras que la rechazan para los inocentes, sino los que hacen lo contrario. Porque teológicamente hablando, los niños no nacidos son inocentes y tienen todo el derecho a la vida, mientras que los adultos condenados a muerte en las cárceles del mundo, además de ser manifiestos pecadores desde el punto de vista teológico, suelen ser también comprobados criminales desde el punto de vista jurídico, por lo cual la pena de muerte para ellos no es algo improcedente ni injusto. De hecho, la prohibición de no matar contenida en el decálogo (Ex 20:13; Dt 5:17), no incluía las sentencias de muerte ordenadas por el mismo Dios y sancionadas por los tribunales humanos para numerosas transgresiones comprobadas entre su pueblo, algunas de ellas muy triviales para la mentalidad moderna (Ex 21:17; Lv 24:10-16; Nm 15:32-36; Dt 17:2-5; 21:18-21), que se escandaliza entonces ante la presunta «crueldad» de un Dios que presume misericordia, como si ellos mismos fueran más misericordiosos que Dios. Pero lo cierto es que Dios, antes que misericordioso es justo y, en justicia «... *la paga del pecado es muerte...*» (Ro 6:23). Debería, por tanto, bajársele el tono a la polémica alrededor de la legitimidad o no de la pena de muerte desde la óptica cristiana, pues en el peor de los casos la pena de muerte pretende establecer estricta justicia y no ofrecer misericordia, ya que el estado ha sido instituido para hacer justicia y no misericordia. Y de paso, deberíamos valorar todos los días con el profeta Jeremías que Dios no ejerza justicia estricta con nosotros, pues de ser así debería ejecutarnos de manera sumaria e inmediata a causa de nuestros pecados (Lm 3:22-23). Y mientras agradecemos su misericordia, debemos también prestar atención a esto:

Absolver al culpable y condenar al inocente son dos cosas
que el Señor aborrece.

Proverbios 17:15 NVI

2 de julio

La vida eterna

«EL HECHO de que somos criaturas imperfectas hace que la idea de ser inmortales sea una absoluta irresponsabilidad [...]. Por eso el juicio de Dios sobre la humanidad también muestra su misericordia; la muerte impide que suframos una interminable vida de orgullo y aislamiento»

CHARLES COLSON[317]

Vivir para siempre ha sido el sueño de la humanidad desde tiempos ancestrales. Y en la actualidad los desarrollos tecnológicos parecen poner más al alcance del hombre esta aspiración. Las perspectivas de la genética y la medicina hacia el futuro hacen que la búsqueda de la fuente de la eterna juventud y el elixir de la vida no se vean ya como simples mitos, sino como posibles realidades. Sin embargo, esta manera de pensar es irresponsable, pues limita la noción de la vida eterna únicamente a su componente cronológico, concibiéndola como poco más que la prolongación indefinida de la vida humana en el tiempo. Pero la vida eterna es mucho más que esto último. La prolongación indefinida en el tiempo no es más que el valor agregado de la vida eterna, pero no su aspecto más fundamental. La vida eterna no se define en términos de la *cantidad* de años vividos, sino en términos de la *calidad* de la vida disfrutada. La vida eterna es, pues, una vida de una calidad incomparablemente superior a la actual, con el agregado de que se prolongará sin fin en el tiempo. Por eso el veto que Dios le impuso al ser humano para impedirle el acceso al árbol de la vida después de la caída en pecado de nuestros primeros padres, debe verse más como un acto de misericordia que de juicio de su parte. En efecto, prolongar indefinidamente la vida en las actuales condiciones de la existencia debe verse más como una maldición que como una bendición (Gn 3:22-24). ¿Quién quiere vivir para siempre en nuestra actual condición caída, con todas sus miserias y dolores? ¿Quién quiere extender indefinidamente su vida en este estado corruptible en el que nos encontramos? *El retrato de Dorian Grey* en la literatura ilustra bien la maldición de vivir para siempre sin mejorar al mismo tiempo la calidad de la vida. El patriarca Jacob se hace eco de esta realidad, quien a pesar de haber vivido ya 130 años, los consideraba no solo pocos, sino también difíciles (Gn 47:9). Porque la única manera de alcanzar verdaderamente la vida eterna es la fe en Jesucristo:

Porque la voluntad de mi Padre es que todo el que reconozca al Hijo y crea en él, tenga vida eterna, y yo lo resucitaré en el día final.

Juan 6:40 NVI

3 de julio

Nuestra mutua dependencia

> «SER, ES ser percibido»
>
> GEORGE BERKELEY[318]

El filósofo y pastor anglicano George Berkeley construyó una interesante filosofía que se resume en la frase del encabezado. Esto es, que todo lo que existe debe su existencia al hecho de ser percibido por otro. En otras palabras, que si no existiera alguien con la capacidad de percibir las cosas y personas a su alrededor, no existirían tampoco las cosas y personas que percibimos y que conforman lo que llamamos realidad. Así pues, los seres humanos debemos nuestra existencia a que existen otros seres humanos que pueden percibirnos y ellos a su vez deben su existencia a que nosotros también podemos percibirlos a ellos. Sin entrar a considerar su mayor o menor validez filosófica, hay que reconocer de entrada que esta perspectiva de la realidad es afín con el cristianismo en la medida en que concede una importancia fundamental a la existencia de los demás para que nuestra propia existencia sea posible y tenga sentido. Dependemos los unos de los otros para existir. Sin el prójimo nuestra vida no solo no tendría sentido sino que ni siquiera sería posible. El *otro* cobra así una gran importancia para todos y cada uno de nosotros. Este aspecto que se deriva de la filosofía de Berkeley, designado ya como la *alteridad*[319] sigue vivo en la reflexión de ilustres pensadores del siglo XX como el prestigioso judío Emmanuel Lévinas, quien concluyó después de su cautiverio durante la Segunda Guerra Mundial, —en la cual dicho sea de paso perdió a casi toda su familia masacrada por los nazis—, que el carácter frío, individualista e impersonal que a veces adquiere la existencia humana, solo puede ser superado en lo que él llamó «el-ser-para-el-otro». Y el cristianismo debería ser la mejor puesta en práctica de esta filosofía de «ser-para-el-otro»[320]. Pero en el cristianismo el «ser para el otro» —con minúscula— debe estar motivado por el «ser para el Otro» —con mayúscula—. Es decir que nuestro servicio al prójimo debe estar motivado ante todo por el deseo de servir a Dios, como Cristo mismo lo estableció (Mt 25:40; Flp 2:3-5). Porque finalmente no es a los otros a quienes debemos nuestra existencia sino a Dios, el Otro. El gran «perceptor» de los otros y de nosotros que puede ser percibido por medio de la fe del creyente, pero que no depende de ello para existir:

> ... *En verdad, él no está lejos de ninguno de nosotros,*
> *«puesto que en él vivimos, nos movemos y existimos»*...
>
> **Hechos 17:27-28** NVI

4 de julio

La autopromoción y la medida de fe

> «Estoy encantado cuando alguien nos pone ese adjetivo, pero soy reticente cuando oigo a los religiosos reivindicarlo para sí [...] tengo la impresión de que los verdaderos profetas dudarían en atribuirse ese título»
>
> Timothy Radcliffe[321]

La Biblia y el sentido común recomiendan: «No te jactes de ti mismo; que sean otros los que te alaben» (Pr 27:2). La misma recomendación puede muy bien extenderse a los títulos o dignidades ostentadas por los creyentes en un momento dado. Es decir que, por simple lógica, deben ser los otros los que nos confieran un título determinado en reconocimiento a nuestro esfuerzo, ejecutorias, sabiduría, autoridad y proyección. La autopromoción no es de ningún modo compatible con el espíritu de humildad fomentado por el evangelio, —en el cual es fundamentalmente Dios quien debe promocionar al creyente (2 Cor 10:18)—, sin mencionar que puede dejarnos eventualmente expuestos a la vergüenza (Pr 25:6-7; Lc 14:7-11). En efecto, en la Biblia no vemos nunca a los profetas del Antiguo Testamento haciendo alarde de su condición, sino todo lo contrario (Am 7:14), no obstante lo cual el pueblo reconoció la manifiesta dignidad que ostentaban y la autoridad de la que estaban investidos desde lo alto. Por eso preocupa una vez más la autopromoción sistemática llevada a cabo en la actualidad por dirigentes eclesiásticos del ámbito evangélico pentecostal que, aprovechando su popularidad entre su masiva feligresía, deciden entonces presentarse a sí mismos sin siquiera pestañear como «profetas» o «apóstoles» con el fin de otorgar más autoridad e influencia de la debida a sus respectivos ministerios. Por eso, sin tener que entrar en la discusión teológica al interior de la iglesia sobre la vigencia o no vigencia de estos ministerios en la actualidad y sin tener tampoco que tomar partido en ella, lo cierto es que los autoproclamados «profetas» y «apóstoles» de la actualidad harían bien en seguir la recomendación del apóstol Pablo, que sin negar su reconocida condición apostólica (Gal 2:1-9), advierte a los creyentes en general para que «... Nadie tenga un concepto de sí más alto que el que debe tener, sino más bien piense de sí mismo con moderación, según la medida de fe que Dios le haya dado.» (Ro 12:3) y se esmeró en poner en práctica este consejo en su propio ministerio apostólico, dejando así constancia de ello:

> *Nosotros, por nuestra parte [...] Nos limitaremos al campo que Dios nos ha asignado según su medida [...]. No nos jactamos desmedidamente...*
>
> **2 Corintios 10:13, 15** nvi

5 de julio

La certeza del triunfo del bien

> «Los creyentes acérrimos por lo general han sido aquellos que han tenido la más firme convicción de la realidad del mal, y muchos o la mayoría de ellos nunca han hecho ningún intento de teodicea»
>
> Rolf Gruner[322]

El argumento más típico esgrimido por los ateos en contra del cristianismo es protestar contra la existencia del mal en el mundo, afirmando la incongruencia de este estado de cosas con la existencia de Dios, como si ellos mismos no contribuyeran a este mal de algún modo. Pero este argumento no tiene en cuenta que los creyentes más convencidos no suelen ser personas ingenuamente optimistas en relación con el mal, sino personas plenamente conscientes de la realidad del mal, tanto o más que los mismos ateos, en muchos casos debido justamente a que lo han experimentado en carne propia en toda su crudeza. Y el hecho de que a pesar de ello —o tal vez, gracias a ello— manifiesten una fe profunda en Dios encarnado en Jesucristo debería ser un indicio claro de que, a la par con el mal experimentado en carne propia, también han experimentado algún tipo de manifestación divina más decisiva aún que el mal observado y padecido, que les ha permitido sobreponerse a él para creer y confiar en Dios de manera renovada. De hecho, a pesar de que la visión cristiana del mundo permite justificar de manera razonable y satisfactoria la existencia del mal sin menoscabo de la existencia y el carácter de Dios revelado en las Escrituras[323], no son estas justificaciones racionales las que fundamentan la fe y la confianza en Dios del creyente. De ahí que una explicación racional y coherente que justifique y concilie la paradójica coexistencia del mal con la un Dios misericordioso y todopoderoso, no es estrictamente necesaria para poder creer, pues en la relación interpersonal que Cristo establece con el creyente a partir de la conversión, Dios surte otros medios más convincentes para sortear este obstáculo intelectual. Tan convincentes que nos llevan a suscribir con certeza las siguientes palabras de Cornelius Plantinga: «En algún nivel de nuestro ser sabemos que el bien es tan plausible y original como Dios, y que, en la historia del género humano, el bien es más antiguo que el pecado»[324]. Certeza que justifica elegir el bien aun en las más malas circunstancias (Ro 12:9, 21; 1 P 2:20; 3:9, 17), obedeciendo la exhortación apostólica:

> *Asegúrense de que nadie pague mal por mal; más bien, esfuércense siempre por hacer el bien, no solo entre ustedes sino a todos.*
>
> **1 Tesalonicenses 5:15** nvi

6 de julio

El engaño del «ateísmo cristiano»

> «Hoy la gran amenaza es la de una religión sin Dios [...]. Proliferan las [...] prácticas rituales y demás elementos de la religiosidad popular y del folklore religioso [...]. En cambio, languidece el discurso sobre Dios [...]. Dios resulta cada vez más innecesario en la sociedad»
>
> JUAN ANTONIO ESTRADA[325]

Si bien es posible concebir a Dios fuera de la religión, no es posible, sin embargo, pensar en la religión excluyendo a Dios de ella sin caer en un evidente contrasentido. Contrasentido en el que, no obstante, se está incurriendo hoy no solo en la religiosidad popular, en donde prolifera la parafernalia religiosa, pero brilla por su ausencia el discurso sobre Dios, sino también en la ilustrada teología académica cristiana con el movimiento de la «muerte de Dios» surgido en los años sesenta del siglo pasado: cuestionable e inconcebible infiltración del nefasto pensamiento del famoso filósofo ateo alemán Friedrich Nietzsche en el campo de la teología cristiana. Este movimiento de la muerte de Dios dio lugar a un absurdo e insostenible «ateísmo cristiano» fomentado por preparados teólogos como Paul Van Buren y Thomas J. Altizer entre otros, que al promover estas ideas, propiciaron una apostasía en todos los cristianos que llegaron a prestar oído a sus descabelladas y presuntamente progresistas afirmaciones, dando pie de nuevo a las denuncias dirigidas en su momento por el profeta Jeremías al pueblo hebreo representado en los reinos de Israel y de Judá: «"Pues las casas de Israel y de Judá me han sido más que infieles" [...] han negado al SEÑOR, y hasta dicen: "¡Dios no existe!...".» (Jer 5:11-12). Porque la sola expresión «ateísmo cristiano» es casi una contradicción de términos, pues ningún personaje de la historia humana ha hecho más para reivindicar con sus palabras y acciones la realidad divina que Jesús de Nazaret, el «Cristo de Dios» (Lc 9:20), según consta con sobrada solvencia en la narración de su vida recogida en los evangelios. Pero más allá de los evangelios, las epístolas del Nuevo Testamento ratifican lo anterior, estableciendo tan estrecha vinculación e identidad entre Dios Padre y su Hijo Jesucristo que quien niega de algún modo al primero, niega también al segundo y viceversa y queda así expuesto como un promotor del espíritu del anticristo, según lo sostiene textualmente el apóstol:

> *¿Quién es el mentiroso sino el que niega que Jesús es el Cristo? Es el anticristo, el que niega al Padre y al Hijo. Todo el que niega al Hijo no tiene al Padre; el que reconoce al Hijo tiene también al Padre. Permanezca en ustedes lo que han oído [...] y así ustedes permanecerán también en el Hijo y en el Padre.*
>
> **1 Juan 2:22-24** NVI

7 de julio

Cánticos comprometedores

«CANTAD al Señor un cántico nuevo. Pero que tu vida no tenga que atestiguar contra tu lengua»

AGUSTÍN DE HIPONA[326]

El cántico nuevo ha formado parte de la práctica ritual del judeocristianismo como uno de sus aspectos más espontáneos y vitales (Sal 33:3; 40:3; 96:1; 98:1; 144:9; Is 42:10; Ap 5:9). En el protestantismo adquiere tal relevancia que Karl Barth llegó a decir que el único *sacramental* que retiene la religión reformada, o el luteranismo, es la *música*: coral luterano, o cantata, que Juan Sebastián Bach llevará a forma perfecta[327]. Y la verdad es que es muy difícil contradecir esta afirmación, a juzgar por los numerosos testimonios de creyentes que afirman haber obtenido la convicción de la fe y la certeza de la presencia de Dios por medio —o en medio— de la música y el canto incluido en la liturgia de los respectivos servicios formales de sus correspondientes congregaciones, sin que esto deba llevarnos tampoco a hacer del cántico litúrgico el centro del culto cristiano, sustituyendo y despojando de este legítimo lugar a la predicación de la Palabra, como han llegado a hacerlo de manera censurable numerosas iglesias pentecostales. Sin perjuicio de esto, no debemos olvidar que más allá de los eventuales pero evidentes beneficios inmediatos que el creyente obtiene de Dios, mediados en buen grado por la música y los cantos de alabanza y adoración dirigidos a Él en la congregación, al cantar el creyente asume también compromisos con Dios que no pueden ser tomados a la ligera, razón de más para que al cantarle no lo hagamos nunca de manera mecánica y rutinaria, sino más bien con toda la solemnidad e inteligencia del caso (Sal 47:7), con plena conciencia de lo que decimos. Porque la declaración evangélica que el Señor nos dirige advirtiéndonos que «... por tus palabras se te absolverá, y por tus palabras se te condenará.» (Mt 12:37), encuentran en la oración y el canto litúrgico una ocasión muy propicia para su cumplimiento, de modo tal que estas prácticas tradicionales del ritual cristiano no lleguen a ser declaraciones ociosas de las que tengamos luego que dar cuenta con desventaja (Mt 12:36), sino que, por el contrario, la música y el canto elevado a Dios en congregación sean declaraciones de nuestras lenguas que se vean luego atestiguadas y confirmadas con nuestras vidas:

> *¡Aleluya! ¡Alabado sea el Señor! Canten al Señor un cántico nuevo, alábenlo en la comunidad de los fieles.*
>
> **Salmo 149:1** NVI

8 de julio

Inmortalidad del alma o resurrección del cuerpo

> «Si bien el alma o espíritu puede existir separado del cuerpo, se trata de un estado de descabalamiento[328]»
>
> Warren C. Young[329]

Amplios sectores de la cristiandad actual, en especial del catolicismo popular, suscriben una versión distorsionada del cristianismo, influida por el platonismo y el gnosticismo antiguo de los griegos que afirmaban que el cuerpo es la cárcel del alma o el espíritu, bajo la idea de que existe una oposición irreconciliable entre la materia (el cuerpo) y el espíritu, siendo la materia mala y el espíritu bueno, en contra de la doctrina cristiana de la creación que sostiene que la creación material de Dios fue «buena en gran manera» (Gn 1:31 rv60; Ecl 3:11). Es oportuno, entonces, recordar que el cristianismo, con todo y conceder más importancia al mundo espiritual, no menosprecia el mundo material, pues lo considera también parte de la buena creación de Dios, escenario natural del accionar humano que, más que desechado, debe ser redimido (Ro 8:23). La doctrina platónica del cuerpo como cárcel del alma dio lugar dentro de la iglesia al ascetismo que pretende castigar el cuerpo para liberar el alma, desentendiéndose de la realidad física y material a nuestro alrededor, algo más propio de las doctrinas y religiones del lejano oriente que del cristianismo como tal. Y es por este camino que, en un nivel popular, muchos cristianos han llegado a creer que el punto principal de la salvación llevada a cabo por Cristo es disfrutar de «la inmortalidad del alma», doctrina más griega que cristiana, pues la doctrina cristiana al respecto no es la mera inmortalidad del alma, sino que va más allá culminando en la resurrección del cuerpo (1 Cor 15; Heb 6:2). Porque de conformarnos con la simple «inmortalidad del alma» podemos terminar desentendiéndonos e incluso cuestionando doctrinas tan fundamentales en el cristianismo como la doctrina de la creación, la de la encarnación y la de la resurrección, pues todas ellas implican una valoración positiva del mundo material y sensible, algo que la doctrina de la «inmortalidad del alma» por sí sola está lejos de promover. Porque los mártires del evangelio, que disfrutan ya de la inmortalidad del alma en la presencia de Dios, claman a Él no solo para que les haga justicia de sus verdugos (Ap 6:9-11), sino muy seguramente con el mismo anhelo del apóstol Pablo:

> *Así espero alcanzar la resurrección de entre los muertos.*
>
> **Filipenses 3:11** nvi

9 de julio

El protoevangelio

> «Ya que la osada mujer introdujo el pecado que nos trajo como consecuencia el Paraíso perdido, ella misma es la que por su Hijo nos introduce al Paraíso recuperado»
>
> Charles H. Spurgeon[330]

La responsabilidad general por la caída en pecado de nuestros primeros padres recae fundamentalmente en Adán como cabeza federal de toda la humanidad (Ro 5:12-19). Pero sin perjuicio de lo anterior, el apóstol Pablo también señala la culpa particular que la mujer tuvo en ella (2 Cor 11:3; 1 Tm 2:13-14), para confirmar de paso la línea de autoridad establecida por Dios para el hogar desde la creación, con el varón como cabeza (1 Cor 11:3; Ef 5:23; 1 Tm 2:12), al haber sido a su vez formado primero que la mujer. Pero por otra parte, la mujer recibe un privilegio que compensa con creces su malograda responsabilidad particular en la caída. Privilegio contenido en el versículo bíblico que se conoce con el nombre técnico de «el protoevangelio», la primera promesa puntual de redención dada al género humano con ocasión de la caída y de la sentencia pronunciada por Dios sobre Satanás por su participación en ella (Ap 12:9), con la mujer desempeñando un papel decisivo en contra de la serpiente: «Pondré enemistad entre tú y la mujer, y entre tu simiente y la de ella; su simiente te aplastará la cabeza, pero tú le morderás el talón.» (Gn 3:15). Promesa que halla su cumplimiento pleno en la elección de la virgen María y la obediente y ejemplar respuesta dada por ella al ángel Gabriel (Lc 1:26-38, 46-47), que concluye en la encarnación del Hijo de Dios, nuestro Salvador, en la persona de Jesucristo, sin la participación de la «simiente» o semilla del varón en su concepción, brindando así el contexto adecuado para comprender a qué se refería Pablo cuando declaró: «Pero la mujer se salvará siendo madre…» (1 Tm 2:15), no para dar a entender que las mujeres en general tengan que engendrar hijos y ejercer una maternidad activa para poder ser salvas, en contradicción con la doctrina de la justificación por la fe que cobija a todos los creyentes sin distinción de género (Ef 2:8-9), sino para señalar el decisivo papel instrumental del género femenino en la salvación de la humanidad, conforme al conocido anuncio del profeta Isaías (Is 7:14), ratificado en el evangelio en su momento (Mt 1:22-23).

> *Pero de ti, Belén Efrata, pequeña entre los clanes de Judá, saldrá el que gobernará a Israel; sus orígenes se remontan hasta la antigüedad, hasta tiempos inmemoriales. Por eso Dios los entregará al enemigo hasta que tenga su hijo la que va a ser madre.*
>
> Miqueas 5:2-3 nvi

10 de julio

La doctrina de la sustitución

> »¡OH BENDITO cambio, oh dulce permuta!»
>
> JUSTINO MÁRTIR[331]

La noción de «sustitución» ocupa un lugar destacado en la redención llevada a cabo por Cristo. En efecto, el sacrificio expiatorio de Cristo es también un sacrificio sustitutorio en donde se opera un maravilloso cambio o permuta a nuestro favor. Dicho con precisión, Cristo es nuestro sustituto, reemplazándonos personalmente a todos y cada uno de nosotros en el patíbulo de la ejecución, como lo entendió incidentalmente el propio Caifás al declarar, a su pesar, esta verdad del evangelio (Jn 11:50-51). De hecho, la noción de sustitución no surge propiamente del Nuevo Testamento, sino del mismo ritual sacrificial de los judíos contemplado en la Ley Mosaica y de los actos ordenados en este ritual, como por ejemplo la imposición de manos del oferente sobre la víctima: «Pondrá su mano sobre la cabeza de la víctima, la cual será aceptada en su lugar...» (Lv 1:4; cf. 16:21), para transmitir de forma inequívoca las ideas de imputación[332] y expiación[333] *sustitutoria* por parte de la víctima sacrificada, aspecto de la redención que emana entonces de manera natural del ceremonial del Antiguo Testamento, al punto que es siempre dentro de este contexto que debe verse el sacrificio de Cristo, como el cumplimiento perfecto de todo lo requerido por la ley ceremonial para poder no solo cubrir nuestros pecados, sino quitarlos de manera definitiva. Así pues, la muerte de Cristo tuvo lugar tanto «a favor o en beneficio de nosotros» como «en lugar o en vez de nosotros», pues ambos sentidos están contenidos en la preposición «por» utilizada en muchos de los pasajes alusivos a la redención llevada a cabo por Cristo (Mt 20:28; Mr 10:45; Ro 5:6-8; 8:32; 2 Cor 5:21; 8:9; Gal 3:13; Ef 5:25; Tit 2:14; 1 P 2:21; 1 Jn 3:16), ya que Jesucristo es al mismo tiempo el sumo sacerdote (Heb 3:1; 4:14), habilitado para ofrecer el sacrificio «a favor o en beneficio de nosotros» y la víctima sacrificada (Jn 1:29) «en lugar o en vez de nosotros». Se justifica, entonces, la sentida exclamación de Justino Mártir en el encabezado, que debería ser también nuestra propia y agradecida exclamación, obteniendo de este modo la más profunda y cabal comprensión personal de las palabras de Cristo recogidas por el apóstol Pedro de manera memorable:

> *Porque Cristo murió por los pecados una vez por todas,*
> *el justo por los injustos, a fin de llevarlos a ustedes a Dios...*
>
> 1 Pedro 3:18 NVI

11 de julio

La lectura de la Escritura

> «En la lectura se consuma el acto religioso en clave espiritual [...]. La lectura es [...] oración, celebración: refrendo de una fe que en ese acto [...] se vivifica [...]. A la gracia divina y a la respuesta de la fe se añade, pues, como *cita* propia y específica de ese encuentro [...] la lectura de la sagrada escritura»
>
> Eugenio Trías[334]

Israel es conocido como «el pueblo del Libro» por el papel central que la Biblia ha ocupado en su cultura. Así, el analfabetismo es inexistente entre la población judía, siendo este un incentivo que ha incidido en el gran desarrollo intelectual protagonizado por esta nación en el mundo a lo largo de la historia. La lectura y el estudio es, pues, fundamental en el contexto judío (Jos 8:34-35; Neh 8:2-3, 8). El propio Señor Jesucristo lo ilustra en su acostumbrada visita semanal a la sinagoga (Lc 4:16), y el apóstol Pablo se sirvió también de esta práctica como pretexto para predicarles el evangelio a sus compatriotas (Hch 13:14-16). No es de extrañar, entonces, que el cristianismo, con especialidad en su vertiente protestante, haya heredado del judaísmo esta alta estima por la lectura y el estudio de la Biblia. Pero esta actividad no solo va más allá de la lectura pública o de la mera satisfacción intelectual que halla su más representativa expresión en la erudita teología académica, sino que sin reñir necesariamente con ella, la lectura privada de la Biblia es en el cristianismo un acto profundo de comunión con Dios. La disciplinada lectura cotidiana, consagrada y reverente de las Sagradas Escrituras es un encuentro interpersonal entre Dios y el creyente que involucra todos los aspectos de este último y no solo su intelecto. Como tal, la lectura diaria de la Biblia es una cita esperada y obligada, obrando como estímulo para la oración que vivifica la fe y da lugar a ese invaluable diálogo con Dios anhelado por todo auténtico cristiano, que debería caracterizarse no solo por el conocimiento intelectual de la Palabra de Dios (Col 3:16), sino por su correcta interpretación y la aplicación a sus circunstancias personales, no como letra muerta, sino como espíritu que vivifica (2 Cor 3:6). La recomendación de Pablo a Timoteo (1 Tm 4:13), se hace de este modo extensiva en algún grado a todos los creyentes y justifica a su vez que la descripción de la edad de oro venidera incluya la privilegiada y comprensiva lectura de la Biblia:

> *Muy pronto el Líbano se convertirá en campo fértil, y el campo fértil se convertirá en bosque. En aquel día podrán los sordos oír la lectura del rollo....*
>
> **Isaías 29:17-18** NVI

12 de julio

Nuestro lugar en la historia

«La grandeza de Lutero es proporcional a los papeles sociales que pudo haber encarnado y que rechazó [...]. Pero Lutero supo que era algo más que todo esto [...]. De ahí que supiera mantenerse firme en la radical insistencia en el ámbito estrictamente *religioso* de su reforma»

Eugenio Trías[335]

La separación entre iglesia y estado de la modernidad fue decisiva para dar fin a las guerras de religión que siguieron a la Reforma. Pero esta separación no debería operar únicamente para garantizar la libertad de culto y de conciencia de todos los ciudadanos en el contexto de los estados laicos de la actualidad, sino que también se debería aplicar para que los clérigos —al igual que los gobernantes civiles— no se extralimiten en sus funciones, incursionando indebidamente en el campo de su contraparte. Martín Lutero, no obstante sus grandes capacidades de liderazgo, siempre fue consciente y respetó su «medida de fe» (Ro 12:3; 1 Cor 7:17; 12:7, 11; 2 Cor 10:13; Ef 4:7; 1 P 4:10-11), sin extralimitarse en sus intenciones reformadoras incursionando indebidamente más allá del ámbito eclesiástico al que había sido sin ninguna duda llamado (Ro 11:29). Así, Lutero nunca se vio tentado por el poder político, entre otras cosas porque entendió que su llamado era de mayor trascendencia que el de los gobernantes civiles. Esto nos recuerda el consejo dado por Spurgeon a un noble que no lograba decidirse entre su vocación clerical y su carrera política, y a quien el «Príncipe de los Predicadores» le señaló que si Dios lo había llamado a su servicio, no se rebajara a ser el rey de Inglaterra. De manera similar respondió el evangelista Billy Graham cuando un representativo grupo de creyentes postuló su candidatura para la presidencia de los Estados Unidos, declinándola bajo el argumento de que Dios lo había llamado a más altos designios que la Casa Blanca. Esta convicción y seguridad en cuanto al lugar que hemos sido llamados a ocupar en el gran concierto de la actividad humana en la historia, debería caracterizar a todos los creyentes (1 Cor 12:18-30), de tal modo que dondequiera que se encuentren y sea lo que sea que desempeñen, lo hagan todo para la gloria de Dios (1 Cor 10:31), conscientes de que su contribución a la causa divina nunca pasará desapercibida en la eternidad (Heb 6:10), mientras lo hagan de este modo:

Sirvan de buena gana, como quien sirve al Señor y no a los hombres, sabiendo que el Señor recompensará a cada uno por el bien que haya hecho...

Efesios 6:7-8 nvi

13 de julio

El dominio sobre la creación

«EL HOMBRE *tiene* que ejercer dominio. Es parte de su naturaleza hacerlo»

GARY NORTH[336]

Ejercer dominio es propio de la condición humana con la que Dios nos dotó desde que fuimos creados: «y dijo: "Hagamos al ser humano a nuestra imagen y semejanza. Que tenga dominio [...] y los bendijo con estas palabras: [...] llenen la tierra y sométanla; dominen a los peces [...] las aves [...] los reptiles..."» (Gn 1:26, 28; cf. Sal 8:4-8). Es tanto así que ejercer dominio, más que una necesidad del género humano, es una obligación de cuyo cumplimiento tendremos que dar cuenta. Porque el dominio humano es un dominio relativo y no opcional en la medida en que nos ha sido delegado y ordenado al mismo tiempo por Dios, que es quien en última instancia ejerce el dominio absoluto sobre su creación por medio de su Hijo Jesucristo (Jn 13:3; 1 Cor 15:24, 27-28; Flp 2:9-11; Ef 1:20-22). El ser humano nunca puede, pues, ceder ni eludir la obligación de ejercer dominio que le ha sido delegada por Dios y debería haber ejercido este dominio de acuerdo con las pautas justas establecidas por aquel que le otorgó esta facultad y le pedirá cuentas de la misma en su momento. Nuestro fracaso consiste, precisamente, en que al ejercer el dominio al que hemos sido llamados, hemos desechado las justas y constructivas pautas reveladas por Dios para ello y hemos permitido que sea el pecado quien ejerce su dominio opresivo y destructivo sobre nosotros (Ro 6:20), para nuestro propio perjuicio, el de nuestros allegados y el de nuestro entorno vital, dándole de paso ocasión a Satanás para ejercer a su vez un dominio de hecho sobre la humanidad caída que queda así —aun sin proponérselo expresamente— al servicio de su ancestral rebelión contra Dios condenada también al fracaso. La fe en Cristo revierte favorablemente este estado de cosas (Ro 6:14; Col 1:13), facultándonos en primer lugar para no dejarnos dominar, sino, por el contrario, comenzar a ejercer un dominio eficaz sobre los apetitos de nuestra propia naturaleza pecaminosa (Gal 5:23; 2 Tm 1:7; Tit 2:12; 1 P 1:13; 5:8) y, de manera consecuente, llegar a ejercer también un constructivo dominio sobre nuestro entorno en preparación para ese momento en que participemos del cumplimiento de lo anunciado por el apóstol Juan en el libro del Apocalipsis:

> *De ellos hiciste un reino; los hiciste sacerdotes al servicio*
> *de nuestro Dios, y reinarán sobre la tierra.*

Apocalipsis 5:10 NVI

14 de julio

La luz vence las tinieblas

«No HAY ningún hombre a quien no alcance alguna percepción de la *luz* eterna»

JUAN CALVINO[337]

El contraste entre la luz y las tinieblas es tan evidente a nuestra vista que la Biblia recurre a él para revelarnos muchas verdades mediante la dialéctica que se da entre estas dos realidades enfrentadas. Así, desde la misma creación el enfrentamiento entre tinieblas y luz es patente (Gn 1:2-4), así como la imposibilidad de que puedan coexistir la una al lado de la otra (2 Cor 6:14). Cristo mismo se presenta como «la luz del mundo» garantizando luego que «… el que me sigue no andará en tinieblas, sino que tendrá la luz de la vida» (Jn 8:12, cf. Jn 12:46). No por nada la luz que emana de Cristo se caracteriza porque «Esta luz resplandece en las tinieblas, y las tinieblas no han podido extinguirla» (Jn 1:5). La doctrina de la iluminación domina, por tanto, la teología cristiana y afirma que todo hombre posee en principio la suficiente luz divina para quedar sin excusa delante de Dios si decide rechazarla (Jn 3:19). De hecho aun los incrédulos son beneficiarios de la luz divina, pues todo conocimiento constructivo que el ser humano pueda alcanzar y procesar independiente de la fe, tiene su origen en el *Logos*, el Verbo (Jn 1:1, 14), o la Razón divina que asiste y encauza a la razón humana en todos los logros positivos que los hombres pueden obtener de la mano de ella. Por eso, aun quienes niegan la luz divina son de algún modo beneficiarios —por cuanto son seres racionales— de lo que atacan y rechazan de manera más o menos consciente. Pero la iluminación divina más determinante no es la que guía la racionalidad humana en la obtención de logros culturales, sino la que brinda el Espíritu Santo a los creyentes para quitar el velo que cubre el corazón (2 Cor 3:15) y ciega la mente de los incrédulos «… para que no vean la luz del glorioso evangelio de Cristo…» (2 Cor 4:4). Los creyentes somos, pues, seres privilegiados al margen de la mayor o menor cantidad de luces intelectuales que poseamos, pues por encima de ello hemos sido beneficiarios de la luz divina que más importa: la luz de la gloria de Dios que resplandece en el rostro de Cristo, a la cual fuimos llamados desde las tinieblas por soberana e inmerecida iniciativa y elección divina (1 P 2:9), de modo que suscribimos sin reservas la declaración paulina:

Porque Dios, que ordenó que la luz resplandeciera en las tinieblas,
hizo brillar su luz en nuestro corazón para que conociéramos la gloria
de Dios que resplandece en el rostro de Cristo.

2 Corintios 4:6 NVI

15 de julio

La conversión y la ética

«No DEBE ponerse ningún estándar ético como condición previa para la conversión, ni implícita ni explícitamente»

CHRISTIAN A. SCHWARZ[338]

Uno de los errores más comunes en la evangelización —tanto por parte del evangelizador como del evangelizado— es asumir o dar a entender que previo a la conversión —comprendida como el acto de voluntaria, humilde y contrita entrega por el cual el individuo se rinde por completo a Dios en la persona de Cristo— la persona debe incorporar un cambio en sus estándares éticos y en su correspondiente conducta, elevándolos sustancialmente o incluso modificándolos de manera drástica en relación con los anteriores. Esta presunción puede retrasar indefinidamente y de manera innecesaria la conversión de quien ya está preparado y listo para proceder a ella. Porque lo más que el incrédulo puede alcanzar previo a la conversión es la convicción de que sus estándares éticos son equivocados, mediante los actos de arrepentimiento y confesión, pero sin poder cambiarlos consistentemente por unos nuevos, viviendo luego de conformidad con ellos. La conversión es la única manera, no solo de modificar nuestros pecaminosos estándares éticos para ajustarlos a los divinos; sino también de comenzar a vivir acorde con ellos de manera natural, habilitados para esto por el poder del Espíritu Santo actuando en nosotros en línea con nuestra renovada voluntad de agradar a Dios con nuestra conducta. Es por esto que la Biblia declara que «… si alguno está en Cristo, es una nueva creación» (2 Cor 5:17). La Biblia nunca requiere un cambio ético en el individuo como requisito para la conversión, sino que lo único que requiere de él es arrepentimiento y fe, pues Dios sabe bien que Él es el único capaz de operar el cambio de naturaleza que la persona necesita para poder obedecer sus justas demandas éticas y al que muy seguramente ha aspirado sin ningún éxito antes de la conversión. Así, los nuevos estándares éticos asumidos por el creyente son siempre *consecuencia* natural de la conversión y nunca *causa* o *requisito* para ella. Por eso, antes de formular requerimientos éticos, la Biblia establece como condición previa la conversión que nos dota con una nueva naturaleza (Ef 4:22-24), facultada para cumplir satisfactoriamente con ellos:

Dejen de mentirse unos a otros, ahora que se han quitado el ropaje de la vieja naturaleza con sus vicios, y se han puesto el de la nueva naturaleza, que se va renovando en conocimiento a imagen de su Creador.

Colosenses 3:9-10 NVI

16 de julio

La generosidad y el diezmo

> «Sé de muchos evangelistas que no insisten, como requisito previo a la salvación, en que los creyentes den el diezmo de sus ingresos. Pero una vez se hacen cristianos aprenden que su nuevo Señor espera que ellos den ese diezmo. Esto no es algo que moleste a la mayoría de los cristianos»
>
> Peter Wagner[339]

Uno de los primeros requerimientos éticos que el recién convertido suele encontrar en su congregación es el imperativo de contribuir económicamente, de acuerdo con sus posibilidades (1 Cor 16:2; 2 Cor 8:11-15; 9:7)[340], para el sostenimiento de la iglesia y la expansión del evangelio. Esto brinda a los detractores del evangelio ocasión de atacar gratuitamente a las iglesias calificándolas de manera generalizada e injusta como «negocios» con ribetes de estafa. Pero con todo y que en algunos mediáticos y llamativos casos de excepción este juicio no esté lejos de la realidad, lo cierto es que los diezmos y las ofrendas son mandatos bíblicos que obligan al creyente en conciencia delante de Dios (Ro 13:7-8). Ante la imposibilidad de eliminar estos mandatos de la Biblia, algunos creyentes han optado por restringir su vigencia al Antiguo Testamento. Pero lo cierto es que al margen de esta discusión, el Nuevo Testamento declara de todos modos que «hay más dicha en dar que en recibir» (Hch 20:35), no solo por la satisfacción que la generosidad depara en sí misma, sino porque el que da con generosidad, recibe también de vuelta de manera tanto o más generosa en su momento, como lo establece el Antiguo Testamento (Pr 3:9-10; Mal 3:10-11) y lo ratifica el Nuevo igualmente (Lc 6:38; 2 Cor 9:6, 8-11; Gal 6:9-10). Por eso aun Theo Donner, teólogo que niega la vigencia del diezmo en el Nuevo Testamento, dice no obstante que «Practicar el diezmo voluntariamente [...] Nos ayuda a reconocer que el Señor en efecto puede suplir toda mi necesidad, aun cuando tenga que vivir con menos que antes. Es una forma de asumir mi responsabilidad frente al ministerio de la iglesia donde me enseñan de la Palabra, donde me ayudan a seguir al Señor. Y una vez que empezamos con el diezmo [...] querremos dar cada vez más [...]. Si no tiene la práctica de dar, considere la posibilidad de empezar por el diezmo»[341]. El diezmo no es, pues, un mandato que moleste de ningún modo al auténtico cristiano que entiende bien que

... Dios ama al que da con alegría.

2 Corintios 9:7 NVI

17 de julio

Los requisitos del ministerio

«EL CONCEPTO de que un ministro, por desempeñar un ministerio, y sin tener en cuenta su grado de espiritualidad y su experiencia, solo por la fuerza de la ordenación tiene una autoridad específica, no se puede encontrar ni a finales de la época del Nuevo Testamento»

EMIL BRUNNER[342]

De la Biblia y la historia de la Iglesia podemos deducir que para llegar a ser un ministro legítimo del evangelio se requiere, además de la obvia conversión a Cristo, surtir en su orden los siguientes pasos: vocación, llamado, preparación, reconocimiento y ordenación. La vocación consiste en la posesión de las aptitudes naturales, las habilidades adquiridas y el deseo necesarios para el desempeño satisfactorio del ministerio. El llamado consiste en identificar el momento oportuno señalado por Dios para aplicarse conscientemente a ello. La preparación tiene que ver con la adquisición de la experiencia pertinente[343] y el estudio diligente que garantice en el futuro ministro la posesión del conocimiento teológico mínimo requerido y su sabia y correcta aplicación a las situaciones cotidianas de la vida humana. El reconocimiento es el acuerdo que una comunidad eclesiástica —incluyendo, por supuesto, a su dirigencia— brinda a las aspiraciones del candidato a ministro y la ordenación es el acto formal de carácter litúrgico, ritual y solemne por el cual otros ministros ya reconocidos y ordenados, imparten la ordenación ministerial al nuevo aspirante. Como puede verse, la ordenación por sí sola no basta, como por arte de magia, para que un ministro ejerza su ministerio con eficacia y autoridad, si no incluye y viene acompañada por todo lo previo. Las epístolas pastorales implican todo lo anterior en sus destinatarios: los jóvenes pastores Timoteo (1 Tm 1:18-19; 4:6-8, 11-16; 6:11-14, 20; 2 Tm 1:5-6, 13-14; 2:1-6, 15, 22-26; 3:14-15; 4:1-2, 5) y Tito (Tit 2:1-10, 15), y hacen extensivas de manera explícita estas mismas condiciones a la variedad de ministros existentes en la iglesia, tales como obispos, ancianos y diáconos (1 Tm 3:1-12), concluyendo finalmente con elogiosas declaraciones para quienes asumen el ministerio al cual han sido llamados (Ro 11:29), con la reverencia y seriedad del caso, salvando con solvencia su responsabilidad delante de Dios y de la iglesia al respecto:

> *Los ancianos que dirigen bien los asuntos de la iglesia son dignos de doble honor, especialmente los que dedican sus esfuerzos a la predicación y a la enseñanza.*
>
> 1 Timoteo 5:17 NVI

18 de julio

El fundamentalismo y el temor

«GRANDES formas del fundamentalismo son, en realidad, una teología del temor»

ALFRED JÄGER[344]

La palabra «fundamentalismo» ha adquirido connotaciones nefastas muy distantes de la intención inicial que perseguía originalmente este movimiento de interpretación bíblica surgido en toldas cristianas a finales del siglo XIX y comienzos del XX. Por eso hay que recordar que el fundamentalismo fue una corriente teológica que comenzó bien, defendiendo aspectos *fundamentales* y no negociables de la doctrina cristiana que el liberalismo teológico había puesto en entredicho, pues, después de todo: «Cuando los fundamentos son destruidos, ¿qué le queda al justo?» (Sal 11:3). Sin embargo, posteriormente el fundamentalismo se volvió paranoico y estrecho de miras, al punto que ante la sola mención de su nombre la gente evoca hoy todo tipo de significados peyorativos y peligrosos. El fundamentalismo se quedó así amarrado a las interpretaciones de la Biblia excesivamente literales de su época, dando lugar a un temor patológico hacia los avances de la ciencia —en especial las ciencias bíblicas— que terminaron siendo prácticamente satanizadas y rotuladas como peligrosas para la fe. Pero la fe no puede estar guiada por el temor, sino por la confianza en Dios (2 Cor 3:4, 12; 2 Cor 5:6; Ef 3:12; Tit 3:8; Heb 3:6; 10:35; 13:6; 1 Jn 3:21). Confianza que sin excluir de ningún modo el temor de Dios (Pr 1:7), no tiene a este como su principal motivación. Porque quienes dejan que el temor se convierta en el principal estímulo para la fe son personas que terminan pasando por alto el hecho de que la causa de Dios prevalecerá finalmente contra viento y marea (Ro 16:20; 1 Jn 4:4; 5:18). Los horrores del infierno no deberían, entonces, ser el tema central de la predicación cristiana, sino tan solo el refuerzo eventual de la misma para no terminar así abusando de esta doctrina bíblica de manera superficial y manipuladora. A fin de cuentas «... ya no hay ninguna condenación para los que están unidos a Cristo Jesús» (Ro 8:1), de donde la doctrina del infierno no constituye para el cristiano la mejor manera de alimentar su fe, pues el temor que ella infunde tiene estricta aplicación sobre los incrédulos y no sobre los creyentes, plenamente convencidos del irrevocable amor de Dios por ellos en estos términos:

> *Ese amor se manifiesta plenamente entre nosotros para que en el día del juicio comparezcamos con toda confianza [...]. En el amor no hay temor, sino que el amor perfecto echa fuera el temor...*
>
> 1 Juan 4:17-18 NVI

19 de julio

Optimismo y gradualidad de la fe

«La posibilidad histórica de la victoria del evangelio de traer bendición sobre todas las naciones viene por medio de la conversión gradual [...]. Esta manera de proceder ha sido el método de Dios y la experiencia del pueblo de Dios [...] la Escritura entera respira el aire optimista de esperanza»

Keneth L. Gentry Jr.[345]

Los cristianos solemos anhelar una intervención drástica, manifiesta y terminantemente favorable por parte de Dios en las circunstancias problemáticas que nos agobian. Pero si bien no es equivocado esperar que Dios se manifieste así en su momento (Mt 24:27; Lc 21:27; Heb 9:28; Stg 5:8); también es cierto que esta esperanzada expectativa no excluye la fe en el fruto visible de ese proceso gradual por el cual el creyente se convierte cada día en una mejor persona que trabaja a su vez por mejorar su entorno, sino que la da por sentada (Mt 13:33; Lc 18:7-8; Jn 15:8, 16). El cristiano no puede, pues, sentarse a esperar la terminante intervención de Dios de manera irresponsablemente pasiva. De hecho, Dios siempre ha preferido combatir la injusticia desde dentro, de manera sutil y gradual, modificando las estructuras sociales injustas sin tener que irrumpir de manera violenta y traumática desde fuera, mediante compulsivas imposiciones por la fuerza al estilo revolución, sino mediante convincentes y razonables persuasiones, que no se logran de la noche a la mañana, sino de manera gradual. En el evangelio esa es la forma tradicional en que trabaja con el creyente individual: de dentro hacia afuera, poco a poco y de manera creciente. Transformando nuestro interior para que esta transformación se refleje de manera consistente en nuestro exterior. Las excepciones a esta norma que encontramos en el Antiguo Testamento —interviniendo de manera directa, manifiesta e irresistible— se deben a que este fue un período formativo en el cual Israel estaba adquiriendo su perfil característico como pueblo de Dios a través del cual vendría el Salvador de la humanidad. Y ciertamente Dios aún intervendrá así al final de los tiempos (1 Cor 15:51-52; Flp 3:21; Heb 12:27; 2 P 3:10, 12-13), pero mientras esto ocurre el cristiano debe ser optimistamente sensible y dócil a la acción de Dios obrando de manera sutil y gradual en su propia vida para ir transformándola para bien e influyendo de igual modo en el entorno que le rodea, pues:

> *La senda de los justos se asemeja a los primeros albores de la aurora: su esplendor va en aumento hasta que el día alcanza su plenitud.*
>
> **Proverbios 4:18** nvi

20 de julio

Dios y el gobierno humano

> «El gobierno es la idea de dios como existe sobre la tierra […]. La marcha de dios en el mundo, eso es lo que el gobierno es»
>
> Friedrich Hegel[346]

La Biblia afirma que a pesar de la rebelión humana contra Él, Dios no ha cedido ni renunciado a su sabio gobierno sobre los asuntos humanos (1 Cro 29:12; 2 Cro 20:6; Job 36:31; Sal 22:28; 59:13; 66:7; 67:3-5). Debido a ello los gobiernos humanos son, en principio, una extensión del sabio gobierno divino (Pr 8:16), al punto que puede afirmarse que «… no hay autoridad que Dios no haya dispuesto, así que las que existen fueron establecidas por él» (Ro 13:1). Esto no significa necesariamente que todos los gobernantes humanos gobiernen con la sabiduría, justicia y rectitud que sería de esperar de ellos como delegados de Dios en el gobierno. Pero sí significa que Dios no es de ningún modo un promotor de la anarquía[347] y que arreglará en su momento cuentas con todos los gobernantes humanos según haya sido su desempeño al respecto. En otras palabras, en las actuales condiciones de la existencia humana la idea de gobierno no puede pensarse sin referirla más temprano que tarde a la noción de Dios, pues en caso contrario el ejercicio del gobierno por parte del gobernante humano se desquicia al perder su natural punto de referencia. Por eso, cuanto antes se vincule con Dios el ejercicio del gobierno por parte del gobernante de turno —no solo en el discurso sino también en sus ejecutorias concretas— tanto mejor será para todos (1 Sam 12:13-15; 2 Sam 23:2-4; Pr 29:2; 1 Tm 2:1-2). En el evangelio esta vinculación directa entre el ejercicio del gobierno y Dios es mucho más puntual y concreta, puesto que Jesucristo es por excelencia y con exclusividad el Delegado divino en el gobierno del universo (1 Cor 15:24-28; Ef 1:20-22), al punto que es más que acertado referirse a Él como «Rey de reyes y Señor de señores» (Ap 19:16), quien ejerce su gobierno ya no solo de manera indirecta y mediada, a través de las autoridades humanas únicamente, sino de manera directa en el corazón y la intimidad del creyente, quien se somete voluntariamente y de buena gana a su gobierno (Col 3:15-16). Ejemplo que deberían también seguir los gobernantes, en vista de lo dicho por Dios en relación con su Hijo Jesucristo:

> «He establecido a mi rey sobre Sión, mi santo monte» […]. «Tú eres mi hijo
> —me ha dicho—; hoy mismo te he engendrado. Pídeme, y como herencia
> te entregaré las naciones; ¡tuyos serán los confines de la tierra! Las
> gobernarás con puño de hierro; las harás pedazos como a vasijas de barro.»
>
> Salmo 2:6-9 nvi

21 de julio

Los favores de Cristo

«Conocer a Cristo significa conocer sus favores»

Felipe Melanchton[348]

Conocer medianamente a Jesucristo como personaje histórico es, sin lugar a dudas, una buena ayuda para la fe. Pero lo determinante para llegar a ser un auténtico creyente es la revelación directa del «Cristo de la fe»[349] en persona. En otras palabras, conocer o saber *acerca* de Jesucristo desde el punto de vista *histórico* es algo necesario para la fe, pero conocer *personalmente* a Cristo Jesús es lo verdaderamente decisivo para la fe. Los hechos históricos relativos a la vida y la persona de Cristo son, por supuesto, relevantes y confiables y constituyen un importante y necesario fundamento para la fe cristiana, pero por sí solos no llevan a nadie a creer. Porque para ser cristiano se requiere relacionarse con Cristo de forma personal, presente, vivencial y continua. Después de todo Él no es tan solo un personaje histórico del pasado de la humanidad, sino un personaje siempre actual y contemporáneo nuestro, pues a partir de su resurrección Él vive, resucitado y ascendido, a la diestra del Padre (Sal 110:1; Mr 16:19; Hch 2:33; 5:31; 7:55-56; Ro 8:34; Col 3:1), y como tal es alguien a quien podemos invocar (Hch 2:21; Ro 10:13) y conocer personal y directamente al disponernos a experimentar en carne propia su poder y los beneficios redentores concedidos por Él al creyente (1 Sam 12:24; Sal 103:2; Flp 3:10). La fe no es, entonces, un mero conocimiento que se posee y se declara o profesa, sino una rica relación interpersonal basada en la experiencia, que se manifiesta de manera especial en los favores que Cristo otorga a los que han confiado en Él y le obedecen de todo corazón, conforme a sus promesas (2 Cro 16:9, Jer 29:11; Heb 11:6). Tal vez el caso bíblico más ilustrativo de este asunto sea el del patriarca Job quien tuvo que admitir que, más que una relación personal con Dios, lo que él tenía era información acerca de Dios (Job 42:5). Pero no se puede ser cristiano «de oídas». La fe exige un conocimiento directo y personal de Jesucristo, un encuentro con Él que pueda llevarnos a decir, gracias a la experiencia propia: «… ahora te veo con mis propios ojos». Los ojos de la fe, dando así cumplida y positiva respuesta a la oración del Señor Jesús dirigida a su Padre celestial en vísperas de su muerte redentora:

> *Padre, quiero que los que me has dado [...] vean mi gloria,*
> *la gloria que me has dado [...]. Yo les he dado a conocer quién eres,*
> *y seguiré haciéndolo…*

Juan 17:24, 26 nvi

22 de julio

El argumento del silencio

> «Al no hallar algo, los arqueólogos consideran que han demostrado algo. La "noevidencia" no es lo mismo que las evidencias»
>
> **David Merling Sr.**[350]

Una de las falacias más engañosas al argumentar es el llamado «argumento del silencio» que consiste fundamentalmente en hacer afirmaciones concluyentes sobre cualquier asunto apoyándose en la falta de evidencia en contra, desoyendo la recomendación paulina de «no ir más allá de lo que está escrito» (1 Cor 4:6). Porque el argumento del silencio no demuestra nada y todo lo que se diga a su amparo no deja de ser meramente conjetural, como lo es la osada y ligera afirmación de la inexistencia de Dios sostenida por los incrédulos apoyados en el presunto silencio divino a lo largo de la historia humana, ya que aun concediendo que Dios no se haga oír como a nosotros nos gustaría que lo hiciera, esta circunstancia no puede esgrimirse de ningún modo como una «prueba» de su inexistencia. Aun entre los creyentes no han faltado quienes interpretan el silencio de Dios como un abandono de su parte hacia su pueblo (Sal 81:12; Hab 1:13), cuando en realidad deberían interpretarlo como desaprobación de su parte hacia nuestra conducta (Sal 89:46), según lo declara acertadamente William Dembski: *«A lo largo de toda la Escritura el silencio de Dios refleja la alienación humana de Dios. A menudo la arrogancia humana produce el silencio de Dios»*.[351] Así se pronuncia Job al respecto con toda la autoridad que su integridad y experiencia le otorgan: «¿Pero quién puede condenarlo si él decide guardar silencio? ¿Quién puede verlo si oculta su rostro? Él está por encima de pueblos y personas» (Job 34:29). El silencio de Dios no puede interpretarse tampoco como indiferencia ni mucho menos como concesión suya hacia nuestras conductas cuestionables (Is 57:11). Porque lo cierto es que Dios no guarda silencio de manera indefinida (Sal 50:21; Is 42:14). Pero su voz no solo se hace oír para juzgar y condenar los pecados humanos, sino de manera especial para manifestar su amor (Is 62:1) y su perdón a quienes se acogen con fe, humildad y arrepentimiento a lo hecho por Cristo a nuestro favor, al punto que el argumento del silencio ya no puede usarse de ningún modo para desvirtuar al cristianismo, pues:

> *Dios, que muchas veces y de varias maneras habló a nuestros antepasados en otras épocas por medio de los profetas, en estos días finales nos ha hablado por medio de su Hijo...*
>
> **Hebreos 1:1-2 nvi**

23 de julio

El engaño de la autoestima

«Todos los problemas de la vida se reducen en último término al interés en el *yo*»

Martyn Lloyd-Jones[352]

El interés en el *yo* es parte de nuestra condición humana, como personas que somos y que ostentamos, por lo mismo, una individualidad a la que no podemos renunciar. Pero dependiendo de cómo se enfoque, este interés puede ser algo legítimo y constructivo, constituyéndose en uno de los factores que más dignifica la vida humana y honra a Dios como corresponde; o lo más censurable y destructivo, degradando pecaminosamente nuestra condición humana a los más bajos niveles de indignidad de una manera que resulta, además, ofensiva para con Dios. Lo que marca la diferencia entre estas dos alternativas es hacer de nuestro legítimo interés en el *yo* tan solo un *medio* para alcanzar un fin mayor, o convertir nuestro interés en el *yo* en el *fin* de la vida humana. Lo primero es algo prioritario y del todo recomendable, pues conduce al altruismo, la solidaridad compasiva —y, si se requiere, sufrida— y al correcto reconocimiento y adoración a Dios. Lo segundo es nefasto y del todo condenable, pues conduce sucesivamente al egoísmo, el egocentrismo y la egolatría. No por nada algunos afirman que «mío» no es un pronombre *posesivo* sino un pronombre *ofensivo*, al servicio del *yo*. C. S. Lewis sostenía así que el uso de este pronombre puede llegar a ser una sutil pero muy eficaz estrategia fomentada por los demonios para llegar a poner al servicio de nuestro *yo* a Dios mismo, colocando en boca del veterano demonio Screwtape las siguientes palabras: «Los humanos siempre están reclamando propiedades que resultan igualmente ridículas en el Cielo y en el Infierno, y debemos conseguir que lo sigan haciendo [...]. Damos lugar a este sentimiento de propiedad no solo por medio del orgullo, sino también por medio de la confusión. Les enseñamos a no notar los diferentes sentidos del pronombre posesivo. Las diferencias minuciosamente graduadas que van desde «mis botas» [...] hasta «mi Dios». Se les puede enseñar a reducir todos estos sentidos al [...] «mi» de propiedad»[353]. Vale la pena, entonces, recordar que en el cristianismo el amor propio[354], siendo necesario, debe estar siempre al servicio del amor a Dios y al prójimo, en ese orden (Mt 22:37-39), pues Dios es el gran «Yo soy» al que están subordinados todos los demás *yo*.

> —*Yo soy el que soy* —respondió Dios a Moisés—. *Y esto es lo que tienes que decirles a los israelitas: "Yo soy me ha enviado a ustedes."*
>
> Éxodo 3:14 nvi

24 de julio

Teología centrada en Dios

> «Es blasfemia decir que necesitamos alguna clase de teología centrada en el hombre para que tome el puesto de la tradicional teología centrada en Dios»
>
> **Jimmy Swaggart**[355]

Hablar de una teología centrada en el hombre no deja de ser un contrasentido, a no ser que se refiera a «*Jesucristo hombre*» (1 Tm 2:5), pues sin perjuicio de su plena humanidad (Jn 19:5), Jesucristo también es Dios (Col 2:9), de donde una teología centrada en Cristo es una teología que, sin dejar de tener como centro a Dios, también incluye como su principal y más positivo interés práctico al ser humano en general, en virtud de la condición humana asumida por Cristo (Jn 1:14; 1 Tm 3:16; Heb 2:14-18; 4:15). Por eso es totalmente innecesario —además de peligroso— proponer una «nueva» teología centrada en el hombre para tomar el puesto de la teología tradicional centrada, como su mismo nombre indica[356], en Dios primero que todo. Porque esta «nueva» teología no diferiría sustancialmente del humanismo secular que termina menospreciando a Dios, haciéndolo a un lado y negándolo finalmente, para el perjuicio final de la humanidad a la que se pretendía exaltar. Tenemos así una «teología» que traiciona no solo a Dios, sino al mismo hombre a quien presuntamente debía servir. Porque por simple y elemental lógica, si menospreciamos al «modelo original» en el que se basó la creación del hombre, que no es otro que Dios mismo; es inevitable que terminemos también menospreciando más temprano que tarde a todos y cada uno de los seres humanos, llamados a reflejar la *imagen y semejanza* de ese modelo original (Gn 1:26-27). En sentido inverso, si exaltamos y le damos a Dios el crédito y el lugar que merece y le corresponde —conforme a sus legítimos reclamos sobre nuestras vidas— nuestra humanidad es promovida de manera natural y casi automática al lugar privilegiado de dicha y bienestar perseguido por el humanismo, por simple añadidura (Mt 6:33), sin que tengamos que hacer de este el principal punto de nuestra agenda, ni siquiera de manera implícita. El cristiano maduro entiende bien esta dinámica y por eso no tiene ningún reparo en dar a Cristo «… el poder, la riqueza y la sabiduría, la fortaleza y la honra, la gloria y la alabanza» (Ap 5:12) y en cantar junto con toda la creación:

> … «*¡Al que está sentado en el trono y al Cordero, sean la alabanza y la honra, la gloria y el poder, por los siglos de los siglos!*»
>
> **Apocalipsis 5:13** NVI

25 de julio

Jesús: la verdad a amar

> «Si alguien me demostrara que Jesús no poseyó la verdad [...] entonces preferiría seguir con Jesús que con la verdad»
>
> Fedor Dostoievski[357]

Esta declaración es suscrita por todo cristiano auténtico que entiende que, más que una disyuntiva lógica, lo que el escritor ruso planteó aquí fue una disyuntiva afectiva. En realidad, ningún cristiano que evalúe con cabeza fría las abundantes evidencias objetivas del cristianismo y la correspondencia de estas con su propia experiencia subjetiva de conversión y vivencia de fe, concibe la posibilidad de que Cristo y la verdad se pudieran encontrar disociados entre sí, sin perjuicio de las dudas que de un modo u otro subsistirán siempre en asuntos relacionados con la fe que escapan a nuestra cabal comprensión. Porque en la experiencia del creyente la identificación entre Jesucristo y la verdad se da por sentada desde el comienzo de manera casi intuitiva, en línea con la declaración del Señor cuando dijo puntualmente «Yo soy [...] la verdad» (Jn 14:6), habiendo anunciado ya con anterioridad: «y conocerán la verdad, y la verdad los hará libres» (Jn 8:32). Porque Cristo no solo posee la verdad, sino que Él mismo es la verdad. Una verdad que, superando nuestras más optimistas expectativas, no solo va más allá del aspecto meramente conceptual y fríamente objetivo de la verdad investigado por la ciencia, sino que involucra de lleno el aspecto personal y cálidamente subjetivo de la verdad, que es el único en el que pueden surgir los afectos y el amor verdaderos que son, a su vez, lo único que puede satisfacer plenamente y llevar a su completa realización nuestra naturaleza humana. Por eso, nadie que haya disfrutado del auténtico y enriquecedor deleite de la relación afectiva íntima y profundamente interpersonal que la fe hace posible entre Cristo y el creyente, está dispuesto luego a renunciar a ella bajo ningún pretexto. Porque Cristo no es la verdad que se formula en conceptos y se llega a apreciar solo de manera intelectual, sino la verdad de carácter eminentemente personal que una vez que se da a conocer a sí mismo revelándose a nuestros corazones, no puede más que llegar a amarse con todo nuestro ser, de donde el mandamiento (Mt 22:37) no se verá entonces como algo forzado, sino como algo espontáneo y más que natural:

> *Nosotros amamos a Dios porque él nos amó primero.*
>
> **1 Juan 4:19** nvi

26 de julio

La verdad: producto social

> «La verdad [...] No es un objeto empírico; hay que entenderla como el producto de un acto social»
>
> Ernst Cassirer[358]

La verdad no es algo que se alcanza mediante diligente, calificada, metódica y sistemática investigación, como tiende a declarar la ciencia actual al restringir la noción de verdad al mero conocimiento científico basado en la experimentación. En realidad, la verdad no es *algo* que se *descubre,* sino *Alguien* a quien nos rendimos cuando se nos *revela.* Porque la verdad no es un concepto, teoría u objeto, sino una *persona.* La persona de Jesús de Nazaret (Jn 14:6). Y puesto que este entendimiento de la verdad implica una relación y trato entre personas, la persona de Cristo y la persona del creyente; la verdad tiene un carácter social ineludible. No podemos, pues, conocer la verdad en un ejercicio asocial solitario e individualista, metidos en un laboratorio sin más compañía que nuestro microscopio, nuestros tubos de ensayo y nuestro computador personal. Porque la verdad únicamente se revela en el contexto de la comunidad, siendo esta última requisito imprescindible para su revelación. No en vano Cristo no vino a edificar «creyentes» individuales, sino que vino a edificar *su iglesia* (Mt 16:18), la asamblea o el conjunto de creyentes a quienes Cristo se les revela justamente en medio del trato mutuo que sostienen el uno con el otro en el marco de la comunión cristiana. Porque si la verdad no puede ser completamente abarcada por nada de este mundo, mucho menos por cualquier individuo humano considerado de manera aislada. La comunión se hace entonces necesaria para avanzar satisfactoriamente en el conocimiento de la verdad. Porque como decía Ortega y Gasset: «Cada hombre tiene una misión de verdad»[359]. Es decir que cada ser humano tiene una perspectiva limitada pero única y como tal, válida para hacer un pequeño aporte al gran cuadro de la verdad que se alimenta con la perspectiva socialmente compartida de todos y cada uno de los hombres, pero que al final excede a la humanidad entera. El conocimiento de la verdad es, pues, algo que no se obtiene de un golpe de vista en la conversión, sino de forma permanente en el trato con el prójimo, por doloroso que pueda ser, pues es en el rostro del prójimo donde estamos llamados a ver reflejado a Cristo (Mt 18:5; 25:40), descubriendo así que

> *El hierro se afila con el hierro, y el hombre en el trato con el hombre.*
>
> **Proverbios 27:17** nvi

27 de julio

La protesta del evangelio

«La miseria religiosa es a la vez *expresión* de una verdadera miseria y la *protesta* contra la verdadera miseria»

Carlos Marx[360]

No todo era negativo para Marx en la religión al caracterizarla como «el opio del pueblo». Incidentalmente él estuvo dispuesto a reconocerle a la religión un valor positivo. Un valor de protesta contra la miseria humana (Neh 5:1-12; Job 7:11). Y si bien esta pequeña concesión de Marx a la religión no puede borrar su virulento ataque contra ella y contra el Dios que la fundamenta, si debería hacernos reflexionar sobre el papel que nuestra fe nos está llevando a desempeñar en el contexto social en el que nos desenvolvemos. Sobre todo si nos inscribimos dentro de la justamente llamada tradición *protestante* del cristianismo. Porque así como no fue posible el protestantismo sin la Reforma, tampoco es posible lograr reformas sin protestar de algún modo contra las estructuras sociales injustas, tanto en la iglesia como fuera de ella, proponiendo alternativas de mejora y corrección de estas. El teólogo protestante Paul Tillich afirmaba que la reforma de la iglesia debería ser continua y no limitarse a momentos particulares de la historia y para lograr este cometido propuso el ejercicio de lo que él llamo «el principio protestante», operando en primera instancia al interior de la iglesia de manera permanente, en línea con «La "eclessia semper reformanda" que soñó el protestantismo hace ya medio milenio»[361]. Ahora bien, hay que reconocer que muchas de las protestas humanas son improcedentes, pues carecen de la ilustración necesaria y no tienen, por lo mismo, fundamento real y de lograr concretarse están lejos de promover la verdadera justicia social (1 Sam 8:19; 10:27; 18:8; Mt 21:16; Jn 7:52; 13:8; 19:21). Sin embargo, el Señor Jesucristo comisionó de todos modos a los suyos para que protestaran solemnemente contra los que se negaran a recibir el evangelio (Mt 10:14; Mr 6:11; Lc 9:5), como advertencia contra la injusticia a la que seguirían contribuyendo y la miseria que les podría sobrevenir a causa de su negativa y los apóstoles fueron siempre obedientes a la instrucción salvando su responsabilidad al respecto (Lc 10:11, Hch 13:51; 18:6), de manera que estuvieron en condiciones de declarar con la conciencia tranquila:

Por tanto, hoy les declaro que soy inocente de la sangre de todos,

Hechos 20:26 nvi

28 de julio

Adoptados por Dios

«La adopción derrota la alienación[362]»

Keneth L. Gentry Jr.[363]

El acto jurídico de la adopción es un recurso de vieja data, siendo conocido y utilizado comúnmente tanto por los griegos como por los romanos. En Israel no era tan común debido básicamente a las diversas alternativas planteadas al problema de la carencia de hijos, tales como la apelación a Dios en oración ante la esterilidad —considerada una desgracia para las mujeres en la antigüedad—; la costumbre que permitía a la esposa ofrecer una de sus siervas a su marido en calidad de concubina, conservando para sí los derechos sobre los hijos de esta; así como la ley de levirato por la cual una viuda sin hijos podía exigir a su cuñado el otorgarle descendencia, atribuida legalmente al difunto. Sin embargo, los casos de Moisés (Ex 2:10; Hch 7:21-22), y Ester (Est 2:7, 15), personajes ambos que desempeñaron un papel determinante en el plan de Dios, son tan significativos que podría decirse que la presencia de un acto de este tipo en la Biblia permite presumir en el adoptado un propósito crucial de la Providencia. Estos casos anticipan de algún modo la formulación doctrinal que la adopción adquiere en el Nuevo Testamento en los escritos inspirados del apóstol Pablo, restringida en primera instancia al pueblo de Israel (Ro 9:4), pero ofrecida a partir de Cristo a todos los hombres que crean en él y hecha realidad en la vida del creyente por el Espíritu Santo como el sello que garantiza nuestra herencia y la consumación plena de nuestra redención (Ro 8:15-17, 23; 2 Cor 1:22; Ef 1:13; 4:30), conforme al propósito soberano de Dios (Ef 1:5), siendo este el único medio por el cual se nos confiere la calidad de legítimos hijos suyos con plenitud de beneficios, derrotando nuestra alienación (Ef 2:12-13, 18-19). Lo más maravilloso de todo es que para hacer posible la adopción del hombre por parte de Dios, fue necesario primero que Dios fuera adoptado por el hombre, evento que tuvo lugar en la persona de Jesús de Nazaret, Dios hecho hombre, pues en lo concerniente a su humanidad José no era el padre natural del Señor, sino tan solo su padre legal en virtud de la adopción que, a instancias del ángel de Dios (Mt 1:20-21; Lc 3:23), aceptó obedientemente llevar a cabo, gracias a lo cual el apóstol pudo declarar luego:

> *Pero cuando se cumplió el plazo, Dios envió a su Hijo, nacido de una mujer, nacido bajo la ley [...] a fin de que fuéramos adoptados como hijos Ustedes ya son hijos Dios ha enviado a nuestros corazones el Espíritu de su Hijo, que clama: «¡Abba! ¡Padre!» Así que ya no eres esclavo sino hijo; y [...] también heredero.*
>
> **Gálatas 4:4-7** nvi

29 de julio

La confusión del mundo

«Fuera de Cristo todo es confusión en el mundo»

Juan Calvino[364]

Por más que presumamos ver las cosas con claridad, la verdad es que el mundo sin Cristo es siempre, a la postre, víctima de la confusión. Es más, el castigo inmediato de Dios sobre la humanidad rebelde no es necesariamente la destrucción, sino la confusión. En la torre de Babel —símbolo del orgullo que lleva a la humanidad a levantarse contra Dios—, el castigo de Dios fue «confundir su idioma» (Gn 11:7), generando una confusión que hizo imposible el entendimiento constructivo entre los hombres y así ha sido desde entonces en mayor o menor grado a lo largo de la historia. Como si este estado de confusión general no fuera suficiente, Dios pronunció y ejecutó su juicio particular sobre varios grupos humanos específicos del Antiguo Testamento trayendo sobre ellos confusión (Ex 14:24; Dt 7:23; 1 Sam 7:10; 14:20; 2 R 7:6). La idolatría también conduce por sí misma a la confusión, pues «sus ídolos no son más que viento y confusión» (Is 41:29). Israel no estuvo tampoco exento de padecer la confusión cuando abandonaba a Dios de manera culpable (Dt 28:20; Ez 36:32). Y las imprecaciones de los israelitas sobre sus enemigos cuando apelaban a Dios en contra de ellos incluían la vergüenza y la confusión (Sal 6:10; 35:4, 26, 40:14; 70:2; 71:24). De hecho, los enemigos del evangelio conspiran contra la iglesia para sumirla en la confusión (Gal 1:7), y ella les hace el juego cada vez que se relaja y se vuelve tolerante hacia el pecado en sus filas, en especial las envidias y rivalidades que se terminan fomentando y consintiendo en el seno de las congregaciones cristianas, generando una confusión que termina siendo caldo de cultivo para «toda clase de acciones malvadas» (Stg 3:16). La misma condenación eterna de los impíos contumaces e impenitentes es descrita en términos de confusión perpetua (Dn 12:2). Pero a su vez Esdras y el salmista nos revelan por su propia experiencia que Dios acude a respondernos y brindarnos la ayuda que requerimos en los inevitables momentos de confusión que llegarán eventualmente a nuestra vida, independiente de cuales sean sus causas, siempre y cuando acudamos a Él con humilde arrepentimiento (Esd 9:6-9; Sal 30:6-7), para confirmar que

En mi confusión llegue a decir: «¡He sido arrojado de tu presencia!» Pero tú oíste mi voz suplicante cuando te pedí que me ayudaras.

Salmo 31:22 NVI

30 de julio

Misticismo, magia e historia

> «DONDE empieza el misticismo y la magia, termina la historia»
> CHRISTIAN A. SCHWARZ[365]

Asumir nuestra responsabilidad histórica en la época que nos ha tocado en suerte (Hch 17:26), es una de las características de una fe madura. Por el contrario, intentar huir de la historia hacia el misticismo o la magia para, desde allí, pretender manipular a Dios sin tener que asumir nuestro compromiso histórico con Él, es algo equivocado y condenable que no conlleva cambios de fondo constructivos y permanentes, ni en nosotros ni en nuestro entorno. El estudioso español Xabier Pikaza clasifica las diferentes religiones distinguiendo entre: religiones de la naturaleza, religiones de la interioridad y religiones de la historia. En el primer grupo estarían las religiones mágicas de los pueblos primitivos. En el segundo las religiones místicas del Lejano Oriente. Y en el último grupo se encontrarían las surgidas en el Medio Oriente, particularmente judaísmo y cristianismo, que son las que superan en buena hora las mentalidades mágicas y místicas de los dos grupos anteriores, para asumir su compromiso con Dios en la historia. Por eso, sin tener que renunciar al carácter revelador de la naturaleza entendida como creación de Dios (Sal 19:1; Ro 1:20), ni a la contemplativa comunión con Dios en la intimidad e interioridad de nuestro ser (Sal 51:6), el cristiano tiene que asumir su papel en la historia y *hacer* lo que Dios espera de él en el momento que le ha tocado vivir. No podemos quedarnos mirando la historia pasar apelando a ritos mágicos ejecutados desde la tribuna de la naturaleza o de la iglesia a la que pertenecemos, o cerrar los ojos al acontecer histórico desde el palco místico de nuestra interioridad, esperando que al abrirlos Dios ya lo haya transformado todo sin nuestro concurso; sino que debemos saltar al escenario para desempeñar el papel de reparto de esa «puesta en escena» que llamamos historia, cuyo protagonista y actor principal no es otro que Dios mismo en la persona de Jesucristo. Porque el misticismo está emparentado con la magia en la medida en que, al igual que esta, pretenda «utilizar las herramientas del otro mundo para lograr los objetivos de este»[366] sin utilizar al mismo tiempo de forma responsable y legítima los recursos de *este* mundo para lograr los objetivos del otro (Lc 16:8-9), como nos exhorta a hacerlo el apóstol:

> *Porque esta es la voluntad de Dios: que, practicando el bien, hagan callar la ignorancia de los insensatos. Eso es actuar como personas libres que no se valen de su libertad para disimular la maldad, sino que viven como siervos de Dios.*
> **1 Pedro 2:15-16 NVI**

31 de julio

La soberanía de Cristo y la evangelización

«LA GRAN comisión usualmente se comprende como un mandato misionero. Es eso, y mucho más. Su tema es el Cristo soberano. Es una declaración gloriosa de su soberanía[367]»

RIENK BOUKE KUIPER[368]

La Biblia atribuye a Dios la soberanía absoluta sin lugar a dudas (Jos 3:13; Jue 16:28; Job 23:13; Sal 8:1, 9; 135:5; Dn 2:47; 4:3, 17, 25, 32; 5:21; 1 Tm 6:15). Pero asimismo en ella se nos revela que, desde la creación del hombre y sin renunciar de ningún modo a su soberanía, Dios no la ejerce de manera avasalladora sobre la humanidad, sino que ha preferido hacerlo de manera más bien sutil, tras bambalinas, con sabiduría más que con fuerza y con persuasión más que con imposición, pero sin perder nunca por ello el gobierno de su creación ni la eficacia en el cumplimiento final de sus propósitos. Jesucristo comparte la soberanía de Dios no solo por derecho propio al gozar de la condición divina desde la eternidad (Jn 1:1), sino también por delegación expresa del Padre al encarnarse como hombre, sin dejar por ello de ser Dios (Is 9:6-7; Col 2:9; Ap 1:5). Y Cristo ejerce esta soberanía con una combinación aún mayor —si se quiere— de la magistral sutileza y eficacia exhibida por Dios desde la creación del hombre. Es por eso que la evangelización llevada a cabo por los creyentes en obediencia a la gran comisión recibida de Jesucristo al respecto (Mt 28:19; Mr 16:15-16), no es de ningún modo, a pesar de las eventuales apariencias en contra, un esfuerzo estéril y sin provecho. No solo debido a la garantía que tenemos de que la Palabra de Dios nunca vuelve vacía, sino que hace todo aquello para lo que fue enviada (Is 55:11), sino también porque a pesar de la evidente y anunciada oposición que el mundo ofrece a Cristo (Lc 2:34) y de los consecuentes e innegables retrocesos sociales que se presentan en el desenvolvimiento de la historia el evaluarla a la luz de la ética cristiana, bajo la superficie la causa de Dios continua avanzando hacia su plena consumación contra viento y marea (Mt 13:33), pues está respaldada por la soberanía de Cristo (Mt 28:18) y su presencia espiritual permanente para garantizar y supervisar los resultados en todos y cada uno de sus escogidos (Mt 28:20), razón que sustenta de sobra la confianza del creyente y su disposición a obedecer de buena gana la escueta instrucción paulina:

Ustedes, hermanos, no se cansen de hacer el bien.

2 Tesalonicenses 3:13 NVI

1
de agosto

Promesas o presunciones

> «Tenemos que tener cuidado de no sustituir las promesas seguras de Dios con expectativas que nos parezcan "razonables" a nosotros»
>
> **Robert B. Strimple**[369]

Una de las prácticas más insidiosas y engañosas que hace presa de cristianos sinceros pero inmaduros y poco ilustrados, es la costumbre de ajustar caprichosamente las promesas de Dios a sus circunstancias personales de manera forzada, solo para tener que reinterpretarlas luego ante su obvio y reiterado incumplimiento para no pasar así por la vergüenza de tener que reconocer y aceptar que sus expectativas fueron erradas en su momento y no fueron más que manipuladoras presunciones que pretendían poner a Dios al servicio de sus intereses de manera casi mágica. Estas prácticas traen desprestigio para el evangelio ante quienes se encuentran al margen de él como observadores y captan la naturaleza manipuladora de la fe de muchos creyentes, alimentada además por una atrevida ignorancia. Las promesas de Dios, bien interpretadas, son absolutamente seguras (Nm 23:19; Dt 18:21-22) y si no se cumplen en nuestras vidas se debe no solamente a que nosotros no hemos cumplido la *condición* establecida para recibir la correspondiente *bendición* contempladas, ambas, en la *promesa* en cuestión; sino también a que frecuentemente las hemos interpretado de manera equivocada sin identificar correctamente el tiempo de su cumplimiento (Mt 16:3; Lc 19:44; 2 P 3:9), o peor aún: a que ni siquiera se aplicaban a nuestro caso. Existen grupos más o menos sectarios o heréticos en el campo religioso actual que, por ejemplo, han fechado una y otra vez la segunda venida de Cristo malinterpretando las promesas bíblicas al respecto y han tenido que corregir reiteradamente sus equivocadas predicciones ante su manifiesto fracaso para, finalmente, reinterpretarlas de manera ambigua para poder ponerlas a salvo de una nueva y vergonzosa frustración posterior, eliminando así la posibilidad de someterlas de algún modo a la prueba de la historia. Así pues, se termina haciendo de las promesas de Dios algo tan difuso e insustancial que podemos llegar a engañarnos afirmando su cumplimiento aunque no haya ninguna evidencia de ello. Se justifica, entonces, la siguiente advertencia del Señor sobre su pueblo:

> *Por lo tanto, adviérteles que así dice el Señor omnipotente: [...] «Ya vienen los días en que se cumplirán las visiones. Pues ya no habrá visiones engañosas ni predicciones que susciten falsas expectativas en el pueblo de Israel. Porque yo, el Señor, hablaré, y lo que diga se cumplirá sin retraso...».*
>
> **Ezequiel 12:23-25** nvi

2 de agosto

Las divisiones en la iglesia

«Todos debemos considerar la división como un grave pecado»
Martyn Lloyd-Jones[370]

Las divisiones en la iglesia son lamentables en todos los casos por razones que se caen de su peso (Mt 12:25, Mr 3:24-25; Lc 11:17). Pero al mismo tiempo, cuando se dan por causa de nuestra fidelidad a Cristo (Lc 12:51-52; Jn 7:43), o de la defensa de la llamada «sana doctrina» (1 Tm 1:10; 6:3; 2 Tm 1:13; 4:3; Tit 1:9; 2:1) son inevitables e incluso, obligadas: «En primer lugar, oigo decir que cuando se reúnen como iglesia hay divisiones entre ustedes, y hasta cierto punto lo creo. Sin duda, tiene que haber grupos sectarios entre ustedes, para que se demuestre quiénes cuentan con la aprobación de Dios» (1 Cor 11:18-19). De hecho, aunque el Nuevo Testamento deplora las divisiones entre hermanos en la fe (1 Cor 1:10), declarándolas incompatibles con la condición de la iglesia como «cuerpo de Cristo» (1 Cor 12:27), por el simple hecho de que son contrarias a la noción de cuerpo (1 Cor 12:25), al mismo tiempo ordena apartarse de aquellos que, precisamente «… causan divisiones y dificultades, y van en contra de lo que a ustedes se les ha enseñado…» (Ro 16:17). Con todo, no se deben esgrimir con ligereza diferencias doctrinales de importancia secundaria para promover o justificar divisiones en la iglesia, ni mucho menos fomentarlas por causas triviales gratuitas y mezquinas. Entre estas últimas pueden mencionarse con especialidad las actitudes sectarias que, argumentando las preferencias personales por un dirigente en particular de la iglesia por encima de los demás, hacen de esto un motivo de división al promover con base en ello celos y contiendas en el seno de las congregaciones (1 Cor 1:11-12; 3:1-8). En estos casos las represiones bíblicas no se hacen esperar: «¡Cómo! ¿Está dividido Cristo? ¿Acaso Pablo fue crucificado por ustedes? ¿O es que fueron bautizados en el nombre de Pablo?» (1 Cor 1:13). Y de no atender a la segunda amonestación al respecto la Biblia nos instruye a evitar o desechar al divisionista (Tit 3:10), condenando sin contemplaciones a los que persisten en esta censurable actitud e igualándolos con esos personajes de los últimos tiempos descritos como «burladores que vivirán según sus propias pasiones impías» (Jud 1:18), a quienes se señala también como:

Estos son los que causan divisiones y se dejan llevar por sus propios instintos, pues no tienen el Espíritu.

Judas 1:19 NVI

3 de agosto

La infiltración en la iglesia

> «EL PROBLEMA de las influencias paganas y ocultas y de la infiltración subversiva ha acosado a la Iglesia desde sus mismos inicios»
>
> DAVE HUNT[371]

La infiltración ha sido una de las artimañas más eficientes utilizadas por Satanás contra la iglesia desde sus mismos orígenes con la intención de influir en ella de manera soterrada desde adentro para desdibujarla, hacerla inoperante y desprestigiarla ante el mundo que observa y se complace en ello (Mt 13:24-26; 2 Cor 2:11). Esta situación es tan patente que Dios mismo nos instruye a que, aun cuando seamos conscientes de ella y logremos identificarla, no tratemos sin embargo de revertirla antes de tiempo de manera apresurada, traumática y destructiva para la misma iglesia a la que se pretende servir (Mt 13:27-30). En los primeros siglos de nuestra era el gnosticismo[372] primero y el arrianismo[373] después, lograron infiltrarse de tal modo en la iglesia que estuvieron a punto de imponerse en ella. De hecho, una de las acusaciones contra el cristianismo formulada por sus detractores modernos es que este se dejó influir de tal modo por la cultura pagana de los griegos que terminó sacrificando de lleno su carácter único y singular y traicionando, por lo tanto, las enseñanzas originales de su fundador: el Señor Jesucristo. Y aunque esta acusación no carece de fundamento, está lejos de ser cierta pues el cristianismo original siempre se ha mantenido vigente gracias a que Dios siempre se ha reservado un remanente dentro de la iglesia que lo mantenga en alto aun en los más sombríos momentos de su historia (Is 10:21-22). Justamente, el concepto del «remanente» se refiere en la Biblia a uno de los actos más representativos de la misericordia de Dios por el cual, aun en los momentos de mayor infidelidad, desobediencia y pecado en la historia del pueblo de Israel, Dios no permitió que fueran destruidos completamente por sus enemigos en los juicios decretados por Él mismo, sino que cuidó de que siempre permaneciera siquiera un pequeño resto de judíos fieles que garantizara la posteridad del pueblo escogido por Dios (1 R 19:18). Porque desde la perspectiva divina no hay confusión al respecto. Por muy infiltrada que pueda tornarse la iglesia en un momento dado, los cristianos nos afirmamos en la esperanza confiada de que

> *A pesar de todo, el fundamento de Dios es sólido y se mantiene firme, pues está sellado con esta inscripción: «El Señor conoce a los suyos»...*
>
> **2 Timoteo 2:19** NVI

4 de agosto

La seducción de la cultura

«EL PELIGRO primordial no es la persecución por parte de la cultura sino su seducción»

DONALD BLOESCH[374]

La Iglesia de Cristo ha tenido que afrontar ataques desde diversos frentes. Por una parte, los ataques frontales y directos contra ella que se concretan en la cruenta persecución que desde el mundo se le dirige y que se resiste a desaparecer en la actualidad en todo lugar en que el cristianismo es minoría y hace presencia activa por medio de las misiones. Pero, por otra parte, el mundo también ejerce un seductor atractivo sobre amplios sectores de la iglesia por medio de la cultura secular y sus «cantos de sirena»[375]. Ahora bien, el cristiano debe hacerse sentir en el mundo para iluminarlo y contrarrestar el equivocado sistema de valores que Satanás promueve en él, pero al mismo tiempo no puede entablar amistad con este sistema de valores ni mucho menos dejarse seducir por él (Mt 5:14-16; Stg 4:4; 1 Jn 2:15-17). Esto no significa que el acto de seducción sea malo en sí mismo, pues de ser así los matrimonios y relaciones de pareja legítimas en los que la seducción entre los novios y cónyuges ha jugado un papel positivo importante en la consolidación de la relación quedarían automáticamente descalificados. Pero el acto de seducción sí es malo cuando se emplea con intenciones engañosas, perversas y corruptoras, justificando las advertencias al respecto en la Biblia (Dt 11:16; Job 36:18; Pr 2:16; 6:24; 7:5; Dn 11:32; Nah 3:4). Y aunque Dios no es nunca autor de este tipo de seducción, puede servirse de ella para hacer efectivos sus juicios sobre los impíos que no muestran temor de Dios, como el rey Acab de Israel, a la vez que pone sobre aviso contra ella a los temerosos de Dios como el rey Josafat de Judá, previniéndolo así de entrar en asociaciones peligrosas (1 R 22:20-23; 2 Cro 18:19-22). En efecto, los anuncios engañosos dados por los falsos profetas eran en algunos casos propiciados por Dios mismo para castigar la idolatría no solo de quienes consultaban a estos personajes, sino de ellos mismos (Ez 14:9-10; 2 P 2:14-22). Con todo, esto no elimina la responsabilidad personal de los que ceden a esta clase de seducción (Stg 1:14) y no prestan atención al poder de atracción de la verdad y del amor con los que Dios también seduce tiernamente a los suyos (Os 2:14), para proclamar con satisfacción y gratitud junto con el profeta:

¡Me sedujiste, Señor, y yo me dejé seducir! Fuiste más fuerte que yo,
y me venciste...

Jeremías 20:7 NVI

5 de agosto

Ecumenismo y cristianismo

> «LA TEOLOGÍA [...] es ecuménica de principio a fin [...] el futuro de la cristiandad [...] será ecuménico»
>
> **WOLFGANG HUBER**[376]

El vocablo «ecuménico» genera reacciones encontradas entre los cristianos. Para unos evoca esperanza. Para otros, apostasía y traición al evangelio. Para dejar las cosas claras hay que decir en primer lugar que el ecumenismo promovido por Roma no deja de ser muy problemático al fundamentarse de entrada en la doctrina ajena a las Escrituras de la presunta supremacía del obispo de Roma sobre la iglesia universal y la consecuente sujeción de todas las iglesias cristianas del mundo a su autoridad. Visto así: «… el ecumenismo tiene como finalidad aglutinar a todos los cristianos en una religión mundial única, con el Papa como cabeza [...]. Hay quienes no disciernen entre la empresa del Espíritu Santo, que es la unidad de la fe, y una empresa promovida por el espíritu del mundo, que es la unidad de mando humano. De la extensa literatura publicada por el Vaticano sobre el ecumenismo, se infiere que él pretende aglutinar movimientos, ideas, obras e instituciones, con el propósito de preparar la reunión, no solamente de los cristianos, sino de todas las religiones existentes»[377]. En este sentido: «Todo ecumenismo que represente sincretismo[378] es adverso a las enseñanzas bíblicas y está profetizado como señal de los tiempos terminales de la humanidad [...] una autoridad universal sobre las iglesias es impracticable y marginal a las Escrituras»[379]. Pero, por otra parte, la esperanza que la palabra «ecuménico» suscita no carece tampoco de fundamento bíblico, puesto que proviene del griego *oikumene*, que se traduce en la Biblia como «mundo» (Lc 2:1; 4:5; 21:26; Hch 11:28; 17:31). Un mundo que está llamado a ser por completo abarcado por el evangelio, como lo profetizó (Mt 24:14) y ordenó el Señor (Mt 28:19), y lo han venido obedeciendo de manera más o menos eficaz los cristianos desde entonces (Hch 17:6). No es, pues, desatinado afirmar que el futuro de la cristiandad será ecuménico y que, en consecuencia, la teología debe obedecer de un modo u otro a esta intención e interés ecuménico de Dios plenamente compartido por su Iglesia de principio a fin. Interés que debe traducirse en la práctica en estrategias de evangelización y discipulado que nos permitan salvar nuestra responsabilidad ante Dios de manera satisfactoria (Ro 10:14-15) y nos lleven a ratificar las palabras del apóstol:

> *Pero pregunto: ¿Acaso no oyeron? ¡Claro que sí! «Por toda la tierra se difundió su voz, ¡sus palabras llegan hasta los confines del mundo!».*
>
> **Romanos 10:18** NVI

6 de agosto

Objetividad o subjetividad

«Lo objetivo solo es efectivo en lo subjetivo»

Erich Seeberg[380]

Objetivo y subjetivo son dos palabras que suelen entenderse de manera equivocada, como opuestas la una a la otra. Lo *objetivo*, como su nombre lo indica, es lo relativo a los *objetos* o cosas. Lo *subjetivo* hace referencia a los *sujetos* o personas. La objetividad es vista habitualmente con buenos ojos, mientras que la subjetividad se mira con sospecha. La ciencia ha contribuido a restarle fuerza a la subjetividad al considerar solo lo que es objetivo como el criterio de verdad final y exclusivo para establecer la veracidad sobre cualquier asunto. Así, al exaltar la objetividad se termina menospreciando la subjetividad, a la cual se ve como contraria a los hechos y, por lo mismo, como poco digna de confianza. Pero lo cierto es que la objetividad no riñe necesariamente con la subjetividad sino que, bien entendidas, son no solo compatibles sino complementarias. La fe es subjetiva porque es una decisión de carácter eminentemente personal que da lugar a una relación entre personas: el creyente y Dios en la persona de Jesucristo. Como tal la fe no puede ser sometida a las demostraciones objetivas con validez universal que promueve la ciencia. Pero eso no significa que toda experiencia subjetiva —como la fe— tenga por fuerza que ser falsa y carecer de fundamento objetivo. De hecho, los datos objetivos con validez universal aportados por la ciencia solo son eficaces cuando se *viven* y *experimentan* en carne propia —es decir, de manera subjetiva— por parte de las personas particulares que conocen y comprenden estos datos. Visto así, la fe no es un salto en el vacío de la subjetividad, sin puntos de apoyo objetivos que puedan ser verificados por todos los que deseen examinarlos y tomarlos en consideración con honestidad (Lc 1:1-4; Jn 20:27; Hch 1:3; 2 P 1:16; 1 Jn 1:1), y que pueden ser puestos a prueba con ventaja en la experiencia cotidiana del creyente (Mal 3:10-11); sino una decisión sustentada en hechos objetivos comprobados a satisfacción por la primera generación de cristianos y confirmados posteriormente por la experiencia subjetiva pero real de muchas generaciones subsecuentes de cristianos (Jn 17:20; Heb 11:39; 12:3), incluyéndonos a nosotros[381], a quienes se aplican especialmente las palabras del Señor:

> ... *dichosos los que no han visto y sin embargo creen*.
>
> **Juan 20:29** NVI

7 de agosto

Los peligros de la religión

> «Puedes tener religión [...] sin conocer a Dios. Satanás no odia la religión; ha inventado la mayor parte de ella»
>
> McCandlish Phillips[382]

Satanás es uno de los principales promotores de la *religión* (Hch 17:22; 2 Cor 11:13-14) debido a que la parafernalia religiosa[383], sin ser mala en sí misma, suele servir muy bien como distractor o cortina de humo para que nos extraviemos y perdamos de vista el meollo del evangelio: la *conversión* a Cristo —y no a una religión en particular— y la *relación* viva y cotidiana con Él sostenida por el auténtico creyente. De nada sirve, entonces, cambiar una religión pagana por la religión cristiana en cualquiera de sus formas (católica, ortodoxa o protestante), si esta decisión no procede de una auténtica experiencia de conversión a Cristo y de haber comenzado a experimentar de manera consecuente la relación que Él hace posible con el creyente en virtud de su obra consumada en la cruz y en la resurrección. Lo mismo se aplica para quienes se trasladan del catolicismo al protestantismo o viceversa, muchos de los cuales lo único que han hecho es cambiar de religión y nada más, sin llegar nunca a conocer realmente a Dios. El pueblo judío era muy religioso, no obstante lo cual el Señor afirmó que su corazón estaba lejos de Él (Is 29:13; Mt 15:8; Mr 7:6). Tal vez sea inexacto afirmar —como hacen numerosos cristianos de manera un poco ligera— que el cristianismo no es una religión, pues ciertamente este posee elementos característicos de la religión de los que no puede prescindir sin experimentar pérdida en el proceso. Pero sin perjuicio de ellos, la esencia del evangelio no radica en sus elementos religiosos, sino en conocer a Dios en la persona de Jesucristo y adorarlo «en espíritu y en verdad» (Jn 4:23-24). Por eso es más adecuado sostener que el cristianismo, sin dejar de ser una religión, es en realidad mucho más que una religión. Es un estilo de vida caracterizado por una preciosa y privilegiada relación íntima y personal sostenida por el creyente con Jesucristo a partir de la conversión en nuestra nueva condición de hijos adoptados en la familia de Dios. Fue a esto a lo que se refirió el Señor Jesucristo cuando le reveló a Nicodemo la que tal vez sea la doctrina práctica más importante del cristianismo sin la cual este no es posible: la doctrina del nuevo nacimiento aludida por el Señor en estos inequívocos términos:

> *—De veras te aseguro que quien no nazca de nuevo*
> *no puede ver el reino de Dios —dijo Jesús.*
>
> **Juan 3:3** nvi

8 de agosto

Falsos avivamientos

«Bajo nuestras actuales circunstancias no precisamos de un avivamiento. Un avivamiento extenso del tipo de cristianismo que conocemos hoy en América podría resultar en una tragedia espiritual de la que no nos recuperaríamos en cien años»

AIDEN WILSON TOZER[384]

*A*vivamiento es una palabra que evoca esperanzadas expectativas en los creyentes. La Biblia da pie a estas expectativas en las oraciones de los fieles pidiendo a Dios que los «vivifique» o les otorgue *vida*, entendida esta última como una cada vez más renovada vitalidad espiritual procedente de Dios que dignifique, dinamice y transforme positivamente la existencia y la condición humana de una manera que honre a Dios al mismo tiempo. El problema es que una numerosa proporción de la cristiandad en América y en el Tercer Mundo, orientada por las rutilantes y exitosas «estrellas» del televangelismo norteamericano, ha asumido estereotipos estrechos y equivocados para el avivamiento, concibiéndolo como la simple efusión de sentimientos de euforia y exaltación extática en los creyentes, acompañados de milagros de sanidad y de prosperidad económica para los miembros individuales de la iglesia, sin que este presunto «avivamiento» tenga ningún tipo de repercusión en el carácter y la ética individual y social de sus beneficiarios, ni en la modificación favorable de las estructuras económicas y políticas injustas que agobian a muchos en la actualidad. No es, entonces, exagerado afirmar que un avivamiento de este estilo es ingenuo, cuando no malintencionado y equivocadamente triunfalista, siendo en cualquier caso trágico para la iglesia y el mundo. Porque antes que sentimientos exaltados, milagros de sanidad o prosperidad económica, lo que Dios busca es brindarnos vida renovada mediante el conocimiento y cumplimiento de sus preceptos (Sal 119:93), respaldados a su vez por sus promesas para nuestras vidas (Sal 119:50), facultándonos para ello con el poder de su Espíritu no solo para conocer su voluntad (Ro 12:2), sino para obedecerla de buena gana, pues la letra del mandamiento por sí sola acarrea muerte al no darnos el poder de obedecerlo (Gal 3:21). Poder que únicamente el Espíritu otorga para ser vivificados mediante la rendida obediencia a Dios (2 Cor 3:6), pudiendo apelar a Él así:

Señor, he sabido de tu fama; tus obras, Señor, me dejan pasmado.
Realízalas de nuevo en nuestros días, dalas a conocer en nuestro tiempo...

Habacuc 3:2 NVI

9 de agosto

Adaptación o acomodación

> «El mal predicador [...] toma las ideas de nuestra propia era y las presenta engañosamente con el lenguaje tradicional del cristianismo»
>
> C. S. Lewis[385]

La *acomodación* domina los púlpitos de muchas iglesias cristianas en las que el plato fuerte del sermón no es de ningún modo la Biblia, sino ideas y formas de pensar de moda, aderezadas o salpicadas aquí y allá de manera meramente formal con uno o dos versículos bíblicos para dar la engañosa impresión de que han sido extraídas de la Biblia y generar así confianza en el oyente hacia el mensaje que se le dirige. Con este proceder las ideologías[386] logran ganar espacio en las iglesias adquiriendo ropajes «cristianos» para engañar a los simples e inexpertos que terminan enredados en cuestionables enseñanzas del mundo, pensando que proceden de Dios. La teología liberal con su desdeñoso e irrespetuoso trato hacia la Biblia —en el mejor de los casos—, o su indiferencia casi absoluta hacia ella, termina de este modo, aun sin proponérselo, imponiéndose y triunfando en la iglesia, para el perjuicio de esta. Por todo lo anterior el creyente debe estar atento a que el centro del mensaje y enseñanzas que se le imparten desde el púlpito de su iglesia sea auténticamente bíblico, ceñido al contenido de las Sagradas Escrituras, como lo verificaban continuamente los creyentes de Berea (Hch 17:11). Porque el buen predicador logra siempre *ilustrar* eficazmente las enseñanzas tradicionales de la Biblia con situaciones, hechos o ideas provenientes del mundo para *adaptar* y *contextualizar* la Biblia a la época actual mostrando así su permanente vigencia y pertinencia, pero en este propósito debe cuidarse de no terminar *acomodando* el mensaje bíblico a los tiempos, desechándolo y traicionándolo en el proceso. La exhortación del profeta sigue, pues, en pie (Is 8:20), y se ratifica en el Nuevo Testamento con la permanente y terminante referencia que el propio Señor Jesucristo hacía a las Escrituras (Lc 16:29; 24:44; Jn 5:39), compartida a su vez por los apóstoles (2 Tm 3:16; 2 P 1:19), justificando de sobra la declaración de Pablo en su momento, que debería ser igualmente compartida, suscrita y practicada por todo predicador que tenga el privilegio de tomar la palabra en un púlpito y fiscalizada por todos sus oyentes sin excepción:

> ... así me mantengo firme, testificando a grandes y pequeños. No he dicho sino lo que los profetas y Moisés ya dijeron que sucedería: que el Cristo padecería y que, siendo el primero en resucitar, proclamaría la luz a su propio pueblo y a los gentiles.
>
> **Hechos 26:22-23** nvi

10 de agosto

Materia prima y diseño divino

«Lo que convierte materia muerta en viva no se debe [...] a una diferencia en el tipo de sustancia [...] sino [...] en su disposición, en su estructura, en su diseño particular»

FREDERIC VESTER[387]

La Biblia sugiere que, además de haberlo creado todo de la nada, la materia prima con la que Dios formó a los seres de la creación, tanto siderales como terrenales, es la misma para todos (Gn 1:1). En relación con los seres vivos de la tierra la Biblia indica lo que la experiencia confirma: nuestra composición fundamental es el polvo de la tierra (Gn 2:7; Ecl 12:7). Los griegos creían que todo lo que existe estaba constituido por *forma* y *sustancia*, siendo esta última la misma para todos y variando únicamente la primera para dar a cada ser sus características particulares. La ciencia ha confirmado de algún modo estas revelaciones e intuiciones, pues es un hecho que todo lo que existe materialmente hablando está constituido por esas partículas elementales que conocemos como protones, neutrones y electrones, ordenadas de manera más o menos diferente en los distintos átomos, moléculas, células, tejidos y demás que conforman a todos los seres de la creación. Así pues, Dios no tiene que cambiar de materia prima para llevar a cabo visibles transformaciones en los seres de la creación. Solo tiene que modificar su disposición en cada ser en particular incluyendo, por supuesto, a los seres humanos que somos tal vez quienes reflejamos una mayor y más admirable complejidad en nuestro diseño y estructura (Sal 139:13-18). Es por eso que la individualidad humana, expresada materialmente en nuestro ADN unido a la personalidad que hemos desarrollado a lo largo de nuestra existencia en este mundo, se conserva siempre de un modo u otro, aun en la resurrección de los muertos, pues el cuerpo resucitado del creyente, material y físico, pero transformado e incorruptible, guarda siempre una relación estrecha de causa y continuidad con el cuerpo mortal y corruptible que ahora tenemos y con el cual nos identificamos, como la que hay entre planta y semilla (Jn 12:23-25; 1 Cor 15:35-53). Pero mientras esto sucede con nuestro cuerpo y el universo entero (Ro 8:19-23; 2 P 3:10, 12-13), Dios está llevando ya a cabo en los creyentes una restructuración espiritual tan drástica (Ro 9:21-24), que justifica referirse a ella de este modo:

...Nos salvó mediante [...] la regeneración y [...]
la renovación por el Espíritu Santo.

Tito 3:5 NVI

11 de agosto

La erudición teológica y sus peligros

> «LA TEOLOGÍA es la disciplina en la que hemos aprendido a excusar y justificar todo [...]. Cualquiera que haya empezado a justificarse a sí mismo apelando a la teología está en manos de Satanás»
>
> DIETRICH BONHOEFFER[388]

Una de las formas más refinadas de magia es la de quienes pretenden dominar a Dios y excusarse a sí mismos por medio del estudio y el conocimiento intelectual creciente y superiormente calificado de lo divino. Parece mentira, pero lo cierto es que amplios sectores de la disciplina teológica académica, llamados a reivindicar con la mayor altura y convicción intelectual los legítimos derechos de Dios sobre nuestras vidas, han terminado más bien pretendiendo «domesticar» a Dios y ponerlo a su servicio, imponiéndole sus esquemas mentales y su agenda e intereses particulares bajo la creencia de que ya lo conocen tan bien que pueden prever y hasta inducir sus actuaciones. Asimismo, la erudición teológica lleva a algunos de sus exponentes a colocarse por encima del bien y del mal, como si el conocimiento adquirido expiara por sí solo sus propias culpas y los pusiera a cubierto de cualquier señalamiento por parte de Dios como los que afectan a los demás mortales, creyentes e incrédulos indistintamente, permitiéndoles entonces excusar y justificar sus propias faltas al tiempo que las censuran en los demás (Ro 2:17-23). Pero lo cierto es que la disciplina teológica bien entendida debería llevarnos a adquirir cada vez mayor conciencia de nuestra paradójica condición humana con todas sus grandezas y miserias, por contraste con la gloria, santidad, justicia y misericordia divinas manifestadas en Cristo, ocupándonos en esta actividad con un cada vez más apasionado y reverente «temor y temblor» (Flp 2:12), compartiendo de corazón la convicción de Santiago cuando advertía: «... no pretendan muchos de ustedes ser maestros, pues, como saben, seremos juzgados con más severidad» (Stg 3:1), que es el precio que todo creyente, teólogo o no, debe estar dispuesto a pagar con gusto, por cuanto es un hecho inevitable que, como dice Schwarz: «la fe personal siempre conduce a la reflexión teológica»[389], de tal modo que en la medida en que avancemos en el conocimiento teológico tengamos también presente al mismo tiempo la siguiente declaración que se cae de su peso y pende, por lo tanto, sobre todo creyente:

> ... porque a todo aquel a quien se haya dado mucho, mucho se le demandará; y al que mucho se le haya confiado, más se le pedirá.
>
> **Lucas 12:48** NVI

12 de agosto

El fin no justifica los medios

«No deberíamos intentar utilizar a Belcebú para espantar al demonio»
Christian Schwarz[390]

Combatir fuego con fuego suele ser peligroso y poco recomendable. Sobre todo en la iglesia, cuando para combatir una situación extrema y visiblemente destructiva dentro de ella —fomentada tras bambalinas por el diablo de manera evidente— se recurre a promover la situación que se encuentra en el otro extremo del espectro. No se puede, por ejemplo, combatir el legalismo con el libertinaje o viceversa, o el dogmatismo con el relativismo, o el fundamentalismo con el liberalismo, todas ellas posturas por igual equivocadas a pesar de que se encuentren en los extremos opuestos del espectro. De hecho, Satanás promueve los extremos sin importar de qué se traten[391], pues aunque en apariencia un extremo se encuentre muy alejado del otro, ambos están siempre emparentados de manera cercana y le hacen el juego a las intenciones destructivas del diablo y obedecen a su agenda perversa (Jn 10:10). Es por eso que la Biblia advierte contra los extremos y promueve el equilibrio y la moderación que únicamente se halla en las posiciones de centro (Ecl 7:16-18). Por otra parte, también se cae en la equivocación de pretender combatir al demonio recurriendo a Belcebú cuando se intenta hacer la obra de Dios acudiendo a los métodos del diablo bajo la maquiavélica creencia en que el fin justifica los medios. Así, no se puede predicar el evangelio contra viento y marea recurriendo a engaños o pasando de manera olímpica y desafiante por encima de la legislación de la nación a la que se pretende evangelizar, ni mucho menos imponer el evangelio a sangre y fuego sobre los evangelizados, como lo hizo la inquisición y el imperio español durante la conquista de América. Satanás fomenta y se complace en todas estas iniciativas porque sabe que su potencial destructivo es mayor cuando se llevan a cabo en el nombre de Dios. El Señor nos reveló que, contrario a lo sostenido por algunos de los que se oponían al evangelio (Lc 11:15), el reino de las tinieblas no se encuentra dividido contra sí mismo, de modo que no podemos apelar a Satanás contra los demonios (Lc 11:17-19), sino que la obra de Dios se debe hacer también con el poder de Dios, es decir, como Dios lo establece (Lc 11:20), para lograr destruir eficazmente las obras del diablo:

El que practica el pecado es del diablo, porque el diablo ha estado pecando desde el principio. El Hijo de Dios fue enviado precisamente para destruir las obras del diablo.

1 Juan 3:8 NVI

13 de agosto

El orgullo de los piadosos

> «El orgullo se puede revestir de ropajes de alabanza o de penitencia»
>
> Andrew Murray[392]

El orgullo, origen o acompañante de todos los pecados, asume formas muy variadas y sutiles para que no se le logre detectar y pueda así campear a sus anchas impunemente. Una de ellas es la alabanza dirigida a Dios para agradecerle nuestra presunta piedad superior, manifestada en actos públicos de penitencia aparatosos, afectados e hipócritas (Lc 18:9-14; Col 2:18). En efecto, hay creyentes que ceden al engaño farisaico de sentirse orgullosos de lo humildes, devotos o piadosos que son y para disfrazar este orgullo, alaban a Dios agradeciéndole por haberles concedido el nivel de espiritualidad superior del que presuntamente gozan, por encima de los demás. Encontramos de este modo cristianos que se flagelan —no solo de manera figurada, sino en ocasiones de manera literal dentro de la religiosidad popular— para exhibir después orgullosos las marcas del látigo como señal de piedad superior. Los fariseos se caracterizaban por cultivar este tipo de orgullo, manifestado típicamente mediante el ayuno y la distorsión que hacían de esta práctica legítima y siempre recomendable de la fe, como se deduce de la amonestación que el Señor le dirige a su pueblo (Is 58:1-14). En efecto, el ayuno era frecuentemente entre ellos una expresión de tristeza y abatimiento y en ocasiones de duelo, cuya práctica era aparatosa y ostentosa (Sal 35:13; 69:10), ya que se llevaba a cabo rasgándose las vestiduras y vistiéndose de luto, arrojándose al suelo y esparciendo puñados de tierra y ceniza en la cabeza a la vez que se emitían lamentos a viva voz (2 Sam 1:17-27; 18:33-19:1, 4), circunstancias que propiciaban la hipocresía en su práctica (Jl 2:13), y daban lugar a su vez a un condenable orgullo encubierto. Un orgullo que termina así manchando hasta las más encomiables y ejemplares expresiones de piedad y devoción del creyente y que justifican la instrucción del Señor de practicarlas en secreto y de manera callada para restarle fuerza a la tentación del orgullo que acecha a la piedad de manera especial (Mt 6:1-6), sin pretender entonces exhibirlas como heroicos logros personales más allá del mero cumplimiento del deber que obliga a todos los creyentes sin excepción (Lc 17:10). Así pues:

> *Cuando ayunen, no pongan cara triste como hacen los hipócritas [...]*
> *que no sea evidente ante los demás que estás ayunando, sino solo*
> *ante tu Padre, que está en lo secreto; y tu Padre, que ve lo que se hace*
> *en secreto, te recompensará.*
>
> **Mateo 6:16-18** nvi

14 de agosto

Variedad doctrinal en el cristianismo

> «El hecho de que […] haya una multitud de teologías y posiciones doctrinales tiene su justificación legítima en el hecho de que el evangelio […] se dirige a la gente de diferente identidad en situaciones y momentos totalmente diferentes»
>
> Helmut Thielicke[393]

Los aspectos doctrinales periféricos que distinguen y caracterizan a las variadas denominaciones cristianas reconocidas no deberían convertirse en un factor de división y distanciamiento mientras no involucren aspectos fundamentales y esenciales de la sana doctrina. El cristianismo admite la pluralidad en su seno, considerándola enriquecedora y estimulante tanto para la profundización teológica como para la comunión cristiana. Desde el punto de vista doctrinal, la Biblia brinda espacio suficiente para sostener diferentes opiniones y énfasis sobre aspectos no esenciales de la fe, siempre en el marco de la fraternidad cristiana (Gal 2:8-9). Sobre todo teniendo en cuenta las diferentes circunstancias, culturas e idiosincrasias de las personas a quienes se dirige el mensaje del evangelio. El apóstol Pablo declaró que en su proclamación del evangelio él siempre tomaba en consideración estas diferencias y adaptaba la predicación a ellas para que, sin prescindir de ningún modo de sus elementos más singulares y característicos, esta tuviera de cualquier modo un impacto favorable en sus oyentes y cumpliera con eficacia el efecto esperado y deseado (1 Cor 9:19-22). Es así como su mensaje a los judíos de Antioquía, conocedores de las Escrituras (Hch 13:14-41), difiere del dado a los rústicos e ignorantes habitantes de Listra (Hch 14:15-17), y estos dos a su vez no son exactamente los mismos que el proclamado entre los cultos atenienses (Hch 17:22-31). De hecho, las diferencias menores existentes entre los cuatro evangelios obedecen en gran medida a que fueron concebidos para destinatarios diferentes. Mateo fue escrito para los judíos conocedores de las Escrituras. Marcos para la mentalidad latina de los romanos de carácter práctico y poco especulativo. Lucas para los inquisitivos griegos y Juan para los creyentes ya convertidos. En conexión con ello, las diferentes posturas teológicas vigentes en la actualidad dentro del marco de la ortodoxia deberían perseguir el mismo objetivo emprendido por el apóstol:

> *No hagan tropezar a nadie, ni a judíos, ni a gentiles ni a la iglesia de Dios. Hagan como yo, que procuro agradar a todos en todo. No busco mis propios intereses sino los de los demás, para que sean salvos.*
>
> **1 Corintios 10:32-33** nvi

15 de agosto

La confesión positiva

«LA IGLESIA antes confesaba sus pecados, ahora confiesa sus derechos»
DAVE WILKERSON[394]

«Actitud mental positiva» y «confesión positiva» son expresiones del pensamiento secular extraídas del movimiento de autoayuda y autosuperación que ha invadido a Occidente, incluyendo a amplios sectores de la iglesia en donde se pretenden hacer pasar engañosamente como expresiones y prácticas con fundamento bíblico. La sobredimensionada noción secular de la autoestima o amor propio ha terminado promoviendo también en la iglesia la idea de que toda palabra, idea o pensamiento que conlleve la exaltación del ego, es siempre buena, constructiva y recomendable. Bajo esta creencia ha llegado a afirmarse que toda expresión hablada debe ser «positiva», entendiendo por «positivo» todo lo que enaltezca el «yo» y contribuya así, supuestamente, a la realización personal. De este modo, contrario al uso bíblico y habitual del término, la «confesión» ha dejado de ser un sentido, contrito y humilde reconocimiento de nuestros pecados ante Dios, acompañado del arrepentimiento y la solicitud de perdón correspondientes, para llegar a convertirse en una exigencia de derechos que se consideran privativos e intransferibles del individuo humano. La «confesión» de la iglesia ya no consiste, entonces, en aceptar la sentencia justa que Dios pronuncia sobre nuestros pecados (Esd 10:11; Neh 1:6; 9:2-3; Sal 38:18; Dn 9:20; Mt 3:6; Mr 1:5; Hch 19:18), sino en el velado reclamo que le hacemos para que Dios nos dé todo lo que creemos que nos corresponde como si no tuviera más opción. Por eso es necesario recordar que la confesión más «positiva», honesta y veraz (Mr 5:33) que un ser humano puede hacer es la de reconocer a Dios en Jesucristo (Ro 10:9-10; 14:11; Flp 2:11) y aceptar sus pecados delante de Él, pues solamente así se puede alcanzar el perdón que Dios otorga a los que acuden con esta actitud (Sal 32:5; Pr 28:13) y comenzar a disfrutar entonces de la vida preparada por Dios de antemano para cada uno de nosotros, contribuyendo de este modo a la realización de *sus* propósitos en el mundo, con la seguridad de que este es el único modo de realizarnos personalmente, ver suplidas nuestras necesidades y deseos legítimos (Mt 6:33) y cumplir el propósito para el cual fuimos creados.

Si confesamos nuestros pecados, Dios, que es fiel y justo,
nos los perdonará y nos limpiará de toda maldad.

1 Juan 1:9 NVI

16 de agosto

Dios es el término de la fe

«No hay valor ni mérito en la fe, porque deriva su eficacia no de la persona que confía sino de la persona en quien se confía»

W. H. Griffith-Thomas[395]

La fe no implica mérito alguno. En primer lugar, porque su eficacia se contrasta y enfrenta con la de las obras, entendidas estas últimas como las acciones de las que el ser humano se jacta porque considera que poseen por sí mismas valor suficiente para hacerlo merecedor de la salvación, idea rechazada por las Escrituras (Ro 4:2-5; 11:6; Ef 2:8-9), de donde si atribuimos mérito a la fe esta no sería diferente a cualquiera de las obras a las que se contrapone y sustituye. Segundo, porque la fe salvadora no procede de nuestras propias capacidades y facultades naturales, sino que siempre que surge debe verse como «el regalo de Dios» (Ef 2:8), que no podríamos ejercer si Él mismo no nos lo concede de manera gratuita y soberana (Mt 16:17; Jn 6:44, 65). Y finalmente, porque el énfasis bíblico no está *en la fe*, sino *en Dios* (Mr 11:22), siendo mucho más importante *aquel* en quien se deposita la fe, que la *cantidad* de fe depositada en Él. Por eso, a pesar de que nuestra fe sea frecuentemente demasiado raquítica, débil, pequeña y vacilante (Mt 6:30; 8:26; 14:31; 16:8; Lc 12:28), como una semilla de mostaza, puede no obstante mover montañas y desarraigar árboles (Mt 17:20; Lc 17:6), porque no es la fe la que lo logra sino Dios, que es quien finalmente honra y confiere a nuestra fe todo su potencial. Definitivamente, Dios es más grande que nuestra fe de tal modo que la mayor o menor cantidad de fe no lo obliga ni lo limita, sino que tan solo lo estimula. Los apóstoles lo entendieron bien, por lo cual acudieron al Señor para que acrecentara su siempre precaria fe (Lc 17:5), no de manera mágica sino gradual, mediante eventos de su vida en los cuales ellos fueron descubriendo que su confianza en Dios estaba más que justificada (2 Tm 1:12), pues Él no los dejaba defraudados de ningún modo (Ro 5:5; 9:33; 10:11), fortaleciendo cada vez más la fe de los discípulos que veían maravillados como su escepticismo inicial era infundado, gratamente sorprendidos por el cumplimiento que el Señor hace de sus promesas (Lc 10:17), aun teniendo las circunstancias en contra, por lo cual podemos apelar a Él en estos términos:

> —¡Sí creo! —exclamó de inmediato el padre del muchacho—.
> ¡Ayúdame en mi poca fe!
>
> **Marcos 9:24 nvi**

17 de agosto

Creyentes de un solo libro

«El que entiende solo la Biblia, realmente no la entiende»

R. A. Torrey[396]

En cierta ocasión una madre aconsejaba a su indeciso hijo adolescente sobre el regalo que podría darle a su mejor amigo con ocasión de su cumpleaños, sugiriéndole que le regalara un libro, a lo cual el muchacho respondió desechando la sugerencia, argumentando que no le parecía buena idea, pues su amigo ya tenía uno. A pesar de lo graciosa que pueda parecernos esta narración, lo cierto es que los cristianos a veces piensan que deben ser personas de un solo libro, como creía el muchacho de esta historia. Ahora bien, el cristiano debe ser un «hombre de un solo libro» si con ello se quiere indicar simplemente la prioridad y superioridad que la Biblia tiene sobre cualquier otro libro o lectura que el cristiano pueda emprender en su formación; pero es un error igualar la prioridad que la Biblia debe tener con una falsa demanda de exclusividad por parte de ella, de tal modo que su lectura impondría una prohibición sobre cualquier otra lectura diferente a ella, considerándola como algo peligroso y contrario a la ética cristiana. De hecho, creer que la Biblia demanda exclusividad en la lectura es no haber entendido la Biblia y la exigencia que ella nos hace de someterlo todo a prueba y aferrarnos a lo bueno (1 Ts 5:21; cf. 1 Jn 4:1). Justamente, la Biblia provee el criterio para identificar y seleccionar lo bueno que pueda hallarse en otras lecturas (Flp 4:8; 2 Tm 3:15-17), desechando en el proceso lo malo. Pero al mismo tiempo obliga a hacer otras lecturas a las cuales se les pueda aplicar el criterio bíblico. Dicho de otro modo, la Biblia juzga todas las demás lecturas, pero no las prohíbe ni las excluye necesariamente, sino que las da por sentadas para poder ejercer sobre ellas el examen crítico que Dios ordena. En conexión con ello, la filosofía no es algo que la Biblia condene por sí misma, sino únicamente en la medida en que existe filosofía vana y engañosa que «sigue tradiciones humanas» y «va de acuerdo con los principios de este mundo y no conforme a Cristo» (Col 2:8). Al fin y al cabo, las Escrituras afirman que «el que es espiritual lo juzga todo» (1 Cor 2:15). Pero para poder juzgar, hay que conocer antes lo que se juzga para hacerlo con justicia (Jn 7:24), lo cual nos obliga a documentarnos para poder declarar:

> ... los que buscan al Señor lo entienden todo.
>
> **Proverbios 28:5** nvi

18 de agosto

Las palabras y Dios

> «Lo que Dios dijo […] sucedió no porque Dios *lo dijera*, sino porque fue *Dios* quien lo dijo […]. El poder está en *Dios*, no en las *palabras*»
>
> Dave Hunt[397]

La Biblia nos revela que Dios llevó a cabo la creación mediante *su* palabra (Gn 1:6-7, 9, 11, 14-15, 20-21, 24, 26-27; Heb 11:3) y que toda la creación se sostiene con el poder que reside en ella (Heb 1:3). De hecho, si tenemos en cuenta que Jesucristo es el Verbo o la Palabra *de* Dios hecha hombre (Jn 1:1, 14, Ap 19:13), es comprensible que Dios haya llevado a cabo la creación mediante su palabra, pues esta no es otra que Cristo mismo, la segunda persona de la Trinidad divina participando activa y decisivamente en la creación (Jn 1:3, 10; 1 Cor 8:6; Col 1:16-17; Heb 1:2; Ap 4:11). Establecido lo anterior, no podemos olvidar que el énfasis de la expresión «palabra de Dios» está puesto en Dios y no en la palabra por sí sola. Es decir que la palabra tiene poder creativo porque es la palabra *de Dios* y no por el presunto poder de las palabras en sí mismas o por sí solas. Las palabras pronunciadas por Dios tienen poder creativo por ser Dios quien las pronuncia y no porque en las palabras exista un poder inherente de tipo mágico. Las palabras de Dios son órdenes cuyo cumplimiento está garantizado en razón a que es Dios quien las pronuncia. No podemos, por lo tanto, atribuir un poder creativo de carácter mágico a las palabras con independencia de quien las pronuncie o de a quien pertenezcan, como pretende el movimiento de la «confesión positiva» dentro de la iglesia que confiere a las palabras humanas un poder similar al de la palabra de Dios, llegando a popularizar un discutible lema que afirma que «lo que dices recibes». Ahora bien, las palabras irreflexivas pronunciadas al descuido sí pueden generar a la larga efectos imprevisibles que, como un *boomerang*, terminen volviéndose contra quien las profirió en principio, pasándole así cuenta de cobro (Pr 6:2); pero esto no sucede de manera mágica. De hecho, la Biblia nos advierte para que no nos quedemos solo en palabras (Pr 14:23). Por eso el Señor nos recomienda no hablar por hablar, pues de todo lo que digamos tendremos que darle finalmente cuenta a Él (Mt 12:36-37). No se puede, pues, atribuir a las palabras humanas más potencial que el que Dios declara:

> *Las palabras del hombre son aguas profundas, arroyo de aguas vivas, fuente de sabiduría.*
>
> **Proverbios 18:4** nvi

19 de agosto

La posesión de la Biblia

> «Si tenemos que pensar de esta manera, no es fácil entender por qué se necesita la iglesia. Leer la palabra de Dios en casa debería ser suficiente; ¡puede que incluso fuera suficiente tener un ejemplar en casa! La palabra sagrada sería, en sí misma, la revelación, sería *teoporosa*»
>
> Otto Weber[398]

El sarcasmo de la anterior declaración se explica por el hecho de que la Biblia adquiere vida con especialidad en el contexto de la comunión de la iglesia y las relaciones interpersonales que esta comunión hace posibles (Sal 133:1-3). Las enseñanzas doctrinales y normativas que la Biblia contiene pasan de ser letra muerta a Espíritu que da vida (2 Cor 3:6), cuando las ponemos en práctica en las relaciones fraternales que se generan entre los creyentes. La iglesia es, por tanto, necesaria para la correcta comprensión y aplicación de la Biblia. No basta, pues, con leer la Biblia de manera individualista[399] para poder comprenderla y aplicarla a nuestra vida correctamente. Ni mucho menos atribuirle un poder mágico por el que la mera posesión material de la Biblia —sin esforzarse por leerla y conocer en lo más mínimo su contenido— influiría constructivamente en nuestra vida y entorno, como si la presencia e influencia divina estuviera garantizada y fluyera de manera automática dondequiera que exista una Biblia física. Así lo dan a entender un amplio número de cristianos católico-romanos con la práctica supersticiosa de ubicar una Biblia en un lugar estratégico del hogar, abierta de manera permanente en el salmo 23 o el 91 indistintamente, como si esto les asegurara sin más la protección y bendición de Dios sobre sus vidas y las de sus familias. Los judíos atribuyeron en perjuicio propio un permanente poder divino a ciertos objetos relacionados con Dios en algunos lapsos de su historia (Nm 21:9; 1 Sam 4:3-11; 2 R 18:4). Y con todo y que el templo de Jerusalén fuera el lugar formalmente autorizado para la adoración (Dt 12) y que la Biblia fuera, en primera instancia, posesión del pueblo de Israel (Sal 147:19), ninguno de los dos representaron ventaja alguna para los judíos, como por arte de magia, si no adoraban a Dios en espíritu y en verdad (Jn 4:20-24), conscientes de lo que Él esperaba de ellos y obedeciéndole en todo (Jer 7:3-10), lección que debe ser aprendida por todo creyente para no dar pie a las denuncias del Señor:

> *... pero el mensaje que escucharon no les sirvió de nada, porque no se unieron en la fe a los que habían prestado atención a ese mensaje.*
>
> **Hebreos 4:2** nvi

20 de agosto

La grandeza de las bendiciones

> «Con respecto a la realidad de nuestras bendiciones espirituales en Cristo, el cumplimiento trasciende maravillosamente los términos en los cuales la promesa ha sido revelada»
>
> Robert B. Strimple[400]

La Biblia nos revela no solo lo que Dios demanda de nosotros, sino también lo que nosotros podemos esperar de Él si cumplimos las condiciones establecidas para ello. Pero estas revelaciones suelen ser muy sobrias y puntuales en sus descripciones, sin incurrir en coloridos detalles ni en excesos innecesarios o en cuestionables exageraciones que puedan hacer desbordar nuestra imaginación en direcciones equivocadas. La verdad es que cuando el lenguaje bíblico adquiere coloridos matices suele ser por causa del lenguaje *simbólico* que se está utilizando (Heb 12:22-24; Ap 21:1-22:5)[401]. Pero en los asuntos que la Biblia se toma el trabajo de describir de manera *literal*, estos son descritos de forma más bien mesurada y escueta —señalando tan solo los aspectos más contrastantes con nuestra situación actual— tal vez porque el lenguaje humano se quedará siempre corto para describir con justicia la grandeza de lo que Dios tiene reservado para los suyos (Jer 33:3; 1 Cor 2:9). En razón de ello podemos afirmar que lo que nos espera a los creyentes redimidos por Cristo supera de lejos lo que podamos concebir o alcanzar con nuestra más excelsa pero siempre finita imaginación. La Biblia afirma más bien que muchas de las cosas que Dios nos tiene preparadas en su reino son tan superiores a lo que conocemos que, en realidad, difícilmente admiten comparación con algo de este mundo en las actuales condiciones de la existencia (2 Cor 3:9-11; Ef 2:6-7). De hecho, ya desde ahora Dios nos anuncia que, en respuesta a nuestras oraciones Él puede hacer, en este tiempo «muchísimo más que todo lo que podamos imaginarnos o pedir» (Ef 3:20).Y si esto es así en las deficientes y muy imperfectas condiciones de nuestra existencia actual, cuánto más no será en las condiciones perfectas del reino futuro establecido plenamente en la tierra. Así, con base en lo revelado podemos y debemos imaginar lo que nos espera para poder anhelarlo fervientemente, pero conscientes de que la realidad de las bendiciones otorgadas por Dios en Cristo superarán con creces nuestra más colorida imaginación, llevándonos a exclamar:

> *Alabado sea Dios, Padre de nuestro Señor Jesucristo, que nos ha bendecido en las regiones celestiales con toda bendición espiritual en Cristo.*
>
> **Efesios 1:3** nvi

21 de agosto

El elogio a quien lo merece

«EL QUE se guarda un elogio, se queda con algo ajeno»

PABLO PICASSO[402]

Quedarse con algo ajeno no parece muy honesto ni compatible con la práctica cristiana. De hecho una de las calumnias dirigidas contra el Señor Jesucristo por sus acusadores era que promovía entre sus seguidores el quedarse con lo ajeno de manera desafiante (Lc 23:2). En efecto, se cae de su peso que los impuestos son algo con lo que no podemos quedarnos, pues no son nuestros sino de todos, administrados por el estado en cabeza de sus gobernantes y funcionarios, a quienes hay que pagarlos (Ro 13:6)[403]. Por eso, en oposición a las acusaciones de sus detractores, el Señor ordenó dar a cada cual lo que es justo —ya sea porque lo merece o le corresponde— sin que esto implicara ni mucho menos traicionar nuestras lealtades a Dios, sino más bien confirmarlas (Mt 22:21; Mr 12:17; Lc 20:25). Él mismo dio ejemplo pagando el impuesto del Templo, aunque en estricto rigor estuviera exento en su condición de Hijo de Dios (Mt 17:24-27). Pero lo ajeno no tiene que ver solamente con el dinero y los bienes materiales en general, sino que, en conciencia, cubre muchos más aspectos que solemos pasar por alto de manera ligera pero no por eso menos culpable. En efecto, es un deber del cristiano considerar bien «… todo lo digno de admiración […] todo lo que sea excelente o merezca elogio» (Flp 4:8). En ejercicio de esta recomendación, el apóstol Pablo no menospreciaba ni negaba los elogios a quien se hacía merecedor de ellos (1 Cor 11:2; 2 Cor 7:14), aunque, como sucedió en la iglesia de Corinto, tuviera también reproches que dirigirles. Sin embargo, los cristianos están a veces muy prestos a dirigir reproches y amonestaciones a sus hermanos, pero son a su vez muy reacios para reconocer en ellos lo que es digno de elogio. La envidia hace aquí estragos y nos imposibilita a veces para hacer lo que debemos hacer en cumplimiento de la deuda de amor permanente que tenemos para con los demás (Ro 1:14; 13:7-8), que nos debe llevar no solo a compartir con ellos de forma generosa lo que hemos recibido de Dios gratuitamente (2 R 7:9; Sal 37:21, 26; Mt 10:8), sino también a reconocerles de buena gana todo lo que en ellos merezca elogio, de modo que no provoquemos en nuestros hermanos justificadas protestas de este estilo:

> *Me he portado como un insensato, pero ustedes me han obligado a ello. Ustedes debían haberme elogiado, pues de ningún modo soy inferior a los «superapóstoles», aunque yo no soy nada.*
>
> **2 Corintios 12:11** NVI

22 de agosto

Lo nuevo en lo viejo y lo viejo en lo nuevo

> «Debes decir algo nuevo y sin embargo dices lo viejo. ¡Debes decir, desde luego, solo algo viejo; y *con todo* algo nuevo»
>
> Ludwig Wittgenstein[404]

Tradicionalmente en las iglesias protestantes evangélicas el énfasis está colocado en la predicación. Históricamente, este ha sido el fuerte y el atractivo principal de las iglesias evangélicas a partir de la Reforma: el sermón. Sin embargo, llega el momento para el creyente estudioso e inquisitivo que asiste de manera expectante, atenta y asidua a los sermones de su iglesia en que, aun a su pesar, estos pueden tornarse previsibles y poco novedosos en comparación con épocas anteriores de su vida cristiana. La novedad propia de lo que aún no se conoce cede así paso a la repetición de lo ya conocido. No obstante, por previsibles que puedan llegar a ser, estos sermones comienzan a tener el mérito no ya de enseñarle cosas nuevas a tener en cuenta, sino de recordarle las cosas viejas que desde tiempo atrás se saben bien. Por eso para el cristiano maduro el sermón suele dejar de ser la motivación principal que lo lleva a asistir cada domingo a los servicios de su iglesia, cediendo su lugar a la posibilidad siempre renovada de experimentar la comunión con sus hermanos y de adorar a Dios congregacionalmente junto a todos ellos. Pero a pesar de convertirse en una motivación secundaria, el sermón nunca deja de ser una motivación importante para llevarlo a asistir a los servicios regulares de su comunidad eclesiástica, convirtiéndose en un valor agregado a la comunión que, unido a ella, le permite moderar y hasta compensar satisfactoriamente el hecho de haber tenido que sacrificar de manera inevitable los aspectos novedosos del sermón que disfrutó en los inicios de su vida cristiana. Al fin y al cabo «—Todo maestro de la ley que ha sido instruido acerca del reino de los cielos es como el dueño de una casa, que de lo que tiene guardado saca tesoros nuevos y viejos» (Mt 13:52). Porque lo viejo no deja de ser nunca necesario, no solo por el valor que posee en sí mismo, sino también porque conserva siempre de manera latente todo el potencial de lo novedoso que emerge con fuerza cuando nuestra memoria se ve refrescada con un incisivo recordatorio de parte de Dios que necesitábamos escuchar en el momento preciso.

> *Así que recuerda lo que has recibido y oído; obedécelo y arrepiéntete...*
>
> **Apocalipsis 3:3** NVI

23 de agosto

Dios y nuestras necesidades inmediatas

«Nuestros problemas personales pierden gravedad. Dejan de ser un "asunto en el que nos va la vida"»

Anselm Grün[405]

Dios no es simplemente el Ser en quien proyectamos nuestros deseos, aspiraciones e ideales. Contrario a lo que se piensa, la experiencia del creyente con Dios no parte de una consideración de sus problemas, necesidades o deseos cotidianos e inmediatos que buscaría suplir, resolver y satisfacer en Dios, sino que la conversión es más bien el encuentro del hombre con un Ser que, lejos de responder saciando sus deseos o necesidades cotidianas más inmediatas, hace más bien que estas pierdan importancia o gravedad. En primera instancia, Dios no le procura la felicidad al ser humano satisfaciendo necesariamente sus deseos o resolviéndole sus problemas, sino colocándolos en la perspectiva correcta en la cual su resolución ya deja de ser el «asunto en el que nos va la vida». En el fondo de toda circunstancia de la vida, por difícil que sea, Dios no consuela al hombre por lo que le *da* o le *promete*, sino por lo que Él *es*. De hecho, la salvación no consiste propiamente en tener lo que Dios *da*, sino en conocer *quién es* Dios y en relacionarse con Él de manera estrecha y permanente. Dios es para el creyente el Bien Supremo[406] que trasciende de lejos todo el conjunto de bienes que podamos obtener en este mundo y echa por tierra la obsesión que a veces tenemos por ellos. Dios no es, entonces, el *medio* para la obtención de un beneficio terrenal cualquiera, por necesario que pueda ser, sino que Dios mismo es el *fin* de la vida humana que hace que cualquier beneficio terrenal pierda su importancia, por mucho que hayamos podido desearlo o necesitarlo en un momento dado. Relacionarnos con Dios en los mejores términos posibles es, pues, la meta definitiva de la vida humana y esto es algo que únicamente se logra por medio del arrepentimiento y la fe rendida en el Señor Jesucristo. Y esta relación se constituye en algo tan valioso y prioritario que lleva a todos los creyentes auténticos y maduros a suscribir personalmente las palabras de David: «¿A quién tengo en el cielo sino a ti? Si estoy contigo, ya nada quiero en la tierra» (Sal 73:25) o también las del apóstol Pablo: «todo aquello que para mí era ganancia, ahora lo considero pérdida por causa de Cristo…» (Flp 3:7-8), confirmando la instrucción y la promesa divina:

> *Así que no se preocupen diciendo: «¿Qué comeremos?» o «¿Qué beberemos?» o «¿Con qué nos vestiremos?». Porque los paganos andan tras todas estas cosas, y el Padre celestial sabe que ustedes las necesitan. Más bien, busquen primeramente el reino de Dios y su justicia, y todas estas cosas les serán añadidas.*
>
> Mateo 6:31-33 nvi

24 de agosto

Ateos no practicantes

«Soy ateo, pero no ateo practicante»

Franz Moreno[407]

Es común escuchar, sobre todo entre cristianos provenientes de la tradición católica romana, la declaración: «soy católico, pero no católico practicante», como una explicación no solicitada de su falta de vinculación con la iglesia y las prácticas tradicionales de la confesión religiosa a la cual dicen pertenecer. A lo sumo esto lo único que significa es que creen en Dios o en Jesucristo «a su manera», expresión que puede dar a entender una adhesión meramente intelectual y general al credo católico y la identificación formal con la ética cristiana tal como la promulga el catolicismo, pero manteniendo una distancia con la institución católica como tal que, presumiendo indiferencia hacia ella, lo que suele encubrir es un marcado anticlericalismo. Esto en el mejor de los casos, porque por otro lado muchos de los que se definen como católicos no practicantes lo que quieren dar a entender es que nacieron y se criaron dentro de una tradición religiosa católica romana de la cual se alejaron por completo tan pronto pudieron. Y si bien esta situación es muy típica del catolicismo romano, no es exclusiva de él, pues también se puede presentar dentro de otras ramas y tradiciones denominacionales del cristianismo en general. Sin embargo, poco se habla de la inconsecuencia de los que profesan el ateísmo sin practicarlo o sin llevarlo hasta sus últimas consecuencias prácticas. Pero este tipo de ateísmo es tan evidente en muchas situaciones que ha dado lugar a una declaración casi axiomática por la que se afirma que «no hay ateos en las trincheras». Y si bien no puede hacerse de esto un principio universal, pues hay ateos que, para su propio perjuicio «mueren en su ley», siendo consecuentes con lo que profesaron en vida al respecto, la verdad es que sí es por lo menos un principio general en el que las excepciones confirman la norma. Porque la mayoría de los ateos no lo son porque tengan razones sólidas y convincentes para no creer en Dios, sino simplemente porque eligieron vivir como si Él no existiera, hasta que se ven enfrentados a situaciones críticas que desnudan la superficialidad e inutilidad (Hch 26:14) de su ateísmo práctico y los lleva a reconocer finalmente a Dios para su propio y eterno beneficio (Is 65:1; Ro 10:20), admitiendo ya que

> ... *Fuera de mí no hay otro Dios; Dios justo y Salvador,*
> *no hay ningún otro fuera de mí.*
>
> **Isaías 45:21** nvi

25 de agosto

El Maestro y los discípulos

> «Cristo al morir no dejó documentos sino discípulos»
>
> Nicolás Gómez Dávila[408]

Muchos cristianos suponen que los evangelios se debieron escribir como resultado de la instrucción dada por el Señor Jesucristo a sus discípulos de hacerlo y creen, en consecuencia, que estos se escribieron de manera inmediata a la ascensión del Señor para no darle largas a la obediencia debida a esta tácita instrucción divina. Pero lo cierto es que al Señor no le interesaba tanto dejar documentos como dejar discípulos. Porque eran los discípulos los que estaban llamados a darle continuidad, vitalidad y credibilidad a su obra, y no los fríos documentos por sí solos, por autoritativos e inspirados que pudieran ser. De hecho, los evangelios fueron una iniciativa muy posterior llevada a cabo por la primera generación de discípulos que habían sido testigos fieles y de primera mano de la vida, obras y enseñanzas de Cristo, que se ocuparon durante casi toda su vida de transmitir estos testimonios de una manera personal, recurriendo a la tradición oral a la usanza judía, antes de decidir ponerlos por escrito, más bien hacia el final de sus vidas. De ahí la importancia que en el cristianismo cobra el discipulado, al punto que el Nuevo Testamento define casi sistemáticamente a los cristianos como discípulos más que como meros creyentes, dando por sentado que la iglesia se ocupará siempre de hacer discípulos a los nuevos creyentes que se añaden a ella y que ellos, a su vez, a raíz de su conversión estarán más que dispuestos a serlo. Porque los discípulos son en muchos casos la mejor documentación que puede exhibirse a favor del cristianismo (2 Cor 3:1-3). No en vano la gran comisión que Cristo encomendó a los suyos no consiste en ir por todo el mundo y *hacer creyentes* sino en *hacer discípulos* (Mt 28:18-20), dispuestos a escuchar, aprender, obedecer y seguir al Maestro. Los apóstoles fueron siempre fieles a esta instrucción (Hch 14:21-22) y la iglesia debería seguir asegurando el discipulado de todos sus miembros para no caer en lo que Bonhoeffer denunció como «gracia barata», abaratamiento culpable de la muy cara gracia divina llevado a cabo por la iglesia cuando, en palabras de este teólogo tiene lugar «el bautismo sin el discipulado». El creyente debe, pues, estar dispuesto siempre a ser un discípulo del Maestro:

> ... *porque tienen un solo Maestro y todos ustedes son hermanos* [...] *tienen un solo Maestro, el Cristo.*
>
> **Mateo 23:8, 10 nvi**

26 de agosto

Erudición o sabiduría

«El erudito lo sabe todo. El sabio, solo lo esencial»

Millôr Fernandes[409]

Saber solo lo esencial puede ser, a veces, mejor opción que saberlo todo. El ciego de nacimiento sanado por el Señor respondió así a los eruditos fariseos que lo interrogaban sin tregua acerca del Señor Jesucristo: «—Si es pecador, no lo sé —respondió el hombre—. Lo único que sé es que yo era ciego y ahora veo» (Jn 9:25). Este ciego sabía lo esencial. Y de momento, no necesitaba nada más. Porque con este único conocimiento seguro pudo hacer frente a sus detractores con ventaja (Jn 9:26-34). Ahora bien, siempre es preferible saber más de lo esencial. Pero sin perder nunca de vista lo esencial. Un conocimiento básico esencial debería, aun en el peor de los casos, caracterizar en toda circunstancia a los cristianos, de tal modo que puedan apelar a él para sortear con éxito las situaciones difíciles de la vida. Sobre todo porque por mucho que aprendamos, en realidad muy pocas cosas se saben con verdadera certeza. Por eso el cristiano siempre debe tener siquiera una certeza esencial que sirva de fundamento para todo su conocimiento adicional. Algo único que nadie le podrá arrebatar. Porque si se sabe lo que hay que saber, por poco que sea siempre será suficiente. En las crisis de la vida todo nuestro conocimiento, por amplio que sea, puede volverse incierto. Allí hay que recurrir a lo esencial. Es así como, en medio de su dura prueba, Job sabía lo esencial con certeza inamovible: «Yo sé que mi redentor vive, y que al final triunfará sobre la muerte. Y cuando mi piel haya sido destruida, todavía veré a Dios con mis propios ojos Yo mismo espero verlo; espero ser yo quien lo vea, y no otro. ¡Este anhelo me consume las entrañas!» (Job 19:25-27). También en la postración en que lo sumió haber negado tres veces al Señor, Pedro supo lo esencial: aún amaba al Señor (Jn 21:15-17). A Pablo le bastó saber que Dios lo conducía para desafiar lo que la prudencia recomendaba al insistir en ir a Jerusalén en contra del consejo de sus hermanos (Hch 20: 22-23; 21:10-15). Y es que para el creyente basta saberse conducido por Dios para que todo lo demás pierda importancia y pase a un segundo plano, aun los sufrimientos que por esta causa se deban eventualmente enfrentar. Porque el creyente sabio, al igual que el apóstol, sabe lo esencial:

Por ese motivo padezco estos sufrimientos. Pero no me avergüenzo, porque sé en quién he creído, y estoy seguro de que tiene poder para guardar hasta aquel día lo que le he confiado.

2 Timoteo 1:12 NVI

27 de agosto

Amansando los problemas

«La sabiduría no consiste en resolver problemas sino en amansarlos»
Nicolás Gómez Dávila[410]

En relación con los últimos tiempos y la segunda venida del Señor hay tres posturas enfrentadas dentro del cristianismo protestante evangélico: los posmilenialistas, los amilenialistas y los premilenialistas. Sin entrar a considerar sus diferentes puntos de vista en relación con la doctrina del milenio (Ap 20:1-10), sí debemos mencionar que, para efectos prácticos, los posmilenialistas son los que piensan y se esfuerzan tal vez de manera loable pero ingenuamente optimista en *resolver* todos los problemas pensando que la iglesia logrará este cometido algún día antes del regreso de Cristo. Los amilenialistas piensan más bien que los problemas, en realidad, ya están *resueltos* desde la primera venida de Cristo, aunque la evidencia al respecto en la experiencia humana sea más bien contradictoria y esté muy lejos de ser concluyente. Y los premilenialistas, si bien reconocen de manera realista los problemas y creen que estos únicamente se *resolverán* de manera definitiva con la segunda venida de Cristo, a la sombra de esto suelen entonces renunciar de manera irresponsable a siquiera intentar *amansarlos* de algún modo antes de su regreso. Por eso, todos los cristianos —independientemente de la postura y convicción interior que suscriban en relación con los eventos de los últimos tiempos— deben ser conscientes de los problemas que afectan al mundo aun después de la primera venida de Cristo y del deber que la iglesia tiene de intentar *resolverlos*, para lograr siquiera *amansarlos* haciéndolos más llevaderos, aunque no logre finalmente *resolverlos* hasta que Cristo vuelva. Después de todo, la Biblia da por sentada la existencia de problemas antes y también después de Cristo (Job 14:1; Jer 20:18; Mt 6:34; 13:21; Mr 4:17; Gal 2:4, Jud 1:4). Sin embargo, señala también que el temor de Dios y la conducta que de él se deriva ayuda a *amansarlos* de tal modo que no nos quiten el sueño (Sal 4:8; 127:2; Pr 19:23). La inquietud expresada por el Señor sobre si hallaría fe en la tierra a su regreso, tiene que ver con encontrar a la iglesia trabajando con fe para *amansar* los problemas en todos los frentes (Lc 12:43), con plena confianza en que el Señor finalmente los *resolverá* en su regreso (Lc 18:8), reconociendo, entre tanto, lo siguiente:

> Francamente, «mientras más sabiduría, más problemas;
> mientras más se sabe, más se sufre».
>
> **Eclesiastés 1:18** NVI

28 de agosto

Justicia o equidad

«La justicia es igual para todos. Ahí empieza la injusticia»

Millôr Fernandes[411]

Hay circunstancias de la vida en que la justicia demanda un trato igualitario para todos, pero la justicia deja de ser tal cuando el trato igualitario se convierte en una obligación para ella en todas las circunstancias. El trato igualitario que le reclamamos a la justicia no debe verse más que como la exigencia que la justicia tiene de juzgar con imparcialidad y nada más, pero no la de otorgar o negar beneficios o privilegios a todas las personas por igual, pues de ser así, bajo el pretexto de la justicia, se termina actuando injustamente. Al fin y al cabo la justicia no es más que dar a cada cual lo que cada cual se merece. Y es innegable que no todos merecemos lo mismo en todos los casos. Por el contrario, la justicia exige en muchas ocasiones un trato desigual para las partes. En la experiencia humana otorgamos más privilegios y responsabilidades a quienes se hacen merecedores de ellos, y los negamos o retiramos a quienes no, de la misma manera que Dios lo hace en su trato con los hombres (Mt 13:12; 25:21, 29; Lc 12:48; 16:10; 19:17). Pero hay un trato no igualitario que no puede considerarse justo, pero que tampoco constituye injusticia alguna. Se trata de la misericordia soberana que Dios otorga. Misericordia que puede despertar protestas e infundadas acusaciones de injusticia por parte del hombre hacia Dios, pero que nadie puede censurarle de ningún modo (Ez 18:25-29; Ro 3:4-6; 9:19-21), pues Él mismo declara: «Voy a darte pruebas de mi bondad, y te daré a conocer mi nombre. Y verás que tengo clemencia de quien quiero tenerla, y soy compasivo con quien quiero serlo» (Ex 33:19), añadiendo en el Nuevo Testamento: «Así que Dios tiene misericordia de quien él quiere tenerla...» (Ro 9:18). La misericordia es potestativa de Dios sin que por eso Él deje de ser justo. Los obreros del viñedo en la parábola evangélica, reconociendo que la justicia demanda un trato desigual que sea proporcional a los méritos, confundieron sin embargo la justicia con la misericordia, siendo reconvenidos por ello por el propietario del viñedo (Mt 20:8-15), dejando así establecido un muy conocido principio no igualitario de la misericordia divina en el evangelio que, sin ser injusticia, tampoco es justicia estricta:

Así que los últimos serán primeros, y los primeros, últimos.

Mateo 20:16 nvi

29 de agosto

El gobierno sabio de Dios

«Dios es un fullero, pero igual ganaría sin hacer trampa»

Franz Moreno[412]

Al tiempo que Dios ha establecido leyes para el funcionamiento adecuado del universo, también ha establecido unas reglas de juego para la humanidad por las que, a la par que concede libertad de elección irrevocable a los seres humanos para obedecer o no sus mandamientos, Él también se reserva el derecho de intervenir directamente o de limitar a voluntad el ejercicio de nuestra libertad cuando esta atente de algún modo contra sus propósitos soberanos para el mundo. En otras palabras lo que Dios determina sucede, independientemente del buen o mal uso que hagamos de nuestra libertad de elección (Is 14:24-27). Pero Dios no tiene que estar interviniendo directamente cada vez que ejercemos nuestra libertad en contra de su voluntad, pues no todo lo que sucede está determinado al detalle por Él desde siempre, puesto que Dios nos ha concedido un margen suficiente para el ejercicio de nuestra libertad. Margen dentro del cual, de un modo u otro, todos nuestros actos concurren con sus propósitos (Gn 45:5-8; 50:19-20; Hch 2:23; 3:13-15; 4:27-28). Incluso el funcionamiento del mundo material no está determinado al detalle por las leyes de la física newtoniana clásica, pues al nivel de las partículas elementales se ha descubierto lo que se designa, justamente, como «el principio de *incertidumbre* de Heisenberg», que sugiere que ya en la más básica configuración del universo, la libertad y la determinación juegan ambas un papel importante. Así, si Einstein dijo que «Dios no juega a los dados», la física cuántica diría que Dios sí juega a los dados, pero los dados están cargados. En realidad, Dios nunca hace trampa, pues sus ocasionales intervenciones directas en la historia no pueden considerarse como tal. Pero aun sin ellas, los propósitos de Dios al final siempre se cumplen. Porque sin violentar nuestra libertad de elección y, por lo tanto, sin tener que alinear siquiera nuestra voluntad con la suya, Dios tiene recursos para guiar nuestros actos a sus propósitos soberanos, pudiendo exigirnos al mismo tiempo el deber de responder por ellos (Ro 9:19-20). Dios no necesita, entonces, controlar todo al detalle, sino simplemente gobernar y guiar con sabiduría la historia hacia sus propósitos redentores:

En las manos del Señor el corazón del rey es como un río:
sigue el curso que el Señor le ha trazado.

Proverbios 21:1 NVI

30 de agosto

Las verdades a medias

«La idea peligrosa no es la falsa, sino la parcialmente correcta»
Nicolás Gómez Dávila[413]

Una verdad a medias es una mentira completa. Las verdades a medias son uno de los más ancestrales recursos de Satanás para destruir a los hombres y apartarlos de Dios mediante la desobediencia a sus mandamientos y a la fe. Ya en el jardín del Edén la serpiente mezcló la verdad con la mentira para confundir a Eva e incitar la caída en pecado de nuestros primeros padres. En realidad, la serpiente no mintió cuando dijo que seríamos como Dios, sabiendo el bien y el mal (Gn 3:5). Es decir que mediante el árbol de la ciencia del bien y del mal el ser humano adquirió conciencia del bien y del mal, pero al elevado costo de desobedecer haciendo el mal con todas sus nefastas consecuencias. Por el contrario, Dios sabe muy bien lo que es el bien y el mal, pero sin cometer el mal, a diferencia de lo sucedido con nosotros. El conocimiento adquirido no compensa de ningún modo la inocencia perdida, ni mucho menos nos iguala a Dios en algo más que la mera conciencia que compartimos con Él de poder distinguir entre el bien y el mal y nada más. Pero a la par con esta verdad, la serpiente sí mintió cuando afirmó que no moriríamos (Gn 3:4), pues a partir de entonces la muerte es el permanente acompañante de la humanidad entera. Y así como lo hizo con Eva, Satanás continúa engañando a la humanidad con verdades a medias mezcladas con mentiras. Las prácticas de las tinieblas utilizan en muchos casos como fachada temas o motivos cristianos como carnada en el anzuelo para lograr que la gente baje la guardia ante ellas y no perciba el veneno que se le está ofreciendo dentro de la bebida. La misma idea está implícita en la imagen paulina del diablo disfrazado como ángel de luz (2 Cor 11:14). Jesucristo mismo fue tentado con verdades a medias en su momento, pues Satanás llegó a utilizar las mismas Escrituras para incitar al Señor a la desobediencia, citando una porción veraz de ellas sacada de contexto (Mt 4:6). Pero el Señor respondió colocando lo citado dentro de su contexto correcto, mediante la fórmula «—También está escrito...» (Mt 4:7). Los cristianos debemos, pues, conocer el «*también*», para no ceder a las verdades a medias del diablo, pues su naturaleza se caracteriza siempre por el engaño:

> *... el diablo [...] Desde el principio [...] no se mantiene en la verdad, porque no hay verdad en él. Cuando miente, expresa su propia naturaleza, porque es un mentiroso. ¡Es el padre de la mentira!*
>
> **Juan 8:44 NVI**

31 de agosto

La crítica experiencia de la muerte

«LA MUERTE es algo que pone muy nervioso, pero después uno se tranquiliza»

FRANZ MORENO[414]

Con todo y el hecho de que «la venida de nuestro Salvador Cristo Jesús [...] destruyó la muerte y sacó a la luz la vida incorruptible mediante el evangelio» (2 Tm 1:10) y que Cristo se haya hecho hombre, precisamente, para «...librar a todos los que por temor a la muerte estaban sometidos a esclavitud durante toda la vida» (Heb 2:15), la muerte sigue siendo, aun para los creyentes, una experiencia que genera siempre algún grado de aprensión, inquietud y angustia. David apelaba a Dios pidiéndole que lo librara de la muerte apoyado en el hecho de que en la muerte ya no podría recordar a Dios y alabarlo como lo podía hacer en vida (Sal 6:4-5; 88:10-12; 115:17-18) y su hijo Salomón corroboró este juicio al afirmar que los que mueren pronto son olvidados para todo efecto práctico en esta vida (Ecl 1:11, 2:16; 9:4-5, 10). Aun el apóstol Pablo, sin dejar de sostener que para él morir era una ganancia (Flp 1:21) y que «... partir y estar con Cristo [...] es muchísimo mejor» (Flp 1:23), prefiere seguir viviendo en la medida en que la vida representa siempre la posibilidad de prestar a Dios y a los hombres un servicio útil y fructífero (Flp 1:22, 24-25). Y es que, por más certezas que hayamos obtenido de Dios en cuanto a la placidez y superioridad de nuestro destino inmediato y eterno con posterioridad a la muerte, el tránsito entre la vida y la muerte no deja de ser crítico para nadie, creyentes incluidos. La cercanía e inminencia de la muerte intranquiliza a todo el mundo aunque contemos con la certeza de que, una vez experimentada, estaremos ya tranquilos para siempre. No puede, entonces, esgrimirse la fe para reclamar una tranquilidad absoluta en el creyente que se aproxima a la muerte, ni mucho menos atribuir a la falta de fe el temor que la muerte pueda generar en el creyente que está haciendo frente a ella de manera personal. La angustia que David experimentó ante la inminencia de la muerte de su primer hijo con Betsabé es patente en el relato bíblico (2 Sam 12:14-17), pero luego, contra todo pronóstico, tan pronto murió el niño, David recuperó la tranquilidad sorprendiendo y desconcertando a todos sus preocupados cortesanos (2 Sam 12:18-21), explicando su inesperada reacción con las siguientes palabras

> ... —Es verdad que cuando el niño estaba vivo yo ayunaba y lloraba, pues pensaba: "¿Quién sabe? Tal vez el SEÑOR tenga compasión de mí y permita que el niño viva." Pero ahora que ha muerto, ¿qué razón tengo para ayunar? ¿Acaso puedo devolverle la vida? Yo iré adonde él está, aunque él ya no volverá a mí.
>
> **2 Samuel 12:22-23** NVI

1 de septiembre

La utilidad del malvado

«No TODO está perdido. Un criminal empedernido todavía sirve como mal ejemplo»

MILLÔR FERNANDES[415]

La conocida promesa bíblica que afirma que «Dios dispone todas las cosas para el bien de quienes los aman» (Ro 8:28), pasa por la utilidad que aun los pecadores más contumaces e impenitentes pueden —aun a su pesar— prestar a la causa de Dios. Al fin y al cabo: «Toda obra del SEÑOR tiene un propósito; ¡hasta el malvado fue hecho para el día del desastre!» (Pr 16:4). Así pues, el malvado cumple también un papel providencial: el de servir de escarmiento para los que observan, pues no puede negarse que, con todo y ser un mal ejemplo, el resultado visible de sus malas acciones puede cumplir un importante y gráfico papel didáctico disuasivo en quienes observan (Job 34:26; Jer 34:17; Ez 5:15; 14:8; 1 Cor 10:1-12; 1 Tm 5:20; 2 P 2:6; Jud 7). Ahora bien, «el día del desastre» incluye tanto los juicios que Dios ya ha decretado y ejecutado a lo largo de la historia, como el juicio escatológico definitivo que tendrá lugar hacia el final de los tiempos, del cual todos los anteriores son simples anuncios y anticipos. Por eso es que, de manera sorprendente, los malvados pueden salvarse de recibir lo merecido pasando sin daño por los juicios históricos ejecutados por la Providencia divina (Job 21:30), pero únicamente porque están siendo reservados para ser exhibidos como escarmiento en el día del juicio definitivo (2 P 2:9). Dios es paciente con los seres humanos por dos causas diferentes. En primer lugar y de manera principal, para darles tiempo al arrepentimiento (2 P 3:9, 15). Y en segundo lugar —pero no por eso menos importante— porque ha decidido soportar durante un tiempo a los malvados para quienes ya no existe esperanza de arrepentimiento, porque han pasado ya el punto de no retorno llegando a un nivel de endurecimiento contra Dios irreversible, con el fin de utilizarlos como medio de contraste para realzar su trato misericordioso para con sus escogidos (Jos 11:20; Ro 9:22-24). Este es el caso del faraón de Egipto en la época del Éxodo (Ex 9:16, Ro 9:17), quien habiéndose endurecido contra Dios hasta pasar el punto de no retorno (Ex 7:13, 22; 8:15, 32; 9:7, 35), fue, entonces, a su vez, endurecido aún más por Dios para poder ponerlo de escarmiento (Ex 9:12; 10:20, 27; 11:10; 14:8). Porque

> ... *Dios tiene misericordia de quien quiere tenerla,*
> *y endurece a quien él quiere endurecer.*
>
> **Romanos 9:18** NVI

2 de septiembre

La santidad y la ausencia de atractivo

> «Si hay algo que hoy sepamos bien es que algo puede ser santo no solo aunque no sea bello, sino *por* no serlo y *en la medida en* que no lo es»
>
> Max Weber[416]

La majestad o «hermosura de la santidad» (Sal 110:3 rv60) no reside en los aspectos visuales meramente estéticos que la santidad debe muy seguramente poseer. Si bien la Biblia dice de Dios algo que se cae de su peso, «El esplendor y la majestad son sus heraldos; hay poder y belleza en su santuario» (Sal 96:6), también es cierto que no siempre lo santo tiene que ser bello. Puede darse el caso, incluso, en que lo santo lo es justamente por no ser bello, siendo la carencia de belleza lo que más contribuye a su santidad. El caso concreto y sublimemente excepcional en la historia que ilustra que lo santo no es siempre bello es, por supuesto, nuestro Señor Jesucristo, de quien se dice textualmente que durante su paso histórico por este mundo «Creció [...] como vástago tierno, como raíz de tierra seca. No había en él belleza ni majestad alguna; su aspecto no era atractivo y nada en su apariencia lo hacía deseable. Despreciado y rechazado por los hombres, varón de dolores, hecho para el sufrimiento. Todos evitaban mirarlo; fue despreciado, y no lo estimamos» (Is 53:2-3). En efecto, el fascinador atractivo de la santidad que Cristo ejerció y sigue ejerciendo sobre los que le conocemos no radica, por lo pronto, en su estética visual. De hecho la semblanza de Cristo era tan del común, que debió ser señalado con un beso para poder ser identificado y distinguido de los demás (Mt 26:47-49). Pero en su pasión la santidad del Señor apareció drásticamente desfigurada (Sal 22:14-18; Is 52:14), como ha sucedido también, guardadas las proporciones, en otros casos de la historia. El hombre elefante, por ejemplo, detrás de su repulsivo aspecto ocultaba a un ser humano con una sensibilidad excepcional[417]. Y para no ir lejos, muchas personas afectadas por malformaciones congénitas severas o limitaciones mentales notorias son los que a veces dejan traslucir con más pureza los aspectos más hermosos de la condición humana que sugieren y evocan de manera muy cercana la sufriente santidad divina reflejada en la pasión de Cristo. Razón suficiente para que los cristianos sigamos la recomendación del apóstol:

> *Que la belleza de ustedes no sea la externa, que consiste en adornos tales como peinados ostentosos, joyas de oro y vestidos lujosos. Que su belleza sea más bien la incorruptible, la que procede de lo íntimo del corazón y consiste en un espíritu suave y apacible. Esta sí que tiene mucho valor delante de Dios.*
>
> **1 Pedro 3:3-4** nvi

3 de septiembre

La ambigüedad de la política

> «LOS CRISTIANOS primitivos sabían [...] que el mundo estaba regido por demonios y que quien se mete en política [...] firma un pacto con los poderes diabólicos y sabe que para sus acciones *no* es verdad que del bien solo salga el bien y del mal solo el mal, sino con frecuencia todo lo contrario»
>
> MAX WEBER[418]

En la coyuntura generada por la caída en pecado de nuestros primeros padres, el ser humano cedió su lugar de gobierno y dominio en el mundo de tal modo que es Satanás y sus demonios quienes han llegado a ejercer un dominio *de hecho*[419] en el mundo, al punto de ser designado, por lo pronto, como «príncipe de este mundo» (Jn 12:31; 14:30; 16:11) y «dios de este mundo» (2 Cor 4:4). Esto explica por qué Satanás, al tentar al Señor con el poder político sobre todos los reinos del mundo, afirmó: «—Sobre estos reinos y todo su esplendor [...] te daré la autoridad, porque a mí me ha sido entregada, y puedo dársela a quien yo quiera» (Lc 4:6), sin ser desmentido por el Señor al respecto. En efecto, por lo pronto Satanás puede hacer afirmaciones de este tipo sin faltar del todo a la verdad, pues la política es un campo en el que Él ejerce un generalizado dominio a través de los gobernantes humanos que, como Pilato, terminan sirviendo a sus intereses. Pero fue justamente a este a quien el Señor le indicó la fuente verdadera de su autoridad que no es otra que Dios mismo (Jn 19:10-11), quien tolera temporalmente que Satanás ejerza de manera indefinida un dominio directo sobre la política humana, sin que eso signifique renunciar a su sabio y sutil gobierno sobre ella, ejercido eficazmente tras bambalinas (Pr 8:16; 21:1; Ro 13:1), sirviéndose incluso de Satanás y sus «fichas» humanas para el cumplimiento de sus propósitos (Hch 2:23; 4:27-28; 1 Cor 2:8) y encomendando a la iglesia la promulgación de su victoria (Ef 3:10-11). Es debido a estos factores que la política es una actividad tan difícil —pero no imposible— de ejercer para un cristiano, por los compromisos inconvenientes a los que se puede ver abocado y por la dificultad de prever todas las consecuencias de las decisiones políticas que se tomen. Con todo, el cristiano con vocación política debe hacer presencia en ella para conquistar, con las armas de Dios (Mt 16:18; 2 Cor 10:3-5), esta fortaleza del enemigo que él considera equivocadamente como inexpugnable:

> *Pónganse toda la armadura de Dios para que puedan hacer frente a las artimañas del diablo [...] para que cuando llegue el día malo puedan resistir hasta el fin con firmeza.*
>
> **Efesios 6:11, 13** NVI

4 de septiembre

Apuntalando los fundamentos

> «La noción de verdad ya no subsiste y el fundamento ya no obra, pues no hay ningún fundamento para creer en el fundamento»
>
> Gianni Vattimo[420]

La posmodernidad se caracteriza por ser una época en la que ya no se cree en la existencia de fundamentos firmes, absolutos y confiables sobre los cuales se pueda construir con seguridad, bajo la presunción de que no hay una verdad final que sirva de apoyo para las construcciones humanas. Discurrir sobre los fundamentos se ve entonces como una labor sin fundamento. Esta perspectiva se ve reforzada por la mala imagen que tienen los fundamentalismos de toda estirpe, incluyendo el cristiano, con su innegable intolerancia y estrechez de miras. Pero prescindir de los fundamentos para resolver los problemas generados por los fundamentalismos nos deja en una posición en que el remedio es peor que la enfermedad. Por el contrario, la Biblia advierte que la destrucción de los fundamentos nos deja sin nada sobre lo cual edificar (Sal 11:3). Dios mismo establece su trono sobre los fundamentos de la justicia y el derecho (Sal 89:14). En el Nuevo Testamento Jesucristo es «la piedra del ángulo» (Ef 2:20), único fundamento seguro sobre el cual construir (1 Cor 3:11). Los apóstoles y profetas, afirmados en Cristo, son a su vez el fundamento sobre el cual la iglesia se construye. Y la iglesia misma es descrita como «columna y fundamento de la verdad» (1 Tm 3:15). Todos estos fundamentos avalados por Dios mismo son sólidos y se mantienen firmes a pesar de los intentos y ataques que el pensamiento posmoderno les dirige para tratar de derribarlos, pues están sellados con esta maravillosa inscripción: «El Señor conoce a los suyos» (2 Tm 2:19). En efecto, el Señor sabe con certeza absoluta quienes le pertenecen y forman parte irrevocable de su pueblo a pesar de lo abigarrada, mezclada e incluso cuestionable que pueda verse a veces la iglesia desde la óptica humana del mundo. Pero la iglesia tiene, por encima de todo, un deber ineludible que con frecuencia tiende a descuidar brindando así excusas a sus detractores para poder cuestionarla. Este deber no es otro que avanzar hacia la madurez, propósito en el cual dejar bien establecidos los fundamentos correctos es una obligación que se da por descontada:

> *Por eso, dejando a un lado las enseñanzas elementales acerca de Cristo, avancemos hacia la madurez. No volvamos a poner los fundamentos...*
>
> **Hebreos 6:1** nvi

5 de septiembre

Los peligros del carisma

> «La dominación en virtud de la entrega del que obedece al "carisma" puramente personal del "líder" […] arraiga en su más alta expresión la idea de la *vocación* […] significa que él personalmente figura como el guía de los hombres […] no en virtud de una costumbre o de una ley, sino porque creen en él»
>
> Max Weber[421]

La «autoridad carismática», por contraste con la autoridad tradicional que radica en el respaldo institucional y en la verificada y reconocida capacitación formal del dirigente eclesiástico de turno, está basada, como su nombre indica, en el carisma del líder. En la Biblia el carisma, más que una posesión innata desarrollada por el individuo que lo califica favorablemente y le permite sobresalir por encima de los demás, es un don recibido de Dios de manera gratuita e inmerecida, independientemente de que con esta palabra se haga referencia exclusivamente a los dones milagrosos otorgados por el Espíritu Santo (1 Cor 12:4-10, 28-30) —como lo entienden las iglesias pentecostales y carismáticas— o también a otro tipo de dones no milagrosos pero siempre funcionales y pertinentes para ejercer eficazmente el liderazgo (Ro 12:6-8; 1 Cor 1:7; 7:7; 1 P 4:10). Sea como fuere, el liderazgo carismático en la iglesia se vive, entonces, como una vocación personal que responde a un llamado de Dios sobre la vida del líder (Ro 11:29). La convicción personal de este llamado por parte del líder es fundamental para poder atraer seguidores que estén igualmente convencidos de su carisma. Pero lo que sus seguidores deben estar siempre verificando y examinando en sus carismáticos dirigentes no es solamente la vigencia y funcionalidad de los carismas o dones como tales, sino antes que nada que estos vengan acompañados en el líder por una conducta personal que refleje el carácter santo de Cristo tal y como este se manifiesta en el llamado «fruto del Espíritu», constituido en su conjunto por: «amor, alegría, paz, paciencia, amabilidad, bondad, fidelidad, humildad y dominio propio» (Gal 5:22-23). Fruto y dones del Espíritu Santo deben, pues, calificar por igual al líder y no solamente los dones. De hecho el fruto tiene mayor importancia que los dones en un momento dado (Mt 7:16, 20), si no para ejercer con éxito el liderazgo, si para obtener la aprobación final de Dios cuando nos presentemos ante de Él:

> Muchos me dirán en aquel día: «Señor, Señor, ¿no profetizamos en tu nombre, y en tu nombre expulsamos demonios e hicimos muchos milagros?». Entonces les diré claramente: «Jamás los conocí. ¡Aléjense de mí, hacedores de maldad!».
>
> Mateo 7:22-23 nvi

6 de septiembre

El amor alcahuete

«Por amor humano servimos de santuario para los farsantes y los no creyentes»

Dietrich Bonhoeffer[422]

Los criterios por los que se guía el amor humano pueden ser equivocados y hasta opuestos a los criterios que guían el amor divino. Así, por ejemplo, el amor de Dios protege, pero no encubre, mientras que el amor humano, presumiendo hacer lo mismo, con frecuencia lo que hace es justamente lo contrario. En el antiguo Israel Dios estableció las ciudades de refugio para la protección de los homicidas no intencionales (Ex 21:13; Nm 35:9-15; Dt 4:41-43; 19:1-13; Jos 20), con el fin de que tuvieran derecho al debido proceso y no fueran ejecutados de manera sumaria por el «vengador del delito de sangre» en cumplimiento de la ley del talión (Ex 21:23-24; Lv 24:20-21). De manera similar, los fugitivos que buscaban salvar su vida de manos de sus perseguidores acudían a aferrarse a los cuernos del altar del santuario (1 R 1:50-53), pero al igual que las ciudades de refugio, el santuario no protegía de manera automática a todos los que se acogían a él con independencia de su conducta (1 R 2:18-34), como puede llegar a presumirlo el imperfecto amor humano cuando, pretendiendo ser más misericordioso que el amor divino, confiere al santuario un poder mágico de protección para todo el que se acoja a él sin importar lo que haya hecho y de este modo se termina contribuyendo a transformar en cueva de ladrones o en santuario para farsantes y no creyentes lo que estaba llamado a ser casa de oración (Jer 7:3-15; Mt 21:13; Mr 11:17; Lc 19:46). La iglesia no puede, pues, prescindir de la disciplina ejercida sobre sus miembros cuando esta sea necesaria (Heb 12:5-6). Prescindir de la disciplina es encubrir, mientras que ejercerla cuando es necesario, por dolorosa que pueda ser para el que está siendo disciplinado es, a la larga, protegerlo de consecuencias mucho más severas e irreversibles al corregir conductas que pueden llegar a ser cada vez más autodestructivas para quienes incurren en ellas de manera creciente y reiterada (1 Cor 5:5; 11:32; 1 Tm 1:20; Heb 12:11). Por eso, al apelar a la misericordia divina los creyentes deben recordar que «absolver al culpable y condenar al inocente son dos cosas que el Señor aborrece» (Pr 17:15; cf. 1 R 8:32; 2 Cro 6:23), y que nos obliga a exclamar junto a Moisés:

Ahora, Señor, ¡deja sentir tu poder! Tú mismo has dicho que eres lento para la ira y grande en amor, y que aunque perdonas la maldad y la rebeldía, jamás dejas impune al culpable, sino que castigas la maldad…

Números 14:17-18 nvi

7 de septiembre

El amor y sus demostraciones

«Esta vida oculta del amor se puede ver por sus frutos, porque hay un anhelo en el amor de ser conocido por sus frutos»

Sören Kierkegaard[423]

La vida cristiana debe caracterizarse por el amor (Mt 22:37-40). Pero el amor no debe verse como un sentimiento inasible, vago y etéreo cuya presencia no admite comprobación de ningún tipo. No en vano la sabiduría popular reza «obras son amores y no buenas razones». En efecto, el amor cristiano sí puede y debe exhibir pruebas tangibles de su existencia. El «fruto del Espíritu» tiene en la Biblia como su primer y tal vez principal componente al amor, pero enseguida se añaden características adicionales de este fruto que, procediendo de un modo u otro del amor, son las que nos permiten verificar de manera palpable y visible el ejercicio práctico del amor (Gal 5:22-23) y justifican las alusiones repetidas del Señor Jesucristo al papel que el fruto cumple en la vida cristiana para distinguir a quienes únicamente aman de palabra de los que aman verdaderamente y lo demuestran con su conducta (Mt 7:16, 20; Lc 6:43-45; Jn 15:1, 5, 16-17). Después de todo, Dios no se quedó en las palabras solamente en lo que respecta a su manifiesto amor por nosotros, sino que mostró su amor de una manera palpable e incuestionable (Ro 5:8; 1 Jn 3:16), razón por la cual puede requerir de nosotros que lo imitemos, censurando al mismo tiempo el amor que se queda únicamente en declaraciones y nada más (Jn 13:34; 1 Jn 3:17-18). Asimismo, el apóstol Pablo, después de identificar al amor como «un camino más excelente» (1 Cor 12:31) y superior incluso al mero ejercicio ostentoso de los dones milagrosos del Espíritu Santo, se toma el trabajo de recordarnos de nuevo el papel que el amor ocupa como la motivación principal que califica nuestra conducta aprobándola o reprobándola a los ojos de Dios (1 Cor 13:1-3) y de relacionar, además, muchos mecanismos de comprobación visible y palpable para el amor (1 Cor 13:4-7), puntualizando finalmente que el amor, a diferencia de todo lo demás, nunca perderá vigencia (1 Cor 13:8, 13). Es a la luz de todo lo anterior que el Señor estableció el amor como la prueba definitiva por la que todos los que observan sabrán con certeza que somos verdaderamente sus discípulos:

De este modo todos sabrán que son mis discípulos,
si se aman los unos a los otros.

Juan 13:35 NVI

8 de septiembre

La reputación de Dios

«Las misiones existen por razones del amor de Dios. Fluyen por un amor a la gloria de Dios y por el honor de su reputación»

John Piper[424]

El honor de la reputación de Dios da pie a una forma de recurrir a Él bien documentada en la Biblia y que consiste en invocarlo apelando en primera instancia, no a nuestras necesidades inmediatas, sino a los aspectos revelados de su carácter que son ya plenamente conocidos por todos los suyos por experiencia propia. Así, apoyándose en la buena reputación de Dios y en la manera en que Él honra esa reputación, el salmista da por sentado el hecho de que Dios le infundirá nuevas fuerzas cuando sea requerido y lo guiará igualmente por sendas de justicia (Sal 23:3). Asimismo, apoyados en la gloria de su nombre, tanto Asaf como David dan también por descontada la ayuda y liberación que esperan de Dios (Sal 79:9; 109:21), testificando de ellas en su momento como hechos cumplidos (Sal 106:8). Dios mismo afirma que se abstiene de manifestar su justa ira sobre su pueblo para honrar su buen nombre entre ellos (Is 48:9-11; Ez 20:44), algo que también parecen tener en cuenta los profetas cuando interceden ante Dios en nombre del pueblo (Jer 14:7, 21). No es extraño, por tanto, que el perdón divino que Él otorga generosamente a quienes se arrepienten dependa también del honor de su reputación (Sal 25:11; 79:9). Es tanto así que el honor de la reputación de Dios es lo que motiva la maravillosa osadía con que el profeta Daniel clama a Dios: «Y ahora, Dios y Señor nuestro, escucha las oraciones y súplicas de este siervo tuyo. Haz honor a tu nombre y mira con amor a tu santuario, que ha quedado desolado. Préstanos oído, Dios nuestro; abre los ojos y mira nuestra desolación y la ciudad sobre la cual se invoca tu nombre. Al hacerte estas peticiones, no apelamos a nuestra rectitud sino a tu gran misericordia. ¡Señor, escúchanos! ¡Señor, perdónanos! ¡Señor, atiéndenos y actúa! Dios mío, haz honor a tu nombre y no tardes más; ¡tu nombre se invoca sobre tu ciudad y sobre tu pueblo!» (Dn 9:17-19). En efecto, ante la posibilidad de ser exterminados por sus enemigos militarmente más poderosos, Josué no pudo más que apelar al prestigio de Dios (Jos 7:8-9). Prestigio que Él siempre se compromete a honrar:

> *Por eso, así dice el Señor omnipotente: «Ahora voy a cambiar la suerte de Jacob. Tendré compasión de todo el pueblo de Israel, y celaré el prestigio de mi santo nombre».*
>
> **Ezequiel 39:25** NVI

9 de septiembre

Predicación y teología

> «Nunca tendremos grandes predicadores hasta que tengamos grandes teólogos»
>
> Charles H. Spurgeon[425]

La predicación como tal es, en estricto rigor, una actividad casi exclusiva del Nuevo Testamento, pues está ligada al evangelio (Mt 24:14; Mr 13:10; Lc 9:6). Las únicas alusiones a esta actividad en el Antiguo Testamento tienen que ver con Noé (2 P 2:5), Jonás (Mt 12:41; Lc 11:32), Amós (Am 7:16) y tal vez Salomón, si seguimos a las versiones bíblicas que traducen la palabra hebrea *cohélet* utilizada en el libro de Eclesiastés como «predicador» y no como Maestro (Ecl 1:1-2, 12; 7:27; 12:8-9). Así pues, la predicación es una actividad esencial y apremiante (2 Tm 4:2), de carácter obligatorio para la iglesia (Ro 10:14-15). Los apóstoles, conscientes de ello, no vacilaban en predicar todo lo que fuera de provecho para sus oyentes de manera pública y privada (Hch 20:20), esmerándose en hacerlo de forma teológicamente correcta, sin error (1 Ts 2:3), de conformidad con la sana doctrina (Tit 2:1). La teología se desarrolló así en sus comienzos como una actividad auxiliar de la predicación, de donde el buen teólogo era, de manera consecuente y natural, también un buen predicador. Pero hoy por hoy ambas actividades se han independizado y hasta disociado a tal punto que tenemos ministros del evangelio que son grandes «estrellas» mediáticas de la predicación pero muy pobres teólogos, con todo el riesgo que esto entraña para la sana doctrina. Y asimismo, tenemos teólogos eruditos con prestigiosas credenciales académicas que, no obstante, no saben predicar para el gran público no iniciado en la teología, perdiendo así gran parte de su razón de ser. La actividad teológica debe, entonces, vincularse de nuevo con la predicación, pues ejercidas de manera aislada no son únicamente ellas dos las que pierden, sino toda la iglesia, cuyo mensaje se puede volver así irrelevante para el mundo. El apóstol Pablo no adornaba la predicación con tendenciosos e inconvenientes «discursos de sabiduría humana», consciente de que en última instancia el mensaje de la cruz y la predicación llamada a pregonarlo son una locura para la sabiduría humana (1 Cor 1:17-21). Pero al mismo tiempo no dejó de exhortar y recomendar a los dirigentes de la iglesia que fueran, a semejanza suya, buenos predicadores y buenos teólogos a la vez:

> *En tanto que llego, dedícate a la lectura… a enseñar y animar a los hermanos. Ejercita el don que recibiste… Sé diligente en estos asuntos; entrégate de lleno a ellos, de modo que todos puedan ver que estás progresando.*
>
> **1 Timoteo 4:13-15** nvi

10 de septiembre

Preparando el camino al evangelio

> «LA VERDADERA ciencia y la verdadera filosofía no pueden ser otra cosa que una propedéutica[426] de la religión cristiana»
>
> JULIUS ROBERT VON MAYER[427]

Para el creyente común la fe en Cristo se encuentra usualmente al comienzo de sus reflexiones. Para los científicos y filósofos honestos y libres de prejuicios se encuentra al final de ellas. Justino Mártir, uno de los padres de la iglesia primitiva y filósofo de profesión, después de discurrir por las escuelas filosóficas de la antigüedad se convirtió finalmente a Cristo bajo la convicción de que el cristianismo era «la verdadera filosofía». Algo similar sucedió con el gran Agustín de Hipona, quien estudió y profesó sucesivamente la doctrina de los maniqueos, la de los escépticos de la Academia y la de los neoplatónicos, antes de convertirse al cristianismo. No es descabellado entonces concluir, como lo hizo Clemente de Alejandría, que la filosofía rectamente entendida fue dada a los griegos con el mismo propósito que la ley fue dada a los judíos: para servirles de guía que los condujera a Cristo (Gal 3:24). Y aunque no pueda hacerse de esto un principio universal, pues siempre ha habido filósofos y científicos por igual que concluyen de sus reflexiones la presunta inexistencia de Dios y la supuesta falsedad del cristianismo —conclusiones que se derivan más bien de sus motivos ocultos y de los prejuicios más o menos conscientes a los que estos dan lugar—, lo cierto es que este planteamiento tiene suficiente fundamento para sustentar el adagio atribuido a Tertuliano en el sentido de que «toda alma es naturalmente cristiana». El teólogo Paul Tillich hablaba de la «iglesia latente», expresión que sirve para referirse a quienes se encuentran discurriendo por otros credos, ideologías y doctrinas diferentes e incluso opuestas al cristianismo, solo para terminar a la postre reconociendo la veracidad del evangelio y rindiéndose a él, conscientes de haber estado dándose hasta entonces, como Pablo «cabezazos contra la pared» (Hch 26:14). Sin embargo, todo lo previamente vivido no es de ningún modo perdido si logra preparar nuestra mente y corazón para aceptar y creer finalmente en el evangelio de Cristo, cumpliendo en nosotros el papel preparatorio que Juan Bautista desempeñó en relación con el Señor Jesucristo:

> *Yo estoy por enviar a mi mensajero delante de ti, el cual preparará tu camino [...]. «Preparen el camino del Señor, háganle sendas derechas.».*
>
> Marcos 1:2-3 NVI

11 de septiembre

El significado del bautismo

> «FUE LA preservación de la práctica católica del bautismo de niños por los reformadores lo que [...] hizo totalmente irreconciliable el nuevo entendimiento de fe con la situación de la iglesia, haciéndolos sospechosos de ser ambiguos y deshonestos»
>
> EMIL BRUNNER[428]

En la Biblia los niños son inocentes, no porque no hereden el pecado original[429] de nuestros primeros padres (Ro 5:12-14), sino porque no se les puede aún culpar por los pecados que cometen, pues no son todavía plenamente conscientes de ellos al no tener desarrolladas cabalmente las facultades que les permiten asumir en propiedad su responsabilidad por sus actos. En la inocencia de los niños, afirmada por el Señor en estos términos: *«Dejen que los niños vengan a mí, y no se lo impidan, porque el reino de Dios es de quienes son como ellos»* (Mr 10:14; Lc 18:16), se ha apoyado la teología protestante para no requerir el bautismo de infantes e impugnar de paso la doctrina católica del «limbo», por completo antibíblica[430]. Y si bien no puede establecerse rígidamente en qué momento se alcanza la llamada «edad de la responsabilidad» en la que ya se tiene tal conciencia de nuestros actos que nos obliga a responder personalmente por ellos ante Dios, lo cierto es que llega el momento en que la persona debe responder por sí misma la pregunta que Pilato se formuló: «—¿Y qué voy a hacer con Jesús, al que llaman Cristo?» (Mt 27:22). El bautismo es un acto de obediencia posterior a la decisión tomada por quienes responden correctamente a esta pregunta, reconociendo a Jesús como el mesías y rindiéndole su vida sin reservas a Él mediante la fe ejercida en la experiencia de la conversión. El orden bíblico establece, entonces, que la fe debe ser primero, y luego el bautismo (Mr 16:16), por lo que el bautismo de infantes es improcedente y contrario a la instrucción bíblica. Entre otras cosas porque «El bautismo no consiste en la limpieza del cuerpo, sino en el compromiso de tener una buena conciencia delante de Dios» (1 P 3:21). El bautismo no tiene, pues, poder salvador por sí mismo con independencia de la fe del bautizado, siendo más bien un rito formal de iniciación por el cual reconocemos públicamente nuestra identificación personal con Cristo en su muerte y en su resurrección:

> *¿ [...] no saben ustedes que [...] los que fuimos bautizados para unirnos con Cristo Jesús, en realidad fuimos bautizados para participar en su muerte? Por tanto, mediante el bautismo fuimos sepultados con él en su muerte, a fin de que, así como Cristo resucitó por el poder del Padre, también nosotros llevemos una vida nueva.*
>
> **Romanos 6:3-4** NVI

12 de septiembre

No hay rival digno de Dios

> «ABUNDAN los que se creen enemigos de Dios y solo alcanzan a serlo del sacristán»
>
> NICOLÁS GÓMEZ DÁVILA[431]

Todos los seres humanos hemos sido de manera más o menos consciente enemigos de Dios en algún momento de nuestra vida (Ro 5:10). Pero algunos permanecen en tal condición de manera consciente y aun haciendo gala de ello. Hay un número significativo tanto de pensadores como de conquistadores políticos a lo largo de la historia que ilustran lo anterior. Personajes que pretenden levantarse contra Dios con deliberada soberbia (Nm 15:30), creyendo presuntuosamente que pueden llegar a ser dignos opositores de Dios y de Jesucristo, cuando no pasan de serlo a lo sumo de la iglesia y de la cristiandad. Ahora bien, no se trata de menospreciar el daño que ellos pueden infligir a la causa de Dios en el mundo tal y como esta se concreta en la iglesia y sus miembros en general. Sobre todo porque la paciencia y la tolerancia que Dios muestra hacia ellos los lleva a pensar engañosamente que sí le están dando a Dios una pelea de nivel y les impide, por tanto, reconocer lo que Pablo les señala a sus endurecidos compatriotas: «¿No ves que desprecias las riquezas de la bondad de Dios, de su tolerancia y de su paciencia, al no reconocer que su bondad quiere llevarte al arrepentimiento?» (Ro 2:4). Porque lo cierto es que, de insistir neciamente en esta actitud presuntuosa y engañosa, el único panorama seguro que se ofrece a la vista de estos individuos es el descrito por el apóstol: «Pero por tu obstinación y por tu corazón empedernido sigues acumulando castigo contra ti mismo para el día de la ira, cuando Dios revelará su justo juicio» (Ro 2:5). En efecto, no importa que tanto logren o crean lograr contra Dios en este mundo sus enemigos declarados, ninguno de ellos es a la postre un rival que pueda pretender estar a la altura de Él ni mucho menos tener una mínima posibilidad de victoria en contra de Él. Porque llegará el día en que Dios se levantará de manera definitiva y todos sus enemigos serán esparcidos como polvo (Nm 10:35). Mientras llega ese momento, los creyentes encontramos todo el consuelo y el solaz del caso en las reiteradas declaraciones de sentido común (2 Cro 20:6; Dn 4:35) y las preguntas retóricas (Job 9:12; Ro 9:19) que advierten, a su vez, a los que creen poder rivalizar con Dios de igual a igual.

> *Pero él es soberano; ¿quién puede hacerlo desistir? Lo que él quiere hacer, lo hace.*
> *Hará conmigo lo que ha determinado; todo lo que tiene pensado lo realizará.*
>
> **Job 23:13-14** NVI

13 de septiembre

La necedad del dogmatismo sabelotodo

«La opinión del prójimo me fascina cuando comienza a hablar de algo y me aburre cuando empieza a hablar de todo»

MILLÔR FERNANDES[432]

La fascinación que la sabiduría del sabio ejerce sobre sus oyentes radica en gran medida en no asumir actitudes dogmáticas ni decir tampoco todo lo que se sabe (Job 15:2; Pr 10:14, 19; 14:3; 16:23). Entre otras cosas, porque al hacerlo tal vez dejemos únicamente expuesto que no sabemos tanto como pretendemos. El sabio, más que pronunciar afirmaciones tajantes, emite opiniones convincentes (Pr 16:21) y nada más. Y lo hace de manera dosificada, sin pontificar ni pretender saberlo todo sobre lo divino y lo humano. El conocimiento que el sabio posee y divulga es un conocimiento destilado (Pr 15:2), es decir, breve y puntual, pero debidamente depurado y procesado a través de la experiencia y de un profundo proceso reflexivo previo. Es por eso que el sabio no dice nada que no haya pensado bien antes, en línea con lo dicho por Aristóteles: «El sabio no dice todo lo que piensa, pero piensa todo lo que dice». En efecto, no decir todo lo que pensamos, pero pensar todo lo que decimos es estar andando el camino de la sabiduría. La franqueza no puede entenderse, entonces, como la capacidad de decir todo lo que pensamos a la menor oportunidad de manera irreflexiva, pues en este caso estaremos confundiendo con imperdonable ligereza la franqueza con la grosera y necia imprudencia, convirtiéndonos de paso en personas molestas e indeseables que, más que aburridos, seremos más bien innecesariamente ofensivos con aquellos con quienes nos relacionamos. La Biblia recomienda la franqueza, pero siempre en circunstancias específicas como, por ejemplo, para reprender al prójimo (Lv 19:17; Pr 27:5), para refrescar la memoria de los oyentes (Ro 15:15) o, en general, cuando hay que declarar algo con claridad para evitar equívocos (Jn 1:20; 10:24; Flm 8), sin olvidar que la motivación correcta de la franqueza no debe ser el mero deseo de alardear de ella, sino nuestro sentido de responsabilidad ante Dios, aunque al hacerlo podamos quedar en una posición vulnerable ante nuestro prójimo al tener que abrirle nuestro corazón (2 Cor 6:11-12). Solo de este modo nuestra sabiduría será manifiesta al hablar:

Las palabras del sabio son placenteras,
pero los labios del necio son su ruina;

Eclesiastés 10:12 NVI

14 de septiembre

Los «peros» de Dios

«Siempre hay un pero, pero a veces no»

Franz Moreno[433]

La palabra «pero» es una conjunción que señala una objeción, introduce una excusa o marca un cambio en el contenido de lo que se viene diciendo. En el primer sentido, los «peros» se vuelven molestos cuando proceden de alguien que ve dificultades en todo o se excusa por todo. Sin embargo en la Biblia los «peros» de Dios, más que objeciones o excusas, señalan cambios que, como tales, son muy significativos. Para la muestra, es un «pero» el que marca un cambio trascendentalmente favorable entre el Antiguo y el Nuevo Testamento: la revelación del «… misterio que se ha mantenido oculto por siglos y generaciones, pero que ahora se ha manifestado a sus santos» (Col 1:26 cf. Ro 16:25). El misterio de Cristo. Revelación más que necesaria a la luz del drama en que el pecado nos ha sumido, también aludido con un «pero»: «Pero la Escritura declara que todo el mundo es prisionero del pecado» (Gal 3:22). De hecho, es la revelación de Cristo la que pone en evidencia nuestro pecado sin atenuantes: «Si yo no hubiera venido ni les hubiera hablado, no serían culpables de pecado. Pero ahora no tienen excusa por su pecado» (Jn 15:22). Justamente, estando en esta inexcusable condición, un «pero» más viene en nuestro auxilio: «Pero Dios demuestra su amor por nosotros en esto: en que cuando todavía éramos pecadores, Cristo murió por nosotros» (Ro 5:8). Y murió para hacer realidad otro «pero»: «Pero allí donde abundó el pecado, sobreabundó la gracia» (Ro 5:20). Gracia de la que podemos beneficiarnos por medio de la fe en Cristo: «pero todo el que cree es justificado por medio de Jesús» (Hch 13:39). Fe que amerita de sobra nuestra gratitud a Dios por no pagarnos con la muerte, como el pecado lo merece, sino con su dádiva de vida eterna en Cristo Jesús (Ro 6:23). Y es en razón de todos los anteriores «peros» divinos revelados en las Escrituras que el apóstol Pablo puede dar gracias a Dios en estos términos: «Pero gracias a Dios que, aunque antes eran esclavos del pecado, ya se han sometido de corazón a la enseñanza que les fue transmitida» (Ro 6:17), llevando todo este proceso a su conclusión final, formulada también con un último «pero» que da por descontada nuestra conformidad con él:

Pero ahora que han sido liberados del pecado y se han puesto
al servicio de Dios, cosechan la santidad que conduce a la vida eterna.

Romanos 6:22 NVI

15 de septiembre

Evangelismo uno a uno

«¡Dios solo sabe contar hasta uno! […] no se interesa por las multitudes, ni por las naciones, ni por la historia […] solo se interesa por cada uno de nosotros *uno a uno* […] el amor va de *una* persona a *otra* […]. No hay amor *colectivo*. No hay amor de la *Humanidad*»

Charles Gave[434]

«Dios no tiene nietos, solo hijos»[435] (Jn 1:12), escribió Luis Palau para señalar como la fe en Dios no es algo que se hereda al punto de darse por sentada de una generación a otra, sino que se tiene que revalidar *personalmente* generación tras generación por cada creyente *individual*, independiente de la herencia y formación espiritual recibida. Es en este sentido que Dios solo sabe contar hasta uno. Porque antes que nada, Él se interesa en cada uno de nosotros de manera individual. No podría ser de otro modo, pues Dios es amor (1 Jn 4:8, 16), y el amor es ante todo una vinculación mutua de carácter individual, de persona a persona. Es por eso que, en lo que tiene que ver con Dios, los creyentes siempre estamos *a solas* ante Él, aun en medio de la adoración congregacional. El trato de Dios es siempre individual con cada uno de sus hijos Tal vez sea debido a ello que la evangelización es también, en último término, un asunto individual, sin perjuicio de los métodos masivos de evangelización utilizados histórica y actualmente por pastores, evangelistas y televangelistas por igual. Porque al margen de los resultados de estos esfuerzos masivos de evangelización, el crecimiento más consistente de la iglesia es el que resulta de la interacción individual sostenida en el tiempo entre un creyente y un inconverso que logran compartir intereses. Así como la relación con Dios es de carácter individual, también la evangelización lo es. Históricamente la propagación del evangelio ha sido una responsabilidad de cada creyente con su prójimo inconverso. Todo lo demás es añadido. No fueron, pues, los apóstoles los que lograron la conversión del imperio romano al cristianismo, sino el sincero testimonio de miles de anónimos creyentes hablándoles de Cristo *uno a uno* a sus vecinos inconversos. Los apóstoles simplemente pusieron el broche de oro en este decisivo trabajo previo llevado a cabo por creyentes sin credenciales. La experiencia de Felipe y el etíope sigue siendo, entonces, el mejor modelo de evangelización:

> *Felipe se acercó de prisa al carro y, al oír que el hombre leía al profeta Isaías, le preguntó: —¿Acaso entiende usted lo que está leyendo? […]. Entonces Felipe, comenzando con ese mismo pasaje de la Escritura, le anunció las buenas nuevas acerca de Jesús.*
>
> **Hechos 8:30, 35** nvi

16 de septiembre

Las transgresiones justas

> «Toda sociedad reposa sobre una tensión entre el conformismo [...] y la transgresión [...] el progreso moral pasa con frecuencia por una transgresión individual donde el culpable sufre, hasta el punto de perder, a menudo, su pellejo»
>
> CHARLES GAVE[436]

El cristianismo no promueve las transgresiones, sino la obediencia a Dios. Y esta obediencia pasa generalmente por la sujeción a las autoridades seculares y a las leyes civiles de la nación en la que se vive (Ro 13:1-6). Sin embargo, el cristianismo tampoco promueve una sujeción conformista y resignada a leyes o gobernantes injustos que atenten contra la dignidad humana y contra el buen nombre de Dios de algún modo (Hch 4:19-20). En este contexto el cristiano debe convertirse en transgresor, asumiendo con entereza las consecuencias y el costo que esta transgresión puede acarrearle (Hch 5:28-29). Esa ha sido la actitud que se encuentra detrás de los miles de mártires que el cristianismo ha aportado a la historia humana. No es casual que personajes como el filósofo griego Sócrates, y aun el propio e intachable Señor Jesucristo (Heb 4:15), hayan sido ejecutados acusados como transgresores de las leyes vigentes en su momento (Lc 22:37). La historia nos muestra que el que transgrede las leyes o el orden social establecido, así lo haga en obediencia a su conciencia y sus responsabilidades delante de Dios tratando de promover un necesario progreso moral acorde con lo que Dios pide de nosotros, se expone a las represalias de la sociedad de turno. Los asesinatos de Abraham Lincoln y Martin Luther King Jr. se debieron en gran parte a las medidas por ellos promovidas en contra de las leyes a favor de la esclavitud y las leyes civiles discriminatorias que se encontraban en vigor en sus tiempos respectivamente. Pero sus muertes no fueron en vano gracias al legado que dejaron para el progreso moral de su nación y del mundo en general con la abolición de la esclavitud de las poblaciones africanas y la defensa de los derechos civiles sin discriminaciones de ningún tipo. La *imitación de Cristo*[437] debe, pues, incluir la disposición del cristiano a ser transgresor cuando así se requiera y a pagar el costo personal correspondiente para poder salvar así nuestra responsabilidad delante de Dios al respecto.

> *Por lo tanto, le daré un puesto entre los grandes, y repartirá el botín con los fuertes, porque derramó su vida hasta la muerte, y fue contado entre los transgresores. Cargó con el pecado de muchos, e intercedió por los pecadores.*
>
> **Isaías 53:12** NVI

17 de septiembre

El seguimiento de Cristo

«No hay recetas para ser un buen cristiano, solo hay una orden: 'Ven y sígueme'... nadie puede considerarse a consciencia un 'buen cristiano'... Ya que cuando amamos, no podemos jamás dar suficiente a quienes amamos»

CHARLES GAVE[438]

Albert Schweitzer ya había señalado en los albores del siglo XX la importancia que en el cristianismo tiene la disposición irrenunciable del creyente a seguir a Cristo a donde Él nos conduzca en el famoso epílogo de su libro *La Búsqueda del Jesús Histórico*[439]. Posteriormente Bonhoeffer ratificó en medio del horror nazi la necesidad ineludible para el cristiano de seguir a Cristo, identificando este seguimiento, paradójicamente, como «el precio de la gracia» que el creyente debe asumir para ostentar la condición auténtica de cristiano y conservar así el beneficio de la gratuita e inmerecida gracia divina sobre su vida[440]. Y es justamente en el transcurso del seguimiento que el creyente emprende en pos de Cristo a lo largo de toda su vida que llega a descubrir, no solo que no hay recetas seguras, definitivas y codificadas al detalle para ser un buen cristiano más allá de mantenerse continuamente en el seguimiento; sino también que, en realidad, nunca podemos llegar a considerarnos «buenos cristianos», pues nuestro seguimiento y servicio a la causa de Cristo siempre, aun en el mejor de los casos, será deficitario. Entre otras cosas, porque, al igual que el apóstol Pedro y siendo conscientes con él de nuestro amor por el Señor, esa misma consciencia nos indica que nunca lo amamos ni lo amaremos lo suficiente (Jn 21:15-17). En cumplimiento del mandamiento (Mt 22:37-38), nunca lo amamos todo lo que Él amerita. De hecho, aun el amor al prójimo (Mt 27:39-40) es una deuda permanente que pesa sobre nuestros hombros y que nunca acabaremos de pagar (Ro 13:8). Razón de más para entender que el favor de Dios no depende nunca —ni antes ni después de nuestra conversión— de nuestro servicio u obediencia siempre deficientes, sino en último término de su gracia, amor y misericordia y nada más (Dn 9:18; Os 14:4), algo de lo que nos damos cuenta justo cuando respondemos afirmativamente la invitación que el Señor nos formula de forma reiterada en los evangelios en estos sencillos y definitivos términos:

Jesús le dijo: Si quieres ser perfecto, anda, vende lo que tienes, y dalo a los pobres, y tendrás tesoro en el cielo; y ven y sígueme.

Mateo 19:21 NVI

18 de septiembre

Los fundamentos de nuestra civilización

> «La religión […] ha creado una concepción del Universo incomparablemente lógica y concreta, la cual, aunque resquebrajada ya, subsiste aún hoy en día»
>
> Sigmund Freud[441]

Con todo y su crítica destructiva hacia la religión y su consecuente y fallido vaticinio sobre su desaparición de las sociedades modernas, Freud tuvo que reconocer los efectos favorables que ella ha traído al género humano a lo largo de la historia. Charles Gave nos relata una anécdota que lo ilustra muy bien. Cuenta él que cuando era estudiante en la ciudad de Tolosa al suroeste de Francia, en el centro de la ciudad se iniciaron unos importantes trabajos de excavación que pusieron al descubierto unos conductos muy antiguos cuyo propósito nadie conocía. En consecuencia, se decidió de manera ligera destruirlos. El resultado de esta decisión fue que pocas horas después las cavas del centro de la ciudad se inundaron. Fue así como se descubrió que los antiguos romanos habían construido canalizaciones para drenar las aguas estancadas, en vista de que la ciudad había sido construida sobre terrenos cenagosos. Dos mil años más tarde, las canalizaciones seguían cumpliendo su función, aunque todos ignoraban su existencia. A raíz de ello Gave concluye: «la religión cristiana es para nuestra civilización más o menos el equivalente de los sistemas de drenaje construidos por los romanos en Tolosa; aparentemente, ya nadie quiere reconocer su importancia, pero si se ignora, si se destruye, como se destruyeron las canalizaciones de Tolosa, Europa se anegará y quedará sumergida bajo las aguas»[442]. En efecto, el cimiento de la civilización occidental es auténticamente cristiano y volverle la espalda al cristianismo es garantizar el derrumbamiento de esta civilización. El Señor Jesucristo hizo referencia a ello en el cierre del sermón del monte al describir la suerte sufrida por la casa construida sobre la arena por contraste con la casa construida sobre la roca (Mt 7:24-27). La civilización occidental debería cavar entonces para descubrir de nuevo los cimientos en los que se apoya, pero no para destruirlos, sino para abonarlos como lo hizo el viñador con la higuera estéril (Lc 13:7-9). Pero esto no se podrá lograr si cada persona no lleva a cabo, de manera individual, lo que hizo el hombre prudente de la parábola:

> … todo el que […] oye mis palabras y las pone en práctica. Se parece a un hombre que, al construir una casa, cavó bien hondo y puso el cimiento sobre la roca. De manera que cuando vino una inundación, el torrente azotó aquella casa, pero no pudo ni siquiera hacerla tambalear porque estaba bien construida.
>
> Lucas 6:47-48 nvi

19 de septiembre

Comer bien y dormir tranquilo

«COMER bien o dormir tranquilo, dice el refrán; pues bien, en tal caso, el protestante opta por comer bien, mientras que el católico prefiere dormir tranquilamente»

MARTIN OFFENBACHER[443]

En realidad, comer bien o dormir tranquilamente no es una disyuntiva que obligue a un cristiano a tener que escoger entre ellas dos. De hecho, si no se come bien es difícil dormir tranquilamente. Pero asimismo, comer bien tampoco es garantía de dormir tranquilamente. Ambas son, pues, necesidades legítimas que el cristiano equilibrado anhela ver suplidas en su vida cotidiana. Por eso, si hemos de creer las estadísticas al respecto, tal vez no pueda negarse que la vertiente protestante del cristianismo ha sido comparativamente más emprendedora y menos conformista que su contraparte católica-romana (motivados, entonces, por el deseo de «comer bien»); involucrándose en actividades económicas más productivas que exigen mayor calificación profesional y que acarrean también —hay que decirlo— mayores riesgos y preocupaciones que pueden llegar eventualmente a quitarles el sueño, a diferencia de los católicos, menos orientados hacia estas metas. Sin dejar de reconocer lo anterior, lo cierto es que Dios conoce muy bien todas nuestras necesidades, mejor aún que nosotros mismos, razón por la cual nos garantiza que si apelamos a Él y confiamos en Él no tendremos que preocuparnos por estas cosas, pues Él promete suplir las necesidades de los suyos, siempre y cuando no hagamos de esto la motivación principal de la vida cristiana, sino simplemente la añadidura que Dios otorga a quien acude a Él con la actitud correcta, buscando primero el reino de Dios y su justicia (Sal 37:25; Mt 6:8, 25-34; Flp 4:19). Asimismo, la confianza en Dios y la fidelidad a Él nos permite dormir tranquilamente a pesar de las preocupaciones que los asuntos y actividades del día a día puedan generar en los creyentes (Sal 4:8; 127:2; Pr 19:23), incluyendo los imprevisibles y sorpresivos cambios en las circunstancias que a veces se dan en la vida, sin que los creyentes estén exentos de ellos y sin que tengan por ello que renegar de la fe ni mucho menos (Job 1:21; Flp 4:11-13; 1 Tm 6:8). Porque por encima de todas estas eventualidades, la promesa del Señor por boca del apóstol sigue pasando la prueba en la experiencia del creyente:

Y Dios puede hacer que toda gracia abunde para ustedes,
de manera que siempre, en toda circunstancia, tengan todo lo necesario...

2 Corintios 9:8 NVI

20 de septiembre

La estima del matrimonio

> «Los teóricos sobre familia han encontrado que es el conflicto entre los padres y no su situación marital lo que tiene efectos sobre el bienestar de los hijos […]. Pero esto no debería significar en todos los casos que es mejor seguir casados»
>
> Ana Lucía Jaramillo[444]

Uno de los argumentos que se esgrimen acertadamente en contra del divorcio son los efectos destructivos que este tiene sobre el bienestar de los hijos Se presume así que el matrimonio es siempre preferible al divorcio. Y si bien el divorcio es siempre malo, hay matrimonios que no por ser tales son mejores que aquel. El Señor lo sabía y por eso toleró y autorizó el divorcio para esas situaciones irremediables en el matrimonio que, por causa de la obstinación humana (Mt 19:8), terminan siendo destructivas para todos los involucrados. Así pues, aunque el cristianismo deba estar en contra del divorcio en obediencia al Señor (Mt 19:3-6) y a las nuevas y esperanzadoras posibilidades que Él nos ofrece en el evangelio, esta oposición no puede ser tan rígida que no admita tampoco excepciones. El Señor mismo estableció una causal válida de divorcio en el Nuevo Testamento: el adulterio de cualquiera de los cónyuges (Mt 5:32; 19:9). Sobre todo cuando, surtido el recurso del perdón, hay reincidencia por parte del cónyuge culpable. Y el apóstol añadió una más en sus inspirados escritos: la decisión irreversible y unilateral de separarse por parte del cónyuge inconverso (1 Cor 7:15). A la vista de lo anterior y bajo el pretexto de estar honrando la voluntad de Dios, los cristianos no pueden entonces conformarse con permanecer casados en uniones matrimoniales totalmente deficientes y perjudiciales para todos los miembros de la familia y deben, más bien, comprometerse a rescatar con los recursos del evangelio un mal matrimonio para transformarlo en un matrimonio satisfactorio y ejemplar que sea de beneficio para todos. Pero al mismo tiempo la iglesia no puede ser más exigente que el mismo Dios, convirtiendo el divorcio en un estigma permanente sobre los cónyuges divorciados que les impida rehacer su vida de algún modo, como si el divorcio fuera «el pecado imperdonable» (Mt 12:31-32). Sea como fuere, los creyentes unidos en el vínculo conyugal deben honrar con su conducta la instrucción bíblica:

> *Tengan todos en alta estima el matrimonio y la fidelidad conyugal…*
>
> **Hebreos 13:4** NVI

21 de septiembre

Oraciones no convencionales

«Innumerables personas […] tienen tal imagen […] de la oración, que fracasan en reconocer lo que están experimentado como oración, y por ello se condenan a sí mismas por no orar»

Richard Foster[445]

La oración practicada según la instrucción del Señor en el sermón del monte (Mt 6:5-8), siempre será recomendable e imperativa para el creyente. Pero, si bien esta ha adquirido en la iglesia formas convencionales aceptadas y hasta normativas, tanto en la oración individual como en la congregacional, no son estas las únicas maneras en que se puede orar. Porque la oración asume gran variedad de formas no convencionales tan válidas y legítimas como las convencionales, que pueden ser incluso más sinceras y eficaces en la medida en que estas últimas son siempre susceptibles de volverse mecánicas y hasta hipócritas, por contraste con las primeras que, precisamente por no encajar dentro de los moldes de lo que tradicionalmente se entiende por oración, son siempre más sinceras (Lc 18:9-14). El psiquiatra judío Viktor Frankl brinda incidentalmente una buena descripción de la oración que puede ayudar a identificar y colocarles el merecido rótulo de «oración» a todas las formas no convencionales que esta asume: «no solo hay diálogos interpersonales, sino diálogos […] internos con nosotros mismos […]. Y en este contexto […] cada vez que te diriges a ti mismo de la forma más honesta posible y en completa soledad, la entidad a la que te estás dirigiendo puede muy bien llamarse Dios»[446]. Así pues, lo único que habría que hacer para orar en cualquier circunstancia es hacer explícito lo que está implícito en la anterior descripción, es decir, no dirigirnos a nosotros mismos en nuestros diálogos internos, sino hacer de Dios nuestro interlocutor de manera consciente y premeditada, dirigiéndonos a Él «en espíritu y en verdad» (Jn 4:23-24), sin necesidad de parafernalias externas, pero sin que tengamos tampoco que menospreciar ni condenar las formas convencionales de oración. Job es, tal vez, el más representativo ejemplo bíblico de oración no convencional, pues es evidente que los diálogos y discursos por él pronunciados no son monólogos, sino oraciones que Dios en su momento respondió (Job 38:1), a pesar de la dosis poco convencional de honesta amargura que por momentos contienen[447]:

> ¡Ya estoy harto de esta vida! Por eso doy rienda suelta a mi queja;
> desahogo la amargura de mi alma.
>
> **Job 10:1** nvi

22 de septiembre

La claridad del evangelio

> «EL MISTERIO de la palabra de Dios se ha transformado en el misterio tangible del lenguaje incomprensible»
>
> OTTO WEBER[448]

Las deficiencias a la hora de comunicar el mensaje del evangelio no son nunca culpa del mensaje, sino de la negligencia o incapacidad del mensajero humano que lo expone. En este sentido, la labor de traducción de la Biblia a los idiomas propios de cada pueblo es un esfuerzo que hay que emprender con la debida excelencia. Pero esta responsabilidad recae también de un modo u otro en todos y cada uno de los creyentes en Cristo, que debemos hacer un uso satisfactoriamente comprensible del idioma a la hora de compartir el mensaje del evangelio con las personas de nuestro propio entorno cultural. No se trata necesariamente de poseer elocuencia, sino de utilizar con el suficiente conocimiento y claridad las palabras y conceptos del caso. La evolución de los idiomas, si bien no nos obliga a ser expertos en el lenguaje técnico de cada una de las variadas disciplinas científicas en boga, si exige de nosotros un conocimiento medianamente satisfactorio del significado de las palabras que trascienden el ámbito de los especialistas y entran a formar parte de la cultura general de la sociedad posmoderna, para estar en condiciones de utilizarlas correctamente en aras de una más eficaz divulgación, comprensión y vigencia del mensaje del evangelio en los tiempos en que vivimos. Porque como dice el pastor Darío Silva-Silva: «Nunca olvidemos que, en materias bíblicas, cambia el lenguaje pero nunca cambia el mensaje»[449]. Así pues, en el propósito de hacer más comprensible el mensaje de la Biblia, son bienvenidas siempre las nuevas traducciones de ella que, sin dejar de ser fieles a los idiomas originales, aclaran cada vez más su contenido a los lectores y oyentes de hoy. Poner en un pedestal una traducción particular de la Biblia que ya no es comprensible para el lector moderno, por el simple hecho de ser la versión de nuestros afectos, es hacer de esta versión de la Biblia un ídolo, además de contribuir inadvertidamente a los propósitos del diablo de «cegar el entendimiento de los incrédulos» (2 Cor 4:4 RV60 cf. Jn 12:40) para que no logren comprender el evangelio de Cristo. La confusión en el idioma (Gn 11:7) es, pues, terreno abonado para la incomprensión del evangelio que justifica la amonestación (Ef 5:17) y la recomendación divinas:

> *Esfuérzate por presentarte a Dios aprobado, como obrero que no tiene de qué avergonzarse y que interpreta rectamente la palabra de verdad.*
>
> **2 Timoteo 2:15** NVI

23 de septiembre

La evidente diferencia de género

> «El hombre o mujer homosexuales son fundamentalmente un hombre y una mujer *por determinación genética* [...] tienen tendencias homosexuales por preferencia aprendida»
>
> William Masters y Virginia Johnson[450]

Ni siquiera los científicos que abogan por declarar normal y aceptable la conducta homosexual pueden dejar de reconocer el hecho innegable de la determinación genética de nuestro género que nos viene dada por la naturaleza. Y si bien los seres humanos, en virtud de nuestra capacidad de razonar, nuestra creatividad y nuestra facultad de elegir, no estamos condicionados rígidamente por la naturaleza como sí lo están los animales, también es cierto que en ejercicio de estas facultades no podemos transgredir impunemente las determinaciones de normalidad dadas por la naturaleza[451]. Nuestras preferencias no deben, entonces, transgredir estas determinaciones, puesto que, como dijo Francis Bacon: «A la naturaleza no se la vence sino obedeciéndola». Asimismo, la imposibilidad de demostrar el origen biológico, congénito, fisiológico o psicopatológico del homosexualismo constituye evidencia en el sentido de que, como lo ha afirmado siempre la doctrina cristiana, aludida así por Darío Silva-Silva, «la causa homosexual [...] tiene origen en la corrupción humana y no en taras congénitas [...]. La homosexualidad y el lesbianismo no son problemas, como algunos los apodan, hay que llamar las cosas por su nombre: son pecados, deben ser tratados como tales...»[452]. Parece más bien que las conclusiones actuales de la ciencia tienden a respaldar la postura cristiana, por lo cual el ya citado autor añade que «La genética del comportamiento demuestra que el homosexual no nace sino se hace, y quienes consideran innata esta aberración, sencillamente confunden el efecto con la causa»[453]. Pero aun concediendo que causas biológicas, genéticas o neuro-hormonales puedan *inclinar* a unas personas más que a otras a prácticas homosexuales, estas no pueden en ningún caso *obligarlas* a ellas. De otro modo no tendrían razón de ser las palabras del apóstol Pablo al señalar en la iglesia ejemplos palpables de creyentes que han podido romper cualquier condicionamiento supuesto o real a este respecto (1 Cor 6:9-11), que confirman la facultad de elegir, incluso por encima de nuestras preferencias, lo que sabemos que es correcto:

> *Si hicieras lo bueno, podrías andar con la frente en alto, pero si haces lo malo, el pecado te acecha, como una fiera lista para atraparte.*
> *No obstante, tú puedes dominarlo.*
>
> Génesis 4:7 nvi

24 de septiembre

Las injusticias remediables

> «Lo que nos mueve [...] no es la percepción de que el mundo no es justo del todo [...] sino que hay injusticias claramente remediables en nuestro entorno»
>
> Amartya Sen[454]

La justicia es un rasgo propio de Dios (Dt 32:4) y, por lo mismo, un componente característico de su reino (Mt 6:33; Ro 14:17). Es tanto así que los miembros del pueblo de Dios son llamados justos en la Biblia. En primer lugar, debido a que la fe en Cristo justifica a los creyentes en el tribunal divino por los méritos de su Hijo que se cargan a la cuenta de cada creyente (Ro 5:1; 2 Cor 5:21). Y en segundo lugar, porque Cristo faculta a los suyos para actuar con justicia (Tit 2:12; 1 P 2:24; 1 Jn 2:29; 3:7, 10). Sin embargo, en las actuales condiciones no lograremos erradicar la injusticia de manera absoluta ni del mundo ni de nuestra vida hasta que el Señor regrese, por mucho que nos esmeremos en ello. Reconocer lo anterior es fundamental para que, sin pretender establecer de manera idealista e infructuosa la justicia absoluta en nuestro entorno, sí podamos remediar esas injusticias evidentes que sí pueden ser remediadas cuando, estimulados de un modo u otro por Dios, ponemos en ello toda nuestra voluntad. Las problemáticas de nuestra vida y del mundo en general son tan complejas que con frecuencia las cosas para el creyente no son tan sencillas como elegir entre el blanco y el negro, pues no existen estas dos opciones sino únicamente diferentes tonos de grises para elegir. El creyente no puede, por tanto, elegir siempre entre el bien y el mal, sino que debe en muchos casos elegir el mal menor y nada más, responsabilizándose con temor y temblor de las consecuencias de sus elecciones (Lc 14:28-30; Flp 2:12)[455]. Por eso, en el debate sobre problemáticas tales como el tráfico y consumo de drogas, el aborto, la eutanasia y otros temas polémicos no se pueden asumir posturas tajantemente condenatorias y simplistas sin tomar en cuenta las situaciones de injusticia que ya existen alrededor de estos asuntos y que no se resuelven simplemente condenando estas prácticas sin más. Condenar de manera aséptica y dogmática prácticas sociales injustas sin analizar, reflexionar y prever las consecuencias aún más injustas a la que estas condenaciones pueden dar lugar es irresponsable y, por lo mismo, injusto. Por eso:

No juzguen por las apariencias; juzguen con justicia.

Juan 7:24 NVI

25 de septiembre

El optimismo de la fe

«LA MENTE tiene su propio lugar, y ella misma puede hacer un cielo del infierno o un infierno del cielo»

JOHN MILTON[456]

Nuestras actitudes buenas o malas condicionan la percepción que tenemos de la realidad. Por eso, sin caer en posiciones ingenuas o escapistas, el creyente puede, aun en las circunstancias más difíciles y opresivas, ver siempre un rayo de realista esperanza que ilumine el panorama, mientras que los inconversos suelen volverse tan cínica o amargadamente críticos de todo, que se encierran voluntariamente en la oscuridad aun cuando el sol esté alumbrando de manera evidente afuera. El optimismo esperanzado del creyente está, por tanto, llamado a combatir el pesimismo trágico del incrédulo, aunque ambos se encuentren confrontados con la misma realidad y sometidos a las mismas o similares circunstancias. No es cierto, entonces, que un pesimista sea un optimista bien informado, como dicen con mordacidad los pesimistas[457], sino que más bien todo depende de si vemos la realidad con fe o con incredulidad. En efecto, la fe nos permite ver siempre el vaso medio lleno, mientras que la incredulidad nos lleva a ver el mismo vaso siempre medio vacío. Porque el «vaso medio lleno» implica la presencia de Dios guiando providencialmente las cosas, por mal que se puedan ver, mientras que el «vaso medio vacío» implica la ausencia de Dios y el caos consecuente. Dicho de otro modo, la presencia de Dios puede hacer un cielo del infierno, mientras que la ausencia de Dios obra el efecto contrario: hacer un infierno del cielo. Así pues, nuestra percepción favorable o desfavorable de la realidad depende de si vemos o no vemos a Dios en medio de ella. Y la fe es lo que hace la diferencia a este respecto, ya que en realidad: «Dios nos habla una y otra vez, aunque no lo percibamos» (Job 33:14). Y lo hace en tal variedad de formas que no tiene que recurrir necesariamente a voces perceptibles (Sal 19:1-4; Ro 1:20). Fue la ausencia de fe la que truncó y atrofió la percepción de los judíos en relación con Cristo (Is 6:9; Mt 13:14; Mr 4:12; Hch 28:26). Y es, asimismo, la fe la que amplía nuestra perspectiva y provee el adiestramiento necesario por el cual Dios nos enseña lo que no alcanzamos a percibir normalmente (Job 34:32), impidiendo que nos desviemos del camino (Is 30:21) y conduciéndonos a la madurez y confianza de quienes:

> *... tienen la capacidad de distinguir entre lo bueno y lo malo,*
> *pues han ejercitado su facultad de percepción espiritual.*
>
> **Hebreos 5:14** NVI

26 de septiembre

Las fuentes del gozo del creyente

«Dios es tan grande que no necesita ser nuestro único gozo»
Lewis Smedes[458]

El gozo o alegría son búsquedas incesantes en la vida de todo ser humano al punto que no puede concebirse bienestar sin alegría. Y si bien la alegría es considerada usualmente como una bendición de Dios de carácter siempre placentero (Sal 104:34, 118:24, 122:1; Ecl 2:26; Gal 5:22), no todos los placeres brindan alegría finalmente a quienes los experimentan. Por el contrario, las connotaciones sensuales, mundanas y asociadas al pecado que ha adquirido la palabra «placer» riñen abiertamente con la idea de gozo o alegría tal y como la encontramos en la Biblia, confirmada a su vez en la experiencia del creyente. En efecto, en la Biblia encontramos que Dios es la fuente final de cualquier saludable y legítima alegría que el creyente pueda llegar a experimentar. Pero también descubrimos que, sin dejar de ser la fuente final de la que dimanan y a la que convergen todas nuestras alegrías, Dios no es la fuente exclusiva de ellas. Él es tan grande, que no necesita referir todas nuestras alegrías a Él de manera directa y excluyente, sino que nos brinda en nuestro prójimo (Pr 10:1; Ecl 9:7-9; 1 Cor 12:26) y en toda la creación innumerables fuentes potenciales de alegría y deleite legítimos (Ecl 8:15; 10:19), siempre y cuando las experimentemos de manera responsable y reflexiva, vislumbrándolo y reconociéndolo a Él de un modo u otro detrás de todas ellas (Ecl 2:25; 5:20; 11:9). Así, por ejemplo, sin fomentar por ello los excesos que conducen a la embriaguez y sin dejar de condenarlos (Pr 23:29-35; 1 Cor 6:10; Ef 5:18), la Biblia se refiere al vino exaltando favorablemente su capacidad de alegrar el corazón del hombre (Jue 9:13; Sal 104:15; Rut 3:7). Pero sin perjuicio de todas estas fuentes naturales, legítimas y autorizadas de alegría que Dios brinda y promueve entre los suyos, la principal fuente de alegría que un creyente puede experimentar tiene su origen en lo sobrenatural: en la salvación y relación interpersonal que Dios ofrece a los hombres en el evangelio de Cristo. Una alegría que perdura y está siempre presente en el trasfondo, aun en los momentos de tristeza que el mundo nos depara (2 Cor 6:10; 1 P 1:6, 8), justificando así el anuncio del profeta que halla su cumplimiento pleno en el creyente redimido por Cristo:

Con alegría sacarán ustedes agua de las fuentes de la salvación.

Isaías 12:3 NVI

27 de septiembre

Los riesgos de los privilegios

> «Un bloque de cemento no tiene que preocuparse por las malezas, pero tampoco llegará a ser jamás un jardín»
>
> John Ortberg[459]

El ejercicio de un privilegio implica siempre un riesgo. Pero usualmente nadie desea sacrificar un privilegio con tal de evitar los riesgos que este trae aparejados. Más bien, preferimos calcular el riesgo y asumirlo con tal de disfrutar del privilegio. Los seres humanos somos seres privilegiados, llamados a florecer como un jardín. Pero como le puede suceder al jardín con las malezas, disfrutar el privilegio de la condición humana conlleva riesgos que debemos asumir. El privilegio de la condición humana es muy superior al de los demás seres vivos al incluir la capacidad de razonar, crear, decidir y amar, que conllevan a su vez mayores riesgos que correspondan con nuestros mayores privilegios para poder florecer en todo nuestro potencial. De hecho, al crearnos, Dios mismo decidió asumir riesgos. Los riesgos del amor. En efecto, amar es un privilegio divino que Dios decidió compartir con los seres humanos, quienes hemos sido creados con la capacidad de elegir libremente, para poder así amar, pues el amor debe ser libre por definición, o de otro modo no es amor. Y el amor conlleva el riesgo de sufrir al tener que conceder la suficiente libertad al ser amado para que pueda incluso herirnos al no corresponder ese amor como es debido. Al amar nos volvemos vulnerables ante el ser amado. Y al crearnos por amor Dios asumió ese riesgo. El riesgo de que eligiéramos mal y lo hiciéramos sufrir con nuestras elecciones. Ahora bien, en primera instancia, Dios sufre por amor «no porque sus amados le dañan, sino porque se dañan a sí mismos, se arruinan y se destruyen a sí mismos»[460]. Pero, a partir de Cristo, Dios decide sufrir en carne propia por amor a sus criaturas, con el fin de redimirnos y devolver a nuestros corazones endurecidos como bloques de cemento la sensibilidad necesaria para amar verdaderamente y florecer en el proceso (Ez 11:19; 36:26), propósito para el cual debemos corresponder el riesgo asumido por Dios al crearnos y redimirnos por amor y correr también los riesgos que conlleve la vida cristiana (Jer 30:21; Hch 15:26), que se ven compensados con creces con el privilegio de ser hijos de Dios:

> *Más a cuantos lo recibieron, a los que creen en su nombre,*
> *les dio el derecho de ser hijos de Dios.*
>
> **Juan 1:12** nvi

28 de septiembre

La ascensión y la omnipresencia de Cristo

> «El cristiano anhela la presencia de Cristo en su vida [...]. Millones viajan anualmente a Palestina solamente para ver las huellas que quedaron [...]. Vivimos como si no hubiera habido ascensión»
>
> R. C. Sproul[461]

La omnipresencia es el atributo divino que le permite a Dios estar en todas partes al mismo tiempo (Sal 139:7-12). Pero dado que Dios es espíritu (Jn 4:24), su presencia es muy etérea e imperceptible para los sentidos físicos de los hombres, seres materiales de carne y hueso (Gn 28:16). En Cristo, Dios se hizo palpable y claramente perceptible a nuestros sentidos (Mt 1:23; Jn 1:14; 2 P 1:16; 1 Jn 1:1), pero al costo de ver limitada su omnipresencia pues Cristo, como hombre, no podía estar en más de un lugar al mismo tiempo, como lo indica el hecho de que durante su paso histórico por el mundo las personas que lo rodeaban no dejaron de tener dificultad para tocarlo (Lc 8:42-48), tener fácil acceso a Él (Mr 2:4-12), o tan solo verlo (Lc 19:2-6). Pero a partir de su exaltación a la diestra del Padre (Sal 110:1; Mr 16:19; Lc 24:50-51; Hch 1:1-2, 9-11), Cristo logra conciliar en su persona el carácter concreto y palpable de Dios que tanto anhelamos, con su presencia disponible en todo lugar para todo aquel que apele a Él con fe. Sin embargo, la iglesia a veces ha fallado en entender esto último, pues un significativo número de creyentes piensa que el peregrinaje a Tierra Santa le reportará a su fe un incremento tal de calidad que los elevará a un nuevo y superior nivel de espiritualidad cristiana. Pero en realidad, las huellas de Jesús no se hallan en Tierra Santa ni en ningún lugar o recinto sagrado en particular, sino al alcance de todos los corazones bien dispuestos sin restricción de tiempo ni de lugar (Ro 10:8). John Ortberg nos narra la respuesta que Mark Twain dio a un áspero, arrogante y religioso empresario que le informó ostentosamente que, antes de morir, tenía la intención de visitar la Tierra Santa, escalar el Monte Sinaí y leer allí los Diez Mandamientos en voz alta: «Tengo una idea mejor», respondió Twain, «puedes quedarte aquí en Boston y cumplirlos»[462]. Es bueno, entonces, recordar que Cristo garantizó su presencia con nosotros a partir de su ascensión, no solo para brindarnos su ayuda y reconfortante compañía (Mt 28:20; Heb 13:5-6), sino también para pedirnos cuenta de lo que pensamos y hacemos:

> *Ninguna cosa creada escapa a la vista de Dios. Todo está al descubierto, expuesto a los ojos de aquel a quien hemos de rendir cuentas.*
>
> **Hebreos 4:13 nvi**

29 de septiembre

El provecho de la repetición

«No deberíamos imaginar que una letanía significa mascullar palabras sin sentido: fuerzas reales provienen de ella»

Eva Hermann[463]

Los «mantras» son en las religiones del Lejano Oriente frases para ser recitadas de manera repetida a las que se les atribuye algún tipo de poder y efecto benéfico sobre quien las pronuncia, independientemente de que se tenga o no un entendimiento claro del sentido o significado de estas frases. Así pues, los «mantras» están llamados a funcionar de manera similar a una fórmula mágica, cuyo efecto está práctica y presuntamente garantizado por el simple hecho de pronunciarla en el momento requerido. Es por eso que en el contexto cristiano la oración mecánicamente repetitiva es vista usualmente con sospecha y considerada mera y vana palabrería (Mt 6:7). Este es el peligro latente en las liturgias y oraciones ya establecidas por la tradición eclesiástica para sus respectivos fieles en todas las ocasiones previstas: el degenerar en una vana repetición a la que se le atribuye efecto mágico al margen de que se la entienda o no. Por eso el cristiano no debe olvidar que, tanto en las oraciones espontáneas y no programadas como en las que se programan y repiten congregacionalmente en las liturgias respectivas de las iglesias —ya sea por el ministro o por los fieles en general— se requiere siempre la actitud indicada por el apóstol: «¿Qué debo hacer entonces? Pues orar con el espíritu, pero también con el entendimiento...» (1 Cor 14:15). Si se tiene en cuenta lo anterior las letanías pueden dejar de ser oraciones monótonas y repetitivas para transformarse en declaraciones que influyen gradualmente en el entendimiento de quien las pronuncia y, antes que forzar las actuaciones divinas, pueden terminar modificando favorablemente las actitudes, percepciones y conductas del orante. No por nada el aprendizaje y repetición consciente y comprensible de versículos bíblicos ha sido una práctica histórica recomendable tanto del judaísmo como del cristianismo (Jos 1:8; Sal 1:2), en línea con la tradición oral de los judíos y los pueblos del Cercano Oriente. La repetición no es, entonces, censurable en sí misma, sino incluso recomendable, no solo para la instrucción de las nuevas generaciones, sino también para reforzar la convicción propia:

Grábense estas palabras en el corazón y en la mente; átenlas en sus manos como un signo, y llévenlas en su frente como una marca. Enséñenselas a sus hijos y repítanselas cuando estén en su casa y cuando anden por el camino, cuando se acuesten y cuando se levanten;

Deuteronomio 11:18-19 NVI

30 de septiembre

La necedad juvenil

«Pelagio, por supuesto, no tuvo hijos»

John Ortberg[464]

Pelagio fue un monje británico de la antigua Roma que impugnó la doctrina clásica del pecado original y, por ende, sus efectos visibles en la conducta humana, inclinada de suyo hacia la desobediencia desde la misma infancia de manera evidente. Su postura al respecto fue combatida y condenada como herejía por la iglesia, pero en cierto modo sigue vigente fuera de ella en la ilustración secular moderna que dio lugar a la ingenua filosofía de Rousseau expresada en su frase más representativa y conocida: «el hombre nace puro y la sociedad lo corrompe». Porque la verdad es que cualquier padre o madre medianamente razonables estarían en desacuerdo con Pelagio o Rousseau, indistintamente[465]. La obediencia no es algo natural en el ser humano, como se deduce de la experiencia de crianza llevada a cabo por los padres con sus hijos, tomada en cuenta por la Biblia con toda la seriedad debida: «La necedad es parte del corazón juvenil, pero la vara de la disciplina la corrige.» (Pr 22:15). No es casual que en la Biblia la corrección o disciplina de los hijos sea un tema fundamental y recurrente de la vida práctica cristiana, abordado con especialidad en el libro de los Proverbios. De hecho, es la infancia el período más adecuado y esperanzador para la instrucción y corrección de los hijos, pues posteriormente es ya mucho más difícil corregir su desobediencia y sus perjudiciales efectos mediante la disciplina paterna (Pr 19:18). La paternidad responsable pasa, entonces, por la corrección firme pero amorosa de los hijos (Pr 13:24; 23:13-14; 29:15), sin que esto implique ensañarse en ellos al punto de la exasperación (Ef 6:4; Col 3:21). Asimismo, la Biblia declara que es sabio por parte de los hijos atender la corrección de sus padres en su momento (Pr 4:1; 10:17; 13:1, 18; 15:5, 10, 32; 19:20; Ef 6:1-3; Col 3:20). Pero todo aquello que se aplica a los hijos en relación con sus padres terrenales, se aplica igualmente y de manera aún más solemne a todos los creyentes en relación con el Padre celestial (Job 5:17; Pr 3:11-12; Heb 12:5-11), de modo tal que en el marco de la fe, Dios se dirige por igual a padres e hijos en estos términos:

> *Reconoce en tu corazón que, así como un padre disciplina a su hijo,*
> *también el Señor tu Dios te disciplina a ti.*
>
> **Deuteronomio 8:5** NVI

1 de octubre

Relativismo o instrucciones seguras

> «Este no es un mundo que confirme verdades, sino un mundo que refuta errores»
>
> Karl Popper[466]

El método llamado de «prueba y error» parece ser el único disponible en el campo de la ciencia para poder avanzar en conocimiento. Partimos así con teorías que esperamos poner a prueba y confirmar en la experiencia, pero que a la postre deben corregirse al ser refutadas como más o menos erróneas por la realidad del mundo. Concediendo lo anterior en el campo de la ciencia, es preocupante sin embargo que este mismo método haya sido trasladado arbitrariamente al campo de la moral y de la conducta humana. Así se refiere Darío Silva-Silva a este cuestionable fenómeno cuando comenta el descubrimiento de la relatividad llevado a cabo por Albert Einstein en el campo de la física: «Es muy lamentable que la revelación científica de este judío —un sólido creyente en Dios— haya pasado, en el campo moral, de relatividad a relativismo, borrando las fronteras virtud-pecado»[467]. En efecto, de la mano del *constructivismo* pedagógico, hoy cada cual está llamado a *construir* con base en su propia experiencia individual de «prueba y error» su verdad personal. Cada cual termina, entonces, forjando su propio camino, sin tomar en cuenta la advertencia bíblica al respecto (Pr 14:12). Y si bien es cierto que la experiencia forma parte vital e ineludible del aprendizaje, esta experiencia debe estar orientada dentro de pautas seguras, pues cada error que se comete en ejercicio del método de «prueba y error» puede ser nefasto para la vida de la persona. No por nada la sabiduría popular también ha acuñado el dicho que dice: «cuando todo falla, sigue las instrucciones». El constructivismo debe, pues, ser orientado cristianamente dentro de las pautas seguras brindadas por Dios en su Palabra, la Biblia, que no es más que el manual de instrucciones que el ser humano debe seguir para evitar dolorosos, innecesarios, lamentables y casi irreversibles errores[468] en su experiencia vital (2 Tm 3:16; 2 P 1:19). Errores que pasan elevada cuenta de cobro a nuestro bienestar personal, familiar y comunitario. La importancia de la Biblia como manual de instrucciones es algo que concierne a todos, pero en especial a los dirigentes que han sido colocados por Dios en posiciones de gobierno de gran responsabilidad (Dt 17:18-19), pues solo así está garantizada la prosperidad y el éxito verdaderos:

> *Recita siempre el libro de la ley y medita en él de día y de noche; cumple con cuidado todo lo que en él está escrito. Así prosperarás y tendrás éxito.*
>
> **Josué 1:8** nvi

2 de octubre

El milagro de la moralidad

> «Toda acción moral, verdaderamente virtuosa, es, en relación con la naturaleza, un milagro»
>
> F. H. Jacobi[469]

El naturalismo científico y la filosofía materialista encuentran tan difícil explicar convincentemente el surgimiento de la moralidad o la conciencia del bien y del mal en el ser humano por un simple proceso evolutivo, que cualquier acción moral y virtuosa llevada a cabo por los hombres —muchas veces de carácter sacrificial y a costa del beneficio, la subsistencia o la misma supervivencia personal inmediata— no podría explicarse sino como un milagro que rompe con el fríamente práctico principio de selección natural que asegura la supervivencia de los más fuertes. Ante la imposibilidad de explicar la moralidad como el producto de una evolución naturalista, los evolucionistas han terminado postulando explicaciones rebuscadas y fantasiosas muy elaboradas y difíciles de tragar, como la teoría del «gen egoísta» que afirma que nuestras decisiones morales están determinadas por nuestros genes y que estos lo único que buscan es asegurar la supervivencia de la especie, aunque en el proceso algunos de sus miembros individuales deban sacrificarse para lograrlo. Pero lo cierto es que esta explicación tal vez cobije algunas acciones instintivas de las especies animales, pero está lejos de explicar el conjunto de acciones morales emprendidas a lo largo de la historia por el género humano. Y si bien los estándares morales de los pueblos paganos o gentiles es ostensiblemente inferior a los del pueblo de Dios, llegando a niveles verdaderamente ofensivos (Ro 1:24-32), esto no significa que los paganos carezcan de moralidad ni mucho menos, puesto que la moralidad es algo innato a toda la especie humana (Ro 2:14-15). Es tanto así que aun los paganos pueden eventualmente sentirse ofendidos por conductas que dejan todo que desear en la iglesia (Ro 2:24; 1 Cor 5:1), llegando a erigirse, aun sin proponérselo expresamente, en acusadores de ella (Ro 2:27). Pero el asunto es que si desde el punto de vista naturalista la moralidad es un milagro, no puede entonces excluirse a Dios como explicación de ella. En último término, no es tanto que la moralidad sea una prueba de la existencia de Dios, sino que es Dios quien hace posible la moralidad y la establece (Ro 3:19-20), con el fin de conducirnos a Cristo:

> *De hecho, Cristo es el fin de la ley,*
> *para que todo el que cree reciba la justicia.*
>
> **Romanos 10:4 NVI**

3 de octubre

La iglesia como madre

«Nadie puede tener a Dios como padre si no tiene a la iglesia como madre»

Cipriano de Cartago[470]

El catolicismo romano con su estructura centralizada de gobierno ha interpretado esta conocida sentencia de Cipriano para indicar que fuera de la iglesia católica no hay salvación, trasladando arbitrariamente la frase del obispo de Cartago a un contexto diferente de aquel en el cual él la dijo. Aun así, la sentencia de Cipriano tiene mucho de cierto si tenemos en cuenta que un cristiano auténtico no puede pretender llamar Padre a Dios si al mismo tiempo no valora, participa y disfruta de la comunión cristiana con sus hermanos —hijos del mismo Padre— en el seno de una congregación cristiana de sana doctrina de la cual forme parte, con todo y sus deficiencias. De hecho, desde la óptica bíblica, no puede entenderse ni justificarse a aquellos presuntos creyentes que de manera consciente, voluntaria y culpable, dejan de participar de la comunión. Esta mala costumbre debe, entonces, ser censurada, pues la comunión es el contexto correcto de la vida cristiana y no se le puede, por tanto, restar importancia, pasando por alto claros mandatos bíblicos como el encontramos en la epístola de los Hebreos: «No dejemos de congregarnos, como acostumbran hacerlo algunos, sino animémonos unos a otros, y con mayor razón ahora que vemos que aquel día se acerca.» (Heb 10:25). Y esta censura incluye también a aquellos a quienes les basta con la asistencia semanal al servicio dominical de rigor sin entablar ninguna relación significativa con sus hermanos en la fe. Porque la fortaleza de la iglesia y, en consecuencia, la fortaleza de cada uno de sus miembros radica en la comunión. La comunión con Cristo, en primera instancia (1 Cor 1:9; 1 Jn 1:3), pero también la comunión con los hermanos que Cristo hace posible (Sal 133:1-3). El cristianismo de cristianos que no se congregan ni practican la comunión en el marco de la pertenencia a una comunidad eclesiástica cualquiera es muy sospechoso, pues no existe razón válida para no hacerlo si de nosotros depende. Por el contrario, la comunión provee de una comunidad de apoyo a la cual se aplica bien lo dicho por Jerry Ellis: «Somos todos solo hilos frágiles, pero, ¡qué tapiz formamos!». Porque la luz que Cristo imparte en nuestra vida debe llevarnos de manera natural a la comunión:

Pero si vivimos en la luz, así como él está en la luz,
tenemos comunión unos con otros...

1 Juan 1:7 nvi

4 de octubre

La permanencia del cristianismo

«Cansado de oír repetir que doce hombres habían bastado para fundar el Cristianismo, él quería probar que bastaba uno solo para destruirle»

Condorcet[471]

Al escribir lo anterior, Condorcet se refería a las pretensiones de Voltaire y de toda la ilustración racionalista francesa empeñada infructuosamente en destruir todo vestigio del cristianismo. Pero la esterilidad de este esfuerzo no tiene que ver propiamente con la dificultad de contrarrestar la labor de doce hombres ya que, si se tratara de esto, no solo Voltaire sino muchos otros antes y después de él, comenzando por los poderosos emperadores romanos de los primeros tres siglos de la iglesia, dispusieron de enormes recursos para destruir el cristianismo y eliminar su influencia en el mundo, poniendo toda su voluntad en ello sin haber tenido éxito en el intento. La permanencia y vigencia de la Biblia y del cristianismo no puede, entonces, explicarse simplemente como el resultado de una iniciativa humana, pues de ser así debería haber sido destruido una y muchas veces en el pasado, dada la desventajosa desigualdad de fuerzas humanas enfrentadas en la que el cristianismo siempre llevaría la peor parte. Más bien, como reconoció sabiamente el rabino Gamaliel (Hch 5:34-39), se trata de pretender luchar contra el mismo Dios (Lc 21:15; Hch 11:17), enfrentamiento en el que el simple sentido común debería indicarnos que estamos condenados al fracaso (1 Cor 1:25). De hecho, una de las líneas de evidencia que fundamentan la afirmación de la Biblia de ser de origen divino es su gran influencia, publicación y supervivencia. Ningún otro libro ha sido jamás publicado en tantas lenguas e idiomas por y para tan diferentes pueblos y culturas. Fue el primer libro en ser traducido y también el primero en ser impreso cuando se inventaron las prensas de la moderna imprenta. No hay una sola lengua escrita que no tenga al menos una porción impresa de la Biblia. Un autor escribe: *«Si se destruyeran las Biblias en todas las grandes ciudades, el libro podría ser restaurado en todas sus partes esenciales a partir de las citas de ella en las estanterías de la Biblioteca pública de la ciudad».* En efecto, a pesar de la gran cantidad de ocasiones en que escépticos y antagonistas poderosos han querido demeritarla o destruirla, lo cierto es que, como lo dijo el Señor:

El cielo y la tierra pasarán, pero mis palabras jamás pasarán.

Lucas 21:33 NVI

5 de octubre

Herencia, educación y conversión

> «Cuanto nos queda aún en materia de virtud lo debemos por herencia o por educación, al Cristianismo»
>
> F. Copée[472]

La determinante influencia del cristianismo en la cultura occidental no puede ser negada ni siquiera por sus más acérrimos contradictores. Evidentemente, Occidente es heredero del cristianismo y, por lo mismo, deudor en gran medida de éste. En especial en lo que tiene que ver con los estándares morales comúnmente aceptados como normativos y con la educación recibida por muchas generaciones de occidentales en el curso de los últimos 2 000 años. No por nada las grandes y más prestigiosas universidades tanto de Europa como de Estados Unidos surgieron como iniciativas netamente cristianas[473], aunque en el curso del siglo XX muchas de ellas se hayan secularizado. Sin embargo, la *herencia* y la *educación* no bastan para conservar en alto la antorcha y los logros debidos al cristianismo, pues no son más que inercia si no vienen siendo impulsadas de forma renovada y continua por la *conversión*. En el cristianismo la herencia y la educación deben tener como uno de sus objetivos primordiales propiciar la conversión a Cristo de las nuevas generaciones (Ez 18:32; Mt 13:15; Hch 28:27). Y a su vez la conversión, de manera natural, debe mantener vigente la educación y la moral cristiana. Apoyarse únicamente en la herencia y la educación descuidando la experiencia personal e individual de conversión es condenar al cristianismo a dejar de ser relevante en el curso de pocas generaciones (Jue 2:7-12), puesto que sin conversión personal a Cristo la educación y la moral cristianas son únicamente fachadas que brindan una equivocada impresión y fomentan una engañosa confianza en la iglesia (Ez 13:10-16), por las cuales se llega a pensar que el cristianismo continúa vigente por los simples hechos de que muchos sigan declarándose cristianos nominales —sin importar que agreguen la salvedad de «no ser ya practicantes»— y de que la moral cristiana siga siendo, mal que bien, un punto de referencia para las sociedades de hoy. Restarle importancia a la conversión o volverse indiferente a ella bajo el pretexto de que, sea como fuere, la moral cristiana ha terminado fermentando a la sociedad occidental es catastrófico para la causa cristiana. La iglesia debe, entonces, mantener como su principal consigna las palabras del apóstol:

> *A judíos y a griegos les he instado a convertirse a Dios*
> *y a creer en nuestro Señor Jesús.*
>
> **Hechos 20:21** NVI

6 de octubre

Independencia o libertad

> «LA INDEPENDENCIA siempre fue mi deseo, la dependencia siempre fue mi destino»
>
> PAUL VERLAINE[474]

La *libertad* suele confundirse equivocadamente con la *independencia*. Debido a que las gestas *independentistas* de nuestras naciones nos concedieron la *libertad* política respecto de las potencias colonialistas europeas, hemos llegado a igualar la noción de libertad con la de independencia. De ahí que nuestros legítimos anhelos de libertad puedan degenerar fácilmente en censurables pretensiones de independencia absoluta. Porque en criaturas finitas como nosotros la independencia no deja de ser más que una ingenua y peligrosa ilusión. No por nada el teólogo alemán F. Schleiermacher sostenía que lo más característico de la condición humana era lo que él llamó el «sentimiento de absoluta dependencia». En efecto, todo ser humano realista y honesto se sabe dependiente, ya sea de su entorno social y natural inmediato o, en última instancia, de Dios. No es casual que en la Biblia no aparezca nunca la noción de independencia. Pero en cambio, sí aparece un significativo número de veces el verbo «depender». En algunos casos, para señalar muy diferentes relaciones de dependencia equivocadas y condenables que debemos, por tanto, suprimir (Lc 12:15; 1 Cor 2:5; 1 Ts 4:12). Pero al mismo tiempo nos informa que no podemos pretender alcanzar una independencia en la cual todo dependa únicamente de nuestros esfuerzos o deseos personales y nada más (Ro 9:16; 12:18). Asimismo, la Biblia nos recuerda que la pretendida independencia de la que alardean los malvados (Job 21:14-15) es engañosa, pues «... su bienestar no depende de ellos.» (Job. 21:16). De hecho, la Biblia relaciona con precisión ciertos aspectos puntuales y evidentes de la vida humana que escapan a nuestra voluntad y en los cuales dependemos en buena medida de instancias que están más allá de nuestro control, tales como el éxito en los proyectos que emprendemos (Pr 11:14) y el bienestar al que aspiramos (Jer 29:7). Es muy significativo a este respecto que la victoria militar no se atribuya al poderío bélico, sino a Dios (Pr 21:31). Porque es Él finalmente de quien dependemos en todo, algo que la Biblia nos recomienda reconocer cuanto antes actuando en consecuencia (Dt 30:20; 32:47; Is 50:10), como lo hace el salmista:

> *De ti he dependido desde que nací; del vientre materno me hiciste nacer.*
> *¡Por siempre te alabaré!*
>
> **Salmo 71:6** NVI

7 de octubre

Incompletos pero suficientes

> «Ninguno de los evangelios forma un todo completo […] ni reuniéndolos y fundiéndolos juntos en un solo cuerpo […]. Importa mucho empaparse bien en estas nociones, a fin de no exigir a los historiadores de Jesucristo sino lo que Dios por tal conducto ha querido otorgarnos»
>
> Monseñor Bougaud[475]

Los evangelios nunca han pretendido relatar *toda* la vida de Jesucristo, sino tan solo lo que Dios consideró *necesario* y *suficiente* para nutrir y sostener nuestra fe en Él. Se equivocan, entonces, quienes procuran desvirtuarlos señalando el hecho de que no cumplen los requisitos de una biografía tal y como los establece la ciencia histórica actual. En efecto, los evangelios narran rápidamente algunos detalles significativos del nacimiento del Señor para guardar luego casi absoluto silencio sobre el crecimiento del Señor, retomando la narración con mucha mayor extensión cuando aborda su ministerio público. Y en el marco de este último dedica un espacio desproporcionado a su última semana de vida antes de ser crucificado para resucitar posteriormente. Es, entonces, evidente que el relato de los evangelios no es ni intenta ser exhaustivo, lo cual no significa, sin embargo, que los hechos registrados en ellos no sean veraces y confiables, al igual que sucede hoy, guardadas las proporciones, con cuatro diferentes grabaciones en video llevadas a cabo por cuatro familias distintas de amigos que comparten una semana de vacaciones juntos. A nadie se le ocurriría afirmar que las grabaciones mienten por el hecho de no registrar exactamente las mismas imágenes —al obedecer cada grabación a los intereses particulares y personales del camarógrafo de turno— ni tampoco exigirían a ninguna de ellas el registro en video de la totalidad de la semana para poder ser confiable. Esta simple analogía deja sin base los señalamientos gratuitos de los críticos modernos hacia los evangelios y derriba cualquier prevención que pudiéramos tener hacia la veracidad y confiabilidad de los mismos en orden a conocer los hechos más relevantes y pertinentes de la vida de nuestro Señor Jesucristo y la consecuente fe en Él. Los evangelistas fueron, pues, intencionalmente selectivos en lo que decidieron registrar (Jn 20:30-31; 21:25), guiados en ello por el Espíritu Santo para dejar consignado lo estrictamente requerido para poder creer:

> *Muchos han intentado hacer un relato de las cosas que se han cumplido entre nosotros […]. Por lo tanto, yo también […] habiendo investigado todo esto con esmero desde su origen, he decidido escribírtelo ordenadamente, para que llegues a tener plena seguridad de lo que te enseñaron.*
>
> **Lucas 1:1-4 nvi**

8 de octubre

Los evangelios y el verdadero Jesús

> «La crítica alemana [...] hace surgir nuevos problemas [...] pero también los ilumina [...] ha desplegado una erudición no siempre luminosa, pero si amplia e inquisidora [...] termina a la hora presente, por la plena confirmación de la autenticidad de los evangelios así como de su certidumbre histórica»
>
> Monseñor Bougaud[476]

Llama la atención que este concluyente pronunciamiento en relación con la erudita crítica textual de Alemania aplicada a la Biblia tuvo lugar hace más de un siglo, época en la cual ya estaba, entonces, científicamente establecida la autenticidad textual de nuestros evangelios y la confiabilidad de su contenido por estar ceñido a los hechos que relata. No dejan, pues, de sorprender los gratuitos revisionismos emprendidos por ciertos sectores de la teología académica actual de corte liberal que, apoyados en el despliegue sensacionalista de los medios masivos de comunicación seculares[477] y en el fácil acceso a la omnipresente pero poco precisa red de información internet, pero adoleciendo al mismo tiempo de una sospechosa y poco rigurosa erudición, han terminado cuestionando sin un fundamento convincente lo que la crítica alemana ya había dejado establecido con suficiente solvencia desde finales del siglo XIX. Así, algunos de estos eruditos o seudoeruditos[478] terminan dándole más crédito a los numerosos y mutuamente contradictorios evangelios gnósticos de carácter apócrifo —cuya confiabilidad histórica deja todo que desear— y poniendo en entredicho el retrato clásico que los cuatro evangelios canónicos nos brindan del Señor Jesucristo, para proponer más bien novedosas versiones alternas que niegan al Señor su divinidad y se refieren a su humanidad en formas tan variadas como las recogidas por Lee Strobel con estas palabras: «Se ha dicho que Jesús era un intelectual [...] un cínico mediterráneo [...] un feminista andrógino [...] un inteligente farsante mesiánico; un mago homosexual [...] un revolucionario [...] un maestro de judaísmo Zen», terminando por referirse así a estas peregrinas teorías: «A lo largo de la Historia, aquellos que han investigado a Jesús han descubierto, a menudo, exactamente a quien querían encontrar»[479]. Es decir, a un voluble Jesús hecho a su imagen y semejanza. Pero el Jesús verdadero de los evangelios permanece en pie desenmascarando estas falsificaciones, puesto que

Jesucristo es el mismo ayer y hoy y por los siglos.

Hebreos 13:8 nvi

9 de octubre

Los mitos y el evangelio

«No hay biografía sin un derrumbe literal de mitos»

Darío Jaramillo Agudelo[480]

Uno de los argumentos esgrimido ampliamente durante el siglo XIX[481] por los críticos en contra de la persona y las legítimas pretensiones de Jesucristo sobre nuestras vidas consistió en afirmar que, dado que los evangelios habían sido presuntamente escritos dos o más generaciones después de aquella que fue testigo presencial de los hechos[482]; en el curso de este tiempo la iglesia habría terminado introduciendo mitos y leyendas alrededor de la figura de Cristo que terminaron plasmadas en los cuatro evangelios canónicos que recogen su vida, brindando, por tanto, una imagen falsa de Cristo que no correspondería con la realidad de su vida y obras. Los críticos terminan así atribuyendo a la iglesia aquello que la iglesia denuncia en el paganismo (Hch 14:11-15; 1 Tm 1:4; 4:7; 2 Tm 4:4; Tit 1:14). Se suponía, entonces, que al emprender una investigación de carácter científico más exhaustiva y minuciosa al margen de los evangelios, se terminaría descubriendo a un Jesús «desmitificado» completamente natural y diferente al Jesús sobrenatural de los evangelios. Dicho de otro modo, que al escribir una biografía científica de Cristo se terminarían derrumbando todos los mitos construidos alrededor de Él en los evangelios. Esta fue la intención del ambicioso proyecto asumido por los teólogos liberales del siglo XIX bajo el nombre de *La búsqueda del Jesús histórico*. Proyecto que, si bien no dejó de hacer aportes para iluminar el contexto histórico del primer siglo en el que Cristo vivió, fracasó estruendosamente en su propósito principal de revelarnos a un Cristo natural y «desmitificado». El fracaso de este proyecto debería, entonces, indicarnos que el retrato de Cristo provisto por las cuatro coincidentes «biografías» de Él de las que disponemos en los cuatro evangelios es el retrato auténtico y real de su persona, no adornado por mitos que busquen realzar de manera artificial su personalidad, ni en su perfecto carácter moral (Heb 4:15), ni en su declarada identidad de Hijo de Dios, ni en los milagros que realizó para confirmarla, destacándose entre todos ellos su propia resurrección de los muertos. Los evangelios registran, entonces, sin mitos ni falsedades lo que los testigos presenciales observaron directamente en Cristo:

> *Lo que ha sido desde el principio, lo que hemos oído, lo que hemos visto con nuestros propios ojos, lo que hemos contemplado, lo que hemos tocado con las manos, esto les anunciamos respecto al Verbo que es vida.*
>
> 1 Juan 1:1 NVI

10 de octubre

Refiriendo todo a Dios

«La libido sublimada da gentes muy activas»

Plinio Mendoza[483]

El psicoanálisis acuñó el término «libido» para referirse al impulso sexual, al cual debería presuntamente dársele curso libre para no generar en el individuo problemas y patologías de orden psicológico, contribuyendo al surgimiento de una sexualidad desbordada, degradante y desvergonzada bajo el pretexto del «amor libre» a partir de los años 60 del siglo xx. Sin perjuicio de la condenación de esta forma desinhibida, sin restricciones y supuestamente «libre» de expresar la libido (Mt 5:27-28; 1 Cor 6:18; Heb 13:4), el cristianismo, no obstante, no la niega, sino que encauza sus manifestaciones restringiéndolas a los límites seguros del matrimonio monógamo heterosexual, advirtiendo no solo acerca del carácter pecaminoso de la libido cuando se manifiesta fuera de estos límites, sino también sobre las consecuencias autodestructivas que estas conductas acarrean para los transgresores. De hecho el cristiano —sea o no casado y al margen de las notorias ventajas que al respecto representa el estado conyugal (1 Cor 7:1-7)— puede «sublimar»[484] cualquier manifestación desordenada de su libido, reenfocando la energía del impulso sexual para emplearla en actividades de índole no sexual fructíferas y que cuenten con la aprobación divina. Y dado que Dios es, por excelencia, el Ser más excelso y *sublime* que existe (Is 6:1; 57:15), sublimar algo es finalmente remitirlo o referirlo a Dios para filtrarlo y despojarlo de sus connotaciones y riesgos pecaminosos. Así, al admirar la belleza física de una mujer y reconocer su innegable atractivo, un varón puede involucrar a Dios en esta inevitable contemplación estética para sortear el peligro de que este legítimo deleite degenere en pecaminosa lascivia, de tal modo que en su admiración de la belleza femenina pueda exclamar en diálogo con el Señor: «Grandes y maravillosas son tus obras, Señor, Dios Todopoderoso» (Ap 15:3), sin ir más lejos de ello y desarmando de este modo a la naturaleza pecaminosa al reconocer su soterrada influencia y anticiparse a ella apelando conscientemente al Dios que no solo lo ve y lo juzga todo (Heb 4:13), sino que también nos brinda su eficaz ayuda en nuestra debilidad cuando lo invocamos (2 Cor 12:9-10; Flp 4:13). En conclusión:

> ... ya sea que coman o beban o hagan cualquier otra cosa,
> háganlo todo para la gloria de Dios.
>
> 1 Corintios 10:31 nvi

11 de octubre

Psicología y teología

> «En los siglos xvi y xvii las ciencias naturales se separaron de la Teología [...]. En los siglos xviii y xix [...] rompieron con la Filosofía [...]. Espero que la sicología pueda ayudar a reparar estas rupturas intelectuales y a reconciliar a tales hermanos separados»
>
> V. F. von Weizsäcker[485]

La psiquis humana es una realidad ya reconocida y aceptada, tanto por la ciencia como por la filosofía y la teología. Y como tal, constituye un importante aspecto común de estudio para estas tres disciplinas, tendiendo un puente que facilita de nuevo el acercamiento constructivo entre ellas, distanciadas por razones equivocadas en perjuicio del entendimiento correcto que el hombre está llamado a tener de sí mismo en relación con Dios. En efecto, la ciencia ha tenido la tendencia a considerar únicamente el cuerpo o aspecto material del ser humano, mientras que la teología hace lo propio con el espíritu o aspecto inmaterial del mismo, descalificándose a veces mutuamente. Pero la psiquis o alma humana[486] viene a brindar un terreno compartido por ciencia y teología. Porque si bien el alma es también inmaterial, como el espíritu[487], su existencia no puede ya ser negada en el nombre de una ciencia naturalista y materialista, pues sus manifestaciones concretas no pueden ya explicarse por referencia al funcionamiento del cuerpo únicamente. De hecho, existe una ciencia que se encarga de su estudio: la psicología. Ciencia plenamente justificada desde la perspectiva teológica cristiana. Con mayor razón por cuanto la Biblia utiliza el término griego *psujikós* (síquico) para referirse al ser humano cuyo espíritu no ha sido aún vivificado y hecho plenamente consciente de la realidad divina por la acción del Espíritu Santo obrando en él a través de la experiencia de la conversión a Cristo. Así pues, lo «síquico» es en la Biblia lo «natural» (1 Cor 15:44, 46) o, si se quiere, lo «animal» en el hombre (Stg 3:15 rv60), lo «puramente humano» (nvi), es decir lo que nos viene dado por la naturaleza, por contraste con lo «espiritual» que se activa cuando recibimos el decisivo toque redentor y regenerador de Cristo mediante la fe en Él en el acto de la conversión. Reconociendo, entonces, la realidad de la psiquis humana a la par con la ciencia, el cristianismo afirma no obstante que ella por sí sola extravía al ser humano (Jud 19), puesto que

> *El que no tiene el Espíritu [literalmente: el hombre síquico o natural]*
> *no acepta lo que procede el Espíritu de Dios, pues para él es locura.*
> *No puede entenderlo, porque hay que discernirlo espiritualmente.*
>
> 1 Corintios 2:14 nvi

12 de octubre

El evangelio y los problemas del alma

> «En el presente no hay una psicología cristiana aceptable que sea marcadamente diferente de la psicología no cristiana […] por ahora no hay ninguna teoría, modo de investigación o metodología de tratamiento aceptables [en la psicología] que sea distintivamente cristiana»
>
> J. Sutherland y P Poelstra[488]

El Dr. Ropero afirmaba en relación con la filosofía que «no hay filosofía cristiana, sino cristianos que, en su condición de tales, hacen filosofía como filósofos»[489]. Lo mismo podría decirse de la psicología: no existe tal cosa como «psicología cristiana», sino cristianos que, en su condición de psicólogos, practican la psicología desde el horizonte de su fe y nada más. Es bueno hacer esta aclaración, pues la consejería cristiana, apoyada tradicionalmente en la Biblia, ha terminado plegándose a los contenidos y teorías de la reciente ciencia psicológica, sacrificando en muchos casos los postulados bíblicos que habían guiado hasta el momento su accionar. Y si bien es cierto que la psicología ha hecho indudables aportes a la mejor comprensión pastoral de lo que la Biblia llama «el hombre psíquico» o «natural» (1 Cor 2:14) y al funcionamiento y dinámicas de la psiquis humana en general, eso no significa que sus planteamientos y terapias consecuentes sean la panacea para los problemas y desordenes de esta, relegando a segundo término la perenne revelación dada por Dios en la Biblia respecto a los problemas del alma (Mt 11:28-30; Heb 6:19). Porque lo que hoy muchos llaman pomposamente «psicología cristiana» no es más que cuestionable psicología secular revestida superficial y engañosamente con terminología cristiana, pero que en el fondo traiciona los principios fundamentales de la consejería clásica cristiana que ha apelado eficazmente a la revelación bíblica desde mucho antes de que la psicología adquiriera el estatus de ciencia. Por eso, terapias tales como la llamada «sanidad interior», al incorporar conceptos y herramientas de la psicología que pueden llegar a ser útiles y coincidentes con la revelación, debe tener cuidado de no subordinar la Biblia a la psicología sino todo lo contrario: juzgar la psicología desde la perspectiva bíblica, para retener únicamente lo que pase la prueba (1 Ts 5:21). Después de todo, la palabra de Dios es la que revela y resuelve definitivamente los problemas del alma humana:

> *Ciertamente, la palabra de Dios es viva y poderosa, y más cortante*
> *que cualquier espada de dos filos. Penetra hasta lo más profundo del alma*
> *y del espíritu, hasta la médula de los huesos, y juzga los pensamientos*
> *y las intenciones del corazón.*
>
> Hebreos 4:12 nvi

13 de octubre

División y multiplicación

«La división de la célula, no su fusión, produce cuerpos saludables»
Peter Wagner[490]

Los organismos vivos se caracterizan porque crecen y se multiplican mediante la división ordenada de las células de los tejidos y órganos que los conforman. Este proceso natural y ordenado de multiplicación es señal de buena salud en el organismo. Del mismo modo la iglesia, entendida como un cuerpo u organismo vivo (1 Cor 12:13-27), está llamada a crecer mediante una vital y planificada reproducción o división celular. El problema es que tradicionalmente en el medio cristiano existen prevenciones —un buen número de ellas justificadas— hacia los dos últimos términos, a saber: «división» y «celular». En relación con el primero, las divisiones han sido vistas usualmente de manera sospechosa como «cismas» o separaciones inconvenientes y condenables que desgarran el cuerpo de Cristo y obran en perjuicio de la causa del evangelio[491]. Y en relación con lo último, el llamado «movimiento celular» para el crecimiento de las iglesias no ha dejado de generar controversia por la rigidez y artificialidad de los métodos empleados y las maneras poco naturales, impositivas y compulsivas en que se suele llevar a cabo, generando crecimientos patológicos, a la manera de las células cancerígenas en el cuerpo humano. Sea como fuere es un hecho que las llamadas megaiglesias o iglesias de gran tamaño se vuelven ineficaces y ven truncado y atrofiado su saludable crecimiento si no se multiplican por división celular. Y esta división celular implica la fundación de nuevas iglesias, hijas de la iglesia madre y en comunión con ella, pero con un suficiente grado de autonomía, como lo establece el ejemplo del apóstol Pablo al fundar iglesias subordinadas a los apóstoles pero confirmadas con su propio cuerpo de dirigentes (Hch 14:23; 15:41; 18:23; 20:2). Asimismo, cada iglesia local que crece debe generar en el interior de su estructura células o grupos pequeños que reúnan a creyentes con afinidades, promoviendo y facilitando la comunión entre ellos. Células que, al crecer y multiplicarse, contribuyan a su vez al crecimiento de la iglesia local de la que forman parte. La iglesia apostólica, de nuevo, ilustra lo anterior al trabajar de manera simultánea y complementaria para todo el cuerpo, en el templo, y para las células, por las casas:

> *Y día tras día, en el templo y de casa en casa, no dejaban de enseñar*
> *y anunciar las buenas nuevas de que Jesús es el Mesías*
>
> **Hechos 5:42** nvi

14 de octubre

Carismas para todos

> «Toda la iglesia está dotada espiritual y carismáticamente, no solo sus ministros»
>
> Jürgen Moltmann[492]

La doctrina bíblica del «sacerdocio universal de los creyentes» (Ex 19:6; 1 P 2:5, 9; Ap 1:6), que brinda a todos los cristianos sin distinción acceso directo y confiado a Dios (Ro 5:2; Ef 3:12, Heb 4:4-16), ha sido suscrita y defendida por el protestantismo como uno de sus rasgos más característicos por contraste y oposición con la excluyente función sacerdotal de los ministros católico-romanos. Y esta doctrina implica el hecho de que todo creyente debe estar dotado con dones espirituales (Ef 4:7-8)[493], al margen de que ostente la condición de laico y no la de clérigo. En efecto, aunque los llamados «dones del ministerio» (Ef 4:11-13), por su misma naturaleza, deban estar restringidos a los clérigos o ministros ordenados, pues por simple sentido común en la iglesia debe haber un cuerpo de dirigentes que sean los inmediatos responsables de la congregación ante Dios (Heb 13:17) y que estimulen y coordinen todas las actividades de sus miembros en favor de la propagación del evangelio y el bienestar de los creyentes, eso no significa que no existan otros dones o carismas no restringidos a los ministros ordenados y que puedan ser, por tanto, otorgados a los creyentes laicos para que los ejerzan de manera ordenada (1 Cor 14:26-40), en pro de la edificación de la iglesia de Cristo. Y puesto que las listas de dones en la Biblia no pueden considerarse exhaustivas (Ro 12:6-8; 1 Cor 12:7-11, 28)[494], es siempre posible que existan otros dones o carismas no mencionados en la Biblia, otorgados de un modo u otro por Dios a los suyos y que también pueden contribuir eficazmente a la obra de Dios en el mundo. Todos los cristianos tienen, entonces, un aporte que hacer a la extensión del evangelio en el marco de la iglesia de la que forman parte (Heb 6:10), como lo confirma bien el apóstol, lo que implica que todos y cada uno de los creyentes poseen dones que deben poner al servicio del Señor y de sus hermanos en la fe en el contexto de la comunión que disfrutan dentro de la congregación a la que pertenecen, con un gran sentido de responsabilidad al ejercerlos (1 P 4:10-11), de modo que no seamos nosotros quienes limitemos de algún modo la indiscriminada generosidad divina (Jn 3:34), reconociendo, pues, que

> *... Dios da a todos generosamente sin menospreciar a nadie.*
>
> **Santiago 1:5** NVI

15 de octubre

El carisma como servicio

«Todo lo que sirva para edificar la iglesia es *charisma*, no solo lo que aparece de forma extática, sino también el acto de servicio profano diario»

G. CONZELMANN[495]

En el marco de las iglesias pentecostales y carismáticas se le suele dar más importancia a los dones o carismas recibidos o ejercidos por los creyentes de manera aparatosa en medio de ocasionales experiencias extáticas[496] «sagradas» e intensamente emotivas, que a los menos ostentosos dones que se ejercen de manera sobria, humilde y callada en el servicio cotidiano «profano» por parte de creyentes que mantienen intencionalmente un bajo perfil sin albergar intenciones de figuración, pero que, por lo mismo, suelen ser más consagrados a veces que los primeros, puesto que prestan su servicio no para ganarse el reconocimiento humano, sino «como quien sirve al Señor y no a los hombres» (Ef 6:6-7). Al hacerlo así el pentecostalismo vuelve a levantar esa rígida y artificial frontera entre lo «sagrado» y lo «profano» que caracterizó al clericalismo católico-romano, borrada en buena hora por la Reforma Protestante con el redescubrimiento de la doctrina del sacerdocio universal de los creyentes, en el contexto de la cual cualquier legítimo trabajo cotidiano secular y cualquier servicio en la iglesia por parte del cristiano, por humilde que sea, se ve como un llamado auténtico formulado por Dios a cada uno de los suyos (Ro 11:29) que, en consecuencia, debe ser llevado a cabo con excelencia puesto que, por pequeño o carente de importancia que pueda parecer, contribuye de cualquier modo a edificar la iglesia de Cristo. La anécdota del orgulloso y condecorado piloto de combate de la fuerza aérea norteamericana que se conmovió al identificar un día, de manera casual, al muchas veces ignorado y desdeñado grumete humilde que le empacaba diariamente el paracaídas gracias al cual pudo salvar su vida cuando tuvo que abandonar su averiado avión en su última misión de guerra, ilustra muy bien el punto. Así pues, ningún trabajo en la iglesia o fuera de ella —por humilde que sea— que se lleve a cabo con mística, capacidad y excelencia para la gloria de Dios, pasa desapercibido para Él (Heb 6:10), ni es en vano (1 Cor 4:5; 15:58; Gal 6:9-10), por lo que, tal como nos indica el apóstol Pablo, podemos servir siempre a Dios:

> *sabiendo que el Señor recompensará a cada uno por el bien que haya hecho, sea esclavo o sea libre.*
>
> **Efesios 6:8** NVI

16 de octubre

Satanás: carcelero de la humanidad

> «SATANÁS [...] encierra en sus cárceles a todos los que de una u otra forma han roto su confianza en Dios»
>
> ADOLPH KÖBERLE[497]

El cautiverio fue una experiencia amarga por la que el pueblo de Israel tuvo que pasar reiteradamente a lo largo del Antiguo Testamento cuando su obediencia a Dios y su consecuente confianza en Él se veía rota o debilitada (Dt 28:41; 2 Cro 29:9; Jer 13:17; Sal 137:1-3). Los enemigos del pueblo de Dios llegaron a dominarlo militarmente muchas veces y a someterlo y oprimirlo manteniéndolo en condición de prisionero, aprovechando la oportunidad que les brindaba el distanciamiento culpable que este pueblo emprendía respecto de Dios, ya sea de manera consciente o inadvertida. En realidad, Dios nunca abandonó a su pueblo. Era su pueblo el que lo abandonaba a Él, solo para caer bajo el yugo tiránico de sus enemigos. Sin embargo, a la par con esta innegable situación a la que se veían justamente abocados, la promesa divina de librarlos del cautiverio también se hallaba en pie delante de ellos (Is 45:13; 49:8-10, 24-25; Jer 29:14; 30:3) «Porque el Señor oye a los necesitados, y no desdeña a su pueblo cautivo» (Sal 69:33). La respuesta favorable al clamor sincero del pueblo cautivo apelando de nuevo con confianza y arrepentimiento a su Dios no se hace esperar (Sal 79:11; 102:19-21). Y la experiencia de liberación también marcó de tan grato e indeleble modo la memoria colectiva de Israel que inspiró en ellos un grupo completo de salmos de alabanza y gratitud para evocar y conmemorar la liberación del cautiverio efectuada por Dios a su favor: los bien llamados «cánticos de los peregrinos», entonados en primera instancia por quienes regresan alegres a Jerusalén liberados por Dios del cautiverio previo (Sal 120-134). Pero ya el Antiguo Testamento anticipa la transposición de esta experiencia al contexto del Nuevo Testamento (Is 61:1; Lc 4:18), en donde el cautiverio *político* de Israel es simplemente un símbolo del verdadero cautiverio de la humanidad en general, el cautiverio *espiritual*, por el cual, sin Cristo, todos nos hallamos «vendidos como esclavos al pecado» (Ro 7:14)[498], de tal modo que este ejerce un nefasto y destructivo dominio sobre nuestras vidas (Ro 7:23), que únicamente se puede romper al apelar con arrepentimiento a Dios, colocando nuestra confianza en la persona de Cristo:

> *... todo el mundo es prisionero del pecado, para que mediante la fe en Jesucristo lo prometido se les conceda a los que creen.*
>
> **Gálatas 3:22** NVI

17 de octubre

Los peligros de la satanomanía

«Hablar demasiado de demonios puede conducir y provocar estados neuróticos de toda clase»

Alfred Lechler[499]

La Biblia nos revela la realidad de la existencia de Satanás y sus demonios y nos pone al tanto sobre sus motivaciones (Is 14:12-15; Ez 28:12-19) y artimañas (2 Cor 2:11; 11:14; Ef 6:11; 1 P 5:8), pero no fomenta en los creyentes una curiosidad malsana hacia ellos, ni mucho menos un temor compulsivo a su destructiva actividad, toda vez que, con todo y ser un enemigo poderoso, es también un enemigo ya derrotado (Ro 16:20; Col 2:15; Heb 2:14; Stg 4:7; 1 Jn 3:8; 5:18) hacia quien hay que mantener una actitud vigilante sin darle cabida (Ef 4:27) y nada más. Es significativo que al confrontar posesiones demoníacas en su momento, Jesucristo no entraba en diálogo con los demonios, sino tan solo los reprendía (Mt 8:16; 17:18; Mr 1:34) y en una sola oportunidad les preguntó el nombre (Mr 5:8). Entre otras cosas, porque la naturaleza de los demonios —al igual que la de su líder— es, desde el principio, mentir (Jn 8:44). Por eso, cultivar la curiosidad por saber más del diablo y sus demonios de lo que la misma Palabra de Dios nos revela es hacerles el juego al exponernos a sus engaños y a caer en sus enredos. De hecho, ante la imposibilidad de obtener una adoración directa y expresa por parte de los hombres (Lc 4:7)[500], lo que el diablo y sus demonios buscan siempre es atención, obteniendo de ello una adoración indirecta y velada como la que obtienen también a través de la adoración de ídolos practicada por los pueblos paganos (1 Cor 10:19-20). Ellos desean estar siempre «en vitrina» y obtener prensa, no importa que sea mala prensa. Para ellos es mejor obtener mala prensa que no obtener prensa. Así pues, la pomposamente llamada «demonología» no es más que incursionar en una satanomanía que puede conducirnos más temprano que tarde al ocultismo condenado expresamente en la Biblia, además de exponer en el entretanto nuestra mente a la destructiva influencia del diablo con efectos que a veces son muy difíciles de revertir. En realidad, todo lo que el creyente necesita saber sobre el diablo está en la Biblia, ubicado contra el trasfondo de nuestra óptima relación con Dios en virtud de nuestra fe en Cristo (Ro 8:31) y la convicción que de ella surge en el sentido de que, como afirma el apóstol Juan:

> ... *el que está en ustedes es más poderoso que el que está en el mundo.*
>
> 1 Juan 4:4 NVI

18 de octubre

Magia, ocultismo y cristianismo

> «En el Ocultismo se trata principalmente de dos conceptos: el afán de saber y el afán de poder [...] por medio de las artes ocultas, el hombre trata de deshacerse de los lazos que le unen a Dios; quiere traspasar las barreras establecidas por el Creador»
>
> Kurt E. Koch[501]

Los motivos del ocultismo arraigan en la tentación que llevó a la caída en pecado a nuestros primeros padres (Gn 3:5). Es decir, adquirir control sobre los poderes espirituales superiores ocultos a la experiencia cotidiana y natural de los seres humanos —*ser como* Dios— mediante el conocimiento respectivo —*conocer* el bien y el mal— y utilizar estas facultades para la obtención de nuestros deseos en el mundo, marginando a Dios de nuestra vida. Si bien la Biblia no utiliza expresamente la palabra *ocultismo*, el término *magia* engloba en ella las mismas artes ocultas a las que se hace referencia con la noción de ocultismo, inspiradas entonces por los mismos motivos de este. De hecho, en Cristo se nos revela todo lo previamente *oculto* que necesitamos saber, no solo con miras a la eternidad, sino también con miras a nuestra vida actual en este mundo (Ro 16:25-26; Col 1:26-27). Todo intento de acceder a los poderes del mundo espiritual que pretenda dejar de lado a Cristo o servirse de Él de manera manipuladora en lugar de disponerse a obedecerlo y servirlo, es considerado en la Biblia censurable y peligrosa magia u ocultismo en su variadas formas, entre las que encontramos la hechicería, la adivinación, la astrología y la nigromancia[502] indistintamente como prácticas mágicas propias de los pueblos paganos (Dt 18:14; Ez 21:21; Dn 2:2; 4:7), pero prohibidas para el pueblo de Dios (Lv 19:31; 20:6; Dt 18:9-13; 2 R 17:17; 21:6; Is 8:19-20; Jer 27:9-10; Zac 10:2). Así pues, el fundamento de esta prohibición no es que la magia no tenga ningún efecto visible, pues por lo regular lo tiene y puede incluso imitar engañosamente el poder de Dios (Ex 7:11-12), sino que no fomenta ni logra la necesaria transformación de nuestro carácter que solo Cristo puede llevar a cabo, apartando de Dios a la persona para su propio perjuicio y perdición (Ex 22:18; Dt 13:1-5; 1 Cro 10:13-14; Is 19:3; 47:9-15; Ap 21:8). Pero si nos volvemos a Cristo, la promesa divina hallará en nosotros feliz cumplimiento:

> ... *Estoy contra sus hechicerías [...] yo los liberaré de sus poderes mágicos [...]. Rescataré a mi pueblo de esos sortilegios, para que dejen de ser presa en sus manos [...]. Por eso ya no volverán [...] a practicar la adivinación. Yo rescataré a mi pueblo del poder de ustedes, y sabrán que yo soy el Señor.*
>
> **Ezequiel 13:20-23** nvi

19 de octubre

Cristianofobia esperanzadora

«En una democracia incluyente, hasta los católicos tenemos derechos. Pero aquí lo que hay es una especie de cristianofobia»

Alejandro Ordóñez[503]

El ideal de tolerancia moderno iniciado por John Locke con su «carta de tolerancia» ha avanzado mucho en su ejecución desde que fue formulado. Y aunque fueron en gran medida las guerras religiosas —con el cristianismo como uno de sus protagonistas en cabeza del catolicismo y el protestantismo indistintamente— las que le dieron impulso como una reacción de rechazo hacia ellas, lo cierto es que la doctrina cristiana bíblica, rectamente entendida, justifica de sobra la tolerancia (Ro 2:4; Col 3:13)[504], ordenándola incluso como regla de conducta para todos los creyentes en virtud del ejercicio de la libertad de examen y de conciencia promulgada por el protestantismo que, al contribuir de manera innegable a las guerras de religión, lo hizo en general en defensa y respuesta a las hostilidades de Roma. Así pues, el cristiano intolerante está desobedeciendo expresamente al Señor a quien dice servir. Lo mismo podría decirse de la iglesia que tendrá, por tanto, que dar cuenta a Dios de los períodos históricos de intolerancia y persecución sistemática de los «infieles» que llevó a cabo. Pero dicho lo anterior, hay que añadir que tal vez el ideal de tolerancia ha avanzado demasiado, en detrimento del cristianismo. En efecto, corrientes de pensamiento en boga tales como el relativismo moral, el pluralismo y el multiculturalismo están muy dispuestas a ser condescendientemente tolerantes con todos, menos con el cristianismo al que, les guste o no, tanto le deben. Inquieta ver, entonces, como en el primer mundo occidental, en especial en Europa, se le extiende la mano y se le hacen deferencias y concesiones casi serviles al islamismo y las religiones del Lejano Oriente en general, a la par que se ataca al cristianismo a la primera oportunidad. Parece ser que el cristianismo vuelve a ser la «piedra en el zapato» del pensamiento secular, situación que no deja de ser lamentable, pero no sorpresiva, puesto que el Señor nos advirtió ya sobre la hostilidad del mundo hacia la doctrina cristiana, de donde esta «cristianofobia» puede ser incluso esperanzadora en la medida en que indica que la iglesia sigue cumpliendo su papel:

> *Si el mundo los aborrece, tengan presente que antes que a ustedes, me aborreció a mí. Si fueran del mundo, el mundo los querría como a los suyos. Pero ustedes no son del mundo [...]. Por eso el mundo los aborrece [...]. «Si a mí me han perseguido, también a ustedes los perseguirán...»*
>
> **Juan 15:18-20** nvi

20 de octubre

El matrimonio instituido por Dios

> «La unión homosexual ni es matrimonio ni es familia. Y eso es un dato no ideológico. Es un dato natural y científico»
>
> Alejandro Ordóñez[505]

Si bien el matrimonio está reglamentado por las leyes civiles, no puede olvidarse que en principio es una institución divina, como se reconoce en todas las culturas en las que se sigue acudiendo en masa a capillas, catedrales, sinagogas, mezquitas o pagodas indistintamente para que lo bendigan. A su vez, también existe un consenso alrededor de la convicción de que el matrimonio es el que establece la indiscutida célula básica de la sociedad, es decir, la familia. Por eso valdría la pena examinar las breves palabras con las que Dios instituye el matrimonio, a saber: «Por eso el hombre deja a su padre y a su madre, y se une a su mujer, y los dos se funden en un solo ser» (Gn 2:24). De esta declaración se concluye que en la perspectiva divina el matrimonio para poder serlo debe cumplir con dos requisitos mínimos: ser monógamo y ser heterosexual. En razón de ello no existe tal cosa como el «matrimonio homosexual», de donde llamar a la unión entre dos personas del mismo sexo «matrimonio», como se pretende en la legislación de las «progresistas» naciones posmodernas, es una contradicción de términos. Y si no puede existir el matrimonio homosexual, una unión de este tipo tampoco puede constituir una familia funcional. De hecho, estos requisitos mínimos se refuerzan en el Nuevo Testamento con exigencias más precisas (Heb 13:4). Requisitos mínimos que aun si no fueran revelados y sancionados por Dios, surgen también del orden de la naturaleza tal y como la ciencia ha podido observarlo y confirmarlo. Pero dado que Dios decidió sancionarlo expresamente, la negativa a considerar matrimonio a la unión homosexual no es tan solo una conclusión apuntalada por la naturaleza y la ciencia, sino también por la teología. Así pues, pretender llamar «matrimonio» con todos sus inherentes derechos a una unión homosexual es un completo exabrupto jurídico. Y pretender, adicionalmente, obtener la bendición divina para esta unión no es más que una presunción descarada e inadmisible, pues definitivamente la unión homosexual no la efectúa Dios, sino los hombres y no se le aplican, por tanto, las palabras del Señor:

> *Así que ya no son dos, sino uno solo. Por tanto, lo que Dios ha unido,*
> *que no lo separe el hombre.*
>
> Mateo 19:6 nvi

21 de octubre

La imitación de Cristo

«La idea de la imitación de Cristo ha sufrido muchas deformaciones en la historia de la piedad cristiana»

José Míguez Bonino[506]

Michael Gelb señalaba en cierta oportunidad algo que todos podemos ver: «El aprendizaje por imitación es fundamental en muchas especies, incluida la humana». Y tal vez fue Miguel de Unamuno quien, en el caso de los seres humanos, añadió que la imitación es admiración. En efecto, imitar a otros es algo inevitable en la vida humana, pero no solo por instinto de supervivencia[507], sino porque, adicionalmente, los seres humanos llegamos a profesarle admiración a aquel a quien procuramos imitar. De hecho, la Biblia consigna advertencias (Ex 23:2, 24; Lv 18:3; Dt 18:9; 2 R 17:22; 3 Jn 1:11) y recomendaciones al respecto (Heb 6:12; 13:7). Siendo así, es más que lógico que los cristianos procuremos conscientemente imitar a Cristo, la persona a quien estamos llamados a admirar al grado superlativo de la adoración exclusiva y excluyente (Mt 4:10). Y ya la afamada obra piadosa del cierre de la Edad Media titulada *La imitación de Cristo,* atribuida comúnmente a Tomás de Kempis[508], hace explícita esta aspiración de todo auténtico creyente. Con todo, al tratar de concretarla la iglesia ha incurrido frecuentemente en deformaciones de la auténtica imitación de Cristo. Una de las más comunes consiste en tratar de guiar nuestra conducta en las circunstancias más diversas e inesperadas mediante la pregunta: «¿Qué haría Cristo en mi lugar?». Pregunta que no puede aplicarse a todas las situaciones o circunstancias de la vida del creyente más allá de los aspectos expresamente indicados en las Escrituras del servicio (Jn 13:15), la armonía (Ro 15:5), el amor (Ef 5:1-2), la aceptación del sufrimiento por causa del bien (1 P 2:20-21; 1 Ts 1:6), o la imitación de Cristo mediada por el ejemplo de un apóstol (1 Cor 11:1). Más allá de estos aspectos la pregunta «¿Qué haría Cristo en mi lugar?» puede ser improcedente y hasta atrevida en vista de la singular y exclusiva identidad divina y la vocación mesiánica y redentora de Cristo que, al ser única, nos prohíbe situar sus actuaciones en el contexto de nuestra propia vida sin riesgo de equivocarnos al tratar de imitarlo en todo. La imitación de Cristo debe formular más bien la pregunta: «¿Qué espera Cristo que yo haga?» (Hch 22:10) para poder acertar, conforme a la promesa:

> El Señor dice: «Yo te instruiré […] te mostraré el camino que debes seguir […] te daré consejos y velaré por ti».
>
> Salmo 32:8 nvi

22 de octubre

La belleza física y la espiritual

«Si bien algunas cirugías cosméticas son un hermoso regalo de Dios, algunas también son un síntoma de nuestra mediocridad cultural»

Mollie Siegler Hemingway[509]

La Biblia no riñe con la contemplación estética, toda vez que la belleza física es un don de Dios del que disfrutaron piadosos personajes de la Biblia como Sara (Gn 12:11), Rebeca (Gn 24:16), Raquel (Gn 29:17), José (Gn 39:6), Ester (Est 2:7) y el rey David (1 Sam 16:12), sin que se les condene o censure por ello. Pero dejando de lado los cuidados mínimos que debemos tener con nuestro cuerpo para mantenerlo con la mayor funcionalidad y la mejor presentación posible —con mayor razón por cuanto el cuerpo del creyente es templo del Espíritu Santo (1 Cor 3:16-17; 6:19)—, la obsesión por la belleza física puede llegar a ser inmoral o pecaminosa desde la óptica bíblica, independientemente de si se procura alcanzar por medios quirúrgicos o meramente cosméticos u ornamentales. Esto no significa que todo procedimiento médico o de cualquier otro orden que busque mejorar la apariencia física de la persona con fines exclusivamente estéticos deba ser condenado. Los motivos que originan el procedimiento en cuestión y los riesgos asumidos cuentan mucho para poder emitir un juicio ético al respecto. Pero al margen de los motivos con que se justifique, lo cierto es que toda iniciativa cultural que busque mejorar la apariencia física de la persona desde el punto de vista estético-visual que no tome en cuenta el cultivo y mejoramiento de los aspectos interiores no físicos e inmateriales de la personalidad, no solo es contrario a las Escrituras (Pr 11:22; 1 P 3:3-4), sino condenado al fracaso, pues no importa lo que hagamos, nuestro cuerpo terminará deteriorándose de manera inevitable y lo único que se puede hacer a este respecto, en el mejor de los casos, es retrasar un poco este deterioro y nada más (Sal 49:14). No sucede lo mismo con los aspectos interiores de la personalidad del creyente que, contrario a lo que sucede con nuestro cuerpo (2 Cor 4:16), pueden mejorarse de manera creciente y continua desde el momento de la conversión a Cristo de forma indefinida (Pr 4:18), siendo «transformados a su semejanza con más y más gloria» (2 Cor 3:18), en la medida en que estamos vinculados a Él y:

De su plenitud todos hemos recibido gracia sobre gracia,

Juan 1:16 nvi

23 de octubre

Ciegos guiando a otros ciegos

> «UN FACTOR común en las terapias fracasadas es la "locura" de los terapeutas [...] el consumidor medio de terapia es propenso a ser influido por los problemas emocionales de los terapeutas»
>
> JOHN LEO[510]

Una de las paradójicas realidades de la vida que todos tenemos que reconocer es que aun los mejores médicos también se enferman, como lo da a entender un refrán popular ya conocido para la época del Señor (Lc 4:23). Esto no es obstáculo para que los diagnósticos y tratamientos médicos sean provechosos para la salud del paciente, pues a no ser que sea una enfermedad contagiosa o a que disminuya su buen juicio, las dolencias del médico de turno no deben afectar normalmente la salud del paciente eficazmente tratado por él. Pero en el campo de la terapia psicológica las cosas ya no son tan claras. Por eso, sin negarle a la psicología sus innegables aspectos científicos que le confieren la categoría de ciencia en sus en gran medida acertadas descripciones del funcionamiento de la psiquis humana, lo cierto es que es una ciencia demasiado ambigua a la hora de determinar el tratamiento o terapia más conveniente para los problemas del alma al depender de una pluralidad de escuelas, muchas de las cuales se contradicen entre sí abiertamente. Con el añadido de que en la terapia psicológica no es difícil que los problemas del propio terapeuta —que también los tiene— terminen influyendo en el paciente de manera inadvertida, agravando el desorden que se pretendía resolver y dando pie a situaciones en las que un ciego termina guiando a otro para caer juntos en el hoyo (Lc 6:39). Por eso es que, desde la perspectiva cristiana, la terapia psicológica debe verse con beneficio de inventario y no puede reemplazar la consejería pastoral apoyada en la Biblia, puesto que esta última siempre supera a la primera en la medida en que el aconsejado es guiado y remitido en este caso a un poder que no reside propiamente en la destreza o capacidad del consejero humano, sino en Dios mismo en la persona de Cristo, el perfecto «terapeuta», no solo en su actividad sanadora en sí misma (Lc 7:21; Hch 10:38), sino también en su identificación con nosotros en nuestras luchas, sin perder por ello su impecable carácter personal (Heb 2:18; 4:15) y a quien, por tanto, podemos acudir con plena confianza (Heb 4:16), con la seguridad de que

> *... puede salvar por completo a los que por medio de él se acercan a Dios, ya que vive siempre para interceder por ellos.*
>
> **Hebreos 7:25** NVI

24 de octubre

La respuesta en lo íntimo

> «EL PACIENTE [...] ya tiene la respuesta del problema en lo más profundo de su yo, y el terapeuta sencillamente ayuda a que salga a la superficie»
>
> JOHN LEO[511]

La psicoterapia ha trasladado del campo de la antigua filosofía al de la terapéutica actual el método conocido como «mayéutica», que consistía en la dinámica por la cual Sócrates le hacía ver a su interlocutor que las respuestas a las preguntas que formulaba se encontraban ya presentes dentro de él mismo, de donde el filósofo las extraía por medio de una escogida serie de preguntas y sus conclusivas respuestas, orientadas para hacerle ver que en realidad siempre había sabido aquello por lo que estaba inquiriendo, aunque no fuera consciente de ello. Y si bien la pastoral cristiana coincide con la filosofía y la psicoterapia en que, para ser verdaderamente conscientes de nuestros problemas existenciales y hallar respuestas a ellos, es necesario profundizar en la intimidad e interioridad de la persona (Sal 51:6; Mt 15:16-20; Ro 10:8-10), difiere también de ambas en que niega que las respuestas se hallen en el «yo», sino más bien en el Dios vivo y verdadero que se revela al ser humano en la profundidad de su propio ser para sanar su «yo» enfermo mediante la rendición de este al «Yo soy» divino (Ex 3:14). No es, entonces, el «yo» humano el que posee las respuestas, sino Dios, quien se revela a la persona en la profundidad e intimidad de su «yo» individual, cuando indagamos con humildad y honestidad en sus honduras para descubrir, sorprendidos, que nunca hemos estado solos (Jn 16:32), sino que Dios ha estado esperándonos allí todo el tiempo —como el padre al hijo perdido de la parábola (Lc 15:20)— para brindarnos su misericordioso perdón en Cristo y su gracia manifestada en su presencia que, por sí sola, hace que nuestras preguntas más apremiantes pierdan importancia (Sal 73:25) y cedan lugar ante el favor y la gracia inmerecidas que Dios nos otorga en abundancia. Después de todo, lo más profundo que podemos encontrar en este mundo es el amor de Dios expresado en Cristo (Ef 3:17-19). Profundidad que únicamente descubrimos al sumergirnos en nuestra propia profundidad, brindando fundamento para la oración del apóstol a favor de quienes han experimentado el encuentro con Cristo en lo íntimo de su ser:

> *«Le pido que, por medio del Espíritu y con el poder que procede de sus gloriosas riquezas, los fortalezca a ustedes en lo íntimo de su ser, para que por fe Cristo habite en sus corazones...»*
>
> **Efesios 3:16-17** NVI

25 de octubre

Entre más rendidos más fuertes

«La grandeza del poder del hombre es la medida de su rendición»
                                                    Henrietta C. Mears[512]

Cuanto más rendidos a Dios nos encontramos, más grandes somos. Esta es la maravillosa paradoja del cristianismo. Es el grado de nuestra rendición a Cristo el que determina el grado de la grandeza de nuestro poder. Porque en la medida en que renunciamos a ejercer *nuestro* siempre precario —y muchas veces egoísta— poder personal en la resolución de los problemas que nos afectan, para dejar que sea Dios quien ejerza *su* sabio poder como Él mejor lo considere y establezca, en esa misma medida reposa sobre nosotros el poder de Cristo, como sostiene y recomienda el apóstol basado en su propia experiencia personal (2 Cor 12:9-10). Esa es la razón de que incluso una fe que sea débil, escasa y vacilante (Mt 6:30; 8:26; 14:31; 16:8; Lc 12:28), como una semilla de mostaza, pueda no obstante mover montañas y desarraigar árboles (Mt 17:20; Lc 17:6), porque no es la fe la que lo logra sino Dios, que es quien finalmente honra y confiere a nuestra fe todo su potencial. Dios se deleita en obrar con poder por medio de lo que el mundo considera insensato, débil, bajo y despreciado para avergonzar así a los que se jactan de ser sabios y poderosos en el mundo con independencia de Dios (1 Cor 1:27-28). No por nada en la iglesia, entendida como el cuerpo de Cristo «los miembros del cuerpo que parecen más débiles son indispensables» (1 Cor 12:22). Porque a pesar de que el poder de Dios no esté subordinado a la voluntad humana, pues la Biblia afirma la soberanía de Dios sin lugar a dudas (Sal 115:3; 135:6); esto no riñe con la posibilidad de que Dios en su soberanía pueda ejercer su poder a través de débiles e imperfectos vasos humanos, sin que la gloria deje de ser suya (2 Cor 4:7) y sin que Él deje de tener la última palabra en el asunto (Ap 22:13). Es por todo lo anterior que lo mejor que podemos hacer en muchos casos, sobre todo en vista de nuestra debilidad y nuestros recursos a todas luces insuficientes, es imitar al rey Josafat cuando se enfrentó a la poderosa coalición de moabitas y amonitas que lo superaba de lejos en número y poderío militar (2 Cro 20:15-22). Episodio en el cual el proceder del piadoso rey se extiende a la vida de los creyentes en la recomendación que el salmista nos hace en estos términos:

> *«Quédense quietos, reconozcan que yo soy Dios. ¡Yo seré exaltado entre las naciones! ¡Yo seré enaltecido en la tierra!» El Señor Todopoderoso está con nosotros; nuestro refugio es el Dios de Jacob.*
>
> **Salmo 46:10-11** nvi

26 de octubre

Soldados de Cristo

«Para vencer al adversario se requieren muchos soldados y pocos generales […] dotados de las herramientas y tácticas apropiadas para el desempeño»

Mario Urrego[513]

La vida cristiana se asimila a una guerra en la cual la iglesia —el ejército de Dios— combate a las huestes del mal lideradas por el diablo (Ef 6:11-12), al punto que la fe se describe en muchos casos como una batalla (1 Tm 1:18; 6:12; 2 Tm 4:7). En esta guerra el general supremo no es ni más ni menos que el Señor Jesucristo, como se deduce claramente de la visión de Juan en el Apocalipsis (Ap 19:11-16). Y si bien el Señor ha constituido y delegado temporalmente en sus ministros la dirección de este ejército (Ef 4:11; Heb 13:17; 1 P 5:1-4), ninguno de ellos deja de ostentar también la condición de soldado a las órdenes de Dios, a quien debe obedecer igualmente marchando a la línea de combate. Esta consideración nos indica que, contrario a lo que suele suceder en las burocracias, en la iglesia deben existir muchos más soldados que generales, y que incluso los contados generales legítimos y necesarios que Dios establezca deben ser, a su vez, soldados dispuestos a obedecer las órdenes del «Señor de los ejércitos»[514], que no es otro que Cristo mismo. Después de todo en el Nuevo Testamento el arsenal de los soldados del ejército de Dios es, sin excepción, completo y eficaz (2 Cor 10:3-5; Ef 6:13-17), a diferencia de lo sucedido con el ejército israelita en su momento al carecer del armamento adecuado, acaparado y controlado por su adversario (1 Sam 13:19-20). Además de ello el adiestramiento (2 Tm 2:2) y la dotación de guerra del cristiano es tan adecuada que se adapta siempre a las destrezas y habilidades para el combate particulares de cada soldado, ajustando bien en cada creyente que esté dispuesto a pelear la batalla de la fe en el nombre del «Señor Todopoderoso, el Dios de los ejércitos de Israel»[515], como hizo el rey David en su exitoso enfrentamiento contra el gigante Goliat (1 Sam 17:38-40; 45-51). No es casual que fueran justo soldados como los centuriones romanos quienes entendieron mejor la autoridad que residía en Cristo (Lc 7:1-10) y lo confesaran sin reservas (Mr 15:39), teniendo uno de ellos, Cornelio, el mérito de ser el primer pagano admitido formalmente dentro de la iglesia (Hch 10:1-48). Por eso:

Comparte nuestros sufrimientos, como buen soldado de Cristo Jesús. Ningún soldado que quiera agradar a su superior se enreda en cuestiones civiles.

2 Timoteo 2:3-4 nvi

27 de octubre

Justicia del Creador: pecado de las criaturas

«Lo que en Dios es justicia, en el hombre es pecado»

John Piper[516]

He aquí una razón de peso por la que ese popular movimiento simplista de moda entre cristianos estadounidenses, aludido con la sigla WWJD[517], es una distorsión de la verdadera imitación de Cristo. Porque al querer imitar lo que es absolutamente justo en Dios en razón de quien es Él, el cristiano puede, por el contrario, estar incurriendo en el más flagrante pecado. Así, por ejemplo, a Dios le corresponde toda la gloria en estricta justicia y es apenas lógico que Él la reclame con celo con todo el derecho de su lado (Jn 17:5). Pero, evidentemente, no podríamos decir lo mismo de ningún ser humano, cristianos incluidos, por exaltada que sea la posición que ocupe dentro de la sociedad o dentro de la iglesia. Y de intentar reclamar la gloria del mismo modo en que Dios lo hace estaríamos incurriendo en un desafiante e inadmisible pecado. La distinción obvia e insalvable entre Creador y criatura que existe entre Dios y el creyente hace que mucho de lo que en Dios es justicia, en el hombre llegue a ser pecado (Is 40:5-7). Por eso la teología identifica en Dios dos tipos de atributos: atributos absolutos o incomunicables y atributos relativos o comunicables. Los primeros son aquellos que son exclusivos de Él en virtud de su condición divina, entre los cuales encontramos como los más conocidos la omnipresencia, la omnipotencia y la omnisciencia. Los segundos son, por contraste con los primeros, aquellos de los cuales también sus criaturas —seres humanos de manera especial y creyentes en particular— pueden participar, por gratuita concesión divina, tales como el amor, la verdad, la libertad y la santidad, aspectos propios de Dios en los que el creyente participa por la fe al llegar «a tener parte en la naturaleza divina» (2 P 1:4, cf. 1 P 5:1). Esta participación gratuita del creyente en lo que por derecho pertenece a Dios, únicamente se logra en virtud de la unión con Cristo que Él mismo hace posible, al haber cerrado con su sacrificio expiatorio y su posterior resurrección la profunda brecha que nos separaba de Dios (1 Cor 6:17; Heb 3:14). El cristiano debe, entonces, tener esto presente para no tratar de borrar de manera pretenciosa y culpable la distinción entre Creador y criatura que justifican de sobra las palabras del Señor:

Yo soy el Señor; ¡ese es mi nombre! No entrego a otros mi gloria [...]. ¿Cómo puedo permitir que se me profane? ¡No cederé mi gloria a ningún otro!

Isaías 42:8; 48:11 NVI

28 de octubre

La vergüenza y la fe

«El Señor quiere sacarnos de la incredulidad moviéndonos a la vergüenza»

J. I. Packer[518]

Ser avergonzado no es nunca una experiencia agradable, pero sí puede llegar a ser, providencialmente, una experiencia provechosa. Porque el simple hecho de que seamos avergonzados implica que aún podemos sentir vergüenza y que, por lo tanto, aún hay esperanza, pues la imposibilidad de avergonzarse ya es señal de un endurecimiento irreversible en la persona (Ef 4:19; Flp 3:19). La vergüenza generada en nuestros primeros padres por la toma de conciencia de su desnudez (compárese Gn 2:25 con Gn 3:7-10) es un buen síntoma que señala a la enfermedad universal del pecado que Cristo vino a resolver. Por eso, aun los juicios divinos que se manifiestan con vergüenza y confusión sobre los impíos que a lo largo de la historia han renegado de Dios y maltratado a su pueblo (Sal 6:10; 35:4, 26, 40:14; 70:2; 71:24), pueden ser juicios que, no obstante lo dolorosos que sean, tienen sin embargo el potencial de conducir al afectado al abandono de su incredulidad. De hecho, uno de los propósitos que la iglesia está llamada a cumplir, es avergonzar a los sabios y poderosos del mundo (1 Cor 1:27-28), por si quizá esta vergüenza pueda conducirlos también a ellos a la fe. Y es que la fe en Cristo es la única garantía de no ser finalmente avergonzado, como nos lo recuerda Pablo en primera persona al afirmar: «Pero no me avergüenzo, porque sé en quién he creído» (2 Tm 1:12 cf. Sal 25:3; Is 49:23; 50:7), pues la confiada obediencia a Dios es la mejor prevención contra la vergüenza (Sal 119:46, 80). Pero aun en el caso de los creyentes, la vergüenza forma parte de la disciplina que Dios aplica a los suyos cuando lo abandonan (Jer 17:13), a fin de de hacerlos regresar a su lado para no ser avergonzados más (Jl 2:26-27). Porque la mayor y más definitiva vergüenza que puede sufrir un ser humano no es ninguna de aquellas a las que estamos expuestos en este mundo —ya sea a causa de nuestra incredulidad o, también incluso, como consecuencia de las hostilidades del mundo a causa de nuestra fe—, sino la vergüenza final que padecerá en la segunda venida de Cristo todo aquel que no haya creído en Él cuando tuvo la oportunidad de hacerlo. Razón suficiente para tomar en cuenta con toda la seriedad del caso las palabras del apóstol Juan:

*Y ahora, queridos hijos, permanezcamos en él para que,
cuando se manifieste, podamos presentarnos ante él confiadamente,
seguros de no ser avergonzados en su venida.*

1 Juan 2:28 nvi

29 de octubre

La pena capital

«Las decapitaciones, electrocuciones, ahorcamientos, administraciones de inyecciones letales, fusilamientos y lapidaciones no tienen cabida en el siglo XXI»

Irene Khan[519]

El tema de la pena de muerte genera un acalorado debate, ya no solo en el campo jurídico y social, sino también en el teológico. Y en este campo no puede condenársele a ultranza como una práctica anacrónica y mandada a recoger. Porque es justamente en la obediencia a las autoridades en donde la aceptación de la pena de muerte puede encontrar sustento (Ro 13:4). De hecho, si bien conceder misericordia es una prerrogativa legítima de Dios, también lo es que es un deber de las autoridades humanas aplicar justicia y lo primero no anula de ningún modo lo segundo. Pero el pensamiento liberal moderno presume ser, sobre el papel, más compasivo que el mismo Dios al pretender descalificar de manera absoluta la pena de muerte negándole toda legitimidad. Porque la pena de muerte fue sancionada por Dios en su momento como una medida exacta de justicia retributiva por la cual delegaba en los tribunales humanos legítimamente constituidos su derecho de tomar la vida de una persona cuando esta pecara, en línea con la sentencia original y siempre vigente sobre el pecado: «la paga del pecado es muerte» (Ro 6:23; cf. Lc 13:4-5). Es tanto así que la ley mosaica prescribía la pena de muerte sobre ofensas que hoy serían consideradas triviales y escandalizarían y llevarían a poner el grito en el cielo a nuestras ilustradas y civilizadas sociedades occidentales (Ex 21:17; Lv 24:10-16; Nm 15:32-36; Dt 17:2-5). Ahora bien, no puede negarse que en nuestras sociedades la justicia es tan esquiva en los tribunales que establecer la pena de muerte puede implicar darle a los aparatos represivos estatales una patente de corso para cometer injusticias más grandes que las que se pretenden resolver con el establecimiento de la pena capital. En consideración de estas circunstancias coyunturales tal vez no debamos compartirla, pero no podemos descalificarla como si fuera per se una medida injusta. Porque finalmente, al apoyar la pena de muerte no estamos desconociendo el carácter justo de Dios sino reconociéndolo y estableciéndolo. Lo que estamos dejando de lado en este caso es su carácter misericordioso. Al fin y al cabo:

Todo tiene su momento oportuno; hay un tiempo para todo lo que se hace bajo el cielo [...] un tiempo para matar, y un tiempo para sanar; un tiempo para destruir, y un tiempo para construir.

Eclesiastés 3:1, 3 NVI

30 de octubre

El tratamiento individual

> «A LA SOLUCIÓN totalitaria, opongo [...] permitir a cada individuo que domine su Yo [...]. El tratamiento que propongo no es político; solo puede ser individual»
>
> BRUNO BETTELHEIM[520]

El tratamiento provisto por el evangelio para nuestras problemáticas existenciales —generadas en gran medida por nuestros propios pecados— no puede ser político, sino individual. Por eso el evangelio no avala ninguna agenda política en particular. Sin embargo, el tratamiento individual que Dios establece no consiste en dejar que domine nuestro «yo», pues aquí también nos amenaza la «solución» totalitaria por la cual nuestro yo no solo termina tiranizándonos a nosotros mismos sino, de ser posible, también a los demás. El teólogo Paul Tillich decía que sin la revelación del evangelio todos los seres humanos nos vemos abocados a dos alternativas, ambas igualmente destructivas: la *autonomía*, es decir, la tiranía del «yo»; o la *heteronomía* por la cual cedo el gobierno de mi vida a mi prójimo, el «otro», con el peligro de que este también me tiranice. Pero en el evangelio se revela una tercera alternativa que podría muy bien designarse como *teonomía*, opción en la cual no soy ni yo, ni otro, el que gobierna mi vida, sino Dios en la persona de Cristo, cuyo gobierno excluye todo tipo de tiranía, pues Cristo nunca se impone sobre nuestra voluntad, sino que nos persuade, convence y capacita para actuar de manera consecuente con el entendimiento y la convicción obtenida de Él (Jer 32:39; 2 Cor 3:5-6; Flp 2:13; 4:13; Col 2:2). Así pues, Cristo no es lo mismo que nuestro yo, pero tampoco es otro, pues como decía Agustín de Hipona, Dios es más íntimo a nosotros que nosotros mismos. Él es —en términos de Tillich— la «profundidad» o el «fundamento» de nuestro ser (Hch 17:28) y no alguien ajeno o extraño a nosotros. Pero definitivamente, no es nuestro yo. Porque Cristo no está para complacer nuestro yo egocéntrico y crónicamente inclinado a la autojustificación y a la autogratificación, sino para confrontarlo y poner en evidencia sin atenuantes nuestra condición pecaminosa —la verdadera fuente de nuestros problemas existenciales— mediante la convicción de pecado que su Espíritu trae a nuestras conciencias (Jn 16:8) y el poder que comienza a operar en nosotros para romper su dominio en nuestras vidas:

> *porque nuestro evangelio les llegó no solo con palabras sino también con poder, es decir, con el Espíritu Santo y con profunda convicción...*
>
> 1 Tesalonicenses 1:5 NVI

31 de octubre

Pecado, locura y crimen

«Los criminales ya no son ejecutados; son tratados […]. En realidad, la mayor parte de los criminales es normal, e incluso suficientemente inteligente para llevar a cabo crímenes muy complejos»

Thomas Szasz[521]

El pensamiento liberal no solo impugna la pena de muerte para los criminales sino que, incluso, niega o atenúa su culpabilidad personal e individual, ya sea atribuyendo su comportamiento criminal a causas congénitas, o peor aún, dispersándola en la sociedad de la que forman parte, cuyos miembros llegamos, entonces, a ser «coculpables» con ellos al haber contribuido de algún modo a configurar la situación social que propició estos crímenes o que, al menos, los hizo posibles. Al mismo tiempo, al compartir socialmente la culpa del criminal, procedemos entonces a acallar nuestra conciencia mitigando de manera indirecta nuestra propia culpabilidad diagnosticándoles «locura» a los criminales, incapaces de admitir la posibilidad de que en nosotros mismos exista un potencial para la maldad como el que los criminales en cuestión manifiestan. Así pues, transformamos a los criminales atroces, de malvados y culpables, en enfermos y víctimas, para poder así dormir nosotros mismos con la conciencia tranquila. Los «locos» se convierten así en los chivos expiatorios de las culpas de la sociedad de turno, de la mano de una «ciencia» que quiere hacernos creer que no somos realmente responsables por nuestros actos, pues estos estarían absolutamente condicionados por los genes, el medio ambiente o el entorno social, o todos juntos. Como sea, los «locos» incomodan a la sociedad porque dejan al descubierto el potencial para el mal de nuestra humana naturaleza o, en otras palabras, nuestra latente perversidad. Tal vez esto explique porque también los cristianos hemos sido acusados de locura en muchos casos, pues incomodamos por igual a la sociedad de la que formamos parte al señalar de manera expresa y sin atenuantes la condición pecaminosa y la ineludible culpabilidad individual que todos sin excepción ostentamos por debajo de nuestras fachadas de respetabilidad social (Ez 13:10-16; Os 9:7; Jn 10:19-20; Hch 26:24-25; 1 Cor 1:18, 23; 2:14), de conformidad con el diagnóstico bíblico al respecto (Ecl 9:3; Lc 13:4-5; Ro 3:10, 23). Razón suficiente para estar de acuerdo con lo dicho por Salomón:

Maldecirán los pueblos, y despreciarán las naciones,
a quien declare inocente al culpable. Pero bien vistos serán,
y bendecidos, los que condenen al culpable.

Proverbios 24:24-25 nvi

1 de noviembre

La planificación y el Espíritu Santo

> «EDIFICAR la iglesia sin planificación es imposible [...]. Uno de los mayores obstáculos para esta planificación es la idea indefinida de que creer en el Espíritu Santo es incompatible con la planificación»
>
> RUDOLF BOHREN[522]

La «unción» del Espíritu Santo (1 Jn 2:20, 27), se ha convertido en muchas iglesias pentecostales y carismáticas en un pretexto para la improvisación sistemática que reniega de la planificación al rotularla como una actividad poco espiritual que «apaga» e incluso «agravia» al Espíritu (1 Ts 5:19; Ef 4:30), coartando, limitando o impidiendo su presuntamente espontánea actividad en la iglesia. Por este camino no es difícil, entonces, que la planificación llegue a verse incluso como una actividad propia de la naturaleza pecaminosa y termine siendo satanizada. Por supuesto, hay circunstancias imprevisibles en que la improvisación es inevitable y necesaria en la iglesia (Mt 10:16-20; Mr 13:9-11; Lc 12:11-12; 21:12-15; Jn 14:26) y en estos casos debemos tratar de buscar en oración la guía inmediata del Espíritu Santo (Hch 13:2-3) y confiar en que la experiencia y sabiduría ya acumuladas y nuestra docilidad a la guía divina puedan suplir la imposibilidad de actuar de manera planificada, librándonos de tomar decisiones apresuradas e irreflexivas que puedan resultar equivocadas. Pero estos casos son la excepción y no la regla y no nos autorizan para ampararnos en la presunta «espiritualidad» de la improvisación para justificar la mediocridad y falta de esfuerzo de muchos predicadores que no estudian ni preparan sus sermones siempre que pueden hacerlo, sino que suben al púlpito confiando en que la «unción» será de sobra suficiente y terminan así inadvertidamente atribuyendo al Espíritu Santo las faltas propias de su pobre, superficial y plano sermón. En realidad, la planificación está sancionada de manera favorable en la Biblia (Pr 12:5; 24:27; Lc 14:28-32; Ro 15:24), pues Dios mismo es un gran planificador (Job 42:2; Sal 33:11; Is 14:24; Hch 17:26), de donde la planificación no riñe de ningún modo con la espiritualidad, pues se puede llevar a cabo en oración y bajo la guía del Espíritu Santo, que es quien en último término nos indica tanto el tipo de planificación que hay que implementar, como los ajustes que esta requiera sobre la marcha ante las circunstancias cambiantes del entorno, puesto que

> *Los planes bien pensados: ¡pura ganancia! Los planes apresurados:*
> *¡puro fracaso!*
>
> Proverbios 21:5 NVI

2 de noviembre

Los peligros de los dones

> «El don, cuando se aísla del que lo da […] conduce a la exaltación del que no se compromete, transformando las iglesias en hervideros de talentos religiosos, produciendo el desorden que […] se opone a la paz de Cristo»
>
> Ernst Käsemann[523]

Uno de los aspectos preocupantes de la experiencia pentecostal o carismática es el hecho de que los dones milagrosos del Espíritu Santo (1 Cor 12:4, 8-10) no garantizan en quien los recibe la madurez de carácter necesaria para utilizarlos correctamente. En efecto, dones sobrenaturales como la glosolalia o don de lenguas suelen prestarse a la ostentación por parte de quien lo ejerce, sin brindar en el proceso ningún servicio que beneficie a la iglesia. Así, el don termina siendo perjudicial para su inmaduro poseedor, pues promueve en él la condenable autoexaltación y el pecaminoso orgullo y deja de cumplir el propósito fundamental para el cual Dios lo otorga, que no es otro que «el bien de los demás» (1 Cor 12:7) y «la edificación de la iglesia» (1 Cor 14:26). En realidad, no hay méritos de nuestra parte que obliguen a Dios a dispensarnos sus dones. La Biblia nos informa más bien que, precisamente por ser un don, su otorgamiento no depende de ningún mérito o esfuerzo de nuestra parte sino que, por el contrario, depende de la buena y soberana voluntad divina que no tiene en muchos casos en cuenta nuestros deméritos para conceder el don en cuestión (Ro 9:16; 1 Cor 12:11). Pero se requiere madurez para reconocer lo anterior (Jn 3:27; 1 Cor 4:7) y recibir el don con una actitud humilde y reverente, ejerciéndolo del mismo modo, «con temor y temblor» (Flp 2:12), conscientes de la responsabilidad que este coloca sobre nuestros hombros (Lc 12:48) y de la necesidad de que redunde en el bien de la iglesia si de agradar a Dios se trata. A juzgar por el contenido de la primera epístola de Pablo a los Corintios, esta iglesia era un «hervidero de talentos religiosos» a causa del ejercicio desordenado e inmaduro de los abundantes dones del Espíritu Santo repartidos entre sus miembros, describiendo escenas que parecen calcadas de los servicios de un significativo número de congregaciones pentecostales y carismáticas de nuestros días. Por eso las amonestaciones de Pablo dirigidas contra los Corintios mantienen su vigencia, bajo la convicción de que «Dios no es un Dios de desorden sino de paz» (1 Cor 14:33) y que, por consiguiente:

> … *todo debe hacerse de una manera apropiada y con orden.*
>
> **1 Corintios 14:40** nvi

3 de noviembre

Litigios privados o debates públicos

«Se está sustituyendo el debate por los litigios»
Guillermo Puyana[524]

En nuestras sociedades de derecho el tratamiento de los temas de interés general que involucran a políticos o funcionarios de la administración pública que deben responder por sus actos ante el pueblo, ya no se debaten de cara a la sociedad, sino que se elude esta rendición de cuentas apelando a los tribunales para resolverlos, como si cualquier cuestionamiento a la gestión de un funcionario del estado fuera un ataque personal que debe ser respondido en estas instancias por el ofendido de turno, pasando así por alto las explicaciones que el personaje le debe a la ciudadanía en general. Pero lo cierto es que el debate argumentado no debe ser rehuido mediante estas cuestionables maniobras que desvían la discusión del meollo de la cuestión a asuntos relacionados pero secundarios que terminan haciendo las veces de cortinas de humo para no tener que aclarar lo que debe ser aclarado ni responder tampoco por ello. En la iglesia las discusiones y disputas no han estado nunca ausentes (Lc 9:46; 22:24, Jn 3:25; Hch 15:2). Y si bien el Señor se caracterizó por evitarlas (Mt 12:19), señalando a través del apóstol los casos en que nosotros también debemos hacerlo debido a que no valen la pena, pues no conducen a nada (Ro 14:1; 1 Tm 1:6; 6:4, 20; 2 Tm 2:14, 23; Tit 3:9), también lo es que cuando involucraban cuestiones importantes que debían ser aclaradas para la iglesia en general, los apóstoles no rehuyeron el debate correspondiente (Hch 6:9; 9:29; 15:2, 7; 17:2, 17; 18:4, 19; 19:8-9). En este propósito hay que decir que la iglesia contó incidentalmente con el apoyo de la infraestructura del imperio y su ideal de la llamada *pax romana*[525] que posibilitó la convocatoria de los primeros concilios ecuménicos para la satisfactoria resolución —mediante la vía del debate y la argumentación bíblicamente sustentada— de disputas doctrinales importantes al interior de la iglesia. Sin embargo, a partir de la caída del Imperio romano de Occidente durante la primera mitad del siglo v d. C., el debate fue cediendo paso y siendo sustituido en mala hora por decisiones «a pupitrazo»[526] por parte de la autoridad eclesiástica, dejando de lado la adecuada distinción y resolución de estos asuntos, descrita por un funcionario de Éfeso con estas palabras:

> Así que si [...] tienen alguna queja contra alguien, para eso hay tribunales y gobernadores. Vayan y presenten allí sus acusaciones unos contra otros. Si tienen alguna otra demanda, que se resuelva en legítima asamblea.
>
> **Hechos 19:38-39** NVI

4 de noviembre

Los dones y el pecado de omisión

«Como los dones que no percibimos nos han sido dados y están presentes, la no percepción de los dones implica culpa»

RUDOLF BOHREN[527]

He aquí una faceta más del pecado de omisión que solemos pasar por alto inadvertidamente. La formulación más explícita y clara de este pecado nos la da Santiago en su epístola: «Así que comete pecado todo el que sabe hacer el bien y no lo hace.» (Stg 4:17). Evidentemente, el Señor juzga no solo todo aquello que hacemos en contra de sus mandamientos, sino también lo que hemos dejado de hacer a favor de ellos (Mt 25:45). Sobre todo si lo dejamos de hacer a conciencia, como sucedió con los fariseos que, precisamente por ser conscientes de lo que la ley decía y jactarse incluso de ver con claridad lo que Dios requería de su pueblo, eran más culpables de no hacerlo (Jn 9:41; Ro 2:17-23; Stg 3:1). Ahora bien, se puede argumentar ignorancia para tratar de justificar el pecado de omisión, pero en realidad la ignorancia no lo justifica, sino que tan solo atenúa un poco la culpa, pero de ningún modo la elimina, puesto que «El siervo que conoce la voluntad de su señor, y no se prepara para cumplirla, recibirá muchos golpes. En cambio, el que no la conoce y hace algo que merezca castigo, recibirá pocos golpes...» (Lc 12:47-48), pero será de cualquier modo castigado. El pecado de omisión puede llegar a ser muy sutil, como cuando, ocupados en los detalles, dejamos de prestar atención a lo verdaderamente importante (Mt 23:23; Lc 11:42), o como sucede también con las personas que, al igual que el personaje de la parábola, han recibido talentos, dones o habilidades de parte de Dios (Jn 3:27), que no ponen al servicio de su causa sino que terminan más bien enterrándolos sin ponerlos a producir (Mt 25:18). Y aquí tampoco se puede esgrimir ignorancia, pues el hecho es que aunque no identifiquemos con claridad nuestros dones, sabemos lo suficiente de su existencia como para quedarnos sin excusa (Mt 25:26; Jn 15:22; Ro 1:20; 2:1). Definitivamente, el principio evangélico que afirma que «A todo el que se le ha dado, se le exigirá mucho; y al que se le ha confiado mucho, se le pedirá más.» (Lc 12:48) justifica de sobra las concluyentes palabras del Señor en la parábola en cuestión:

Porque a todo el que tiene, se le dará más, y tendrá en abundancia.
Al que no tiene se le quitará hasta lo que tiene.

Mateo 25:29 NVI

5 de noviembre

La vocación cristiana y la política

> «ACOMPAÑAR los sucesos políticos atentamente, en oración, con pensamiento activo y consejo, formando juicios y actuando es una parte inviolable de la vocación de ser discípulos en este mundo»
>
> HELMUT GOLLWITZER[528]

La responsabilidad ciudadana del creyente (Jer 29:7) riñe con la actitud apolítica que muchas veces se predica en las iglesias. Si bien el cristiano debe estar advertido de las ambigüedades de la política y la manera en que suele prestarse a la promoción de los intereses del diablo en el mundo (Lc 4:6), eso no significa que deba emprender la retirada de manera culpable de este aspecto de la actividad humana para dejárselo servido en bandeja al adversario para nuestro propio perjuicio. Entre otras cosas porque la política no es mala en sí misma, ni tampoco ajena a la vida del creyente. La misma noción de «reino» (Mt 3:2; 6:33) es una noción política y el título «REY DE REYES Y SEÑOR DE SEÑORES» (Ap 19:16) también lo es. Asimismo, la ascensión de Cristo a la diestra del Padre es el supremo hecho político de la historia humana por el cual nuestro Dios nos revela que Él gobierna por encima de todos los reinos humanos (Flp 2:9-11) y que, a pesar de sus ambigüedades, puede servirse de ellos para sus propios propósitos soberanos en el mundo (Pr 21:1; Ro 13:1). Por eso el cristiano no puede marginarse de manera absoluta de la política satanizándola por completo. Marginarse de la política, contrario a lo que podría pensarse, no nos pone a salvo de su presuntamente maligna influencia, sino que más bien termina sirviendo a los propósitos del diablo al configurar en nuestra vida un nuevo pecado de omisión que le deja el camino libre a Satanás para hacer de las suyas en este campo de la cultura humana. La política puede ser una fortaleza del enemigo, pero no es de ningún modo una fortaleza inexpugnable, sino una que el cristiano puede infiltrar y conquistar eventualmente (Mt 16:18; 2 Cor 10:4), mediante una estrategia que comience por combatir la indiferencia hacia ella al incluirla en nuestra oración intercesora, generando así un interés que se traduzca gradualmente en mantenernos informados acerca de ella y en reflexionar bíblica y críticamente alrededor de estos asuntos, actuando con ilustrado criterio político cuanto tengamos que hacerlo en la medida de nuestras posibilidades y circunstancias.

> *Así que recomiendo, ante todo, que se hagan plegarias, oraciones, súplicas*
> *y acciones de gracias por todos, especialmente por los gobernantes y por*
> *todas las autoridades, para que tengamos paz y tranquilidad,*
> *y llevemos una vida piadosa y digna.*
>
> 1 Timoteo 2:1-2 NVI

6 de noviembre

Libertad de conciencia para todos

«Los cristianos deben luchar por la libertad de conciencia, no solo para ellos mismos, sino también para los que creen de forma diferente y para los que no creen»

Christian Schwarz[529]

La libertad de examen y de conciencia es un patrimonio irrenunciable del protestantismo por el cual se defiende el derecho de cada persona a examinar y evaluar por sí misma lo que se le pide creer y tomar al respecto una decisión por convicción y en conciencia y no por compulsión o imposición externa (Hch 17:11; 23:1; 24:16; Ro 14:22; 1 Tm 1:5, 19; 3:9; 2 Tm 1:3; Heb 10:22; 13:18; 1 P 3:16, 21). Este derecho fue exigido con éxito por primera vez por Lutero y los cristianos que reclamaban su libre y directo acceso a la lectura y examen de la Biblia por sí mismos, sin la mediación y el monopolio que el alto clero o «magisterio» ejercía sobre ella, con la consecuente exigencia hecha sobre el pueblo de acoger y creer sin discusión sus interpretaciones al respecto. Pero este derecho no cobija solo a los cristianos, sino también a los seguidores de otras religiones y a los ateos por igual. Y los cristianos debemos luchar para que tanto ellos como nosotros podamos disfrutarlo, en el espíritu de esa frase atribuida a Voltaire que dice: «no comparto lo que dices, pero defenderé hasta la muerte tu derecho a decirlo»[530]. Porque de no hacerlo extensivo a todos sino únicamente a los cristianos, corremos el riesgo de incurrir en el pecado cometido por la iglesia en general en Alemania durante el régimen nazi: «El terrible error, o incluso la culpa de la iglesia y de los cristianos en el año 1933, e incluso antes, fue empezar a alzar la voz […] cuando la libertad de la iglesia y la de los cristianos se puso en peligro, mientras que habían permanecido callados sin hacer nada cuando los socialdemócratas, los comunistas y los judíos eran enviados a las cárceles y a los campos de concentración»[531]. La iglesia no puede, por tanto, olvidar la recurrente lección que el pueblo de Israel tuvo que aprender en el Antiguo Testamento en el sentido de que el compromiso de Dios es con la justicia antes que con su propio pueblo, de donde Dios no hace acepción de personas manifestando favoritismos arbitrarios e injustos hacia los suyos en perjuicio de los demás (Hch 10:34; Ro 2:11; 1 P 1:17), como se desprende de la orden dada por Moisés:

> *Además, en aquel tiempo les di a sus jueces la siguiente orden: «Atiendan todos los litigios entre sus hermanos, y juzguen con imparcialidad, tanto a los israelitas como a los extranjeros».*
>
> **Deuteronomio 1:16** NVI

7 de noviembre

Valores o estructuras

> «Deseamos preservar [...] las estructuras a expensas de los valores o los valores a expensas de las estructuras [...]. Los que desean probar lo segundo se encuentran entre los progresistas»
>
> Erhard Eppler[532]

El llamado «mito del progreso» impulsado por el idealismo dialéctico de Hegel y la teología liberal del siglo XIX quiere hacernos creer, en su forma más simplista, que el mero avance en el tiempo implica automáticamente progreso para la humanidad, algo muy difícil de sostener a la luz de los hechos de la historia antigua y reciente por igual. Pero en su forma más refinada, el mito del progreso hace referencia a que el avance tecnológico y político que da lugar a nuevas instituciones y estructuras sociales es el que marca la pauta en el progreso humano. Así pues, quien defiende a ultranza el avance tecnológico y las nuevas estructuras sociales es considerado progresista, mientras que el que ve críticamente la tecnología y busca preservar las viejas estructuras es visto como un conservador y reaccionario. Pero lo cierto es que no son las estructuras sociales antiguas o nuevas ni el avance tecnológico los indicadores más confiables del auténtico progreso, sino la preservación, fomento, difusión y creciente implementación y respeto de los valores éticos promovidos por Dios en la Biblia. De este modo, la conveniencia de la tecnología, las instituciones y las estructuras sociales nuevas o antiguas indistintamente a las que las primeras han dado lugar, debe juzgarse a la luz de si promueven o no los valores éticos de la Biblia y el cristianismo. Y la que no lo haga, debe ser modificada o desechada a favor de una nueva que sí cumpla este propósito, mientras la que sí lo haga, debe ser preservada en contra de cualquier nueva estructura que no logre este cometido. El Señor Jesucristo proveyó en sí mismo la pauta para medir el progreso de una sociedad, que no es otra que la sabiduría, como se deduce de la descripción de su crecimiento: «El niño crecía y se fortalecía; progresaba en sabiduría, y la gracia de Dios lo acompañaba.» (Lc 2:40). De hecho, el progreso es directamente proporcional al avance de la obra de Dios en la tierra (1 Cor 15:58) y debe poder ser apreciado de manera visible en todos y cada uno de los creyentes en Cristo (1 Tm 4:15), de conformidad con la petición del apóstol:

> Por lo demás, hermanos, les pedimos encarecidamente en el nombre del Señor Jesús que sigan progresando en el modo de vivir que agrada a Dios, tal como lo aprendieron de nosotros...
>
> 1 Tesalonicenses 4:1 NVI

8 de noviembre

Los límites del estado

«En una democracia liberal, el Estado no tiene ningún derecho a proteger a un individuo de sí mismo, ni a establecer estándares de moral ni de vida íntima virtuosa»

Alfredo Rangel[533]

La separación entre iglesia y estado alcanzada en la modernidad de la mano del saludable proceso de secularización delimita la función represiva que la Biblia le atribuye a la autoridad civil (Ro 13:1-6), requiriéndole el garantizar las condiciones mínimas de justicia y equidad que se necesitan para la convivencia social de todos los miembros de la comunidad. Así, la función represiva del estado consiste fundamentalmente en castigar al que hace lo malo y prevenir o revertir su destructiva influencia en su entorno. El estado debe, por tanto, combatir las acciones del individuo que repercuten directamente en perjuicio de sus semejantes. Sin embargo, también es cierto que la defensa de la libertad de examen y de conciencia asociada a la separación entre iglesia y estado establece al mismo tiempo un fuero íntimo, personal y privado en que el estado no puede intervenir ni legislar en la conducta del individuo, siempre y cuando sus acciones no atenten contra los derechos y libertades de terceros. En este ámbito el único que puede entrar es Dios y nadie más, y esto no sin que la persona le curse una humilde invitación para hacerlo, reconociendo que es Él quien establece las condiciones para que esta relación interpersonal sea posible. Es únicamente en este campo de la conciencia humana individual iluminada por Dios mismo en donde se forjan las persuasiones y convicciones de quienes no tienen que remitirse a estándares morales sociales ni a legislaciones humanas para hacer lo bueno y lo correcto (Ro 14:22; Gal 5:22-23). Pero no es fácil identificar los límites entre lo social, donde el estado tiene siempre injerencia, y lo estrictamente individual, donde ya no la tiene. El suicidio es una de estas áreas grises y, por extensión, todas aquellas dinámicas en que la persona se lastima a sí misma de manera voluntaria y más o menos consciente, sin que al hacerlo esté lastimando directa o expresamente a los demás[534]. Dios es, entonces, el único que puede juzgar en este campo (1 Cor 3:16-17; 4:5; 6:19), e iluminar también nuestra conciencia sin violentar su libertad, tal y como no los revelan las Escrituras:

Pero si los guía el Espíritu, no están bajo la ley.

Gálatas 5:18 nvi

9 de noviembre

El evangelio y la nueva creación

> «La vida en la fe se ubica en un nuevo proyecto total, la nueva creación»
>
> José Míguez Bonino[535]

La Biblia afirma que Jesucristo es «el primogénito de toda creación» (Col 1:15), es decir aquel que tiene la primacía sobre *toda* creación y no simplemente sobre *la* creación, en singular. Porque en la Biblia se nos revela también que no existe una sola creación, sino dos: la vieja creación narrada en el primer capítulo del Génesis (Gn 1:1-2:4), que por causa del pecado humano se vio frustrada y quedó sometida a la corrupción y el irreversible deterioro (Gn 3:17-19; Ro 8:19-23) que se hace evidente en la ley de la entropía[536]; y la nueva creación inaugurada con la resurrección de Cristo —«el primogénito de la resurrección» (Col 1:18)— con un cuerpo inmortal, glorioso e incorruptible que no padece, por lo tanto del deterioro al que se halla sometida la vieja creación. Pero Cristo no solo inaugura en sí mismo la nueva creación, sino que marca el camino que debemos seguir todos los que deseemos participar de ella. En efecto, la fe que comenzamos a ejercer en el acto de conversión a Cristo nos introduce desde ya en la nueva creación inaugurada con su resurrección (2 Cor 5:17). Una nueva creación de la que nuestro cuerpo aún no participa, sometido como se encuentra todavía al deterioro y corrupción propios de la vieja creación caída, pero de la cual nuestro ser interior eficazmente redimido ya participa efectivamente (2 Cor 4:16; cf. Pr 4:18; Jn 1:16; 2 Cor 3:18; Col 3:10; Tit 3:5), a la espera del momento en que Cristo regrese y la vieja creación ceda paso de lleno a la nueva, caracterizada por «… un cielo nuevo y una tierra nueva, en los que habite la justicia.» (2 P 3:10, 12-13), en los cuales «no habrá muerte, ni llanto, ni lamento ni dolor, porque las primeras cosas han dejado de existir…» (Ap 21:4-5) y en los que a su vez disfrutaremos —una vez hayamos experimentado la resurrección de los muertos— de cuerpos inmortales e incorruptibles (1 Cor 15:52-55), a semejanza de Cristo. Pero mientras llega este momento culminante y final de la historia humana, los creyentes debemos ser conscientes de la gran amplitud e inimaginables posibilidades que abarca el proyecto total de vida al que la fe nos da entrada, justificando de sobra la prioridad que Pablo le da a la nueva creación:

> *Para nada cuenta estar o no estar circuncidados;*
> *lo que importa es ser parte de una nueva creación.*
>
> **Gálatas 6:15** NVI

10 de noviembre

La vista y el oído

«Nuestros sentidos […] aparte de su utilidad, son queridos por sí mismos, y por encima de todos el de la vista […] en la ociosidad preferimos el ver a cualquier otra cosa»

Aristóteles[537]

Nuestro anhelo de conocimiento pasa, sin lugar a dudas, por la manera en que percibimos el mundo con nuestros sentidos. Por eso, en la medida en que crecemos y adquirimos mayor conciencia de ellos, nuestros sentidos se vuelven cada vez más apreciados, ya no solo por la utilidad que nos prestan, sino por sí mismos. Y entre ellos se destaca el de la vista. Queremos ver continuamente, hasta el hastío, sin que estemos dispuestos a reflexionar a fondo en lo que vemos, incluso cuando nos encontramos en actitud ociosa (Ecl 1:8). Tal vez esto explique el gran auge de toda la tecnología audiovisual que hoy existe e incluso las problemáticas de comportamiento y desarrollo humano asociadas a ellas, pues terminan fomentando en nosotros un ocio poco o nada creativo ni crítico, por el cual asumimos muchas veces actitudes completamente pasivas, irreflexivas e influenciables que nos llevan a observar sin ver y a escuchar sin oír realmente. Aunque valga decir que el lugar destacado que la vista ocupa entre los demás sentidos es algo más propio de la mentalidad occidental que de la oriental que caracteriza al pueblo judío, entre quienes el oído ostenta mayor importancia incluso que la vista. En efecto, la percepción visual es más afín con el deseo de aprender con independencia de Dios que caracteriza a occidente, mientras que la percepción auditiva es por excelencia el sentido humano al cual Dios apela mediante su palabra (Pr 2:1-5; 4:20-22; 5:1-2). Y si bien los apóstoles pudieron oír, ver e incluso palpar todo lo concerniente a Cristo (Jn 20:27; 2 P 1:16; 1 Jn 1:1), el Señor no dejó de censurar al escéptico Tomás por no creer el testimonio unánime acerca de la resurrección que *escuchó* de sus compañeros, sino tener que *ver* por sí mismo para poder hacerlo, añadiendo luego: «dichosos los que no han visto y sin embargo creen» (Jn 20:29). Porque si creemos en el confiable testimonio de los apóstoles acerca de Cristo, mediado por la palabra registrada en la Biblia de manera inspirada, recibiremos de Dios la confirmación definitiva del mismo mediante el testimonio personal que su propio Espíritu nos brinda (Ro 8:16), puesto que finalmente:

> *… la fe viene como resultado de oír el mensaje, y el mensaje que se oye es la palabra de Cristo.*
>
> **Romanos 10:17** nvi

11 de noviembre

Las prohibiciones y el evangelio

> «"Y USTEDES, ¿qué prohíben?" le preguntaron al pastor de una denominación evangélica [...]. Esa era la característica que más había llamado la atención: un evangélico era alguien sometido a una tabla de prohibiciones»
>
> JOSÉ MÍGUEZ BONINO[538]

Los mandamientos de Dios vigentes en el evangelio incluyen, por supuesto, prohibiciones aplicadas a las variadas conductas expresamente pecaminosas en que el ser humano puede incurrir. Pero el evangelio no se define de ningún modo en términos de sus prohibiciones. Comenzando porque los mandamientos de Dios no son realmente prohibitivos, sino protectores. Es decir que, más que prohibirnos ciertas conductas particulares, lo que quieren es protegernos de las consecuencias dolorosas e indeseables que a la larga acarrea el incurrir en ellas. De hecho, de todas las prohibiciones contempladas en la ley mosaica del pueblo judío[539] (descontando los diez mandamientos que nunca pierden su vigencia), el Concilio de Jerusalén únicamente dejó en pie cuatro: «que se abstengan de lo contaminado por los ídolos, de la inmoralidad sexual, de la carne de animales estrangulados y de sangre» (Hch 15:20), perdiendo la primera de ellas gran parte de su vigencia en los secularizados tiempos modernos en que los ritos religiosos paganos —a diferencia de la antigüedad— son cada vez más restringidos y secretos, quedando en pie únicamente tres, de las cuales las dos últimas también se pueden reducir a la última únicamente. Así pues, es evidente que el cristianismo no se define por sus más bien escasas prohibiciones, como sí llego a serlo el judaísmo rabínico (Mt 12:2; Mr 2:24; Lc 6:2). Es justamente la inconveniente influencia que sobre el cristianismo ejerció el legalismo prohibitivo del judaísmo rabínico la que contribuyó a esta distorsión del cristianismo original que llega a identificarlo por sus prohibiciones y no por la libertad con que Cristo nos hizo libres para poder actuar por convicción y con limpia conciencia sin darle por ello rienda suelta a la carne (Jn 8:32, 36; 1 Cor 6:12; 10:23; Gal 5:1, 13). Por el contrario, las prohibiciones arbitrarias y sin sentido de carácter ascético, sacrificial y sufriente provienen más bien de «inspiraciones engañosas y doctrinas diabólicas» (1 Tm 4:1-5), según nos lo revela el apóstol, cuyo pronunciamiento acerca de estas inconvenientes prohibiciones es categórico y concluyente:

> *Si con Cristo ustedes ya han muerto a los principios de este mundo,*
> *¿por qué [...] se someten a preceptos tales como: «No tomes en tus manos,*
> *no pruebes, no toques»? Estos preceptos [...] de nada sirven frente*
> *a los apetitos de la naturaleza pecaminosa.*
>
> **Colosenses 2:20-23** NVI

12 de noviembre

El ejemplo supremo del amor

«Esta práctica de la caridad es más que nada lo que a los ojos de muchos nos imprime un sello peculiar. "Ved —dicen— cómo se aman entre sí" […] y "cómo están dispuestos a morir unos por otros"»

TERTULIANO[540]

El amor es un mandamiento que, si bien encuentra un énfasis mayor en el Nuevo Testamento en boca de Jesucristo y los apóstoles, estaba prescrito con claridad desde el Antiguo Testamento (Dt 6:5; Lv 19:18), de donde Cristo lo citó para responder la pregunta acerca de cuál era el principal mandamiento de la ley (Mt 22:36-40). Por eso no dejan de sonar extrañas las palabras del Señor cuando dice: «Este mandamiento nuevo les doy: que se amen los unos a los otros…» (Jn 13:34). Pero si examinamos con atención, estas palabras adquieren sentido pleno. En efecto, ni el amor de Dios por la humanidad ni nuestra obligación de corresponderlo en conciencia era algo nuevo en el cristianismo que podía apelar para ello a las múltiples declaraciones en este sentido que Dios ya había hecho en el Antiguo Testamento y las numerosas muestras históricas concretas de su amor por su pueblo —e incluso por los extranjeros (Dt 10:18-19)— que lo dejaron establecido sin lugar a dudas (Gn 26:24; Ex 18:8; 2 Sam 5:12; Jer 31:3; Os 11:4; Sof 3:17). Sin embargo, en el Antiguo Testamento no encontramos la expresión suprema del amor de Dios por los hombres que Cristo manifestó en sí mismo. Esto es, la disposición a entregar su propia vida para redimirnos, por amor a nosotros. El precio de la redención y el alcance del amor de Dios por los hombres era algo que no se conocía en el Antiguo Testamento y que Cristo nos revela plenamente en el Nuevo. He ahí el aspecto absolutamente novedoso del amor al que Cristo hace referencia: el ejemplo provisto por Él mismo que le confiere toda la autoridad para decir: «Y este es mi mandamiento: que se amen los unos a los otros, como yo los he amado. Nadie tiene amor más grande que el dar la vida por sus amigos» (Jn 15:12-13). La verdad es que el amor de Dios por los hombres es mayor aún que el que puede llevar a alguien a dar la vida por sus amigos, pues en realidad Él dio su vida por nosotros cuando aún éramos sus enemigos (Ro 5:6-8, 10), todo lo cual concurre para darle el peso específico y peculiar que la práctica del amor tiene en el campo de la fe cristiana:

> *En esto consiste el amor […] en que él nos amó y envió a su Hijo para que fuera ofrecido como sacrificio por el perdón de nuestros pecados. Queridos hermanos, ya que Dios nos ha amado así, también nosotros debemos amarnos los unos a los otros.*
>
> **1 Juan 4:10-11** NVI

13 de noviembre

Dios, Cristo y universalismo

> «Así QUEDÉ atrapado en la paradoja de que cualquiera que niegue a Dios, en realidad lo está afirmando»
>
> PAUL TILLICH[541]

Universalismo es el nombre que recibe la creencia en que a la postre todos se salvarán, incluso al margen de la conversión a Cristo y el consecuente compromiso cristiano de integridad y servicio en el contexto de la iglesia y de la sociedad de la que formamos parte (Jn 1:12; 14:6; Ro 10:8-10). El teólogo Paul Tillich se vio atrapado en la paradoja de tener que afirmar una suerte de universalismo en el que no creía del todo, pero al que se veía conducido al llevar sus ideas hasta sus últimas y más lógicas conclusiones. En efecto, muchos teólogos académicos teorizan sobre los asuntos de fe en direcciones humanistas que terminan eludiendo el compromiso con la proclamación y con el evangelismo que obligan en mayor o menor grado a toda iglesia y a todo cristiano auténtico, afirmando que el simple hecho de que un inconverso discuta el tema de Dios —así sea para negarlo— es en sí mismo un síntoma de que tal vez ya se encuentra dentro del círculo de la fe sin ser consciente de ello, haciendo de la evangelización algo irrelevante en contra del mandato divino al respecto (Mt 28:18-20; Mr 16:15-16; Hch 1:8). Roger Vaillan hacía referencia a ello en contra del catolicismo con estas palabras: «... Para un católico, nada estimable puede ser ajeno a Dios. Si un hombre digno de estima es ateo, es que busca a Dios y buscar a Dios es haberlo encontrado. Si protesta que él no busca a Dios es que lo busca sin saberlo [...]. La violencia de su protesta constituye una prueba de la intensidad de su anhelo secreto [...]. ¿Llega hasta la injuria? Una prueba más, Dios se toma más trabajo por una oveja perdida que por el resto del rebaño [...]. La verdad es que no puede discutirse con un católico»[542]. Pero lo cierto es que la «iglesia latente» de Tillich[543] solo le reporta a sus presuntos miembros beneficios tangibles y perdurables cuando hacen tránsito a la «iglesia manifiesta» y no antes, siempre gracias a la proclamación del evangelio por parte de la iglesia y la correspondiente, humilde y sincera aceptación de esta proclamación por parte del oyente en virtud del ejercicio personal de un acto de fe y confianza en el mensaje anunciado. Porque, como lo dijo Tertuliano: «toda alma es naturalmente cristiana», pero no de manera automática e inadvertida, puesto que

> «... en ningún otro hay salvación, porque no hay bajo el cielo otro nombre dado a los hombres mediante el cual podamos ser salvos.
>
> Hechos 4:12 NVI

14 de noviembre

Incredulidad culposa y dolosa

«No se puede volver doloso algo que naturalmente es culposo»
Jaime Córdoba Triviño[544]

Las distinciones conceptuales propias del lenguaje jurídico sirven para establecer el grado de responsabilidad que debemos asumir por nuestras acciones. Así, la responsabilidad que nos atañe por un acto culposo no es la misma que tendríamos que afrontar por un acto doloso. Esta última es más alta, pues involucra un mayor grado de conocimiento previo y en consecuencia, también una mayor facultad de anticipar las posibles consecuencias de nuestros actos y, por lo tanto, algún grado de deliberación al actuar que no está presente en un acto culposo, en el cual, a diferencia del acto doloso, se presume que no ha habido mala intención, sino tan solo negligente descuido o ignorancia. Sin embargo, los límites entre lo culposo y lo doloso son en la realidad tan vagos que con frecuencia se superponen y combinan sin que puedan separarse el uno del otro. Así sucede, por ejemplo, en el reconocimiento que hacemos de la existencia de Dios y de las obligaciones lógicas que surgen para los hombres que hacen este reconocimiento. Vivir como si Dios no existiera es, pues, un acto culposo para quienes niegan expresamente su existencia (ateos teóricos), pero se convierte en un acto doloso para quienes reconocen su existencia pero son indiferentes a Él y no lo tienen en cuenta para ningún efecto práctico (ateos prácticos). Pero al margen de la diferencia de grado en la culpabilidad de ambos grupos humanos, lo cierto es que ambos son culpables, pues ninguno puede alegar para sí una ignorancia absoluta al respecto que pueda eximirlos de culpa en este asunto fundamental de la vida humana (Lc 12:47-48). La Biblia nos indica claramente que poseemos el suficiente conocimiento innato e intuitivo de Dios como para quedarnos sin excusa delante de Él si no lo reconocemos y le damos el lugar que merece y le corresponde en nuestra vida (Ro 1:20). Ahora bien, más allá de lo que indican la mera existencia del universo y de la naturaleza, la presencia universal de la moralidad o la conciencia del bien y del mal en el ser humano es otro argumento que nos deja sin excusa ante Dios (Ro 2:1, 14-16). Con todo, es a partir de Cristo que nuestra culpabilidad al respecto pasa de ser culposa a dolosa (Gn 44:16; Ecl 5:6), como lo indica el mismo Señor:

> *Si yo no hubiera venido ni les hubiera hablado, no serían culpables de pecado. Pero ahora no tienen excusa por su pecado.*
>
> **Juan 15:22** NVI

15 de noviembre

Criticar sin proponer alternativas

«LA IZQUIERDA solo triunfa cuando logra ser identificada como la alternativa a la corrupción y la politiquería»

SEMANA[545]

En realidad, ni la izquierda ni la derecha pueden arrojar la primera piedra en relación con la corrupción (Jn 8:7), pues esta no respeta ideologías políticas de ningún tipo, pues tiene que ver más con el carácter personal del político de turno que con las ideas que profesa, sin desconocer sin embargo que estas últimas influyen de algún modo en lo primero. Como sea, el hecho de que una propuesta política pueda triunfar simplemente al asumir como bandera la lucha contra la corrupción y la politiquería, al margen de que no tenga una agenda realista, coherente y constructiva, es un indicio del desprestigio general en el que se encuentran las instituciones de la nación en cuestión. Situación social bien aludida con el refrán que dice que «en país de ciegos, el tuerto es rey». Unos satisfactorios estándares éticos comúnmente compartidos y respetados deberían ser el trasfondo para el lanzamiento de cualquier proyecto o propuesta política y no el contenido en sí del proyecto. Porque el «voto protesta»[546] no es la mejor manera de garantizar un buen gobierno y no deja de ser una medida desesperada pero poco reflexiva por parte del electorado, que suele conducir a un estado de cosas peor que el que se pretendía corregir. Aquellos grupos políticos oportunistas que capitalizan a su favor el «voto protesta» de un electorado hastiado con la corrupción se parecen a los ateos que señalan las fallas de la religión organizada en general y de la cristiandad en particular para fundamentar, reforzar y promover su ateísmo militante. Personas que critican sin proponer alternativas reales. O dicho de otro modo, que destruyen sin construir nada a cambio. Basan su postura en una crítica negativa, ya sea del cristianismo, del teísmo o de la religión, y no en una elaboración positiva de una alternativa viable y racionalmente más convincente y coherente para sí mismos. Herbert Lockyer lo dice escuetamente: «El ateísmo se condena por sus propios frutos»[547] señalando el absurdo existencial en que este nos deja, como ha quedado en evidencia con la puesta en práctica y el colapso escenificado en la historia reciente por el comunismo, ateo por definición, y emparentado entonces en sus actitudes con el judaísmo rabínico (Lc 11:52), denunciado así por el Señor:

¡Ay de ustedes, maestros de la ley y fariseos hipócritas!
Les cierran a los demás el reino de los cielos,
y ni entran ustedes ni dejan entrar a los que intentan hacerlo.

Mateo 23:13 NVI

16 de noviembre

La tragedia de la guerra

«LA GUERRA […] no está hecha de grandes hazañas sino de pequeñas tragedias»

MARTA RUIZ[548]

El drama de la guerra se alimenta de las pequeñas tragedias personales de las familias de los soldados en contienda caídos en combate y de la población civil afectada por el fuego cruzado entre los bandos y los excesos cometidos por cada uno de ellos en contra de aquella. La guerra no parece nunca heroica desde esta perspectiva, sino más bien desgraciada. Pero con todo, bajo las actuales condiciones de la existencia humana, es a veces inevitable y hasta necesaria para combatir males que, a semejanza de lo acontecido por ejemplo con las tiranías, pueden llegar a ser mayores que la misma guerra, como sucedió en el Antiguo Testamento con las guerras de exterminio ordenadas por Dios en contra de los pueblos paganos, idólatras y absolutamente disolutos y licenciosos que habitaban la tierra de Canaán y que representaban una amenaza permanente para el pueblo de Dios, no ya militar, sino sobre todo espiritual en la medida en que con sus prácticas religiosas abominables podían llegar a contaminar al pueblo de Dios desdibujando por completo su perfil y ocasionando su perdición (Nm 33:52-56; Dt 7:1-5; 20:15-18). Por eso, las pequeñas tragedias personales que la guerra implica son a veces el costo ineludible que hay que pagar para poder alcanzar las hazañas que caracterizan el triunfo final de una causa justa. Todos los valores que proceden de Dios revelados en las Escrituras constituyen causas por las que, eventualmente, vale la pena pagar este costo y lo compensan bien en su momento, de conformidad con la promesa divina que nos asegura que a los que amamos a Dios y defendemos su causa, todas las cosas —incluso las pequeñas tragedias personales— son dispuestas a la postre para nuestro bien (Ro 8:28). Lo anterior no es un pretexto para emprender presuntas y extemporáneas «guerras santas» en nombre de Dios, a la manera de la *Yihad* islámica, tal y como la entienden sus grupos extremistas. Pero sí es un llamado a considerar y debatir con seriedad y profundidad teológica los argumentos de la llamada «guerra justa», doctrina esbozada ya por Agustín y desarrollada más a fondo por Tomás de Aquino, pues una tragedia no constituye una desgracia si contribuye a que la causa de Dios prevalezca en el mundo:

> *Con majestad, cabalga victorioso en nombre de la verdad,*
> *la humildad y la justicia; que tu diestra realice gloriosas hazañas.*
>
> **Salmo 45:4** NVI

17 de noviembre

La causa iconoclasta

> «DEL CONOCIMIENTO de Dios dimana una iconoclasia contra las imágenes del hombre en las que el hombre se refleja a sí mismo, se justifica y se diviniza»
>
> JÜRGEN MOLTMANN[549]

La polémica acerca de las imágenes y la idolatría asociada a ellas es de vieja data dentro del cristianismo. Si bien en principio este rechazó las imágenes en la misma línea de la tradición judía de la que es heredero (Ex 20:4-6, 22-23), con el tiempo estas fueron introduciéndose poco a poco en sus prácticas eclesiales y litúrgicas, sobre todo a partir de Constantino, proceso que se vio incrementado durante la Edad Media y se intentó dirimir en el séptimo concilio ecuménico[550]. Y aunque la decisión oficial fue más bien a favor de la presunta utilidad que las imágenes cumplirían en el contexto de la iglesia, el partido conocido desde entonces como el de los «iconoclastas»[551] no ha dejado nunca de hacer sentir su presencia para denunciar la idolatría propiciada por las imágenes religiosas, a la postre siempre inconvenientes para la práctica de la fe. Sin embargo, también es cierto que la idolatría no radica necesariamente en la imagen en sí misma, sino en el corazón y la actitud de quien acude a ella, por lo que la causa iconoclasta no debe emprender la destrucción literal, vandálica e intolerante de las imágenes[552], pues no logra nada en contra de la idolatría si las imágenes materiales destruidas continúan sin embargo erigidas en el corazón de la persona. La idolatría no puede, entonces, combatirse derribando por la fuerza los ídolos externos, sino derribando mediante una amorosa y bíblicamente bien argumentada persuasión los ídolos erigidos en el corazón del individuo, confiando en que Dios respalde este esfuerzo mediante la definitiva revelación y convicción interior de su Espíritu (2 Tm 2:24-26). De lograrse esto último, las imágenes externas se volverán espiritualmente irrelevantes para el creyente y no tendrán ni siquiera que ser derribadas, sobre todo en la medida en que sigan generando algún legítimo interés cultural como testimonio de la historia de un pueblo. Porque la única imagen que la Biblia aprueba es la de Cristo (2 Cor 4:4; Col 1:15; Heb 1:3), pero no en sus aspectos visuales o en su apariencia física, sino en su carácter humano que es el que debe ser moldeado en nosotros (Gal 4:19; Ef 4:13, 24; Col 3:9-10) ya que

> *... a los que Dios conoció de antemano, también los predestinó a ser transformados según la imagen de su Hijo, para que él sea el primogénito entre muchos hermanos»*
>
> **Romanos 8:29** NVI

18 de noviembre

El capitalismo y la solidaridad

«Sin capitalismo no podría existir la solidaridad»

Rich DeVos[553]

Capitalismo es una de las palabras más vilipendiadas en los tiempos actuales y, en honor a la verdad, no puede negarse que existen muchas razones para ello apoyadas en la manera en que han ejercido el capitalismo sus más insignes exponentes en la sociedad occidental. Pero por más que, a la luz de lo anterior, la palabra en sí pueda generar un inevitable rechazo inicial, lo cierto es que aun los comunistas tienen que reconocer que el capitalismo es el sistema económico más eficiente en el uso de los recursos[554] y el que más genera utilidades en los procesos productivos y por ende, excedentes más allá de las necesidades de consumo del mercado. Y lo cierto es que la solidaridad, para no ser una mera palabra plagada de buenas intenciones y nada más, requiere de excedentes para poder ser expresada en acciones concretas con nuestros semejantes menos favorecidos hacia cuyas necesidades pueda encauzarse la sobreproducción (2 Cor 8:1-15; 9:1-15)[555]. La noción de libertad tal y como se revela y entiende en el evangelio de Cristo (Jn 8:32, 36; Gal 5:1, 13), implica también la llamada «libertad de empresa» tan necesaria y fundamental al sistema económico capitalista, como lo sugieren también muchas parábolas enseñadas por el Señor en los evangelios que parecen dar por sentada la libre empresa como el trasfondo o la actividad económica más natural y propia de la condición humana (Mt 25:14-30; Lc 12:13-21; 16:1-15; 19:11-26). Así pues, el capitalismo no puede condenarse por sí mismo como un sistema económico perverso y nada viable ni recomendable, pues como se deduce de las amonestaciones contenidas en estas parábolas, lo que lo pervierte son las *actitudes* y *motivaciones* codiciosas de los capitalistas sin temor de Dios (1 Tm 6:9-10)[556] y no el sistema en sí mismo. Si estas últimas se alinean en conciencia con las promovidas por el evangelio en un espíritu de sujeción y rendición de cuentas a Dios por parte del empresario de turno, puede llegar a cultivarse un capitalismo solidario y compasivo que Dios apruebe (Ro 12:16; Heb 10:33) y que redunde en el beneficio de la comunidad en general. No en vano la recomendación del apóstol dirigida a los ricos balancea bien sus privilegios con sus responsabilidades:

> *A los ricos de este mundo, mándales que no sean arrogantes ni pongan su esperanza en las riquezas, que son tan inseguras, sino en Dios, que nos provee de todo en abundancia para que lo disfrutemos. Mándales que hagan el bien, que sean ricos en buenas obras, y generosos, dispuestos a compartir lo que tienen.*
>
> **1 Timoteo 6:17-18** nvi

19 de noviembre

Igualdad y justicia

> «¡Aquí todos somos iguales! No obstante algunos somos más iguales que otros»
>
> GEORGE ORWELL[557]

Los regímenes totalitarios surgidos en el siglo XX bajo la sombra del comunismo pretendieron afirmar sobre el papel la igualdad de todos los hombres, pero en la práctica dieron lugar a élites con privilegios más arbitrarios y desiguales aún que los de las oligarquías derrocadas. Ahora bien, la igualdad promovida por la Biblia entre todos los seres humanos tiene que ver propiamente con los derechos fundamentales que todos y cada uno de nosotros posee como algo inherente a nuestra condición humana (Hch 17:26), pero no necesariamente con los variados roles que estamos llamados a desempeñar en el mundo, los cuales dependen en gran medida de nuestras capacidades y habilidades individuales, tanto innatas como aprendidas, que evidentemente no son iguales en ningún ser humano y nos conceden entonces ventajas comparativas para ejercer con éxito ciertas actividades por encima de otras. Al amparo de esto, no se puede pretender nivelar a todos los hombres con rasero, pues el uso que hagan de sus capacidades y habilidades les puede otorgar con justicia ventajas o desventajas en relación con los demás en un momento dado. Es por eso también que la sabiduría popular considera acertadamente que «las comparaciones son odiosas», pues por lo general son improcedentes (2 Cor 10:12; 11:12). Sin embargo en el evangelio la desigualdad[558] revelada en el Antiguo Testamento en el trato de Dios con la humanidad al privilegiar al pueblo de Israel por encima de los demás, cede paso a un trato igualitario para todos los pueblos en el contexto de la iglesia (Gal 3:28; Ef 3:6; Col 3:11). Así, el meollo del asunto no es establecer la igualdad absoluta entre todos los seres humanos ni mucho menos, pues está visto ya que esto también puede ser injusto al privar arbitrariamente a alguien de ventajas legítimamente adquiridas mediante el diligente, laborioso y responsable uso de los recursos disponibles, para otorgar a otros privilegios que en realidad no merecen puesto que han dilapidado sus propias oportunidades y recursos o nunca han tenido ni siquiera la voluntad de trabajar por lo recibido. En el contexto de la iglesia el punto es, más bien, la preocupación colectivamente compartida (2 Cor 8:12-14; 9:6-15), con el fin de que

> *... no haya división en el cuerpo, sino que sus miembros se preocupen por igual unos por otros.*
>
> **1 Corintios 12:25** NVI

20 de noviembre

La hipócrita objetividad

«La objetividad es un acto de hipocresía, no creo en ella y no la ejerzo»

María Isabel Rueda[559]

La manera en que cada uno de nosotros ve y entiende la realidad, actuando a la vez en conformidad con el entendimiento que tenemos de ella es, por fuerza, *subjetiva*, puesto que todos somos *sujetos* o personas. Sin embargo, esta subjetividad inevitable se ve balanceada por la aspiración que todos perseguimos de obtener un entendimiento *objetivo* o comúnmente compartido de la realidad que esté ceñido a los hechos y que nos permita relacionarnos correctamente con nuestro entorno sin «estrellarnos» contra él para nuestro propio perjuicio (Hch 26:14), sino sirviéndonos de él constructivamente para nuestro beneficio individual y colectivo. Pero en este propósito debemos reconocer con honestidad que nunca alcanzaremos una objetividad absoluta y que pretender entonces que somos ya tan objetivos que nuestra manera de ver las cosas es la única correcta, es un acto de soberbia y hasta de consciente hipocresía. Por el contrario, reconocer humildemente el sesgo que nuestras emociones, experiencias e historia personal le imprimen a nuestra percepción de los hechos y aceptar la posibilidad de que estemos equivocados al respecto es un acto necesario de honradez que Dios demanda de nosotros para poder relacionarnos de manera satisfactoria con nuestro hábitat natural, con nuestros semejantes y con Dios mismo. A quienes no hacen este reconocimiento se les pueden aplicar las palabras del profeta: «Así se le vuelve la espalda al derecho, y se mantiene alejada la justicia; a la verdad se le hace tropezar en la plaza, y no le damos lugar a la honradez.» (Is 59:14). Job hizo este reconocimiento cuando se refería a su propio punto de vista como una mera opinión y no necesariamente como la verdad revelada (Job 33:3). Por eso los creyentes debemos estar dispuestos a tener en cuenta, no solo la perspectiva veraz que Dios nos revela en las Escrituras (Sal 119:1-16), sino también, como lo recomienda el mismo Señor repetidamente en su palabra, la de nuestros hermanos y semejantes, siempre necesaria para corregir los sesgos que afectan nuestra propia perspectiva (Pr 11:14; 12:15; 15:22; 19:20; 24:6). Porque la verdad requiere, antes que terminante e hipócrita objetividad en nuestros pronunciamientos, una subjetividad honesta y humilde por sobre todo, pues:

A los justos los guía su integridad; a los falsos los destruye su hipocresía.

Proverbios 11:3 nvi

21 de noviembre

La preeminencia del amor

> «En el amor no hay exceso»
>
> Francis Bacon[560]

Si bien los excesos son por lo general algo que hay que evitar, no sucede así a la hora de amar en el sentido bíblico de la palabra, que no es propiamente el amor erótico de la pareja, sino el amor a Dios y al prójimo que resume lo que Dios pide de nosotros (Mt 22:37-40) y que genera una deuda irrevocable que nos obliga con todos nuestros semejantes, de quienes somos entonces deudores permanentes (Ro 13:8). Charles Gave dijo acertadamente que «cuando amamos, no podemos dar suficiente a quienes amamos»[561], razón por la cual tendríamos que estar de acuerdo con Bacon cuando afirma que en el amor no hay exceso, pues por mucho que amemos, nunca será suficiente. Y en particular, nunca será suficiente para corresponder el amor de Dios por nosotros manifestado en Cristo, quien pone la vara en un punto tan alto que se constituye en la medida superlativa e insuperable del amor (Ro 5:8; 1 Jn 4:9-10). Juan 3:16 tal vez sea el versículo más conocido y apreciado por los creyentes en el Nuevo Testamento. Y no es para menos, pues visto con detenimiento, es un versículo de superlativos, como ya otros lo han señalado. Veamos: «Porque tanto [la medida más grande] amó [la decisión más grande] Dios [el ser más grande] al mundo [la colectividad más grande], que dio [la acción más grande] a su Hijo unigénito [el regalo más grande], para que todo el que cree en él [la inclusión más grande] no se pierda [la desgracia más grande], sino que tenga vida eterna [la bendición más grande]». Habría, pues, que coincidir con ese poema popular que abre diciendo: «Una cosa yo he aprendido / de mi vida al caminar: / no puedo ganarle a Dios / cuando se trata de dar…». Así pues, en lo que tiene que ver con el amor que le debemos a Dios, no hay definitivamente la más mínima posibilidad de excederse, pues su amor por nosotros siempre será incomparablemente más grande que el amor que todos y cada uno de los creyentes podamos profesarle en nuestros momentos de mayor devoción y compromiso con Él (Ef 3:17-19). De ahí que el amor sea el que tiene sin discusión la preeminencia, no ya solo sobre los dones más ambiciosos, sino también entre las tres llamadas «virtudes teologales» tan apreciadas y necesarias a la vida cristiana:

> *El amor jamás se extingue, mientras que el don de profecía cesará, el de lenguas será silenciado y el de conocimiento desaparecerá […]. Ahora, pues, permanecen estas tres virtudes: la fe, la esperanza y el amor. Pero la más excelente de ellas es el amor.*
>
> **1 Corintios 13:8, 13** NVI

22 de noviembre

El evangelio complejo y confuso

«Lo que no puede decirse con sencillez, no merece la pena ser dicho»

Jürgen Moltmann[562]

La cátedra elaborada y confusa caracterizaba ya la tradición rabínica de la época de Cristo, al igual que a amplios sectores de la teología actual que no logran transmitir con sencillez y claridad las verdades que están llamados a estudiar y divulgar. En efecto, la teología académica encuentra mucha dificultad para darse a entender al creyente común, al punto que muchas discusiones teológicas pertinentes para la vida cotidiana del cristiano no trascienden el ámbito académico, cerrado en sí mismo, cual nuevo claustro. La confrontación del Señor Jesucristo con los fariseos lo ilustra muy bien. Estos solían detenerse en el tratamiento y estudio de minucias y sutilezas menores en perjuicio de los asuntos más importantes de la fe, por lo cual fueron amonestados con severidad (Mt 23:23-24). Paralelamente, a semejanza de buena parte de la teología académica actual, los fariseos también enredaban a la gente con tecnicismos que, a la par que colocaban cargas pesadas sobre el pueblo, paradójicamente los exoneraban a ellos de manera muy conveniente de estas obligaciones. A esto hizo referencia el Señor con estas palabras de censura: «Atan cargas pesadas y las ponen sobre la espalda de los demás, pero ellos mismos no están dispuestos a mover ni un dedo para levantarlas.» (Mt 23:4). Fue justamente a la sombra de estos tecnicismos que llegaron en muchos casos a «¡... dejar a un lado los mandamientos de Dios para mantener sus propias tradiciones!» (Mr 7:9). Como muestra podemos señalar el voto corbán, utilizado hábilmente por algunos para eludir los deberes contemplados en la ley para con los progenitores, comenzando por el conocido mandamiento de honrarlos como corresponde (Mr 7:10-13), la validez de un juramento (Mt 23:16-22) o todo lo relativo al día de reposo, pues a la par con las reglamentaciones elaboradas por los fariseos alrededor de él surgieron los tecnicismos que les permitían eludir estas reglamentaciones. Por eso la revelación de Dios, no obstante su profundidad (Ro 11:33), debe poder ser expresada en términos sencillos (Mt 10:16), pues fue dada para la gente sencilla (Sal 19:7; 119:130). De lo contrario podemos ser culpables de lo que el Señor acusó a los fariseos de su época:

> *¡Ay de ustedes, expertos en la ley!, porque se han adueñado*
> *de la llave del conocimiento. Ustedes mismos no han entrado,*
> *y a los que querían entrar les han cerrado el paso.*
>
> **Lucas 11:52 nvi**

23 de noviembre

Todos tenemos rabo de paja

> «EL HORROR no es de ningún país sino del género humano [...] ningún país ni grupo humano deja de tener rabo de paja en lo que se refiere a esto de la violencia»
>
> TOMÁS GONZÁLEZ[563]

Los seres humanos somos dados a justificarnos denunciando en los demás los casos más graves de los mismos males que nosotros también padecemos en menor grado. La pretensión de justificarnos por comparación sigue estando a la orden del día. Así, las naciones desarrolladas —con Europa a la cabeza— suelen mirar a los países en vías de desarrollo con una paternalista y desdeñosa condescendencia desde posturas de superioridad que implican un juicio velado sobre nuestros pecados colectivos, como si ellos se encontraran por encima de aquellos. Héctor Abad lo describe bien cuando dice: «a los europeos les gusta consolarse pensando que el horror vive siempre en otra parte» procediendo luego a dejar expuestas las incoherencias de esta creencia añadiendo: «incluso para la muerte nosotros somos subdesarrollados. No podemos compararnos, en nuestros 60 años de guerra de baja intensidad, con la eficiente maquinaria de muerte europea durante el siglo XX. No voy a Europa [...] a que me den clases de paz»[564]. El Señor aprovechó los trágicos episodios históricos de la masacre perpetrada por Pilato y el derrumbe de la torre de Siloé respectivamente, para desengañar a los judíos de su época de esta falacia que presumía que las víctimas de estas desgracias eran «más pecadores» o «... más culpables que todos los demás habitantes de Jerusalén?» para concluir sentenciosamente: «¡Les digo que no! De la misma, todos ustedes perecerán, a menos que se arrepientan.» (Lc 13:1-5). No por nada el Señor nos exhorta a mirar primero la viga en nuestro propio ojo antes de intentar siquiera sacar la paja del ojo ajeno (Mt 7:3-5). Valdría la pena, entonces, que las naciones desarrolladas prestaran más atención a las palabras del profeta dirigidas contra el reino de Judá y su capital Jerusalén cuando menospreciaba y miraba por encima del hombro a su vecina Samaria: «¡Pero ni Samaria ni sus aldeas cometieron la mitad de tus pecados! Tú te entregaste a más prácticas repugnantes que ellas, haciendo que ellas parecieran justas en comparación contigo» (Ez 16:51). Mantienen, pues, su vigencia, las palabras del Señor:

> —Aquel de ustedes que esté libre de pecado, que tire la primera piedra.
>
> Juan 8:7 NVI

24 de noviembre

Las herejías

«Cuando se ha logrado hacer desaparecer la herejía en un siglo ha rebrotado con otro nombre en el siglo próximo […] fatigando a la iglesia dominante en su vano empeño perseguidor»

Alfonso Torres de Castilla[565]

El surgimiento de las herejías que desvirtúan y pervierten la sana doctrina no debe verse siempre como una maliciosa conspiración fraguada por Satanás y sus siervos en contra del evangelio, sino en principio como la manifestación de una tendencia profunda y espontánea del espíritu humano, presente en todos los tiempos —ya sea de forma evidente o latente— que se inclina a elegir de manera exclusiva un aspecto de la verdad en detrimento de la verdad total. Así pues, no todos los heresiarcas[566] fueron personas malintencionadas y es posible incluso que muchos de ellos fueran cristianos auténticos y sinceros, pero doctrinalmente equivocados. Por eso la iglesia debe juzgar y combatir las herejías (1 Tm 6:3-4; 2 Tm 1:13; 4:3; Tit 1:9; 2:1; Jud 3), pero debe abstenerse de emitir juicios condenatorios sobre los herejes que las sostienen y divulgan, pues esto es prerrogativa exclusiva de Dios (1 Cor 4:5), el único que puede escudriñar mente y corazón (Jer 11:20; Ap 2:23). Como sea, las herejías no son tan variadas como podría creerse, sino que pueden ser relacionadas en una lista básica más bien corta, no obstante lo cual, una vez identificadas, combatidas, condenadas y extirpadas de su seno por la iglesia, vuelven con frecuencia a resurgir posteriormente con nuevas vestiduras. Baste mencionar como la controversia sobre la herejía arriana, que se creyó resuelta en el pronunciamiento oficial emanado del Concilio de Nicea (325 d.C.) y extirpada definitivamente de las iglesias establecidas dentro del imperio romano cuando se realizó el Concilio de Constantinopla (381 d.C.), vuelve a aparecer por cuenta de las invasiones bárbaras y, hoy por hoy, subsiste en las doctrinas de los Testigos de Jehová. Lo mismo podría decirse del sabelianismo, reeditado en las doctrinas unitarias de numerosas iglesias actuales. Tenemos aquí un ejemplo más de lo dicho por Salomón en el sentido de que «Lo que ya ha acontecido volverá a acontecer; lo que ya se ha hecho se volverá a hacer ¡y no hay nada nuevo bajo el sol!…» (Ecl 1:9-10; 3:15). No sobra, entonces, la advertencia del apóstol y la actitud vigilante de la iglesia al respecto:

> *En el pueblo judío hubo falsos profetas, y también entre ustedes habrá falsos maestros que encubiertamente introducirán herejías destructivas, al extremo de negar al mismo Señor que los rescató. Esto les traerá una pronta destrucción.*
>
> **2 Pedro 2:1** nvi

25 de noviembre

El Jesús histórico y el Cristo de la fe

> «Este Cristo cadáver, que como tal no piensa, libre está del dolor del pensamiento [...] es solo tierra, tierra, tierra [...] ¡Y tú, Cristo del cielo, redímenos del Cristo de la tierra!»
>
> Miguel de Unamuno[567]

La expiación en la cruz es un evento fundamental de la obra redentora de Cristo en su paso histórico por el mundo, pero como tal es solo uno de los momentos o episodios que componen todo el rico espectro de su obra coronada con la resurrección de los muertos y la posterior ascensión, exaltación y glorificación del Señor a la diestra del Padre (Sal 110:1; Mr 16:19; Lc 24:50-51; Hch 1:1-2, 9-11), para gobernar la historia (Ro 14:9) e interceder por los suyos (Ro 8:34; Heb 7:25). El excesivo énfasis doctrinal en la expiación se ha traducido en una abundancia de representaciones artísticas de la crucifixión, por contraste con las más bien escasas representaciones —comparativamente hablando— del Cristo triunfante y glorificado. Esta circunstancia ha llevado a que la iglesia termine frecuentemente promoviendo una imagen de Cristo en la que sobresale el momento de su máxima humillación, cuando Cristo se hallaba muerto, y no cuando resucita para vivir para siempre. Hoy se habla en teología del «Jesús histórico» y del «Cristo de la fe». El «Jesús histórico» es el que vivió hace cerca de 2000 años en la región de Galilea enseñando públicamente durante poco más de tres años hasta ser apresado, crucificado y muerto. El «Cristo de la fe», sin dejar de ser el mismo anterior, es el que resucitó, vive para siempre y está hoy, resucitado y ascendido, a la diestra del Padre. Así pues, no podemos quedarnos solo con el «Jesús histórico», sino que debemos avanzar más allá para acoger también al «Cristo de la fe» que vive y reina para siempre. Solo el Cristo de la fe es el «Cristo del cielo» invocado por Unamuno que puede redimirnos de las falsas imágenes terrenales de Cristo divulgadas en mala hora por amplios sectores de la iglesia. No se equivocó el apóstol Pablo cuando expresó su temor con estas palabras de denuncia: «Pero me temo que [...] los pensamientos de ustedes sean desviados de un compromiso puro y sincero con Cristo. Si alguien llega a ustedes predicando a un Jesús diferente del que les hemos predicado nosotros [...] a ése lo aguantan con facilidad» (2 Cor 11:3-4). Porque Cristo ya nos puso sobre aviso al respecto:

> *Pero en cuanto a la resurrección de los muertos, ¿no han leído lo que Dios les dijo a ustedes: «Yo soy el Dios de Abraham, de Isaac y de Jacob»? Él no es Dios de muertos, sino de vivos.*
>
> **Mateo 22:31-32** nvi

26 de noviembre

La expiación y sus restricciones

«Hay un sentido en que Cristo murió por la humanidad en general [...]. Sin embargo, esto no significa que él murió por todos igualmente y con el mismo propósito»

Loraine Boettner[568]

En el momento en que Dios decidió crearnos como *personas* con capacidad de elegir, renunció en el acto a la posibilidad de forzar la voluntad de ninguno de nosotros, puesto que Él sabe bien que aunque pueda de sobra imponerse por la fuerza sobre toda la humanidad, esto no le garantiza la adhesión voluntaria de nadie a *su* voluntad. Es por eso que la Biblia afirma que, si bien Dios *desea* que *todos* los hombres sean salvos (1 Tm 2:4; 2 P 3:9), no todos llegan a serlo (Mt 22:14). De manera consecuente, es apenas lógico que el alcance de lo hecho por Cristo en la cruz abarque *potencialmente* a toda la humanidad. Todo el que lo desee puede salvarse, al confiar en lo hecho por Cristo a su favor (Jn 3:16; 7:17). El problema es que, a juzgar por la experiencia acumulada de 20 siglos de historia de la iglesia[569], no todos lo desean, ni lo desearán[570]. Estas consideraciones matizan la expresión típicamente calvinista que afirma la *expiación limitada*[571], que pareciera establecer limitaciones al poder y alcance de la obra de Dios, como si Él se viera en cierta manera frustrado en sus propósitos redentores para la humanidad. En realidad, Dios ya había previsto y calculado lo anterior, de tal modo que podemos conceder que la expiación es, evidentemente, *limitada* en sus efectos concretos en la historia, pero no lo es ni lo ha sido nunca en su potencial alcance ni en los resultados finales previstos por Dios para ella (Sal 135:6; Is 14:24-27; 53:10-11). Precisamente, para que la expiación no se vea limitada de manera absoluta al punto de dar lugar a la frustración divina por la cual, dejados a nuestra suerte y para nuestro perjuicio, nadie aceptaría voluntariamente los beneficios invaluables de la redención que tanto le costó a Dios (Jn 6:44; Ro 3:10-12); la predestinación se hace necesaria para que Dios se asegure de que, sin violentar nuestra voluntad sino inclinándola mediante convincente persuasión (Jn 16:8; Flp 2:13), algunos de nosotros —los inmerecida e incondicionalmente elegidos (Ro 9:16; Ef 1:4-5, 11)— nos beneficiemos de la redención, reconociendo humildemente nuestra necesidad de ella, deseándola y aceptándola por fe:

> *Pablo, siervo de Dios y apóstol de Jesucristo, llamado para que, mediante la fe, los elegidos de Dios lleguen a conocer la verdadera religión.*
>
> Tito 1:1 nvi

27 de noviembre

La importancia de la predicación

> «Aun suponiendo que Cristo se hubiera entregado mil veces por nosotros y mil veces hubiera sido crucificado, sería inútil si no viniera la Palabra de Dios y nos lo ofreciera diciendo: "Esto es tuyo, acéptalo"»
>
> Martín Lutero[572]

La importancia de la predicación en el marco de las iglesias surgidas de la Reforma, contrasta de manera notoria con la importancia concedida a los sacramentos en la iglesia católica romana. Efectivamente, la sobrevaloración del rito sacramental típica del catolicismo suele relegar a segundo plano la experiencia de conversión y nuevo nacimiento por la que debe pasar toda persona que pretenda ser cristiana (Jn 3:3), pues al tener efecto *ex opere operato*[573] el sacramento[574] no requeriría necesariamente de ninguna actitud interior particular por parte de su receptor humano[575], como sí se requiere en la conversión que implica una decisión consciente por parte del individuo, caracterizada por un acto de humilde y sincero arrepentimiento, confesión y entrega rendida a Jesucristo mediante la fe confiada en Él. Pero para llegar a ello es imprescindible escuchar la Palabra de Dios eficazmente predicada por un mensajero capacitado, quien toma la vocería de Dios para ofrecer la salvación al oyente en virtud de la obra de Cristo en la cruz y la aceptación por fe de este ofrecimiento, puesto que, como afirma Kurt E. Koch, «creer quiere decir aceptar»[576]. De ahí que la fortaleza y atractivo del protestantismo a lo largo de su historia haya sido el sermón en primera instancia, mientras que en el catolicismo este aspecto es más bien lánguido y deficiente en una proporción mayoritaria de sus iglesias. Ya los profetas nos revelaron el privilegio concedido por Dios a los que anuncian sus buenas nuevas (Is 52:7; Nah 1:15) y la importancia de este anuncio con miras al arrepentimiento (Mt 12:41; Lc 11:32). Privilegio e importancia reiterados de manera más explícita en el Nuevo Testamento por cuenta del apóstol: «porque "todo el que invoque el nombre del Señor será salvo". Ahora bien, ¿cómo invocarán a aquel en quien no han creído? ¿Y cómo creerán en aquel de quien no han oído? ¿Y cómo oirán si no hay quien les predique? ¿Y quién predicará sin ser enviado? […] la fe viene por como resultado de oír el mensaje, y el mensaje que se oye es la palabra de Cristo» (Ro 10:13-15, 17 cf. 1 Cor 1:21), concluyendo que

> *Nuestra esperanza es la vida eterna, la cual Dios, que no miente, ya había prometido antes de la creación. Ahora, a su debido tiempo, él ha cumplido esta promesa mediante la predicación que se me ha confiado por orden de Dios nuestro Salvador.*
>
> Tito 1:2-3 nvi

28 de noviembre

Arriesgarse para ganar

«EL CIENTO por ciento de los ganadores había comprado un boleto»
LOTERÍA NACIONAL DE FRANCIA[577]

Existe una anécdota de alguien que oraba todos los días a Dios pidiéndole que le concediera ganarse la lotería sin éxito, pues no prestaba atención a la respuesta que Dios le daba a diario diciéndole que comprara un boleto. En efecto, estadísticamente es una perogrullada[578] afirmar que todos los ganadores de lotería tienen en común entre sí que, de un modo u otro, todos adquirieron un boleto. Pero más que una apología de la lotería, lo que quiere señalarse con esto es que para ganar hay que asumir riesgos. Porque en todas las circunstancias de la vida hay muchísimas variables que están más allá de nuestro control y comprensión al punto que, en cierto sentido, la vida misma es una lotería. En efecto, no podemos anticipar todas las contingencias en la vida. No podemos evitar calamidades, ni prever las maneras en que estas nos afectarán de manera personal. Por eso la Biblia nos recomienda: «Comparte lo que tienes entre siete, y aun entre ocho, pues no sabes que calamidad pueda venir sobre la tierra» (Ecl 11:2). Aquí está implícito aquello de: «Hoy por ti, mañana por mí». La lluvia, por ejemplo, no está bajo nuestro control. La tormenta borrascosa puede sobrevenir de improviso y desarraigar de cuajo un árbol y no podemos determinar que al caer lo haga sobre nuestra casa o del lado contrario de ella: «Cuando las nubes están cargadas, derraman su lluvia sobre la tierra. Si el árbol cae hacia el sur, o cae hacia el norte, donde cae allí se queda» (Ecl 11:3). Por todo lo anterior es que es imperativo asumir riesgos en la vida, puesto que la vida misma con toda su riqueza es en sí un riesgo. El que no asume riesgos tomando decisiones a pesar de las variables que puedan actuar en contra, confiando en Dios al hacerlo, nunca sembrará ni mucho menos cosechará nada para sí ni para nadie más (Mt 25:18, 24-27), puesto que «Quien vigila al viento, no siembra; quien contempla las nubes, no cosecha» (Ecl 11:4), privándose de la posibilidad de comprobar la fidelidad de Dios a los que con valentía y fe asumen en la vida riesgos debidamente calculados, siendo la generosidad uno de los más recomendados por Dios a los suyos (Dt 15:10; Hch 20:35; 2 Cor 9:6; Gal 6:9-10), razón de más para acoger la recomendación del predicador:

Lanza tu pan sobre el agua;
después de algún tiempo volverás a encontrarlo.

Eclesiastés 11:1 NVI

29 de noviembre

Amenaza y vulnerabilidad

> «Una cosa es la amenaza, pero otra muy diferente es la vulnerabilidad
> [...] se construye en verano pero el verdadero interventor es el invierno»
>
> Carlos Iván Márquez[579]

Es bien sabido que los siempre amenazantes rigores del invierno ponen a prueba los cimientos y la solidez en general de una casa. El Señor Jesucristo utilizó esta útil imagen para concluir su enseñanza en el sermón del monte, equiparando su palabra y la consecuente obediencia a ella con una roca firme y confiable para que los seres humanos construyamos sobre ella con la garantía que cuando sobrevengan los rigores típicos del invierno, lluvias torrenciales, fuertes vientos e inundaciones, nuestra casa no caerá sino que se mantendrá en pie (Mt 7:24-27). Instrucción que todos deberíamos acoger con la seriedad del caso, pues es un hecho que la periódica alternancia de las estaciones es una constante de la naturaleza (Gen. 1:14; Sal 74:17) y constituye, a su vez, una metáfora de la vida humana, inexorablemente sometida a altibajos. Ya en la Biblia el Señor nos reveló, por ejemplo, la alternancia entre las épocas de vacas gordas y las de vacas flacas en los ciclos de producción (Gn 41:25-36). De hecho, al margen de su origen sobrenatural como expresión del juicio de Dios sobre la humanidad impía, episodios como el diluvio universal nos permiten apreciar más el carácter cíclico y periódico de las estaciones como una bendición de Dios (Gn 8:22), pues aun los rigores del invierno pueden ser sorteados y hasta capitalizados exitosamente cuando aprovechamos el verano para cavar y ahondar apuntalando bien los cimientos de nuestra «Casa sobre la Roca» (Lc 6:47-48), pues para quienes están preparados y han resuelto en verano debidamente las grietas y vulnerabilidades que afectan la casa, aun la lluvia del invierno puede llegar a ser una manifestación divina benévola y provechosa (Os 6:3; Hch 14:17). Y si bien el verano también trae incorporados sus propios rigores (Sal 32:4), es no obstante la época por excelencia para cosechar y almacenar con miras al invierno (Pr 6:8; 10:5; 30:25; Mt 24:32; Mr 13.28; Lc 21:30), pues este último a lo que invita es a ponerse a cubierto de la intemperie con todas sus inclemencias. Ante este panorama, la mejor preparación para los inviernos de la existencia humana es esta:

> *No se contenten solo con escuchar la palabra, pues así se engañan ustedes*
> *mismos. Llévenla a la práctica [...] quien se fija atentamente en la ley*
> *perfecta que da libertad y persevera en ella, no olvidando lo que ha oído*
> *sino haciéndolo, recibirá bendición al practicarla.*
>
> **Santiago 1:22, 25 nvi**

30 de noviembre

Rompiendo por completo con el pecado

«Si no se rompe completamente con el pecado se pierde la posibilidad de creer»

ADOLPH KÖBERLE[580]

Romper completamente con el pecado es requisito imprescindible para poder creer. Dicho de otro modo, el arrepentimiento es condición necesaria para la fe. No se trata, entonces, de *dejar* de pecar *antes* de poder creer, algo que Dios no demanda de nosotros, pues somos impotentes para ello (Jn 15:5; Ro 8:7) ya que es precisamente la fe la que nos da acceso al poder de Dios que nos permite quebrar el dominio del pecado en nuestra vida (Ro 6:11-14, 17-18, 22; Flp 4:13; 1 Jn 3:6, 9). Tampoco se trata de la engañosa presunción de que, una vez perdonados y redimidos por el Señor en el acto de la conversión a Cristo ya no volvemos a pecar de manera absoluta. Se trata más bien de no contemporizar de ningún modo con el pecado negándolo, justificándolo o atenuándolo, sino procediendo rápidamente a reconocerlo por lo que es y a arrepentirnos y confesarlo sincera y humildemente ante Dios (Sal 32:3-5; 51:1-19; 1 Jn 1:8-9), tomando medidas para apartarnos de él (Pr 28:13; Jn 5:14; 8:11). Pero para poder hacer lo anterior es necesario comenzar por aceptar conceptualmente la existencia del pecado. Y es en este punto en que el problema se agrava en estos tiempos en que el pensamiento secular —en complicidad con la teología liberal— cuestiona incluso la noción misma de pecado declarándola por completo anacrónica y mandada a recoger. Llama la atención que hubo un tiempo en que la gente desechaba el evangelio por hacer referencia a milagros. Así sucedió con los cultos atenienses en la época del apóstol Pablo, quien al mencionar la resurrección de Cristo suscitó la siguiente reacción en sus cultos interlocutores: «Cuando oyeron de la resurrección, unos se burlaron; pero otros le dijeron: –Queremos que usted nos hable en otra ocasión sobre este tema.» (Hch 17:32). Pero hoy ya no son ni siquiera los milagros lo que escandaliza y ofende a los cultos y civilizados oyentes de hoy. Hoy lo que escandaliza es la mención del pecado. Por eso, para poder creer debemos reconocer que el juicio de Dios sobre el pecado es correcto (Ro 3:4) y aunque estemos lejos de llegar al nivel de perfección alcanzado por Cristo al respecto (Heb 4:15; 1 P 2:22), asumir su misma actitud de ruptura personal con él:

> *Por tanto, ya que Cristo sufrió en el cuerpo, asuman también ustedes la misma actitud; porque el que ha sufrido en el cuerpo ha roto con el pecado, para vivir el resto de su vida terrenal no satisfaciendo sus pasiones humanas sino cumpliendo la voluntad de Dios.*
>
> **1 Pedro 4:1-2** NVI

1 de diciembre

Delitos y pecados

«Hacer de todo pecado religioso un delito ha llevado a la humanidad a momentos de crueldad, barbarie e intolerancia»

Alfredo Rangel[581]

Dado que la antigua nación de Israel era una teocracia, los delitos cometidos por sus miembros en violación de sus leyes eran simultáneamente pecados cometidos contra Dios (Am 1:3, 6, 9, 11, 13; 2:1, 4, 6; 3:14; 5:12; Miq 1:13; 3:8). No encontramos en el Antiguo Testamento la distinción entre delitos y pecados que se halla vigente en nuestras sociedades seculares que condenan el delito pero ignoran o desconocen al mismo tiempo el pecado, declarándose impedidas para pronunciarse de algún modo en relación con este último, dada la conveniente separación entre iglesia y estado que rige en occidente desde la edad moderna. Pero aun concediendo esta necesaria distinción, tenemos que decir al mismo tiempo que esto no significa que el delito revista mayor gravedad que el pecado, siendo a veces al contrario. Y si bien las legislaciones occidentales han incorporado en calidad de delitos muchas acciones u omisiones que son también pecaminosas desde la óptica bíblica, no es posible ni deseable que todo pecado quede catalogado como delito sin correr el riesgo de fomentar nuevos brotes de crueldad, barbarie e intolerancia por cuenta de la iglesia y en el nombre de Dios, reeditando nuevas, anacrónicas y siempre injustas cacerías de brujas. La distinción entre delitos y pecados es entonces necesaria para delimitar el campo de acción del estado y distinguirlo del campo de acción de la iglesia, promoviendo el respeto mutuo entre ambos y la relación armónica entre ellos. En consecuencia las autoridades civiles deben castigar y combatir los delitos (Ro 13:1-4), pero los pecados no catalogados como tales deben ser juzgados únicamente por Dios, correspondiéndole a la iglesia el ejercer disciplina sobre aquellos que llegan a conocerse y hacerse públicos. Porque para el creyente que somete su conciencia a la iluminación y el escrutinio del Espíritu Santo tanto los delitos como los pecados revisten la misma gravedad en la medida en que ambos manchan su conciencia delante de Dios y ofenden la santidad divina, al margen de que los primeros sean juzgados por la autoridad civil y los segundos únicamente por Dios. Debido a ello:

> *... es necesario someterse a las autoridades, no solo para evitar el castigo sino también por razones de conciencia.*
>
> **Romanos 13:5** nvi

2 de diciembre

Las generaciones pasadas

«Somos enanos en hombros de gigantes»

Bernard de Chartres[582]

William Raspberry nos recordaba que «La vida es una carrera de relevos. Cuenta mucho cuánta ventaja lleva el corredor anterior en el momento de entregarnos la estafeta». Idea ratificada así por Manero: *«La verdadera educación de un hombre comienza varias generaciones atrás»*. En efecto, el legado que recibimos de las generaciones pasadas es determinante para el éxito en nuestra vida y la de nuestros descendientes. Y no se trata aquí de herencias materiales que, frecuentemente, a pesar de ser abundantes, echan a perder a las personas y no representan ventaja si no vienen acompañadas por una educación y formación adecuada en principios y valores y, sobre todo, en el temor de Dios. Esto último, los principios y valores y el temor de Dios, son la mejor herencia que podemos recibir de las generaciones pasadas, las cuales, si han sido diligentes en el ejemplo y la transmisión de este legado, nos conceden tal ventaja en la vida que al evaluar nuestros logros personales tendríamos que reconocer con humilde gratitud que somos solo enanos en hombros de gigantes. Porque así como Dios advierte a los idólatras sobre las nefastas consecuencias que puede llegar a tener su idolatría, no solo para ellos sino también para sus futuras generaciones (Ex 20:5; Dt 5:9), también nos anuncia su disposición a mostrar mucho más abundantemente su amor a las futuras generaciones de quienes lo aman y guardan sus mandamientos (Ex 20:6; Dt 5:10). Así sucedió, por ejemplo, con el pueblo de Israel a quien se le anunció de manera reiterada que gozaba del favor de Dios no exactamente debido a sus propios méritos, sino al amor y fidelidad divinas hacia sus padres Abraham, Isaac y Jacob (Dt 7:7-8; Sal 105:8-10). De igual modo sucedió con la dinastía procedente del rey David, cuya descendencia nunca se extinguió ni fue despojada de su derecho al trono por la fidelidad de Dios a David su padre (1 R 9:5; 11:12; 2 Cro 7:18), de quien desciende en línea directa nuestro Señor Jesucristo (Lc 1:32). Debemos, pues, cultivar la obediencia, la fe y el temor de Dios no solo para nuestro bien sino para el de nuestras futuras generaciones (Ex 16:32; 30:10) con la esperanza de que ellas puedan, a su vez, mirar atrás y recordarnos con gratitud:

> *Pregunta a las generaciones pasadas; averigua lo que descubrieron sus padres. Nosotros nacimos ayer, y nada sabemos [...] ellos te instruirán, te lo harán saber; compartirán contigo su experiencia.*
>
> **Job 8:8-10** nvi

3 de diciembre

Calidad y cantidad

«El enfoque numérico es esencial […]. La iglesia está hecha de personas que pueden ser contadas y no hay nada particularmente espiritual en no contarlas»

Donald McGravan[583]

Las posturas espiritualistas en el cristianismo tienden a condenar las estadísticas como si estas por sí mismas apagaran o incluso agraviaran al Espíritu Santo (1 Ts 5:19; Ef 4:30), inhibiendo así su benéfica influencia en el crecimiento y consolidación de la iglesia. Y en contra de ellas se argumenta que siempre es preferible la *calidad* a la *cantidad*. Y aunque esto último no puede negarse, lo cierto es que calidad y cantidad van por lo regular juntas y son, por tanto, directamente proporcionales, de donde no podemos alegar calidad sin cantidad, como sucede con los padres que se engañan a sí mismos justificando el poco tiempo que pasan con sus hijos apelando a su presunta calidad o con los creyentes que apelan al mismo argumento para excusar el poco tiempo que dedican a sus devociones diarias (Mr 14:37). De hecho, aunque es siempre posible que haya cantidad sin calidad o viceversa, lo cierto es que estas situaciones son más bien la excepción, pues las iglesias numerosas suelen serlo porque logran convocar y atraer a muchos ofreciendo una vivencia de fe sana y de calidad que suple a satisfacción las necesidades reales y sentidas de quienes acuden a ella. Asimismo, una iglesia numerosa con gran recurso humano tiene de manera natural un mayor potencial para suplir con mejor calidad las necesidades de sus miembros en virtud del apoyo que una comunidad grande, solidaria y bien cohesionada puede brindar. Así pues, con todo y que en la Biblia la cuantificación cabal parezca ser más bien una prerrogativa para la que únicamente Dios está facultado (Gn 15:5; Job 5:9; 9:10; Sal 40:5; 139:16-18; 147:4; Is 40:26), también es cierto que Dios ha delegado esta prerrogativa en su pueblo, como consta en el libro de Números (Nm 1:1-2; 26:1-2), cuyo solo nombre ya es revelador al respecto. Porque puede ser que a la postre los escogidos sean pocos y la iglesia auténtica no deje de ser minoría (Mt 22:14), pero nuestro deber es formular el llamado convocando a muchos, salvando nuestra responsabilidad en el proceso y dejando en las manos de Dios la selección final que solo Él puede llevar a cabo. Después de todo:

> *… el Hijo del hombre no vino para que le sirvan, sino para servir*
> *y para dar su vida en rescate por muchos.*
>
> Mateo 20:28 nvi

4 de diciembre

El poder militar y el evangelio

«¿El Papa? ¿cuántas divisiones?»

José Stalin[584]

Durante la Edad Media la iglesia de Roma llegó a ostentar tal poder que pudo contar en su haber con un ejército a las órdenes del Papa capaz de intimidar a la mayoría de naciones europeas con su potencial bélico. En la Edad Moderna las circunstancias cambiaron y si bien el papado no ha dejado nunca de ejercer una notable influencia política en el mundo dada la condición de Estado que ostenta el Vaticano, lo cierto es que a la par de lo sucedido con la institución monárquica en las naciones europeas, la iglesia de Roma perdió mucho de su poder temporal —en particular su poderío militar—. Por eso José Stalin pudo menospreciar despectivamente su influencia con la célebre frase del encabezado. En realidad, la frase del dictador soviético debería ser tomada como un elogio por la iglesia, pues la eficacia de su labor no ha debido ni debe basarse nunca en su capacidad militar ni en su poder político temporal, sino en su autoridad e influencia espiritual en línea con lo dicho por el profeta: «"No será por la fuerza ni por ningún poder, sino por mi Espíritu" —dice el Señor Todopoderoso—.» (Zac 4:6). De hecho el Señor Jesucristo descalificó cualquier iniciativa que busque asociar el evangelio con el poder temporal que caracteriza a los reinos de este mundo, apoyados en última instancia en su capacidad intimidatoria en virtud del poderío militar ostentado (Jn 18:36). El episodio protagonizado en Getsemaní por los discípulos en general (Lc 22:49), y por el apóstol Pedro en particular cuando echó mano de su espada e hirió con ella a un siervo del sumo sacerdote con el fin de resistir al destacamento enviado por los judíos para arrestar a Cristo (Mt 26:51; Mr 14:47; Lc 22:50-51; Jn 18:10-11), así como la consecuente y muy razonable represión que el Señor le dirigió por esta causa: «¿Crees que no puedo acudir a mi Padre, y al instante pondría a mi disposición más de doce batallones de ángeles?» (Mt 26:53; cf. 2 R 6:16-17), debería ser bastante ilustrativo de que el poder militar no debe ser utilizado para la causa del evangelio, pues la violencia —incluyendo la del estado— no da lugar nunca a adhesiones voluntarias y siempre termina generando más violencia, que es justamente aquello que se buscaba combatir. Por eso:

> —*Guarda tu espada* —le dijo Jesús—,
> *porque los que a hierro matan, a hierro mueren.*
>
> **Mateo 26:52** nvi

5 de diciembre

Los ídolos y el Dios verdadero

> «¿Su MENSAJE? No adorarás ídolos falsos, pero ¿quién más está allí?»
> *ROLLING STONE*[585]

Comencemos por decir que, en realidad, es redundante hablar de ídolos *falsos,* pues los ídolos siempre son falsos (1 Cor 8:4). Y el hecho es que, dada la inclinación que el ser humano tiene de otorgar a alguna realidad de este mundo o incluso al mundo mismo un carácter absoluto e incondicionado, la idolatría es siempre una tentación que acecha a todos (Ro 1:22-23, 25), sean o no personas religiosas. La toma de conciencia de esto hace que debamos reconocer que la disyuntiva humana no es adorar o no adorar, sino a *qué* o *quién* vamos a adorar (1 R 18:21), ya sea que lo hagamos de forma manifiesta y consciente o de manera sutil e inconsciente. Pero ante la razonable prohibición de no adorar ídolos para no vivir engañados la humanidad se pregunta si, después de todo, hay alguien allí a quien poder adorar. Y si bien el cristianismo puede hoy por hoy señalar, en respuesta a esta pregunta, un número cada vez más creciente de persuasivas evidencias científicas e históricas que indican que sí hay alguien ahí[586], lo cierto es que la respuesta definitiva solo la obtendremos en el momento en que *decidamos creer* en lo que esas evidencias indican, respondiendo a ellas con rendida *confianza.* La siguiente historia lo ilustra bien. Se cuenta de un alpinista que se extravió de su grupo en medio de una violenta ventisca, como resultado de lo cual se halló solo, luchando por su vida. En medio de la casi nula visibilidad resbaló en el borde de un risco con tan buena fortuna que logró detener la inminente caída aferrándose al ramaje de un arbusto que crecía providencialmente en la pared del risco. Comprendiendo que lo único que había hecho era ganar algo de tiempo, pues igual moriría allí congelado si nadie acudía en su auxilio pronto, comenzó a pedir ayuda gritando repetidamente: «¿Hay alguien ahí que pueda ayudarme?». Contra todo pronóstico una profunda voz de barítono le respondió desde lo alto: «Yo puedo ayudarte. Soy Dios. Suéltate de la rama y yo te recogeré.», a lo que, después de pensarlo un poco, el hombre respondió: «¿Hay alguien *más* ahí que pueda ayudarme?»[587]. Salta a la vista que la confianza personal en la revelación de Dios en la naturaleza y en la historia es la que finalmente responde la pregunta, como nos insta el profeta:

> *Pero tú debes volverte a tu Dios, practicar el amor y la justicia,*
> *y confiar siempre en él.*
>
> **Oseas 12:6** NVI

6 de diciembre

La identidad del cristiano

> «¿Soy en verdad todo lo que los demás dicen de mí? ¿O soy solo lo que yo sé de mí mismo? [...] ¿Quién soy? ¿este o el otro? ¿uno ahora y otro después? ¿o ambos a la vez? [...] Tú lo sabes, oh Dios, ¡soy tuyo!»
>
> Dietrich Bonhoeffer[588]

La identidad dual que se presenta en nuestro interior en forma de lucha es ya un buen síntoma que mantiene viva la esperanza final de redención (Ro 7:14-24), puesto que el hombre contumaz e irredento puede ya no padecer este tipo de conflictos de identidad al haber llegado a un grado de endurecimiento tal que su conciencia se torna prácticamente inoperante para acusarlo de nada (Ro 1:21-32; 1 Tm 4:2; Tit 1:15). Paradójicamente, la identidad del malvado puede estar ya consolidada, sin experimentar luchas interiores al respecto, mientras que la del creyente nunca podrá escapar del todo a la ambigüedad en virtud de la combinación que en nosotros se da entre la sensibilidad de conciencia que el Espíritu Santo opera en el creyente (Jn 16:8; Heb 9:14) y la imperfecta condición humana que aún ostentamos en las actuales condiciones de nuestra existencia (Flp 3:12-14; 1 Jn 3:2). Jesús Adrián Romero lo expresa bien en la letra de una de sus canciones que dice: «Cuando nadie me ve, en la intimidad, / donde no puedo hablar, más que la verdad, / donde no hay apariencias, / donde al descubierto queda mi corazón, / allí soy sincero, / allí mi apariencia de piedad se va, / allí es tu gracia lo que cuenta, / tu perdón lo que sustenta, para estar de pie. / Y no podría dar la cara / si no fuera porque estoy, / revestido de la gracia y la justicia del Señor. / Si me vieran tal cual soy se enterarían que es Jesús, / lo que han visto reflejado en mí tan solo fue su luz...»[589]. En realidad, para el cristiano su identidad ya no reposa ni en la percepción que otros tienen de él, que puede ser favorable (Gal 2:6), ni en la que él tiene de sí mismo, que no debería ser nunca demasiado favorable, habida cuenta del siempre deficitario y marcado contraste que ofrecemos con Cristo, el modelo al cual debemos conformarnos (Ro 12:3; Ef 4:13). Así pues, la identidad del cristiano reposa únicamente en la percepción que Dios tiene de él, que sin pasar por alto ni dejar de señalar nuestras faltas y pecados, es sin embargo favorable gracias a que Dios nos ve siempre revestidos de la perfección de su Hijo Jesucristo, nuestro Salvador:

> *porque todos los que han sido bautizados*
> *en Cristo se han revestido de Cristo*
>
> **Gálatas 3:27** NVI

7 de diciembre

Aprendiendo de los otros

«Incluso hombres pertenecientes a civilizaciones atrasadas tienen su valor»
Friedrich Nietzsche[590]

La etnología, la antropología y las ciencias de la religión han revaluado el adjetivo «primitivo» aplicado a comunidades humanas determinadas —ya sea del pasado o de la actualidad— que no ostentan el desarrollo cultural o tecnológico de las naciones occidentales ni han alcanzado el anhelado «estado de bienestar» tal como este se concibe en Occidente. En efecto, ya no podemos mirar a estas comunidades con aire desdeñoso y con ínfulas de superioridad, no solo porque todos sus miembros ostentan al igual que nosotros la dignidad humana que Dios plasmó en todos los hombres como resultado de haber sido creados a su imagen y semejanza (Gn 1:26; Hch 17:26, 29), sino también a que debemos reconocer incluso que no obstante su casi nulo desarrollo tecnológico o prácticas culturales y religiosas doctrinalmente cuestionables, podemos aprender de su propia experiencia. En efecto, volviendo a la clasificación de las religiones efectuada por Xabier Pikaza entre religiones de la naturaleza, religiones de la interioridad y religiones de la historia, estas últimas —entre las que sobresale justamente el cristianismo—, son tal vez las más desarrolladas en la medida en que han traído los mayores beneficios a la humanidad en general. Sin embargo, los pueblos primitivos pueden enseñarnos a recuperar una relación armoniosa y reverente con la naturaleza sin tener por ello que divinizarla (Sal 19:1; Ro 1:20). Asimismo, los pueblos orientales pueden llamar nuestra atención a la necesidad de la introspección críticamente honesta y de la mística interior del que se encuentra a solas con Dios en la profundidad de su ser sin necesidad de parafernalias externas (Sal 51:6; Jn 4:23-24; Ro 10:6-10). Así pues, el vocablo «primitivo» puede indicar a veces algo ancestral y más genuinamente cercano a los orígenes que aquello «actual» y «desarrollado» de lo que a veces nos jactamos desmedidamente. No se trata, entonces, de abandonar lo propio para incorporar lo ajeno, sino que, al verlo reflejado de manera imperfecta en lo ajeno, podemos reencontrar y valorar lo propio que hemos descuidado (Mt 7:3-5; 2 Cor 13:5; 1 Ts 5:21). Al fin y al cabo, la sabiduría no es patrimonio exclusivo del pueblo de Dios, como lo da a entender el evangelista:

> *Después de que Jesús nació en Belén de Judea en tiempos del rey Herodes, llegaron a Jerusalén unos sabios procedentes del Oriente.*
>
> **Mateo 2:1** NVI

8 de diciembre

El temor y el amor a Dios

«Para la mayoría, a Dios no hay por qué temerle ni tampoco por qué amarlo»

James Patterson y Peter Kim[591]

El reconocimiento que muchos profesan hacia la realidad divina es más ofensivo hacia Dios que la misma negación de su existencia por cuenta de los ateos. En efecto, muchos de los que reconocen la existencia de Dios cultivan, en el mejor de los casos, una relación tan superficial con Él que, pasmosamente, no encuentran razones ni para temerlo, ni para amarlo. Pero quien verdaderamente conoce a Dios le temerá y lo amará al mismo tiempo de manera intensa, pues el temor de Dios y el amor a Él son, paradójicamente, directamente proporcionales, al punto que podría decirse que son las dos caras de una misma moneda. Quien teme a Dios verdaderamente, lo ama al mismo tiempo y viceversa. No por nada el teólogo y estudioso de las religiones Rudolf Otto se refirió a Dios como el «Misterio tremendo y fascinante». Así pues, le tememos porque es tremendo, pero le amamos al mismo tiempo porque es fascinante. La santidad de Dios, cuando logramos vislumbrarla, es algo tan atrayente y deseable que suscita en nosotros el irrefrenable deseo de sacrificarlo todo por amor a Él. Pero al mismo tiempo es tan abrumadoramente aplastante para el ser humano y deja tan expuesta nuestra propia indignidad que a pesar de la atracción que ejerce sobre nosotros, el temor sagrado también nos invade y nos impulsa, no solo a quitarnos el calzado de nuestro pies (Ex 3:5-6), sino a alejarnos de Él por puro instinto de conservación (Jue 13:22; Is 6:5). Los discípulos del Señor se sintieron en principio profundamente atraídos hacia Él y se mostraron deseosos de dejarlo todo para seguirlo ante su invitación a hacerlo (Sal 73:25; Mr 2:14; 10:28; Lc 18:28; Jn 1:43; Flp 3:7-9). Pero al mismo tiempo su presencia y acciones suscitaron tal temor en ellos (Mr 4:41; Lc 5:26; 7:16; 8:25), que experimentaron también el impulso de alejarse de Él a pesar de los evidentes beneficios que su inmediata cercanía representaba (Lc 5:8). Porque el amor a Dios nunca será sincero y auténtico si no incluye al menos una dosis proporcional de temor a Él, justificando la recurrente afirmación bíblica en el sentido que «El comienzo de la sabiduría es el temor del Señor...» (Pr 9:10). Razón suficiente para considerar las palabras del profeta:

> *Ponte a pensar cuán malo y amargo es abandonar al Señor tu Dios y no sentir temor de mí —afirma el Señor, el Señor Todopoderoso—.*
>
> **Jeremías 2:19** NVI

9 de diciembre

Creación, paganismo y cristianismo

> «Aunque los cristianos nos hayamos dejado robar ya el arco iris, no deberíamos dejarnos robar [...] el sol»
>
> Christian Schwarz[592]

Ya es bien sabido hoy que el arco iris es un efecto cuya causa es el sol[593], pero las comunidades primitivas y precientíficas no lo sabían ni lo saben aún y reverencian e incluso adoran por igual al sol y al arco iris, dadas como son a la adoración de la naturaleza. Por supuesto que desde la óptica cristiana este culto no deja de ser pagano e idolátrico, pues consiste en dar a las criaturas lo que pertenece a Dios (Ro 1:21-23, 25), pero esto no significa que los cristianos —por cuanto sabemos que la creación es un efecto cuya causa es Dios— debamos entonces renegar del sol y del arco iris o de cualquier otra realidad creada que sea objeto de adoración pagana, puesto que la buena creación de Dios no se transforma automáticamente en algo malo en el momento en que algunos la adoren equivocadamente (Gn 1:31; Ecl 3:11). Lo que debemos hacer los cristianos a este respecto no es desechar ni mucho menos satanizar las cosas creadas cuando estas se conviertan en objeto de culto idolátrico, sino colocarlas en su justo lugar y proporción. De lo contrario, bajo el pretexto de salvar la honra y dignidad del Creador, terminaremos permitiendo que el paganismo nos robe la creación entera. Por cierto, el culto al sol ha sido históricamente uno de los cultos paganos más extendidos entre los pueblos de la antigüedad. Pero aun así entre los pueblos precolombinos se halló en cierta oportunidad, de manera sorprendente, una inscripción en la que el pueblo correspondiente adoraba al sol, pero al mismo tiempo hacían la salvedad de adorar también a quien quiera que lo hubiera creado. Y si los paganos idólatras que no conocen a Dios pueden hacer esto, con mayor razón los cristianos que sí lo conocemos. Los creyentes podemos, ciertamente, adorar al Dios Creador vivo y verdadero revelado en Jesucristo, sin dejar arrebatarnos en el proceso la creación en la medida en que esta refleja su gloria (Sal 19:1-4). De hecho, sin fomentar su adoración, la Biblia se refiere favorablemente a las diferentes realidades que conforman la creación divina haciendo, por ejemplo, del arco iris una señal del pacto de Dios con los hombres (Gn 9:12-17) y refiriéndose al sol como símbolo del Señor Jesucristo (Lc 1:78; Ef 5:14; 2 P 1:19; Ap 2:28), nuestro sol de justicia:

> *Pero para ustedes que temen mi nombre, se levantará el sol de justicia trayendo en sus rayos salud...*
>
> **Malaquías 4:2 nvi**

10 de diciembre

Seguridad final e incertidumbre presente

«El cristiano es alguien que puede estar seguro acerca de lo último incluso cuando pueda tener las mayores incertidumbres acerca de lo inmediato»

Martyn Lloyd-Jones[594]

De manera paradójica pero siempre sabia, Dios nos brinda seguridad absoluta acerca de lo último, aunque podamos tener incertidumbres sobre lo inmediato. Dicho de otro modo, conocemos ya el desenlace final de la historia, aunque no conozcamos los detalles de la trama que vamos descubriendo mientras esta se desarrolla gradualmente a la par que desempeñamos nuestro papel en ella de manera espontánea y algo improvisada, pues no hemos recibido de antemano el libreto. Tiene que ser así si hemos de aprender a depender de Dios y a confiar en Él en el día a día. Ese es tal vez el propósito fundamental por el cual Dios nos revela que «el mañana... tendrá sus propios afanes» y que «cada día tiene ya sus problemas» (Mt 6:34). Esto no quiere decir que Dios no nos brinde algún margen de relativa seguridad en este mundo, como el que obtenernos de la regularidad en el funcionamiento de las leyes y ciclos de la naturaleza que se traducen en la periodicidad de las lluvias y las estaciones, haciendo posible por parte del hombre la alternancia entre la siembra y la cosecha (Gn 8:22; Ecl 11:1-6; Is 55:10; Mt 6:25-32; Hch 14:15-17; 2 Cor 9:8-9; Stg 5:7), teniendo la seguridad y promesa divina de que si hemos sembrado también cosecharemos en su momento (2 Cor 9:6; Gal 6:7-9). Pero antes de disfrutar de esta relativa seguridad característica de la tierra prometida (Dt 8:7-9; Jos 5:12), el pueblo de Israel tuvo que pasar por el aprendizaje previo de su peregrinaje por el desierto, uno de cuyos propósitos era enseñarles a vencer la incertidumbre *diaria* inmediata, mediante la confianza *diaria* en Dios y en sus promesas de provisión (Flp 4:19). He aquí la razón por la cual Dios solo proveía el maná del día y nada más, prohibiendo y malogrando incluso el aprovisionamiento para el día siguiente que los desobedientes e incrédulos israelitas procuraron hacer con los sobrantes de la jornada previa, con excepción del sexto día en el que debían recoger también para el séptimo día de modo que pudieran descansar en él y dedicarlo a Dios (Ex 16:16-31). Así pues, en medio de la incertidumbre de lo inmediato podemos estar seguros de que

El que le suple semilla al que siembra también le suplirá pan para que coma, aumentará los cultivos y hará que ustedes produzcan una abundante cosecha de justicia.

2 Corintios 9:10 NVI

11 de diciembre

La ansiedad y la fe

> «SIEMPRE que alguien se permita tener ansiedades, temores o quejas, ha de considerar su conducta bien como una negación de la sabiduría de Dios, bien como una confesión de que está fuera de su voluntad»
>
> WILLIAM LAW[595]

La confianza en Dios es el mejor antídoto contra la ansiedad, el temor y la queja, puesto que al confiar en Dios estamos declarando tácitamente que Él actúa siempre con sabiduría, conduciendo la historia en general y también nuestra historia personal de la mejor manera para llevarnos a puerto seguro y terminar cabalmente la obra que comenzó en nosotros (Sal 138:8; Ef 1:11-14; Flp 1:6; Heb 7:22). Por eso, si confiamos en Dios pero permitimos al mismo tiempo que la ansiedad nos domine de algún modo, estamos haciendo una implícita negación de su sabiduría por la cual damos a entender que Él no sabe bien lo que hace, algo que no deja de sonar blasfemo si sabemos realmente en Quién hemos creído (2 Tm 1:12). O en su defecto, las ansiedades, temores y quejas son un síntoma claro de que muy seguramente nos encontramos fuera de la voluntad divina, ya sea porque nos hallamos en pecado evidente o porque nos estamos resistiendo a conducir nuestra vida conforme al llamado y al propósito que Él nos ha formulado y revelado, insistiendo en imponer nuestra agenda e intereses personales sobre los de su reino. Así pues, si hemos de elegir una de estas dos posibles causas de nuestras ansiedades, temores y quejas, se cae de su peso que la segunda es la más probable y realista y no la primera. Por eso, ante un panorama en el cual la ansiedad, el temor y la queja comiencen a aparecer y a dominar nuestra vida, lo mejor es proceder a examinarnos (Sal 4:4; 1 Cor 11:28, 31; 2 Cor 13:5) y a admitir lo más pronto posible que nos hallamos fuera de su voluntad, haciendo la consiguiente humilde confesión al respecto para poder así redescubrir y retomar la senda correcta. Porque si no optamos por esto último, no solo tendremos que seguir padeciendo la ansiedad y el temor de manera creciente, manifestándose en nuestra vida de forma destructiva por medio de recurrentes quejas amargas; sino que nuestra fe y confianza en Dios se verán también menoscabadas por una falsa percepción de la sabiduría divina, para nuestro propio perjuicio. Una vez surtido lo anterior, podremos seguir el consejo del apóstol:

> *Depositen en él toda ansiedad, porque él cuida de ustedes.*
>
> 1 Pedro 5:7 NVI

12 de diciembre

La terapia comunitaria

«LA MAYORÍA de la gente puede probablemente conseguir la misma clase de ayuda de amigos, parientes u otros que la que consiguen de terapeutas»

BERNIE ZILBERGELD[596]

La empatía[597] es mucho más fácil de experimentar y cultivar con aquellos a quienes nos unen afectos y vínculos sociales estrechos y fuertes (1 P 5:9). Por eso la «terapia» más eficaz para el tratamiento de los problemas psicológicos y de comportamiento que afectan a un significativo número de personas no es propiamente la «ayuda profesional» que se viene promoviendo de manera insistente y creciente[598], sino simplemente el formar parte de una comunidad empática y solidaria entre sí, como la que se constituye en la iglesia en virtud de nuestra compartida fe en Jesucristo y la redención por Él otorgada a los creyentes que nos une llevándonos a hacer causa común alrededor de los puntuales intereses del reino de Dios y nos vincula los unos a los otros en una manifiesta relación fraternal, dada la condición inobjetable de hijo de Dios que ostenta todo cristiano (Jn 1:12; 1 Jn 3:1-2). En la iglesia todos sus miembros somos, pues, hermanos entre quienes la empatía y solidaridad debe darse de una manera mucho más natural que en cualquier otro grupo social, pues los vínculos generados por la fe tienen el potencial de llegar a ser incluso más fuertes que los vínculos consanguíneos que nos unen con nuestros familiares biológicos. Esta «terapia» comunitaria no profesional, informal, fluida y continua extrae toda su eficacia sanadora del amor que define a Dios (1 Jn 4:8, 16) y que Él derrama sobre los suyos (Ro 5:5) para que nosotros, a su vez, lo manifestemos a nuestros hermanos y hermanas en la iglesia en todas las múltiples formas concretas de solidaridad eclesiástica a las que esta empatía fraternal puede dar lugar (Ro 12:10, 16; 15:7, 14; 2 Cor 9:13; Gal 5:13; 6:1-2, 6, 10; Ef 4:2, 32; 5:21; Flp 2:3-4; Col 3:9; 1 Ts 5:11-15; Heb 10:33; Stg 5:16; 1 P 4:9-10). Pero son las amistades que establecemos en el marco de la iglesia las que ponen el broche de oro en esta terapia comunitaria, pues cuentan no solo con las ventajas propias de las relaciones de amistad y la espontánea y profunda empatía que esta genera, sino también con el trasfondo de la fraternidad que nos obliga a los unos con los otros en estos términos:

Sobre todo, ámense los unos a los otros profundamente,
porque el amor cubre multitud de pecados.

1 Pedro 4:8 NVI

13 de diciembre

Identificando a nuestros demonios

> «Cuando uno comienza a darle un nombre a sus propios demonios, ellos comienzan a perder poder»
>
> **Ken Blanchard y Phil Hodges**[599]

Identificar al enemigo es el primer paso para poder combatirlo, como afirma el antiguo aforismo de Pogo: «Hemos descubierto al enemigo, y somos nosotros». De hecho, la simple y precisa identificación del enemigo ya es en sí misma una medida que comienza a combatirlo y a restarle poder en nuestra vida. Tal vez sea esta la lección que el Señor quiso transmitirnos cuando, en el caso del endemoniado gadareno, indagó por el nombre del demonio que lo poseía y controlaba (Mr 5:9; Lc 8:30). Esto es, identificar al enemigo y no propiamente fomentar la malsana curiosidad y el peligroso diálogo con demonios por parte del creyente que se enfrenta a posesiones demoníacas mediante la liberación o el exorcismo. En consecuencia, identificar las artimañas del diablo es fundamental para poder combatirlas. Valga decir que esta labor de identificación no corre por cuenta nuestra, pues Dios ya nos reveló en su Palabra todo lo que necesitamos conocer acerca de estas artimañas (2 Cor 2:11). Lo que necesitamos no es, entonces, descubrirlas ni ponerles nuevos nombres, sino tenerlas en cuenta con toda la seriedad del caso. Y esto no se aplica únicamente a Satanás y sus demonios y ni siquiera al mundo como enemigos externos que ambos son de los creyentes, sino también a nuestros enemigos internos que acechan agazapados en lo que la Biblia llama «la carne» o la naturaleza pecaminosa que poseemos todos los seres humanos desde que nacemos como consecuencia del pecado de nuestros primeros padres, Adán y Eva, en lo que se conoce como la doctrina del pecado original. Así pues, reconocer que estamos siendo víctimas de las llamadas «obras de la carne» (Gal 5:19-21) y ponerles nombre propio es el primer paso para comenzar a restarles poder y combatirlas con eficacia. No se trata entonces de *la* impersonal envidia, orgullo o temor, sino de *mi* personal envidia, orgullo y temor que pueden estar haciendo inadvertidamente presa de nosotros, hasta que los reconocemos y les ponemos nombre. Pero de nada sirve esto último si no procedemos a confesarlos como corresponde, tomando medidas para apartarnos de ellos (Pr 28:13), dentro de la nueva gama de posibilidades que Cristo ofrece (Flp 4:13) a quienes imitan al salmista:

> *Pero te confesé mi pecado, y no te oculté mi maldad. Me dije:*
> *«Voy a confesar mis transgresiones al Señor»,*
> *y tú perdonaste mi maldad y mi pecado.*
>
> **Salmo 32:5** NVI

14 de diciembre

Aligerando nuestras cargas

> «Siempre que compartimentalizamos nuestra vida, los dones se transforman en una carga y los indicios de bendiciones de Dios en demonios […]. Cualquier cosa que no sometamos y tengamos como un buen don de Dios y lo pongamos al servicio de su gloria terminará transformándose en un demonio»
>
> Michael S. Horton[600]

Honrar el carácter integral de la vida humana (1 Ts 5:23) es lo único que puede brindar coherente y auténtico disfrute, así como también satisfactoria solvencia, a nuestras actuaciones en todas las actividades de la cultura en las que nos desenvolvemos. Por el contrario, fragmentar nuestras vidas en diversos compartimentos aislados entre sí (familia, trabajo, iglesia, etc.), guiado cada uno por sus propias reglas y sin relación evidente entre uno y otro es abonar el terreno para que nuestras responsabilidades en cada uno de estos diferentes frentes terminen transformándose, a nuestro pesar, en cargas que sobrepasan nuestras fuerzas y que no logramos asumir de la manera correcta, generando opresivas culpas en nuestras conciencias de las que no logramos librarnos y que se agravan cada vez más. Así pues, el eje alrededor del cual deben girar *todos* nuestros intereses y actividades para hallar su verdadero sentido es Dios en la persona de Cristo, a quien debemos tener siempre presente como aquel que inspira, motiva y supervisa no solo —como es apenas obvio— las actividades específicamente *religiosas* de nuestras vidas, sino también todas las actividades *seculares* o mal llamadas *profanas* que desempeñamos más allá del ámbito o de los reductos de lo estrictamente religioso. De lo contrario los dones recibidos de Dios pierden su razón de ser y se transforman en lastres que nos llevan a extraviarnos y a terminar degradando, para perjuicio propio, nuestra dignidad humana y la de nuestros semejantes al perder de vista la gloria de Dios de la que aquella dimana. Todos los intereses de nuestra vida deben, pues, ser como los rayos de una rueda que nacen y convergen siempre en Dios como el Gran Unificador que le confiere sentido a todo. Es por ello que el Señor nos invita a venir a Él para descansar de nuestras cargas y culpas (Mt 11:28-29), pues solo Él puede depurarlas, reorientarlas y aligerarlas de manera tal que ya no constituyan una ardua, opresiva y malograda tarea, para poder declarar con el apóstol:

> *En esto consiste el amor a Dios: en que obedezcamos sus mandamientos.*
> *Y estos no son difíciles de cumplir,*
>
> 1 Juan 5:3 nvi

15 de diciembre

Conociendo la mente de Dios

> «LA META suprema de la ciencia es presentar una teoría sencilla que describa la totalidad del universo [...] sería el más grande triunfo de la razón humana, porque entonces llegaríamos a conocer la mente de Dios»
>
> STEPHEN HAWKING[601]

Si nos guiamos por las declaraciones de los más prestigiosos científicos de la actualidad tal como Stephen Hawking, da la impresión que la ciencia avanza a bandazos, mediante palos de ciego, pues este personaje que en su libro *Breve historia del tiempo* aspiraba de manera esperanzadora a conocer la «mente de Dios» de un modo racional y científico, mediante la formulación de una teoría sencilla y unificada que describiera la totalidad del universo es el que ahora, en su último libro, *El gran diseño*, niega expresamente que la «mente de Dios» sea ya requerida en cualquier descripción científica del universo. Pero más allá de la volubilidad humana[602], con su tendencia a inclinarse por las cosas que a la postre prefiere más que por las que son verdad, lo cierto es que estas contradicciones en las posturas de los científicos de mayor renombre obedecen también a su infructuosa pretensión de llegar a conocer la «mente de Dios» mediante esa racionalidad científica que se limita a describirlo todo de una manera presuntamente aséptica y objetiva, sin tener que involucrarse en el asunto en una profunda relación interpersonal que, en el caso de la «mente de Dios», implica un trato entre Dios y el hombre en el que este último, en su condición de criatura, debe subordinarse incondicionalmente al primero, en su condición ya no solo de Creador, sino también de Redentor de la humanidad en la persona de Jesucristo. De insistir en desvelar la «mente de Dios» de forma racionalista, mediante una razón técnica fría, impersonal, desapasionada y conscientemente distanciada de aquello que pretende estudiar y conocer y no mediante la fe personal, cálida y apasionada que caracteriza al creyente y que genera y hace posible para él una relación y un trato de comunión con Dios; el panorama no deja de ser el mismo aludido así por el apóstol: «¿Quién ha conocido la mente del Señor, o quién ha sido su consejero?» (Ro 11:34), pregunta cuya respuesta negativa se cae de su peso, pero que contempla una excepción: la constituida por los creyentes en Cristo (1 Cor 2:16) que, en virtud de la fe, poseemos el privilegio de la amistad con Dios en estos términos:

> *Ya no los llamo siervos, porque el siervo no está al tanto de lo que hace su amo; los he llamado amigos, porque todo lo que a mi Padre le oí decir se lo he dado a conocer a ustedes.*
>
> **Juan 15:15** NVI

16 de diciembre

Nuestra corrupción radical

«La razón por la cual a los seres humanos nos cuesta tanto trabajo encontrar las causas de los males, es porque lo último que hacemos es mirar nuestro corazón. Siempre miramos el corazón del vecino para encontrar al culpable, y nos aturdimos con la presunción infinita de nuestra propia inocencia»

William Ospina[603]

En realidad, las dificultades para ubicar la fuente de muchos de nuestros males son dos. En primer lugar, que siempre buscamos y señalamos a los culpables más allá de nosotros mismos, prefiriendo mirar por la ventana antes que contemplarnos en un espejo. Desde la caída en pecado de nuestros primeros padres ha sido así (Gn 3:12-13; Mt 7:3-5; Lc 13:2-5), de tal modo que nuestra inclinación a culpar a otros y a no asumir nuestra responsabilidad es tan endémica en la raza humana que ha llegado a refinarse y convertirse casi en una creencia axiomática que afirma la contradictoria e insostenible idea de que «el hombre nace puro y la sociedad lo corrompe»[604], la versión secular de la vieja herejía de Pelagio[605], tan asociada a su vez con el llamado «mito del buen salvaje»[606]. Pero por otro lado, cuando por fin decidimos o nos vemos forzados a mirarnos a nosotros mismos, nos quedamos únicamente en la superficie, ubicando nuestros males en la periferia de nuestro ser, como algo que nos afecta de manera más bien tangencial sin llegar a corrompernos realmente y no como lo que es, el misterio de la maldad (2 Ts 2:7), que nos afecta y corrompe hasta el centro de nuestro ser y surge, por tanto, de nuestro propio corazón, que constituye el terreno abonado y el caldo de cultivo ideal para que el mal germine y se manifieste externamente en nuestros pensamientos y conductas (Jer 17:9). Así nos lo revelan las Sagradas Escrituras (Mt 15:16-20) y lo confirma la experiencia humana cuando la evaluamos con honestidad. A esto es a lo que la tradición calvinista designó como una «depravación total» que afecta a todo ser humano, entendida la expresión no como si todos manifestáramos el grado más extremo de maldad del que somos capaces, sino más bien como el reconocimiento de que, a pesar de nuestras fachadas de respetabilidad y moralidad, en el fondo todos padecemos una corrupción *radical*[607] o de raíz que debemos reconocer con humilde arrepentimiento, justificando la advertencia e invitación bíblicas:

Cuídense, hermanos, de que ninguno de ustedes tenga un corazón pecaminoso e incrédulo que los haga apartarse del Dios vivo […]. Más bien, honren en su corazón a Cristo como Señor…»

Hebreos 3:12; 1 Pedro 3:15 nvi

17 de diciembre

La verdadera felicidad

> «Solo son felices [...] quienes tienen la mente fija en cualquier otra cosa que no sea su propia felicidad»
>
> John Stuart Mill[608]

La búsqueda de la felicidad está consagrada como un derecho inalienable de las personas en la constitución de los Estados Unidos de América. Pero con todo y ser un objetivo legítimo, lo cierto es que no puede alcanzarse si este objetivo se convierte de manera egoísta en un fin en sí mismo, desligado del bienestar de los demás y, sobre todo, desligado de Dios que es el único que puede conceder felicidad consistente a los seres humanos que se rinden y consagran a Él con fe en la persona de Cristo. Entre otras cosas debido a que la felicidad no consiste propiamente en un estado ideal claramente definido y asociado a ciertas circunstancias puntuales favorables y a la posesión de ciertos bienes, sino que tiene que ver más con una actitud ante la vida, puesto que «Para el afligido todos los días son malos; para el que es feliz siempre es día de fiesta» (Pr 15:15). Porque la felicidad que depende de las circunstancias inmediatas y de los bienes que se poseen es muy frágil (Dn 4:4-5). Sin perjuicio de ello, la Biblia señala sin embargo ciertas fuentes relativamente seguras de felicidad en este mundo, tales como el nacimiento de un bebé (Gn 30:12-13), especialmente en el contexto de los deberes mutuos voluntaria y responsablemente asumidos por la pareja en el matrimonio como fuente previa y adicional de felicidad (Dt 24:5; Pr 18:22; 1 Cor 7:40), todo ello referido siempre a Dios y a nuestro compromiso con Él, que cuando se ejerce a conciencia, nos introduce en la felicidad que se deriva de la satisfacción del deber cumplido (1 Cro 29:9; 2 Cro 7:11; 2 Cor 8:6, 11; Stg 1:4), y del hecho de tener a la vista el resultado de nuestro esfuerzo (2 Cor 7:13). Por el contrario, la felicidad del malvado siempre será aparente y fugaz (Sal 10:6; Pr 20:21). Por otra parte, la felicidad relativa que Dios otorga a los suyos en este mundo contrasta en la Biblia con la bienaventuranza o dicha absoluta y definitiva que alcanzaremos en la segunda venida de Cristo cuando escuchemos de sus propios labios sus palabras de aprobación coronadas con la exclamación «¡Ven a compartir la felicidad de tu señor!» (Mt 25:21, 23), que dará cumplimiento final al sublime anuncio del profeta Isaías por el cual la felicidad temporal se convertirá en dicha eterna:

> *Presten atención, que estoy por crear un cielo nuevo y una tierra nueva [...]. Alégrense más bien, y regocíjense por siempre, por lo que estoy a punto de crear: estoy por crear una Jerusalén feliz, un pueblo lleno de alegría.*
>
> **Isaías 65:17-18** nvi

18 de diciembre

Removiendo los obstáculos

«Nuestros esfuerzos en planificar solo quitan los obstáculos que dificultan este crecimiento de la iglesia que no se puede fabricar»

Hans-Jürgen Dusza[609]

Los creyentes tenemos la convicción de que, a pesar de las apariencias en contra, la obra de Dios avanza en el mundo hacia su feliz conclusión, ya sea con nuestra colaboración o a pesar nuestro (Is 14:26-27; Sal 135:5-6; Mt 24:35). Sin embargo, esto no significa que no pueda ser de ningún modo obstaculizada o combatida en la historia. De hecho, la misma Biblia nos revela que, sin perjuicio de su cumplimiento definitivo, la obra de Dios en este tiempo corre siempre el peligro de ser provisionalmente obstaculizada o entorpecida por la agenda del mundo, por las maquinaciones del diablo y sus demonios o por la misma naturaleza pecaminosa de los seres humanos, incluidos los creyentes cuando cedemos de algún modo a ella y terminamos haciéndole inadvertidamente el juego a los intereses del enemigo. Por eso, más que usurpar la exclusiva labor del Espíritu Santo en la producción del sano crecimiento y la favorable influencia de la iglesia en el mundo mediante el evangelio (Zac 4:6; Mt 5:13-16), lo que debemos hacer es estar identificando y removiendo con discernimiento autocrítico los obstáculos que impiden el crecimiento natural de la iglesia como organismo vivo que es y que recibe su alimento y crecimiento directamente del mismo Dios, el único capaz de hacerla crecer de manera fructífera (Jn 15:1-5; 1 Cor 3:5-7). Y la labor de remover obstáculos pasa en primer lugar por no convertirnos nosotros mismos en obstáculos y en planificar de tal modo que implementemos salvaguardas para detectarlo cuando estemos siéndolo, haciendo nuestra la oración del salmista: «Enséñame a hacer tu voluntad, porque tú eres mi Dios. Que tu buen Espíritu me guíe por un terreno sin obstáculos.» (Sal 143:10), siguiendo la guía del Señor para obtener favorable respuesta a la misma: «Cuando camines, no encontrarás obstáculos; cuando corras, no tropezarás.» (Pr 4:11-12), obedeciendo a su vez la instrucción de quitar nosotros mismos los obstáculos en el camino del pueblo de Dios y de sus propósitos para él (Is 57:14; Jn 11:39), proponiéndonos «... no poner tropiezos ni obstáculos al hermano» (Ro 14:13) de modo que

> ... lo soportamos todo con tal de no crear obstáculo al evangelio de Cristo.
>
> **1 Corintios 9:12** NVI

19 de diciembre

La discreción y los secretos

> «No es […] correcto ni leal […] sugerir que detrás de todo secreto hay siempre un delito o que las cosas se ocultan porque son ilegales o inmorales […]. Así como los Estados no pueden existir sin ciertos secretos, las personas no pueden vivir sin cierta vida privada. Por eso las leyes lo garantizan»
>
> ALFREDO RANGEL[610]

Si bien el secretismo sistemático no deja de generar sospechas de encubrimiento por parte de las personas o instituciones que lo fomentan y da pie a todo tipo de teorías que ven detrás del secretismo institucional perversas conspiraciones en contra de la humanidad en general, también es cierto que guardar secretos es un legítimo derecho e incluso una necesidad humana, tanto a nivel personal e individual como a nivel institucional, sin que se esté obrando mal por ello. Si el secreto fuera por sí mismo una señal pecaminosa, el propio Dios sería puesto en entredicho, ya que Él mantiene en secreto con todo derecho «información privilegiada» (Dt 29:29). En la Biblia podemos encontrar ejemplos de secretos que encubren actividades censurables y condenables (Ex 7:11, 22; 8:7, 18; Lv 19:17; Nm 5:13; Dt 13:6; 27:15; Sal 101:5; Pr 17:23; 27:5; Is 65:4; Ef 5:12), como también de secretos necesarios e incluso obligatorios (Jue 16:5-17; Est 2:20; Pr 21:14; Mt 1:19). Por supuesto, ante Dios no hay secretos de ningún tipo (Sal 38:9; 44:21; 90:8; Ecl 12:14; Heb 4:13). Con todo, el Señor consideró conveniente y estratégico mantener en secreto sus acciones y algunos aspectos de la verdad que había venido a revelarnos —por lo menos de manera provisional— antes de dárnoslos a conocer por completo tal y como se proclaman en las Escrituras (Mt 8:4; 13:11; Mr 1:44; 4:11; Lc 5:14; 8:10; Jn 7:10). Después de todo, Dios ama la verdad en lo íntimo, y es en el secreto en donde nos enseña sabiduría (Sal 51:6). Asimismo, actividades de la vida cristiana tales como la generosidad, la oración y el ayuno deben practicarse fundamentalmente en secreto, sin hacer ostentación publica de ellas pues esto les resta su efectividad (Mt 6:4-6, 18). Por todo lo anterior y mientras el Señor Jesucristo no regrese todavía a juzgar los secretos de todas las personas (Ro 2:16), nosotros debemos ser discretos y respetar todos los espacios en que los secretos son legítimos y no pueden ventilarse impunemente:

> *La gente chismosa revela los secretos; la gente confiable es discreta.*
>
> **Proverbios 11:13** NVI

20 de diciembre

El pretexto de lo demasiado

«Es DEMASIADO grande para caer y demasiado grande para ser salvada»
NOURIEL ROUBINI[611]

El adverbio «demasiado» puede ser fatal, no solo por los excesos que implica, sino porque puede sumir a quienes incurren en circunstancias justamente descritas con este adverbio en una suerte de «limbos» o espacios de absoluta inacción o inercia que no permiten resolver sus sentidas y evidentes problemáticas en ninguna dirección constructiva. La Biblia nos insta a no fomentar ni permanecer en una situación caracterizada por cualquier cosa en demasía, pues las consecuencias de hacerlo siempre terminan obrando tarde o temprano en contra nuestra (Gn 33:13; Ex 12:4; 18:18; Ecl 7:16; Is 28:28; 65:5). Mucho más cuando nosotros eludimos nuestras responsabilidades ante Dios acudiendo a este adverbio como excusa para diferir de manera indefinida las decisiones que no admiten espera y que deberíamos tomar hoy (Sal 95:7-8; 2 Cor 6:2; Heb 3:15; 4:7), pero que, por cuenta del adverbio «demasiado», vamos relegando cada vez más. Así pues, de niños no tomamos a Dios en consideración porque somos *demasiado* pequeños. En la adolescencia estamos *demasiado* concentrados en divertirnos y pasarlo bien. Cuando somos adultos, nos encontramos *demasiado* preocupados por llegar a ser productivos y sentar las bases materiales de nuestro futuro hogar. En cuanto nos casamos nos hallamos *demasiado* fascinados por nuestro cónyuge y un poco después, al tener hijos, nuestra fascinación se traslada en buena medida a ellos. Tan pronto llegamos a la edad madura, esta nos sorprende *demasiado* atareados labrándoles un futuro digno a nuestros hijos y un retiro satisfactoriamente decoroso para nosotros mismos. En la vejez finalmente estamos ya *demasiado* deteriorados y frecuentemente cuando nos sorprende la muerte es ya *demasiado* tarde. Esta forma de proceder es presuntuosa pues al dejar para mañana lo que deberíamos hacer hoy asume que mañana siempre tendremos nuevas oportunidades, incurriendo de este modo en la jactancia del día de mañana sobre la cual nos advierten solemnemente las Sagradas Escrituras (Pr 27:1; Stg 4:13-16). Es por todo lo anterior que en el epílogo del Eclesiastés el sabio rey Salomón evalúa toda su experiencia para terminar dándonos un consejo que nadie debería menospreciar:

> *Acuérdate de tu Creador en los días de tu juventud, antes*
> *que lleguen los días malos y vengan los años en que digas:*
> *«No encuentro en ellos placer alguno».*
>
> **Eclesiastés 12:1** NVI

21 de diciembre

El atractivo de lo prohibido

> «No estoy en contra del uso de la cocaína por razones morales, ¡solo es que su consumo hoy tiene unas implicaciones tan perversas! […]. Cualesquiera que sean los riesgos de la legalización, estos terminan siendo triviales si se comparan con las consecuencias de la prohibición»
>
> WADE DAVIS[612]

Aunque no sea lo ideal e incluso no deje de ser lamentable constatarlo, es un hecho que en el mundo real no existe una relación de obligada correspondencia entre lo legal y lo moral. Es decir que ni lo legal es siempre moral ni lo ilegal es siempre inmoral. Es, pues, posible encontrar leyes que pretenden legitimar actos inmorales[613], como también actos de moralidad que están penados por la ley[614]. Y si bien los cristianos sí nos oponemos al consumo de la cocaína y demás alucinógenos por razones morales y de conciencia delante de Dios, tenemos que reconocer que su prohibición legal no ha logrado que este consumo se reduzca, sino que además ha generado toda una industria de violencia y sangre alrededor de su comercialización ilegal. Y aunque pocos estén dispuestos a reconocerlo, lo cierto es que el atractivo de lo prohibido siempre ha jugado un papel significativo en el consumo de alucinógenos, el motor final de este funesto fenómeno social. Atractivo del que la Biblia deja clara constancia (Pr 9:17; Ro 7:7-11). Es por eso que despenalizar el consumo no es algo descabellado, pues contrario a lo que podría pensarse, más que incurrir en el riesgo de terminar fomentando su consumo ya sin temor a las represalias legales, lo que logra de entrada es eliminar de un tajo el atractivo de lo prohibido que subyace siempre en algún grado en las motivaciones profundas de los consumidores. Pero más allá de esta puntual discusión, lo cierto es que el cristianismo no puede ser definido de una manera tan superficial simplemente como un sistema ético de prohibiciones, como se estila en el cuestionable legalismo que impera en muchas iglesias (Col 2:20-23), sino como una doctrina revelada por Dios a los hombres con un poder tal que brinda libertad a quienes se acogen a ella por la fe en Jesucristo (Jn 8:32, 36; 2 Cor 3:17; Gal 5:1-13; 5:22-23; Stg 2:12), para dejar de actuar por la poco eficaz compulsión de tener que cumplir con un código legal determinado y comenzar a actuar por convicción de corazón (Ro 14:22-23) de modo que

> … cobren ánimo, permanezcan unidos por amor, y tengan toda la riqueza que proviene de la convicción y del entendimiento. Así conocerán el misterio de Dios, es decir, a Cristo.
>
> **Colosenses 2:2** NVI

22 de diciembre

Definiciones y exclusiones

«Toda definición implica exclusión»

Carl E. Braaten[615]

Las definiciones son excluyentes, pues al establecer con la mayor precisión qué *es* o en qué consiste exactamente lo que se está definiendo, termina excluyendo todo lo que *no es* o no cumple las condiciones establecidas en la definición. Por eso las definiciones pueden fomentar a veces injusticias y equivocaciones, pues al ser demasiado rígidas o inflexibles, pueden dejar fuera del cuadro a personas, objetos y situaciones que no encajan conceptualmente en la definición, pero que no obstante en la realidad sí forman parte de aquello que se pretendía definir. Así pues, hay asuntos en que las definiciones deben ser flexibles. Sobre todo en lo que tiene que ver con su intención de delimitar a grupos humanos determinados, tales como la iglesia de Cristo. Las formulaciones doctrinales contenidas en los tres credos de la iglesia primitiva así como las prácticas rituales normativas —tales como el Bautismo y la Santa Cena— impartidas por ministros ordenados dentro de la llamada sucesión apostólica pueden ser hasta cierto punto necesarias para delimitar los contornos de la iglesia, pero la mera adhesión intelectual a ellos o las prácticas correspondientes llevadas a cabo de manera mecánica no son, por sí solos, los criterios finales que nos facultan para excluir o incluir a nadie de forma definitiva y segura en la iglesia. De hecho, la iglesia no está facultada para pronunciarse de un modo terminante sobre quiénes forman parte de ella y quiénes no (1 Cor 4:5). Por lo tanto, sin perjuicio de su obligación de combatir la herejía donde quiera que esta se manifieste en contra de la sana doctrina (Jud 3-4), la iglesia debe estar siempre dispuesta a conceder el beneficio de la duda y la presunción de inocencia a los herejes y sus seguidores, dejando este juicio en las manos de Dios exclusivamente, quien al final separará el trigo de la mala hierba (Mt 13:24-30). Porque aunque no deje de ser cruel y cínica y deba, por lo mismo, ser condenada; la frase de Armand Amalric, perseguidor de la herejía cátara cuando respondió así a sus soldados sobre cómo diferenciar a los inocentes de los culpables, «¡Matadlos a todos; Dios reconocerá a los suyos!», no deja tampoco de ser cierta (2 Tm 2:19), y establece que aun en el peor de los casos de injusta exclusión:

Mucho valor tiene a los ojos del Señor la muerte de sus fieles.

Salmo 116:15 nvi

23 de diciembre

El deleite de la generosidad

> «Si uno se espera a morir para ser generoso, será otra persona la que tenga el placer de regalar en su nombre»
>
> Rich DeVos[616]

La publicidad de cierta prestigiosa aerolínea preguntaba de manera socarrona: «¿Es usted uno de quienes no viajan en primera clase pudiendo hacerlo? […]. No se preocupe: ¡sus hijos lo harán!»[617]. En efecto, la Biblia recoge y sanciona en sus escritos sapienciales sentencias que se pueden establecer sin necesidad de la revelación, simplemente mediante la observación de la experiencia humana, tales como el hecho de que «las riquezas del pecador se quedan para los justos» (Pr 13:22), o que el siervo fiel termina disfrutando de la herencia de su amo junto o por encima incluso de los herederos de sangre (Pr 17:2). De hecho, la pregunta que guía al Maestro o Predicador que escribió el libro del Eclesiastés[618] es: «¿Qué provecho saca el hombre de tanto afanarse en esta vida?» (Ecl 1:3), teniendo en cuenta que muchas veces la diligencia en el trabajo es equivocadamente motivada por el insaciable amor al dinero (Ecl 5:10; 6:7) y que los bienes que con tanta asiduidad nos hemos esmerado por conseguir se dejan finalmente a un incierto sucesor que no movió un dedo para merecerlos (Ecl 2:18-21; 6:1-6) y que, por lo mismo, puede terminar derrochando a manos llenas el resultado de la esforzada labor de toda una vida (Ecl 5:11). Con el agravante de que en el curso de nuestra existencia terrenal las riquezas alcanzadas generan intranquilidad (Ecl 5:12), perjuicios e incertidumbres (Ecl 5:13-15). Por eso la reiterada recomendación de Salomón es disfrutar de esta vida fugaz con nuestro cónyuge, empeñados en hacer el bien y disfrutar del trabajo realizado mientras se puede, reconociendo que las buenas cosas que esta nos depara son dones que provienen de Dios (Ecl 2:24-26; 3:12-13, 22; 5:18-19; 8:15; 9:7-9), pero no de manera irreflexiva (Ecl 5:20), sin tomar en consideración que la juventud es efímera y que Dios nos juzgará de cualquier modo por todo lo que hagamos (Ecl 11:9-10; 12:13-14). Después de todo el dinero es para disfrutarlo (Ecl 10:19; 1 Tm 6:17), más que para codiciarlo con avaricia (Col 3:5; 1 Tm 6:9-10), pero también para compartirlo con generosidad con los que no tienen (Ecl 11:2; 1 Tm 6:18-19), pues «hay más dicha en dar que en recibir.» (Hch 20:35), de tal modo que atendamos este sabio consejo:

> *Y todo lo que te venga a la mano, hazlo con todo empeño;*
> *porque en el sepulcro, adonde te diriges, no hay trabajo*
> *ni planes ni conocimiento ni sabiduría.*
>
> **Eclesiastés 9:10** nvi

24 de diciembre

El estímulo de los sueños

«Los sueños son las piedras de toque de nuestro carácter»
Henry David Thoreau[619]

Tener un sueño —entendido el término como la clara y permanente visualización de un proyecto de vida que nos sirva de esperanzador faro en el horizonte, impulsando nuestras acciones, aspiraciones e ilusiones en esa dirección— es fundamental para darle forma a cualquier vocación humana. Es célebre el discurso de Martin Luther King Jr., titulado precisamente «Yo tengo un sueño», que fue el motor de toda su lucha a favor de los derechos civiles de la población afroamericana en los Estados Unidos. Esta manera de concebir un sueño no tiene relación necesariamente con los sueños que experimentamos mientras dormimos, sino con lo que hoy se conoce como «visión», definida escuetamente por Laura Bergman como «la imagen convincente de un futuro alcanzable». Pero no basta con tener un sueño o visión definida para que nuestro carácter sea moldeado correctamente. Porque hay sueños equivocados e ilegítimos que no tienen garantizada su realización y que, de hacerse realidad, lejos de moldear un carácter ejemplar en la persona, lo que hacen es echarla a perder. Así pues, los sueños o visiones a los que podemos consagrar nuestra vida de manera segura y apasionada son los que provienen de Dios, que son justamente con los que debemos alinear todas nuestras acciones, deseos y expectativas, con la seguridad de que su realización contribuirá de modo seguro al bien propio y el de los demás, moldeando de paso un carácter maduro en cada uno de nosotros (Hab 2:3). El apóstol Pablo sabía que su llamado y vocación tenían como propósito principal alcanzar con el evangelio al mayor número de gentiles —es decir, no judíos— del imperio y esta convincente visión siempre fue la motivación de toda su asidua y eficaz actividad misionera (Ro 11:13; Gal 2:8; Flp 1:25). En el Antiguo Testamento los profetas eran quienes tenían la visión o el sueño de Dios para el pueblo en general, llamados por ello «videntes» (1 Sam 9:9). Pero en el Nuevo Testamento cada creyente recibe de Dios, a la manera de Jacob en Betel (Gn 28:10-15), un sueño particular que inspire, motive y guíe su accionar para hacer así su individual pero siempre significativo aporte al jubiloso avance de la monumental obra de Dios en el mundo (Ef 4:13, 15-16). Porque finalmente:

Donde no hay visión, el pueblo se extravía...
Proverbios 29:18 nvi

25 de diciembre

El Verbo de Dios

«UNA MERA coincidencia verbal no basta para establecer una relación. Pero al menos nos obliga a estudiar el tema con seriedad»

JOSÉ MÍGUEZ BONINO[620]

En el diálogo emprendido por el cristianismo con la cultura pagana o secular a lo largo de la historia, el hallazgo de expresiones comunes utilizadas por los dos lados de la discusión ha constituido siempre una oportunidad para un mayor entendimiento entre ambos. Pero la mera coincidencia verbal lo único que logra es establecer un punto de partida para estudiar el tema con seriedad y tratar de ponerse de acuerdo en lo que ambos interlocutores entienden cuando se refieren al término o expresión compartida. «Hombre nuevo», por ejemplo, es una expresión compartida por la teología cristiana (Ef 2:15; 4:24; Col 3:10 RV60) y la filosofía marxista[621], pero que de ningún modo significan lo mismo. De igual manera, en la antigüedad los filósofos griegos postularon la existencia del «logos» o razón universal que rige, fundamenta y determina todo lo que existe de la manera en que existe. Y a su vez el evangelio y los escritos del apóstol Juan utilizan también el término griego «logos» (traducido al español como «Verbo») para referirse a Cristo, pero en línea de continuidad con la tradición judía del Antiguo Testamento y no con la tradición filosófica de los griegos[622] de la que difería significativamente. Sin embargo, la resuelta identificación que Juan hace en su evangelio entre la persona de Cristo y el mismo Logos encarnado como hombre pero eternamente preexistente con Dios en una unidad tan indisoluble que confiere al Logos sin reservas la condición e identidad divina (Jn 1:1; 1 Jn 1:1, Ap 19:13), brindó suficiente fundamento bíblico para que los padres de la iglesia recurrieran al «logos» para divulgar el cristianismo entre las clases educadas de su tiempo, pero dotando a esta expresión con un contenido auténticamente cristiano que buscaba precisamente corregir la concepción defectuosa del logos griego para ajustarla al Logos de los cristianos. Porque el entendimiento del «logos» entre los mismos filósofos estaba lejos de haber alcanzado el consenso. Así, el cristianismo no vio dificultad en entrar a terciar para proponer la correcta concepción del Logos que converge siempre en la persona de Jesús de Nazaret:

Y el Verbo se hizo hombre y habitó entre nosotros.
Y hemos contemplado su gloria, la gloria que corresponde
al Hijo unigénito del Padre, lleno de gracia y de verdad.

Juan 1:14 NVI

26 de diciembre

No hay daños definitivos

«Aquello que no puede hacer a un hombre peor tampoco puede hacer que su vida sea peor ni dañarla desde fuera o desde dentro»

MARCO AURELIO[623]

Es bien conocido ese dicho popular que afirma que «lo que no te mata, te fortalece». Desde la óptica del evangelio este dicho tiene algo de cierto, pues si bien esto no sucede frecuentemente con las circunstancias favorables y plácidas de la vida que, lejos de fortalecerlas, pueden en muchos casos echar a perder a las personas; toda circunstancia adversa que se asuma con una actitud de confianza en Dios «a pesar de», sí tiene por lo general un gran potencial para formar constructivamente el carácter del sujeto. Ese es el propósito de las pruebas que los creyentes tenemos que enfrentar eventualmente (Ro 5:3-5; 2 Cor 4:16-17; Stg 1:2-4; 1 P 1:7), en concordancia con el muchas veces evocado versículo bíblico que implica que aun de lo malo que nos pueda suceder Dios puede sacar el bien para la vida de los suyos (Ro 8:28). En consecuencia, todo daño padecido por el ser humano que no eche a perder su carácter personal puede, providencialmente, terminar fortaleciéndolo de tal modo que, en realidad, no constituya un daño verdadero y definitivo que haya que lamentar excesivamente. Pero en el evangelio el ya aludido dicho popular citado en el inicio va más allá de lo que en principio indica, puesto que no se trata de la disyuntiva de tener que optar por lo que te mata o por lo que te fortalece, como si lo que te mata no te fortaleciera y viceversa; sino que en el evangelio aun lo que te mata puede fortalecerte, pues en la perspectiva bíblica la muerte no es el final, como indicó el Señor Jesucristo: «No teman a los que matan el cuerpo pero no pueden matar el alma. Teman más bien al que puede destruir alma y cuerpo en el infierno» (Mt 10:28). Lo definitivo y absolutamente lamentable es, pues, la destrucción de la persona en el infierno y no la muerte en sí misma. De aquí se deduce que en el contexto de la fe en ocasiones aun lo que te mata puede fortalecerte. Porque para los que mueren en Cristo (Ap 14:13), aun la muerte es ganancia (Flp 1:21). Por eso, en virtud de la fe en Cristo y dando por descontado todo lo anterior, el apóstol Pablo proclama la victoria final del creyente en estos concluyentes términos:

¿Quién nos apartará del amor de Cristo? ¿La tribulación, o la angustia, la persecución, el hambre, la indigencia, el peligro, o la violencia? [...].
Pues estoy convencido de que ni la muerte ni la vida [...] ni cosa alguna en toda la creación, podrá apartarnos del amor
que Dios nos ha manifestado en Cristo Jesús nuestro Señor.

Romanos 8:35, 38-39 NVI

27 de diciembre

Salvación y condenación eternas

> «EL UNIVERSO, mudanza; la vida, firmeza»
>
> MARCO AURELIO[624]

El cambio y la permanencia son aspectos que han inquietado al ser humano desde el principio. Los filósofos Heráclito y Parménides defendían, el primero de ellos, la *mudanza* o el *cambio* como característica principal de todo lo creado, mientras que el segundo afirmaba la *permanencia* como la nota más destacada de la realidad. Más allá de ello, la doctrina cristiana no se inclina por ninguno de los dos, sino que afirma el cambio en el carácter cíclico de la realidad, a la par con la permanencia manifestada en los lugares comunes que se repiten en estos ciclos (Sal 104:24-30; Ecl 1:9-10; 3:15). En efecto, es evidente que a nuestro alrededor todo fluye y cambia constantemente, incluso nosotros mismos, aunque ese cambio no sea tal que cada criatura esté perdiendo de continuo los rasgos esenciales que hacen que sea lo que es. Y si bien las criaturas vivas somos las que más rápido cambiamos en el curso de nuestro comparativamente fugaz ciclo vital a tal grado que, desde el punto de vista material, se nos describe como viniendo del polvo y volviendo rápidamente al polvo (Gn 3:19; Job 14:1-2; Sal 90:3-6; 103:14-16; Ecl 12:7; Stg 1:10-11; 4:14; 1 P 1:24), también es cierto que la personalidad o el yo de cada individuo humano es algo que permanece y se afianza para bien o para mal a lo largo del cambiante curso de la historia con sus diferentes circunstancias y coyunturas. Es por eso que podemos reconocernos sin dificultad a nosotros mismos en una fotografía o un video de nuestra infancia, a pesar de los visibles cambios que, desde entonces, hemos experimentado en todos los sentidos. Así pues, de manera paradójica, aunque el universo cambia constantemente a nuestro alrededor, la vida humana con todo y su fugacidad se afirma y permanece en medio de los cambios mediante la personalidad propia y la conciencia que tenemos, aun en medio de los cambios, de ser quienes somos. En la Biblia el yo o el carácter personal de cada ser humano es algo irrevocable y por eso está llamado a permanecer para bien o para mal —dependiendo si nos rendimos o no a Cristo— por encima de todos los cambios físicos e incluso psicológicos, justificando de sobra que tanto la condenación de los impíos como la salvación de los justos deban ser ambas estados eternos:

> *Aquellos irán al castigo eterno, y los justos a la vida eterna.*
>
> **Mateo 25:46** NVI

28 de diciembre

Las cacerías de brujas

«Preferiría caer en una jaula de leones, lobos y osos, que en manos de un juez de brujas»

Hermann Loher[625]

Las cacerías de brujas han sido una de las prácticas más oscuras, vergonzosas y lamentables en la historia de la iglesia. En primer lugar, porque transpone a una época equivocada una orden dada por Dios a su pueblo para otro contexto histórico muy específico del pasado, restringido al Israel del Antiguo Testamento (Ex 22:18; Dt 18:10; 1 Sam 28:9). Y en segundo lugar, porque no vemos que en el Nuevo Testamento los apóstoles hayan procedido de este modo en el caso, por ejemplo, de Simón el hechicero, que más que ser «cazado» o perseguido por los apóstoles, fue más bien convencido por la predicación de Felipe para volverse voluntariamente a Cristo (Hch 8:12-13) y ante la intención de reincidir en sus antiguas prácticas mágicas condenables, fue tan solo reprendido por el apóstol Pedro instándolo a arrepentirse de ello (Hch 8:17-23), pero de ningún modo se consideró lapidarlo ni mucho menos quemarlo en la hoguera. Asimismo, en el episodio posterior del hechicero Barjesús o Elimas que Pablo tuvo que confrontar —facultado para ello con el poder sobrenatural de Dios— debido a la oposición que este personaje ofrecía al evangelio, pretendiendo impedir la conversión de Sergio Paulo, el gobernador romano de la isla de Chipre, tampoco vemos la imposición del evangelio por la fuerza sobre el hechicero so pena de ser lapidado o quemado (Hch 13:6-12). Porque en el evangelio el abandono de estas prácticas debe ser voluntario y no por imposición (Hch 19:19). Adicionalmente, como si esto no fuera suficiente para repudiarlas, históricamente las cacerías de brujas han incurrido en una persecución basada en meras suspicacias y conjeturas y no en hechos probados, emitiendo sentencias condenatorias apoyadas en sospechas, pasando por alto dos de las más valiosas contribuciones de la doctrina cristiana a las legislaciones de las naciones occidentales, a saber: la presunción de inocencia y el beneficio de la duda. Así, en la actualidad se puede seguir incurriendo en veladas cacerías de brujas en las iglesias que promueven procesos disciplinarios de purga entre sus fieles basados en meras sospechas, pasando por alto lo declarado por el apóstol (1 Tm 5:24-25) y sobre todo la instrucción del Señor al respecto:

> «... ¿de dónde salió la mala hierba?». «Esto es obra de un enemigo», les respondió. Le preguntaron los siervos: «¿Quiere usted que vayamos a arrancarla?». «¡No! —les contestó—, no sea que, al arrancar la mala hierba, arranquen con ella el trigo. Dejen que crezcan juntos hasta la cosecha...».
>
> **Mateo 13:27-30** NVI

29 de diciembre

El símbolo y lo simbolizado

«El símbolo es una unidad que presupone una escisión»

Eugenio Trías[626]

Etimológicamente la palabra «símbolo» significa aquello que «se ha lanzado conjuntamente» y que en ese acto manifiesta una evidente unidad entre las partes lanzadas. Por eso en la antigüedad se llamaba «símbolo» a una moneda o medalla partida en dos, una de cuyas partes se entregaba como prenda de amistad o de alianza y cuya posesión llegaba así a constituirse en una contraseña por la cual el receptor de esta parte podía demostrar la autenticidad de su alianza con solo encajarla con la parte que poseía el donante. En el cristianismo y en la religión en general el símbolo siempre ha jugado un papel central en la medida en que los creyentes no somos quienes escogemos a Dios en primera instancia, sino que es Dios quien nos escoge a nosotros (Jn 15:16) y nos vincula en una privilegiada alianza con Él, dándonos una prenda que garantiza su autenticidad y nos identifica y califica como legítimos receptores de la misma. Sin embargo, tanto en el antiguo Israel como en las religiones paganas este símbolo tenía un carácter eminentemente material. En Israel, por ejemplo, la vestidura sacerdotal y el arca del pacto elaboradas siguiendo al detalle las instrucciones divinas constituían el símbolo de haber sido consagrados a Dios y de ser el pueblo de Dios respectivamente (Lv 8:9; 1 Sam 4:11; Sal 78:61). Estos elementos eran la parte *simbolizante* que los israelitas poseían por donación divina, pero tan solo eran la «contraseña» que apuntaba a lo *simbolizado* que se halla realmente en el cielo (Heb 8:5; 9:23-24). En la iglesia primitiva los objetos del antiguo pacto fueron relegados en su papel simbolizante y la doctrina pasó a ocupar este papel legitimador de tal modo que el credo de los apóstoles era conocido como «el símbolo de los apóstoles» en la medida que quien lo suscribía personalmente era considerado miembro del pueblo de Dios. Pero con todo y ser necesario desligar el simbolismo cristiano de objetos materiales[627] dada la adoración «en espíritu y en verdad» que Cristo hizo posible, sin necesidad de parafernalias externas (Jn 4:23-24); el agua bautismal y el pan y el vino de la cena del Señor siguen siendo elementos simbolizantes que apuntan a Cristo a la espera del momento en que el símbolo y lo simbolizado vuelvan a unirse, como lo anunció el Señor:

Les digo que no beberé de este fruto de la vid desde ahora en adelante, hasta el día en que beba con ustedes el vino nuevo en el reino de mi Padre.

Mateo 26:29 NVI

30 de diciembre

Dioses o demonios

«El dios muere o se vuelve demonio a no ser que obedezca a Dios»

C. S. Lewis[628]

El vocablo «dios» tiene dos acepciones diferentes, a saber: si se escribe con mayúscula, únicamente admite el género singular e implica el artículo determinado: (el) Dios. Si se escribe con minúscula puede admitir el plural y demanda el artículo indeterminado: un dios entre otros dioses. En estricto rigor los seres humanos no somos dioses ni lo seremos nunca. Pretenderlo no es más que ceder a la ancestral y engañosa tentación planteada por el diablo a nuestros primeros padres (Gn 3:4), con todas sus nefastas consecuencias. De hecho en las Escrituras la expresión «dioses», con minúscula, es equiparada en algunos casos a los ángeles (Sal 8:5; 138:1), sin que esté en estos casos acompañada de censura, justificando de paso la expresión «Dios de dioses» con la que Dios es distinguido (Jos 2:11; 22:22, Sal 50:1; 84:7; 86:8; 95:3; 96:4; 97:9; 135:5; 136:2). Sin embargo, en la mayoría de las ocasiones y no sin una dosis de mordacidad, la palabra «dioses» se aplica a los demonios, en la medida en que, a pesar de su rebelión, nunca dejan de ser ángeles o «dioses» que, justamente, se vuelven demonios por no obedecer a Dios con toda la carga de censura que ello implica (Sal 96:5). Y es aquí cuando surge la idolatría, definida como la pretensión de estos «dioses» caídos de obtener de los humanos el honor y reconocimientos que solo le corresponden a Dios, levantándose en oposición a Él, y engañando a sus propios seguidores haciéndoles creer que son Dios, cuando no son más que demonios rebeldes a Dios que lo más que logran es erigirse ante sus postrados seguidores como ídolos que quieren suplantar a Dios de manera siempre infructuosa y condenable (Sal 97:7, Gal 4:8). Así pues, todo aquel —ángel o ser humano indistintamente— que recibe de Dios alguna asignación o poder delegado junto con las facultades para ejercerlo, no debe permitir que se le suba a la cabeza, como si pudiera desempeñarse a capricho y con total independencia e incluso en oposición a Dios, que es quien delega, pues al hacerlo así corre el riesgo de la represión divina (Sal 82:1-8), y de pasar de ser «dios» a ser demonio, olvidando lo que todo cristiano debe siempre recordar:

> … sabemos que un ídolo no es absolutamente nada, y que hay un solo Dios. Pues aunque haya los así llamados dioses, ya sea en el cielo o en la tierra […] para nosotros no hay más que un solo Dios, el Padre […] y no hay más que un solo Señor, es decir, Jesucristo…
>
> **1 Corintios 8:4-6** NVI

31 de diciembre

Los lobos en el alma

> «Todo cristiano maduro sabe que incluso cuando estamos dando culto a Dios, los lobos pueden estar aullando en nuestras almas»
>
> **Helmut Thielicke**[629]

La rapacidad, voracidad y ferocidad de los lobos son un gráfico recurso bíblico para ilustrar el despotismo codicioso de los gobernantes (Ez 22:27; Sof 3:3), así como la oposición y hostilidad que el testimonio cristiano debe enfrentar en el mundo (Mt 10:16; Lc 10:3), muchas veces hasta el martirio (Ro 8:36). Del mismo modo, los lobos son un símbolo de los falsos profetas que acechan en la iglesia para engañar, desviar y dispersar a sus miembros por medio de falsas doctrinas, sirviéndose al mismo tiempo de ellos para sus intereses mezquinos, alimentando sus ansias de poder y enriquecimiento mediante la explotación religiosa de sus seguidores (Jn 10:12; Hch 20:29; 1 Tm 6:3-5). Pero en este propósito, los lobos no se presentan nunca como tales, sino que se disfrazan en principio como ovejas para poder así infiltrarse en el rebaño que pretenden explotar y destruir (Mt 7:15), por lo cual antes de aceptar cualquier injerencia de su parte en la iglesia se deben examinar muy bien sus frutos (Mt 7:16). Sin perjuicio de ello, lo cierto es que los lobos no son de manera exclusiva una amenaza externa para el creyente, sino que de un modo u otro se encuentran siempre agazapados en nuestro interior, acechando para aprovechar cualquier espacio que nuestra naturaleza pecaminosa les llegue a conceder para moverse. De hecho, los cristianos maduros saben bien que los lobos no se encuentran ausentes ni siquiera en nuestros momentos más conscientes de entrega, devoción y adoración a Dios, pues aun la sinceridad y sublimidad de estos momentos se ve ensombrecida con facilidad por motivaciones e intenciones profanas y mezquinas que se mezclan y confunden con las más puras y nobles que dan inicio a este movimiento hacia Dios y que nos obligan a estar en constante vigilancia, de tal manera que cuando creemos estar alcanzando las más elevadas alturas espirituales, es cuando debemos estar con los ojos más abiertos ante los intrusos interiores que aúllan a distancia en nuestras almas (Cant 2:15; Mr 14:38; 1 Cor 10:12). Por eso:

Examínense para ver si están en la fe; pruébense a sí mismos...

2 Corintios 13:5 NVI

Notas

1 Pascal, Blas, *Pensamientos,* Folio, Barcelona, 2000, p. 13.
2 Juliano el Apóstata, como su sobrenombre indica, apostató o abandonó el cristianismo después de haberlo profesado de joven y, ya como emperador, utilizó todo su poder para destruir al cristianismo y restaurar de paso el viejo paganismo, sin obtener el éxito esperado en ninguno de los dos propósitos. Cuenta la tradición que, herido de muerte en el campo de batalla en una campaña contra los persas, tomó polvo en su mano y levantando el puño cerrado hacia el cielo, arrojó el polvo hacia él pronunciando al mismo tiempo con amargura estas palabras: «¡Venciste, galileo!» y después de ello murió. Es posible que este episodio sea legendario y haya sido divulgado por los cristianos. Pero lo que sí es cierto es que el secretario del partido comunista soviético José Stalin, cuando yacía moribundo presa de horribles alucinaciones, súbitamente se incorporó a medias en su lecho, levantó un puño al cielo una vez más y cayó muerto. Así lo narró su propia hija a Malcolm Muggeridge durante la preparación de una producción sobre la vida de su padre para la BBC de Londres.
3 Sullivan, Randall, «En el umbral del túnel», artículo publicado en las *Selecciones del Reader's Digest,* edición en español de mayo de 2006, pp. 39.
4 Episodios cada vez más recurrentes y coincidentes, —según consta en el testimonio de sus protagonistas—, en la medida en que el avance en la ciencia médica permite verificar un número creciente de resucitaciones de pacientes que han incursionado en la muerte clínica, resucitaciones que sin poseer en sí mismas ni de manera necesaria carácter sobrenatural a la manera de los milagros bíblicos, sí introducen a sus protagonistas en una experiencia subjetiva de evidente carácter sobrenatural.
5 Categoría propia del pensamiento del filósofo y teólogo danés Sören Kierkegaard.
6 De *Alicia en el País de las Maravillas,* citado en *Selecciones del Reader's Digest,* edición en español de enero de 2006, en la sección fija «Citas citables», p. 23.
7 El Apostólico, el Niceno y el Atanasiano.
8 451 d. C.
9 Dejando de lado y desestimando sin ninguna justificación sus milagros por hacer referencia a lo sobrenatural, quedando así expuestos los prejuicios naturalistas de los hombres modernos, algo que no solo hay que señalar, sino también censurar.

10 Teología de la secularización y Teología de la Liberación.
11 Teología liberal del siglo XIX y crítica de las formas de Bultmann.
12 Citado de Karl Barth, *Dogmatics*, III-2, pp. 309-310 por Clouse & Clouse Bonnidell y Robert en *Mujeres en el ministerio. Cuatro puntos de vista*, CLIE, Barcelona, 2005, p. 38.
13 Androfobia: rechazo o terror a los hombres. Misandria: odio a los hombres.
14 Misoginia: odio a las mujeres.
15 Citado por John Stott en *Issues Facing Christians Today*, Zondervan, Grand Rapids, 2006, p. 42.
16 MONROY, Juan Antonio, *Mente y espíritu*, Irmayol, Madrid, 2001, p. 139.
17 NIEBUHR, Reinhold, *The Children of the Light,* p. vi. Citado por John Stott en *Issues Facing Christians Today,* Zondervan, Grand Rapids, 2006, p. 41.
18 SAGAN, Carl, *El Mundo y sus Demonios,* Planeta, Bogotá , D. C., 2003, p. 336.
19 Realidad confirmada sin prejuicios en su evidente y fiel correspondencia con la historia y la experiencia humana en general, pero con especialidad en la vivencia del cristiano maduro.
20 La mayoría de los cuales se presentan como agnósticos o ateos convencidos.
21 Aunque hay que decir que la tesis de que el impulso de la ciencia moderna procede de motivos auténticamente monoteístas (o por lo menos deístas, en el peor de los casos), ha sido ya señalada por un significativo número de analistas que incluyen a filósofos de la estatura de Alfred North Whitehead e historiadores calificados como Joseph Needham, quienes, en palabras del propio Sagan: «han sugerido que lo que faltaba en el desarrollo de la ciencia en las culturas no occidentales era el monoteísmo» (ibídem. p. 338). Y aun a su pesar, Sagan tiene que admitir que esto no carece de fundamento al declarar: «(…) es innegable que algunas figuras centrales de la transición de la superstición medieval a la ciencia moderna estaban profundamente influenciadas por la idea de un Dios supremo que creó el universo y estableció no solo los mandamientos que deben respetar los humanos sino leyes que la propia naturaleza debe acatar» (ibídem). Como ejemplo menciona al alemán Johannes Kepler e incluso a Albert Einstein y, de manera algo inexacta, por cuanto es un agnóstico declarado, a Stephen Hawking. Con todo, Sagan se apresura a afirmar que no suscribe esta tesis cuando, a renglón seguido, expone su punto de vista introduciéndolo con estas palabras: «Y, sin embargo, creo que hay fuertes pruebas que contradicen toda esta tesis y nos llaman a través de los milenios…» (ibídem).
22 Citado en COURTOIS, Stephanie, et. al., *The Black Book of Communism* [*El libro negro del comunismo*], Harvard University Press, Cambridge, Mass., 1999, p. 124.
23 Citado por Philip Yancey en *Rumores de Otro Mundo,* Vida, Miami, 2005, p. 130.
24 Nombre de un cristiano anónimo que vivió el cambio entre la coerción y persecución sistemática al cristianismo propia de los tiempos de la Unión Soviética y su posterior desintegración con la caída del comunismo, haciendo esta confesión como producto de su reflexiva y honesta comparación entre el estado de la iglesia con anterioridad y posterioridad a estos eventos. La cita completa reza así: «Ahora que somos libres, estamos en peligro de darnos a la complacencia de no atesorar la libertad de adorar. De hecho, algunos creyentes en partes de lo que fue la Unión Soviética en realidad han dado su voto para que los comunistas vuelvan al poder porque la iglesia era mucho más pura en esos

días. Parece que manejamos la persecución mejor que la prosperidad. Yo, por mi parte, oro que nunca volvamos a esos días. Oro que aprendamos a alabar a Dios por lo que tenemos, antes que tener que suplicar por ello». Citado por Philip Yancey en *Prayer. Does it make any difference?*, Zondervan, Grand Rapids, 2006, p. 119.

25 JOHNSON, Paul, *La Historia de los Judíos,* Javier Vergara Editor, Buenos Aires, 1991, p. 521.

26 LUTERO, Martín, *By Faith Alone,* World Publishing, Grand Rapids, 1998, 17 de agosto.

27 En cuanto a su *esencia* es comúnmente aceptado en teología que esta no puede cambiar de ningún modo en el sentido de estar literal y lógicamente imposibilitada para ello pues, si cambiara la *esencia* o la naturaleza divina, Dios dejaría de ser Dios, pues desde el punto de vista de la semántica la esencia o la naturaleza es lo que define a algo o a alguien como lo que es o como quien es como tal, de modo que si la esencia de algo o alguien cambiara, ese algo o ese alguien dejarían en el acto de ser lo que son.

28 MCCABE, Herbert, *God, Christ an Us,* Continuum International Publishing Group, Londres, 2005. Citado en OWENS, L. Roger «Don't Talk Nonsense», Christian Century, 25 de enero del 2005, p. 21.

29 Citado por Philip Yancey en *Prayer ¿Does It Make Any Difference?* Zondervan, Grand Rapids, 2006, p. 242.

30 CALVINO, Juan, *Institución de la Religi*ón Cristiana, Nueva Creación, Grand Rapids, 1996, p. 164.

31 Tal y como se expresa sintéticamente en los tres Credos de la Iglesia Primitiva: el apostólico, el niceno y el atanasiano, todos ellos fieles a la Biblia y a la experiencia común de todo auténtico cristiano.

32 Está claro que la diferencia entre los teólogos liberales y los conservadores no radica en el grado de erudición de los primeros por contraste con los últimos, pues en ambos lados hay erudición de sobra. La diferencia, pues, no es de conocimiento y estudio, sino de actitud, pues los eruditos liberales desvirtúan la Biblia al someterla a la tiranía de la alta crítica, mientras que los eruditos conservadores se sirven de la crítica textual (baja y alta crítica) para ayudar a hacer más claro el inspirado mensaje bíblico.

33 SINE, Tom, *The Mustard Seed Conspiracy,* pp. 11-12. Citado por Stott John en *Issues Facing Christians Today,* Zondervan, Grand Rapids, 2006, p. 93.

34 El llamado «efecto mariposa», —expresado así en el contexto de la teoría del caos: «El delicado aleteo de una mariposa en Pekín, provoca un tornado en Nueva York»—, tiene, pues, cierta aplicación más allá del intento de explicar la ocurrencia de grandes calamidades originadas de manera azarosa a partir de la combinación de un cúmulo de circunstancias aleatorias y contingentes aparentemente insignificantes y caprichosas. En efecto, en la historia también existe una suerte de «efecto mariposa» inverso que opera para transformar favorablemente a toda una generación, a toda una época histórica o a toda una cultura o civilización determinada, partiendo de los pequeños actos individuales de valiente integridad moral y compromiso con Dios de alguno o algunos de sus anónimos miembros. Por otra parte, la importancia que una acción aparentemente insignificante puede llegar a tener en el desenlace final de la historia está bien ilustrada en la canción popular inglesa que dice: «Por un clavo se perdió una herradura; por una herradura, se perdió un caballo; por un caballo, se perdió una batalla, por una batalla, se perdió el Reino. Y todo por un clavo de una herradura», utilizada como explicación

de la derrota sufrida por el rey Ricardo III de Inglaterra en la batalla de Bosworth (1485), en la que murió al ser vencido por Enrique Tudor, donde pronunció la siguiente exclamación inmortalizada por Shakespeare, momentos antes de ser capturado al perder su cabalgadura cuando esta tropezó y cayó debido al desprendimiento de una de sus herraduras: «¡Un caballo! ¡Un caballo! ¡Mi reino por un caballo!».

35 LUCADO, Max, *Y los ángeles guardaron silencio,* Unilit, Miami, 1993, p. 53.
36 LUCADO, Max, *Cuando Dios susurra tu nombre,* Betania Caribe, Miami, 1995, p. 43.
37 LUCADO, Max, *Y los ángeles guardaron silencio,* Unilit, Miami, 1993, pp. 55-56.
38 PASCAL, Blas, *Pensamientos,* Folio, Barcelona, 2000, p. 9.
39 SAGAN, Carl, *El Mundo y sus Demonios,* Planeta, Bogotá, D. C., 2003, pp. 225-226.
40 En contados casos es el producto consciente de una traumática experiencia dentro de alguna de las diferentes tradiciones religiosas institucionales u organizadas contra la cual se reacciona negando al Dios al que esa tradición dice representar.
41 WHITE, Charles Edward, *Small Sacrifices,* Christianity Today, 22 de junio de 1992, pp. 32-33.
42 LOCKE, John, *Ensayo acerca del entendimiento humano,* citado por Paul Johnson en *La Historia del cristianismo,* Javier Vergara editor, Buenos Aires, 1989, p. 382.
43 LEWIS, C. S., *Cartas del diablo a su sobrino,* RIALP, Madrid, 13.ª edición, 2007, p. 48.
44 YACONELLY, Michael, *Espiritualidad desordenada,* Vida, Miami, 2008.
45 PASCAL, Blas, *Pensamientos,* Folio, Barcelona, 2000, p. 167.
46 VIDAL, Marcos, *Nada especial,* Sparrow, 1995.
47 LUTERO, Martín, Prefacio a la epístola de Santiago, WA, *Die Deutsche Bibel,* 7.384s., citado por F. F. Bruce en *Un comentario de la Epístola a los Gálatas,* Editorial CLIE, Barcelona, 2004, p. 122.
48 A este tradicional pero cuestionable entendimiento de la «sucesión apostólica» se le puede designar como «sucesión apostólica manual», por requerir materialmente la presunta imposición de manos de un apóstol a su inmediato sucesor al frente de la congregación respectiva —imposición de manos que sería siempre la imprescindible y exclusiva «señal legitimadora»— y de este a su vez sobre el siguiente de manera sucesiva, a manera de estafetas en un correo de postas o de la entrega del testimonio en una carrera de relevos, hasta llegar a la correspondiente congregación actual que sería entonces legítima únicamente en virtud de esta «sucesión apostólica manual».
49 NOUWEN, Henri, *The Genesee Diary,* citado por Michael Yaconelly en *Espiritualidad Desordenada,* Vida, Miami, 2008, p. 24.
50 Lejos de ser sarcástico, Pablo juega aquí con los dos sentidos del adjetivo griego *téleios* que se traduce como «perfecto» al español y que podrían formularse así de manera sencilla: 1. Perfección absoluta, la cual implica impecabilidad; significado que muy seguramente tiene en mente el apóstol en el versículo 12 al negar que él ya sea perfecto. 2. Madurez, sentido que parece estar utilizando en el versículo 15 al admitir que entre sus oyentes haya «perfectos» que serían, precisamente en virtud de esa «perfección» o madurez cristiana que ya ostentan, los que estarían en mejores condiciones de reconocer y ser conscientes de que lo que Pablo viene hablando es real y ajustado a la experiencia de todo creyente maduro, es decir, que no podemos nunca presumir de perfección absoluta en este mundo bajo las actuales condiciones de la existencia, sino tan solo de una madurez

que esté dispuesta a reconocer humildemente nuestra siempre imperfecta condición humana pero sin desmayar en el propósito de continuar avanzando hacia adelante de manera indefinida en pos de la meta a la cual nos llama Dios. Después de todo, tal vez no podamos ser perfectos en el sentido en que lo fueron Adán y Eva en el Edén antes de la Caída, pero si podemos ser maduros en un sentido en que ellos de seguro no lo fueron antes de la Caída, no obstante su perfección. En síntesis, todo creyente maduro suscribirá y estará de acuerdo con lo que el apóstol viene diciendo. Y el que no lo esté, llegará a estarlo también cuando haya madurado lo suficiente en la fe.

51 Jesús en hebreo.
52 Ruth Rosen, editora, *Jewish Doctors Meet the Great Physician* [*Doctores judíos conocen al gran médico*], Purpel Pomegranate, San Francisco, 1997, pp. 34-35. Citado por Strobel Lee en *El Caso de Cristo,* Vida, Miami, 2000, p. 217.
53 Citado por Lee Strobel en *El Caso de Cristo,* Vida, Miami, 2000, p. 205.
54 IGNATIEFF, Michael, *Human Rights as Politics and Idolatry,* Princeton University Press, Princeton, N. J., 2001, p. 53.
55 Citado por Paul Johnson en *La Historia del Cristianismo,* Javier Vergara editor, Buenos Aires, 1989, p. 412.
56 OESTREICHER, Paul, *Thirty Years of Human Rights* ('The British Churches' Advisory Forum of Human Rights, 1980), citado por John Stott en *Issues Facing Christians Today,* Zondervan, Grand Rapids, p. 201.
57 Citado por Carlos Díaz, *El Don de la Razón Cordial,* CLIE, Barcelona, 2006, p. 69.
58 Medea, en *Metamorfosis,* de Ovidio, VII, 20. Citado por Juan Calvino en *Institución de la Religión Cristiana,* Nueva Creación, Buenos Aires, Grand Rapids, 1988, p. 192.
59 Citado por Paul Johnson en *La Historia del Cristianismo,* Javier Vergara editor, Buenos Aires, 1989, pp. 398-399.
60 *Hamlet,* Acto III, sección 1. Citado por James Kennedy y Jerry Newcombe en *Señor de señores,* Vida, Miami, 2006, p. 110.
61 Citado en *Selecciones del Reader's Digest*, edición en español para Colombia de enero de 2009, sección «Citas», p. 43.
62 STROBEL, Lee, *El caso del Creador,* Vida, Miami, 2005, p. 185.
63 Citado por Paul Johnson en *La Historia del cristianismo,* Javier Vergara editor, Buenos Aires, 1989, p. 385.
64 Verso popular atribuido a la cantante y compositora chilena.
65 Debo esta gráfica ilustración a Ester Lucía Ángel, esposa del pastor Darío Silva-Silva, quien recurre habitualmente a ella para motivar en particular a las mujeres cristianas a esparcir su grata y perdurable fragancia dondequiera que se encuentren, con la tranquilidad propia de quien puede mantener un bajo perfil, seguras de que, a la postre, su favorable influencia será reconocida y apreciada por todos.
66 Citado por Paul Johnson en *La Historia del Cristianismo,* Javier Vergara editor, Buenos Aires, 1989, p. 401.
67 LEWIS, C. S., *Mero Cristianismo,* Andrés Bello, Santiago de Chile, 1994, p. 113.
68 Citado por Bernard D. Marliangeas en *Culpabilidad, pecado, perdón,* Sal Terrae, Santander, 1983, p. 10.
69 Citado por Guy Sorman, en *Esperando a los Bárbaros,* Seix Barral, Barcelona, 1993, p. 8.

70 Si bien profesaban una versión herética del cristianismo, puesto que los misioneros que los evangelizaron, encabezados por Ulfilas, eran cristianos arrianos y no trinitarios, como sí lo era la gran mayoría de la iglesia dentro del imperio romano de occidente.

71 HIPONA, Agustín de, *La Ciudad de Dios,* Orbis, Barcelona, 1986, p. 22.

72 SORMAN, Guy, *Esperando a los Bárbaros,* Seix Barral, Barcelona, 1993, p. 19.

73 SILVA-SILVA, Darío, *El Reto de Dios,* Vida, Miami, 2001, p. 43.

74 SPURGEON, C. H., *Lecturas Matutinas,* CLIE, Barcelona, 2007, lectura correspondiente al 5 de febrero.

75 Sabelianismo y modalismo en sus diferentes versiones son los nombres con los que mejor se la conoce en la antigüedad. En la Edad Moderna se manifiesta de nuevo con el nombre de unitarismo que, etimológicamente y para nuestros propósitos y en aras de la simplificación, puede muy bien incluir a todas sus diferentes manifestaciones históricas, haciendo abstracción de las diferencias entre ellas y centrándonos únicamente en aquello que tienen en común, como lo es su negación de la doctrina de la Trinidad tal como la entiende la ortodoxia cristiana.

76 En su libro *El Fruto Eterno* (Vida, Miami, 2003, p. 172), el pastor Darío Silva-Silva se refiere así a la censurable fragmentación y división práctica a la que muchos cristianos someten a la Trinidad divina y los peligros que ello conlleva: «si un cristiano se especializa en el Padre, se vuelve místico contemplativo; si se especializa en el Hijo se vuelve humanista; y, si se especializa en el Espíritu Santo, se vuelve ocultista. La Trinidad no se puede dividir, pues Dios es uno».

77 Citado por Carlos Díaz, *El don de la razón Cordial,* CLIE, Barcelona, 2006, p. 125.

78 *Subjetivo* sí; pero no *subjetivista*. La verdad es subjetiva en la medida en que la verdad final es un *sujeto,* o lo que es lo mismo, una persona: la persona de Jesús de Nazaret, Dios hecho hombre por amor a los hombres. La verdad no es, entonces, un *objeto* o un concepto impersonal. En consecuencia, la verdad final siempre será de carácter eminentemente personal. No en vano únicamente las personas pueden amar con plena conciencia. Pero esto no significa que la verdad final esté condicionada y determinada por la interpretación que cada persona o *sujeto* haga de ella a título individual, al punto que la interpretación que un sujeto hace de ella sea contraria o no guarde ninguna relación con la de otro u otros sujetos. Porque eso sería ya traspasar los linderos e incurrir en el más grosero, peligroso y censurable relativismo subjetivista, condenado expresamente en las Escrituras. En síntesis, la verdad proclama: ¡subjetividad, SI; subjetivismo, NO!

79 YOUNG, Warren C., *Un enfoque cristiano a la filosofía,* Editorial Mundo Hispano, El Paso, Tx., 1984, p. 139.

80 http://www.recursosevangelicos.com/showthread.php?threadid=10557. Esta fue la manera en que el teólogo protestante luterano Dietrich Bonhoeffer respondió a quienes lo instaban a quedarse en el extranjero y no regresar a Alemania, arguyendo el peligro cada vez mayor que se cerniría sobre él, dada su postura en contra del nazismo. Como al apóstol Pablo en su momento (Hch 20:22-23; 21:10-14), su conciencia cristiana lo condujo de nuevo hasta su nación a presentar oposición al régimen nacionalsocialista de Hitler desde dentro liderando la llamada *Iglesia Confesante,* hasta ser apresado y ejecutado el 9 de abril de 1945 en el campo de concentración de Flossenbürg poco antes de que los aliados llegaran a liberar el campo.

81 LEWIS, C. S., *El problema del dolor,* Rialp, Madrid, 2006, p. 63.

82 Citado por Cornelius Plantinga Jr. en *El pecado. Sinopsis teológica y psicosocial,* Desafío, Grand Rapids, 2001, p. 129.

83 HACKETT, Stuart C., *The Reconstruction of the Christian Revelation Claim,* Grand Rapids, Mich.: Baker, 1984, p. 111. Citado por Lee Strobel en *El Caso del Creador,* Vida, Miami, 2005, p. 343.

84 Como así postuló el filósofo alemán Hegel en su vasto sistema de pensamiento idealista.

85 Citado por C. Thomas en «Gone Bananas» [Luego de un ataque], *World,* 7 de septiembre de 2002.

86 LEWIS C. S., *Los cuatro amores,* Rialp, Madrid, 2008, 12.ª edición, p. 104.

87 LEWIS C. S., *Los cuatro amores,* Rialp, Madrid, 2008, 12.ª edición, p. 118.

88 Citado en *Selecciones del Reader's Digest,* sección «Citas», p. 45. Edición en español para Colombia de noviembre 2009.

89 SPURGEON, C. H., *Lecturas Matutinas,* CLIE, Barcelona, 2007, reflexión correspondiente a la lectura del 7 de noviembre.

90 JIMÉNEZ, CARLOS, *Crisis en la Teología Contemporánea,* Vida, Miami, 1994, p. 197.

91 SILVA-SILVA, Darío, *El Reto de Dios,* Vida, Miami, 2001, p. 15.

92 ZACHARIAS Ravi, *El Gran Tejedor de vidas,* Vida, Miami, 2008, p. 67.

93 YOUNG, Warren C., *Un enfoque cristiano a la filosofía,* Editorial Mundo Hispano, El Paso, Tx, 1984, p. 163.

94 Boyd, Gregory, *Satanás y el problema de la maldad,* Vida, Miami, 2006, p. 432.

95 Nombre que recibe la persona capaz de realizar milagros o hechos prodigiosos.

96 Lograr el mayor efecto o impacto positivo con el mínimo de adornos o recursos.

97 BOREHAM F. W., *The Poppies in the Corn* [Las amapolas en el campo de maíz], en *Mountains in the Mist,* Kregel, Grand Rapids, 1995, pp. 278-79.

98 SPURGEON, C. H., *Lecturas Matutinas,* CLIE, Barcelona, 2007, reflexión correspondiente a la lectura del 5 de diciembre.

99 ZACHARIAS Ravi, *El Gran Tejedor de vidas,* Vida, Miami, 2008, pp. 88-89.

100 McLAREN, Brian D., *El Mensaje Secreto de Jesús,* Betania, Grupo Nelson, Nashville, 2006, p. 90.

101 SORMAN, Guy, *Esperando a los bárbaros,* Seix Barral, Córcega, 1993, p. 185.

102 Saúl dejó mucho que desear y acabó su reinado de manera trágica y haciéndose justamente merecedor de la abierta desaprobación divina. David, su sucesor, llevó la monarquía en Israel a su máximo esplendor, pero no sin incurrir en significativas y condenables salidas en falso que la Biblia registra, entre las que se destaca su relación adúltera con Betsabé y la autoría intelectual del asesinato de su esposo: Urías el hitita. Hay que decir, sin embargo, a su favor, que Dios no lo desaprobó de manera absoluta debido a su corazón sensible a Él y más que dispuesto al arrepentimiento. Salomón, hijo de David, no obstante su sabiduría, hacia el final de su vida marca ya con su censurable conducta personal la irreversible y notoria decadencia de la monarquía que terminó dividiendo el reino en dos: el reino del sur o Judá y el reino del norte o Israel. Y el período del reino dividido es todavía más sombrío, pues no hubo un solo rey bueno en el reino del norte, mientras que en el reino del sur únicamente hubo cuatro de quienes no se manifiesta

ninguna reserva (hay otros cuatro declarados buenos, pero con ciertas reservas), destacándose entre ellos el rey Josías como la excepción que confirma la regla.

103 Citado por Richard M. Nixon, en *Líderes,* Planeta, Córcega, 1982, p. 55.

104 LUCADO, Max, *Cuando Dios susurra tu nombre,* Caribe Betania, Miami, 1995, p. 132.

105 MORLEY, Patrick M., *El hombre frente al espejo,* Betania, Miami, 1994.

106 Citado por Charles Colson en *La vida buena,* Tyndale House Publishers, Carol Stream, Illinois, 2006, p. 117.

107 EDERSHEIM, Alfred, *La vida y los tiempos de Jesús el mesías,* Tomo I, CLIE, Barcelona, 1988, p. 482.

108 Citado por Charles Colson, en *La vida buena,* Tyndale House Publishers, Carol Stream, Illinois, 2006, p. 120.

109 Citado por Darío Silva-Silva, en *Sexo en la Biblia,* Vida, Miami, 2003, p. 59.

110 Ibídem. p. 77.

111 Ibídem. p. 74.

112 LEWIS, C. S., *Los cuatro amores,* Rialp, Madrid, 2008, p. 116.

113 FRANKL, Viktor E., *El hombre en busca de sentido,* Herder, Barcelona, 1999, p. 34.

114 BONHOEFFER, Dietrich, *El precio de la gracia. El seguimiento,* Sígueme, Salamanca, 2007, p. 93.

115 Citado por Antonio González, en *Frases de sabiduría,* Editorial CCS, Madrid, 1999, p. 15.

116 De *La ideología alemana,* «Tesis sobre Feuerbach», citado por Alfonso Ropero, en *Introducción a la Filosofía,* CLIE, Barcelona, 1999, p. 489.

117 Cita hecha por Daniel B. Wallace, en STROBEL, Lee, *El caso del Jesús verdadero,* Vida, Miami, 2008, p. 74.

118 SILVA-SILVA Darío, *El Reto de Dios,* Vida, Miami, 2001, p. 67.

119 Ibídem.

120 STROBEL, Lee, *El caso del Jesús verdadero,* Vida, Miami, 2008, p. 75.

121 MCLAREN, Brian D., *El mensaje secreto de Jesús,* Betania, Grupo Nelson, Nashville, 2006, p. 99.

122 Citado por Justo L. González, en *Historia del cristianismo,* Unilit, Miami, 1994, p. 295.

123 ZACHARIAS Ravi, *El Gran Tejedor,* Vida, Miami, 2008, p. 9.

124 GRUDEM, Wayne A. ed., *¿Son vigentes los dones milagrosos? Cuatro puntos de vista,* CLIE, Barcelona, 2004, p. 146.

125 GRUDEM, Wayne A. ed., *¿Son vigentes los dones milagrosos? Cuatro puntos de vista,* CLIE, Barcelona, 2004, p. 152.

126 DEERE, Jack, *Surprised by the Power of the Spirit,* Zondervan, Grand Rapids, 1993, p. 242.

127 Citado por Warren C. Young, en *Un enfoque cristiano a la filosofía,* Editorial Mundo hispano, El Paso, Tx, 1984, p. 187.

128 HEEREN, Fred, *¿Se puede probar que Dios existe?,* Grijalbo, México, 1997, p. 233.

129 BRUCE, F. F., *Un comentario de la epístola a los Gálatas,* CLIE, Barcelona, 2004, p. 168.

130 Citado por Lee Strobel en *El caso del Jesús verdadero*, Vida, Miami, 2008, p. 100. Cita original en HABERMAS, Gary y FLEW, Antony, *Did Jesus rise from the Dead? The Resurrection Debate*, San Francisco, Harper & Row, 1987, xvi.

131 Portada de la revista *Time*, edición de abril 20 de 1962.

132 HAVEL, Václav, «The Power of the Powerless», en Václav Havel y otros, *The Power of the Powerless: Citizens against the State in Central-Eastern Europe*, ed. John Keane, M. E. Sharpe, Armonk, N. Y., 1985, p. 41.

133 COLLINS Francis S., ¿Cómo habla Dios? *La evidencia científica de la fe*, Planeta, México D. F., 2009, pp. 104-105.

134 GOULD, Stephen Jay, «Impeaching a Self-Appointed Judge» (revisión de *Darwin on Trial* de Phillip Johnson), *Scientific American* 267, 1992, pp. 118-121.

135 Dicho de manera sintética, las tres posturas actualmente en discusión al respecto, —independiente del grado de consistencia y coherencia que cada una de ellas exhiba en su apelación a los hechos, métodos y racionalidad científica—, son la creacionista, la evolucionista y el diseño inteligente.

136 COLLINS, Francis S., ¿Cómo habla Dios? La evidencia científica de la fe, Planeta, México, D. F., 2009, p. 244.

137 VANAUKEN, S., *A Severe Mercy*, Harper Collins, Nueva York, 1980, p. 100.

138 HIPONA, Agustín de, *Comentario del Génesis*, 19:39. Citado por Francis S. Collins, ¿Cómo habla Dios? La evidencia científica de la fe, Planeta, México D. F., 2009, p. 171.

139 Citado por Carlos Gómez Sánchez en «La crítica freudiana de la religión», en FRAIJÓ, Manuel (editor), *Filosofía de la religión*, Trotta, Madrid, 2001, p. 388.

140 HALDANE, J. B. S., *The Philosophical Basis of Theology*, Doubleday & Co., Nueva York, 1994. Citado por Warren C. Young, en *Un enfoque cristiano a la filosofía*, Editorial Mundo Hispano, El Paso, Tx., 1984, p. 198.

141 COLSON, Charles, *La vida buena*, Tyndale House Publishers, Carol Stream, Illinois, 2006, pp. 191-192.

142 GALCERÁ, David, ¿Hay alguien ahí? CLIE, Barcelona, 2006, p. 150.

143 SILVA-SILVA, Darío, *El Reto de Dios*, Vida, Miami, 2001, p. 29.

144 GALCERÁ, David, ¿Hay alguien ahí? CLIE, Barcelona, 2006, p. 57.

145 SILVA-SILVA, Darío, *El Reto de Dios*, Vida, Miami, 2001, p. 137.

146 GALCERÁ, David, ¿Hay alguien ahí? CLIE, Barcelona, 2006, p. 150.

147 Desde el punto de vista de la lógica el mal parece obrar contundentemente en contra de la bondad y omnipotencia simultáneas de Dios, como formuló Epicuro en la antigua Grecia al declarar: «¿Es que Dios quiere prevenir la maldad, pero no es capaz? Entonces sería impotente. ¿Es capaz, pero no desea hacerlo? Entonces sería malvado. ¿Es capaz y desea hacerlo? ¿De dónde surge entonces la maldad? ¿Es que no es capaz ni desea hacerlo? ¿Entonces por qué llamarlo Dios?». Esta reflexión lógica, llamada «la paradoja de Epicuro», parece dejar sin opciones a quienes desean seguir sosteniendo la bondad de Dios y su creación.

148 KERTÉSZ, Imre, *Un instante de silencio en el paredón,* Herder, Barcelona, 1999, p. 18.

149 LOCKYER, Herbert, *Enciclopedia de doctrinas bíblicas,* Logoi, Miami, 1979, p. 32.

150 Carta a Castelli del 21 de diciembre de 1613. Citada por David Galcerá, en ¿Hay alguien ahí? CLIE, Barcelona, 2006, p. 68.

151 Es decir, la hipótesis de que es la tierra la que gira alrededor del sol (modelo heliocéntrico), y no lo contrario (modelo geocéntrico), como se venía sosteniendo hasta ese momento desde la antigüedad griega con el matemático y astrónomo Ptolomeo, impugnado durante el Renacimiento por las observaciones del astrónomo polaco Nicolás Copérnico.

152 Esta expresión se utiliza 34 veces en su evangelio y es exclusiva de él.

153 ALCORN, Randy, *El Cielo,* Tyndale House Publishers, Carol Stream, Illinois, 2006, p. 22.

154 Diccionario de Ética y Filosofía Moral, Tomo 1, Fondo de Cultura Ecónomica, México, 2001. Citado por Darío Silva-Silva, en *El Código Jesús,* Vida, Miami, 2007, p. 45.

155 LEWIS C. S., *Mero cristianismo,* Andrés Bello, Santiago de Chile, 1994, p. 53.

156 LLOSA VARGAS, Álvaro, *El occidente y la mala conciencia,* Semanario Libre, Miami, Florida, miércoles 7 de febrero de 2007.

157 Tales como clasificar las basuras, no contaminar, no usar productos en aerosol, racionar el agua y la energía eléctrica y otras medidas menores, que por costos, son tal vez las únicas que estamos en condiciones de implementar en los países tercermundistas, por contraste con el primer mundo que es sobre el papel, si hemos de creer a los «profetas del desastre», el principal responsable del llamado «efecto invernadero» que presuntamente da origen al calentamiento global.

158 Obispo anglicano de la diócesis de Shyira en Ruanda y autor de *The Bishop of Rwanda* [*El obispo de Ruanda*]. Citado por Max Lucado, en *3:16 Los números de la esperanza,* Grupo Nelson, Nashville, Tennesse, 2007, p. i.

159 MORELAND, J. P. y REYNOLDS, John Mark, *Tres puntos de vista sobre la creación y la evolución,* Vida, Miami, 2009, pp. 22-23.

160 MORELAND, J. P. y REYNOLDS, John Mark, *Tres puntos de vista sobre la creación y la evolución,* Vida, Miami, 2009, p. 26.

161 VILLEGAS, Gino Iafrancesco, *Perspectiva del hombre,* La Buena Semilla, Bogotá, 1978, pp. 13, 15.

162 Cientificismo: tendencia a darle demasiada importancia a las ciencias positivas y al conocimiento que se adquiere a través de ellas y con sus métodos, considerados los únicos válidos para llegar a la realidad de las cosas.

163 Ibídem, pp. 13-14.

164 VILLEGAS, Gino Iafrancesco, *Perspectiva del hombre,* La Buena Semilla, Bogotá, 1978, pp. 12, 22, 37.

165 VILLEGAS, Gino Iafrancesco, *Perspectiva del hombre,* La Buena Semilla, Bogotá, 1978, p. 16.

166 Cualidad de lo que es hermético o difícil de comprender.

167 Toda doctrina que requiere un cierto grado de iniciación para participar en ella .

168 SILVA-SILVA, Darío, *El Reto de Dios,* Vida, Miami, 2001, p. 240.

169 Ibídem, p. 241.

170 Villegas Gino Iafrancesco, *Perspectiva del hombre,* La Buena Semilla, Bogotá, 1978, pp. 26, 39.
171 Villegas Gino Iafrancesco, *Perspectiva del hombre,* La Buena Semilla, Bogotá, 1978, p. 19-20
172 Jerzy Popieluszko, citado en Sikorska, Grazyna, *Jerzy Popieluszko: A Martyr for the Truth,* Eedermans, Grand Rapids, 1985, p. 56.
173 Citado por Johann Hari en «Some People Are More Equal Than Other», *Independent,* 1.º de Julio de 2004, 2-3, http://news.independent.co.uk/people/profiles/story.jsp?story=536906.
174 Colson, Charles y Fickett, Harold, *La Vida Buena,* Tyndale House Publishers, Carol Stream, Illinois, 2006, p. 220.
175 Manipulación y selección genética llevada a cabo para promover la reproducción de los individuos humanos presuntamente más aptos y fuertes y restringir al mismo tiempo la de aquellos considerados más débiles.
176 Provocar la muerte de un enfermo incurable, a petición del afectado y por razones de presunta humanidad, para abreviar su agonía.
177 Colson, Charles y Fickett, Harold, *La Vida Buena,* Tyndale House Publishers, Carol Stream, Illinois, 2006, p. 218.
178 Plantinga Jr., Cornelius, *El Pecado. Sinopsis teológica y psicosocial,* Libros Desafío, Grand Rapids, 2001, p. 131-132, 146.
179 Einstein, Albert, «Science Philosophy and Religion: A Symposium» (1941). Citado por Francis Collins en ¿Cómo habla Dios? La evidencia científica de la fe, Planeta, México D. F., 2009, p. 243.
180 Citado por D. G. Frank, «A Credible Faith», *Perspectives in Science and Christian Faith* 46, 1996, pp. 254255.
181 Brightman, Edgar S., *A Philosophy of Religion,* Prentice-Hall Inc., Nueva York, 1940, p. 338.
182 Ya sea de manera culpable, como consecuencia del mal uso de su libertad de decisión; o sin que exista responsabilidad de su parte, como consecuencia de las artimañas que Satanás utiliza contra los seres humanos en general y contra los creyentes en particular, a semejanza de lo sucedido a Job. O incluso, de manera frecuente, como una combinación de ambas.
183 Dewey, John, *Reconstruction in Philosophy of Religion,* edición aumentada, The Beacon Press, Boston, 1948, p. 196.
184 Silva-Silva, Darío, *El Reto de Dios,* Vida, Miami, 2001, p. 238.
185 Roberts A., editor, *The Ante-Nicene Fathers* [*Los padres ante-nicenos*], Christian Literature Press, Nueva York, 1885, p. 134.
186 Lewis C. S., *The Weight of Glory* [*El peso de la gloria*], Harper San Francisco, San Francisco, 2001, p. 25.
187 Discurso pronunciado al aceptar el premio Nobel de la Paz, el 10 de diciembre de 1964 en Oslo, Noruega.
188 Primer mensaje enviado por telégrafo por su inventor, Samuel Morse.
189 Así ha sucedido sucesivamente, con la radio, la televisión e internet. Incluso existe una corriente de la iglesia suiza de corte anabaptista, los amish, vinculados a la iglesia

menonita, que en pleno siglo XXI rechazan casi de manera absoluta el uso de la tecnología moderna en su vida cotidiana, comenzando por la electricidad.

190 DEWEY, John, *The Quest for Certainty*, G. P. Putnam's Sons, Nueva York, 1929, p. 64.

191 De cualquier modo, enemigos declarados del creyente, tal como se nos revela en la Biblia (Jn 12:31, St. 4:4; 1 Jn 2:15-17; 5:19; 1 P. 5:8), y se ve confirmado en la experiencia cotidiana del ser humano.

192 Bertrand Russell en su famoso ensayo «A Free Man's Worship», el cual puede encontrarse en su *Mysticism and Logic,* W. W. Norton and Co., Nueva York, 1919.

193 Con Heidegger y Sartre, entre otros, desarrollándolo en el campo filosófico y con Albert Camus y Franz Kafka, en el literario, como exponentes más representativos del mismo.

194 BUTTERFIELD, H., *Los orígenes de la ciencia moderna,* ed. Taurus, 1982, pp. 121-122.

195 LEWIS, C. S., *Los milagros,* ediciones Encuentro, Madrid, 1996, pp. 173-174.

196 *Archiv für die Geschichte des Sozialismus und der Arbeiterbewegung,* 1925; transcripción al inglés por Adam Kubik, traducción al español por Diana Jalube. Citado por Darío Silva-Silva en *El Código Jesús,* Vida, Miami, 2007, p. 185.

197 SILVA-SILVA, Darío, *El Código Jesús,* Vida, Miami, 2007, p. 184.

198 WESLEY John, *The Works of John Wesley,* reimpresión fotográfica de la edición de 1872, Grand Rapids, Michigan, 1958-59, pp. 209-210.

199 La fe, en ejercicio pleno del albedrío humano, es la condición *determinante* para poder llegar a ser salvo, sin perjuicio de la más o menos *necesaria* elección previa por parte de Dios. Esta era la posición de Wesley sobre este particular.

200 La fe es una condición *necesaria* para poder llegar a ser salvo, pero no es la *determinante*, puesto que la condición *determinante* para ello sería únicamente la buena y soberana voluntad divina que establece «antes de la creación del mundo» (Ef 1:4) quienes han de ser salvos y llegarán, de forma segura, a la fe *necesaria*. Esta era la posición de George Whitefield, el socio de Wesley en la fundación de la iglesia Metodista.

201 Citado por Justo L. González en *Historia del Pensamiento Cristiano,* Tomo 2, Caribe, Miami, 1992, p. 293.

202 Citado en *Selecciones del Reader's Digest,* edición en español para Colombia del mes de abril de 2010, sección «Citas», p. 123.

203 Citado por Justo L. González en *Historia del Pensamiento Cristiano,* Tomo 2, Caribe, Miami, 1992, p. 28.

204 MORELAND, J. P. y REYNOLDS, John Mark, *Tres puntos de vista sobre la creación y la evolución,* Vida, Miami, 2009, p. 52.

205 Algo que, a la luz de la Biblia, nunca podrá lograrse.

206 Según la Biblia, Adán fue creado directamente por Dios como un adulto ya formado. Pero si tuviera ombligo, esto conduciría al observador desprevenido a concluir engañosamente que Adán tuvo madre y, además, que vino al mundo por un parto natural, pues el ombligo es de manera invariable la cicatriz que queda del cordón umbilical que nos mantuvo unidos a nuestra madre durante los nueve meses de gestación en el útero materno, antes de nacer como bebés que deben desarrollarse a lo largo de los años hasta alcanzar la edad adulta. Esto sin mencionar que Adán, al ser creado como adulto ya formado, aparentaría una edad mucho mayor de la que en realidad tendría.

207 Cerca de 15 000 millones de años de antigüedad para el universo y 4 000 millones para el planeta Tierra.
208 Tan solo de 10 000 a 15 000 años de antigüedad para la Tierra.
209 Si de apariencias se trata, no puede desestimarse a la ligera lo que aun un evolucionista cristiano que suscribe la gran antigüedad del universo y de la Tierra como Francis Collins tiene, no obstante, que reconocer: «La teoría de la evolución va en contra de la intuición (…). El ver la evolución de nuevas especies no era parte de la experiencia diaria de nadie (…). Una parte importante del problema de aceptar la teoría de la evolución es que requiere que uno capte la importancia de los períodos de tiempo extremadamente largos que se ven envueltos en el proceso. Tales intervalos están inimaginablemente lejos de la experiencia individual» (COLLINS, Francis S., ¿Cómo habla Dios? La Evidencia Científica de la Fe, Planeta, México D. F., 2009, pp. 161-162.)
210 PLANTINGA Jr., Cornelius, *El Pecado. Sinopsis Teológica y Psicosocial,* Libros Desafío, Grand Rapids, 2001, p. 141.
211 LEWIS, C. S., *El diablo propone un brindis,* Rialp, Madrid, 2002, pp. 38-39.
212 LEWIS, C. S., *Cartas del Diablo a su sobrino,* Rialp, Madrid, 2007, p. 64.
213 LEWIS, C. S., *El Problema del Dolor,* Rialp, Madrid, 2006, p. 129.
214 BOYD, Gregory, *Cartas de un escéptico,* Vida, Miami, 2004, p. 165.
215 PLANTINGA Jr., Cornelius, *El Pecado. Sinopsis Teológica y Psicosocial,* Libros Desafío, Grand Rapids, 2001, p.144.
216 Planteamiento teológico muy popular y simplista que, en síntesis, afirma que la prosperidad material es la finalidad de la vida cristiana.
217 Interpretación muy particular de la Biblia que afirma la preferencia de Dios por los pobres, considerados desde la perspectiva meramente material y aboga porque la iglesia opte también por esta preferencia de manera concreta y práctica, involucrándose incluso en la lucha armada revolucionaria para derrocar y despojar a la oligarquía opresora a favor del proletariado.
218 MENDOZA, Plinio Apuleyo; MONTANER, Carlos Alberto; VARGAS LLOSA Álvaro, *Manual del Perfecto Idiota Latinoamericano,* Plaza y Janes Editores S.A. Citado por Darío Silva-Silva en *El Reto de Dios,* Vida, Miami, 2001, p. 113.
219 FABIO, Caio, *La crisis de ser y de tener,* Editorial Logos, Buenos Aires, 1995, p. 46.
220 WESTPHAL, Mereold, «Taking St. Paul Seriously: Sin as an Epistemological Category», en *Christian Philosophy,* ed. Thomas P. Flint, Notre Dame, Ind.: University of Notre Dame Press, 1990, p. 214.
221 En contados casos son el producto consciente de una traumática experiencia dentro de alguna de las diferentes tradiciones religiosas institucionales u organizadas contra la cual se reacciona negando al Dios al que esa tradición dice representar.
222 Actitud moderna que busca reducir la práctica de la religión al ámbito estrictamente privado del individuo y la condena cuando pretende salirse de este estrecho espacio para manifestarse de algún modo en el ámbito público de la sociedad civil. En realidad, la agenda encubierta del secularismo busca reducir cada vez más el espacio para el ejercicio de la religión hasta eliminarla por completo del panorama actual.

223 Actitud que solo da crédito a lo que puede explicarse o referirse al funcionamiento habitual de la naturaleza y niega, por tanto, la posibilidad de lo sobrenatural en cualquier forma.

224 Actitud emparentada con las dos anteriores que confiere a la ciencia la última palabra sobre todos los temas relevantes de la existencia humana.

225 Podría decirse incluso que hay ateos prácticos que, no obstante y de manera sorprendente, profesan alguna forma de creencia en Dios. Pero esta creencia no tiene consecuencias o implicaciones de ninguna especie en su conducta cotidiana y no los obliga a nada. Este es tal vez el caso del *deísmo*, una concepción de la divinidad resurgida y definida formalmente en la Edad Moderna de la mano del emergente racionalismo y la ideología liberal que lo acompañó. Y lamentablemente, también el caso aberrante de cristianos profesantes que le prestan un muy flaco servicio al cristianismo al afirmar de palabra la realidad de Dios pero negarla acto seguido con sus acciones totalmente opuestas a las creencias que profesan.

226 LEWIS C. S., *A Preface to Paradise Lost*, Oxford University Press, New York, 1961, p. 95.

227 NEWMAN, John Henry, «The Religion of the Day», en *Sermons and Discourses, 1825-39*, ed. Charles Frederick Harrold, Longmans, Green, New York, 1949, p. 137.

228 BUBER, Martin, *Between Man and Man*, McMillan, New York, 1965, p. 18.

229 LEWIS, C. S., *El diablo propone un brindis*, Rialp, Madrid, 2002, pp. 37, 45.

230 Cita extractada del discurso presidencial de 1951 del matemático estadístico Samuel S. Wilks (1906-1964) dirigido a la Asociación Americana de Estadística y encontrado en JASA, Vol. 46, n.º 253, pp. 1-18. Wilks estaba parafraseando a H. G. Wells (1866-1946) tal como aparece en su libro *Humanidad en Desarrollo*. La cita completa de Wells dice: «El gran cuerpo de la ciencia física, una gran cantidad de los hechos esenciales de la ciencia financiada, y los interminables problemas sociales y políticos solo se pueden abordar y solo pueden ser pensados por aquellos que tienen un sonoro entrenamiento en análisis matemático, y no está lejos el momento en que se dará por sentado que, para una plena iniciación como ciudadanos eficientes en uno de los nuevos estados altamente complejos que se están desarrollando en el mundo, será tan necesario ser capaz de calcular, pensar en promedios, máximos y mínimos, como lo es ahora leer y escribir»

231 MORELAND, J. P. y REYNOLDS, John Mark, *Tres puntos de vista sobre la creación y la evolución*, Vida, Miami, 2009, p. 58.

232 Extractado de *El aprendiz de brujo*. Citado por Cornelius Plantinga Jr., en *El Pecado. Sinopsis Teológica y Psicosocial*, Libros Desafío, Grand Rapids, 2001, p. 163.

233 Aunque en honor a la verdad, la voluntad humana que siguiendo los impulsos de «la carne» o naturaleza pecaminosa, se inclina al pecado e incurre en él de manera más o menos consciente y culpable, rara vez opera sola, sino que se encuentra con frecuencia bajo la influencia y presión de espíritus o entidades malignas de carácter personal que acechan a los seres humanos y saben adivinar los pensamientos más o menos previsibles de sus víctimas y reforzar con sus propias sugerencias aquellos pensamientos humanos que convienen a sus perversos intereses. De hecho, la decisión de incurrir en pecado por parte del individuo tal vez no involucre siempre de manera necesaria la actividad de un espíritu maligno induciendo la conducta pecaminosa, pero el acto pecaminoso es en sí mismo una forma de conjurar a estos espíritus para que vengan a

reforzar en lo sucesivo la inclinación del individuo hacia ese acto en particular voluntariamente escogido en un principio, pero que luego termina convirtiéndose muchas veces en un círculo vicioso del cual la persona no puede ya salirse ni librarse por mucho que lo quiera e intente, sino que con cada movimiento con esa intención, se hunde más en el pecado, como quien cae en arena movediza y se hunde más en ella al intentar escapar.

234 LOVELACE, Richard, *Renewal as a Way of Life: A Guidebook for Spiritual Growth,* InterVarsity Press, Downers Grove, Ill., 1985, p. 115.

235 BURTCHAELL, James, *The Giving and Taking of Life: Essays Ethical,* University of Notre Dame, Notre Dame, Ind., 1989, p. 219.

236 Polémico planteamiento desarrollado a partir de Agustín de Hipona hasta nuestros días, que justifica la guerra desde la óptica cristiana cuando cumple ciertos requisitos puntuales que no viene al caso relacionar ni discutir aquí.

237 BEATTY, Jack, «A Call to Order: Reflections on the Rhetoric of Evasion», *Atlantic Monthly,* agosto 1993, p. 18.

238 La filosofía de Rousseau se suele resumir en la frase: «El hombre nace puro y la sociedad lo corrompe».

239 El calvinismo clásico ha designado la condición caída del género humano con la expresión «depravación total», pero por los equívocos a los que puede prestarse, quien esto suscribe prefiere la expresión acuñada por el teólogo R. C. Sproul, quien utiliza la expresión «corrupción radical».

240 WILLARD, Dallas, «Jesus the Logician» [Jesús el lógico], en la revista Christian Scholars Review 28, n.º 4, 1999, p. 605, disponible en el sitio www.dwillard.org.

241 BUCKLEY, F. H., «Are emotions moral?» *The New Criterion* 22, n.º 5, enero de 2004, http://www.newcriterion.com/archive/22/jan04/emotion.htm.

242 Citado en McGREGOR, Rob Roy, «Camus' 'The Silent Man' and 'The Guest': Depictions of Absurd Awareness», *Studies in Short Fiction,* verano de 1997.

243 DAWKINS, Richard, *The Blind Watchmaker,* Penguin Books, London, 2000, p. 7.

244 Algo que está muy lejos de ser cierto a más de ciento cincuenta años de que Darwin formulara su planteamiento inicial sobre la evolución. De hecho, en la polémica alrededor de la teoría de la evolución, parece ser que esta no solo se encuentra aún lejos de ser demostrada científicamente, sino que a medida que pasa el tiempo y se descubren nuevos datos, se aleja cada vez más de esta posibilidad.

245 BALTHASAR, Hans Urs von, *The Glory of the Lord: A Theological Aesthetics,* ed. Joseph Fessio y John Riches, St. Ignatius, San Francisco, 1983, p. 18.

246 FREUD, Sigmund, *El Porvenir de una ilusión,* Alianza, Madrid, 1981, p. 181.

247 WEINBERG, Steven, *Los tres primeros minutos del universo,* 1977, citado por Cayetano López en *Universo sin fin,* Taurus, Madrid, 1999.

248 Citado en JUAN PABLO II, *Fides et Ratio,* carta encíclica de Juan Pablo II a los obispos sobre la relación entre fe y razón, capítulo 1, sección 14, http://www.vatican.va/edocs/ENG0216/_p4.HTM.

249 El argumento ontológico se refiere a una idea innata que todos los hombres poseen y de la cual toman conciencia antes de cualquier experiencia. La idea de un ser que se concibe como el Ser que posee todos los aspectos o características del ser en grado

máximo o superlativo. En otras palabras, un Ser absolutamente perfecto en todos los aspectos inherentes al ser. El mismo ser al que usualmente se le designa como Dios. Anselmo decía que si todos los seres humanos podemos y de hecho pensamos o concebimos a un ser absolutamente perfecto, este ser debería necesariamente existir, puesto que un ser perfecto que no exista sino como mera idea en la mente humana sería menos perfecto que un ser que exista tanto en la mente humana como en la realidad. La existencia real y objetiva sería entonces para Anselmo requisito o condición imprescindible para la perfección, de donde lo que exista tan solo en la mente del sujeto o individuo humano, por excelso y perfecto que pueda concebirse, siempre sería imperfecto al carecer de existencia real, pues la existencia es un rasgo necesario de la perfección.

250 CRUZ, Antonio, *El Dios Creador,* Vida, Miami, 2005, p. 24.
251 ALBACETE, Lorenzo, «The Cry of Suffering», *God and the Ritz: Attraction to Infinity,* Crossroad, Nueva York, 2002, http://www.Godspy.com/faith/The-Cry-of-Suffering.cfm.
252 Citado por Lee Strobel en *El caso del Jesús verdadero,* Vida, Miami, 2008, p. 115.
253 El único caso en que una persona en sus cabales estaría dispuesta a sostener un falso testimonio hasta la muerte es cuando al hacerlo está protegiendo a alguien a quien ama más que a sí mismo. Y en este caso el falso testimonio se ve hasta cierto punto atenuado e incluso ennoblecido por su carácter sacrificial, pues si bien su testimonio es formalmente falso, él no considera que está muriendo por una mentira, sino por la verdad personificada en la persona que ama.
254 STEVENS, Wallace, *The Collected Poems of Wallace Stevens,* Knopf, Nueva York, p. 68.
255 MCCANN, Janet, *Wallace Stevens Revisited: «The Celestial Possible»,* Twayne, Nueva York, 1995, p. 25.
256 Citado por Cornelius Plantinga Jr. en *El Pecado. Sinopsis Teológica y psicosocial,* Desafío, Grand Rapids, 2001, pg. 67.
257 LUTERO, Martín, «Against the Heavenly Prophets», escrito en oposición a las enseñanzas de Carlstad sobre la Santa Cena (LW, de. Helmut T. Lehman, 40 vols. [Filadelfia: Fortress, 1968], 40:133).
258 BAITON, Ronald H., *Here I Stand* (New York: Mentor, 1950), p. 209.
259 CALVINO, Juan, *Institución de la religión cristina.* Ed. FELIRÉ (Fundación editorial de literatura reformada), 4.ª edición inalterada, 1994, Volumen Primero (Libro Uno), capítulo IX, pp. 44-47.
260 PIPER, John, «Signs and Wonders: Another View», *The Standard,* octubre, 1991, p. 23.
261 GRUDEM, Wayne E., ed., *¿Son vigentes los dones milagrosos?,* CLIE, Barcelona, 2004, p. 209.
262 HAYFORD, Jack, *A Passion for Fullness,* Word, Waco, Tx, 1991, p. 31.
263 *Keep in Step with the Spirit,* 249, Citado por C. Samuel Storms en GRUDEM, Wayne E., ed., *¿Son vigentes los dones milagrosos?,* CLIE, Barcelona, 2004, p. 220.
264 SILVA-SILVA, Darío, *El Reto de Dios,* Vida, Miami, 2001, p. 309.
265 MCGRATH, Alister E., *Christian Theology: An Introduction,* Blackwell, Oxford, 1994, p. 240.

266 DALBERG-ACTON, John Emerich Edward, *Selected Writings of Lord Acton,* ed. J. Rufus Fears, Liberty Classics, Indianápolis, 1985, p. 650.
267 Lutero, LW: *Sermons,* edición Lenker 12.207; sermón del día de Ascensión, 1523.
268 Citado por Roberts Liardon en *Los Generales de Dios,* Peniel, Buenos Aires, 2000, p. 163.
269 Citado por Alejo Carpentier en *El Siglo de las Luces,* Bruguera, Barcelona, 1982, p. 7.
270 CARPENTIER, Alejo, *El Siglo de las Luces,* Bruguera, Barcelona, 1982, p. 7.
271 Esta concepción de Dios, impedido de un modo u otro para intervenir en su universo después de haberlo creado, se conoce como *deísmo,* por contraste con el *teísmo* clásico de las religiones mono*teístas* y poli*teístas* de la historia de la humanidad.
272 CARPENTIER, Alejo, *El Siglo de las Luces,* Bruguera, Barcelona, 1982, p. 119
273 Rama muy popular y creciente del cristianismo protestante evangélico, surgida en los albores del siglo XX en los Estados Unidos que enfatiza el sentimiento y las experiencias extáticas reveladoras como producto de la acción sobrenatural del Espíritu Santo sobre los creyentes y sobre la iglesia en general.
274 Sin perjuicio del importante lugar que el sermón ocupa en la tradición protestante.
275 SÓFOCLES, palabras en boca de Corifeo en Antígona 1321-1340, *Antígona, Edipo Rey, Electra,* Guadarrama, Madrid, 1969, p. 88.
276 SÓFOCLES, palabras en boca de Corifeo en Antígona 1341-1353, *Antígona, Edipo Rey, Electra,* Guadarrama, Madrid, 1969, p. 89.
277 CASSIRER, Ernst, *Antropología filosófica,* Fondo de Cultura Económica, México, D. F., 1992, p. 89.
278 MALINOWSKI, Bronislaw, *The Foundations of Faith and Morals,* Londres, Oxford University Press, 1936, publicado para la Universidad de Durham, p. 34.
279 Expresión coloquial en el medio hispano que hace referencia a la labor del maestro que le corrige la tarea al estudiante.
280 Programa emprendido por la metodología de interpretación textual aplicada a la Biblia por el erudito teólogo alemán Rudolf Bultmann, conocida como «crítica de las formas», que pretende supuestamente desentrañar el sustrato de verdad contenido en los presuntos «mitos» del evangelio.
281 CASSIRER, Ernst, *Antropología filosófica,* Fondo de Cultura Económica, México, D. F., 1992, p. 123.
282 *Proslogio,* 1 (BAC, LXXXII, 367), citado por Justo L. González en *Historia del Pensamiento Cristiano,* Tomo 2, Caribe, Miami, 1992, p. 163.
283 RANKE, Leopold von, «Aufsätze zur iegenen Lebensgeschichte», noviembre, 1885, en *Sämmtliche Werke,* ed. A. Dove, LIII, p. 61.
284 GOETHE, Johann Wolfgang von, *Maximen und Reflexionen,* p. 125, citado por Ernst Cassirer en *Antropología filosófica,* Fondo de Cultura Económica, México, D. F., 1992, p. 256.
285 De una carta dirigida a Boswell, su biógrafo. Citado por Antoni Doménech en ELSTER, Jon, *Domar la suerte,* Paidós, Barcelona, 1991, p. 40.
286 MÍGUEZ BONINO, José, *Ama y haz lo que quieras,* Escatón y Aurora, Buenos Aires, 1976, p. 65.

287 Del prefijo «anti» que significa «contra» y «nomos» que significa «ley».
288 CALVINO, Juan, *Institución de la Religión Cristiana,* Nueva Creación, Buenos Aires, 1988, pp. 251-255.
289 Ibídem.
290 Ibídem.
291 SZCZESNY, Gerhard, *El Porvenir de la Incredulidad,* citado por Ignace Lepp en *Psicoanálisis del ateísmo moderno,* Ediciones Carlos Lohlé, Buenos Aires, 1963, pp. 11-12.
292 *Action,* 28 de diciembre de 1945, citado por Ignace Lepp en *Psicoanálisis del ateísmo moderno,* Ediciones Carlos Lohlé, Buenos Aires, 1963, p. 12.
293 TOCQUEVILLE, Alexis de, *L' ancient régime et la révolution, Obras Completas,* vol. 2, Gallimard (Edition des Oeuvres Complètes), París, 1952, p. 217.
294 Citado en MEJÍA QUINTANA, Óscar y TICKNER, Arlene B., *Cultura y democracia en América Latina,* M&T Editores, Bogotá, 1992, p. 99.
295 Según Ignace Lepp: «Juan M. era un sacerdote católico de gran celo, desempeñaba un papel muy activo en el renacimiento espiritual y bíblico en Francia. La autoridad eclesiástica juzgó su celo demasiado intempestivo e inquietante y le prohibió la prosecución de su ministerio. Sublevado por tanta incomprensión, Juan M. rompió con la Iglesia [...] fundó una nueva comunidad cristiana, la cual debía estar libre de compromisos con el siglo y ajustarse en todo al espíritu de los evangelios y de la iglesia primitiva. Sin embargo, no cualquiera es Lutero. La pequeña iglesia cismática solo tuvo una existencia efímera [...]. Años más tarde, Juan M. confesará a sus amigos que ha llegado a ser completamente ateo, que no cree ya ni siquiera en el Evangelio en cuyo nombre había roto con la Iglesia». Citado en LEPP, Ignace, *Psicoanálisis del ateísmo moderno,* Ediciones Carlos Lohlé, Buenos Aires, 1963, p. 15.
296 Citado por J. Martín Velasco en *Introducción a la Fenomenología de la Religión,* Ediciones Cristiandad, Madrid, 1987, p. 13.
297 Ibídem, p. 16.
298 JUNG, Carl Gustav, *Respuesta a Job,* Fondo de Cultura Económica, México D. F., 2006, p. 10.
299 GREEN, Michael y MCGRATH, Alister, *¿Cómo llegar a ellos?* CLIE, Barcelona, 2003, p. 18.
300 Citado por Lee Strobel en *El caso del Jesús verdadero,* Vida, Miami, 2008, p. 143.
301 Para evitar malos entendidos, debería reservarse el término «resurrección» únicamente para el retorno milagroso a la vida experimentado por Cristo, y el de «resucitación» para todos los demás casos previos al suyo también narrados en las Escrituras. De este modo, la resurrección milagrosa de Cristo sería hasta ahora un evento único sin paralelo en la historia, pues los demás casos similares (1 R 17:17-24; 2 R 4:18-37; 13:21; Mc 5:21-43; Lc 7:11-17; Jn 11:17-44; Hch 9:36-41; 20:7-12) no fueron resurrecciones sino resucitaciones La confusión al respecto estriba en que, a pesar de contar con sustantivos diferenciados, *resurrección* y *resucitación,* el mismo verbo 'resucitar' se utiliza para ambos.
302 CRAIG LANE, William, *Assessing the New Testament Evidence for the Historicity of the Resurrection of Jesus,* Lewiston, New York: Edwin Mellen, 1989, p. 420.
303 COLSON, Charles, *Y ahora... ¿Cómo viviremos?,* Unilit, Miami, 1999, p. 80.

304 MAIER, Paul, *First Easter*, Harper & Row, Nueva York, 1973, p. 113.
305 Citado por Josh McDowell en *El factor de la resurrección*, CLIE, Barcelona, 1988, p. 87.
306 HARPUR, Tom, *The Pagan Christ*, Walker & Company, Nueva York, 2004, p. 10.
307 Citado por Ronald Nash en *The Gospels and the Greeeks*, Probe Books, Dallas, TX, 1992, p. 18.
308 MONROY, Juan Antonio, *Mente y Espíritu*, Irmayol, Madrid, 2001, p. 141.
309 GOUDGE, Elizabeth, *The Joy of the Snow — An Autobiography*, citado por Max Warren en *Creo en la Gran Comisión*, Caribe, Miami, 1978, p. 207.
310 HOLGUÍN, Andrés, *Temas Inesperados*, Fondo Cultural Cafetero, Bogotá, 1990, p. 43.
311 Citado en MARTÍNEZ, José María, *Por qué aún soy cristiano*, CLIE, Barcelona, 1978, p. 36.
312 MORENO BERROCAL, José, «Una fe para un mundo perdido». Ensayo publicado en *Una fe para el III milenio*, Peregrino, Barcelona, 2002, p. 227.
313 GRUDEM, Wayne A. ed., *¿Son vigentes los dones milagrosos? Cuatro puntos de vista*, CLIE, Barcelona, 2004, p. 185.
314 Confesión de Fe de Westminter y Catecismo Menor, El Estandarte de la verdad, Pennsylvania, p. 18.
315 Ibídem.
316 CANO GUTIÉRREZ, Luis F., «Una fe malentendida». Ensayo publicado en *Una fe para el III milenio*, Peregrino, Barcelona, 2002, p. 15.
317 COLSON, Charles y FICKETT, Harold, *La vida buena,* Tyndale House Publishers, Illinois, 2006, p. 370.
318 Citado por Alfonso Ropero en *Introducción a la Filosofía*, CLIE, Barcelona, 1999, p. 401.
319 Alteridad: estado, cualidad de lo que es otro o distinto.
320 Llama la atención que el teólogo luterano alemán Dietrich Bonhoeffer, mártir del régimen nazi, haya acuñado una frase con un profundo significado cuando definió a Cristo con esta expresión: «Jesús, hombre para los demás», en cuyo ejemplo se basó para plantear la vida cristiana como «ser para los demás».
321 RADCLIFFE, Timothy, «¿Cuál es la identidad de la vida religiosa hoy?» *Confer.* 37/143 (1998), 385-400, p. 391.
322 GRUNER, Rolf, «The Elimination of the Argument from Evil» *Theology,* 83 (1980), p. 424.
323 Estos tipos de justificaciones son las que, a partir del filósofo Leibniz, reciben el nombre técnico de «teodicea».
324 PLANTINGA Jr., Cornelius, *El Pecado: Sinopsis teológica y psicosocial,* Desafío, Grans Rapids, 2001, p. 146.
325 Artículo en *Razón y Fe* (marzo 1998) «¿Elogio al ateísmo y crítica del cristianismo?» (pp. 251-263), cita de la p. 257.
326 HAMMAN, A., *Guía práctica de los padres de la iglesia,* Agustín de Hipona, Desclée de Brouwer, Bilbao, 1969, p. 281 y ss.
327 BARTH, Karl, *Die protestantische Theologie im 19. Jahrhundert,* Zúrich, 1946.

328 Descabalamiento: acción y efecto por el cual se deja incompleta o se pierden partes de las piezas que componen un conjunto completo.
329 YOUNG, Warren C., *Un enfoque cristiano a la filosofía,* Mundo Hispano, Grand Rapids, 1984, p. 292.
330 SPURGEON, C. H., *Lecturas Matutinas,* CLIE, Barcelona, 2007, reflexión correspondiente al 25 de diciembre.
331 Citado por Charles H. Spurgeon en *Lecturas Matutinas,* CLIE, Barcelona, 2007, reflexión correspondiente al 26 de diciembre.
332 Imputar: atribuir a una persona un delito o acción.
333 Expiar: borrar las culpas por medio de un sacrificio. Sufrir el delincuente la pena impuesta por los tribunales.
334 TRÍAS, EUGENIO, *La Edad del Espíritu,* DEBOLS!LLO, Barcelona, 2006, p. 399.
335 TRÍAS, Eugenio, *La Edad del Espíritu,* DEBOLS!LLO, Barcelona, 2006, p. 405.
336 NORTH Gary, *The Dominion Covenant: Génesis,* Tyler, Tex., Institute for Christian Economics, 1982, p. 29.
337 Citado por Alfonso Ropero en *Filosofía y Cristianismo,* CLIE, Barcelona, 1997, p. 220.
338 SCHWARZ, Christian A., *Cambio de paradigma en la Iglesia,* CLIE, Barcelona, 2001, p. 215.
339 WAGNER C. Peter, *Church Growth and the Whole Gospel. A Biblical Mandate,* San Francisco, 1981, p. 140.
340 De ahí que el diezmo no sea una suma fija, sino un porcentaje: el 10 % de los ingresos.
341 DONNER Theo, *Fe y Postmodernidad,* CLIE, Barcelona, 2004, p. 153.
342 BRUNNER, Emil, *Wahrheit als Begegnung,* 3.ª edición, Zurich, 1984, p.189.
343 Incluyendo, por supuesto, la adquisición y maduración de las disciplinas devocionales correspondientes, entre las cuales se da por descontada la oración cotidiana.
344 JÄGER Alfred, *Mut zur Theologie,* Eine Einfürung, Gütersloh, 1983, p. 21.
345 BOCK, Darrell L.; BLAISING, Craig A.; GENTRY JR., Keneth L.; STRIMPLE, Robert B., *Tres puntos de vista del milenio y el m*ás allá, Vida, Miami, 2004, p. 31, 33.
346 Citado en BOCK, Darrell L.; BLAISING, Craig A.; GENTRY JR., Keneth L.; STRIMPLE, Robert B., *Tres puntos de vista del milenio y el m*ás allá, Vida, Miami, 2004, p. 28.
347 Anarquía: sistema político basado en la ausencia de gobierno.
348 MELANCHTON, Felipe, *Loci theologici,* citado por A. Christian Schwarz en *Cambio de Paradigma en la Iglesia,* CLIE, Barcelona, p. 23.
349 Hoy se habla en teología del «Jesús histórico» y del «Cristo de la fe», pero no debemos ver estas dos expresiones como si se refirieran a dos personas diferentes, sino como dos aspectos complementarios y coincidentes de la misma persona. El «Jesús histórico» es el que vivió hace cerca de 2 000 años en la región de Galilea enseñando públicamente durante poco más de tres años hasta ser apresado, crucificado y muerto. El «Cristo de la fe», sin dejar de ser el mismo anterior, es el que resucitó, vive para siempre y está hoy, resucitado y ascendido, a la diestra del Padre.
350 MERLING, David, «El libro de Josué: su tema central y su uso en los estudios sobre la conquista y el asentamiento de los israelitas y sobre la relación entre la arqueología y

la Biblia», disertación doctoral, Seminario Teológico de los adventistas del séptimo día en la Universidad Andrews, febrero de 1996, p. 270.

351 Dembski, William, *Diseño Inteligente. Un puente entre la ciencia y la teología,* Vida, Miami, 2005, p. 31.

352 «The Wisdom of Martyn Lloyd-Jones» (selected by Dick Alderson), en *The Banner of Truth,* agostoseptiembre, 1986, p. 11.

353 Lewis C. S., *Cartas del diablo a su sobrino,* Rialp, Madrid, 2007, pp. 98-99.

354 El llamado «amor propio» o «autoestima» no es más que el amor que profesamos hacia nuestro propio ser y que gira y converge, entonces, en el *yo* y sus más inmediatas o prioritarias necesidades e intereses. El suscrito prefiere el término «amor propio» a «auto estima», por el uso indebido que la psicología moderna y las diferentes variantes populares del movimiento de autoayuda —infiltrado también de manera peligrosa en el cristianismo— ha venido haciendo de esta última expresión, convirtiendo a la «autoestima» en la legítima finalidad de la vida humana, erigiendo con ella un nuevo ídolo en franca competencia con el Dios vivo y verdadero revelado en Jesucristo, en una velada reedición del antiguo engaño de la serpiente del Edén, empeñada por todos los medios en hacernos creer que podemos llegar a ser dioses con independencia e incluso en oposición a Dios.

355 Swaggart, Jimmy, «The Message of the Cross», en *The Evangelist,* octubre, 1986, p. 6.

356 El prefijo griego *theos* significa «Dios» y *logos* significa «estudio» o «ciencia», de donde la teología se define en principio como la ciencia o el estudio de Dios.

357 Citas de Dostoievski en Viaje Literario: http://www.alohacriticon.com/viajeliterario/article469.html

358 Cassirer, Ernst, *Antropología filosófica,* Fondo de Cultura Económica, México, D. F., 1992, p. 21.

359 Citado de *El espectador* por Martín Alvarado Rivera en *2000 pensamientos de grandes filósofos,* Editorial Diana, México D. F., 1997, p. 214

360 Citado por José Míguez Bonino en *Ama y haz lo que quieras,* Escatón y Aurora, Buenos Aires, 1976, p. 130.

361 Expresión latina que traduce: «la iglesia siempre reformándose». Citado por Darío Silva-Silva en *El Reto de Dios,* Vida, Miami, 2001, p. 10.

362 Alienación: enajenación, marginación, separación de lo que es propio, desposeimiento, explotación, esclavitud. El teólogo Paul Tillich afirmaba que el género humano no redimido era víctima de lo que él llamó «alienación del hombre en la existencia».

363 Bock, Darrell L.; Blaising, Craig A.; Gentry Jr., Keneth L.; Strimple, Robert B., *Tres puntos de vista del milenio y el m*ás allá, Vida, Miami, 2004, p. 40

364 Calvino, Juan, *The Gospel According to St. John* [El Evangelio según Juan] en David W. Torrance and Thomas F. Torrance, eds. *Calvin's New Testament Commentaries,* Grand Rapids, Eerdemans, 1961, 2:42.

365 Schwarz, Christian A., *Cambio de paradigma en la Iglesia,* clie, Barcelona, 2001, p. 56.

366 Glynn, Patrick, *Dios. La evidencia,* Panorama, México, 2000, p. 82.

367 Soberanía: autoridad suprema de un gobernante sobre su territorio y sus habitantes. En las democracias los gobernantes elegidos por el pueblo ejercen esta soberanía sobre la nación gobernada en representación o en nombre del pueblo que los eligió. Sea como fuere, toda soberanía legítima ostentada por un gobernante humano es *relativa*, pues tiene su fundamento en la delegación que procede de la soberanía *absoluta* de Dios.

368 KUIPER, Rienk Bouke, *God-centered Evangelism* [Evangelismo centrado en Dios], Grand Rapids, Baker, 1961, p. 60.

369 BOCK, Darrell L.; BLAISING, Craig A.; GENTRY JR., Keneth L.; STRIMPLE, Robert B., *Tres puntos de vista del milenio y el más allá*, Vida, Miami, 2004, p. 67.

370 LLOYD-JONES, Martyn, *Unidad Cristiana*, San Ignacio, Argentina, Ediciones Hebrón, 1973, p. 7.

371 HUNT, Dave, *Más allá de la seducción*, Portavoz, Grand Rapids, 1994, p. 8.

372 Sistema filosófico y religioso de los siglos I al III d. C. de carácter esotérico y hermético que atacaba doctrinas cristianas esenciales, entre ellas la justificación por la fe, pues en el gnosticismo no era la fe la que conducía a la salvación, sino el conocimiento (*gnosis* en griego).

373 Doctrina herética divulgada por Arrio y sus adeptos, que negaba la divinidad de Cristo. Fue condenado por el Concilio de Nicea en el 325 d.C. a pesar de lo cual siguió muy vigente en muchas sedes eclesiásticas de la antigüedad hasta el primer Concilio de Constantinopla en el 381 d. C. en el que, de manera implícita e incidental, se ratificó la condenación del arrianismo llevada a cabo 56 años antes. Con todo, el arrianismo sobrevivió entre los pueblos bárbaros establecidos más allá de las fronteras del imperio romano y no cedió por completo hasta los siglos VI y VII d. C.

374 Citado por Charles Colson en *Who Speaks for God?*, Crossway, 1985, introducción.

375 Expresión ya proverbial basada en la narración de *La Odisea* de Homero con la que se quiere indicar algo tan engañosamente hermoso que ejerce sobre nosotros una atracción casi irresistible, pero que a la postre nos conduce de manera segura hacia la muerte.

376 HUBER, Wolfgang, *Der Streit um die Wahrheit un die Fähigkeit zum Frieden. Vier Kapitel ökumenischer Theologie*, Munich, 1980, p. 48.

377 SILVA-SILVA, Darío, *El Reto de Dios*, Vida, Miami, 2002, p. 146.

378 Sincretismo: mezcla indiscriminada de creencias de la más diversa y disímil procedencia.

379 Ibídem., pp. 146-147.

380 SEEBERG, Erich, *Luthers Theologie in ihren Grundzügen*, 2.ª edición, Stuttgart, 1950, p. 91.

381 Una cosa es abogar por la validez racional de la subjetividad cuando está suficientemente sustentada por los hechos objetivos, y otra defender un subjetivismo que no tiene ningún asidero en la realidad objetiva. Los creyentes en Cristo nos encontramos en lo primero y rechazamos lo último.

382 PHILLIPS, McCandlish, *The Bible, the Supernatural and the Jews,* Bethany Fellowship, 1970, p. 313.

383 Caracterizada por la abundancia de dogmas, ritos y ceremonias solemnes y minuciosas practicadas de manera más bien mecánica y no con el entendimiento y el corazón, que conducen en muchos casos a una gran devoción, pero sin ninguna fe.

384 Tozer, Aiden Wilson, *Keys to the Deeper Life,* Zondervan, Grand Rapids, 1959, pp. 7-8.
385 Lewis, C. S. *The Grand Miracle* y otros ensayos seleccionados sobre Teología y Ética, en la recopilación *God in the Dock,* Ballantine Books, 1970, p. 67.
386 Conjunto de ideas que caracterizan a una persona, grupo, época, o movimiento y que llegan a suscribirse casi de manera irreflexiva por la simple proximidad o pertenencia al grupo, movimiento o época que las promueve, sin verificar ni analizar su fuente ni su verdadera correspondencia con los hechos.
387 Vester, Frederic, *Neuland des Denkens. Vom technokratischen zum kybernestichen Zeitalter,* 5.ª edición, Munich, 1988, p. 28.
388 Bonhoeffer, Dietrich, *Gesammelte Schriften V,* Munich, 1972, p. 405.
389 Schwarz, Christian A., *Cambio de paradigma en la Iglesia,* CLIE, Barcelona, 2001, p. 105.
390 Schwarz, Christian A., *Cambio de paradigma en la Iglesia,* CLIE, Barcelona, 2001, p. 109.
391 No en vano se dice que «los extremos son viciosos».
392 Murray Andrew, *Humility,* Whitaker House, 1982, p. 53.
393 Thielicke, Helmut, *Der evangelische Glaube, Grundzüge der Dogmatik III,* Tübingen, 1978, p. 308.
394 Wilkerson, David, *Last Day Ministries,* Tratado LD#45, Lindale, Tx.
395 Griffith-Thomas, William Henry, *St. Paul's Epistle to the Romans,* Eerdmans, 1974, p. 133.
396 Citado por Warren C. Young en *Un enfoque cristiano a la filosofía,* Editorial Mundo Hispano, El Paso, Tx., 1984, p. 309.
397 Hunt, Dave, *Más allá de la seducción,* Portavoz, Grand Rapids, 1994, p. 56.
398 Weber, Otto, *Grundlagen der Dogmatik I,* Neu-kirchen-Vluyn, 3.ª edición, 1964, p. 200.
399 La lectura *individual* de la Biblia llevada a cabo por cada creyente en la intimidad de sus prácticas devocionales es siempre necesaria, pero no la lectura *individualista* que excluye la lectura, interpretación y vivencia congregacional de la Biblia.
400 Bock, Darrell L.; Blaising, Craig A.; Gentry Jr., Keneth L.; Strimple, Robert B., *Tres puntos de vista del milenio y el m*ás allá, Vida, Miami, 2004, p. 111.
401 Valga decir que al recurrir al lenguaje simbólico o figurado la Biblia no pretende encubrir o dar a entender que lo descrito puede ser en la realidad más pobre y menos estimulante de lo que su descripción simbólica sugiere, sino todo lo contrario. Esto es que siempre que encontremos en la Biblia descripciones en lenguaje simbólico, eso significa que la realidad de lo descrito es tan superior, que no puede ser descrita con justicia en lenguaje literal, por colorido y rico que pueda ser, por lo que el único recurso que queda es el lenguaje simbólico.
402 Breve compilación de citas de varios autores llevada a cabo en *Felicitaciones y Elogios,* Panamericana ed. Ltda., Bogotá, 2003, p. 7.
403 Ni siquiera la corrupción de los gobernantes y sus funcionarios en la administración de los impuestos es una excusa válida para no pagarlos, como lo pretenden los incrédulos y a veces un significativo número de creyentes que se sienten autorizados para

evadir o no pagar los impuestos impunemente, apelando como pretexto a la corrupción de los gobernantes y funcionarios del estado para incurrir así en este acto de desobediencia a Dios, bajo la popular pero equivocada creencia de que «ladrón que roba a ladrón, tiene cien años de perdón».

404 WITTGENSTEIN, Ludwig, *Aforismos. Cultura y Valor,* Espasa Calpe, Madrid, 2007, p. 89.
405 GRÜN, Anselm, *Dimensiones de la Fe,* Sal Terrae, Cantabria, 2006, p. 63.
406 No es casual que los místicos cristianos de la Edad Media hubieran hecho de la búsqueda del *Sumum Bonum* (el Bien Supremo), la meta de su vida, alcanzando este Bien Supremo únicamente en la contemplación de Dios.
407 Citado por Daniel Samper Pizano en *Un dinosaurio en un dedal,* Aguilar, Buenos Aires, 2008, p. 91.
408 Citado por Daniel Samper Pizano en *Un dinosaurio en un dedal,* Aguilar, Buenos Aires, 2008, p. 34.
409 Citado por Daniel Samper Pizano en *Un dinosaurio en un dedal,* Aguilar, Buenos Aires, 2008, p. 113.
410 Citado por Daniel Samper Pizano en *Un dinosaurio en un dedal,* Aguilar, Buenos Aires, 2008, p. 27.
411 Citado por Daniel Samper Pizano en *Un dinosaurio en un dedal,* Aguilar, Buenos Aires, 2008, p. 107.
412 Citado por Daniel Samper Pizano en *Un dinosaurio en un dedal,* Aguilar, Buenos Aires, 2008, p. 73.
413 Citado por Daniel Samper Pizano en *Un dinosaurio en un dedal,* Aguilar, Buenos Aires, 2008, p. 27.
414 Citado por Daniel Samper Pizano en *Un dinosaurio en un dedal,* Aguilar, Buenos Aires, 2008, p. 83.
415 Citado por Daniel Samper Pizano en *Un dinosaurio en un dedal,* Aguilar, Buenos Aires, 2008, p. 115.
416 WEBER, Max, *La ciencia como profesión. La política como profesión,* Espasa-Calpe, Madrid, 2007, p. 73.
417 «Joseph Carey Merrick nació en Leicester, Inglaterra el 5 de agosto de 1862 y falleció en Londres el 11 de abril de 1890. También conocido como "El Hombre Elefante", se hizo famoso debido a las terribles malformaciones que padeció desde el año y medio de edad. Condenado a pasar la mayor parte de su vida enrolado en el mundo de la farándula, solo encontró sosiego en sus últimos años de vida. A pesar de su desgraciada enfermedad, sobresalió por su carácter dulce y educado, así como por una inteligencia superior a la media que solo pudo demostrar en sus postrimerías. Aunque todavía no se sabe con absoluta certeza, se cree que Joseph pudo haber padecido una grave variación del síndrome de Proteus, del cual podría representar el caso más grave conocido hasta el momento [...] póstumamente el rasgo que mayor interés ha despertado de la personalidad de Joseph Merrick es cómo después de las humillaciones, las palizas y el ostracismo al que fue sometido, se mantuviera desprovisto de rencor, y siempre consiguiese sobreponer su carácter dulce e inocente. Tanto es así que Ashley Montagu, reconocido antropólogo de la Universidad de Princeton, escribió un estudio acerca de este increíble aspecto de su personalidad titulado "El Hombre-Elefante: Un Estudio acerca de la Dignidad Humana".» (Extractado de Wikipedia).

418 WEBER, Max, *La ciencia como profesión. La política como profesión,* Espasa-Calpe, Madrid, 2007, p. 145.
419 Se enfatiza la expresión *de hecho,* para diferenciarla de la expresión *en derecho,* pues Satanás no tiene ningún derecho sobre el mundo. Todos los derechos sobre el mundo los conserva Dios, su Creador, quien los delegó en el ser humano en su momento, pero cuyo mal ejercicio de esta delegación no despoja de ningún modo a Dios de su derecho original. Y si Dios aún no ejerce de lleno sus derechos sobre el mundo no es porque no pueda, sino porque en su insondable sabiduría, aún no lo considera conveniente. Así pues, Satanás lo único que ha hecho es aprovechar la coyuntura generada por la caída en pecado del ser humano para ejercer un dominio sobre el mundo que nunca le ha correspondido realmente. Dicho de otro modo, Satanás ha invadido y tomado posesión de un mundo cuyo título de propiedad no posee ni ha poseído en ningún momento. Pero tendrá que desalojarlo sin demora cuando Dios, su propietario legítimo y quien posee, por así decirlo, el título legal de propiedad, decida ejercer sin reservas sus derechos sobre lo que es y siempre ha sido suyo.
420 VATTIMO Gianni, *El fin de la modernidad,* citado por Luis Castro Nogueira en WEBER, Max, *La ciencia como profesión. La política como profesión,* Espasa-Calpe, Madrid, 2007, p. 216.
421 WEBER Max, *La ciencia como profesión. La política como profesión,* Espasa-Calpe, Madrid, 2007, p. 90.
422 BONHOEFFER, Dietrich, *Nachfolge,* 12.ª edición, Munich, 1981, p. 24.
423 KIERKEGAARD, Sören, *Der Liebe Tun I,* Colonia/Düsseldorf, 1966, p. 13.
424 PIPER, John, *La supremacía de Dios en la predicaci*ón, Publicaciones Faro de Gracia, México, 2008, p. 9.
425 SPURGEON, C. H., *Lectures to My Students,* Zondervan Grand Rapids, 1972, p. 26.
426 Propedéutica: enseñanza preparatoria para el estudio de una disciplina.
427 Confesiones de fe de grandes científicos, en http://webcatolicodejavier.org/ConfesionesDEfhtml
428 BRUNNER, Emil, *Dogmatik III,* Zurich, 1960c, p. 120.
429 Entendido más como la universal inclinación hacia el pecado que hemos heredado de nuestros primeros padres, que como un pecado en particular del cual somos personalmente culpables desde que somos concebidos.
430 Aclaramos aquí que, como implica la crítica contenida en la frase de Brunner del encabezado, no todas las denominaciones protestantes han abandonado la práctica del bautismo de infantes, pero todas niegan la doctrina del Limbo.
431 Citado por Daniel Samper Pizano en *Un dinosaurio en un dedal,* Aguilar, Buenos Aires, 2008, p. 27.
432 Citado por Daniel Samper Pizano en *Un dinosaurio en un dedal,* Aguilar, Buenos Aires, 2008, p. 124.
433 Citado por Daniel Samper Pizano en *Un dinosaurio en un dedal,* Aguilar, Buenos Aires, 2008, p. 99.
434 GAVE, Charles, *Un neoliberal llamado Jesús,* Temis, Bogotá, 2008, pp. 4-5. La frase inicial entre signos de admiración la tomó Gave de André Frossard en *Dieu existe, je l'ai rencontré.*

435 PALAU, Luis, *El culto familiar* en http://sigueme.net/vida/vida_cristiana.php?s=20
436 GAVE, Charles, *Un neoliberal llamado Jesús,* Temis, Bogotá, 2008, p. xi.
437 Expresión que da nombre a la pequeña pero mundialmente conocida y admirada obra cristiana de carácter devocional atribuida al monje Tomás De Kempis.
438 GAVE, Charles, *Un neoliberal llamado Jesús,* Temis, Bogotá, 2008, pp. 3, 7-8.
439 La célebre porción a la que hacemos referencia dice así textualmente: «Quien es importante para nuestro tiempo [...] no es el Jesús que se conoce históricamente, sino el Jesús que se levanta espiritualmente entre los humanos [...]. Jesús viene a nosotros como un Desconocido [...] como vino antaño junto al lago a aquellos que no le conocían. Nos dirige la misma palabra: '¡Sígueme!' y [...] a quienes le obedecen [...] se les revelará en sus tareas, en sus conflictos, en los sufrimientos [...]. Y, como un misterio inefable, aprenderán por su propia experiencia Quién El es» Extractado de SCHWEITZER, Albert, *The Quest for the Historical Jesus,* New York, 1922, pp. 399, 401.
440 BONHOEFFER, Dietrich, *El precio de la gracia. El seguimiento,* Sígueme, Salamanca, 2007.
441 FREUD, Sigmund, *Nuevas lecciones introductorias al psicoanálisis.* Obras completas. Citado por Luis Castro Nogueira en WEBER, Max, *La ciencia como profesión. La política como profesión,* Espasa-Calpe, Madrid, 2007, p. 215.
442 GAVE, Charles, *Un neoliberal llamado Jesús,* Temis, Bogotá, 2008, pp. ix-x.
443 OFFENBACHER, Martin, *Konfessions und soziale Schichtung (Confesión y estructura social).* Estudio sobre la situación económica de los católicos y protestantes en Baden, Tübingen y Leipzig, 1901, vol. IV, fasc. 5 de los «Cuadernos de Economía de la Universidad de Baden», p. 68.
444 Cartas y correo, revista *Semana,* edición 1479, Bogotá, 6 a 13 de septiembre, 2010, p. 4.
445 FOSTER, Richard, *Prayer,* Francis Collins, San Francisco, 1992, p. xi. Publicado en español como *La oración.*
446 FRANKL, Viktor E., *El hombre en busca del sentido último,* Paidós, Barcelona, 1999, pp. 200-201.
447 Philip Yancey aborda bien este tema en sus escritos ilustrándolo con casos concretos y reales de creyentes a los que ha conocido. Uno de los más significativos es el narrado por Roy Lawrence del siguiente modo: «En una de esas conferencias oímos al capellán de un asilo contar de un paciente que pidió verlo porque se hallaba en gran angustia emocional. Se encontraba en las últimas etapas del cáncer, y se sentía muy culpable porque había pasado la noche anterior despotricando, rezongando e insultando a Dios. A la mañana siguiente se sentía de un modo horrible. Imaginaba que había perdido para siempre toda posibilidad de vida eterna, y que Dios jamás perdonaría al que lo había maldecido y maltratado tanto. —¿Qué piensas que es lo opuesto al amor? —le preguntó el capellán al paciente—. El odio —replicó el hombre. Muy sabiamente el capellán respondió: —No, lo opuesto al amor es la indiferencia. Tú no has sido indiferente con Dios, o de lo contrario nunca hubieras pasado la noche conversando con él, diciéndole con sinceridad lo que tenías en el corazón y la mente. ¿Sabes la palabra cristiana que describe lo que acabas de hacer? La palabra es "oración". Te has pasado la noche orando.» (Extractado de YANCEY, Philip, *La oración. ¿Hace alguna diferencia?,* Vida, Miami, 2007, p. 115.)

448 Weber Otto, *Grundlagen der Dogmatik I,* Neukirchen-Vluyn 3.ª edición, 1964, p. 36.

449 Silva-Silva Darío, *El Eterno Presente,* Vida, Miami, 2002, p. 83.

450 Master, W. H. y Johnson V. E., *Homosexuality in Perspective,* Navarra. En Van den Aarweg, G. Homosexualidad y Esperanza, Ed. Eunsa, 1997, p. 48.

451 Algunos de quienes trabajan para tratar de demostrar que las conductas homosexuales deben considerarse normales y, por lo mismo, aceptables, argumentan algunos casos de conductas homosexuales observadas entre los animales. Pero estos casos están lejos de ser lo normal en la naturaleza, sino solo excepciones que confirman la norma y que lo único que demuestran es que la naturaleza también ha padecido los efectos de la caída (Gn 3:17-18; Ro 8:19-22).

452 Silva-Silva Darío, *Sexo en la Biblia,* Vida, Miami, 2003, pp. 142, 146.

453 Ibídem, pp. 138-139.

454 Extractado de Sen, Amartya, *La idea de la justicia,* Taurus, 2010. Citado en revista *Semana* edición del 13 al 20 de septiembre de 2010, p. 122.

455 Max Weber distinguía entre actuar por la «ética de las convicciones de conciencia» o por la «ética de la responsabilidad», privilegiando la segunda de ellas en la medida en que no se limita, como la primera, a que «el cristiano obra bien y pone el resultado en manos de Dios», sino que, por encima de ello, quien obra por la ética de la responsabilidad está dispuesto más bien a responder por las consecuencias de sus acciones. Y concluye que en política es imperativo actuar por la ética de la responsabilidad. En la misma línea de Amartya Sen y de Weber se pronuncia también Karl Popper en *Utopía y violencia*: «… no podemos establecer el paraíso en la tierra. Lo que sí podemos es, en cambio, hacer la vida un poco menos terrible y un poco menos injusta en cada generación.» (Weber, Max, *La ciencia como profesión. La política como profesión,* Espasa Calpe, Madrid, 2007, pp. 231, 234.)

456 Milton, John, *Paradise Lost,* libro 1, líneas 254-55. Publicado en español como *El Paraíso Perdido*

457 Del mismo modo, un optimista podría ser un pesimista bien informado en la medida que dispone de la privilegiada información de que Dios está a cargo de la situación. Información de la que carece el pesimista. Como puede verse, el asunto no es poseer información, sino qué tipo de información se posee.

458 Smedes, Lewis, *How Can It Be All Right When Everything Is All Wrong?,* Harper San Francisco, San Francisco, 1992, p. 20.

459 Ortberg, John, *Ser el ser que quiero ser,* Vida, Miami, 2010, p. 88.

460 Morgan, G. Campbell, *El corazón de Dios. Estudios en el libro de Oseas,* Hebrón, Buenos Aires, 1980, p. 125.

461 Sproul, R. C., *Siguiendo a Cristo,* Unilit, Miami, 1997, p. 85.

462 Ortberg, John, *Ser el ser que quiero ser,* Vida, Miami, 2010, p. 121.

463 Eva Hermann, «In Prison-Yet free», Tract Association of Friends, Philadelphia, 1984. www.tractassociation.org/InPrisonYetFree.html, visitado el 3 de septiembre de 2009.

464 Ortberg, John, *Ser el ser que quiero ser,* Vida, Miami, 2010, p. 160.

465 Se cuenta de un conferencista sin hijos que dictaba una conferencia titulada *Reglas para criar a los hijos.* Tan pronto tuvo hijos cambió el título de la conferencia,

llamándola *Sugerencias para criar a los hijos.* Cuando los hijos llegaron a la adolescencia canceló la conferencia.

466 POPPER, Karl, *El porvenir está abierto.* Citado por Manuel Calvo Hernando en *La ciencia en el tercer milenio,* McGraw-Hill, Madrid, 1995, p. 207.

467 SILVA-SILVA, Darío, *El Reto de Dios,* Vida, Miami, 2001, p. 263.

468 En realidad, la palabra «error» en muchos casos no es más que un eufemismo para la palabra «pecado».

469 JACOBI, Friedrich Heinrich, *Werke,* Friedrich Roth y Friedrich Köppen (ed.). Reimpresión de la edición de 1816. Darmstadt: Wissenschaftliche Buchgesellschaft, 1980, v. II, p. 121.

470 CIPRIANO, *De ecclesiae unitate,* p. 6. Citado por Christian Schwarz en *Cambio de paradigma en la iglesia,* CLIE, Barcelona, 2001, p. 167.

471 CONDORCET, *Vida de Voltaire,* Citado por J. M. Rivas Groot en el prólogo de Ms. BOUGAUD, *El Cristianismo y los Tiempos Presentes,* traducida al español como *Vida de Jesucristo,* Bogotá, 1898, p. I.

472 Citado por J. M. Rivas Groot en el prólogo de Ms. Bougaud, *El Cristianismo y los Tiempos Presentes,* traducida al español como *Vida de Jesucristo,* Bogotá, 1898, p. VII.

473 Las prestigiosas escuelas teológicas de la antigüedad (la de Cartago y Roma, la de Asia Menor y Siria y la de Alejandría), son un ejemplo palpable de esto. De hecho, durante la Edad Media y hasta la fundación de las primeras universidades, la educación más completa era provista en las escuelas monásticas. Asimismo, en Europa las más prestigiosas y tradicionales universidades fueron fundadas durante la escolástica medieval —liderada por franciscanos y dominicos— alrededor de las escuelas catedralicias. Y en Estados Unidos son el producto de la iniciativa de las diferentes denominaciones cristianas protestantes que colonizaron el país.

474 Extractado de http://www.frasesypensamientos.com.ar/autor/paul-verlaine.html

475 BOUGAUD, Ms., *El Cristianismo y los Tiempos Presentes,* traducida al español como *Vida de Jesucristo,* Bogotá, 1898, pp. 64-65.

476 BOUGAUD, Ms., *El Cristianismo y los Tiempos Presentes,* traducida al español como *Vida de Jesucristo,* Bogotá, 1898, pp. 8-9.

477 Medios que manifiestan un sesgo evidente al estar siempre dispuestos a concederle desproporcionada atención a todo lo que ponga en entredicho al cristianismo y a la religión en general.

478 Incluso novelistas literariamente mediocres e históricamente ignorantes y hasta mal intencionados como Dan Brown, han pretendido pronunciarse con autoridad sobre estos asuntos suscribiendo e incorporando estas teorías de moda en sus novelas, como sucedió por ejemplo con la publicitada *El código Da Vinci,* llevada en su momento al cine y engañando de paso a muchos incautos en cuanto a la fidelidad y confiabilidad histórica de los cuatro evangelios canónicos.

479 STROBEL Lee, *El caso del Jesús verdadero,* Vida, Miami, 2008, p. 4.

480 JARAMILLO AGUDELO, Darío, ¿Era Maquiavelo maquiavélico?, revista *Cambio 16,* del 7 al 14 de noviembre de 1994, n.º 74, p. 132.

481 Pero desempolvado recientemente por los nuevos críticos mediáticos que, prescindiendo ya del rigor académico y pasando por alto la calificada y mayoritaria opinión

en contra sostenida por la erudición actual, han terminado reeditando de nuevo este argumento sin ningún fundamento real, acudiendo directamente a los medios masivos de comunicación para eludir la revisión de pares y encontrar eco a sus presunciones gracias a la ignorancia del gran público sobre estos temas, unida a su predisposición a aceptar como cierta cualquier «teoría de conspiración» que involucre a la Iglesia en cabeza de uno de los más controvertidos e influyentes grupos de poder existentes, como lo es el Vaticano que, al igual que las ordenes secretas que han existido a lo largo de la historia, también han abonado el terreno para la sospecha y desconfianza del gran público con sus innegables intrigas políticas tras bambalinas y el secretismo que lo ha rodeado.

482 Teoría ya desmentida por completo, pues hoy la crítica histórica ha establecido sin lugar a dudas que los cuatro evangelios canónicos se escribieron en el transcurso de la primera generación de cristianos, es decir en el curso de la vida de aquellos que habían sido testigos de primera mano de los hechos consignados en ellos.

483 MENDOZA Plinio, *Años de fuga,* Plaza y Janés, Barcelona, 1985, p. 54.

484 En psicología, resolver algo por «sublimación» que no es otra cosa que el mecanismo de defensa del yo por el que un impulso o un instinto se manifiestan en forma de otros considerados como más elevados.

485 WEIZSÄCKER, Viktor Freiherr von, «Fälle und Probleme». Conferencias antropológicas en la médica clínica. Editorial Enke, Stuttgart, 1947, pp. 42-43.

486 En la Biblia el vocablo griego *psujé,* raíz de la palabra «psiquis» y todos sus derivados, se traduce de manera casi sistemática como «alma», de donde la psiquis no es más que lo que la Biblia llama alma.

487 En el campo teológico cristiano existen y han existido a lo largo de la historia aquellos que, como nosotros, creemos en la constitución tripartita del ser humano, formado por espíritu, alma y cuerpo (llamados por ello «tricótomos»), y los que creen en su constitución bipartita, formado por el espíritu o alma indistintamente —considerados, entonces, como términos sinónimos e intercambiables— y el cuerpo (llamados por ello, tal vez no de manera muy justa y exacta «dicótomos»). Pero si bien esto genera algunos desacuerdos en el entendimiento de otros asuntos teológicos relacionados con este por parte de quienes militan en ambas posturas, no afecta de ningún modo la comunión de la sana doctrina de ambas partes ni el entendimiento del tema que nos ocupa aquí, en el cual tanto los cristianos tricótomos como los dicótomos estamos en general de acuerdo. Porque como quiera que se entienda esta cuestión, ambas partes reconocemos que a diferencia del cuerpo y el alma o el espíritu, que pueden ser separados entre sí y, de hecho, se separan con la muerte; el alma perdura después de la muerte en unión con el espíritu, de donde alma y espíritu pueden ser distinguidos, pero no separados.

488 SUTHERLAND, J. y POELSTRA, P., *Aspects of Integration,* un trabajo presentado a la Western Association of Christians for Psychological Studies, Santa Bárbara, California, Estados Unidos, junio, 1976.

489 ROPERO, ALFONSO, *Introducción a la filosofía,* CLIE, Barcelona, 1999, pp. 30-31.

490 WAGNER, C. PETER, *Your Church Can Grow. Seven Vital Signs of a Healthy Church,* 2.ª edición, Ventura, 1985, p. 73.

491 Valga decir que los cismas o divisiones no programadas en la iglesia y que obedecen fundamentalmente a las intenciones separatistas por parte de los disidentes, históricamente

se han juzgado como más graves por parte de la iglesia católica romana debido a su forma de gobierno centralizada y monopolista. Pero hay que decir que las iglesias protestantes tampoco los han visto siempre con buenos ojos, pues en honor a la verdad, un buen número de estos episodios no se han dado de la manera ideal ni en los mejores términos en ninguna de estas dos vertientes de la cristiandad, lo cual, sin embargo, no descalifica el proceso en sí mismo, sino que obliga a vigilarlo y anticiparse a él para prevenir que se salga de curso en el momento en que deba darse de manera natural.

492 MOLTMANN, Jürgen, *Kirche in der Kraft des Geistes. Ein Bietrag zur messianischen Ekklesiologie,* Munich, 1975, p. 23.

493 Aclarando que, cuando en Efesios encontramos la palabra «don» o «regalo» de Dios, allí no es traducción del vocablo griego *cárisma* sino de las palabras griegas *dóron* (Ef 2:8), *doreá* (Ef 3:7; 4:7) o *dóma* (Ef 4:8), que también se pueden traducir indistintamente, según el contexto, como «don».

494 Con excepción de los dones del Espíritu Santo.

495 CONZELMANN, G., *Charisma,* en Theologisches Wörtenbuch zum Neuen Testament IX (editado por G. Friedrich), Stuttgart, 1973, p. 395.

496 Un éxtasis es un estado de la persona que une su alma a Dios por medio de la contemplación y se muestra insensible a cualquier otro estímulo.

497 Extractado del prefacio a la versión alemana de Kurt E. Koch, *Ocultismo y cura de almas,* CLIE, Barcelona, 1968, p. 20.

498 El verdadero tirano es el pecado, aunque la Biblia asigne a veces este papel a Satanás indistintamente (1 Tim. 3:7; 2 Tim. 2:25-26). Podríamos decir que el pecado es el tirano *impersonal* de la humanidad, mientras que Satanás es su tirano *personal*. En realidad, es el dominio del pecado en primera instancia el que brinda ocasión al dominio de Satanás y sus demonios sobre nuestras vidas. Sin el dominio previo del pecado Satanás no tendría ninguna oportunidad de ejercer dominio sobre la vida humana. Él «pesca en río revuelto» o, dicho de manera más clara, capitaliza y aprovecha muy bien para sus propios y perversos intereses el drama en que el pecado nos sumerge. El pecado nos lleva a la cárcel y Satanás nos mantiene allí, como diligente carcelero. Es tan cierto lo anterior que, sea que nos diéramos cuenta de ello o no, sin Cristo éramos, por decirlo así, «prisioneros de guerra», ya fuera en una condición de inerme impotencia o peor aún, obligados mediante el engaño y la tiranía del pecado (Heb 3:12-13) y las artimañas de Satanás (2 Cor 2:11) a combatir, a nuestro pesar o aun sin plena conciencia, a favor de nuestros enemigos.

499 LECHLER, Alfred, *Seelische Erkrankungen und ihre Heilungen,* Editorial Steinkoph, Suttgart, 1940, p. 98. El erudito Kurt E. Koch, quien ha afrontado y estudiado muchos casos de estos en su ministerio pastoral, también afirma con pleno conocimiento de causa que «El hablar mucho de los demonios nos puede inducir a un demonismo chabacano, de tipo medieval» (KOCH, Kurt E., *Ocultismo y cura de almas,* CLIE, Barcelona, 1968, p. 28.)

500 Adoración que únicamente les brindan con plena conciencia los satanistas declarados.

501 KOCH, Kurt E., *Ocultismo y cura de almas,* CLIE, Barcelona, 1968, p. 33.

502 La práctica de consultar a los muertos.

503 Entrevista publicada por la revista *Semana,* edición 1483, Bogotá, 4 a 11 de octubre, 2010, p. 31.

504 Los padres de la iglesia siempre lo entendieron así cuando leían la Biblia, condenando el fanatismo intolerante por parte del creyente con palabras como las de Tertuliano, quien escribió: «Es un derecho del hombre, un privilegio de la naturaleza, el que cada cual pueda practicar la religión según sus propias convicciones [...] no es propio de la religión el obligar a la religión».

505 Entrevista publicada por la revista *Semana*, edición 1483, Bogotá, 4 a 11 de octubre de 2010, p. 31.

506 Míguez Bonino, José, *Ama y haz lo que quieras,* Escatón y Aurora, Buenos Aires, 1976, p. 127.

507 Como sucede en las especies animales que aprenden por imitación instintiva comportamientos que les permitirán sobrevivir en ciertas circunstancias particulares.

508 Aunque parece que su verdadero autor fue, en realidad Gerard Zerbolt, maestro de Tomás de Kempis, a quien este último tan solo compiló y agregó algún material adicional.

509 Citado en la revista *Hechos y Crónicas,* n.º 1, septiembre de 2010, p. 69. Traducido de la revista *Christianity Today.*

510 Leo, John, «a Madness in Their Method», en *Time,* 30 de septiembre, 1985, p. 78.

511 Leo, John, *Time,* 23 de diciembre, 1985, p. 59.

512 Mears, Henrietta C., *Lo que nos dice la Biblia,* Vida, Deerfield, Fl., 1979, p. 94.

513 Urrego, Mario, *Cartilla desarrollo de habilidades 1,* serie de formación en el área de administración deportiva, inédita, p. 3.

514 El nombre propio de Dios en hebreo *Yahveh Sebaot* que aparece de manera repetida en el Antiguo Testamento se traduce como «Señor de los ejércitos» en varias de las más difundidas versiones actuales en español.

515 La Nueva Versión Internacional traduce de este modo: «Señor Todopoderoso» la ya aludida expresión hebrea *Yahveh Sebaot.*

516 Piper, John, *La supremacía de Dios en la predicación,* Publicaciones Faro de Gracia, México, 2008, p. 32.

517 Sigla que significa *What would Jesus do?* y que se traduciría al español como «¿Qué haría Jesús?».

518 Packer, J. I., *El conocimiento del Dios santo,* Vida, Miami, 2006, p. 115.

519 Citada en la revista *Cambio,* «Pena de muerte, en capilla», n.º 822, del 2 al 6 de abril de 2009, p. 52.

520 Citado en Sorman, Guy, *Los verdaderos pensadores de nuestro tiempo,* Seix Barral, Barcelona, 1991, p. 122.

521 Citado en Sorman, Guy, *Los verdaderos pensadores de nuestro tiempo,* Seix Barral, Barcelona, 1991, pp. 125-126.

522 Bohren, Rudolf, *Dab Gott schön werde. Praktische Theologie als theologische,* Ästhetik, Munich, 1975, p. 149.

523 Käsemann, Ernst, *Exegestische Versuche und Besinnungen I,* Göttingen, 1960, p. 119.

524 Revista *Semana,* edición 1485, Bogotá, del 18 al 25 de octubre de 2010, p. 34.

525 La *pax romana* constituye un largo período de paz impuesto por el Imperio romano a los pueblos por él sometidos. La expresión proviene del hecho de que la administración

y el sistema legal romanos pacificaron las regiones que anteriormente habían sufrido disputas entre jefes, tribus, reyes o ciudades rivales.

526 Expresión que hace referencia a la aprobación de una ley a los gritos y de manera apresurada, en muchos casos sin el debido debate alrededor de ella para convencer a todos, mediante argumentos concluyentes, de sus bondades y conveniencia.

527 BOHREN, Rudolf, *Dab Gott schön werde. Praktische Theologie als theologische,* Ästhetik, Munich, 1975, p. 146.

528 GOLLWITZER, Helmut, *Befreiung zur Solidarität. Einfürung in die Evangelische Theologie,* Munich, 1978, p. 191.

529 SCHWARZ, Christian A., *Cambio de paradigma en la Iglesia,* CLIE, Barcelona, 2001, p. 202.

530 Esta frase que le es a menudo atribuida es apócrifa. No aparece en ninguna parte de su obra publicada. Aparece por vez primera en 1906 en *The Friends of Voltaire [Los amigos de Voltaire],* libro inglés de Evelyn Beatrice Hall, escritora con el seudónimo de S. G. Tallentyre, para resumir su posición: «*I disapprove of what you say, but I will defend to the death your right to say it*», antes de ser traducida al francés y al español (observación extractada de Wikipedia).

531 ALBERTZ Heinrich, «Endlich begreifen. Heinrich Albertz in Gespräch mit Christian A. Schwarz», en *Abakus-Magazin* 3/1980, p. 7. Es famoso en este sentido el poema atribuido al teólogo luterano Martin Niemöller cuando hace la siguiente confesión que busca advertir acerca de las consecuencias de no ofrecer resistencia a las tiranías en los primeros intentos de establecerse: «Cuando los nazis vinieron a llevarse a los comunistas, / guardé silencio, / porque yo no era comunista. / Cuando encarcelaron a los socialdemócratas, / guardé silencio, / porque yo no era socialdemócrata. / Cuando vinieron a buscar a los sindicalistas, / no protesté, / porque yo no era sindicalista, / Cuando vinieron a llevarse a los judíos, / no protesté, / porque yo no era judío. / Cuando vinieron a buscarme, / no había nadie más que pudiera protestar».

532 EPPLER, Erhard, *Ende oder Wende. Von der Machbarkeit des Notwendigen,* 3.ª edición, Munich, 1979, p. 45.

533 «Marihuana, ¿sí o no?», revista *Semana,* edición 1487, Bogotá, del 1 al 8 de noviembre de 2010, p. 54.

534 Como por ejemplo, en el caso de la drogadicción, el tabaquismo y el alcoholismo y todas las implicaciones sociales asociadas a su consumo o a su prohibición indistintamente. Las áreas grises en estos asuntos tienen que ver con el hecho de que nadie lleva a cabo una acción moral en el vacío —ni siquiera el suicida que, de todos modos, causa dolor a sus seres queridos y a todos los que lo aman, privando a su vez a la sociedad de los buenos aportes que podría hacer a ella si utilizara bien el potencial que posee—, sino siempre en un contexto social en el que algún tercero sale afectado de algún modo, así sea de manera indirecta, en razón de la solidaridad que nos vincula en mayor o menor grado el uno al otro en el seno de la sociedad.

535 MÍGUEZ BONINO, José, *Ama y haz lo que quieras,* Escatón y Aurora, Buenos Aires, 1976, p. 48.

536 Nombre que recibe la segunda ley de la termodinámica que, en términos sencillos y populares, afirma lo que la experiencia humana cotidiana confirma: esto es, que dejado a su suerte, todo tiende al desorden y al deterioro.

537 ARISTÓTELES, *Metafísica,* Libro A, I, 980a 21. Citado por Ernst Cassirer en *Antropología filosófica,* Fondo de Cultura Económica, México, D. F., 1992, p. 16.
538 MÍGUEZ BONINO, José, *Ama y haz lo que quieras,* Escatón y Aurora, Buenos Aires, 1976, p. 44.
539 Que incluye 613 diferentes prescripciones que hay que cumplir.
540 TERTULIANO, *Apología contra los gentiles en defensa de los cristianos,* libro 39, párrafo 7, en ROPERO, Alfonso (compilador), *Lo mejor de Tertuliano,* CLIE, Barcelona, 2001, p. 143.
541 TILLICH, Paul, *Gesammelte Werke VII,* Stuttgart, 1962 a, p. 14.
542 *Action,* 28 de diciembre de 1945. Citado por Ignace Lepp en *Psicoanálisis del ateísmo moderno,* Ediciones Carlos Lohlé, Buenos Aires, 1965, p. 12.
543 Ver página 264.
544 Citado en «Dura lex...», revista *Semana,* edición 1486, Bogotá, 25 de octubre a 1 de noviembre de 2010, p. 42.
545 «De Moreno a oscuro», artículo central de la revista *Semana,* edición 1486, Bogotá, 25 de octubre a 1 de noviembre de 2010, p. 32.
546 Un voto que, más que por el candidato escogido, se hace más bien en contra de alguno de sus rivales en contienda.
547 LOCKYER, Herbert, *Enciclopedia de doctrinas bíblicas,* Logoi, Miami, 1979, p. 32.
548 Autora del artículo «Los confines de la guerra», revista *Semana,* edición 1486, Bogotá, 25 de octubre a 1 de noviembre de 2010, p. 48.
549 MOLTMANN, Jürgen, *El hombre, antropología cristiana en los conflictos del presente,* Sígueme, Salamanca, 1986, 4.ª edición, p. 146.
550 El segundo de Nicea en el año 787 d. C.
551 Iconoclasta: partidario de la iconoclasia, doctrina que considera idolátricas la representación y veneración de las imágenes de Cristo y de los santos.
552 A la manera de los talibanes, quienes se hicieron célebres, entre otras cosas, por su cuestionada práctica de destruir y dinamitar toda imagen preislámica existente en Afganistán, en contra de la postura de gran parte de la comunidad internacional que deploró esta sistemática destrucción de las manifestaciones culturales de los pueblos que poblaron Afganistán antes de la llegada de los musulmanes. Es significativo a este respecto que en el Nuevo Testamento no encontremos ya ninguna instrucción por parte de Dios para derribar y destruir *literalmente* las imágenes de los ídolos paganos que los reyes piadosos de Israel tuvieron que derribar repetidamente en el Antiguo Testamento en obediencia a Dios y con su correspondiente aprobación.
553 DEVOS, Rich, *Capitalismo solidario,* Lasser Press, México, D. F., 1994, p. 9.
554 Si bien este uso de los recursos está lejos de ser perfecto e incurre frecuentemente en la explotación destructiva, culpable e irreversible de ellos. El comunismo, sin embargo, no pudo ni ha podido mostrar hasta ahora algo mejor en el campo económico cuando ha tenido la oportunidad y ha estado muy lejos de acercarse a los niveles de productividad y eficiencia que el capitalismo ha alcanzado, sin perjuicio de la crítica a la que este se haga merecedor.
555 Haciendo la salvedad que el asistencialismo no puede ser la única política solidaria por parte del capitalismo, sino únicamente la más urgente e inmediata, seguida cuanto antes por educación y capacitación para los beneficiarios iniciales del

asistencialismo, así como oportunidades laborales acordes con la formación adquirida y el grado de responsabilidad demostrado durante el proceso de formación y capacitación.

556 Esto es lo que se quiere denunciar con la expresión «capitalismo salvaje» o, en menor grado, con «neoliberalismo»

557 ORWELL, George, *Rebelión en la granja*, citado por Charles Gave en *Un neoliberal llamado Jesús*, Temis, Bogotá, 2008, p. 73.

558 Obsérvese bien que se afirma la *desigualdad* en el trato, pero nunca se implica ningún tipo de injusticia en ello.

559 Citada en http://www.eltiempo.com/, edición digital del miércoles 10 de noviembre de 2010.

560 Citado por Rich DeVos en *Capitalismo solidario*, Lasser Press, México, D. F., 1994, p. 235.

561 GAVE, Charles, *Un neoliberal llamado Jesús*, Temis, Bogotá, 2008, p. 8.

562 MOLTMANN, Jürgen, *El Espíritu Santo y la Teología de la vida*, Sígueme, Salamanca, 2000, p. 9.

563 Citado en «Colombia no es pasión», revista *Semana*, edición 1488, Bogotá, del 8 al 15 de noviembre, 2010, p. 105.

564 Ibídem.

565 TORRES DE CASTILLA, Alfonso, *Historia de las persecuciones políticas y religiosas de Europa*, vol. I, p. 133, citado por Samuel Vila en *El Cristianismo Evangélico a través de los siglos*, CLIE, Barcelona, 1982, p. 17.

566 A diferencia del simple hereje, que es quien sigue y divulga una herejía ya dada, el heresiarca es el creador de ella y cuyo nombre se asocia generalmente con la herejía en cuestión. Así, por ejemplo, el arrianismo recibe su nombre de Arrio, el sabelianismo de Sabelio, el apolinarismo de Apolinar y el nestorianismo de Nestorio, entre otros. Arrio, Sabelio, Apolinar y Nestorio no son, entonces, herejes, a secas, sino heresiarcas.

567 Citado por Juan Antonio Monroy en *Mente y espíritu*, Irmayol, Madrid, 2001, pp. 59-60.

568 BOETTNER Loraine, *La predestinación*, Desafío, Grand Rapids, 1994, p. 252.

569 Experiencia que viene, por cierto, únicamente a corroborar lo ya dicho en la Biblia al respecto.

570 En esta negativa están incluidos aquellos que, como lo judíos, desean ser salvos, pero en sus propios términos y no en los de Dios (Ro 10:2-3; 11:7).

571 Es decir que, en el decreto eterno de Dios, los efectos de la expiación estaban previstos para obrar únicamente en los elegidos y no en toda la humanidad, algo que, por supuesto, a la luz de los hechos se cae de su peso, pues no todos se salvan. Así pues, el universalismo por el cual todos a la postre se salvarían es claramente desmentido no solo por las Escrituras, sino por la experiencia de la iglesia. El problema con la expresión no es, entonces, ni siquiera el carácter engañosamente discriminatorio que parece implicar —que es lo que molesta a muchos—, sino el peligro de que esta limitación se entienda como una incapacidad por parte de Dios que le impidiera salvar no a todos con base en lo hecho en la cruz, sino únicamente a algunos, pues la expiación no

alcanzaría para todos. La limitación en el alcance de la expiación no debe verse, pues, como una incapacidad o impotencia de ella para salvar a todos, sino como una expresión de la soberana voluntad de Dios que elige a unos por encima de otros y nada más.

572   Horkel Wilhelm, *Luther heute,* Editorial Trauymann, Hamburgo, 1948, p. 50.
573   Fórmula para indicar la manera en que actúa el sacramento por sí mismo, según la creencia católica, relegando a segundo plano la disposición de quien lo recibe. La fórmula puede tener algo de razón si se refiere a la prioridad que la iniciativa divina tiene en la salvación de la persona, pero no en la manera en que le resta importancia a la adecuada, consciente y voluntaria respuesta y disposición de quien se beneficia de esta iniciativa que, en el caso del sacramento, debe ser incluso previa a la recepción de éste.
574   De manera especial, el sacramento del bautismo.
575   Así sucede, evidentemente, en el bautismo de infantes.
576   Koch, Kurt E., *Ocultismo y cura de almas,* clie, Barcelona, 1968, p. 258.
577   Frase incluida en la publicidad de la Lotería Nacional. Citada por Charles Gave en *Un neoliberal llamado Jesús,* Temis, Bogotá, 2008, p. 41.
578   Una verdad o certeza que, por notoriamente sabida, es necedad o simpleza el decirla. Proviene de un personaje de ficción de nombre Perogrullo, de quien se afirma decía verdades tan obvias y redundantes, que se le suele describir así con algo de gracia poética: «Perogrullo, el que a la mano cerrada llamaba puño».
579   Citado en «Bajo el agua», revista *Semana,* edición 1489, Bogotá, del 15 a 22 de noviembre de 2010, p. 47.
580   Köberle, Adolph, *Rechtfertigung und Heiligung,* Editorial Doerffling/Franke, Leipzig, 1930, p. 256.
581   «¿Prohibir el aborto?», columna de opinión en la revista *Semana,* edición 1489, Bogotá, del 15 a 22 de noviembre de 2010, p. 64.
582   Citado por Charles Gave en *Un neoliberal llamado Jesús,* Temis, Bogotá, 2008, p. vii.
583   McGravan, Donald, *Understanding Church Growth,* Grand Rapids, 1980, p. 93.
584   Citado por Charles Gave en *Un neoliberal llamado Jesús,* Temis, Bogotá, 2008, p. 131.
585   Revista *Rolling Stone,* del 10 al 24 de diciembre de 1992, p. 39. Comentario de la gira llevada a cabo por el grupo de rock irlandés U2 en 1992.
586   Justamente, el autor David Galcerá recoge de manera sintética y clara el actual debate alrededor de esta pregunta en su libro ¿Hay alguien ahí?, publicado por Editorial clie, dentro de su Colección Pensamiento Cristiano.
587   Si bien esta historia sirve hasta aquí para ilustrar el punto, tiene un epílogo que lo confirma: pasada la ventisca, el alpinista fue hallado por sus compañeros al día siguiente muerto por congelamiento, aferrado a las ramas de un arbusto que crecía a tan solo dos metros de la tierra firme y segura.
588   Poema citado por José Míguez Bonino en *Ama y haz lo que quieras,* Escatón y Aurora, Buenos Aires, 1976, p. 54.
589   De la canción «Es por tu gracia» correspondiente al álbum *El aire de tu casa.*
590   Nietzsche, Friedrich, *Humano, demasiado humano,* ii parte, aforismo n.º 188. Citado por Vincenzo Vitiello en el prólogo de *La Edad del espíritu,* de Eugenio Trías, DeBols!llo, Barcelona, 2006, p. 26.

591 PATTERSON, James y KIM, Peter, *The Day America Told the Truth*, Plume, Nueva York, 1982, p. 201.
592 SCHWARZ, Christian A., *Cambio de paradigma en la Iglesia*, CLIE, Barcelona, 2001, p. 238.
593 El arco iris se define como ese arco luminoso que se observa por la refracción y reflexión de la luz del sol en las gotas del agua suspendidas en el aire.
594 «The Wisdom of Martyn Lloyd-Jones», selected by Dick Alderson, en *Banner of Truth*, agosto-septiembre, 1986, p. 12
595 LAW, William, *The Power of the Spirit*, ed. Dave Hunt, Christian Literature Crusade, 1971, pp. 20-21.
596 ZILBERGELD Bernie, «The Myths of Psyquiatry», en *Discover*, mayo, 1983, p. 74.
597 Facultad de identificarse con otra persona o grupo poniéndose en su lugar para percibir lo que siente.
598 Incluso en el seno de la iglesia.
599 BLANCHARD, Ken y HODGES, Phil, *El refugio más cálido y seguro*, Vida, Miami, 2010, p. 129.
600 HORTON, Michael S., *La ley de la libertad perfecta*, Vida, Miami, 2006, pp. 43-44.
601 HAWKING, Stephen, *A Brief Story of Time*, Bantam, Nueva York, 1988, pp. 10, 175.
602 Por no mencionar la provisionalidad de la ciencia ya por todos reconocida.
603 OSPINA, William, ¿Dónde está la franja amarilla? Verticales del bolsillo, Norma, Bogotá, 2008, p. 13.
604 Conocida frase que representa y sintetiza el pensamiento del filósofo Juan Jacobo Rousseau.
605 Ver reflexión del 30 de septiembre.
606 La creencia de los europeos en la bondad inherente a muchas de las comunidades primitivas nativas de América y otros lugares colonizados que viven de manera sencilla, en contacto directo con la naturaleza y sin toda la presuntamente cuestionable parafernalia cultural asociada a las grandes civilizaciones. Este mito fue recreado recientemente en la película *Apocalypto* por el director Mel Gibson, quien contrasta en ella al «buen salvaje» con los perversos y crueles representantes de la civilización azteca.
607 El teólogo reformado R. C. Sproul postula la expresión «corrupción radical» para sustituir y corregir los malentendidos a los que la expresión clásica «depravación total» pueden dar lugar y el suscrito lo sigue en este respecto.
608 Citado en SCHNEIDER y DORNBUCH, *Popular Religion: Inspirational Books in America*, Universidad de Chicago Press, Chicago, 1958, p. 75.
609 DUSZA, Hans-Jürgen, «Gemeindeaufbau und Gemeindeleitung», en *Deutsches Pfarrerblatt* 89, 1989, p. 436.
610 Columna de opinión «Wikileaks: crimen e hipocresía» en revista *Semana*, edición 1492, Bogotá, del 6 al 13 de diciembre de 2010, p. 74.
611 Frase referida a España y su situación económica en la Unión Europea. Citado en «¿Sobrevivirá el euro?», revista *Semana*, edición 1492, Bogotá, del 6 al 13 de diciembre de 2010, p. 79.

612 Entrevista en revista *Semana,* edición 1492, Bogotá, del 6 al 13 de diciembre de 2010, p. 120.
613 Como por ejemplo la legalización del aborto, de la eutanasia y del mal llamado «matrimonio homosexual» en las legislaciones de muchas de las «progresistas» naciones de hoy.
614 Como por ejemplo la obligación que todo padre tiene de disciplinar en conciencia a sus hijos, incluso mediante ciertos dosificados y estratégicos castigos físicos, penados sin embargo en muchos casos por la ley. Históricamente podríamos mencionar también la negativa a darle culto al emperador por parte de la iglesia primitiva, culto que era no obstante obligatorio por ley para todos los súbditos del antiguo imperio romano.
615 Tillich, Paul, *A History of Christian Thought,* Touchstone, New York, 1968, p. xx.
616 DeVos, Rich, *Capitalismo solidario,* Lasser Press, México, D. F., 1994, p. 20.
617 Agradezco a mi amiga y hermana en la fe Alcira Rojas de Quevedo por haberme dado a conocer esta campaña publicitaria.
618 Comúnmente identificado como el rey Salomón
619 Citado por Rich DeVos en *Capitalismo solidario,* Lasser Press, México, D. F., 1994, p. 30.
620 Míguez Bonino, José, *Ama y haz lo que quieras,* Escatón y Aurora, Buenos Aires, 1976, p. 127.
621 Marx, por supuesto, dio pie a la idea del «hombre nuevo» con su terminología para referirse a la humanidad ideal en el marco de su pensamiento. Pero fue tal vez Ernesto (Ché) Guevara quien, apoyado en sus ideas, contribuyó a popularizar la expresión «hombre nuevo».
622 La tradición teológica judía se ocupó en principio de la sabiduría divina entendida como un atributo de Dios, hasta llegar a personificarla y distinguirla de Dios, como sucede, por ejemplo, en el libro de los Proverbios y el pensamiento de Pablo, quien identifica a Cristo con la sabiduría eterna de Dios (Pr 1:20; 3:19; 8:1, 12; 9:1; 1 Cor 1:24, 30). Pero fue el filósofo judío Filón, de la ciudad de Alejandría, quien primero intentó entre el cruce del último siglo de la era antigua y el primero de nuestra era, una síntesis entre la filosofía griega y el monoteísmo judío, utilizando para ello el concepto del «logos» griego, equiparándolo a la Palabra de Dios tal como esta se entendía en el contexto teológico de los judíos. Y si bien se considera en general que en este cometido Filón hizo tal vez demasiadas concesiones al pensamiento griego en detrimento del pensamiento teológico de la tradición judía, lo cierto es que dejó aún más abonado el terreno para que los cristianos pudieran profundizar en este asunto recurriendo al pensamiento judío del que eran herederos y no propiamente al griego.
623 Antonino, Marco Aurelio, *Ad se ipsum,* εις εαυτον, Lib. iv, párrafo 8.
624 Antonino, Marco Aurelio, *Ad se ipsum,* εις εαυτον, Lib. iv, párrafo 3.
625 Citado por Fernando Orjuela Lozano en «Crueles», *Revista Colombiana de Psicología,* n.º 2, Universidad Nacional de Colombia, Bogotá, 1993, p. 133.
626 Trías, Eugenio, *La Edad del Espíritu,* DeBolsillo, Barcelona, 2006, p. 33.
627 La cruz —y en menor proporción, el pez— no son en realidad símbolos del cristianismo en el sentido original del término que utilizamos aquí, sino en el sentido que ha

adquirido posteriormente para referirse a una imagen, figura o divisa con que se representa un concepto moral o intelectual.

628 LEWIS, C. S., *Los cuatro amores,* Rialp, Madrid, 2008, duodécima edición, p. 127.

629 Citado por Cornelius Plantinga Jr., en *El Pecado. Sinopsis Teológica y Psicosocial,* Libros Desafío, Grand Rapids, 2001, p.144.

Índice temático

abismo, Deslizándonos al:	2 de abril
Aborto e infanticidio:	7 de abril
Actuar sin pensar, pensar sin actuar:	3 de marzo
Adaptación o acomodación:	9 de agosto
Adoptados por Dios:	28 de julio
aflicción, La brevedad de la:	6 de junio
aislamiento: derrota por abandono, El:	12 de abril
Aligerando nuestras cargas:	14 de diciembre
alma, El evangelio y los problemas del:	12 de octubre
– y sus anhelos, El:	8 de febrero
Amenaza y vulnerabilidad:	29 de noviembre
amor alcahuete, El:	6 de septiembre
– El ejemplo supremo del:	12 de noviembre
– La preeminencia del:	21 de noviembre
– Lo fundamental es el:	10 de mayo
– y el temor, El:	2 de mayo
– y la verdad, El:	7 de febrero
– y sus demostraciones, El:	7 de septiembre
ansiedad y la fe, La:	11 de diciembre
apariencias pueden engañar, Las:	26 de abril
apóstatas, El llamado a los:	21 de abril
apostolado, El:	10 de marzo
Aprendiendo de los otros:	7 de diciembre
argumento ontológico, El:	17 de mayo
Arriesgarse para ganar:	28 de noviembre
ascensión y la omnipresencia de Cristo, La:	28 de septiembre
asombro divino, El:	16 de febrero
Ataques o represalias:	8 de mayo
ateísmo cristiano, El engaño del:	6 de julio
– El absurdo desespero del:	18 de abril
– La honestidad y el:	30 de abril
– Los motivos ocultos del:	13 de mayo
Ateos no practicantes:	24 de agosto
autoayuda, El engaño de la:	28 de febrero
autoestima, El engaño de la:	23 de julio
autopromoción y la medida de fe, La:	4 de julio
autoridad de Cristo, La:	3 de enero
avivamientos, Falsos:	8 de agosto
bárbaros y el evangelio, Los:	4 de febrero
bautismo, El significado del:	11 de septiembre
belleza física y la espiritual, La:	22 de octubre
bendiciones, La grandeza de las:	20 de agosto
Biblia, La posesión de la:	19 de agosto
– La singularidad de la:	4 de marzo
–: Palabra de Dios, La:	12 de enero
bien, La certeza del triunfo del:	5 de julio
Brechas o fronteras:	31 de marzo
buenas obras, El propósito de las:	13 de abril
cacerías de brujas, Las:	28 de diciembre
calentamiento global, El:	29 de marzo
Calidad y cantidad:	3 de diciembre
Cánticos comprometedores:	7 de julio
capitalismo y la solidaridad, El:	18 de noviembre
–, comunismo y reino de Dios:	5 de enero
carisma como servicio, El:	15 de octubre
– Los peligros del:	5 de septiembre

Índice temático

Carismas para todos:	14 de octubre	Delitos y pecados:	1 de diciembre
castigo incorporado al pecado, El:	6 de mayo	demasiado, El pretexto de lo:	20 de diciembre
Ciegos guiando a otros ciegos:	23 de octubre	democracia, Iglesia y:	6 de enero
cielo y los cielos, El:	27 de marzo	demonios, Identificando a nuestros:	13 de diciembre
Ciencia coja, religión ciega:	9 de abril	dependencia, Nuestra mutua:	3 de julio
– y cristianismo:	7 de enero	Derrotas temporales, victoria final:	11 de abril
– y la fe, La:	15 de marzo	deseos, La verdadera satisfacción de nuestros:	14 de abril
– y teología:	12 de febrero	– y la razón, Los:	19 de febrero
cobardía, La:	1 de enero	desmitologización, La verdadera:	9 de junio
Codicia, envidia y evangelio:	29 de abril	desnuda, La existencia:	1 de marzo
coherencia del creyente, La:	27 de enero	diablo, La derrota del:	1 de mayo
Comer bien y dormir tranquilo:	19 de septiembre	Dioses o demonios:	30 de diciembre
comunión, La bendición de la:	20 de abril	discreción y los secretos, La:	19 de diciembre
comunismo, La tragedia del:	8 de enero	Distinguiendo para unir:	4 de enero
Confesión positiva:	15 de agosto	División y multiplicación:	13 de octubre
confianza y la razón, La:	13 de junio	divisiones en la iglesia, Las:	2 de agosto
confusión del mundo, La:	29 de julio	doctrina, Distinguiendo la historia de la:	20 de febrero
Conocimiento y gratitud:	10 de abril	dogmatismo sabelotodo, La necedad del:	13 de septiembre
conspiración de lo insignificante, La:	13 de enero	dominio sobre la creación, El:	13 de julio
constancia y la fe, La:	18 de enero	dones, Los peligros de los:	2 de noviembre
Contextos, motivos y causas:	9 de mayo	– y el pecado de omisión, Los:	4 de noviembre
conversión y la ética, La:	15 de julio		
corona masculina, La:	14 de febrero	Ecumenismo y cristianismo:	5 de agosto
corrupción de los mejores, La:	27 de abril	edad adulta: infancia sofisticada, La:	7 de mayo
– radical, Nuestra:	16 de diciembre	elección, El propósito de la:	22 de abril
Creación, paganismo y cristianismo:	9 de diciembre	elogio a quien lo merece, El:	21 de agosto
Creyendo y recibiendo:	6 de marzo	«encuestocracias», Las:	4 de mayo
Creyentes de un solo libro:	17 de agosto	enemigos, El trato a nuestros:	25 de enero
cristianismo, Disfrutando el:	2 de junio	equipo, El trabajo en:	15 de febrero
– La permanencia del:	4 de octubre	Erudición o sabiduría:	26 de agosto
– La solidez histórica del:	21 de enero	– teológica y sus peligros, La:	11 de agosto
– La superioridad del:	19 de junio	–, hermetismo y esoterismo:	3 de abril
Cristianofobia esperanzadora:	19 de octubre	escritura, La lectura de la:	11 de julio
Cristo, El seguimiento de:	17 de septiembre	esperanza, Mientras hay vida hay:	29 de enero
– Los favores de:	21 de julio	– o ilusión:	2 de febrero
–, exclusivo mediador:	12 de marzo	espíritus, Probando los:	24 de mayo
–: Palabra de Dios:	5 de marzo	estado, Los límites del:	8 de noviembre
Criticar sin proponer alternativas:	15 de noviembre	estudio y la fe, El:	5 de junio
cuerpo de Cristo, La armonía del:	21 de febrero	evangelio complejo y confuso, El:	22 de noviembre
		– La claridad del:	22 de septiembre
Dando a Dios todo el crédito:	30 de junio	– y la nueva creación, El:	9 de noviembre
deber y los sentimientos, El:	13 de febrero	Evangelios y el verdadero Jesús, Los:	8 de octubre
decencia, Las joyas de la:	1 de febrero		
Definiciones y exclusiones:	22 de diciembre	Evangelismo uno a uno:	15 de septiembre
deleite duradero, El:	31 de enero		

ÍNDICE TEMÁTICO

evidencia del Espíritu, La:	17 de marzo
Evolución y cristianismo:	16 de marzo
expiación y sus restricciones, La:	26 de noviembre
familia consanguínea y el evangelio, La:	21 de mayo
familiaridad y la reverencia, La:	26 de febrero
fe, El optimismo de la:	25 de septiembre
– La incondicionalidad de la:	14 de enero
– Optimismo y gradualidad de la:	19 de julio
felicidad, La verdadera:	17 de diciembre
Ficción novelesca o historia veraz:	11 de junio
fin no justifica los medios, El:	12 de agosto
fundamentalismo y el temor, El:	18 de julio
fundamentos, Apuntalando los:	4 de septiembre
– de nuestra civilización, Los:	18 de septiembre
generaciones pasadas, Las:	2 de diciembre
género, La evidente diferencia de:	23 de septiembre
generosidad, El deleite de la:	23 de diciembre
– y el diezmo, La:	16 de julio
– y la evangelización, La:	21 de junio
gobernantes, El deber de los:	25 de abril
gobierno humano, Dios y el:	20 de julio
– sabio de Dios, El:	29 de agosto
gozo del creyente, Las fuentes del:	26 de septiembre
gracia, La eficacia de la:	16 de junio
– y la fe, La:	15 de junio
guerra, La tragedia de la:	16 de noviembre
hechos y la doctrina, Los:	12 de junio
herejías, Las:	24 de noviembre
Herencia, educación y conversión:	5 de octubre
hijo pródigo y el buen samaritano, El:	26 de junio
historia, La razón de ser de la:	5 de abril
iconoclasta, La causa:	17 de noviembre
identidad del cristiano, La:	6 de diciembre
ídolos y el Dios verdadero, Los:	5 de diciembre
iglesia como madre, La:	3 de octubre
ignorancia consentida, La:	22 de marzo
– La atrevida:	19 de marzo

Igualdad y justicia:	19 de noviembre
imitación de Cristo, La:	21 de octubre
impotencia humana, La:	29 de junio
imprevisibilidad de Dios, La:	10 de enero
Incompletos pero suficientes:	7 de octubre
Incredulidad culposa y dolosa:	14 de noviembre
Independencia o libertad:	6 de octubre
individual, El tratamiento:	30 de octubre
infierno, El:	28 de abril
infiltración en la iglesia, La:	3 de agosto
injusticias remediables, Las:	24 de septiembre
íntimo, El encuentro con Dios en lo:	20 de junio
– La respuesta en lo:	24 de octubre
jerarquías espirituales, Falsas:	8 de marzo
Jesucristo: Dios o farsante:	28 de marzo
Jesús histórico y el Cristo de la fe, El:	25 de noviembre
–: la verdad a amar:	25 de julio
juicio y la misericordia, El:	29 de febrero
juramento, El:	2 de marzo
Justicia del Creador: pecado de las criaturas:	27 de octubre
– o equidad:	28 de agosto
Laodicea a Filadelfia, De:	26 de enero
ley, El papel de la:	27 de junio
– La vigencia de la:	14 de junio
– natural y la conciencia, La:	23 de abril
Libertad de conciencia para todos:	6 de noviembre
– y deber:	31 de mayo
– y el amor, La:	17 de junio
Litigios privados o debates públicos:	3 de noviembre
lobos en el alma, Los:	31 de diciembre
luz vence las tinieblas, La:	14 de julio
Madurez o perfección:	20 de enero
Maestro y los discípulos, El:	25 de agosto
Magia, ocultismo y cristianismo:	18 de octubre
mal, El problema del:	26 de marzo
mártires, La veracidad de los:	19 de mayo
máscaras de la perversidad, Las:	8 de abril
Materia prima y diseño divino:	10 de agosto
matrimonio instituido por Dios, El:	20 de octubre
– La estima del:	20 de septiembre
mecanicismo, Dios y el:	4 de junio

mente de Dios, Conociendo la:	15 de diciembre	panteísmo secular, El engaño del:	24 de marzo
miedo, Sobreponiéndonos al:	6 de abril	Patriotismo o nacionalismo:	9 de febrero
milagro de la vida, El:	21 de marzo	paz del reino de Dios, La:	24 de febrero
– Todo es un:	30 de enero	– Recorriendo el camino de la:	15 de abril
milagros, El carácter extraordinario de los:	19 de abril	–, felicidad y cristianismo:	20 de marzo
– La posibilidad de los:	1 de junio	pecado, Rompiendo por completo con el:	30 de noviembre
– y la revelación, Los:	9 de marzo	– y la existencia de Dios, El:	12 de mayo
milenio, El propósito del:	17 de abril	–, locura y crimen:	31 de octubre
ministerio, Los requisitos del:	17 de julio	pena capital, La:	29 de octubre
Mirándonos en el espejo:	27 de febrero	– de muerte y el aborto, La:	1 de julio
misterio divino, El:	18 de mayo	peros de Dios, Los:	14 de septiembre
misticismo científico, El:	28 de junio	persecución y la fe, La:	9 de enero
–, magia e historia:	30 de julio	planificación y el Espíritu Santo, La:	1 de noviembre
mitos de la creación, Los:	1 de abril	pobreza y el evangelio, La:	22 de mayo
– y el evangelio, Los:	9 de octubre	poder militar y el evangelio, El:	4 de diciembre
monarquía, El propósito de la:	25 de febrero	política, La ambigüedad de la:	3 de septiembre
moralidad como excusa, La:	3 de mayo	Posibilidad, probabilidad y necesidad:	25 de marzo
– El milagro de la:	2 de octubre	predicación, La importancia de la:	27 de noviembre
– La idolatría de la:	23 de enero	– y teología:	9 de septiembre
– Redención y:	23 de febrero	Preparando el camino al evangelio:	10 de septiembre
muerte, La crítica experiencia de la:	31 de agosto	Principios, medios y fines:	23 de marzo
multiculturalismo y el evangelio, El:	5 de febrero	privilegios, Los riesgos de los:	27 de septiembre
necedad juvenil, La:	30 de septiembre	problemas, Amansando los:	27 de agosto
necesidad y la fe, La:	30 de marzo	profecía como tarea, La:	8 de junio
necesidades inmediatas, Dios y nuestras:	23 de agosto	– El don de:	27 de mayo
No hay daños definitivos:	26 de diciembre	progreso moral, El:	24 de enero
Nuestro lugar en la historia:	12 de julio	prohibiciones y el evangelio, Las:	11 de noviembre
nuevo en lo viejo y lo viejo en lo nuevo, Lo:	22 de agosto	prohibido, El atractivo de lo:	21 de diciembre
Obediencia primero, comprensión después:	10 de junio	promesas divinas, La seguridad de las:	22 de febrero
objetividad, La hipócrita:	20 de noviembre	– o presunciones:	1 de agosto
– o subjetividad:	6 de agosto	protesta del evangelio, La:	27 de julio
obstáculos, Removiendo los:	18 de diciembre	protoevangelio, El:	9 de julio
oración, La urgencia de la:	11 de enero	Psicología y teología:	11 de octubre
Oraciones no convencionales:	21 de septiembre	rabo de paja, Todos tenemos:	23 de noviembre
– no respondidas, Las:	16 de enero	racionalidad, Dios y la:	11 de febrero
orden inerte, El:	29 de mayo	Reconociendo lo conocido:	18 de junio
orgullo de los piadosos, El:	13 de agosto	Refiriendo todo a Dios:	10 de octubre
Originales y copias:	24 de abril	Reflexión emocional y emoción pensante:	28 de mayo
palabra, Lanzándonos hacia la:	18 de marzo	reglas, El peligro de las:	5 de mayo
palabras y Dios, Las:	18 de agosto		
– y sus efectos, Las:	3 de junio		

ÍNDICE TEMÁTICO

Relativismo o instrucciones seguras:	1 de octubre
religión, Los peligros de la:	7 de agosto
– y el complejo de Edipo, La:	15 de mayo
religiones de misterio, El cristianismo y las:	24 de junio
rendidos más fuertes, Entre más:	25 de octubre
repetición, El provecho de la:	29 de septiembre
reputación de Dios, La:	8 de septiembre
Resucitaciones clínicas:	2 de enero
resurrección del cuerpo, Inmortalidad del alma o:	8 de julio
– Las evidencias de la:	23 de junio
– Los alcances de la:	22 de junio
– Tomándose en serio la:	13 de marzo
Revelación y ocultamiento divinos:	7 de marzo
revelaciones diarias, Las:	23 de mayo
rival digno de Dios, No hay:	12 de septiembre
Salvación y condenación eternas:	27 de diciembre
sangre del Cordero, La:	20 de mayo
santidad y la ausencia de atractivo, La:	2 de septiembre
Satanás, La existencia de:	22 de enero
–: carcelero de la humanidad:	16 de octubre
satanomanía, Los peligros de la:	17 de octubre
seducción de la cultura, La:	4 de agosto
Seguridad final e incertidumbre presente:	10 de diciembre
sensatez y la tolerancia, La:	7 de junio
sentimientos, La utilidad de los:	11 de mayo
señales de los tiempos, Discerniendo las:	28 de enero
– malintencionadas, Las:	26 de mayo
silencio, El argumento del:	22 de julio
símbolo y lo simbolizado, El:	29 de diciembre
soberanía de Cristo y la evangelización, La:	31 de julio
Soldados de Cristo:	26 de octubre
sucesión apostólica, La:	19 de enero
sueños, El estímulo de los:	24 de diciembre
– y la revelación, Los:	25 de mayo
suprema manifestación divina, La:	25 de junio
sustitución, La doctrina de la:	10 de julio
tecnología: bendición divina, La:	16 de abril
temor y el amor a Dios, El:	8 de diciembre
tentación, Resistiendo la:	3 de febrero
Teología centrada en Dios:	24 de julio
terapia comunitaria, La:	12 de diciembre
término de la fe, Dios es el:	16 de agosto
Testificando a los nuestros:	18 de febrero
testimonio de los mártires, El:	4 de abril
Todo fue creado con un propósito:	11 de marzo
transgresiones justas, Las:	16 de septiembre
Trinidad y el Espíritu Santo, La:	30 de mayo
– y la vida cristiana, La:	6 de febrero
unidad de la iglesia, El Espíritu Santo y la:	17 de febrero
universalismo, Dios, Cristo y el:	13 de noviembre
universo, Nuestra relación con el:	16 de mayo
utilidad del malvado, La:	1 de septiembre
Valores o estructuras:	7 de noviembre
Variedad doctrinal en el cristianismo:	14 de agosto
Verbo de Dios, El:	25 de diciembre
verdad, El amor a la:	17 de enero
– La fuerza de la:	14 de marzo
–, bondad y belleza:	14 de mayo
–: producto social, La:	26 de julio
verdades a medias, Las:	30 de agosto
vergüenza, La:	10 de febrero
– y la fe, La:	28 de octubre
vida después de la muerte, La creencia en:	15 de enero
– eterna, La:	2 de julio
vista y el oído, La:	10 de noviembre
vocación cristiana y la política, La:	5 de noviembre

Índice onomástico

Abad, Héctor: 23 nov.
Acton, John: 31 may.
Agustín de Hipona: 4 feb.; 19 mar.;
   5, 14, 25, 30 abr.; 6 may.; 7 jul.; 10 sep.;
   30 oct.; 16 nov.
Albacete, Lorenzo: 18 may.
Albertz, Heinrich: 6 nov.
Alcorn, Randy: 27 mar.
Aquino, Tomás de: 23 abr.; 16 nov.
Aristóteles: 13 sep.; 10 nov.

Bach, Juan Sebastián: 7 jul.
Bacon, Francis: 21 nov.
Barth, Karl: 4, 12 ene.; 7 feb.; 13 mar.; 7 jul.
Beatty, Jack: 9 may.
Berkeley, George: 3 jul.
Bettelheim, Bruno: 30 oct.
Blanchard, Ken: 13 dic.
Bloesch, Donald: 4 ago.
Boettner, Loraine: 26 nov.
Bohren, Rudolf: 1, 4 nov.
Bonhoeffer, Dietrich: 9 feb.; 2 mar.;
   11, 25 ago.; 6, 17 sep.; 6 dic.
Boreham, F. W.: 21 feb.
Bougaud (monseñor): 7, 8 oct.
Boyd, Gregory: 20 feb.; 28 abr.
Braaten, Carl E.: 22 dic.
Brightman, Edgar S.: 11 abr.
Bruce, F. F.: 12 mar.
Brunner, Emil: 17 jul.; 11 sep.
Buber, Martin: 3 may.
Buckley, F. H.: 11 may.
Bultmann, Rudolf: 3 ene.; 9 jun.
Burtchael, James: 8 may.
Butterfield, H.: 19 abr.

Calvino, Juan: 12 ene.; 25 may.; 14 jun.;
   14, 29 jul.
Campbell, Morgan G.: 27 sep.
Camus, Albert: 12 may.
Cano Gutiérrez, Luis F.: 1 jul.
Canterbury, Anselmo de: 17 may.; 10 jun.
Carpentier, Alejo: 4, 5 jun.
Carroll, Lewis: 3 ene.
Cassirer, Ernst: 8, 10 jun.; 26 jul.
Chartres, Bernard de: 2 dic.
Cipriano de Cartago: 3 oct.
Cohen, Arthur A.: 9 ene.
Collins, Francis: 15, 17 mar.; 26 abr.
Colson, Charles: 22 mar.; 7, 8 abr.; 23 jun.;
   2 jul.
Comte, Augusto: 20 mar.
Condorcet: 4 oct.
Conzelmann, G.: 15 oct.
Copée, F.: 5 oct.
Copérnico: 27 mar.; 10 abr.
Córdoba Triviño, Jaime: 14 nov.
Corten, André: 5 jun.
Cruz, Antonio: 17 may.

Da Vinci, Leonardo: 1 mar.
Davis, Wade: 21 dic.
Dawkins, Richard: 13 may.
De Gaulle, Charles: 26 feb.
Deere, Jack: 10 mar.
Dembski, William: 22 jul.
Descartes, René: 11 feb.; 17 may.
DeVos, Rich: 18 nov.; 23 dic.
Dewey, John: 12, 17 abr.
Diderot: 28 ene.
Dostoievski, Fedor: 26 mar.; 25 jul.

ÍNDICE ONOMÁSTICO

Dusza, Hans-Jürgen: 18 dic.

Edersheim, Alfred: 29 feb.
Einstein, Albert: 30 ene.; 9 abr.; 29 ago.; 1 oct.
Eppler, Erhard: 7 nov.
Estrada, Juan Antonio: 6 jul.

Fabio Caio: 29 abr.
Fernandes, Millôr: 26, 28 ago.; 1, 13 sep.
Feuerbach, Ludwig: 7 feb.; 20, 21 mar.
Foscolo, Ugo: 3 mar.
Foster, Richard: 21 sep.
France, Anatole: 22 may.
Frankl, Viktor: 17 ene.; 1, 24 mar.; 21 sep.
Freud, Sigmund: 20 mar.; 15 may.; 18 sep.

Gaffin, Jr., Richard B.: 9 mar.
Galbraith, J. K.: 5 ene.
Galcerá, David: 23, 24, 25 mar.
Galileo Galilei: 27 mar.
Gaudí, Antoni: 24 abr.
Gave, Charles: 15, 16, 17, 18 sep.; 21 nov.
Geibel, Emanuel: 28 jun.
Gentry, L. Keneth: 19, 28 jul.
Glynn, Patrick: 30 jul.
Goethe, J. W.: 6 may.; 12 jun.
Gollwitzer, Helmut: 5 nov.
Gómez Dávila, Nicolás: 25, 27, 30 ago.; 12 sep.
González, Guillermo: 27 mar.
González, Tomás: 23 nov.
Goudge, Elizabeth: 26 jun.
Greenspan, Peter: 21 ene.
Griffith-Thomas, W. H.: 16 ago.
Grün, Anselm: 23 ago.
Gruner, Rolf: 5 jul.
Gutiérrez Merino, Gustavo: 29 abr.

Hackett, Stuart C.: 11 feb.
Haldane, J. B. S.: 21 mar.
Harpur, Tom: 24 jun.
Havel, Václav: 14 mar.
Hawking, Stephen: 24 mar.; 15 dic.
Hayford, Jack: 28 may.
Heeren, Fred: 11 mar.
Hegel, Friedrich: 18 jun.; 20 jul.; 7 nov.
Hermann, Eva: 29 sep.
Hodges, Phil: 13 dic.
Holguín, Andrés: 27 jun.
Horton, Michael S.: 14 dic.
Huber, Wolfgang: 5 ago.
Hunt, Dave: 3, 18 ago.

Ignatieff, Michael: 23 ene.

Jackson, Michael: 27 feb.
Jacobi, F. H.: 2 oct.
Jäger, Alfred: 18 jul.
Jaramillo Agudelo, Darío: 9 oct.
Jaramillo, Ana Lucía: 20 sep.
Jay Gould, Stephen: 16 mar.
Jiménez, Carlos: 17 feb.
Johnson, Paul: 9 ene.
Johnson, Samuel: 13 jun.
Johnson, Virginia: 23 sep.
Juliano el Apóstata: 1 ene.
Jung, Carl Gustav: 20 jun.
Justino, (mártir): 10 jul.; 10 sep.

Käsemann, Ernst: 2 nov.
Kempis, Tomás de: 21 oct.
Kertész, Imre: 26 mar.
Khan, Irene: 29 oct.
Kierkegaard, Sören: 2 ene.; 18 mar.; 7 sep.
Kim, Peter: 8 dic.
Köberle, Adolph: 16 oct.; 30 nov.
Koch, Kurt E.: 17, 18 oct.; 27 nov.
Kuiper, Rienk Bouke: 31 jul.

La Croix: 3 feb.
La Rochefoucauld: 10 feb.
Lane Craig, William: 23 jun.
Lapides, Louis: 22 ene.
Law, William: 11 dic.
Lechler, Alfred: 17 oct.
Lenin, Vladimir: 8 ene.
Leo, John: 23, 24 oct.
Lepp, Ignace: 19 jun.
Lévinas, Emmanuel: 3 jul.
Lewis, C. S.: 10, 18 ene.; 2, 10, 13, 14 feb.; 1, 28 mar.; 14, 19, 27, 28 abr.; 1, 3 may.; 23 jul.; 9 ago.; 30 dic.
Licona, Michael: 19 may.; 22 jun.
Lloyd-Jones, Martyn: 23 jul.; 2 ago.; 10 dic.
Locke, John: 17, 31 ene.; 19 oct.
Lockyer, Herbert: 26 mar.; 15 nov.
Loher, Hermann: 28 dic.
Lovelace, Richard: 7 may.
Lucado, Max: 13 ene.; 27 feb.; 26 abr.
Lutero, Martín: 10, 19 ene.; 23, 24 may.; 1, 14 jun.; 12 jul.; 6, 27 nov.

Maier, Paul: 23 jun.
Malinowski, Bronislaw: 9 jun.
Manero: 2 dic.

Maquiavelo, Nicolás de: 3 jun.
Marco Aurelio: 26, 27 dic.
Marcuse, Herbert: 8 feb.; 20 mar.
Márquez, Carlos Iván: 29 nov.
Marx, Carlos: 3, 20 mar.; 20, 21 abr.; 27 jul.;
    25 dic.
Masters, William: 23 sep.
McCabe, Herbert: 11 ene.
McGrath, Alister: 30 may.; 21 jul.
McGravan, Donald: 3 dic.
McLaren, Brian D.: 24 feb., 6 mar.
Mears, Henrietta C.: 25 oct.
Melanchton, Felipe: 21 jul.
Mendoza, Plinio: 10 oct.
Merling, David: 22 jul.
Míguez Bonino, José: 14 jun.; 21 oct.;
    9, 11 nov.; 25 dic.
Mill, John Stuart: 17 dic.
Milton, John: 25 sep.
Moltmann, Jürgen: 8 jun.; 14 oct.; 17, 22 nov.
Monroy, Juan Antonio: 5 ene.; 25 jun.
Montaigne: 4 feb.
Moreland, J. P.: 31 mar.; 1 abr.
Moreno Berrocal, José: 29 jun.
Moreno, Franz: 24, 29, 31 ago.; 14 sep.
Morley, Patrick: 27 feb.
Murray, Andrew: 13 ago.

Nelson, Paul: 26 abr.; 5 may.
Newman, John Henry: 2 may.
Niebuhr, Reinhold: 6 ene.
Niemöller, Martin: 6 nov.
Nietzsche, Friedrich: 20, 28 mar.; 2, 21 abr.;
    7 dic.
North Whitehead, Alfred: 7 ene.; 11 mar.
North, Gary: 13 jul.
Nouwen, Henri: 20 ene.

Oestreicher, Paul: 25 ene.
Offenbacher, Martin: 19 sep.
Ordóñez, Alejandro: 19, 20 oct.
Ortberg, John: 27, 30 sep.
Ortega y Gasset, José: 26 jul.
Orwell, George: 19 nov.
Ospina, William: 16 dic.
Otto, Rudolf: 7 feb.; 18 may.; 8 dic.
Ovidio: 27 ene.

Packer, J. I.: 29 may.; 28 oct.
Parra, Violeta: 1 feb.
Pascal, Blas: 1, 14, 18 ene.; 7 mar.
Patterson, James: 8 dic.

Pelagio: 30 sep.; 16 dic.
Percy, Walker: 28 feb.
Phillips, McCandlish: 7 ago.
Picasso, Pablo: 21 ago.
Piper, John: 26 may.; 8 sep.; 27 oct.
Plantinga, Alvin: 17 may.
Plantinga, Jr., Cornelius: 8, 27, 29 abr.; 25 jul.
Poelstra, P.: 12 oct.
Popieluszko, Jerzy: 6 abr.
Popper, Karl: 24 sep.; 1 oct.
Puyana, Guillermo: 3 nov.

Radcliffe, Timothy: 4 jul.
Ramsey, A. M.: 23 jun.
Rangel, Alfredo: 8 nov.; 1, 19 dic.
Rapsberry, William: 2 dic.
Reynolds, J. M.: 31 mar.; 1, 26 abr.; 5 may.
Richards, Jay W.: 27 mar.
Ricoeur, Paul: 26 ene.
Rivera, Roberto: 1 mar.
Romero, Jesús Adrián: 6 dic.
Roubini, Nouriel: 20 dic.
Rousseau, J. J.: 17 abr.; 9 may.; 30 sep.; 16 dic.
Rucyahana, John K.: 30 mar.
Rueda, María Isabel: 20 nov.
Ruiz, Marta: 16 nov.
Russell, Bertrand: 18 abr.

Sagan, Carl: 7, 15 ene.; 24 mar.
Sartre, Jean Paul: 2, 28 abr.
Saucy, Robert L.: 8 mar.
Schopenhauer, Arthur: 2 abr.
Schwarz, Christian: 15, 30 jul.; 11, 12 ago.;
    6 nov.; 9 dic.
Schweitzer, Albert: 17 sep.
Seeberg, Erich: 6 ago.
Sen, Amartya: 24 sep.
Sergey: 9 ene.
Seymour, William J.: 2 jun.
Shakespeare, William: 13, 29 ene.
Siegler Hemingway, Mollie: 22 oct.
Silva-Silva, Darío: 5, 6, 17 feb.;
    1, 4, 23, 24 mar.; 3, 12, 21 abr.; 29 may.;
    5 ago.; 22, 23 sep.; 1 oct.
Sine, Tom: 13 ene.
Singer, Peter: 7 abr.
Smedes, Lewis: 26 sep.
Sócrates: 13 jun.
Sófocles: 6, 7 jun.
Sontag, Susan: 15 feb.
Sorman, Guy: 5, 25 feb.
Sproul, R. C.: 23 ene.; 28 sep.

ÍNDICE ONOMÁSTICO

Spurgeon, C. H.: 6, 16, 22 feb.; 9, 12 jul.; 9 sep.
Stäel, Madame de: 24 ene.
Stalin, José: 1 ene.; 28 abr.; 4 dic.
Stein, H.: 3 feb.
Stevens, Wallace: 20, 21 may.
Storms, C. Samuel: 27 may.; 30 jun.
Strimple, Robert B.: 1, 20 ago.
Strobel, Lee: 30 ene.; 13 mar.; 8 oct.
Sullivan, Randall: 2 ene.
Sutherland, J.: 12 oct.
Swaggart, Jimmy: 24 jul.
Szasz, Thomas: 31 oct.
Szczesny, Gerhard: 15 jun.

Tertuliano: 19 oct.; 12 nov.
Thielicke, Helmut: 14 ago.; 31 dic.
Thoreau, Henry David: 24 dic.
Tillich, Paul: 27 jul.; 10 sep.; 30 oct.; 13 nov.
Tocqueville, Alexis de: 17 jun.
Torres de Castilla, Alfonso: 24 nov.
Torrey, R. A.: 17 ago.
Tozer Aiden, Wilson: 8 ago.
Trías, Eugenio: 11, 12 jul.; 29 dic.

Unamuno, Miguel de: 21 oct.; 25 nov.
Urrego, Mario: 26 oct.

Vaillan, Roger: 13 jun.; 13 nov.
Vanauken, Sheldon: 18 mar.
Vargas Llosa, Álvaro: 29 mar.
Vattimo, Gianni: 4 sep.
Verlaine, Paul: 6 oct.

Vester, Frederic: 10 ago.
Vidal, Marcos: 18 ene.
Villegas, Gino Iafrancesco: 1, 2, 3, 4, 5 abr.
Voltaire: 2 feb.; 4 oct.; 6 nov.
Von Balthasar, Hans Urs: 14 may.
Von Braun, Werner: 12 feb.
Von Harnack, Adolf: 19, 24 jun.
Von Mayer, Julius Robert: 10 sep.
Von Ranke, Leopold: 11 jun.
Von Weizsäcker, V. F.: 11 oct.

Wagner, Peter: 16 jul., 13 oct.
Wallace, Daniel B.: 4, 5 mar.
Weber, Max: 2, 3, 5, 24 sep.
Weber, Otto: 19 ago.; 22 sep.
Weinberg, Steven: 16 may.
Wells, H. G.: 4 may.
Wesley, John: 22 abr.
Westphal, Mereold: 30 abr.
White, Bryan: 7 may.
White, Charles: 16 ene.
Wilkerson, Dave: 15 ago.
Willard, Dallas: 10 may.
Wittgenstein, Ludwig: 21 abr.; 18 jun.; 22 ago.

Yaconelly, Michael: 18 ene.
Young, Warren C.: 8, 19 feb.; 8 jul.

Zacharías, Ravi: 18, 23 feb.; 7 mar.
Zerbolt, Gerard: 21 oct.
Zilbergeld, Bernie: 12 dic.
Zohar, El: 3 jun.

Bibliografía

ALCORN, Randy: *El Cielo,* Illinois:Tyndale House Publishers, Carol Stream, 2006.
ALVARADO RIVERA, Martín: *2000 pensamientos de grandes filósofos,* México D. F.: Editorial Diana, 1997.

BAITON, Ronald H.: *Here I Stand,* Nueva York: Mentor, 1950.
BALTHASAR, Hans Urs von: *The Glory of the Lord: A Theological Aesthetics,* San Francisco: ed. Joseph Fessio y John Riches, St. Ignatius, 1983.
BARTH, Karl: *Die protestantische Theologie im 19,* Zúrich: Jahrhundert, 1946.
BLANCHARD, Ken y HODGES: Phil, *El refugio más cálido y seguro,* Miami: Vida, 2010.
BOCK, Darrell L.; BLAISING, Craig A.; GENTRY, JR., Keneth L.; STRIMPLE, Robert B.: *Tres puntos de vista del milenio y el más allá,* Miami: Vida, 2004.
BOETTNER Loraine: *La predestinación,* Grand Rapids (Michigan): Desafío, 1994.
BOHREN, Rudolf: *Dab Gott schön werde. Praktische Theologie als theologische,* Múnich: Ästhetik, 1975.
BONHOEFFER, Dietrich: *El precio de la gracia. El seguimiento,* Salamanca: Sígueme, 2007.
– *Gesammelte Schriften V,* Múnich: 1972.
– *Nachfolge,* 12.ª edición, Múnich: 1981.
BOREHAM F. W.: *The Poppies in the Corn* [*Las amapolas en el campo de maíz*], en *Mountains in the Mist,* Grand Rapids (Michigan): Kregel, 1995.
BOUGAUD, Ms.: *El Cristianismo y los Tiempos Presentes,* Bogotá: 1898.
BOYD, Gregory: *Cartas de un escéptico,* Miami: Vida, 2004.
– *Satanás y el problema de la maldad,* Miami: Vida, 2006.
BRIGHTMAN, Edgar S.: *A Philosophy of Religion,* Nueva York: Prentice-Hall Inc., 1940.
BRUCE, F. F.: *Un comentario de la epístola a los Gálatas,* Barcelona: CLIE, 2004.
BRUNNER, Emil: *Dogmatik III,* Zúrich: 1960.
– *Wahrheit als Begegnung,* 3.ª edición, Zúrich: 1984.
BUBER, Martin: *Between Man and Man,* Nueva York: McMillan, 1965.
BURTCHAELL, James: *The Giving and Taking of Life: Essays Ethical,* Notre Dame (Indiana): University of Notre Dame, 1989.
BUTTERFIELD, H.: *Los orígenes de la ciencia moderna,* Madrid: Taurus, 1982.

CALVINO, Juan: *Institución de la Religión Cristiana,* Buenos Aires: Nueva Creación, 1988.
CALVO HERNANDO, Manuel: *La ciencia en el tercer milenio,* Madrid: McGraw-Hill, 1995.
CARPENTIER, Alejo: *El Siglo de las Luces,* Barcelona: Bruguera, 1982.
CASSIRER, Ernst: *Antropología filosófica,* México, D. F.: Fondo de Cultura Económica, 1992.

Bibliografía

Clouse & Clouse, Bonnidell y Robert: *Mujeres en el ministerio. Cuatro puntos de vista,* Barcelona: clie, 2005.
Collins, Francis S.: ¿Cómo habla Dios? La evidencia científica de la fe, México D. F.: Planeta, 2009.
Colson, Charles: *La vida buena,* Carol Stream (Illinois): Tyndale House Publishers, 2006.
– *Y ahora… ¿Cómo viviremos?,* Miami: Unilit, 1999.
Confesión de Fe de Westminter y Catecismo Menor: el Estandarte de la verdad, Pennsylvania.
Courtois, Stephanie, et al.: *The Black Book of Communism [El libro negro del comunismo],* Harvard Cambridge, (Massachusetts).: University Press, 1999.
Craig Lane, William: *Assessing the New Testament Evidence for the Historicity of the Resurrection of Jesus,* Lewiston (Nueva York): Edwin Mellen, 1989.
Cruz, Antonio: *El Dios Creador,* Miami: Vida, 2005.

Dalberg-Acton, John Emerich Edward: *Selected Writings of Lord Acton,* Indianápolis: ed. J. Rufus Fears, Liberty Classics, 1985.
Dawkins, Richard: *The Blind Watchmaker,* London: Penguin Books, 2000.
Deere, Jack: *Surprised by the Power of the Spirit,* Grand Rapids (Michigan): Zondervan, 1993.
Dembski, William: *Diseño Inteligente. Un puente entre la ciencia y la teología,* Miami: Vida, 2005.
DeVos, Rich: *Capitalismo solidario,* México, D. F.: Lasser Press, 1994
Dewey, John: *Reconstruction in Philosophy of Religion,* edición aumentada, Boston: The Beacon Press, 1948.
– *The Quest for Certainty,* Nueva York: G. P. Putnam's Sons, 1929
Díaz, Carlos: *El Don de la Razón Cordial,* Barcelona: clie, 2006.
Donner, Theo: *Fe y Postmodernidad,* Barcelona: clie, 2004.

Edersheim, Alfred: *La vida y los tiempos de Jesús el mesías,* Barcelona: clie, 1988. Tomo I.
Elster, Jon: *Domar la suerte,* Barcelona: Paidós, 1991.
Eppler, Erhard: *Ende oder Wende. Von der Machbarkeit des Notwendigen,* Múnich: 3.ª edición, 1979.

Fabio, Caio: *La crisis de ser y de tener,* Buenos Aires: Editorial Logos, 1995.
Foster, Richard: *Prayer,* San Francisco: Francis Collins, 1992.
Fraijó, Manuel (editor): *Filosofía de la religión,* Madrid: Trotta, 2001.
Frankl, Viktor E.: *El hombre en busca de sentido,* Barcelona: Herder, 1999.
– *El hombre en busca del sentido último,* Barcelona: Paidós, 1999.
Freud, Sigmund: *El Porvenir de una ilusión,* Madrid: Alianza, 1981.

Galcerá, David: ¿Hay alguien ahí?, Barcelona: clie, 2006.
Gave, Charles: *Un neoliberal llamado Jesús,* Bogotá: Temis, 2008.
Glynn, Patrick: *Dios. La evidencia,* México: Panorama, 2000.
Gollwitzer, Helmut: *Befreiung zur Solidarität. Einfürung in die Evangelische Theologie,* Múnich: 1978.
González Justo, L.: *Historia del cristianismo,* Miami: Unilit, 1994. Tomo 2.
– *Historia del Pensamiento Cristiano,* Miami: Caribe, 1992. Tomo 2.
González, Antonio: *Frases de sabiduría,* Madrid: Editorial ccs, 1999.
Green, Michael y McGrath, Alister: ¿Cómo llegar a ellos?, Barcelona: clie, 2003.
Griffith-Thomas, William Henry: *St. Paul's Epistle to the Romans,* Eerdmans, 1974.
Grudem, Wayne A., (editores): ¿Son vigentes los dones milagrosos? Cuatro puntos de vista, Barcelona: clie, 2004.
Grün, Anselm: *Dimensiones de la Fe,* Cantabria: Sal Terrae, 2006.

Hamman, A.: *Guía práctica de los padres de la iglesia. Agustín de Hipona,* Bilbao: Desclée de Brouwer, 1969.
Harpur, Tom: *The Pagan Christ,* Nueva York: Walker & Company, 2004.

HAVEL, Václav: *The Power of the Powerless: Citizens against the State in CentralEastern Europe,* Armonk, (Nueva York): ed. John Keane, M. E. Sharpe, 1985.
HAWKING, Stephen: *A Brief Story of Time,* Nueva York: Bantam, 1988.
HAYFORD, Jack: *A Passion for Fullness,* Waco (Texas): Word, 1991.
HEEREN, Fred: ¿Se puede probar que Dios existe?, México: Grijalbo, 1997.
HIPONA, Agustín de: *La Ciudad de Dios,* Barcelona: Orbis, 1986.
HOLGUÍN, Andrés: *Temas Inesperados,* Bogotá: Fondo Cultural Cafetero, 1990.
HORKEL, Wilhelm: *Luther heute,* Hamburgo: Editorial Trauymann, 1948.
HORTON, Michael S.: *La ley de la libertad perfecta,* Miami: Vida, 2006.
HUBER, Wolfgang: *Der Streit um die Wahrheit un die Fähigkeit zum Frieden. Vier Kapitel ökumenischer Theologie,* Múnich: 1980.
HUNT, Dave: *Más allá de la seducción,* Grand Rapids (Michigan): Portavoz, 1994.

IGNATIEFF, Michael: *Human Rights as Politics and Idolatry,* Princeton (New Jersey): Princeton University Press, 2001.

JACOBI, Friedrich Heinrich, Werke, Friedrich Roth y Friedrich Köppen (editores): reimpresión de la edición de 1816. Darmstadt: Wissenschaftliche Buchgesellschaft, 1980. V. II.
JÄGER, Alfred: *Mut zur Theologie,* Gütersloh: Eine Einfürung, 1983.
JIMÉNEZ, CARLOS: *Crisis en la Teología Contemporánea,* Miami: Vida, 1994.
JOHNSON, Paul: *La Historia de los Judíos,* Buenos Aires: Javier Vergara Editor, 1991.
JUNG, Carl Gustav: *Respuesta a Job,* México D. F.: Fondo de Cultura Económica, 2006.

KÄSEMANN, Ernst: *Exegestische Versuche und Besinnungen I,* Göttingen: 1960.
KENNEDY, James y NEWCOMBE, Jerry: *Señor de señores,* Miami: Vida, 2006.
KERTÉSZ, Imre: *Un instante de silencio en el paredón,* Barcelona: Herder, 1999.
KIERKEGAARD, Sören: *Der Liebe Tun I,* Colonia-Düsseldorf: 1966.
KÖBERLE, Adolph: *Rechtfertigung und Heiligung,* Leipzig: Editorial Doerffling-Franke, 1930.
KOCH, Kurt E.: *Ocultismo y cura de almas,* Barcelona: CLIE, 1968.
KUIPER, Rienk Bouke: *God-centered Evangelism* [Evangelismo centrado en Dios], Grand Rapids (Michigan): Baker, 1961.

LECHLER, Alfred: *Seelische Erkrankungen und ihre Heilungen,* Stuttgart: Editorial Steinkoph, 1940.
LEPP, Ignace: *Psicoanálisis del ateísmo moderno,* Buenos Aires: Ediciones Carlos Lohlé, 1963.
LEWIS, C. S.: *A Preface to Paradise Lost,* Nueva York: Oxford University Press, 1961.
– *Cartas del diablo a su sobrino,* Madrid: Rialp, 13.ª edición, 2007.
– *El diablo propone un brindis,* Madrid: Rialp, 2002.
– *El problema del dolor,* Madrid: Rialp, 2006.
– *Los cuatro amores,* Madrid: Rialp, 12.ª edición, 2008.
– *Los milagros,* ediciones Madrid: Encuentro, 1996.
– *Mero Cristianismo,* Santiago de Chile: Andrés Bello, 1994.
– *The Weight of Glory* [El peso de la gloria], San Francisco: Harper San Francisco, 2001.
LIARDON, Roberts: *Los Generales de Dios,* Buenos Aires: Peniel, 2000.
LLOYD-JONES, Martyn: *Unidad Cristiana,* San Ignacio (Argentina): Ediciones Hebrón, 1973.
LOCKYER, Herbert: *Enciclopedia de doctrinas bíblicas,* Miami: Logoi, 1979.
LÓPEZ, Cayetano: *Universo sin fin,* Madrid: Taurus, 1999.
LOVELACE, Richard: *Renewal as a Way of Life: A Guidebook for Spiritual Growth,* Downers Grove (Illinois): InterVarsity Press, 1985.
LUCADO, Max: *3:16 Los números de la esperanza,* Nashville (Tennessee): Grupo Nelson, 2007.
– *Cuando Dios susurra tu nombre,* Miami: Betania Caribe, 1995.
– *Y los ángeles guardaron silencio,* Miami: Unilit, 1993.
LUTERO, Martín: *By Faith Alone,* Grand Rapids (Michigan): World Publishing, 1998.

MAIER, Paul: *First Easter,* Nueva York: Harper & Row, 1973.
MALINOWSKI, Bronislaw: *The Foundations of Faith and Morals,* Londres: Oxford University Press, 1936.
MARLIANGEAS, D.: *Culpabilidad, pecado, perdón,* Santander: Sal Terrae, 1983.
MARTÍNEZ, José María: *Por qué aún soy cristiano,* Barcelona: CLIE, 1978.
MASTER, W. H. y JOHNSON V. E.: *Homosexuality in Perspective,* en VAN DEN AARWEG, G., *Homosexualidad y Esperanza,* Pamplona: Ed. Eunsa, 1997.
MCCABE, Herbert: *God, Christ an Us,* Londres: Continuum International Publishing Group, 2005.
MCCANN, Janet: *Wallace Stevens Revisited: «The Celestial Possible»,* Nueva York: Twayne, 1995.
MCDOWELL, Josh: *El factor de la resurrección,* Barcelona: CLIE, 1988.
MCGRATH, Alister E.: *Christian Theology: An Introduction,* Oxford: Blackwell, 1994.
MCGRAVAN, Donald, *Understanding Church Growth,* Grand Rapids (Michigan): 1980.
MCLAREN, Brian D.: *El Mensaje Secreto de Jesús,* Nashville: Betania, Grupo Nelson, 2006.
MEARS, Henrietta C.: *Lo que nos dice la Biblia,* Deerfield, (Florida): Vida, 1979.
MEJÍA QUINTANA, Óscar y TICKNER, Arlene B.: *Cultura y democracia en América Latina,* Bogotá: M&T Editores, 1992.
MENDOZA, Plinio: *Años de fuga,* Barcelona: Plaza y Janés, 1985.
MÍGUEZ BONINO, José: *Ama y haz lo que quieras,* Buenos Aires: Escatón y Aurora, 1976.
MOLTMANN, Jürgen: *El Espíritu Santo y la Teología de la vida,* Salamanca: Sígueme, 2000.
– *El hombre, antropología cristiana en los conflictos del presente,* Salamanca: Sígueme, 1986.
– *Kirche in der Kraft des Geistes. Ein Bietrag zur messianischen Ekklesiologie,* Múnich: 1975.
MONROY, Juan Antonio: *Mente y espíritu,* Madrid: Irmayol, 2001.
MORELAND, J. P. y REYNOLDS, John Mark: *Tres puntos de vista sobre la creación y la evolución,* Miami: Vida, 2009.
MORGAN, G. Campbell: *El corazón de Dios. Estudios en el libro de Oseas,* Buenos Aires: Hebrón, 1980.
MORLEY, Patrick M.: *El hombre frente al espejo,* Miami: Betania, 1994.
MURRAY, Andrew: *Humility,* New Kensington, Pennsylvania: Whitaker House, 1982.

NASH, Ronald: *The Gospels and the Greeeks,* Dallas (Texas): Probe Books, 1992
NEWMAN, John Henry: *Sermons and Discourses, 1825-39,* Nueva York: ed. Charles Frederick Harrold, Longmans, Green, 1949.
NIXON, Richard M.: *Líderes,* Córcega: Planeta, 1982.
NORTH, Gary: *The Dominion Covenant: Génesis,* Tyler (Texas): Institute for Christian Economics, 1982.

ORTBERG, John: *Ser el ser que quiero ser,* Miami: Vida, 2010.
OSPINA, William: *¿Dónde está la franja amarilla?,* Bogotá: Verticales de bolsillo, Norma, 2008.

PACKER, J. I.: *El conocimiento del Dios santo,* Miami: Vida, 2006.
PASCAL, Blas: *Pensamientos,* Barcelona: Folio, 2000.
PATTERSON, James y KIM, Peter: *The Day America Told the Truth,* Nueva York: Plume, 1982.
PHILLIPS, McCandlish: *The Bible, the Supernatural and the Jews,* Bethany Fellowship, 1970.
PIPER, John: *La supremacía de Dios en la predicación,* México: Publicaciones Faro de Gracia, 2008.
PLANTINGA, Jr., Cornelius: *El Pecado. Sinopsis teológica y psicosocial,* Grand Rapids (Michigan): Desafío, 2001.

Revista *Cambio.*
– *Christianity Today.*
– *Rolling Stone.*
– *Selecciones Reader's Digest,* ediciones en español para Colombia.
– *Semana.*
– *Time.*

ROBERTS, A. (editor): *The Ante-Nicene Fathers* [*Los padres ante-nicenos*], Nueva York: Christian Literature Press, 1885.
ROPERO, Alfonso (compilador): *Lo mejor de Tertuliano,* Barcelona: CLIE, 2001.
– *Introducción a la filosofía,* Barcelona: CLIE, 1999.
RUSSELL, Bertrand: *Mysticism and Logic,* Nueva York: W. W. Norton and Co., 1919.

SAGAN, Carl: *El Mundo y sus Demonios,* Bogotá, D. C.: Planeta, 2003.
SAMPER PIZANO: Daniel, *Un dinosaurio en un dedal,* Buenos Aires: Aguilar, 2008.
SCHNEIDER y DORNBUCH, *Popular Religion: Inspirational Books in America,* Chicago: Universidad de Chicago Press, 1958.
SCHWARZ, Christian A.: *Cambio de paradigma en la Iglesia,* Barcelona: CLIE, 2001.
SCHWEITZER, Albert: *The Quest for the Historical Jesus,* Nueva York: 1922.
SEEBERG, Erich, *Luthers Theologie in ihren Grundzügen,* 2.ª edición, Stuttgart: 1950.
SEN, Amartya: *La idea de la justicia,* Madrid: Taurus, 2010.
SIKORSKA, Grazyna: *Jerzy Popieluszko: A Martyr for the Truth,* Grand Rapids (Michigan): Eedermans, 1985.
SILVA-SILVA, Darío: *El Eterno Presente,* Miami: Vida, 2002.
– *El Fruto Eterno,* Miami: Vida, 2003.
– *El Reto de Dios,* Miami: Vida, 2001.
– *Sexo en la Biblia,* Miami: Vida, 2003.
– *El Código Jesús,* Miami: Vida, 2007.
SMEDES, Lewis: *How Can It Be All Right When Everything Is All Wrong?,* San Francisco: Harper San Francisco, 1992.
SÓFOCLES: *Antígona, Edipo Rey, Electra,* Madrid: Guadarrama, 1969.
SORMAN: Guy, *Esperando a los Bárbaros,* Barcelona: Seix Barral, 1993.
– *Los verdaderos pensadores de nuestro tiempo,* Barcelona: Seix Barral, 1991.
SPROUL, R. C.: *Siguiendo a Cristo,* Miami: Unilit, 1997.
SPURGEON, Charles Haddon: *Lecturas Matutinas,* Barcelona: CLIE, 2007.
– *Lectures to My Students,* Grand Rapids (Michigan): Zondervan, 1972.
STEVENS, Wallace: *The Collected Poems of Wallace Stevens,* Nueva York: Knopf.
STOTT, John: *Issues Facing Christians Today,* Grand Rapids (Michigan): Zondervan, 2006.
STROBEL, Lee: *El Caso de Cristo,* Miami: Vida, 2000.
– *El caso del Creador,* Miami: Vida, 2005.
– *El caso del Jesús verdadero,* Miami: Vida, 2008.

THIELICKE, Helmut: *Der evangelische Glaube, Grundzüge der Dogmatik III,* Tübingen: 1978.
TILLICH, Paul: *A History of Christian Thought,* Nueva York: Touchstone, 1968.
– *Gesammelte Werke VII,* Stuttgart: 1962.
TOCQUEVILLE, Alexis de: *L'ancient régime et la révolution, Obras Completas,* vol. 2, París: Gallimard (Edition des Oeuvres Complètes), 1952.
TOZER, Aiden Wilson: *Keys to the Deeper Life,* Grand Rapids (Michigan): Zondervan, 1959.
TRÍAS, Eugenio: *La Edad del Espíritu,* Barcelona: DeBols!llo, 2006.

VANAUKEN, S.: *A Severe Mercy,* Nueva York: Harper Collins, 1980.
VELASCO, J. Martín: *Introducción a la Fenomenología de la Religión,* Madrid: Ediciones Cristiandad, 1987.
VESTER, Frederic: *Neuland des Denkens. Vom technokratischen zum kybernestichen Zeitalter,* 5.ª edición, Múnich: 1988.
VILA, Samuel: *El Cristianismo Evangélico a través de los siglos,* Barcelona: CLIE, 1982.
VILLEGAS, Gino Iafrancesco: *Perspectiva del hombre,* Bogotá: La Buena Semilla, 1978.
VV. AA.: *Una fe para el III milenio,* Barcelona: Peregrino, 2002.

WAGNER, C. Peter: *Church Growth and the Whole Gospel. A Biblical Mandate,* San Francisco: 1981.
– *Your Church Can Grow. Seven Vital Signs of a Healthy Church,* 2.ª edición, Ventura, 1985.
WARREN, Max: *Creo en la Gran Comisión,* Miami: Caribe, 1978.
WEBER, Max: *La ciencia como profesión. La política como profesión,* Madrid: Espasa-Calpe, 2007.
WEBER, Otto: *Grundlagen der Dogmatik I,* 3.ª edición, Neukirchen-Vluyn: 1964.
WESLEY, John: *The Works of John Wesley,* reimpresión fotográfica de la edición de 1872, Grand Rapids (Michigan): 1958-1959.
WITTGENSTEIN, Ludwig: *Aforismos. Cultura y Valor,* Madrid: Espasa Calpe, 2007.

YACONELLY, Michael: *Espiritualidad desordenada,* Miami: Vida, 2008.
YANCEY, Philip: *Prayer ¿Does It Make Any Difference?,* Grand Rapids (Michigan): Zondervan, 2006.
– *Rumores de Otro Mundo,* Miami:Vida, 2005.
YOUNG, Warren C.: *Un enfoque cristiano a la filosofía,* El Paso, (Texas): Editorial Mundo Hispano, 1984.

ZACHARIAS, Ravi: *El Gran Tejedor de vidas,* Miami: Vida, 2008.